後藤 直 著

朝鮮半島初期農耕社会の研究

同成社

まえがき

　弥生文化が朝鮮半島無文土器時代の初期農耕文化との緊密な関係のもとで展開したことはよく知られている。弥生時代早期（縄文時代晩期後半）に水稲を中心とする農耕が伝来し、その定着と一定の発達のあと前期には金属器（鉄器・青銅器）が伝えられ、さらに中期後半には現在の平壌附近に設置された楽浪郡から朝鮮半島南部を通じて中国漢の文物が伝来する。こうして琉球・北海道を除く日本列島は東アジア世界に参入し、その一員として中国、朝鮮半島と恒常的な関係を結び、海外からの政治・経済・文化の影響を受けるとともに、それらを取捨選択しつつ次の古墳時代へ向かうのである。

　この動きを理解するためには、弥生時代の農耕と金属器の故地である朝鮮半島初期農耕文化、すなわち櫛目文土器（有文土器）を用いた新石器時代に引き続く無文土器時代に対する正確な理解が必要であり、また両者を対比して類似点と差異点を明らかにしてそれぞれの特質をとらえねばならない。それによって弥生文化とその動向の特徴がより鮮明にとらえられ、無文土器文化の特質も明らかになるであろう。

　本書はこれまでに発表した論文から17編を選んで、無文土器、青銅器、農耕の3部に配列し、『朝鮮半島初期農耕社会の研究』と題したものである。

　第1部は、1960年代までほとんどなされていなかった無文土器時代の時間軸設定のための編年作業および弥生文化と無文土器文化の時間的平行関係を主題とする。

　第1章は西〜西北地域（平安南・北道、黄海南・北道、平安北道、慈江道）のコマ形土器などの編年を扱う。

　第2章は南部地域（京畿道、江原道、忠清南・南道、全羅南・北道、慶尚南・北道）の無文土器の類別と編年を考えた論文である。当時（1970年代はじめ）は集落遺跡の発掘事例はごくわずかで、各地の零細な採集資料をも用いて、前期・後期に大別した。なお東北地域（咸鏡南・北道）の土器編年については第7章で言及した。

　第3章は、その後松菊里遺跡などの調査で発見された土器によって中期が設定され、集落遺跡の調査も進んで前期がさらに細分できる見通しがたったので、第2章を補足するために1990年代中頃の資料にもとづき再度土器編年を試みたものである。

　第4章は、1974年に筆者が福岡市諸岡で後期無文土器出土遺跡を調査したのを機会に、日本列島内の類例を調べ、無文土器文化と弥生文化の平行関係そして弥生遺跡における無文土器とそれを模したらしい擬無文土器の意味について論じたものである。

　第5章は、その後出土があいついだ西日本各地の無文土器やそれらしい土器について、無文土器かどうかの判別、そうした土器が出現する背景を考えたものである。

　第2部は青銅器とその副葬墓を主題にするが、青銅器各器種の細かな分析、編年は先学の成果に

依拠し、とくに扱っていない。

　第6章は朝鮮半島青銅器文化の系譜と分期を扱う。ここで示した分期を第12章まで踏襲するが、とくに第3期の細分と地域性にもとづく各期内容の再検討が必要と考えている。

　第7章はそれぞれ別個に議論されていた無文土器と青銅器の関係を明確にすることを目的とする。執筆当時は無文土器を第2章により前・後期にわけていたため、青銅器に伴うとした前期無文土器のほとんどすべては、現在では中期無文土器と読み替えねばならない。

　第8章は青銅器とその展開の地域的な異同を吟味するもの。ここに示した青銅器地名表は、その後の出土地再検討などにより変更すべき部分もあり、また追加すべき遺跡も多い。

　第9章、第10章は青銅器を副葬する墓について、墓の種類と副葬青銅器の違いなどを検討し、副葬墓の変遷とそこに反映された社会階層分化の問題を扱う。

　第11章は、無文土器文化と弥生文化とでは青銅器の扱いに副葬と埋納の基本的差異があること、朝鮮半島にもごく一部で青銅器埋納が行われたことを指摘する。講義テキストとしても使用できるようにとの韓国側編集者の要請により弥生青銅器について少しくわしく記述している。

　第12章は霊岩出土鋳型について、弥生青銅器鋳型の観察から得た見方をもとに、鋳型にあらわれた鋳造技術の問題やこの一括鋳型の青銅器文化の中での位置づけを考えたもの。

　第3部は弥生時代農耕の母体であった朝鮮半島の初期農耕を扱う。

　第13章は出土栽培植物種子などの種類と農耕遺跡の立地を検討し、遺跡立地と水稲農耕・畠作農耕の関係において弥生文化と違いがありそうなことにふれる。

　第14章は新石器時代農耕と無文土器時代農耕の内容と系譜における異同、いずれにおいても弥生農耕にくらべ畠作の比重が高いこと、気候や地形の違いがその要因であろうことを述べる。

　第15章は無文土器時代には畠作の比重も高く、北部では畠作のみに傾くこと、それが遺跡の規模・継続性に影響していることを論じる。

　第16章はこれまで長年にわたって集めてきた朝鮮半島の出土植物遺体の集成である。

　終章は第16章までをふまえ、緊密な交流があった無文土器文化と弥生文化の間には相当の違いがあったこと、その歴史的意味について、農耕の実態と青銅器の扱いをとおして示した。高等学校の先生向けの雑誌に書いたものであるが、本書のまとめに代えた。

　なお各章末の補記は今回加えたものである。

　本書の暦年代観は、北部九州の弥生時代中期後半甕棺墓副葬前漢鏡による暦年代推定、秋山(1968・69)の中国遼寧省の琵琶形銅剣文化の年代推定、すなわち短期編年を基本枠組みとしている。無文土器時代暦年代については、すでに1960年代に朝鮮民主主義人民共和国ではコマ形土器の上限を紀元前2000年紀後半とする長期編年観に拠っており（黄基徳1966など）、琵琶形銅剣の下限年代もかなり古く見ていた（金用玕ほか1967aなど）。このような年代観の論拠に立ち至って検討したことはなかったが、秋山年代観の根拠のひとつ、琵琶形銅剣副葬の遼寧省大連市楼上墓での明刀銭の共伴が否定されている現在、暦年代枠組みの再検討が必要と考えている。

朝鮮半島初期農耕社会の研究　目　次

まえがき

第Ⅰ部　無文土器 ———————————————————— 1

第1章　西部地域の無文土器 …………………………………… 2
1　コマ形土器　3
2　西北地域　8
3　相互の関係と絶対年代　18

第2章　南部地域の無文土器 …………………………………… 27
1　無文土器の群別　27
2　第　1　群　32
3　第　2　群　34
4　第　3　群　37
5　そのほかの土器　43
6　甕　　棺　45
7　丹塗磨研土器　46

第3章　南部地域の前期・中期無文土器 ……………………… 51
1　前　期　土　器　51
2　中　期　土　器　56

第4章　朝鮮系無文土器 ………………………………………… 73
1　朝鮮系無文土器とその年代　73
2　無文土器文化と弥生文化の年代的関係　84
3　弥生社会における朝鮮系無文土器　88
4　弥生社会と無文土器社会の交渉　92

第5章　朝鮮系無文土器再論——後期無文土器系について—— …………… 97
1　後期無文土器系土器の類別　97
2　後期無文土器系土器の諸例　100
3　時期と分布　111

第Ⅱ部　青銅器 —————————————————————————117

第6章　青銅器文化の系譜 ……………………………………………118
　　1　遼寧青銅器文化　118
　　2　朝鮮半島青銅器文化の展開　120

第7章　青銅器と土器・石器 ……………………………………………132
　　1　青銅器と土器・石器の共伴資料　133
　　2　地域ごとの検討　140
　　3　結　170

第8章　青銅器文化の地域性 ……………………………………………176
　　1　地域と時期区分　176
　　2　各地域の青銅器文化　184

第9章　青銅器副葬墓——銅剣とその社会—— ……………………………………194
　　1　支石墓と箱式石棺墓　194
　　2　石槨墓　204
　　3　土壙墓　208
　　4　木槨墓　211
　　5　結　215

第10章　無文土器時代の副葬行為 ……………………………………218
　　1　支石墓と副葬　218
　　2　松菊里遺跡と如意洞遺跡　221
　　3　後期の副葬墓　222
　　4　副葬の意味　223

第11章　日本列島と朝鮮半島の青銅器——副葬と埋納—— ………………225
　　1　朝鮮半島における青銅器　225
　　2　弥生社会における青銅器　230
　　3　副葬と埋納　238

第12章　霊岩出土鋳型の位置 ……………………………………242
　　1　出土地　242
　　2　鋳型の比較検討　243
　　3　型と製品　267
　　4　霊岩鋳型の位置づけ　274

第Ⅲ部 農　　耕 —————————————————— 283

第13章　農耕集落の立地 …………………………… 284

　　1　農耕の始まりと栽培植物　284
　　2　朝鮮半島の地形の特色　285
　　3　有文土器時代の遺跡立地　288
　　4　無文土器時代・原三国時代の遺跡立地　290
　　5　遺跡立地と農耕社会の形成　301

第14章　農耕の二つの始まり ……………………… 304

　　1　地域と時期の区分　304
　　2　気候条件　305
　　3　栽培植物種子　308
　　4　農具と耕作地　311
　　5　朝鮮半島の農耕の始まりと特質　318

第15章　農耕と集落 ………………………………… 324

　　1　弥生時代の栽培植物遺体　324
　　2　朝鮮半島の栽培植物遺体　326
　　3　自然環境の違い　328
　　4　朝鮮半島の初期農耕遺跡の立地　329
　　5　朝鮮半島の初期農耕遺跡の規模、継続時期　331

第16章　植物遺体 …………………………………… 336

終　章　弥生時代日本列島と朝鮮半島の交流 —————————— 362

　　1　農　耕　362
　　2　青銅器　366

引用参考文献 ……………………………………………………………… 371
挿図出典一覧 ……………………………………………………………… 394
初出一覧 …………………………………………………………………… 398
あとがき …………………………………………………………………… 400
韓・朝文目次 ……………………………………………………………… 401
韓・朝文要旨 ……………………………………………………………… 402
遺跡・出土地索引 ………………………………………………………… 404

図・表目次

図1　西部地域無文土器遺跡地図……………4
図2　コマ形土器（1）………………………5
図3　コマ形土器（2）………………………6
図4　新岩里Ⅰ類土器…………………………10
図5　新岩里Ⅱ類土器…………………………11
図6　公貴里型土器……………………………13
図7　美松里型土器……………………………15
図8　細竹里土器と魯南里土器………………16
図9　西部地域の石器・青銅器………………19
図10　金灘里第2次文化層土器………………22
図11　明沙里甕棺、新昌里甕棺、細竹里土器……23
図12　南部地域無文土器主要遺跡地図………29
図13　駅三洞、玉石里、交河里等出土遺物……33
図14　可楽洞、三巨里、交河里出土遺物……35
図15　槐亭洞、水石里出土遺物………………38
図16　鷹峰、俄嵯山等出土遺物………………40
図17　燕巖山採集遺物…………………………41
図18　草島里、新昌里等出土土器……………44
図19　丹塗磨研土器と伴出遺物………………48
図20　刻目突帯文土器、二重口縁短斜線土器、
　　　退化二重口縁短斜線土器………………52
図21　孔列土器…………………………………55
図22　松菊里型住居……………………………56
図23　松菊里遺跡主要部………………………58
図24　松菊里遺跡出土土器（1）……………61
図25　松菊里遺跡出土土居（2）……………62
図26　休岩里遺跡出土土器……………………63
図27　大也里遺跡遺構配置図…………………64
図28　大也里遺跡出土土器……………………65
図29　大谷里道弄遺跡　住居配置と出土土器……67
図30　長川里遺跡出土土器……………………69
図31　朝鮮系無文土器出土遺跡地図…………74
図32　朝鮮系無文土器（1）…………………76
図33　朝鮮系無文土器（2）…………………78
図34　朝鮮系無文土器（3）…………………80
図35　朝鮮系無文土器（4）…………………81
図36　朝鮮半島南部の無文土器………………85
図37　朝鮮半島南部の無文土器と金海式赤褐色軟質土器……86
図38　諸岡遺跡…………………………………89

図39　朝鮮系無文土器出土竪穴………………90
図40　後期無文土器甕の口縁部………………97
図41　後期無文土器系とされる土器の出土遺跡地図……99
図42　無文土器系土器（1）…………………101
図43　無文土器系土器（2）…………………102
図44　無文土器系土器（3）…………………103
図45　無文土器系土器（4）…………………104
図46　無文土器系土器（5）…………………105
図47　無文土器系土器（6）…………………107
図48　無文土器系土器（7）…………………108
図49　遼寧青銅器文化と朝鮮青銅器文化の分布地域……119
図50　遼寧青銅器文化の遺物（1）…………120
図51　遼寧青銅器文化の遺物（2）…………121
図52　朝鮮半島の青銅武器……………………122
図53　朝鮮半島の青銅器（1）………………123
図54　朝鮮半島の青銅器（2）………………124
図55　青銅器遺跡分布地図……………………134
図56　東北地域北部の無文土器（1）………141
図57　東北地域北部の青銅器とその模造品および鋳型……143
図58　東北地域北部の無文土器（2）………144
図59　西北地域の青銅器と土器………………145
図60　西北地域の青銅器と土器・石器………148
図61　西地域の青銅器と石器…………………149
図62　西地域の青銅器・石器・出土遺構……150
図63　木槨墓出土土器…………………………154
図64　東北地域南部の青銅器・鋳型・土器……156
図65　東地域・中部地域の青銅器・鋳型・土器・石器……159
図66　西南地域の青銅器・鋳型・土器・石器……161
図67　西南地域の青銅器副葬墓………………162
図68　西南地域の土器・石器・装飾品………164
図69　東南地域の青銅器・土器・石器・出土遺構……167
図70　入室里遺跡出土土器……………………169
図71　青銅器出土遺跡地図……………………177
図72　青銅器副葬遺跡地図……………………200
図73　銅剣と型式………………………………203
図74　石　棺　墓………………………………203
図75　銅剣と銅鏃………………………………203
図76　石　槨　墓………………………………206
図77　木槨墓と甕棺墓…………………………210

図78	月内洞支石墓と副葬品	219
図79	牛山里内牛支石墓と副葬品	219
図80	積良洞上積支石墓と副葬品	220
図81	徳川里支石墓と副葬品	220
図82	松菊里遺跡墓地	221
図83	朝鮮半島の青銅器	226
図84	朝鮮半島の埋納遺物	228
図85	日本列島の青銅器と鋳型	231
図86	弥生時代の墓地と副葬品	233
図87	弥生時代青銅器の埋納（1）	235
図88	弥生時代青銅器の埋納（2）	236
図89	霊岩鋳型出土地周辺地図	243
図90	霊岩鋳型（1）	250
図91	霊岩鋳型（2）	251
図92	霊岩鋳型（3）	252
図93	朝鮮半島の石製鋳型（1）	254
図94	朝鮮半島の石製鋳型（2）	255
図95	中国東北地方の石製鋳型	256
図96	九州の初期鋳型	257
図97	青銅製斧・鑿・鉇	269
図98	農耕関係遺跡地図	286
図99	朝鮮半島の暖かさの指数（WI）と寒さの指数（CI）の分布	288
図100	遺跡の立地（1）	289
図101	遺跡の立地（2）	289
図102	遺跡の立地（3）	291
図103	遺跡の立地（4）	291
図104	遺跡の立地（5）	291
図105	遺跡の立地（6）	292
図106	遺跡の立地（7）	293
図107	遺跡の立地（8）	293
図108	遺跡の立地（9）	296
図109	遺跡の立地（10）	297
図110	遺跡の立地（11）	298
図111	遺跡の立地（12）	298
図112	遺跡の立地（13）	300
図113	遺跡の立地（14）	301
図114	東アジアの生態気候区分	306
図115	水田の割合	307
図116	新石器時代の農耕関係遺物	312
図117	無文土器時代の農耕関係遺物	313
図118	朝鮮半島の水田遺構	315
図119	朝鮮半島の畠遺構	316
図120	食用・栽培植物遺体出土遺跡地図	359

表1	コマ形土器の組み合わせ	5
表2	西北地域無文土器の編年	17
表3	南部地域の無文土器主要遺跡	28
表4	各類型土器の組み合わせ	31
表5	丹塗磨研土器出土遺跡	46
表6	大谷里道弄遺跡の各型式土器出土住居数	68
表7	朝鮮系無文土器出土遺跡	75
表8	青銅器と土器・石器の共伴例	136
表9	東北地域北部の無文土器編年	142
表10	青銅器出土地	178
表11	青銅器副葬墓	195
表12	西地域木槨墓副葬品の比較	213
表13	霊岩出土鋳型	244
表14	青銅器石製鋳型	247
表15	中国東北地方の青銅器石製鋳型	248
表16	北部九州の初期鋳型	249
表17	青銅斧、鑿、鉇の出土状況	276
表18	主な農耕遺跡と栽培植物・食用植物遺体出土遺跡	287
表19	『世宗実録』「地理誌」記載の水田結数割合ごとの郡県数	307
表20	朝鮮半島出土栽培植物種子	309
表21	弥生時代遺跡出土栽培植物の組み合わせ	325
表22	朝鮮半島の栽培植物遺体	327
表23	早洞里遺跡出土種子	342
表24	松菊里遺跡第11次調査出土種子	346
表25	漆谷3宅地開発地区2区遺跡出土種子	350
表26	玉房1地区遺跡出土種子	354
表27	玉房1・9地区遺跡出土種子	355
表28	晋州大坪里遺跡土壌標本分析結果	357
表29	朝鮮半島の栽培植物遺体	360
表30	栽培植物種子出土遺跡数（朝鮮半島と弥生時代）	366

第Ⅰ部 無文土器

第1章　西部地域の無文土器

　朝鮮の原始土器に「櫛目文土器」と「(赤褐色)無文土器」の2種類があることははやくから知られていた(鳥居1917)。そしてそれぞれの土器文化の系統・分布・性格・年代・民族・相互関係などにかんしてさまざまに論じられていた(藤田1924、鳥居1925、横山1939)。しかしながらそれらの議論の多くは大勢論にとどまり、精緻な分布・編年論を基礎とするものではなかった。それは、原始時代を主たる対象とはしなかったかつての「朝鮮考古学」(三上1955、西川1966・1970)の当然の帰結であったといえよう。

　1945年以降、日本においてはそれまでの資料の整理と研究がすすめられた。また朝鮮で行われた発掘調査や新資料も紹介され、新しい研究成果をもたらしつつある(有光1959a・1962、三上1961、佐藤1963、田村1963、鄭漢徳1966・1968)。

　解放後、南・北朝鮮ではおびただしい新資料が発見され、かつての「朝鮮考古学」とは明確にことなる問題関心にそくして研究がすすめられている。その成果は原始時代の時期区分に端的にしめされている。

　朝鮮民主々義人民共和国の研究者たちは、朝鮮原始時代を、旧石器時代、新石器時代(櫛歯文土器文化)・青銅器時代(無文土器文化)・鉄器時代に区分し、相互の継承関係を強調している(都宥浩1960a、金勇男1967、金用玕ほか1967b)。韓国では金元龍が、文化の系統にもとづいて、旧石器時代・新石器時代(櫛歯文土器文化)・青銅器時代(第1次青銅器文化＝無文土器文化)・初期鉄器時代(第2次青銅器文化)の区分をたてている(金元龍1966a)。これらの時期区分論には、区分の根拠や力点の位置に相違があるが、原始時代を朝鮮史に不可欠のものと考え、かつての「朝鮮考古学」が設定した「金石併用期」を否定し、鉄器時代初期に「古朝鮮」が成立したとするなど、共通する点も多い。しかしながら、それぞれの時期の関連、個々の時期の性格や展開、絶対年代など検討すべき多くの問題が残されている。

　近年の発掘調査によって「無文土器」[1]とよばれる土器が、地域的にも時間的にも多様であることが一層明らかになった。弥生文化の成立にこの「無文土器」文化が一定の関係をもったと考えられているが、その実態は一部の遺構・遺物を除いては明らかではない。また「無文土器」そのものについてのわれわれの知識は、新しい資料にまで十分におよんでいるとはいいがたい。

　「無文土器」とその文化については、これまでに日本人や朝鮮人の研究者によって多くの考察がなされている(有光1959a・1962、三上1961、佐藤1963、田村1963、鄭漢徳1966・1968、金用玕1964a、黄基徳1966、李炳善1963、金廷鶴1967b)。その問題関心や方法論そして提起された仮説は多様であり、これら諸見解にたいする検討を深めることが今後必要となろう。

本章では西朝鮮（慈江道、平安南・北道、黄海南・北道）の「無文土器」について、これまでの資料をまとめ、その変遷を検討してみたい。もとよりこの地域の「無文土器」は、中国の遼寧省、吉林省などの地域とも密接な関係をもち、これらの地域との対比も欠くことはできないが、ここでは西朝鮮地域に限定してのべてゆくことにする。土器にしめされる文化の内容に関しては、今後の課題とし、伴出遺物について簡単にふれるにとどめる。

1 コマ形土器

大同江流域を中心に平安南道、黄海南・北道に分布する「無文土器」はコマ形土器とよばれる。おもな遺跡はつぎのとおりである。

  平安南道平壌市西城区域臥山洞（住居址 6 のうち 1 を調査）（金勇男ほか 1961）
   〃   〃 北区域美林休岩（住居址 1）（考古学研究室 1960）
   〃   〃 勝湖区域立石里（住居址 2）（李元均・白龍奎 1962）
   〃   〃   〃 金灘里（住居址 4）（金用玕 1964b）
   〃   〃 江南郡猿岩里（住居址 2）（鄭白雲 1958）
   〃   〃 中和郡真坡里（住居址 1）（鄭白雲 1958、有光 1966）
  黄海北道黄州郡沈村里（中学校横で住居址 3、天真洞で住居址 1）（黄基徳ほか 1966）
   〃 鳳山郡新興洞（住居址 7）（徐国泰 1964）
   〃 松林市石灘里（住居址 100 余のうち 11 を調査）（朴ソンフンほか 1965）
   〃 隣山郡舟岩里（住居址 1）（白龍奎 1966）
  黄海南道龍淵郡石橋里（住居址 4）（黄基徳 1963b）

このほかに、平安南道江西郡台域里（考古学民俗学研究所 1959b）、平壌市西浦里（小野 1935）、黄海北道鳳山郡智塔里（考古学民俗学研究所 1961）、同郡御水区鉄橋洞（黄基徳 1959a）、同郡松山里唐村（黄基徳 1959a）、銀波郡妙松里（鄭白雲 1958）、黄海南道銀泉郡二道浦里洪谷（李元均 1961）、京畿道江華郡河岾面三巨里（国立博物館 1967）などでもコマ形土器が出土した。墓から出土した例は黄海北道鳳山郡御水区石棺墓（李ヨンヨル 1959）、黄州郡沈村里天真洞 4 号支石墓・同 6 号支石墓下石棺（黄基徳ほか 1966）をあげることができる[2]。

コマ形土器（図 2・図 3）の胎土にはふつう砂または砂と滑石粉が混ぜられる。口縁部は外におりかえされたように厚くなり（以下、二重口縁とよび、厚くなっていないものを一重口縁とよぶ）、そこに 2〜3 本を単位とする斜刻線をもつ。底は瘤状あるいは小さな平底状に突出する。器形には甕と有頸の壺（変形コマ形土器とよばれることがある）がある。

コマ形土器のほとんどが、上にみたように住居址から出土する。器形がわかる場合壺と甕がいっしょに出ることが多いが、完形あるいは完形に復しうるものは少ない。個々の住居趾の出土個体数はまちまちで、10 数個体分のこともあれば若干の破片しかないこともある[3]。いずれの場合でも器形の内訳は明らかでない。また異型式と認めうるものが層をことにして出土した例もない。

したがって以下のコマ形土器の分類と組み合わせの検討では、複数の住居址のある遺跡も遺跡全

4　第Ⅰ部　無文土器

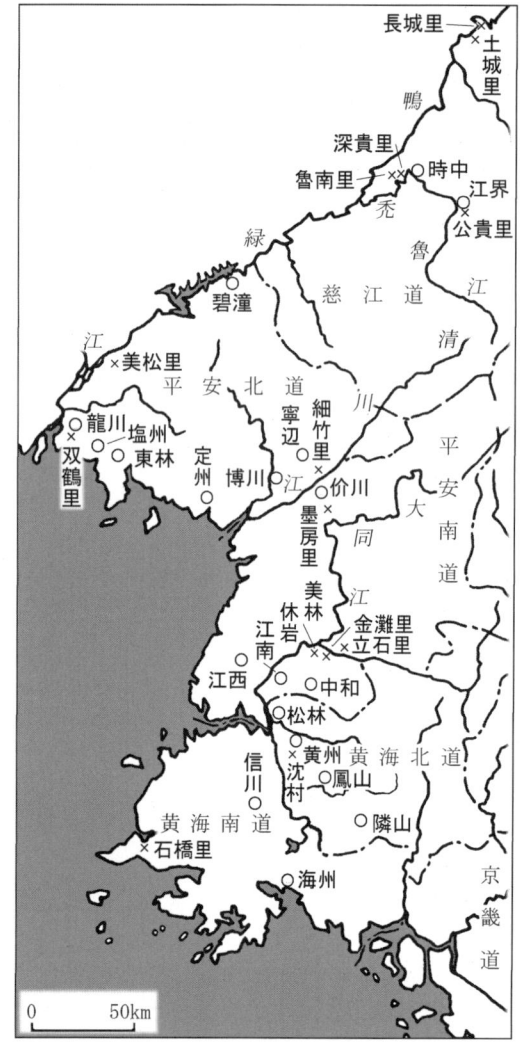

図1　西部地域無文土器遺跡地図

体をひとつの単位とし、報文の記述がくわしく実測図の多い口縁部の様相を分類基準にする。

コマ形土器は器形から甕と壺にわけられる。甕をⅠ類とし、これを二重口縁部に斜刻線のある有文のものと、それのない無文のものとに分ける。前者をⅠa類、後者をⅠb類とする[4]。頸のある壺をⅡ類とし、これを二重口縁有文（ⅡAa類）・同無文（ⅡAb類）・一重口縁有文（ⅡBa類）・同無文（ⅡBb類）の4つにわける。このほかに一部の遺跡にみられる小形の壺をⅢ類とする。これら各類型の遺跡ごとの出土状況をまとめると表1のようになる。

第Ⅲ類の小形壺の確実な出土例は立石里2号住居址（完形1・底部片4・口縁部片若干）と舟岩里（完形1）である。立石里のもの（図2-2）は胎土に細砂を混ぜ、焼成温度は比較的高い。口縁部は多少外反し、厚くなっておらず、底は平底である。舟岩里のものも、質・大きさともにこれとほとんど同じで、褐色を呈す。

この小形壺とともに出土した立石里の土器には、他遺跡に多いⅡAa類を除くすべてがある（図2-2～9）。これらの土器は薄手で器面を磨研し、焼成温度も高く、黒灰色を呈し、他のコマ形土器より硬質である。Ⅰ類（図2-4～6）は完形品がなく、Ⅰb類がⅠa類よりはるかに多い。二重口縁部の厚い点は他のコマ形土器とことなるという。Ⅱ類はⅡAb類（図2-9）が2号住居址から1点出たほかはすべて一重口縁である。これらは頸部中央がくびれ口が外にひらき、他のコマ形土器の壺とことなる。口径は16～35cmで大形のものが多い。

立石里と同じ土器は美林休岩にみられる。ここの甕（Ⅰ類）のうち二重口縁部に2～3・4本の斜線を施すもの（Ⅰa類）は数点にすぎずⅠb類が多い。Ⅱ類は図2-1のもの[5]しか記述がない。これも頸部中央が細く口が外にひらく。口縁部に約8mm間隔で長さ2～3cmの斜線を連続してめぐらす。表面は黒く磨研している。この遺跡にはまた小形の壺もあるらしいが、これを第Ⅲ類に分類しうるかどうかは明らかでない。

立石里と美林休岩の土器は種類に多少の差はあるが、器形・質・装飾などで共通し、他遺跡のコマ形土器と顕著な差をみせている。立石里と美林休岩を第1グループとする。

舟岩里では第Ⅲ類小壺のほかに3個体分のⅠa類とⅡAa類が出土した。これらは黒褐色で、厚さ

は大形でも4〜5mmにすぎず薄手である。報文の図によるとⅠa類は口径25cm、ⅡAa類は口径22cm・頸高10〜11cmである。頸部は第1グループのものとことなり、口縁部へほぼまっすぐにひらく。甕・壺ともに口縁部に2〜3本の交叉する斜線を施す。

舟岩里と類似の土器は臥山洞にある（図2-10・11）。Ⅰa類は口径32cm・推定高48cm・厚さ0.5cmで口縁部に3〜5本の斜線が一定間隔でひかれる。ⅡAa類は口径32.5cm・推定高52cm・厚さ6mmほどで口縁部に3本1組の斜線をひく。これはコマ形土器としては最大の大きさである。このほかに炉の傍からやや硬質で美林休岩の壺に似た破片が出たというが詳細は不明。

舟岩里や臥山洞の土器は、薄手で大形であり、第Ⅲ類小壺や美林休岩類似土器もある。これを第2グループとする。

石灘里2号住居址・石橋里1号住居址・沈村里2号住居址からは完形のⅠb類が出土した（図3-1・6・12）。いずれも高さ20〜22cm・口径18〜19cmで赤褐色を呈する。石橋里と沈村里のものはほとんど同じであり、石灘里のものは胴が丸くふくらむ。Ⅰb類は立石里・美林休岩・猿岩里にもあるが、いずれも小片で全形がわからず、比較できない。

石橋里1号住居趾出土の12個体分の土器片のうち、壺は1個だけであ

表1 コマ形土器の組み合わせ

遺跡	コマ形土器分類						小形壺
	甕		壺				
	二重口縁		二重口縁		一重口縁		
	有文	無文	有文	無文	有文	無文	
	Ⅰa	Ⅰb	ⅡAa	ⅡAb	ⅡBa	ⅡBb	
立石里	○	○		○	○	○	○
美林休岩	○	○			○		
舟岩里	○		○				○
臥山洞	○		○				
石灘里	○	○	○		○	○	
石橋里	○	○	○				
沈村里	○	○	○			○	
金灘里	○		○				
新興洞	○		○				
猿岩里		○		○			
真坡里	○						

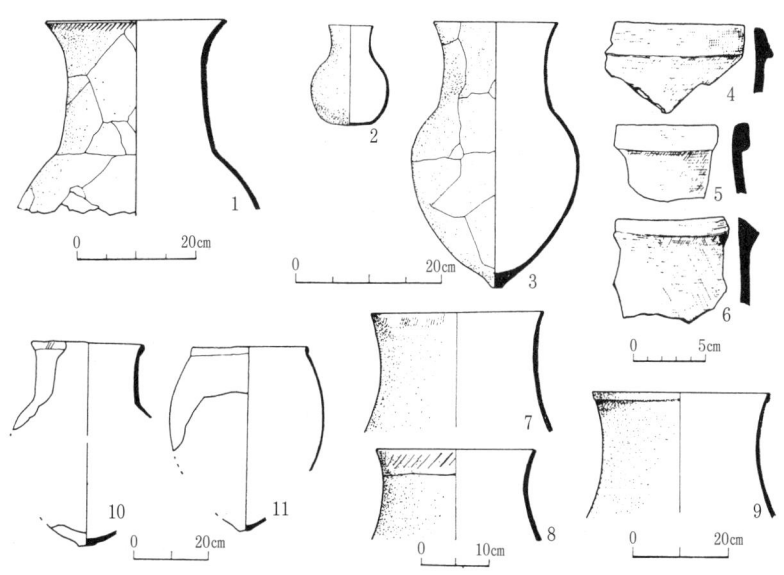

図2 コマ形土器（1）
1：美林休岩　2〜9：立石里（2・3・7・9：2号住居　8：1号住居）　10・11：臥山洞

6　第Ⅰ部　無文土器

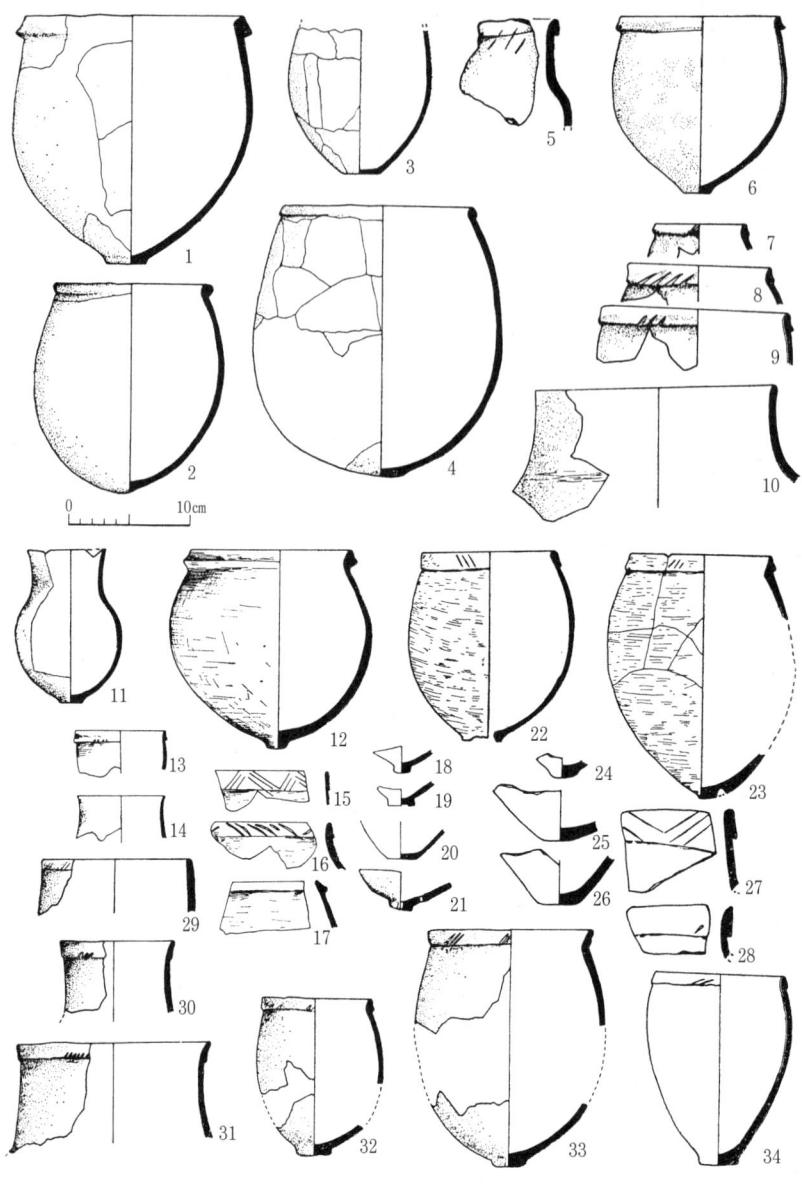

図3　コマ形土器（2）
1～5：石橋里（1～4：1号住居）　　6～10：沈村里（6、7、9：2号住居）
11～21：石灘里（11、13：7号住居　　12、19：2号住居　　14：4号住居　　21：8号住居）
22～28：新興洞（22、23：2号住居　　25、26：3号住居）
29～33：金灘里（30、33：1号住居、31：2号住居、29、32：8号住居）　　34：智塔里
〔縮尺　3～12、22、23：約1/8、13～21、29～34：約1/10、24～28：約1/6〕

る。これは黒褐色で、器面を磨研し、美林休岩の黒褐色磨研土器に近いという。残りはすべてⅠ類で、前にのべたⅠb類のほかに、底が瘤状にかすかに突出するⅠb類と平底のものがある（図3-1～4）。Ⅰa類もあるらしいが報文にくわしい記述がない。2～4号住居址からも破片が出ている。ⅡAa類（同図5）の出土住居は不明。この遺跡の土器は一般に黒褐色で、表面を少し磨研したものもある。
　石灘里で調査された11軒の住居址のそれぞれでどのような土器が出たかは一部しか明らかでな

い。これら住居址出土の土器（図3-11〜12）はやや薄手で黒褐色のものが多く、一部の土器は器面を少し磨研する。甕は大部分がⅠa類でⅠb類は少ない。壺はⅡAb類を除くすべてがある。7号住居址からはⅡBb類の小形壺が出ている（同図11）。これは立石里や舟岩里のⅢ類土器より少し大きく、底は他のコマ形土器と同じである。Ⅲ類と型式的な関係があるのかもしれない。底部片の中にはあげ底（同図19）・平底（同図20）・焼成前に穿孔したもの（同図21）などがある。この遺跡では100余の住居址が確認されていて、存続期間も長いと思われ、土器が多様であるのもそのためであろう。

沈村里2号住居址からは15個体分の土器が発見され、上にあげたものとそれより大きいⅠb類・Ⅰa類・ⅡAa類があり、有孔底部片[6]もあるらしい。3号住居趾にもやや小形のⅠb類がある。本遺跡の4つの住居址からは34個体の土器が出土し、そのほとんどがⅠa類とⅡAa類であり、Ⅰb類は少なく、ⅡBb類（同図10[6]）は1点だけである。これら土器の多くは高さが20cmくらいだという。

石灘里・石橋里・沈村里の3遺跡ではⅠb類を除く土器には差があり、また個々の住居址出土土器の間にも差があるが、ここではⅠb類を共通項としてまとめ、第3グループとしたい。

新興洞と金灘里には類似のⅠa類とⅡAa類がある。新興洞の土器のうち全形のわかるものは2号住居址出土のⅠa類2点だけである（図3-22・23）。うち1点は底部に焼成後の穿孔がある。本遺跡のⅠa類は口径10〜20cm、高さ20〜30cm、厚さ5〜8mmで口縁部に2〜4本の斜線を施す。ⅡAa類は1・3・5号住居址にみられ、実測図によると頸高は6ほどで低い（同図27・28）。底部は瘤状に突出し、平底に近いものは3号住居趾に出た（同図24〜26）。金灘里では1・2・3・8号住居址からコマ形土器が出土した。完形品はないが、Ⅰa類（図3-32・33）は高さ20〜35cm、口径15〜25cmほど、ⅡAa類は、実測図によると頸高10〜14cm、口径16〜28cmほどである（同図30・31）。底は小さく突出するものの外に、新興洞のもの（同図26）と同じものもある。これら新興洞と金灘里の土器を第4グループとする

以上のほかに真坡里からは大形のⅠa類が出ている。その器形、大きさは第2グループに近いようである。猿岩里の2つの住居址からはⅠb類が出土した。Ⅰa類もあるらしいがはっきりしない。1号のものは砂や滑石混じりの胎土を用い、2号のものにはそうした混入がない。1号には口径40cmのものもあり、二重口縁部の厚さは1cmほどで、2号のものより大形のようである。ほとんどすべてがⅠb類である点は第1グループに近い。

智塔里遺跡第2地区ではⅠa類の完形品が出土した（図3-34）。形態は他のコマ形土器Ⅰ類とことなり、ソウル市可楽里（金廷鶴1963）の甕形土器に近い。

分類した4グループの間の相違は、その分布や伴出石器からみて、時間的な差をある程度反映しているとみることができる。むろんそれが明確な前後関係をしめすものでなく、出現時期の前後を、したがって、おおまかなコマ形土器の変遷をしめすにすぎないことはいうまでもない。

第1グループの土器は器面を磨研し、硬質であるなど、技術的にも進んでおり、後述する美松里型土器と共通する点がみられる。また第Ⅲ類の小形壺は後でのべるようにコマ形土器以外の土器と関係がある。このグループはもっとも新しい一群と認めることができよう。第4グループは器形の組み合わせが単純であり、コマ形土器としては古いものと考えられる。第3グループはⅠb類以外

の土器には第1グループに近いものもあり、第4グループと第1グループの間におくことができる。第2グループは第Ⅲ類土器の存在や、大形土器の多いことなどから第1グループに近いが、第3グループとの関係ははっきりしない。石灘里7号住居址のⅡBb類（図3-11）が第Ⅲ類と関係があるとすれば、第2グループを第1と第3グループの間におくことができよう。

このように考えるならば、コマ形土器の変遷を第4グループ→第3グループ→第2グループ→第1グループという変化としてとらえられる。これを各類型の土器についてみると、まずⅠa類とⅡAa類があらわれ、形態的に少しずつ変化しながら第1グループの時期まで用いられる。中頃になるとⅠb類とⅡB類があらわれ、しだいにⅠa・ⅡB類にとってかわり、第Ⅲ類はもっとも遅れて出現すると考えられる。

こうした変化が、コマ形土器文化自体のどのような展開をしめすのか、またコマ形土器以外の土器とどのような関係をもっていたのかについて、今のところ詳細に論ずることはできない。

2 西北地域

この地域の「無文土器」は大同江流域とことなり、多様である。分布地域は鴨緑江下流域と海岸地域、清川江流域、鴨緑江上流域と禿魯江流域、の3つにわけられる。まずおもな遺跡についてのべる。

鴨緑江下流域・海岸地域

平安北道義州郡美松里洞窟遺跡（金用玕 1963a・b）。下層から櫛歯文土器が、上層から「無文土器」が出る。上層の土器を美松里型土器とよぶ（図7-1～16）。

平安北道龍川郡新岩里遺跡（李順鎮 1965、金用玕ほか 1966、新義州歴史博物館 1967）。新岩里部落をかこむ標高35mほどの丘陵に遺跡がある。発掘は青燈邑（第1地点）、砂山（第2地点）、畜舎前（第3地点）で行われた。第1地点では直線幾何文土器の文化層と住居址1ヵ所が発見された。これを新岩里第1文化層（新岩里Ⅰ）とする。第2地点の層位は下から新岩里Ⅰにあたる層、美松里型土器の層と住居址（1～5号）、「変形花盆形土器」層、高句麗時代の層である。美松里型土器の層を新岩里第3文化層（新岩里Ⅲ）とよぶ。第3地点は道路で東西にわけられ、東側には2つの文化層がある。下層は新岩里Ⅰに相当し、上層を新岩里第2文化層（新岩里Ⅱ）とよぶ。西側には新岩里Ⅱ層がある。この地域ではほかに平安北道碧潼郡松蓮里（鄭日燮 1962）、龍川郡龍淵里龍淵山（李柄善 1962）、王山（鄭日燮 1962）、塩州郡ハンボン里（李柄善 1962）、東林郡仁豆里タンモル（新義州歴史博物館 1959a）、宣川郡円峰里（李元均 1964）、定州郡石山里タンド山（李元均 1964、新義州歴史博物館 1959b）でも表採、試掘が行われている。

清川江中流域

平安南道价川郡墨房里（金基雄 1961）。支石墓（卓子式1基のほかはいわゆる変形支石墓）と積石塚群があり、24号支石墓（地下に河石を積んで長さ180cm・幅80cm・深さ60cmの石室をつくり、

板石でおおい、その上に蓋石をのせる）から美松里型土器が出土した。この美松里型土器をとくに墨房里型土器とよぶことがある（図7-17）。

平安北道寧辺郡細竹里（金政文1964・金永祐1964b）。清川江右岸にある。第1区〜第4区の4ヵ所で発掘が行われた。層位は地表下30cmまでが表土層、ついで50〜60cmまでが縄蓆文土器・鉄器・明刀銭の古代文化層、この下地表下約1mまでが「無文土器」文化層（細竹里第2文化層＝細竹里Ⅱ）、さらに無遺物層をへて地表下1.7〜2mに櫛歯文土器層（細竹里第1文化層＝細竹里Ⅰ）となる。住居址は第1区第1文化層で1ヵ所（7号）、第1〜4区の第2文化層で23ヵ所、第1区古代文化層で3ヵ所（1・8・19号）発見された。第2文化層の竪穴住居址は、地表からの深さ・切りあい・構造・出土土器によって時期のことなる3グループにわけられる。この3グループを古い方から$Ⅱ_1$・$Ⅱ_2$・$Ⅱ_3$とよぶことにする。

$Ⅱ_1$の住居址は10・27・28号で、27号は一辺が3.7m、10号は3.4mの正方形で、いずれも北壁よりに石囲い（北側を除く）の炉があり、柱穴はない。

$Ⅱ_2$の11の住居址は南北長軸の長方形（6号は8.3×5m）で、北壁よりに石囲いの炉をひとつもつ。柱穴のないものが多い。

$Ⅱ_3$の住居址は9ヵ所あり、南北長軸の長方形（23号は9.3×5.1m）で、中央から北側に南北に並んだ大小2つの炉がある（北側のが小さく、南側のものが大きい）。例外なく長軸にそって3列の柱穴がある。

鴨緑江上流域・禿魯江流域

慈江道江界市公貴里遺跡（考古学民俗学研究所1959c）。禿魯江右岸にあり、6つの住居址が発見された。4・5・6号住居址は2・3号住居址を切る幅1m弱の溝で結ばれ、前者が後者より新しい。しかし2・3号住居址床面出土遺物はきわめて少なく、土器の実態が明らかなのは5号住居址だけである。本遺跡の土器を公貴里型土器とよぶ（図6-15〜27）。

慈江道時中郡深貴里遺跡（鄭燦永1961）。禿魯江右岸に高句麗の石室墓、積石塚150余基があり、その間から住居址3ヵ所が発見された。2・3号住居址と1号住居址の間で土器に差があり、3号に切られた1号が2・3号より古い。1号出土土器（図6-1〜6）を深貴里Ⅰ、2号出土土器（同図7〜10）を深貴里Ⅱとよぶことにする。

慈江道時中郡魯南里遺跡（鄭燦永1965）。禿魯江右岸の江辺とその下流左岸のナンパ洞に遺跡がある。ナンパ洞には170余基の石室墓・積石塚があり、その下に2つの文化層が認められた。下層からは公貴里型土器が出る。上層には1号住居址とオンドル施設を2つもつ2号住居址がある。鉄器・青銅器が多い。この層の土器を魯南里型土器とよぶ（図8-7〜8）。江辺には約70基の石室墓と積石塚があり、その中に炉を2つもつ住居址がある。土器は魯南里型土器である。

慈江道中江郡土城里遺跡（李炳善1961）。遺跡は広範囲にわたり、櫛歯文土器、公貴里型土器、魯南里型土器の文化層がある（鄭燦永1965、李炳善1963）。土城里中学校の第1・2区では攪乱層の下に竪穴が発見された。第1区の1号住居址からは公貴里型土器が出る。第1区の西隣の第2区では一番下の2号住居址と不整円形竪穴から櫛歯文土器が出土し、2号住居址の上の4号住居址とその上

の3号住居址からは魯南里型土器や鉄滓が出る。第1区の東5mにある第3・4区は地表下40〜50cmまで包含層があるが撹乱がはなはだしい。第4区の地表下20〜25cmには4つのオンドル施設があり、地表下40cmに焼けた砂層と鉄滓が出る。第3・4区出土土器には褐色磨研土器（魯南里型土器）が多い。このほかに第6・7区の地表下15〜20cmに美松里型土器が出ているが、詳細は阻らかでない。

慈江道中江郡長城里遺跡（金鍾赫1961）。鴨緑江岸の地表下3mほどのところに厚さ10〜30cm、ところによっては50cmの包含層があり、種々の土器片が混在していた

以上の諸遺跡の「無文土器」のうち、もっとも広く分布するのは美松里型土器である。そのほかの土器は分布が限定されるようである。古い土器から順にのべてゆこう。

新岩里Ｉ（図4）

新岩里第1・2・3各地点の最下層から発見された。その文様は櫛歯文土器のカテゴリーに入れるべき直線幾何文であるが、しかし伴出石器は「無文土器」文化のそれと同じく、櫛歯文土器文化の石器とことなる。

器形には壺・甕・鉢などがあり、壺の肩に環状把手が縦に1対つくことがある。胎土に雲母をまぜ赤褐色のものが多い。文様は刻目のある突帯・円盤貼付・雷文・三角文・綾杉文などを複雑に組み合わせる。とくに器面を磨研した壺の頸部と胴部の文様は複雑である（図4-1〜5）。同様の文様をもつ土器は龍川郡双鶴里にもみられ（都宥浩1960、李炳善1965）、また遼東半島や長山列島にも類似のものがある。このほかに頸部に水平の沈線や円点の簡単な文様をもつものと無文のものがある（図4-6・11

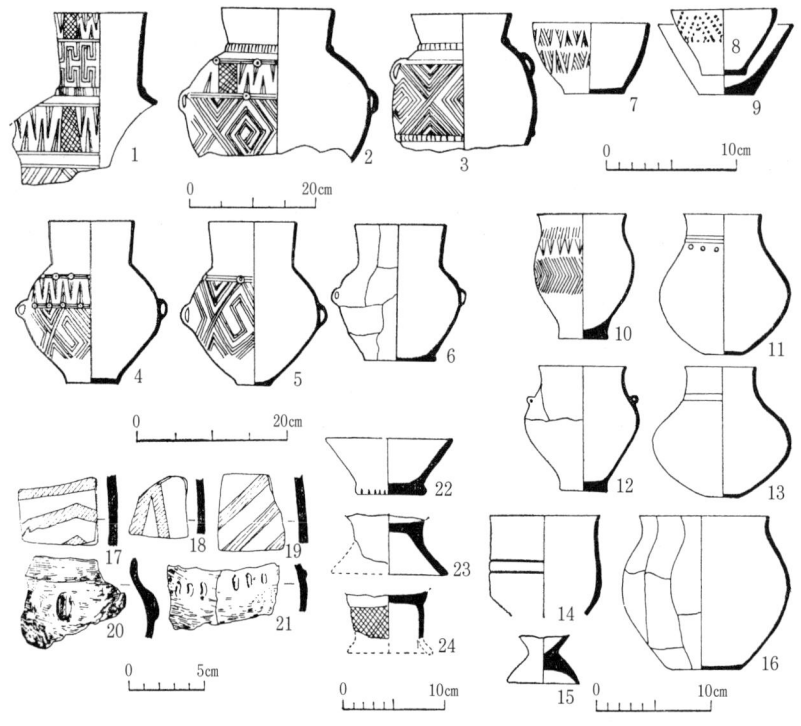

図4　新岩里Ｉ類土器　　1〜16：新岩里第1地点　　17〜24：新岩里第3地点

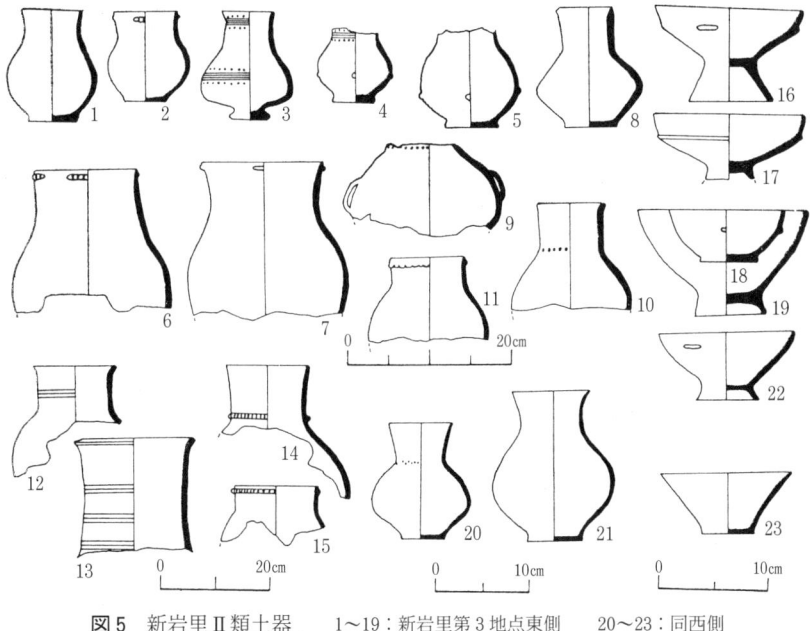

図5　新岩里Ⅱ類土器　　1〜19：新岩里第3地点東側　　20〜23：同西側

〜13・16)。第1地点のこれらの土器は第2・第3地点でも最下層から出るが、詳細はわからない。

　第3地点ではこのほかに彩色土器片（同図17〜19）、細長い瘤状装飾のつくもの（同図20・21）、突出する底縁に刻みのある鉢（同図22）、豆（同図23・24）があり、少し様子がことなる。彩色土器は焼成後に赤・黄褐色・黒色で幾何的な文様をえがく。文様構成は明らかでないが、同じ手法は遼東半島にみられる。細長い瘤状装飾は羊頭窪や大連浜町貝塚に類例がある。底縁に刻みをつける手法も羊頭窪・望海堝・単砣子・高麗寨など遼東半島や、朱家屯・上馬石・高麗山など長山列島の貝塚にみられる。豆は第1地点の豆らしいもの（同図15）とことなる。このように第3地点の新岩里Ⅰは第1地点と相違する点が多く同一には扱えない。長山列島の貝塚の例からみて、第3地点の新岩里Ⅰは第1地点のそれより多少遅れると考えられる（遼東半島・長山列島の事例については、三宅1936、金関ほか1942、旅順博物館1962）。

新岩里Ⅱ（図5）

　器形は壺・鉢・豆などで、胎土に滑石・石綿・砂粒を混ぜる。器面を磨研するものもある。壺は頸や胴の形が多様で、装飾のないものと、種々の簡単な装飾をもつものがある。

　装飾は「にわとりのトサカのような」突起を口縁下につけるもの（図5-2）、これと同じで「へこみ」のないもの（同図7）、節状の突起（同図6）[7]、口縁部や頸下に節状突帯をまわすもの（同図14・15）、胴下部に4つの瘤をつけるもの（周図4・5）、頸部や胴部に線帯をもち（同図12・13）、これに円点を加えるもの（同図3・4）、頸下部に点列をまわすもの（同図9・10・20）、二重口縁に刻目のつくもの（同図11）などがある。把手は1例しかない（同図9）。豆や鉢にも横長の突起や瘤、突帯をもつものがある（図5-16〜18・22）。これら装飾のうち線帯と円点を組合せるものは新岩里Ⅰにあり、節状突帯（刻目付突帯）は新岩里Ⅰや後述する深貴里Ⅰ・細竹里Ⅱ₁にみられる。また単砣子や羊頭窪にもある

(金関ほか 1942)。豆や鉢の形態も朝鮮に類似のものはなく遼東方面に似たものがある。今のところ、系統・性格など不明の点が多い。新岩里第3地点の層位関係から、新岩里Ⅰより遅れることが明らかである。美松里型土器（新岩里Ⅲ）との共通点はほとんどなく、それより古いものと思われる。

細竹里Ⅱ₁

細竹里遺跡で美松里型土器層（細竹里Ⅱ₂・Ⅱ₃）の下から出土する。甕と壺がある（図8-3・4）。27号住居址からは胎土に砂を混ぜる赤褐色甕（同図4）と器面を磨研する直立頸の壺（高19.5cm）が出た。10号住居址からは砂混り赤褐色の直立頸壺（同図3）が出る。細竹里Ⅱ₁の壺は頸部が直立し、Ⅱ₂・Ⅱ₃の壺と区別される。また27号には、刻目付突帯を口縁のすぐ下にもつ破片（器形不明）が4片ある。これは（1）「口縁端下1.5cmのところに幅1.5cm、高さ5〜7mmの突出した帯をまわし、1〜1.5cm間隔」（金永祐1964：43）で刻目をつける口径26cmのもの1片と、（2）突帯を「いくらか短めにきりはなして」（金永祐1964b：43）突起状につけるものである。（1）は公貴里や深貴里にみられる（図6-1・2・25）。（2）は具体的な形が明らかでないが、新岩里Ⅱのものと同じと思われる。こうした突帯は細竹里Ⅱ₂・Ⅱ₃にはない。

公貴里型土器（図6）

この土器は公貴里・深貴里・土城里・魯南里で出土した。

公貴里の土器（図6-15〜27）の器形には甕・壺・深鉢・椀などがあり、尖底とあげ底（6片）を除きすべて平底である。石英質砂粒や雲母が混じり、黒褐色を呈し、砂質磨研小形土器もある。5号住居址の土器（同図15・17〜22）のうち、胴部に1対の把手をもつ大甕（同図15）は公貴型土器を特徴づけるもので、形に多少の変化はあるが、深貴里や土城里にもみられる（同図5・11）。把手は断面楕円形の環状で、上端に小さい瘤がつく。同様の把手は公貴里型土器にひろく認められる（同図5・7・10・11・18）。深鉢（同図17）は口がややすぼまり口縁下に爪形の圧痕をめぐらす。胴部には瘤状把手[8]が1対つく。同形の深鉢で口縁下に小孔を1列穿つものが包含層から出ている（同図16）。同じ深鉢形土器は把手のないものが深貴里Ⅰにあり、把手のつくものが深貴里Ⅱ・土城里にある（同図2・3・8・9・12・14）。このほかに口縁部に瘤を4つもちその間を点でつなぐ鉢や無装飾の椀や浅鉢、甕[9]がある（同図18〜22）。5号住居址以外では4号住居址に円筒形深鉢（同図23）、包含層から底面に木葉圧痕のある破片（同図24）、刻目付突帯（同図25）、刻目のない突帯や突起のつく破片（同図26・27）など5号住居址にないものが出た。刻目付突帯は深貴里1号住居址にあり（同図1・2）、すでにのべたように細竹里Ⅱ₁・新岩里Ⅱにも認められる。これらは公貴里型土器の中でも古いものと考えられる。

深貴里Ⅰの土器（同図1〜6）と深貴里Ⅱの土器（同図7〜10）には、大粒の砂混じりの粗質土器が共通にあり、ほかに1号では滑石や雲母混じりのものが、2号には泥質胎土のものがある（胎土と器形の関係は不明だが、粗質土器は大形であろう）。深貴里Ⅰの底部の大部分がコマ形土器のように小さく突出しているのに対し、深貴里Ⅱでは平底であり、底面には例外なく檞実の木葉圧痕がある。Ⅰでは底面に木葉圧痕をもつのは例外的だという。刻目付突帯はⅠにのみみられ、Ⅱにはない。Ⅰには把手の「痕跡だけ表示」するような瘤状のつまみをもちそこに刻目をつけるものがあるというが、

第1章　西部地域の無文土器　13

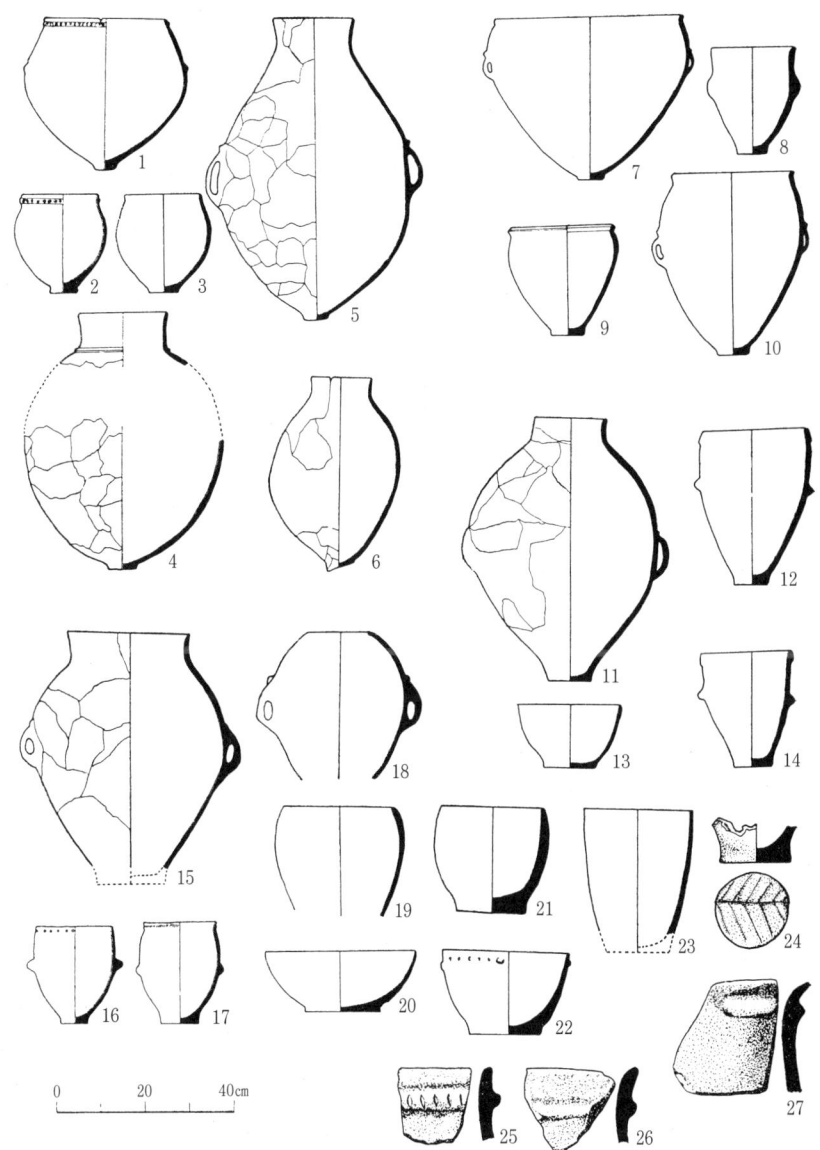

図6 公貴里型土器
1〜6：深貴里Ⅰ　　7〜10：深貴里Ⅱ　　11〜14：土城里　　15・17〜22：公貴里5号住居　　16、23〜27：公貴里
〔縮尺　13、20〜24：約1/8、25〜27：約1/4〕

詳細はわからない。Ⅱには縦長の瘤状把手がある。図6-8がそれであろう。ⅠとⅡの土器はこのように差があり、すでにのべたようにⅠの方が古い。

　土城里1号住居址の公貴里型土器（図6-11〜14）はいずれも胎土に砂を混ぜ、平底である。瘤状把手を1対もつ深鉢が3点あり（同図12・14）、口縁はおりかえして二重口縁になっている。しかしこの二重口縁部はそれほど厚味がなく、不明瞭だという。

　魯南里ナンパ洞下層からは砂質胎土褐色の半磨研土器が出る。その実態は明らかでないが、口縁部に2本の沈線をまわしその上に瘤状把手を1対つける深鉢がある（図8-6）。口縁部の沈線は公貴里包含層出土破片中にもみられるが、把手の位置は他の公貴里型土器より高い。口が大きくひらく

形も深貴里Ⅱの深鉢（図6-9）や後述する細竹里Ⅱ₃の深鉢（図8-1・2）に近く、瘤状把手付公貴里型深鉢とことなる。このほかに木葉圧痕のつく底部片もある。

　これら公貴里型土器には大甕・深鉢・鉢ないし椀などが共通に存在するが、その形態や装飾には少しずつ差があり、それがある程度時間的な差を反映していると思われる。しかし相互の時間的関係はいまのところ決定しえない。ただ深貴里の層位関係から、刻目付突帯があり瘤状把手のほとんどない深貴里Ⅰが他の公貴里型より古いことはいえる。また深貴里Ⅰには滑石や雲母を混ぜるものがあり、石英や雲母を胎土に混ぜる公貴里遺跡の土器は、土城里などより深貴里Ⅰに近い。しかしこれが編年上のきめ手になるかどうかは明らかでない。

　この公貴里型土器は美松里型土器と一定の関係があったと思われる。深貴里Ⅱや公貴里の包含層などの底面に木葉圧痕をもつものは美松里型土器にしばしばみられ、胴部に瘤状把手を一対もつ土器も美松里型土器の中にある。

美松里型土器（図7）

　美松里型土器は西北朝鮮のほぼ全域に分布する。

　美松里洞窟上層には人骨と遺物が無秩序におかれ、いかなる施設もなかった。したがってここから出土した10数個体分の完形ないし復元可能土器のすべてが同時に用いられたものかどうかは明らかでない。この遺跡の土器は砂質胎土を用い黒色・灰色・赤褐色を呈し、3個体分の粗質赤褐色刻目付二重口縁部片（図7-13）を除いて、すべて器面を磨いている。器形は、外びらきの頸をもつ特徴的な壺（同図1～7）、口縁部がやや外反し胴が張る甕（同図11・12）、鉢（同図14～16）、豆（？）（同図10）がある。底は平底で、鉢のひとつは底面に木葉圧痕をもつ。ほとんどの土器に把手がつく。把手は横橋状把手、口唇状把手、瘤状把手で、それぞれが単独で1対または2対、あるいは2種類が1対ずつつく。壺の場合横橋把手1対（同図1・2・3・9）、瘤状把手1対（同図4・5）、瘤状把手と口唇把手が1対ずつ（同図6）、口唇把手1対（同図7）の4つのつけ方がある。甕には横橋把手が1対つき、鉢には瘤状把手1対がつく。豆は脚部と杯部の間に瘤が4個つく。装飾として、壺には2・3本～8本の細線からなる帯を、胴部に把手をつなぐように1本、頸と胴の間に1本、頸部に1本まわすことがあり、そうした装飾のないものもある。このほかに頸部にコンマ形の点押すもの（同図2）や、把手をつないで幾何学的な沈線文を施すもの（同図8）もある。甕には細線帯と圧痕文をもつものがある（同図12）。鉢は無文である。

　墨房里24号支石墓から出た黒褐色磨研壺（同図17）は美松里洞窟にはない細線帯の文様をもっている。胴部に2本の細線帯をまわし、その間に細線帯をW字形に配する。頸が高く、したがって口がひろい。こうした文様をもつ美松里型土器をとくに墨房里型土器とよぶ。

　新岩里遺跡第2地点の住居址（1～5号）出土土器（新岩里Ⅲ）も美松里型土器である（図7-18～26）。1号住居址の2点の壺は胴部に細線帯を2本もち、ひとつは横橋把手と口唇把手が1対ずつつき、もうひとつは横橋把手1個と口唇把手1対がつく（同図18・19）。これらは頸が小さく、把手のつけ方も他の美松里型土器とことなる。2号住居址の壺も他の美松里型土器とちがって、把手は横橋把手1個がつくだけである（同図20）。以上の壺はいずれも器面を磨いている。甕は二重口縁で、

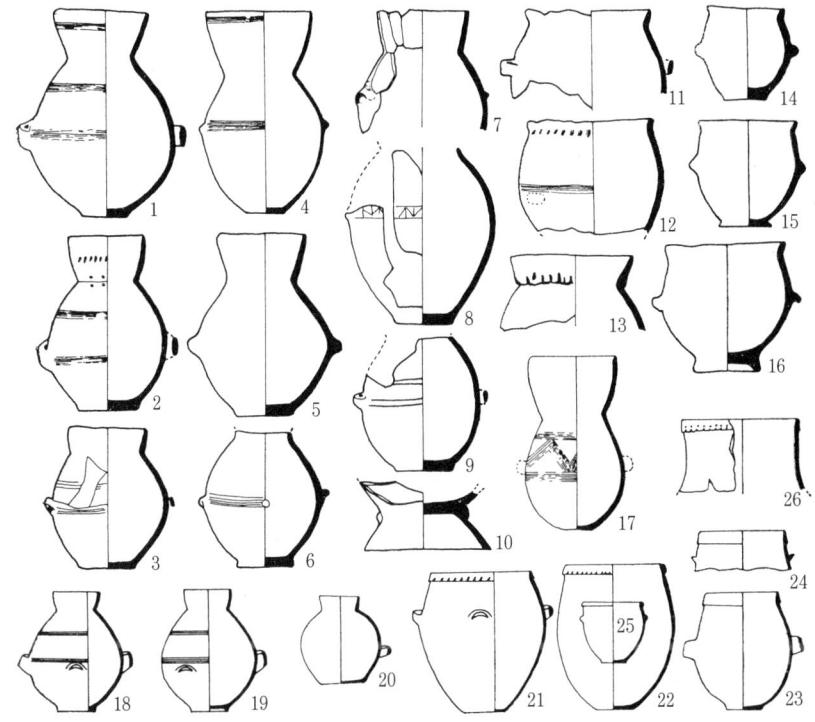

図7　美松里型土器

1～16：美松里洞窟　　17：墨房里　　18～26：新岩里Ⅲ（18・19・21・24：1号住居　　20・23：2号住居
22・25：3号住居　　26：5住居）

〔縮尺　1～25：約1/8　　26：約1/10〕

そこに刻目のつくものとつかないものとがある（同図21～24）。把手は横橋把手と口唇把手を1対ずつつけるもの、横橋把手または瘤状把手を1対つけるもの、無把手のものがある。鉢（同図25）は瘤状把手を1対もつものが1号と3号住居址にある。第2地点第3区の4・5号住居址には上記と同じ甕と壺もあるが、他の美松里型土器にはみられないものがある。口縁部鋸歯状に線をひく二重口縁破片や5号出土の点と刻目のある二重口縁壺破片がそれである（同図26）。このほかに第3区には木葉圧痕のつく底部片、横橋把手、口唇把手片とともに胴部につく「細長く高くなったような」（金用玕ほか1966：23）把手がある。これは新岩里Ⅱにみられるものと同じかと思われるが確実でない。

このように美松里型土器は同一でなく、遺跡・住居址ごとに少しずつことなる。細竹里遺跡では美松里型土器が層をことにして出土した。下の層は先にふれた細竹里Ⅱ$_2$である。ここには褐色の二重口縁甕（図8-5）と黒色磨研壺がある。壺は破片であるが、頸部は細竹里Ⅱ$_1$のものが直立であったのに対し、外開きになっている。図がないのでくわしいことはわからないが、細線帯をもつ美松里型壺がある（李炳善1967）。26号住居出土の甕は刻目をつらねる二重口縁部がやや外反し、美松里洞窟の粗質甕に似ている（図7-13・図8-5）。16号住居址には刻目付二重口縁下2.5cmに横橋把手を1対つける甕の破片がある。把手の位置は新岩里Ⅲの甕（図7-11）に近い。把手は横橋把手のほかに口唇把手がある（金用玕ほか1967a）。中間報告によると、鉢はないらしい。

この上層の細竹里Ⅱ$_3$では各住居址からは口径が高さより大きく鉢形と思われる「二重口縁部自体が明白でないばかりか刻みのない」（金永祐1964b：43）土器が出る。これは長城里、円峰里、石山

16 第Ⅰ部 無文土器

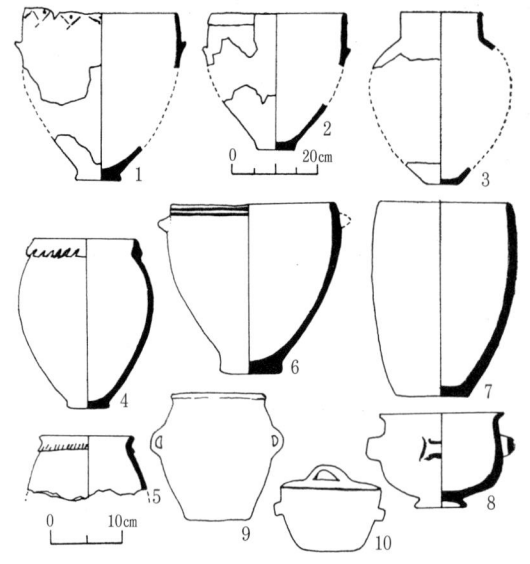

図8 細竹里土器(1～5)と魯南里土器(6～10、縮尺不明)

里タンド山、東林郡仁豆里タンモルなどの刻目のない二重口縁に似ているという。4号住居址には二重口縁に刻みがあり、胴部に墨房里型土器と同じ文様を施す磨研土器が2片出ている。23号と3号住居姓には瘤状把手を1対つけた深鉢がある。23号のもの（図8-2）は二重口縁だがそれほど明瞭でない。同じ口縁部は土城里1号出土深鉢にみられる。3号のもの（図8-1）は砂質赤褐色で、口縁部に三角形をえがき、この中に孔をひとつずつあける。口縁部に穿孔する手法は公貴里にみられる。このほか9号住居址などに無文の瘤状把手付深鉢がある。4・9・15・20・23号住居址からは美松里型壺に墨房里型土器と同じ文様を施した黒色磨研土器が出た。把手については明らかでないが、9号出土のものは口唇形把手と横橋把手が1対ずつつくらしい[10]。4号住居址からは豆の破片が出ている。なお9号住居址には先にふれた深鉢や美松里型壺とともに「二重口縁に刻目をめぐらす変形コマ形土器片」が出た（李炳善1963）というが、詳細は明らかでない。

このように細竹里Ⅱ₃とⅡ₂とでは同じ美松里型に差がある。墨房里型土器はⅡ₃にしかなく美松里型土器の中でも後出のものであることがわかる。瘤状把手付深鉢は、実測図から判断すると新岩里Ⅲや美松里洞窟の鉢と形がことなり、むしろ土城里や魯南里の公貴里型土器深鉢に近い。これもⅡ₃にしかない。Ⅱ₂には鉢があるかどうか明らかでない。中間報告には記述がなく、本来存在しないのかもしい。把手をみると横橋把手、口唇把手[10]がⅡ₂にあり、Ⅱ₃には横橋把手・瘤状把手がある。

以上のほかに美松里型土器は各地で出土している。

吉林省西団山石棺墓の副葬土器にも特徴的な美松里型壺がある（東北考古発掘団1964）。これらは細線帯の装飾がなく、把手も横橋状把手を1対もつだけで、把手と別に三角形や四角形の貼付が胴上部にある。頸部も美松里洞窟や新岩里Ⅲのように丸くふくれて外びらきにならず、まっすぐにひらく。このほかに瘤状や棒状あるいは横橋把手のつく鉢があり、朝鮮にみられない三足土器もある。

土城里の第6・7区では口唇把手と横橋把手を1対ずつもつ美松里型壺と瘤状把手付深鉢が「そろっておいたままで発掘された」。深鉢の底面には木葉圧痕がある。魯南里ナンパ洞の包含層でも細線帯のある破片が出ている（鄭燦永1965、李炳善1963）。

長城里では細線帯のある破片が9点出た。細線帯には波状になったものがある。破片は器面を磨き黒灰ないし灰褐色を呈する。波状の細線帯を施す土器片は石山里タンド山にも出ている。これも質は美松里型土器と同じだという。また大同江流域の金灘里遺跡でも4本の細線からなる帯を施文した美松里型壺と類似の頸部片が出土している。

美松里型土器に特徴的な横橋把手は、慈江道時中郡豊龍里石棺墓副葬土器にみられる（有光1941

a)。その壺は頸が直立であるが器面を磨いており、鉢は横橋把手である点を除けば美松里洞窟の鉢によく似ている。美松里型土器との関係が深かったと思われる。

また口唇形把手は遼東半島の旅大市崗上墓などにもある（金用玕ほか 1967a）。

このように美松里土器は西北朝鮮から中国の遼東、吉林方面にかけてきわめて広く分布し、遼寧式銅剣とも密接な関係をもっていたようである（金用玕ほか 1967a）。

以上のべてきた西北地域の「無文土器」のうち、新岩里Ⅰ・Ⅱと細竹里Ⅱ₁の分布はそれぞれ鴨緑江下流域と清川江中流域に限られる。新岩里Ⅰは櫛歯文土器最末期から「無文土器」初頭のもので、平安北道龍川郡双鶴里（都宥浩 1960、李炳善 1965）・龍淵里（李炳善 1962）・塩州郡道峰里（李炳善 1962）にもみられる。

新岩里Ⅱは特異な土器群で、朝鮮に類例はなく、遼東地域でもこれと同一の土器群を指摘することは困難である。しかしすでにのべたように個々の要素には他の土器との共通点もあり、全体的にみて、新岩里Ⅱが系統的には遼東地域と関連があると考えてよいだろう。

細竹里Ⅱ₁は実体が十分明らかとはいえないが、器形の組み合わせはコマ形土器と同じであり、27号出土の刻目付突帯は新岩里Ⅱや深貴里Ⅰとの関連をうかがわせ、時期的にも近かったことを思わせる。

公貴里型土器の分布は鴨緑江上流・禿魯江流域に限られる。この土器はすでにのべたように前後2時期に大別しうるが、新しい方には美松里型土器との共通性が少なからず認められる。共通性として瘤状把手付深鉢・底面の木葉圧痕・不明瞭な二重口縁部などを指摘できる。しかし、差も大きく、美松里型土器にみられる刻目付二重口縁甕や横橋把手・口唇把手などはない。両者の間の一定の共通性は、両者がある時期に併存していたことを考えさせる。しかしいずれがよりおそくまで存続したかを直接示す資料はない。

両者の分布をみると、公貴里型土器の分布地域は美松里型土器の分布地域に含まれる。これは美松里型土器が、公貴里型土器の分布地域にひろがった、つまり美松里型土器の方があとまで残ったことを示すと考えられる。また魯南里南坡洞では公貴里型土器層の上層に魯南里型土器がみられ

表2　西北地域無文土器の編年

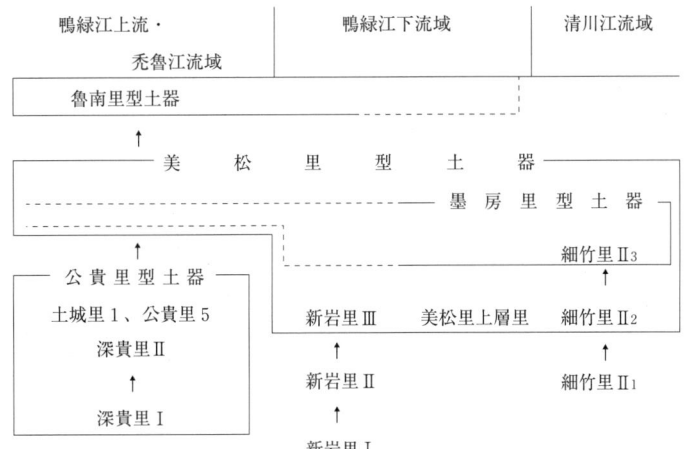

る。魯南里型土器の実態は十分明らかとはいえないが、その中には横橋把手をもつものがあり、その胎土・器面処理は美松里型土器に近い。一方公貴里型土器と魯南里型土器との間にはあまり密接な関係は認められないようである。これらのことも、美松里型土器が公貴里型土器よりあとまで存続した傍証となるであろう。したがって、一定期間併存していた美松里型土器と公貴里型土器は、のちに後者が前者に吸収され、ついで魯南里型土器へと変化したと考えるのが妥当であろう[11]。

西北地域の「無文土器」の変遷は表2のようになろう。

3 相互の関係と絶対年代

西朝鮮の「無文土器」は西北地域と大同江流域とでは、これまでみてきたようにことなっている。

器形の組み合わせをみると、コマ形土器では壺と甕とがセットになり、同じセットは西北地域では細竹里II_1にだけ認められる。美松里型土器の場合、新岩里Ⅲの1号住居址などでは壺・甕・鉢がセットになり、細竹里II_3でも同様のようだ。公貴里型土器では、住居址によって多少差はあるが、大形甕と深鉢が基本になり、これに椀ないし浅鉢などが伴う。新岩里Ⅰ・Ⅱでは壺・鉢ないし椀・豆がセットになる。

土器製作技術の詳細は明らかでない。コマ形土器では後期になると黒っぽい色の磨研土器があらわれる（立石里・美林休岩）。これは美松里型土器と同じである。コマ形土器の中には滑石を胎土に混ぜるものが多く、胎土にこうした混ぜものがあるのは新岩里Ⅰ・Ⅱ・公貴里型土器・美松里型土器の一部などにもみられ、「無文土器」の通性といえよう。

形態をみると把手はコマ形土器にはまったくないのに対し、西北地区の土器には種々の把手があり、両者の間のもっとも大きな差異点といえる。二重口縁部に刻目をつけるものは、西北地域の「無文土器」にひろくみられ、遼東地方にもみられる。しかしその刻みは連続して施され、コマ形土器が数本の斜刻線を単位として間をおいて施すのとことなる。コマ形土器と同じ口縁部は細竹里や平安北道寧辺郡南登里で採集されているが（アン・ピョンチャン 1962）[12]、それ以北にはなく、一応清川江がその北限と考えられる。また細竹里II_3の9号住居址で、「変形コマ形土器」（壺）と美松里型土器がいっしょに出たことは、清州江流域がコマ形土器と美松里型土器の分布の境界であったことを物語る。新岩里第2地点5号住居址で刻目を連続する二重口縁片が美松里型土器と共に出ているが、その頸部の形は第2グループのコマ形土器に似ている（図2-10、図7-26）。さらに立石里や美林休岩のコマ形土器には一重口縁部に斜線を連続して施すものがあり、連続する刻目のある西北地域の二重口縁土器との関連をおもわせる（図2-1・8）。これらはコマ形土器と美松里型などとの関係（同時性や両者の交渉）を示すものであろう。また伴出石器の面からも西北地域と大同江流域の「無文土器」は同一時期のものと考えられる。

次に石器について簡単にふれておこう（図9）。石器はほとんどすべてが磨製品である。コマ形土器に伴う石器（図9-1～27）と西北地域の各種土器に伴う石器（同図28～49）の間には種類と形態に多少の差があるが、基本的には大同とみてよい。

コマ形土器に伴う石器には石剣・石鏃・石斧・扁平片刃石斧・石鑿・有段石斧・環状石斧・多頭

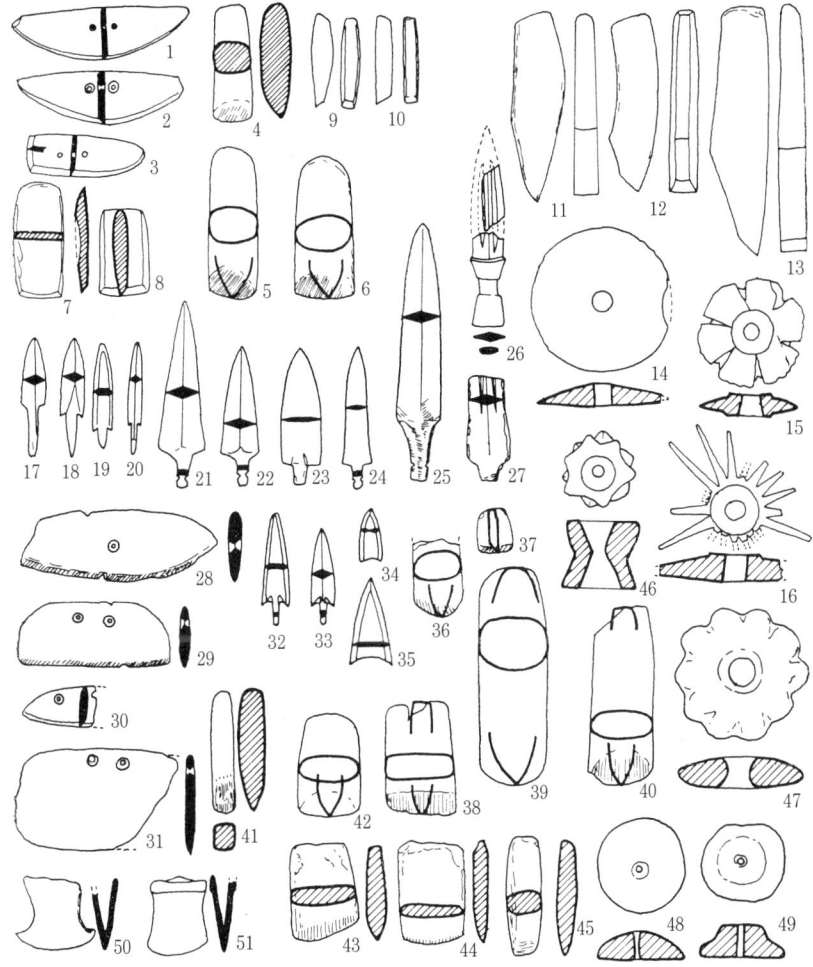

図9　西部地域の石器・青銅器

1・5・7・13・21・22：沈村里2号住居　　2・10・14・17・18・25：新興洞
9・11・12・16：石灘里　　23・24：石橋里　　6・19：美林休岩　　15：舟岩里　　20：臥山洞
26：猿岩里　　27：金灘里　　28・29・32〜34・38〜40・46〜49：公貴里　　30・42：新岩里Ⅰ
36・37：新岩里Ⅱ　　35・43〜45：新岩里Ⅲ　　31・41：深貴里　　50・51：美松里
〔縮尺約1/4 (35)　　1/4.5 (17・18・32〜34・50・51)　　約1/5 (19・31・41)　　1/6 (25・28・29・38〜40・46〜49)
　1/7.5 (6・10・15・20・30・42〜45)　　1/9 (1〜5・7〜9・11〜14・16・21・22・26・27)　　1/12 (23・24・36・37)〕

　石斧・石包丁・すりうす・紡錘車・石錘・砥石・石貨などがある。これらの多くはどの遺跡にもみられ、形態上の変異もあまり大きくない。

　石包丁（図9-1〜3）は背が直線ないし軽い弧をなし、刃部は弧状片刃である。背側に2孔を穿つ。例外として、2辺に刃をたてるものが美林休岩と石灘里2号住居址から出た（同図3）。こうした手法は全羅南道霊岩郡始終面月松里・忠清南道天安市斗井里など朝鮮南部にみられる（金元龍1963b、尹武炳1963）。

　石鏃（図9-17〜20）は断面菱形の有茎鏃で、無茎鏃は立石里2号住居址出土の1個だけである。これは西北地域とのきわだった差である。

　石斧類は用途に応じて種類が多い。横断面が方形ないし長方形あるいは楕円形の厚手蛤刃石斧が

ひろくみられる（同図4〜6）。多くは閃緑岩磨製であるが、金灘里や立石里にはやや粗雑なつくりのものがある。扁平片刃石斧（同図7・8）は幅3〜6cm・厚さ1cm前後の大きさで、ほとんどすべての住居址で石斧と同じくらいの量が出土している。石鑿（同図9・10）は断面が台形ないし長方形の角柱状で、一端に片刃をたてる。有段石斧（同図11〜13）はコマ形土器に特有のもので、他の土器とともに発見されることはまれである。コマ形土器遺跡でも立石里・美林休岩・臥山洞・新興洞にはみられない。金灘里や沈村里出土品は長さ30cm前後、石灘里などのものは長さ15〜20cmで、形態上の差もみられる。環状石斧（同図14）は金灘里・石橋里・臥山洞を除くすべての遺跡で出土している。直径8〜17cm、孔径2〜3cm、厚さ2cm前後で、孔はふつう両面穿孔である。多頭石斧（同図15・16）は美林休岩・臥山洞・舟岩里・猿岩里・石灘里などやや遅れる時期の遺跡にみられ、コマ形土器文化の後半期になってから出現すると考えられる。形態上、上下に突起のある二重式（猿岩里）、放射状のもの（猿岩里・美林休岩・石灘里7号住居・臥山洞）（同図16）、歯車状のもの（舟岩里・石灘里）（同図15）の3種にわけられる。

　石貨は中央に孔をあけた円盤形で、用途は明らかでない。石橋里・臥山洞を除くほとんどすべての住居址にみられる。大形のものは直径65cm前後、小形でも30cmほどで、厚さ3〜5cm、孔径10cm前後である。石材は石鏃や石庖丁と同じ片岩で、とくに磨研してはいない。住居床面におかれたり、破片を床に敷いた状態で発見される。1住居址に1個あるいは破片しかないこともあれば、5〜6個以上出土することもある。また黄海北道沈村里シンタヤ洞2号支石下の石積中や同道燕灘里ウンチャンコルの石棺から出土したこともある（黄基徳ほか1966、都宥浩1959）。コマ形土器以外の土器に伴うことはきわめて稀であり、絶無といってもよい。

　紡錘車は円盤形で、土製品は少ない。すりうす（有光1952）は先行する櫛歯文土器時代からひきつづき用いられたが、新興洞に多いのに対し、立石里・美林休岩・臥山洞・猿岩里など時期の遅れる遺跡にはない。

　石剣（同図21〜27）は有光分類（有光1959a）に従えばAa式・Ab式・BⅠa式の3種である。BⅠa式（猿岩里）（同図26）とAa式（江路里[13]・金灘里8号住居と包含層、新興洞採集品）（同図27）は少なく、ほとんどがAb式である（同図21〜24）。Ab式は一般に長さ20cm前後で、13〜15cmのものが少数あり、形態には変化がある。コマ形土器と共に出たAb式石剣中、茎部形態のわかるものは1〜2例で、石灘里と石橋里出土品2例（同図23）以外は茎部両側または片側に抉りがある[14]。片側だけに抉りのあるのは少ない。舟岩里と金灘里出土のAa式と思われる茎部破片も両端に抉りがある。こうした抉りが石剣の使用法とどのような関係があるかは明らかでない。なおAb式石剣は支石墓からも発見されている。Ab式石剣の主たる分布地域が黄海南北道・平安南道であることは以前からしられていたが、これがコマ形土器文化の所産であることは明らかである。

　磨製石剣は細形銅剣を祖型とすると考えられてきた。しかしコマ形土器文化と細形銅剣文化には共通する要素が認められず、また前者は土壙墓などにしめされる細形銅剣文化より早くから存在していたと考えられるなど、磨製石剣の祖型を細形銅剣とする考えに矛盾する現象が指摘される。この問題は「無文土器」文化と金属器文化の本質的な関係にかかわる問題であり、ここにわかに結論を出すわけにはゆかない。今後の検討にまちたい。

西北地域の「無文土器」に伴う石器には石鏃・石斧・扁平片刃石斧・石鑿・環状石斧・多頭石斧・石庖丁・石鎌・すりうす・紡錘車・石錘・砥石などがある。有段石斧は細竹里にみられるだけであり、石剣の確実な例もほとんどなく、石貨はむろんない。

　石庖丁（図9-28～31）の形態はコマ形土器に伴うもののように単純ではない。新岩里で美松里型土器に伴うものは背と刃が弧をなす片刃で、中央に1孔を穿つ。これと同じで2孔のものは細竹里にある。細竹里には、このほかにコマ形土器に伴うものと同じものもある。細竹里II_1の住居址には石庖丁が出ていない。II_2ではほとんどすべての住居址にみられる。II_3では9号と23号住居址から3点出ただけであり、9号と4号住居址には石鎌がある。公貴里型土器に伴う石庖丁には片刃・両刃共にあり、孔も1孔、2孔それ以上と変化にとむ。背が弧状で、刃部は直線ないし軽い弧状のものが多い（同図28・29）。全体の形が長方形に近いものもある（同図31）。深貴里2号住居には石鎌がある。新岩里Ⅰの石庖丁（同図30）も片刃の刃部が軽い弧ないし直線状で、背が弧をえがく。新岩里Ⅱの石庖丁もこれとほぼ同じである。

　石鏃（同図32～35）は無茎鏃の方が多い。有茎鏃は深貴里2号住居、土城里1号住居、細竹里、美松里洞窟、公貴里1・2号住居と3号住居内堆積層上部で無茎鏃とともに出た。新岩里Ⅰ・Ⅱ・Ⅲ、公貴里4・5号住居、深貴里1号住居には無茎鏃しかない。これらは基部が軽くへこみ、横断面が扁平六角形である（同図34・35）。

　石斧は横断面が長方形や長楕円形をなす薄手のものが一般的で、コマ形土器の場合とことなる（同図36・38・40・42）。厚手のものは鴨緑江下流域から、清川江にいたる海岸地帯に多くみられる（同図39）。扁平片刃石斧も多くはなく、刃部が明瞭な片刃を示さぬものがある（同図37・44）。石鑿もはっきりした片刃のものはなく、出土例も少ない（同図41・45）。

　環状石斧は、未成品と思われる打製品が細竹里で1点出たほか、新岩里Ⅰ・Ⅱ・Ⅲ、公貴里5号住居、深貴里Ⅱ、松蓮里にみられ、全地域に分布する。新岩里Ⅲのものは舟岩里出土品と同様、両面の孔周縁が一段高くなり、松蓮里のものは沈村里1号住居出土品と同じく一面の孔周縁が一段高くなり、新岩里Ⅱのものは新興洞出土品（同図14）同様、一面がふくらみ、他面がひらたいか少しふくらむだけなど、コマ形土器に伴うものと形態は共通する。

　多頭石斧は二重式が公貴里1号住居址と石山里タンド山、細竹里にあり（同図46）、歯車状のものが細竹里II_3の9号住居址と公貴里4号住居址にみられる（同図47）。放射状のものの例はない。石剣は細竹里と円峰里にみられるだけである。すりうすも少なく土城里1号住居、細竹里II_1の27号住居、同II_2の14号住居、同II_3の22号住居から出土しただけである。

　紡錘車は石製円盤形のものより、土製あるいは土器片利用品が多く、公貴里には土製山形紡錘車がみられる（同図48・49）。

　「無文土器」には少数ながら青銅器が伴う。金灘里8号住居址で青銅鑿1点、新興洞7号住居址で青銅泡1点が出土した。また美松里洞窟では青銅斧2点（同図50・51）、新岩里第3地点西側の新岩里Ⅱ層で青銅泡1点と環状把手のつく青銅刀子1点が発見されている。

　つぎに、これら「無文土器」の前・後の土器と絶対年代にふれておこう。

　「無文土器」に先行する土器は櫛歯文土器であり、大同江流域一帯では平安南道温泉郡弓山遺跡や

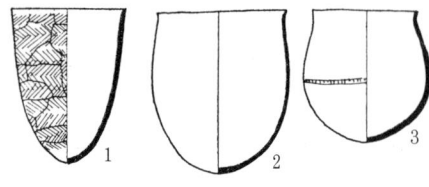

図10 金灘里第2次文化層土器
〔1:1/20　2・3:1〜10〕

黄海北道鳳山郡智塔里遺跡の弓山文化が著名である（考古学民俗学研究所1957・1961）。弓山文化をひきつぎ、もっともおそくあらわれる櫛歯文土器は金灘里遺跡の5・9・10・11号住居出土土器である（金灘里第2文化層）（図10、金用玕1962）。その土器は胴部に綾杉文を施したとみられる有頸壺形（3個体）のほかは、丸底深鉢形である。後者には全面に綾杉文を施す粗質有文土器（同図1）と無文土器がある。有文土器は櫛歯文土器の伝統をうけつぐものであるが、他の櫛歯文土器にはみられない環状把手を縦につけるものがある。無文土器はなんの装飾もないが、中にはまばらに点を施すものが少数ある（同図2）。また良質の胎土で、器面を磨き、胴部に突帯をまわしそこに刻目をつけるものがある（同図3）。金灘里第2文化層と同じ土器はかつて平壤市清湖里で出土したことがある（笠原1936）。

　櫛歯文土器は一般に器面を磨いたり、突帯をつけたりしない。金灘里第2文化層にみられるこれらの要素は櫛歯文土器文化には異質で、外からの影響によると考えられる（金用玕1962）。器面磨研の手法や突帯のある櫛歯文土器は新岩里Ⅰや咸鏡北道地域の櫛歯文土器文化晩期にみられ、金灘里第2文化層を含め、相互になんらかの関係があったと思われる。また口縁部と胴部の文様をわけないで、ほぼ全面に綾杉文を一様に施すものは、土城里2号住居、細竹里第1文化層、平安北道定州郡堂山貝塚（都宥浩1960）などにみられ、櫛歯文土器としては遅れる時期に属す。

　現在のところ、大同江流域櫛歯文土器の最末期と考えられる金灘里第2文化層の土器はコマ形土器とはまったくことなり、伴出石器にも大きな差がある。しかしすでに有頸の壺や無文土器もあらわれており、この文化層ののち遠からずしてコマ形土器が出現したと考えられる。

　西北地域では土城里2号住居や堂山貝塚の全面に綾杉文を施す土器にひきつづき、器面を磨き、雷文などの直線幾何文や突帯文を施す新岩里Ⅰ類土器があらわれる（金用玕1966）。この土器群はすでに石庖丁を伴うなど「無文土器」文化と同じ石器をもち、この地域の櫛歯文土器と「無文土器」をつなぐ重要な位置を占めている。

　「無文土器」のあとにあらわれる土器は、西北朝鮮では、すでにのべたように魯南里型土器である（図8-7〜10）。魯南里南坡洞上層を標式遺跡とする。その土器の大部分は褐色あるいは黒色磨研土器で、灰色に変化した褐色磨研土器（甑が多い）と白色土器[15]が若干ある。灰色縄蓆文土器はない。器形の詳細は明らかでないが円筒形の甕・台脚付鉢などがある。把手には帯状の橋状把手を横に4つつけるものや、縦に1対つけるもの、瘤状あるいは切株形把手とよばれる棒状把手がある。これらは先行する美松里型土器から受けついだものであろう。土器のほかに斧・鏃・釣針等の鉄器、鏃、腕輪などの青銅器がかなりあり、明刀銭や五銖銭も出土する。

　魯南里型土器は慈江道中江郡土城里・長城里・草堂里・慈城郡西海里・ポプトン里など鴨緑江上流・禿魯江流域さらに鴨緑江下流域の平安北道塩州郡道峰里・ハンボン里に分布する（鄭燦永1965）。

　土城里では魯南里型土器の遺跡が相当広範囲にあり、存続期間も長期にわたるらしい。魯南里型土器のほかに灰色硬質土器（轆轤製とそうでないもの）もあり、鉄器・青銅器・五銖銭が出土する。

　このように鴨緑江流域では美松里型土器ののちに、鉄器を伴う魯南里型土器が用いられるように

なり、明刀銭や五銖銭にしめされるように中国系文化との交渉も考えられる。

　細竹里遺跡では細竹里Ⅱ₃の上に縄蓆文土器を出す古代文化層がある。土器は灰色縄蓆文土器で、大部分が轆轤製である。器形は壺・甕・鉢・豆・甑など多様である。鉄製の斧・鎌・刀子・のみ、青銅鏃、滑石製鏃鋳型なども出土する。さらに第1区では地表下40cmで縄蓆文土器に入った明刀銭2枚と古代層から掘り込んだピットの底で50枚ずつ束ねた明刀銭2500枚が発見され、ほかに布銭（方肩方足安陽布と平陽布）も出土した。

　細竹里ではこのほかに、古代層と細竹里Ⅱ層のいずれにも属さない遺物が出土した。その出土状態や共伴関係は明らかでないが、それらは抉入片刃石斧と三角環状把手および脚が高い豆などである（図11-9～11）。黄基徳は、これらを細竹里Ⅱ₃と古代層の間の時期と考えている（黄基徳1966）。

　抉入片刃石斧は、すでにのべた西朝鮮の無文土器に伴った例はなく[16]、むしろ朝鮮南部に分布の中心があり、牛角形把手付土器や脚の高い豆などの無文土器と共に発見される。たとえば、慶尚北道大邱市山格洞燕巌山（尹容鎮1963・1969）では牛角把手・三角環状把手・棒状把手・豆（脚が細く高い）などと共に打製・半磨製品もふくめ多数が発見され、ソウル付近の鷹峰山（横山1930）では磨研土器・牛角把手・脚の高い豆と共に出土した。三角環状把手は黄海南道龍淵郡夢金浦や黄海北道御水区支石山でも採集されている（藤田1952、黄基徳1959a）。

　したがって細竹里遺跡の上記の遺物は、細竹里Ⅱ₃から古代層の時期にかけて朝鮮南部との関連のもとにこの地域に出現したと考えられよう。

　大同江流域では美林里遺跡（鳥居1917）（美林休岩遺跡とは別）で、上層から灰青色・黝黒色土器と共に鉄器が出土し、下層から石器とともに無文土器と棒状把手が出土した。上層土器は中国系の縄蓆文土器であり、下層土器は、横山氏によればコマ形土器と思われる（横山1939）。下層出土の棒

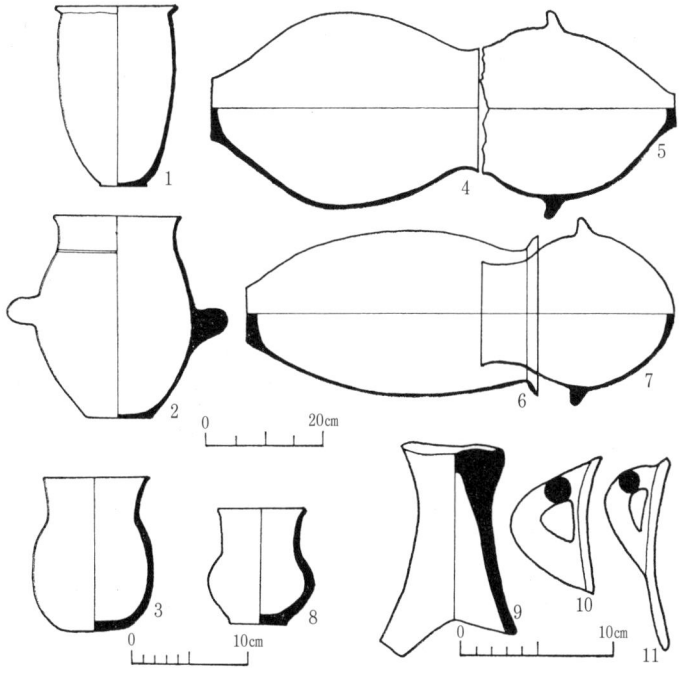

図11　1～3：明砂里甕棺　　4～8：新昌里甕棺　　9～11：細竹里土器

状把手の形状・質などは明らかでないが、棒状把手は黄海南道信川郡明砂里にみられる（都宥浩1962a）。

ここでは棒状把手を1対もつ土器といわゆる「花盆形土器」をあわせた甕棺と小壺（4個）が発見された（図11-1～3）。これらの土器は堅質である。とくに小壺は立石里にみられるコマ形土器Ⅲ類と大きさ形態が似ていて、両者の関係の深いことを推測させる。明砂里と同じ甕棺は全羅南道光山郡飛鴉面新昌里（金元龍1964）や慶尚南道東萊郡楽民洞（藤田ほか1947）にみられ、新昌里では明砂里のものと同様の小形壺が伴出している（図11-4～8）。

このように細竹里の抉入片刃石斧・三角環状把手・脚の高い豆[17]は、燕巌山では牛角形把手や棒状把手と共に発見され、棒状把手は明砂里や新昌里にもある。さらに新昌里や明砂里の甕棺（図11-1・6）と同形態の土器は燕巌山で採集されている。これらは西朝鮮では縄蓆文土器より古く、また明砂里の小壺をとおして、おそい時期のコマ形土器と関係があると思われる。したがって、西朝鮮の無文土器はその終末期に朝鮮南部の無文土器と一定のかかわりをもったことが予想される。そしてそののちに大同江流域や清川江流域には明刀銭や鉄器を伴って縄蓆文土器がひろがると考えられる[18]。

絶対年代については、現在のところ確実なことはいえない。

土城里では五銖銭がいくつか出土しており、そのうち3区地表下20cm出土のものは、後漢代のものとされる剪輪五銖銭であり、長期にわたったとみられる土城里遺跡の魯南里型土器の年代の一端をしめすと思われる。一方魯南里南坡洞上層では五銖銭1枚と明刀銭片2枚が出土し、魯南里型土器の上限は前3世紀代と考えられる。細竹里遺跡の縄蓆文土器の上限も伴出する明刀銭や布銭から前3世紀代と考えられる。したがって無文土器の下限は前3世紀初頭頃になろう。

美松里上層では銅斧が2個出土した（図9-50・51）。銅斧は遼寧式銅剣とともにしばしば発見され、また吉林騷達溝の石棺墓からも出土している（佟柱臣1955）。遼寧式銅剣に伴う土器には美松里型土器と共通する面があるようであり（金用玕ほか1967a）、また吉林の石棺墓のうち騷達溝の土器は明らかでないが、西団山石棺墓の副葬土器は美松里型土器である。したがって美松里上層の銅斧は遼寧式銅剣と共に出土する銅斧や騷達溝の銅斧と無関係ではない。秋山氏は遼寧式銅剣に伴う銅斧をⅠ式とⅡ式とにわけ、それぞれを遼寧式銅剣1期（前5～4世紀）と2期（前3世紀）のものとした（秋山1968・1969）。美松里の銅斧は、文様のない点ではⅡ式に近く、刃部の弧度の強い点ではⅠ式に近い。一方騷達溝をはじめとする吉林の石棺墓の上限は、三上次男によると前1000年紀中頃である（三上1961）。これらのことから、美松里の銅斧を前5～4世紀、したがって美松里型土器のうち墨房里型土器を除いた古い方の年代をその頃と考えたい。そうすれば墨房里型土器は前4世紀、下限が前4世紀末～3世紀初となる。墨房里型土器を出す細竹里Ⅱ$_3$に先行する細竹里Ⅱ$_2$は前5世紀、細竹里Ⅱ$_1$は前6世紀と考えられよう。公貴里型土器は美松里型土器の古い方と同時期とみられ、そのうちでも古い深貴里Ⅰの上限は前6世紀であろう。コマ形土器の下限は前4～3世紀初、中頃は前5～4世紀、早い時期のものは前6世紀頃と思われる。こうして、きわめて大雑把ではあるが、無文土器の上限は、ひかえめにみて前6世紀とすることができる。

以前、都宥浩は櫛歯文土器の年代について、前期の弓山文化を前2000年紀前半、後期の咸鏡北道農圃貝塚（油坂貝塚）の下限を前1000年紀に多少入る頃と考えた（考古学民俗学研究所1957、都宥浩

1958)[19]。前述の無文土器の上限年代は、このような櫛歯文土器の下限年代と矛盾しない。

　西朝鮮の無文土器は上にみてきたように、地域・時期によってさまざまである。そしてまた朝鮮南部と東北にも別の無文土器があった。朝鮮原始社会のあり方を考えてゆく上でこれら各種の無文土器相互の関係、系統などを正確にとらえることがなによりも必要である。本章でたどってきた西朝鮮のそれぞれの無文土器の分布や変遷は、朝鮮の他地域さらに中国東北地方との対比を深めることにより、一層精緻になるであろう。さらに土器に示された文化の実態については、多岐にわたる問題があり、さまざまの見解が示されている。それらに対する検討やここでふれられなかった他地域の無文土器などについては別の機会に考えてみたい。

註
（１）「無文土器」は「櫛目文土器」＝「有文土器」と対をなして用いられる用語である。本章では便宜上括弧つきで用いる。また「櫛目文土器」＝「有文土器」については、"Pissal muneui keureud" の訳語として「櫛歯文土器」の用語を用いる。なお本稿でとくに「西北朝鮮」という場合は慈江道と平安北道をさす。
（２）コマ形土器類似の土器は慶尚南道の金海貝塚・岩南洞貝塚・咸鏡南道江上にもみられる（有光1965b、黄基德1957b）が、コマ形土器と直接関係があるかどうか明らかでない。ソウル市城東区域可楽里（金廷鶴1963）や、西北朝鮮にも二重口縁土器があるが、これらは口縁部に連続した刻目があってコマ形土器とはことなる
（３）石灘里7号住居址・沈村里2号住居址の15個体がもっとも多い。
（４）一重口縁の甕の確実な例はない。金灘里8号住居址の一重口縁破片（図3-29）は口縁下に水平沈線をまわしその上に斜線をおく。報告者は器形を判断できないとのべている。
（５）この土器の口径は、①考古学研究室（1960）報文記述では約28cm、②同実測図では約38cm、③都宥浩（1960）の図97では30cmで、どれが正しいかわからない。本章図2-1は③による。
（６）この有孔底部破片の出土位置は報文記述では天真洞住居、報文実測図では2号住居址とくいちがう。これとの関連で本章図3-8・10の出土位置も決定しえない。
（７）以上3つの具体的な形は報文挿図が不鮮明で、記述だけからは明らかでない。中国の朝陽二旗営子、承徳県河東、赤峰ウランハダ、東翁牛特オーラマンハの採集品にみられるものと同じであろうか（八幡1935：第2図・第4図2、八幡1940：第7図3・第39図5・6）。またこれと同様と考えられるものは咸鏡北道鍾城郡地境洞、慶源郡ポムサ里にもみられる（有光1952、榧本1968、田寿福1960）。
（８）実際に把手の用をなしたかどうかは別にして、便宜上把手とよぶ。
（９）これはもと頸がついていたが、それがとれたのち再使用したものだという。
（10）金用玕ほか（1967a）には、口唇把手はⅡ$_2$だけにあり、Ⅱ$_3$にはないとある。しかし、李炳善（1963）によると口唇把手がⅡ$_3$の9号住居址に出土したという。いずれが正しいかはわからない。
（11）李柄善は公貴里型土器は土城里や西団山の美松里型土器にひきつがれたとみる。また美松里型土器を初期鉄器時代の土器とし、これが魯南里型土器にひきつがれたと考えている（李炳善1963）。
（12）この文献によると細竹里では発掘以前にコマ形土器とまったく同じ土器片が採集されている。これが、細竹里Ⅱとどのような関係にあるかは明らかでない。
（13）平安南道中和郡江路里の竪穴住居址ではＡａ式石剣、石庖丁などが出土した。土器は数点の破片であるが、報告者は伴出石器からみてコマ形土器であろうとのべている（金ヨンウ・永祐1964a）。
（14）石橋里出土品（図9-23）はいっしょに出土した石剣未成品からみて、抉りを入れる前の未成品かもしれない。

(15) 鄭燦永（1965）によると、この白色土器の質は、たとえば台城里7号土壙墓出土の甕など、土壙墓出土土器と同じだという。
(16) 都宥浩（1960a）によれば、西朝鮮では平壌付近、鴨緑江流域、西北海岸地帯、黄海北道金川郡江南里、鳳山付近に出土例があるが、伴出土器は明らかでなく、数も少ない。
(17) 細竹里II$_3$の4号住居出土の豆は脚高が6.5cmで低いが、細竹里の問題の豆や鷹峰山、燕巌山などの豆は脚がきわめて高く、西北朝鮮無文土器に稀にみられる豆とはっきり区別される。
(18) 縄蓆文土器は土壙墓出土土器など細形銅剣に伴う土器と多少ことなり、その文化の内容や系統は細形銅剣文化とまったく同じとはいえない。したがって無文土器文化と細形銅剣文化との関係も問題となるが、今のところこれに直接かかわる資料は少なく、今後の課題としたい。
(19) 朝鮮民主々義人民共和国の研究者が考えている無文土器の絶対年代はきわめて古い。たとえば、黄基徳氏は、コマ形土器の年代について、もっとも新しいとみなす立石里を前6世紀前後、もっとも古いとみなす金灘里を前2000年紀後半期としている（黄基徳1966）。その論拠にたちいって批判する余裕はないが、こうした年代観には従いえない。

第2章　南部地域の無文土器

　朝鮮の無文土器は西北・西・東北・南朝鮮各地域の間で形態・組み合わせ上の差がある。しかし文化の上ではきわめて類似しており、多少の時間差があるとしても、ほぼ同時期に行われていたと考えられる。石器や墓制は基本的に同じである。

　南朝鮮地域の無文土器のあり方は、西朝鮮・東北朝鮮地域にくらべると明らかでない点が多く、資料の増加と研究の進展はみられるにしても、今後の調査・研究にまつところが大きい。

　「無文土器」なる概念はきわめてあいまいである。その時代的限定についていえば、上限を櫛歯文土器文化の終末以降に求めうるにしても、土器そのものあるいは文化の上での櫛歯文土器と無文土器との関係は明らかでなく、櫛歯文土器文化から無文土器文化への移行の問題はほとんど解明されていない。現状では上限を上記のように漠然と定めるほかない。

　同様に下限についても明確にはしがたい。現在、灰色硬質土器（南朝鮮地域のそれは金海式土器とよばれる（金元龍 1969a：51-56））の出現をもって下限とされている。しかし灰色硬質土器の時代（原三国文化期（金元龍 1969b））と無文土器文化の時代の間に厳密な転換期を認めることは現状ではむつかしい。無文土器文化のある時期より、細形銅剣・多鈕鏡・土壙墓などに示される青銅器・鉄器文化や新しい製陶技術等の出現をおりまぜながら「原三国文化期」へと移行するようである。しかもそのさい地域によって具体的なありようもことなり、時間差もあったと考えられる。

　一方土器の面に限っていえば、灰色硬質土器の出現後も無文土器系統の赤褐色土器が併せ用いられる。形態の上でかなり変化しているが、同時に把手など共通する面も少なくない。

　さしあたりわれわれは無文土器の時代を櫛歯文土器の終末以降・灰色硬質土器の出現までと定めておきたい。また研究の進んでいる金属器との関連は、具体的には不明の点が多いが、多少のズレはあっても同時期とみられ、青銅器のみならず、鉄器の使用もこの時代にははじまっていたと考えられる。

1　無文土器の群別

　現在南朝鮮地域の無文土器資料の大部分は表採あるいは小範囲の試掘で得られたものである。住居址や墓から出土したものは少なく、それらも器形の組み合わせや特徴を細かに確定し、さらに相互の比較を行うには不十分といわざるをえない。むろん住居址の切りあいなどを含め層位的な出土例の報告はない。

　したがってここでは外見上の特徴から土器を分類し、各々の伴出関係によっていくつかの土器群

28　第Ⅰ部　無　文　土　器

表3　南部地域の無文土器主要遺跡

No	遺　　　跡	遺　構　等	文　　献
	京　畿　道		
1	ソウル特別市　城東区　可楽洞	住居址1	金廷鶴 1963
2	明逸洞	〃	金廷鶴 1962
3	駅三洞	〃	金良善ほか 1968
4	論峴洞	散布地	金廷鶴 1967a・b
5	高徳洞	〃	〃
6	文井洞	〃	〃
7	岩寺洞	包含層	金廷鶴 1967a・b、金元龍 1962
8	往十里鷹峰	〃	横山 1930・1939
9	俄嵯山	散布地	林炳泰 1969
10	広州郡　東部面　徳豊里	〃	金廷鶴 1967a・b
11	揚州郡　渼金面　水石里	住居址6	金元龍 1966b・1967a
12	瓦阜面　陶谷里	散布地	金廷鶴 1967a・b
13	坡州郡　月籠面　玉石里	住居址1、支石墓6	金載元ほか 1967
14	交河面　交河里	住居址2、支石墓10余	〃
15	臨津面　堂洞里	?	〃
16	江華郡　河岾面　三巨里	住居址1	〃
17	富川郡　北島面　矢島第3貝塚	貝塚	韓炳三 1970
	忠　清　北　道		
18	堤川郡　清風面　黄石里	支石墓18	金載元ほか 1967
	忠　清　南　道		
19	天安市　斗井洞	住居址1	尹武炳 1963
20	鳳龍洞	散布地	金元龍 1966c
21	大田市　塊亭洞	石槨墓1	李殷昌 1967・1968、国立博物館 1968、無署名 1969a
22	瑞山郡　海美面　休岩里	住居址（複数）	考古美術ニュース 1969
23	扶餘郡　窺岩面　羅福里	散布地	藤田 1924
	全　羅　南　道		
24	光山郡　飛鴉面　新昌里	甕棺墓53基	金元龍 1964
25	谷城郡　木寺洞面　拱北里	支石墓約40	金載元ほか 1967
26	昇州郡　住巌面　広川里	支石墓7～8	〃
	慶　尚　南　道		
27	釜山市　東莱区　社稷洞	支石墓?	金元龍 1965a
28	楽民洞	甕棺墓	藤田ほか 1947
29	西　区　塊亭二洞	石槨墓（支石墓?）	金廷鶴 1972
30	金海郡　金海邑　鳳凰洞（会峴里）	貝塚・甕棺墓・石棺墓	浜田ほか 1923、榧本 1938・1954・1957、有光 1954
31	長邑面　茂渓里	支石墓	金元龍 1963a
32	昌原郡　熊南面　外洞里	石槨墓（支石墓?）	有光 1959a
33	鎮東面　城門里	支石墓	朴敬源 1958
34	鎮田面　谷安里	〃	金載元ほか 1967
35	泗川郡　正東面　所谷里	石棺?12	考古美術ニュース 1969
	慶　尚　北　道		
36	慶州市　孝峴里・塔里	散布地	藤田 1924、斎藤 1939
37	大邱市　北区　山格洞燕巖山	〃	尹容鎮 1963・1969
38	南区　大鳳洞	支石墓	藤田 1937・1940
39	東区　孝睦洞	散布地	金英夏 1968
40	月城郡　川北面　神堂里・毛児里・吾也里	〃	斎藤 1939
41	高霊郡　開津面　良田洞	〃	尹容鎮 1966a、李殷昌 1971
	江　原　道		
42	江陵郡　浦南洞	住居址	李蘭暎 1964・1965
43	伝濊国土城	土城壁内	有光 1938
44	溟州郡　江東面　安仁津里	散布地	〃
45	襄陽郡　巽陽面　密陽里	〃	〃
46	高城郡　巨津面　花浦里	〃	崔淑卿 1966
47	県内面　草島里	〃	崔淑卿 1962
48	春城郡　新北面　泉田里	支石墓・積石塚	金載元ほか 1967

に分け、各々の間での比較を行うことにする。この場合、伴出関係といっても厳密なものでなく、表採資料については同時に同一遺跡で採集されたものは一応共伴関係にあるものとして扱う。遺跡の地名・文献は表3にまとめた。遺跡分布は図12を参照されたい。以下の本文で遺跡の次の〔　〕に入れた番号は表3・図12の番号と一致する。

　朝鮮南部だけでなく、朝鮮の無文土器は平底である。これにはコマ形土器のように小さく突出した不安定なもの、広く安定したもの、上げ底になったものなどがある。

　土器の多くは胎土に砂や石粒を混ぜ、赤褐色あるいはその系統の色調を呈し、時に黒色ないし黒灰色のものもある。製作にあたって轆轤は使用しないが、細かな製作技法は明らかでない。器面処理の

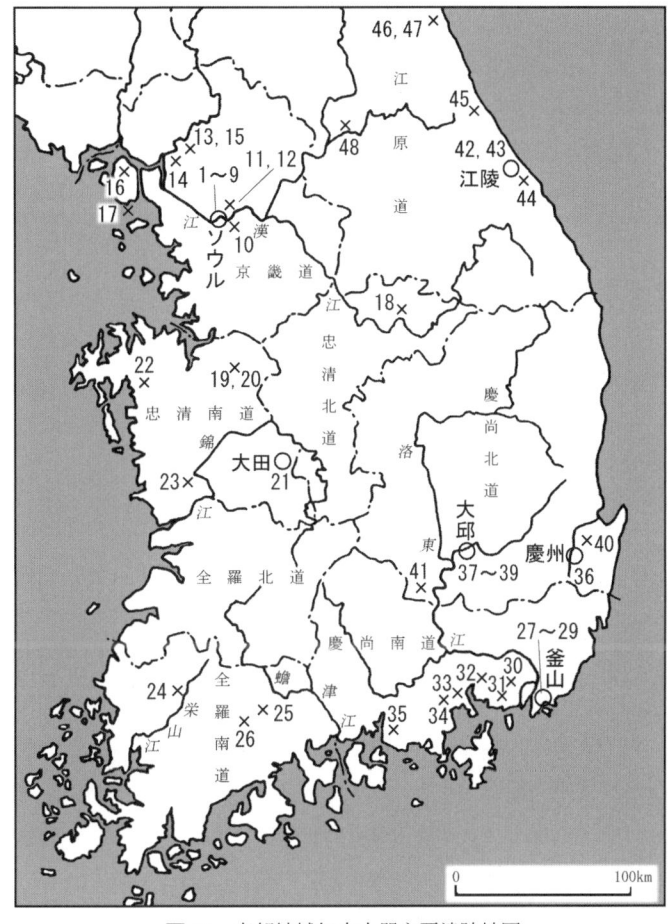

図12　南部地域無文土器主要遺跡地図

仕方については、磨研するものは少なく、刷毛目調整などあるらしいが、詳細は明らかでない。器形には甕・壺・高杯・鉢などがある。このような赤褐色土器が無文土器の大半を占めている。これらを仮りに粗質土器とよべば、これに対し精製土器と称すべき土器がある。「黒陶」と称される黒色磨研土器と「紅陶」と称される丹塗磨研土器である。いずれも粗質土器にくらべ良質の胎土を用い、器面を磨研する。黒色磨研土器の器形は赤褐色粗質土器のそれにほぼ共通し、丹塗磨研土器は今のところ壺形に限られる。これらの他に甕棺墓に用いられた土器がある。

　これらの土器の外見上の特徴は口縁部の形態と把手にもっともよくあらわれている。底部形態にも多少の変化があるが、今のところ底部を細かに分類しても有意味な結果は得られない。また壺形土器の口頸部形態にも変化があるが、例数が少ない。器形・口縁部の様相・把手の有無・胎土の質・用途などから南朝鮮地域の無文土器は次のように分類できる。

赤褐色粗質土器

　1　甕

　　Ⅰ類　口縁部に小孔を1列連ねるもの。小孔は焼成前に穿れ、間隔は1〜3cmである（有孔口縁

土器)。この有孔口縁土器の口唇上端に刻目を施すものもある。また孔が貫通せず、内側から外側に突瘤状に突き出したものや表面から貫通しない小孔をあけるものもあるが、少数例である（図13-5・43・45）。

　Ⅱ類　口縁部に断面が長方形に近く、幅の広い肥厚帯をもつもの。肥厚帯下端に刻目を施す（図14-4・5）。

　Ⅲ類　Ⅱ類と同様に口縁部に肥厚帯をもつが、帯の幅がせまく、断面が円ないし楕円に近い。刻目は例外なくない（図15-2・9）。

　Ⅳ類　その他口縁部に特別の変化のないもの。やや外反するものや内傾するもの、直口のものなどいろいろである。

　Ⅳ類を除くと、甕Ⅰ・Ⅱ・Ⅲ類相互の間には明確な形態上の差がある。

　2　壺形

　全形のわかるものは少なく、口縁部破片中でも壺形と認めうるものは少ない。

　Ⅰ類　口縁部上端に刻目を施すもの（図13-1・2）。

　Ⅱ類　把手をもつもの。無文土器には種々の形態の把手がつく。南朝鮮地域では先端でやや細くなる棒状の把手（牛角形把手）とこれを2本あわせたもの（組合牛角把手）が多い。この把手は本体からはずれた状態で得られることが多く、把手付土器の全形を知りうる例は少ない。全体の器形のわかる場合、これまでの資料では壺形に限られるようで、壺以外の器形で把手のつくものの確実な例は皆無である（図16-7）。壺Ⅰ類に把手はつかない。

　Ⅲ類　上のⅠ・Ⅱ類に含まれないもの。細かにみれば口縁部のひらき方・頸部形態・頸と胴とのうつり具合などに変化があるが、ここでは一括しておく。

　3　高杯

　脚部と杯部が別々に採集されることが多く、全形と杯部形態は明らかでない。脚部形態には変化がある。

　4　鉢

　鉢ないし椀形の小形土器。例は少ない。

黒色磨研土器

　器形・形態は赤褐色粗質土器とかわりなく、黒色磨研土器にのみみられる器形は稀である。ただし甕のⅠ・Ⅱ類はない。

　この土器を韓国の研究者は「黒陶」と呼ぶ。「黒陶」とされる土器についての記述を読むと、器壁の内部まで黒色を呈するもののほかに器表面だけが黒色ないし黒灰色のものも、また器面を磨研し光沢のあるもののほかに磨研していないものも「黒陶」に含まれ、また精撰された胎土のものの他に砂粒・石粒を混ぜるものも、黒色であれば「黒陶」に含まれる。このように種々の記述によれば、論者によって「黒陶」の内容は少しずつことなり、何を「黒陶」とするかの明確な基準はないようである。

　一方「黒陶」なる用語も、この用語の本来的意味からいって不適当である。

本章では「黒陶」とされるもののうち、精撰された胎土を用い、器面を磨研し、器表の全面あるいは器壁内部まで黒色を呈するものだけを摘出し、それらを黒色磨研土器と呼ぶことにする。それ以外のもの（器表面を磨研しないもの、灰色ないし黒灰色を呈するもの、胎土が粗質土器とかわらないものなど）は赤褐色粗質土器に分類する。

丹塗磨研土器

韓国の研究者が「紅陶」と呼ぶものである。器表面に磨研を加え、焼成前に酸化鉄を塗る。器形は壺形に限られ、ほとんどすべてが墓の副葬品として出土する。黒色磨研土器との伴出例はなく、粗質土器との伴出例も少ない。なお「紅陶」という名称も、この用語の本来の意味からすれば不適当といわねばならない。

甕　棺

質・器形の上からは赤褐色粗質土器に含まれる。しかし、形態上の特徴は特異である。例は少ない。

このように分類した各類型各々が、どのような関係にあるかを、比較的多くの土器片が採集された遺跡と住居址についてまとめると表4のようになる（丹塗磨研土器・甕棺は除く）。

表4から明らかなように、赤褐色粗質土器の甕Ⅰ・Ⅱ・Ⅲ類相互の間には他の土器類型との関係において明瞭な差が認められ、甕Ⅰ・Ⅱ・Ⅲ類を各々の指標とする3つの群が指摘できる。

第1群は甕Ⅰ類と壺Ⅰ類の組み合わせである。共に口唇上端に刻目をもつ点に形態上の共通性がある。

第2群は1遺跡にすぎないが、甕Ⅱ類を標式とし、他に壺Ⅲ類をもつ。

表4　各類型土器の組み合わせ

No	遺跡	赤褐色粗質土器							高杯	鉢	把類	黒色磨研土器				
		甕				壺						口縁部		壺	高杯	把手
		Ⅰ	Ⅱ	Ⅲ	Ⅳ	Ⅰ	Ⅱ	Ⅲ				Ⅲ	Ⅳ			
3	駅三洞	○				○		○								
4	論峴洞	○			○											
5	高德洞	○														
10	德豊洞	○			○											
13	玉石里住居址	○														
14	交河里第Ⅰ住居址	○														
1	可楽洞		○					○								
8	鷹峰A地点			○			○	○	○		○					
9	俄嵯山			○				○	○	○	○				○	
11	水石里			○			○	○					○	○		
12	陶谷里			○								○	○		○	○
21	塊亭洞			○										○		
37	燕巌山			○				○	○		○	○	○		○	○
41	良田洞			○							○					
47	草島里第Ⅱ遺跡							○		○						
7	岩寺洞			○				○			○					
14	交河里第Ⅱ住居址				○											

この2つの群は把手付壺（壺Ⅱ類）・把手・高杯・黒色磨研土器とまったく無縁である。逆にいえば、それらが存在する遺跡には甕Ⅰ・Ⅱ類と壺Ⅰ類はまったく認められないのである。

　第3群は甕Ⅲ類が壺Ⅱ類・把手・高杯・黒色磨研土器と強い相関性を示す一群である。とくに黒色磨研土器の口縁部には、甕Ⅰ・Ⅱ類と壺Ⅰ類がまったくないのに対し甕Ⅲ類となんらかわらない口縁部のあることは黒色磨研土器が甕Ⅰ・Ⅱ類とまったく無縁であることを示している。後でみるように本群は今後さらに細分されようが、ここでは一群にまとめておく。

　以下各群について甕Ⅳ類・壺Ⅲ類にも言及しつつのべていこう。

2　第1群

　第1群の標式遺跡は駅三洞住居址〔3〕である。ここでは甕Ⅰ類4個体・壺Ⅰ類2個体・壺Ⅲ類口頸部片2個体・底部片5個体の粗質土器とともに丹塗磨研土器2個体が出土した（図13-1～13）。甕Ⅰ類の完形品（同図5）は口縁部に小孔を1列めぐらし、口唇上端に刻みを入れる。口縁がやや内傾し、底部は安定した平底である。底部は底縁が少し張り出し、一度軽く縮約して胴につづく。この形態は他遺跡の甕Ⅰ類にも共通する。他の甕Ⅰ類破片（同図6）には口唇部の刻みがなく、また1片は内側から外側へ貫通しない小孔列を口縁部にもつ。

　壺Ⅰ類のひとつは復元高約57cmで、短い頸はやや外に開く。胴部はほぼ球形で、底部は小さく不安定な感じを与える（同図2）。もう1点は頸の開きが強く、球形の胴をもつ（同図1）。いずれも口唇上端に刻目がある。壺Ⅲ類（同図3・4）は短い頸が胴から垂直に立ち、壺Ⅰ類とややことなる。底部（同図9～13）は平底で、底面から一度垂直に立ってから胴へつづく台状のものがふつうである。あげ底や高台状底部はない。丹塗磨研土器（同図7・8）については後述する。

　甕Ⅰ類は、堂洞里〔15〕・鷹峰B地点〔8〕・玉石里BⅠ号支石墓下住居址〔13〕・交河里第Ⅰ住居址〔14〕でも出土しているが、その形態は駅三洞のものとまったく同じである（図13-20～25・40～43）。つまり口縁部が直立ないしやや内傾し、胴部最大径が口縁部の少し下にあり、底縁が若干張り出す深鉢状のものである。徳豊里〔10〕ではこうした甕Ⅰ類とともに口縁部小孔列下に短斜線を押捺した破片や、孔がなくやや外反する口縁部片も採集されている。また高徳洞〔5〕や論峴洞〔4〕でも有孔口縁片が採集されている。矢島第3区貝塚〔17〕では表土と貝層（櫛歯文土器層）の間の攪乱層から甕Ⅰ類破片が出土した。器表に縦の条痕があり、内傾する口縁部に3cm間隔で孔があいている。

　このように甕Ⅰ類（有孔口縁土器）は漢江流域に多くみられるが、慶尚北道神堂里散布地〔40〕では内側から外側へ突き出した非貫通の小孔をもつ破片が、忠清南道羅福里〔23〕では貫通する小孔をもつ破片が採集された（図13-44・45）。東海岸では江原道草島里Ⅰ遺跡〔47〕で口唇上端に刻目のある有孔口縁片が、江原道密陽〔45〕・安仁津里〔44〕でも1片ずつ有孔口縁片が採集された。密陽里のものは口縁が外に開く鉢形のようであり、安仁津里のものは口縁部に屈曲がある。

　忠清南道海美面休岩里〔22〕では多数の住居址が調査され、3軒ずつ切りあった住居址が2ヵ所で発見されるなど、重要な遺跡である[1]。ここでは「紅陶・黒陶」片とともに出土した土器の中に有孔口縁土器があったらしいが（韓炳三 1970）、未報告で詳細は明らかでない。

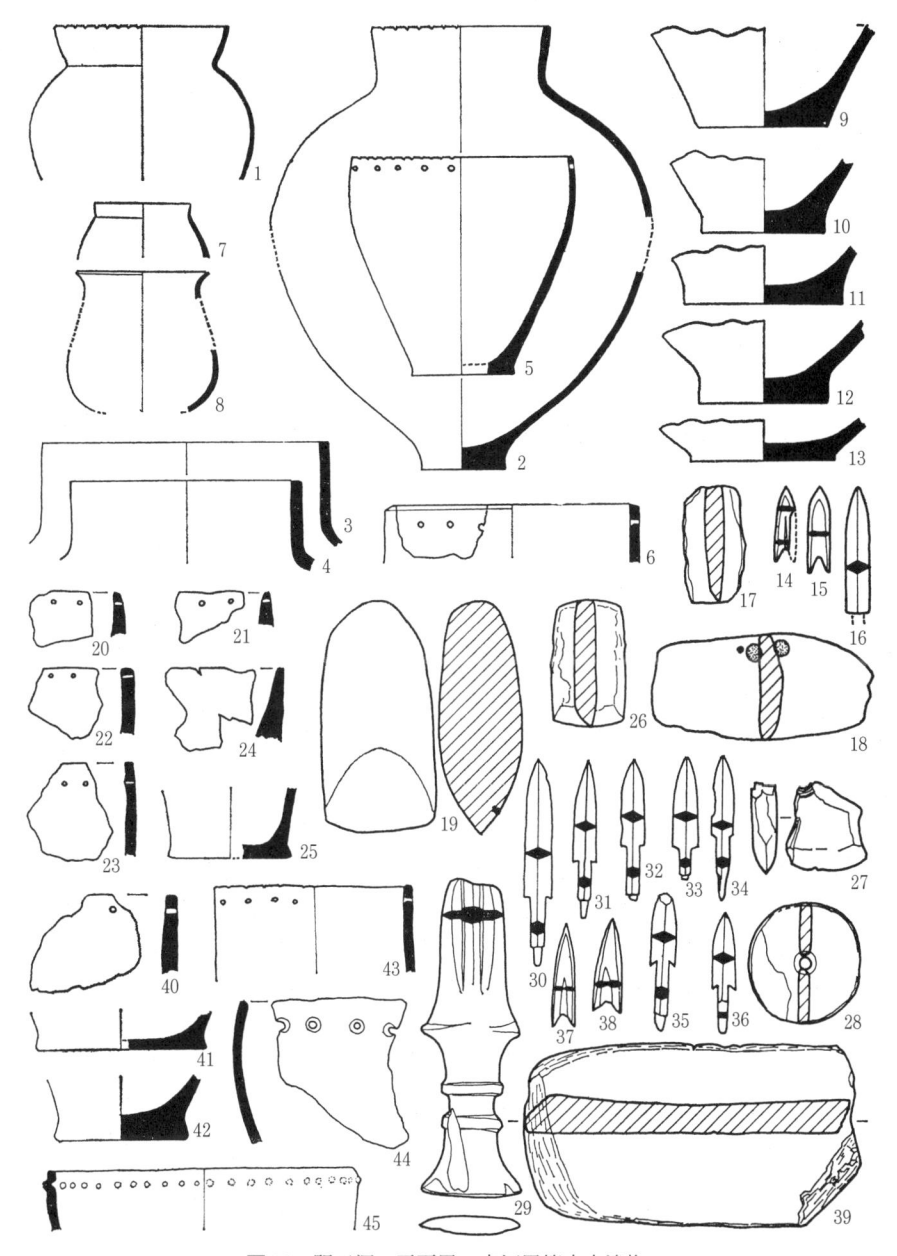

図13 駅三洞、玉石里、交河里等出土遺物
1～19：駅三洞住居址出土　　20～39：玉石里住居址出土　　40～42：交河里第Ⅰ住居址出土
43：鷹峰B地点採集　　44：羅福里採集　　45：神堂里採集
〔縮尺　石器：約1/4　1・2・5～8：約1/10　44：約1/1.5　他の土器は約1/6〕

ところで甕Ⅰ類を出す第1群の遺跡のうち、駅三洞・玉石里・交河里では住居址が調査され、その構造に強い類似性のあることが認められた。

駅三洞住居址は長軸を南西―北東におく3×16mの竪穴で、深さは50～60cm、長壁沿いに1～2m間隔で柱穴がある。炉はない。玉石里のBⅠ号支石墓下住居址は長軸を東北東―西南西におく3.7×15.7mの長方形で床に粘土を敷き、四壁沿いに小柱穴が密接してあり、床中軸線上東寄りに楕円形炉が2つある。交河里第Ⅰ住居址は長軸を南東―北西におく9.5×3.2mの竪穴で、壁沿いに

70～80cm 間隔で柱穴があり、中軸線上に 4 つの大柱穴がある。炉は中軸線上東側に 2 つある。

これらの住居址は細部に差はあっても基本的には同じ形態とみてよい。このように長大な住居址は他に類例がなく、甕 I 類をもつ第 1 群の土器に特有と思われる。炉を長軸上に 2 つもつ長方形住居址は細竹里第 2 文化層の最上層（細竹里 II$_3$）にみられる（金政文 1964、金永祐 1964）。

次にこの第 1 群の土器に伴う石器をみてみよう。住居址出土石器は次のとおりである。

　　駅三洞住居址＝蛤刃石斧 3・扁平片刃石斧 2・石鏃 3・石庖丁未成品 1・砥石 6・磨石 1・すりうす下石 1・石槌 3・川石など 5（図 13-14～19）

　　玉石里住居址＝有樋二段柄式石剣 1・扁平片刃石斧 2・多頭石斧片 1・石鏃 22・石製紡錘車 2・砥石 9・すりうす下石 3（同図 26～39）

　　交河里第 I 住居址＝扁平片刃石斧 2

これによって第 1 群の土器に伴う石器のおおよそを知ることができる。

玉石里出土の石剣は柄部に 2 つの箍があり、有樋二段柄式石剣としては、祖形となる細形銅剣の形に忠実であり[補記1]、型式的には古いと考えられる（同図 29、甲元 1972a）。また高徳洞でも有樋式石剣破片が有孔口縁土器とともに採集された。

駅三洞の石鏃 3 点のうち 2 点は基部が彎入し、断面は中央がへこむ扁平六角形で、同形のものは玉石里で 3 点出土した。いずれも長さ 3.8～5.5cm、幅 0.9～1.8cm のやや細長のものである（同図 14・15・37・38）。この形態の石鏃は朝鮮全域の無文土器文化に普遍的である。玉石里出土石鏃の大部分を占める有茎鏃（同図 30～36）は鋒部断面が菱形・箆被部分断面が六角形・茎部断面長方形で、鋒基部は逆刺状ないし直角になる。長さ 6.5～10.1cm。駅三洞にも茎部を欠くがこれと同じとみられるものが 1 点ある（同図 16）。このタイプの石鏃もコマ形土器を除く朝鮮の無文土器文化にひろく見られる。

すりうすは有光教一が指摘したように（有光 1952）、櫛歯文土器文化期に盛行し、無文土器文化期にもひきつづき用いられた（同図 39）。しかし西朝鮮のコマ形土器文化においては前半期に限られ、後半期には失われるようである（後藤 1971）。すりうすのこうした時期的な限定が南朝鮮地域にも認められるかどうかは検討を要する。後述するように第 3 群の土器とともに採集されることもあるからである。

一方玉石里住居址では、コマ形土器文化の後半期になって出現するとみられる多頭石斧破片が出土した（同図 27）。多頭石斧の分布は、北朝鮮地域に片より、南朝鮮地域では稀である。玉石里の例は西朝鮮との交流を示すものと思われる。そしてコマ形土器文化において、前半期にみられるすりうすと後半期に出現する多頭石斧の共存例は石灘里 7 号住居址だけである（朴ソンフンほか 1965）。玉石里におけるすりうすと多頭石斧の共存は、この住居址の時期がコマ形土器文化の前半期と後半期の境頃に平行することを示し、ひいては第 1 群の土器の時期が、その前後の頃とみることを可能にすると思われる。

3　第 2 群

第 2 群の土器は今のところ可楽洞遺跡〔1〕だけである。同遺跡の住居址構造は明らかでないが、甕 II 類 4 個体とともに壺 2 個体・皿形土器 1 個体が出土した（図 14-1～5）。甕形土器は直径 10cm 前

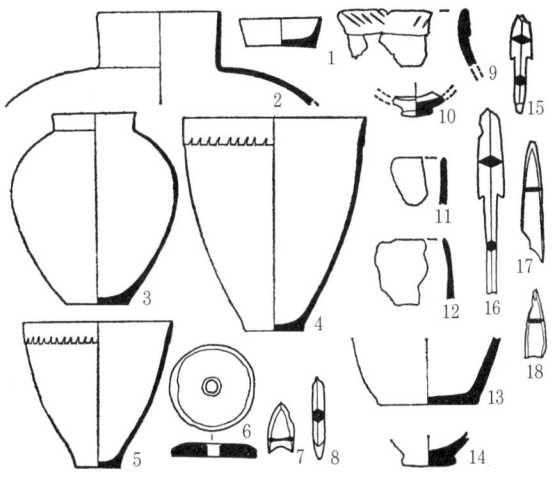

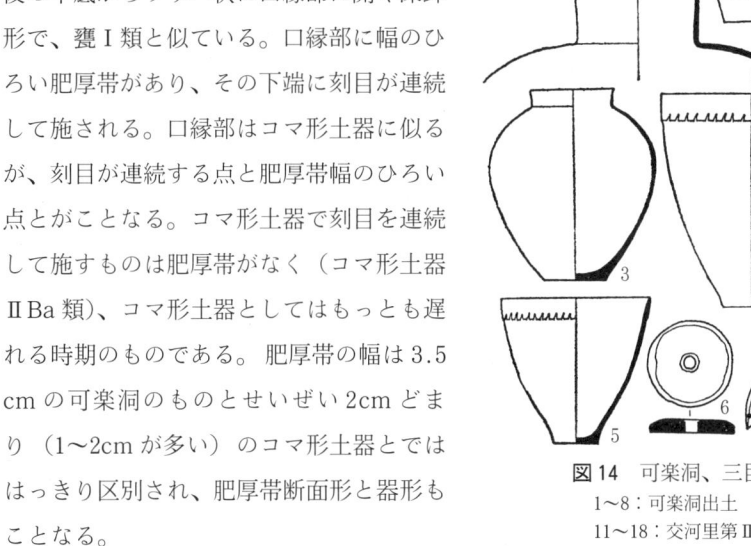

後の平底からラッパ状に口縁部に開く深鉢形で、甕Ⅰ類と似ている。口縁部に幅のひろい肥厚帯があり、その下端に刻目が連続して施される。口縁部はコマ形土器に似るが、刻目が連続する点と肥厚帯幅のひろい点とがことなる。コマ形土器で刻目を連続して施すものは肥厚帯がなく（コマ形土器ⅡBa類）、コマ形土器としてはもっとも遅れる時期のものである。肥厚帯の幅は3.5cmの可楽洞のものとせいぜい2cmどまり（1〜2cmが多い）のコマ形土器とでははっきり区別され、肥厚帯断面形と器形もことなる。

図14 可楽洞、三巨里、交河里出土遺物
1〜8：可楽洞出土　9・10：三巨里出土
11〜18：交河里第Ⅱ住居址出土
〔縮尺　2〜5：約1/12　1・9〜14：約1/6、他は約1/4〕

　壺2点はいずれも器高にくらべ短い頸が肩からほぼ垂直につく。こうした頸部の形は第1群の壺に近い。

　伴出石器には石鏃・紡錘車・砥石などがある（同図6〜8）。石鏃3点は断面が扁平六角形（中央部がへこむ）の基部彎入鏃で、長さ3cm・幅1.5cmほどで、第1群の同形石鏃のように細長でない。この他に報告者が石錐としているものは、実測図と写真から断面菱形有茎鏃の茎部片とみてよい（同図8）。

　可楽洞の土器と同じものは他に例がなく、伴出石器も少ないので、他との比較は困難である。ここの土器に類似の口縁部をもつ土器を南朝鮮地域に求めると、釜山市岩南洞貝塚、金海貝塚、大黒山島貝塚出土土器をあげることができる。

　岩南洞貝塚（有光1965b）の土器には甕と短頸のつく壺がある。口縁部に肥厚帯のあるのは甕形で、肥厚帯幅は2.5〜3cmで、ここに刺痕点列をもつものと、肥厚帯下に短斜線列を刻むものがある。外反する頸をもつ壺形土器は頸下部に1列の短斜線列を刻む。同様の文様を頸と胴の中間に施すものは金灘里第二文化層のⅣ号住居址から出ている（金用玗1964b）。底部1片は丸底である。伴出遺物には石斧・すりうす上石・貝輪・骨製尖頭器がある。

　金海貝塚のⅦa・b層出土土器片の中に幅1.8cmほどの肥厚帯をもつ赤褐色粗質土器がある（浜田ほか1923：挿図第九-15、有光1954：第2図1）。刻みはない。肥厚帯断面形や幅はコマ形土器に近く、可楽洞のものとはことなるようである。

　大黒山島貝塚（金元龍ほか1968）では4層が確認されたが、各層出土土器に大差はない。口縁部に無文の肥厚帯をもつものがある。肥厚帯下に点列・刻線があり、岩南洞のものに類似する。底部片はすべて丸底である。

　岩南洞、大黒山島の口縁部に肥厚帯をもつ土器はいずれも丸底の櫛歯文土器文化終末期のものとみられる。これらと可楽洞土器との間には文化相の上での基本的差がある上に時期もことなり、ただちに両者を結びつけることはできないが、今後の課題として言及しておく。

　さて可楽洞の土器は、コマ形土器と関係があると考えられている（金廷鶴1963・1972）。確かに口縁

部の手法は似ているが、詳細にみれば、口縁部と低部の様相・全体の形態においてコマ形土器と差がある。しいて類似例を求めるとすればコマ形土器の中でやや特異な形態の智塔里出土品（図34-1、考古学民俗学研究所1961）だけであるが、これも口縁部の刻みはちがっている。壺形土器は、可楽洞の場合短い直立頸であり、長い頸部の中央が軽くくびれ、口縁の開くコマ形土器壺の大部分と差がある。コマ形土器の中で直立頸は臥山洞（図2-10、金勇男ほか1961）と智塔里の出土例くらいである。また可楽洞出土の石鏃のうち無茎鏃は、コマ形土器文化においては立石里2号住居址を除いて皆無である。

一方、南朝鮮地域では江華島三巨里遺跡〔16〕のほとんど破壊された住居址でコマ形土器が出土した。これは典型的なコマ形土器である（図14-9・10）。同遺跡はコマ形土器分布の南限をなしている。したがってコマ形土器文化と漢江流域無文土器文化との間になんらかの交流のあったことはほぼ確実であるが、土器の上では可楽洞土器の類似性や、交河里第Ⅱ住居址出土土器の中にコマ形土器類似の底部の存在を指摘しうるくらいである（同図14）。現状では第2群土器の成立にさいし西朝鮮と関係があったと予想され、後述する第3群土器にくらべれば西朝鮮的であるとはいえても、具体的な点は明らかでない。

なお先にふれた交河里第Ⅱ住居址出土土器と石器は第1・2群に含まれるかもしれない（図14-11～18）。石鏃の形態は玉石里や駅三洞に近いようである。土器は口縁に特別の変化はなく、底部は小さな平底が突出するものと底からそのまま胴へつづくものである。住居址は半分が失われているが、幅4.4m、長壁残長7.8mの南北に長軸をおく長方形で南壁より中軸線上に炉をもつ。壁沿いに小柱穴がある。この構造は第1群土器を出す住居址に近い。

以上のべてきた第1群・第2群の土器は、これから検討する第3群土器に先行する時期のものとみられる。器形は甕と壺を基本とし第3群のように多様でない。土器形態は、南朝鮮以外の地域に類似のものがしばしばみられ、南朝鮮地域にのみ特徴的な第3群土器と対照的である。

すなわち、第2群の土器はすでにのべたように西朝鮮のコマ形土器と同一ではないが口縁部の手法が類似し、先行する土器の中に類似のものが認められる。

第1群のうち甕Ⅰ類のように口縁部に小孔をつらねるものは鴨緑江流域の公貴里遺跡（図6-16、考古学民俗学研究所1959c）や東海岸の咸鏡南道永興邑遺跡（図64-1、徐国泰1965）などにあり、口縁に貫通しない小孔をうがつものは豆満江流域の茂山虎谷遺跡（黄基徳1960）・会寧五洞遺跡（考古学民俗学研究所1960）・松坪洞貝塚（八木1938、有光1962）など東北朝鮮にしばしばみられる。そしてこれらの遺跡はそれぞれの地域の無文土器文化の早い時期に編年される[補記2]。

このように第1・2群の土器と同じ手法は他地域にも認められ、しかもそれらは無文土器としては早い時期に属する。これに対し第3群土器の形態は他地域にはほとんど認められず、南朝鮮地域に特徴的といえる。このことは、第3群土器が南朝鮮地域無文土器文化がある程度進んだ時期の所産であることを示すと考えられる。

石器の面からはこうした時期差は明確にしがたいが、玉石里住居址の石剣は古式の様相を示し、第3群にしばしば伴う抉入片刃石斧が第1・2群にはみられないことなどが指摘できよう。

ところで第1群と第2群との前後関係はどうであろうか。現在の資料では明確な答えは出せない

が、いくつかの点を指摘し、今後の検討の材料としたい。

第1群土器に類似の口縁をもつ土器は東海岸から東北朝鮮地域に、さらに、鴨緑江流域に分布する。これらの形は深鉢状の甕で甕Ⅰ類によく似ている。ただ永興邑遺跡や公貴里では瘤状の把手がつく。また永興邑遺跡では抉入片刃石斧や、銅斧の鋳型なども出土していて（徐国泰1965、西谷1967）、その形態は朝鮮青銅器文化のもっとも早い時期のものとされる美松里洞窟出土銅斧と同じである（尹武炳1972）。

第2群の可楽洞土器に類似のものは西朝鮮にしかなく、第1群土器類似土器の分布とはっきりことなっている。こうした類似性が各々の地域の土器の間のどのような関係を示すかはわからないが、今後問題となるであろう。

論峴洞遺跡と德豊里遺跡の第1群土器の中には、報告者が「黒陶」とする若干の砂を胎土に混ぜた灰黒色土器の口縁に孔をつらねる破片が各々1点ある。これが、製作技法の上で黒色磨研土器に近いとすれば、第1群と第3群の土器をつなぐものになるかもしれない。

第2群土器と似た口縁部をもつ土器は櫛歯文土器末期に認められることはすでにのべた。

このように種々考えてみれば、第2群が第1群より古いようにも思えるが、断定はできず、今後の調査の進展をまつ外ない。

4　第3群

甕Ⅲ類を指標とする第3群の土器は南朝鮮全域に分布し遺跡も多い。しかし資料のほとんどが採集品で、出土遺構が明らかなのは槐亭洞遺跡と水石里遺跡だけである。

槐亭洞〔21〕では地下に築かれた石室から細形銅剣・多鈕鏡などの多量の青銅器とともに土器2点が出土した（図15-1～5）。ひとつは甕Ⅲ類の粗質土器である。やや内傾する口縁部に断面円形の肥厚帯があり、胴下部に最大径をもち底は台状である（同図2）。もうひとつは良質胎土を用い器面に光沢のある黒色磨研壺である（同図3）。口縁がやや外反する直立頸に下脹れの胴がつづき、底は台状である。本遺跡の出土例から甕Ⅲ類と黒色磨研土器の共存が明らかである。石鏃3点は基部が一直線に切れ断面が扁平六角形で、形状はすでにのべた第1・2群に伴う石鏃あるいは第3群土器に伴う多くの石鏃とはっきり区別される（同図4）。同形の石鏃は全羅南道小鹿島（榧本1935a）で多鈕鏡と、黄海北道端興郡泉谷里の石棺墓（白錬行1966）で細形銅剣と共伴した。また槐亭洞の石製装飾品（同図5）は忠清南道扶餘郡蓮花里（金載元1964）や平安南道龍興里（韓炳三1968）で銅剣に伴出したものと同じである。こうした伴出例から、槐亭洞遺跡が朝鮮細形銅剣文化としてはもっとも古い時期に属することが明らかである（尹武炳1972）。

水石里〔11〕では6軒の住居址が調査された。完全に残った住居址はないが、壁長の明らかなものは長さ3～4mで、隅丸長方形竪穴である。形態のわかる土器はⅡ・Ⅲ・Ⅳ・Ⅵ号住居址で出土した。Ⅱ号では黒灰色砂質土器（図15-8）と黒色磨研壺2個体が出た（同図6・7）。後者は口唇部が外反し、肩の張る平底壺で、底面から胴へ直接つながる。この形態は他に例がない。

Ⅵ号住居址では直立頸に球形胴がつづく黒色磨研壺1点が出土した（同図16）。底は台状で底面が

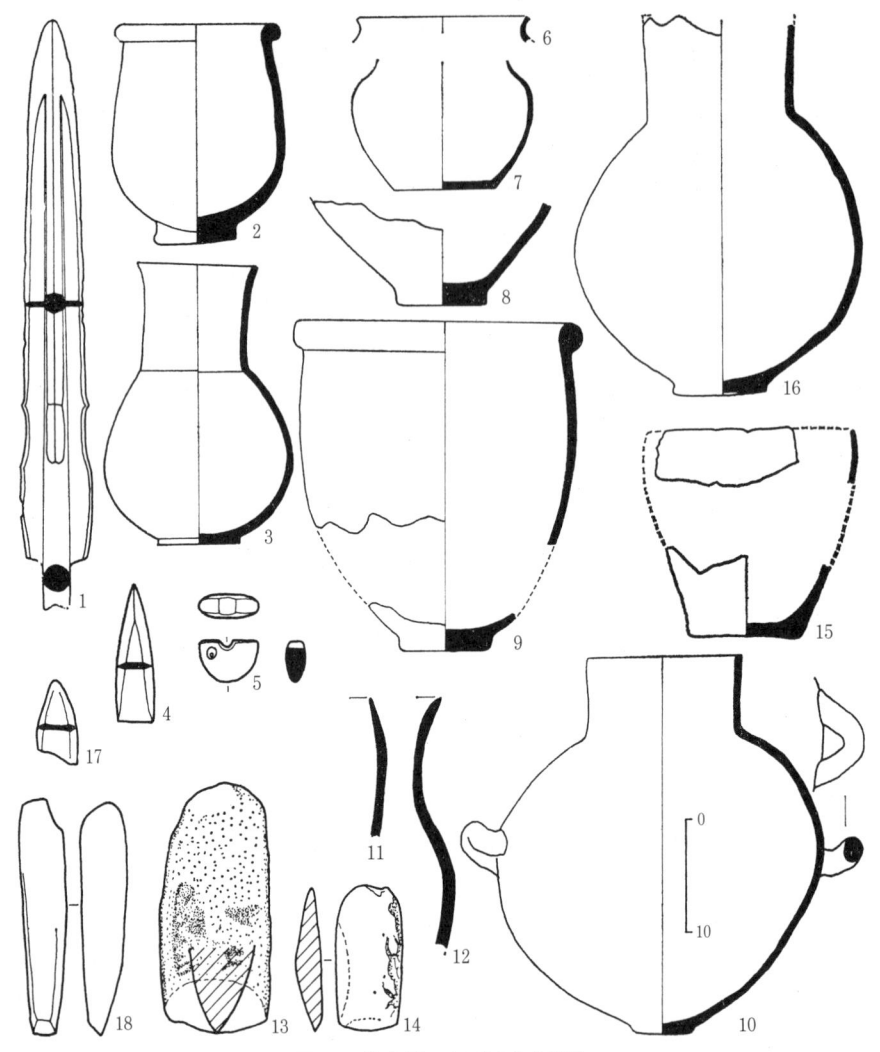

図15 槐亭洞、水石里出土遺物
1〜5：槐亭洞出土　　6〜8：水石里Ⅱ号住居址出土　　9〜14：同Ⅲ号住居址出土
15：同Ⅳ号住居址出土　　16・17：同Ⅳ号住居址出土　　18：同表採
〔縮尺　1・4・5・13・14・17・18：約1/4　2・3・6〜9・11・12・15・16：約1/6〕

少しへこむ。

　Ⅲ号住居址では甕Ⅲ類と把手付壺（壺Ⅱ類）が出土した。前者（同図9）は甕Ⅲ類としては普通の形である。後者は球形胴部に短い直立頸がつき器表を磨研する（同図10）。把手は胴中央に粘土紐を半円形にとりつけたもので、組合牛角把手とはちがう。本遺跡の把手の唯一例である。底は小さい台状をなす。他にやや内傾する甕Ⅳ類口縁部片と口縁が外反する壺Ⅲ類破片が出ている（同図11・12）。後者の形態は次にのべる鷹峰遺跡の壺に近い。

　Ⅳ号住居址では口縁が内傾する甕Ⅳ類が出土した。その形態は甕Ⅰ類に近い（図15-15）。伴出石器はⅠ号住居址で打製石斧・石鏃、Ⅲ号住居址で蛤刃石斧・手斧状石斧（同図13・14）、Ⅳ号住居址で扁平片刃石斧・石槌、Ⅵ号住居址で石鏃（同図17）・片刃石斧が出土し、他に蛤刃石斧・有段石斧（同図18）・片刃石斧・すりうすなどが採集された。石鏃断面は中央がへこむ扁平六角形である。有段

石斧は西朝鮮コマ形土器に伴うものであるが、コマ形土器文化末期にはなくなる（後藤 1971）。

本遺跡では把手が1例しかなく、しかもその形態は第3群の他の把手とはことなり、また高杯がない。石器には有段石斧など時期のさかのぼるものはあるが、抉入片刃石斧が欠ける。壺形土器の形態は槐亭洞のそれに近く、底部は小さい台状のものが多く、あげ底は少ない。これらの点から、本遺跡の土器は第3群の諸遺跡の中では時期はさかのぼるものとみられる。

鷹峰遺跡（図 16-1～27）ではA～Dの4地点で遺物が採集された。もっとも遺物の多いのはA地点で、「半畳ほど」の包含層があった。A地点の土器は胎土に砂を含むものが多く、赤褐色・黄褐色を呈し、器面を磨研する。ただしすべてを磨研したかどうかは明らかでない。黒色磨研土器と認めうるものは報文による限りないようだ。器形には甕Ⅲ・Ⅳ類、壺Ⅱ・Ⅲ類、高杯、把手片がある。

甕Ⅲ類（同図1～4）の口縁部は他遺跡のものとかわらない。中に口縁が極端に内傾するものがある。甕Ⅳ類（同図5・6）には直立口縁のもの、口縁が外反するものがある。底部は水石里の場合より変化にとむ（同図 11～19）。ふつうの平底・台状のものの他に、底縁が外に強く張り出すもの（同図1・12）やあげ底状のもの、高台状のもの（同図 18）などがある。

壺は組合牛角把手付の完形に近いものの他に把手の有無のわからないものがあり、いずれも大形である（同図7～10）。口縁部はやや外反し、頸部はほぼ直立する。頸と胴とのつながり具合は槐亭洞や水石里のものとちがい、さほど強い屈曲を示さない。

把手は組合牛角形で（同図 25）、瘤状のもの1点がある。棒状の牛角形把手はない。高杯（同図 20～24）の全形は明らかでないが、脚部は、高さが低く裾がひらくもの、高い円筒状で裾のひらくもの、底面があげ底状の円柱形など変化にとむ。

石器には抉入片刃石斧（同図 27）・蛤刃石斧・石庖丁・石鏃（同図 26）などがある。石鏃は基部彎入断面扁平六角形のものである。抉入片刃石斧は南朝鮮に分布の中心があり、西朝鮮では少ない。その出現時期は、先にふれたように第1・2群にはないので、第3群の時期に入ってからのことであろう。

俄嵯山遺跡〔9〕では蛤刃石斧・扁平片刃石斧・石庖丁・土製円盤形紡錘車各1点とともに甕Ⅲ類・鉢・高杯・壺・把手などの粗質土器・黒色磨研土器が採集された（図 16-28～45）。甕Ⅲ類は他遺跡のものとかわらない（同図 28～31）。壺は頸部片であり（同図 33）、口縁部が軽く外反し、頸下部が少し開いて胴につづく。鷹峰A地点の壺（同7・9）と同形態である。鉢（同図 32）は黒色ないし灰褐色をおび、底から口縁にまっすぐにひらき、底縁は外に張り出している。高杯の脚部破片4点（同図 35～38）は粗質のものと黒色磨研のものとが2点ずつあり、形態はかわらない。中空円筒状のものと裾の開くものが2点ずつである。黒色磨研土器の中に高杯の杯部と思われる破片がある（同図 34）。

把手は組合牛角把手だけである（同図 42）。底部片は底径7～8cmが多く、すべて台状になり、鉢と同様底縁が外に張り出すものが多い。底面がへこむあげ底状のものはない。

陶谷里遺跡〔12〕では多量の石器とともに粗質土器、黒色磨研土器が採集された（図 16-46～48）。粗質土器は胎土に多量の石英粒が入っている。口縁部破片9点中3点は甕Ⅲ類のそれであり（同図 48）、他に本体からとれた肥厚帯の破片もある。6点は口縁部にとくに変化のないものである（同図 47）。断面形からは壺の口縁片とは考えられず、甕Ⅳ類に属する。先にふれた第3群の中にこうした口縁部は少なく、本遺跡で多いことは注目される。底部は台状のもので、俄嵯山のように底縁が

図16 鷹峰、俄嵯山等出土遺物
1～27：鷹峰A地点　　28～45：峨嵯山　　46～48：陶谷里　　49～55：良田洞
〔縮尺　土器：約1/6　石器：約1４　46～55：不明〕

　外に張り出すものは少なく、あげ底とみられるものはない。底径は6～6.7cm。
　把手は棒状の牛角形が多く、他に組合牛角形もある。牛角形把手の中には溝状の切り込みのあるものがみられる。こうしたものは第3群の中ではめずらしく、灰色硬質土器に伴う把手にしばしば認められるものである。また組合牛角把手が器体に水平にとりつけられるのに対し、縦にとりつけられたと思われる環状把手もある。こうした把手は南朝鮮には稀で、西朝鮮にときどきみられる。
　黒色磨研土器には高さ9cmほどの小形鉢がある（図16-46）。他に甕Ⅲ類と同形の口縁片がある。

黒色磨研土器の把手 4 点中 3 点は棒状の牛角形で、1 点は組合牛角形である。高杯脚部片 10 点の形状は明らかでない。底部は粗質土器と同じであるが、ややあげ底になるものもある。

　石器は蛤刃石斧・扁平片刃石斧・方柱状片刃石斧・石鏃・石庖丁・すりうす下石片・石錘などである。石鏃は断面扁平六角形無茎鏃で、1 点は鋒先端に長い鎬がつく[(2)]。

　燕巌山遺跡〔37〕では抉入片刃石斧の未製品が多量に採集され、製作所であったと思われる。

　土器には粗質土器と黒色磨研土器があり、両者の間に形態上の差はない。口縁部形態は変化にとむ（図 17-1〜8）。断面円形の肥厚帯のつくものの他に、幅がひろく断面が長方形に近い肥厚帯のつくもの、肥厚帯が叉状にわかれるもの、直口に終るものなどである。またやや厚くなった口縁部が鋭く外反するものがある。そのうち全形を知りうるもの（同図 1）は胴が張り、台状の底部をもつ。胴は長い。同形の甕は新昌里で甕棺に用いられている（図 18-27）。

　壺の形ははっきりしないが、口頸部が外反し、口径約 20cm のものがある（図 17-9・10）。

　高杯は黒色系統 46 点・赤色系統 32 点である（同図 21〜27）。両方とも胎土に差はないという。脚部形態は、上下で太さに変化のない円筒形・下がひらく円錐形・裾の開きの強いものなどである。

　底部片（同図 11〜20）の中には黒色磨研の丸底が 1 点ある。他は平底で、台状・あげ底・底縁が張り出すものなどがあり、底径は 5cm 以上である。また高さ 2〜3cm の高台状になり、底径 5cm ほどのものもみられる。底部形態には変化があり、これは器形の多様化を反映するものであろう。また甑破片 1 点が出ている。

　把手は牛角形・組合牛角形・瘤状であり、牛角形把手の中には陶谷里と同様切り込みをもつものがある（図 17-28〜30）。

　石器のうち注意をひくのは未成品を含めた抉入片刃石斧である（同図 38〜40）。尹容鎮はこれらの資料から、製作工程を復元している。

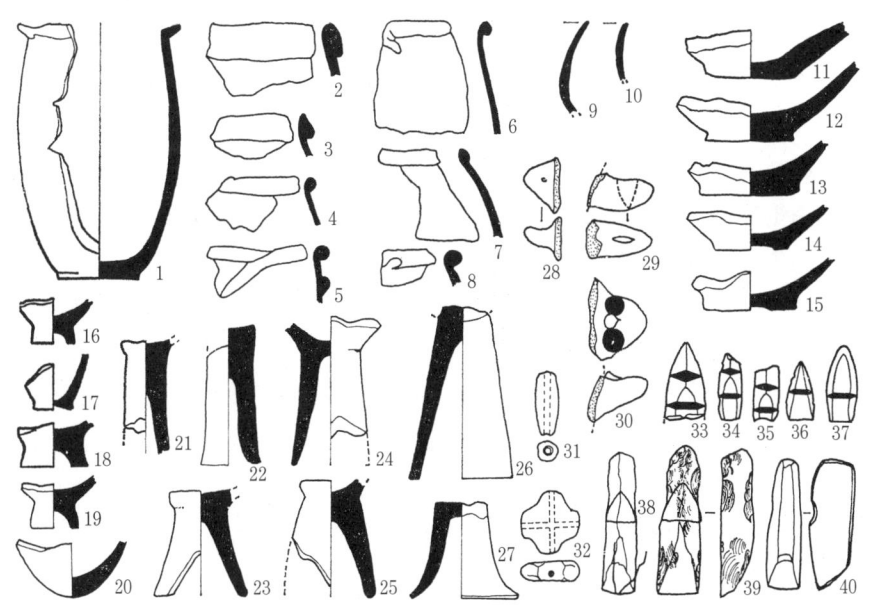

図 17　燕巌山採集遺物〔縮尺　1：約 1/6　他は不明〕

石鏃（同図33〜37）は13点で、すべて断面扁平六角形の無茎鏃である。先端部に長い鎬があってその断面が菱形をなし基部側断面が扁平六角形のものが多い。同じものは陶谷里にみられる。

他に石剣片・石斧・石庖丁・扁平片刃石斧・有肩石斧・蛤刃石斧・剣把頭飾・吊飾・紡錘車・すりうす片・砥石などがあり、土製品には網錘・紡錘車がある。網錘（同図31・32）は管状のものと十字形のものの2種類がある。

良田洞〔41〕の土器は粗質土器が多く、黒色磨研土器も伴うらしい（図16-49〜55）。口縁部はやや内傾し断面円形や三角形の肥厚帯がつく（同図49）。底部片の中には揚げ底もみられる（同図50〜52）。高杯は脚部しかわからないが、円柱状脚の裾が外にひらくものがある（同図55）。把手には組合牛角形がなく、牛角形ないし棒状のものだけである（同図53・54）。

石器には蛤刃石斧・有肩石斧の他に報告者が牛角形石斧とよぶ特殊な形のものが多い。また有肩石斧も多く、他遺跡の石斧類にはみられない特性を示している。

以上みてきたように、第3群では多くの場合赤褐色粗質土器と黒色磨研土器の両方がある。水石里のⅢ・Ⅳ号住居址と鷹峰A地点では黒色磨研土器はないが、水石里では粗質土器の中に磨研したものがあり、黒色磨研土器に技法上は近いといえる。同様に鷹峰A地点にも磨研土器がある。したがって第3群においては、粗質土器と黒色磨研土器が本来的に共存し、両者の相違は用途の違いとして把えることができよう。

第3群土器の器形と形態は遺跡によって少しずつことなっている。甕Ⅲ類はどの遺跡でも基本的に差はない。ただ口縁部形態は、燕巖山と良田洞で肥厚帯の形が変化にとむ。甕Ⅳ類としたものは水石里・鷹峰・陶谷里・燕巖山にみられ、やや内傾する直口口縁のものがみられ、鷹峰には外反するものがある。また燕巖山には口縁が強く外反する甕があった。

壺形土器は例が少ないが、直立頸にほぼ球形の胴のつくものが基本的なものである。頸部はほぼ直立し、口縁は軽く外反する。頸部が外にひらくものは燕巖山の例くらいである。こうした壺につくとみられる把手は、槐亭洞にはなく、水石里でも1例しかない。水石里のものはつくりが組合牛角把手とことなる。他の遺跡には把手があり、基本的には組合牛角把手と棒状の牛角把手である。鷹峰と俄嵯山には組合牛角把手しかなく、陶谷里・燕巖山には両者があり、良田洞には牛角形ないし棒状把手しかない。また陶谷里や燕巖山の牛角形把手には切り込みの入るものがあり、こうしたものは灰色硬質土器に伴う把手中にしばしばみられる（浜田ほか1923、有光1959b）。また牛角形把手そのものも灰色硬質土器に多く、その場合組合牛角把手は少ないようである。こうした把手形態はある程度時間差を示すものと思われる。すなわち組合牛角把手よりも牛角形ないし棒状のものが後出であり、後者は灰色硬質土器にひきつがれたようである。

土器底部は一般に台状をなし、底縁が外に張り出すもの、あげ底のもの、高台状のものなどがある。槐亭洞の土器底部は台状であり、水石里には底面が軽くへこむものがある。俄嵯山の底部は底縁が外に張り出すものが多い。鷹峰A地点・陶谷里の黒色磨研土器と燕巖山・良田洞の土器にはあげ底があり、燕巖山・良田洞には底面が彎入する高台状のものがある。

高杯は水石里にはなく、他遺跡にみられる。脚は一般に高く、円筒状のもの・裾が開く円筒状のもの・円錐形のもの・裾が強く開くものなど変化にとむ。第3群土器の中で、高杯はややおくれて

出現するのかもしれない。

　こうした土器の器形・形態上の遺跡ごとの差は、地域差もある程度考慮せねばならないにしても、基本的には時間差を示すものであろう。そうだとすれば水石里や槐亭洞は早く、陶谷里・燕巖山・良田洞はおそく、鷹峰A地点、俄嵯山はその間におくことができよう。このように第3群として一括した土器は、今後さらに細分せねばならないであろう。

　石器をみると抉入片刃石斧は鷹峰A地点・燕巖山で採集され、水石里では有段石斧が採集された。西朝鮮の清川江・大同江流域では有段石斧が抉入片刃石斧に先行することがほぼ確実である（後藤1971）。

　石鏃形態は無茎鏃だけであるが、水石里・鷹峰A地点のものは断面扁平六角形で鋒部中央両面がへこみ、茎部が彎入する。これに対し陶谷里・燕巖山のものは基部がまっすぐのものが多く、鋒部中央がへこまず、また鋒部先端に長い鎬をつくりその部分の断面が菱形になるものが多い。先にのべた第3群土器を出す諸遺跡の石鏃はすべて無茎鏃であるが、第3群土器の時期の石鏃がすべて無茎鏃とは考えられない。支石墓からは有茎鏃が出土し、第3群土器の時期に支石墓は作られていたのだから、有茎鏃もあったことは間違いない[補記3]。出土遺跡の性格の相違（生活址と墓）が石鏃形態に反映しているのかもしれないが、断定はできない。他の石器は数も少なく、形態上の変化もさほど認められない。

5　そのほかの土器

　次にこれまでにふれなかった遺跡の土器について簡単にみておこう。

　草島里Ⅱ遺跡〔47〕では壺・椀等が採集された（図18-1〜5）。壺は多少外開きの短い頸が長めの胴につく。椀は口縁が外反するが胴・底部は泉田里出品に近い（同図5・7）。底は台状のものとややあげ底のものがある。編年的位置ははっきりしないが、第3群とほぼ同時期であろうか。あるいは江原道北部に特徴的なものであろうか。浦南洞遺跡〔42〕では銅鏃・鉄片・石鏃・無樋二段柄式石剣・石斧・石庖丁・すりうすなどと共に土器片が出ている。平底で、口縁は若干外反し、胎土に砂が多くまじっている。伴出遺物からみて第3群平行期と思われる。

　泉田里〔48〕では支石墓周囲から土器片が出土した。器形のわかるものは椀形と鉢で、後者はあげ底になっている（図18-6・7）。第3群平行期だろうか。

　慶州付近の神堂里など〔40〕では完形土器が採集されている（同図8〜10）。椀形と深鉢形であるが、後者は後述する新昌里甕棺の副葬土器に器形が近い（同図22・25）。慶州市の塔里と孝峴里〔36〕では高杯と、牛角形把手が採集された。

　大邱市孝睦洞〔39〕では口頸部が外反する壺と牛角形把手が採集され、壺は燕巖山のもの（図17-9）に近い。第3群土器としては後出のものであろう。

　広川里〔26〕のA号支石墓周囲からは若干の土器片が出土した（図18-11〜14）。口縁部は直口のものと少し外反するものとがあり、また口縁下に指先で押したようなくぼみのつくものもある。口縁部が外反するのは第1〜3群には少なく、全羅南道の地域的特色であろうか。

図18 草島里、新昌里等出土土器
1〜5：草島里Ⅱ遺跡　　6・7：泉田里3号支石墓周囲　　8・9：神堂里・
毛児里・吾也里付近　　10：内東面矢里付近　　11〜14：広川里A号支石
墓周囲　　15〜21：拱北里支石墓周囲　　22〜29：新昌里甕棺墓地
〔縮尺　1〜25：約1/6　　26〜29：約1/16〕

　拱北里〔25〕のB〜E号支石墓周囲では多くの土器片が採集された（図18-15〜21）。いずれも粗質土器で、口縁部片1片は良質胎土で磨研し、口縁が若干内傾する。底部は台状のものと底からすぐ胴につづくものがあり、後者が多い。また底面に木葉圧痕の残るものがある。第3群土器に属すると思われる。

　鳳龍洞〔20〕では石斧などの石器とともに粗質土器が採集されている。口縁部片4片中3片は直立し、1片は外反する。底部は径7.2cmほどで、台状をなし、底縁が外に張り出す。他に丹塗磨研土器片2片がある。第3群土器の早い頃に位置づけられようか。

斗井里〔19〕では 2.45×1.8m の楕円形竪穴が発見された。土器は小片であるが、口縁部片はやや内傾し、底部は台状で、底縁が外に張り出すものもある。竪穴内からは小石刀が、また付近からは抉入片刃石斧・無樋一段柄式石剣・石包丁が発見された。石剣は型式的にはやや古いものである（甲元 1972a）。

文井洞〔6〕では粗質土器と黒色磨研土器が採集された。底部は台状をなし縁が張り出すものもある。底径 7〜10cm。石鏃は箆被をもつ有茎鏃である。土器は明らかに第 3 群に属するが、この石鏃形態は第 3 群土器に伴う石鏃としては特異である。

岩寺洞〔7〕でも多くの無文土器が採集されている。口縁部が外反する甕（有光 1962：Fig. 1)、牛角形把手などがある。石器には環状石斧・すりうす・石槍などがみられる。また黒色磨研土器もある。その中には浅鉢形のものがある。縄文晩期土器に類似の器形がみられるが、朝鮮では他に類例がなく、その編年的位置は明らかでない。

明逸洞〔2〕では台状底部の粗質土器とともに無樋二段柄式石剣・断面扁平六角形無茎鏃が出土し、また有茎鏃未成品も出土している。

6 甕　　棺

朝鮮における甕棺の発見例は少なく、その多くは時代が降る（三上 1966）。ここで問題となるのは新昌里・楽民洞・会峴里の 3 例だけである。

新昌里〔24〕では 53 基の甕棺が調査され、1 基を除いて 2 個の甕もしくは壺からなる。地表下 20〜30cm で出土したため保存状態はきわめて悪い。甕棺に用いられた土器はいずれも粗質土器に属する。甕は「高台状に突出した底部をもち、その小さい底部上に腹の張る卵形器身が」つき「口縁部外部には断面三角形の口帯がまわ」る（図18-27）。これはすでにのべたように燕巌山に同形のものがある。また口縁が若干外反する甕もある（同図 28）。壺は頸が短く胴がやや長く、胴から頸が垂直に立つもの（直頸式）とゆるやかに移行するもの（曲頸式）とがあり、前者は 14・52 号棺だけである。これは写真でみると草島里 II の壺に近いように思われる。壺には突起状の把手のつくものが 4 例ある（同図 26・29）。40 号棺の把手付壺は丸底である。突起状になった棒状把手はすでにのべたように第 3 群土器の時期にあり、また 40 号棺甕と同形態のものが燕巌山にみられることから、この甕棺を第 3 群土器としてはややおくれる時期のものとみることができる。

副葬品と考えられる小形土器（同図 22〜25）のうち口縁が内傾する深鉢形は慶州付近に類例がある（同図 10）。

新昌里と同様の甕棺は楽民洞〔28〕と西朝鮮の黄海南道明砂里（都宥浩 1962a）に出土例があり、出土地不明のものが高麗大学校博物館に所蔵されている（金貞培 1969）。今後南朝鮮地域で類例が増すであろう。

金海会峴里〔30〕の 3 基の甕棺は、現在朝鮮に類例がない。同形の甕棺は北九州に多く、弥生前期末に編年されている（森 1968）。会峴里の 3 号甕棺の下からは碧玉製管玉・銅剣 2・銅鉇多数が発見された。この細形銅剣はたとえば槐亭洞の銅剣よりは型式上後出のものであり（尹武炳 1972、森

1968)、したがって会峴里の甕棺は第3群土器のややおくれる時期に併行するとみることができる。この甕棺を西朝鮮のコマ形土器あるいは可楽洞の土器の流れをくむものとする考えもあるが(金廷鶴1972、金用玕1967)、土器型式上からは首肯しがたい。

会峴里と新昌里の甕棺は明らかに型式的にことなるが、これが何を意味するかは今後の課題である。

7 丹塗磨研土器

丹塗磨研土器の多くは慶尚南道の支石墓から出土し、それ以外の地域での出土例や住居址からの出土はきわめて少ない(補記4)(表5)。

その形は丸底ないし不安定な丸底に近い平底の壺である。副葬用に作られた特殊な土器であろう(図19-2〜10)。

住居址出土例で形態の明らかなのは駅三洞住居址の2例だけである(図13-7・8)。ひとつは口縁が大きく開く壺らしく、その形態はたとえば黄石里のもの(図19-2・3)に近いかもしれない。他に住居址出土例や採集例もあるが、形態のわからない小片である。墓から出土するものは、槐亭二洞〔29〕出土品を除くと基本的には2つの形態にわけられる。ひとつは黄石里〔18〕出土品(同図2〜4)

表5 丹塗磨研土器出土遺跡

No	遺跡	遺跡種類	丹塗磨研土器	伴出土器	伴 出 遺 物
30	金海会峴里	D区5号石棺墓	壺 1	—	石鏃2
38	大鳳洞	第1区第2支石墓	壺 1	赭色土器片多数	無樋二段柄式石剣1、石鏃3
32	外洞里	石室墓	壺 1	—	無樋一段柄式石剣1、石鏃19、石斧1
31	茂渓里	支石墓(?)	壺破片4	—	無樋一段柄式石剣1、石鏃7、青銅鏃3、管玉3
18	黄石里	C号支石墓	壺 2	褐色磨研壺1	—
		破壊支石墓	壺 1	—	—
		1号支石墓	破片1	破片20余	無樋式石剣片1
		2号支石墓	破片2	破片100余	無樋二段柄式石剣1、石鏃10
		7号支石墓	破片1	—	無樋一段柄式石剣1、石鏃7
34	谷安里	支石墓	壺 1	—	—
33	城門里	支石墓	破片多数	—	無樋一段柄式石剣1
29	槐亭二洞	石槨墓	壺 1	—	無樋一段柄式石剣1、石鏃5
46	花浦里	包含層	破片	破片	石鏃1、石製紡錘車1、石錘1
20	鳳龍洞	包含層	破片2	破片多数	
43	江陵市伝濊国土城	土城壁	平底片1		
	泗川	?	壺 1		
	伝山清	石棺墓(?)	壺 1		
3	駅三洞	住居址	壺 2	略	
35	所谷里	地下に石室のある12基の支石墓	「各石室からは赤色土器片が無数に出土し磨製石斧も発見され…ときに紅陶片が発掘され…」(考古美術ニュース1969b)		
22	海美休岩里	住居址	1968年の調査で「住居地が…二つ発見され…無文土器をはじめとする紅陶、黒陶片が発見され…」(考古美術ニュース1969a)		

この他に京畿道江華郡松海面黄村、慶尚北道月城郡龍洞里、江原道溟州郡沙川面加屯地で破片が得られているらしいが、詳細不明。

で、外反する口縁から頸部につづき、さほど明瞭な境を示さずなめらかに胴部へつながる。一方外洞里〔32〕・金海会峴里・谷安里〔34〕・伝山清[3]・泗川（金廷鶴 1972：図版32）のものは口縁が強く外反し、頸部は下端が上端よりひろがり、頸と胴の境は明瞭な屈折を示す（同図5～7・9）。頸下端が上端よりひらく傾向は伝山清出土品で甚しい。大鳳洞出土品は、これらより大形で頸も長いが、頸下部の開く点は外洞里のものとかわらない（同図8）[4]。槐亭二洞のものは平底の大形壺で長胴に短頸がつく（同図10）。その形態は槐亭一洞出土土器や社稷洞〔27〕で石剣に伴出した土器に近く（金廷鶴 1972：100-101）、また草島里Ⅱ遺跡の土器にも似ている。

これらの丹塗磨研土器には石剣と石鏃が伴う（同図11～33）。石剣は有光分類（有光 1959a）によるBⅠb式（無樋二段柄式）とBⅡ式（無樋一段柄式）である。前者は黄石里2号支石墓（同図11）と大鳳洞第一区第二支石墓（同21）で出土し、後者は前者より型式化が進んでいる。なお黄石里1号支石墓出土品は破片であるが、型式化の進んでいない無樋二段柄式とみられる（同図20）。

無樋一段柄式石剣は多数出土している。黄石里7号支石墓出土品（同図15）は他の無樋一段柄式石剣とは別型式とみるべきものであり石剣としては古い方に属するであろう（甲元 1972a）。類似の石剣は先にふれた斗井里で出土している。外洞里出土品（同図23）と城門里出土品は鐔と柄頭が外方に突出し、茂渓里出土品（同図33）と槐亭二洞出土品（同図27）はその傾向が極端になり、形式化がはなはだしい。つまり無樋一段柄式石剣は、黄石里7号出土品→外洞里・城門里出土品→茂渓里・槐亭二洞出土品と形式化がすすみ、時間的順序もこれに対応するであろう。

石鏃をみると、黄石里2号支石墓では基部彎入・断面扁平六角形鏃と有茎鏃（同図12～14）が、7号支石墓では柳葉形有茎鏃と鋒基部が直角の有茎鏃（同図15～19）が出土し、大鳳洞でも茎の短い有茎鏃（同図22）が出土した。これらはもっとも長いもので長さ10cmほどで、外洞里出土品（同図24～26）・茂渓里出土品（同図34～37）・槐亭二洞出土品（同図28～30）のように長さ10cm以上20cm近くになる長鋒有茎鏃とはことなる。金海会峴里のもの（同図31・32）は黄石里のものに近い。

次にこれらの土器・石器を出す支石墓の構造を比較してみよう。黄石里1号・2号は積石石室のまわり3～4mの範囲に積石を設け、その上に上石をのせる。黄石里C号は板石石棺のまわりに積石を設け、その上に上石がのる。黄石里7号では長手の槐状石2個を平行においで、その上に上石をのせる。大鳳洞第一区第二支石墓は割石積石室のまわりに積石をして上に上石がのる。

茂渓里では積石石室に蓋石をのせ、その上に上石をおくらしい。外洞里の場合は割石積石室が板石で上下2段に区切られ、石室を板石でふさぎ、その上に積石をして上石をのせたらしい。城門里では板石石室の上に上石をのせ、谷安里では割石石室に板石の蓋をして上石をのせる。

このように支石墓の構造にも差異が認められる。支石墓の構造と変遷についてひろく検討した上でなければ、こうした構造の差の先後関係を確定できないが、黄石里のものが、他より先行することはほぼ確実である（甲元 1972a・b）。

以上をまとめて丹塗磨研土器の変遷を考えると、黄石里のものがもっとも古く、外洞里・谷安里・城門里・金海会峴里のものがそれにつぎ、茂渓里・槐亭二洞・泗川・伝山清のものがもっとも新しいということになる。しかしもっとも古いものと新しいものとの間にどの程度の時間差があったのか、またそれがすでにのべた第1～3群の土器とどう対応するかはにわかに決め難い[5]。

48　第Ⅰ部　無文土器

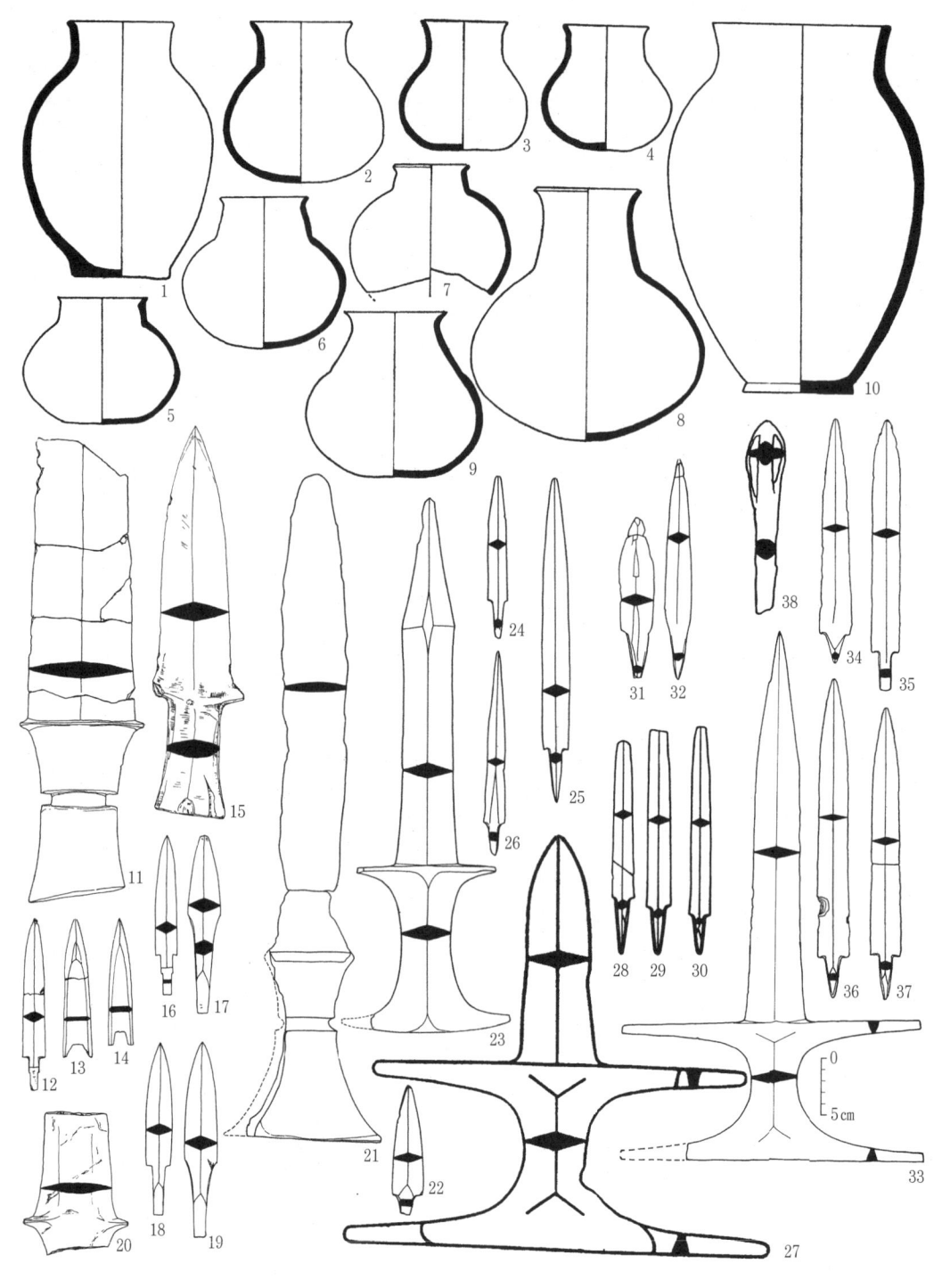

図 19　丹塗磨研土器と伴出遺物

1～3：黄石里C号支石墓（1は褐色磨研土器）　　4：同破壊された支石墓　　20：同1号支石墓
11～14：同2号支石墓　　15～19：同7号支石墓　　5：谷安里支石墓　　6・23～26：外洞里石室墓
7・31・32：金海5号石棺墓　　8・21・22：大鳳洞第1区第2支石墓　　9：伝山清出土　　10・27～29：槐亭二洞
33～38：茂渓里支石墓

〔縮尺　土器：約1/6　　石器：33以外は約1/4〕

黄石里C号支石墓で丹塗磨研土器に伴出した褐色磨研壺（図19-1）は見ようによっては槐亭二洞の丹塗磨研壺に似ているようであり、たいした時間差はなかったかもしれない。ただ、黄石里の各々の支石墓出土の石剣はそれほど形式化せず、祖型となった細形銅剣に近く、またA号支石墓出土の環状石斧や、10号支石墓付近出土の有段石斧などはやや古い時期の石器と考えられ、第3群土器の早い頃に併行するように思われる。

　現状では支石墓出土の丹塗磨研土器の時期を第3群土器とほぼ同じ頃と考える他ない[6][補記3]。

　南朝鮮における無文土器は以上にみてきたように第1・2群→第3群の順に変遷した。第1・2群の土器には西朝鮮や東北朝鮮など他地域の無文土器と共通する面がある程度認められる。このことは他地域との交流のもとに、南朝鮮地域に無文土器文化が成立し、その後第3群の時期になると土器の面に南朝鮮地域としての独自性があらわれることを示すと考えられる。

　第3群土器は、遺跡ごとに差があり、さらに細分されよう。また第1～3群のいずれに属するか明らかにしがたい土器もあった。これらは今後、型式細分・地域性の追究によって編年的位置を確定しえよう。

　甕棺・丹塗磨研土器は第3群土器併行期とみてよいが、なお一層細かな検討が必要であろう。また伴出石器の種類・形態の変遷も、将来資料の増加をまってより一層明らかにせねばならない。

　第3群土器のあとに灰色硬質土器が出現する。しかしその時期に入ってからも、赤褐色無文土器系統の土器もひきつづき用いられていたことは風納里土城（金元龍1967b）・熊川貝塚（金廷鶴1967a・b）・金海会峴里貝塚の調査によって確かめられる。むろん器形は変化している。そしてまた第3群土器にみられた棒状の牛角把手はひきつづき用いられ、燕巌山・陶谷里にみられた切り込みのある牛角形把手は灰色硬質土器の時期にもひろくみられる。これに対し、組合牛角把手は少なくなるようである。こうした連続性のある反面、灰色硬質土器の時期には石器が少なくなり、鉄器が広く普及し、また無文土器文化期にはみられなかった貝塚が形成されるなど、文化的な大きな変化と発展が見られる。

　南朝鮮における無文土器の終末ははじめにのべたように灰色硬質土器の出現期であり、その年代は金元龍が風納里土城遺跡の上限とした紀元後1世紀頃とみられよう。これは金海会峴里貝塚出土の貨泉によっても裏づけられる。

　上限についてみると、まず第3群土器の上限は槐亭洞の青銅器から細形銅剣文化の早い時期すなわち尹武炳のいう朝鮮青銅器文化第Ⅱ期（尹武炳1972）あるいは金廷鶴のいうⅡA式銅剣の時期（金廷鶴1972）である。青銅器文化第Ⅱ期の実年代を尹武炳氏は前4世紀末～前2世紀中葉としている。この第Ⅱ期の細形銅剣は森貞次郎がA様式としたもの（森1968）のうち遼寧式銅剣に近いものを除いたものである。このA様式銅剣の年代を森は弥生前期併行期とされており、尹武炳の与えた実年代に一致する。したがって、第3群土器の年代は前4世紀末～3世紀初から後1世紀という長時間になる。つまり上限は西朝鮮でコマ形土器文化の終る頃となる。この間のことは第1章で若干言及した（後藤1971）。

　第3群土器の上限を以上のように考えれば、それに先行する第1・2群土器の年代も決まってく

る。ただしその上限は今のところ明確にしがたい。筆者は第1章で西朝鮮コマ形土器の年代を前6世紀初〜3世紀初と考えた（後藤1971）。前述したように玉石里住居址は多頭石斧とすりうすの共存によってコマ形土器の中頃に併行するとみられ、もしそうであればその年代は前5世紀頃となろう。南朝鮮地域の無文土器文化の開始は西朝鮮よりさほど遅れるものではないであろう[7]。

註
（1） 西谷正氏の御教示による。
（2） 陶谷里遺跡採集の土器・石器の図・写真は金廷鶴（1972）93ページの46図下2段、95ページの図51の上と下右。
（3） 金英夏（1970）によれば、この丹塗磨研土器は箱式石棺と推定されるところから、すりうす1組と石鏃（有肩石斧？）とともに出土したと伝えられているという。この共伴は共伴は疑問である。
（4） この他に頸がきわめて短く、外反する口縁からただちに肩の張る胴につづくものもあるらしい。そうしたものが大邱市慶北大学校博物館に所蔵されている（無署名1971：39ページ右下写真）。
（5） 甲元は黄石里支石墓を前4〜3世紀、大鳳洞支石墓を前3〜2世紀、谷安里支石墓を前2〜1世紀としている（甲元1972a・b）。
（6） なおこれら丹塗磨研土器は東北朝鮮の櫛歯文土器文化末〜無文土器文化初にみられるそれと関係があるとされ、その流れをくむものと考えられているが、現状ではそれを具体的に検討することは困難である。
（7） 参考までに　年代測定結果を示しておく。
・玉石里住居址出土木炭　　2509±105B. P.（Gx-0554）
・黄石里13号支石墓人骨　　2360±370B. P.（Gx-0555）
・水石里III号住居址出土木炭　2230±280B. P.、2340±120B. P.
・熊川貝塚B区貝層中木炭　　1910±75B. P.
・風納里土城F区床採集木炭　1720±110B. P.（N-240）
朝鮮の年代測定結果をまとめた文献は、金元龍（1969a）。

補記
（1） 現在、磨製石剣の祖型が細形銅剣とは考えられていない。これは、有樋二段柄式石剣が出土した玉石里住居址（北方式支石墓下にあり、孔列土器出土、図13-20〜25）の木炭と、別型式の石剣が出土した黄石里13号支石墓出土人骨それぞれから、上記註（7）の測定年代が得られたことにより、紀元前3〜4世紀をさかのぼらないと考えられていた細形銅剣より磨製石剣のほうが古いとされたのが最初である（金載元ほか1967：14-17）。これに対する反論はあったが（有光1968）、それまでのまたその後の磨製石剣、細形銅剣の出土事例の検討によって、測定年代によらずとも細形銅剣の初現期が磨製石剣の終末期ころであることが確かめられている。
（2） 東北地域の無文土器編年については第7章表9参照。
（3） これは執筆時に、支石墓が第1群〜第3群土器のどの時期かをはっきりさせられなかったために生じたまったくの誤りである。現在では、支石墓は第1・2群土器（前期）とその後明らかになった中期に属し、第3群土器の時期（後期）にはほぼなくなっていることが認められている。
（4） これは当時知り得た少数の丹塗磨研土器資料からの判断で、現在は朝鮮半島南部各地の住居址、墓で出土している。

第3章　南部地域の前期・中期無文土器

　1970年前後には朝鮮半島南部の無文土器を前・後の2時期に分け、可楽洞遺跡出土の二重口縁短斜線文土器と駅三洞遺跡出土の孔列土器を前期に、水石里遺跡などの粘土帯土器を後期にあてていた（林炳泰1969、後藤1973、李白圭1974）。第2章はこの資料状況の下で書いたものである。
　その後、新しい種類の前期土器がみつかり、また松菊里式土器の発見によって中期が設定され、さらに先松菊里式が認定されて中期は前半と後半に区分されることとなった（安在晧1992）。後期土器には大きな変更は生じていない[1]。
　この新たな展開をふまえ、本章では第2章を補完するため南部の前期・中期土器のおおまかな変遷を示すことにする。

1　前　期　土　器

　可楽洞遺跡（金廷鶴1963）では口縁部に幅広い粘土帯を巡らせ（二重口縁）、粘土帯下端に平行する短斜線を連続して施す土器（二重口縁短斜線土器）が出土した（図14-1～5）。その後ほかの遺跡で出土した二重口縁短斜線土器に口縁部孔列（実際は貫通せず内側または外側から突き瘤状に施す）や口唇部の連続刻目（口唇刻目）が配されるものと二重口縁のみのものも二重口縁短斜線土器に含まれる（図20-6～10）。これらの装飾は甕形土器だけでなく、壺形土器の一部にも施す。
　駅三洞遺跡出土土器を指標とする孔列土器（金良善ほか1968）は、甕形土器の口縁部直下に内側または外側からの突き瘤、あるいは貫通小孔を1列巡らせ、さらに口唇刻目を併用するものも多い。口唇刻目は壺に施すこともある（図13-1～13）。この両者をもって第2章で前期無文土器とした。
　その後新たに発見されたひとつが刻目突帯文土器である。甕形土器の口縁部に刻目突帯を1条巡らせる土器で、1982・83年に調査した忠清北道堤川郡黄石里B地区遺跡の包含層で出土していたが（李隆助ほか1984）、1991年の京畿道渼沙里遺跡の調査で住居から出土してはじめて認識された土器である（図20-1～5）（高麗大学校発掘調査団1994、李弘鍾1996：72-89）。両遺跡では甕形土器以外の器種は確認されていないため器種構成は明らかでない。その後慶尚南道晋州市大坪里遺跡群（李相吉1999b）など少ないながらも各地で出土例が増えている。
　もうひとつが二重口縁短斜線土器から変化した退化二重口縁土器で、1970年代前半に調査した京畿道欣岩里遺跡で最初に確認された（図20-11～15・17）（ソウル大学校考古人類学科1973・1974・1976・1978）。李白圭（1974）はすでにこの種の土器を前期土器のひとつに加えている。事例はその後増加し、一時期を画することが認識されている。この土器は、甕形土器の口縁下部に二重口縁下端の段

52 第Ⅰ部 無文土器

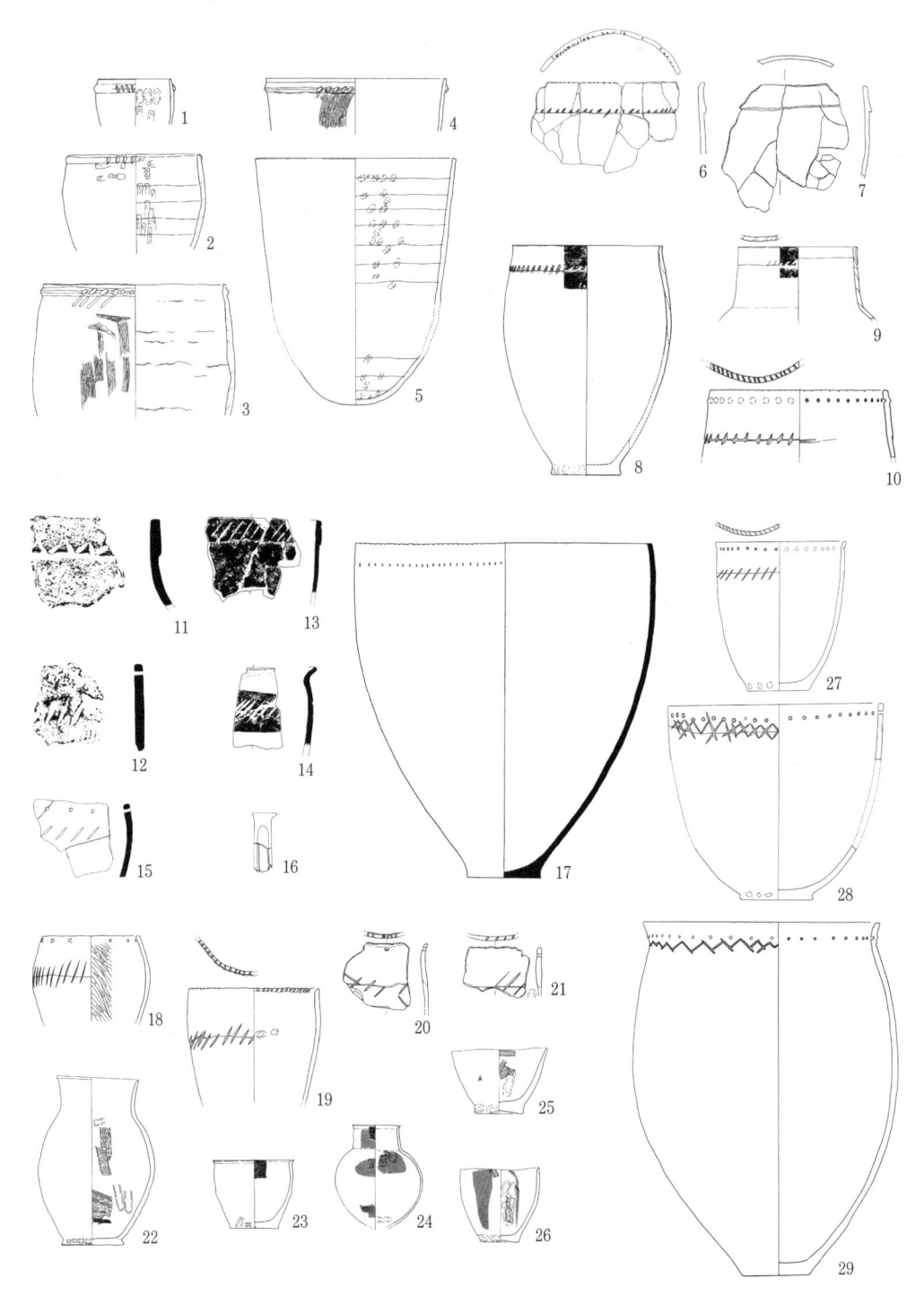

図20 刻目突帯文土器、二重口縁短斜線土器、退化二重口縁短斜線土器
1〜5：渼沙里遺跡（1・5：15号住居　2・3：11号住居　4：18号住居）　6・7：内谷洞遺跡
8〜10：屯山遺跡（8：2号住居　9・10：1号住居）　11〜17：欣岩里遺跡（11：1号住居　12：2号住居
13・14：9号住居　15・16：5号住居　17：7号住居）　18〜26：館山里遺跡（18・22：12号住居
19・23：13号住居　20・21・24〜26：4号住居）　27〜29：坊内里遺跡（27・29：1号住居　28：2号住居）
〔縮尺　約1/10〕

を示すかのように沈線1本を巡らせ（この線を省略するものもある）、この線をまたぐように平行短斜線を巡らせ、あるいは短斜線を「X」字形や「八」字形に施す（図20-18〜21、27〜29）。後者にはときに二重口縁を残すものがあるが、短斜線が二重口縁短斜線土器と異なる（同図11・13）。これらを退化二重口縁土器とする。これらには二重口縁短斜線土器と同様、孔列や口唇刻目を加えることもある。壺形土器にも口唇刻目、稀に退化二重口縁を用いることがある。

以上のうち刻目突帯文土器を除く3種の土器群には鉢形土器や小形丹塗磨研壺も伴う。

これら4種の土器群の関係は、層位的には明らかでなく、型式学的に考えねばならない。

刻目突帯文土器は渼沙里遺跡における新石器時代的な丸底土器（図20-5）との共伴、石敷き石囲い炉をもつ方形住居で出土することなどから、ほかの3種の土器群より古く、南部無文土器の最初に位置づけられ、この時期を無文土器早期とする見解もある（安在晧2000）。一方慶尚南道泗川市本村里遺跡（趙榮済1998）などで他の前期土器との共伴例があり、地域によってはやや遅くまで残るとも推定されている。このような事例については共伴する前期土器の厳密な時期認定が必要である。

発掘調査で最初に退化二重口縁土器が出土したのは欣岩里遺跡である。ここでは孔列土器も出土したが、報告書を詳細に検討すると、両者の出土住居は別である。

本遺跡は標高123mの山の南と東の尾根上の集落遺跡で、南尾根の標高103〜107mのところで1〜3号住居、東尾根の標高91〜115mで住居13軒（上から下へ16・12・8〜11・4〜6・13・7・14・15号）を調査した。規模がわかる住居は長短比が大きな長方形で（たとえば9号は7.05×3.55m、12号は9.7×3.7m）、残存状態不良の住居も同じ形態とみてよい。

住居に伴う土器は以下のとおりである。

1) 1号住居は火災を受け、床面上の炭化木と木炭の上に40〜80cm堆積する土と灰の黒色土層で二重口縁下部に短斜線を「八」字形に巡らせる口縁部2片が出土（図20-11）。床面〜表土出土土器片の特徴は明らかでないが、孔列などの装飾はないらしい。

2) 2号住居では床面から丹塗磨研高杯底部片が、床面上の黒褐色腐植土層から退化二重口縁片（孔列＋短斜線）（同図12）と口唇刻目＋孔列土器片が出土。

3) 4号床面出土土器は底部片と丹塗磨研高杯脚部片各1片。

4) 5号住居（火災住居）の炉址床では退化二重口縁片（孔列＋短斜線）が出土し（同図15）、床面で多数出土した土器片には口唇刻目土器片が含まれるようである。

5) 7号住居床面では口唇刻目と口縁下にごく短い短斜線をもち、口縁がわずかに内傾する甕が出土（同図17）。壺口頸部片は床面出土かどうかは記載がないが、わずかに外開きの頸部がなめらかに肩に続く。

6) 9号住居では床面から二重口縁短斜線土器（短斜線は二重口縁部の幅一杯に施され、可楽洞遺跡などの二重口縁下端に施すものとは異なり、退化二重口縁土器に含む）が1片（同図13）、口縁のやや下に短斜線をもつ土器が3片（同図14）、多数の孔列口縁部片と無装飾の口縁部片が出土。

7) 以上のうち1号・2号・4号・5号住居出土の円筒状丹塗磨研高杯脚部（同図16）と1号・9号住居出土の脚台状破片（2号・4号は床面出土、他は出土状況不明）は、ほかの住居にはない。これらは近年の知見によれば、丹塗磨研台付壺・鉢である（安在晧2002）。

8) 6号住居では孔列土器片と無装飾口縁部片が出土。出土状況不明だが住居に伴うであろう。

9) 11号住居床面からは装飾がなく、口縁が少し外反する甕、直立頸で口縁が外反する丹塗磨研壺、鉢が出土。

10) 12号住居では床面から孔列甕、孔列＋口唇刻目甕、無装飾甕、口唇刻目壺、無装飾壺、鉢の良好な一括資料が出土（図21-1～7）。甕の口縁は外開き、直立、わずかに内傾の3種があり、壺口頸部は直立とわずかに外開きである。

11) 14号住居床面では口縁が内傾し口唇刻目をもつ甕が出土（同図8）。なお堆積層上部から出土した頸部に短斜線をもつ口唇刻目壺片と孔列土器片は本住居には伴わない。

13) 3号住居の土器には孔列小片が1点あるが出土状況不明。8号住居の土器は鉢1点だけで、12号住居の鉢に近い。10号住居の土器は床面出土の底部2片のみ。13号床面土器口縁部は直立で装飾はない。15号住居・16号住居（火災住居）の土器は報告されていない。

以上から、欣岩里遺跡出土土器は大きく2群に分けられる。

第1群は1号・2号・4号・5号・7号・9号住居出土の退化二重口縁短斜線土器の一群で、丹塗磨研高杯脚部・脚台状破片を含み、5号住居出土の孔列＋短斜線土器を指標とする（欣岩里1式）。壺形土器は7号住居出土の口頸部片しかよい例はないが、次の第2群の壺と大きな違いはないようである。

第2群は12号住居一括土器に代表される孔列土器（個体ごとに口唇刻目の有無が異なる）の一群で、口唇刻目のみをもつもの、無装飾のものも含まれ、6号・11号・12号・14号住居出土土器である（欣岩里2式）。8号・13号住居の土器は第2群とみられる。

9号住居床面では1式と2式が共伴するようである。

住居の切り合い関係は、3号→2号、4号→5号、9号→10号で、これからは1式と2式の前後関係はわからないが、1式には短斜線があって二重口縁短斜線土器に近く、2式の14号出土口唇刻目甕の内傾口縁の形状は中期はじめに見られる内傾口縁甕と共通することから、1式が2式に先行すると判断できる。

なお、本遺跡の欣岩里1式土器はほとんどが破片だが、その後、忠清南道館山里遺跡（尹世英ほか1996）や江原道坊内里遺跡（白弘基ほか1996）などで全形がわかる一括資料が出土し（図20-18～21・27～29）、2式と同じ土器も慶尚南道大坪里玉房1号住居[(2)]（文化財研究所1994）など各地で出土している（図21-9～23）。

以上の刻目突帯文土器を除く前期土器の甕の口縁部装飾には二重口縁・退化二重口縁・短斜線・孔列・口唇刻目があり、その組み合わせと共伴関係によって、①二重口縁、二重口縁短斜線、二重口縁短斜線＋孔列、二重口縁短斜線＋孔列＋口唇刻目の一群（可楽洞遺跡そのほか）、②退化二重口縁＋短斜線（X字形・八字形を含む）、退化二重口縁＋短斜線＋孔列、退化二重口縁＋短斜線＋孔列＋口唇刻目、退化二重口縁＋短斜線＋口唇刻目の一群（欣岩里1式）、③孔列、孔列＋口唇刻目の一群（欣岩里2式、駅三洞遺跡そのほか）の3群に大別でき、型式学的にはこの順に編年できる。二重口縁は①から②へ退化し、②から③へ消滅する。③では孔列と口唇刻目だけが残り、後述のように中期始めには孔列が消えて口唇刻目のみが一部に残り、ついでこれも消える。

図21　孔列土器

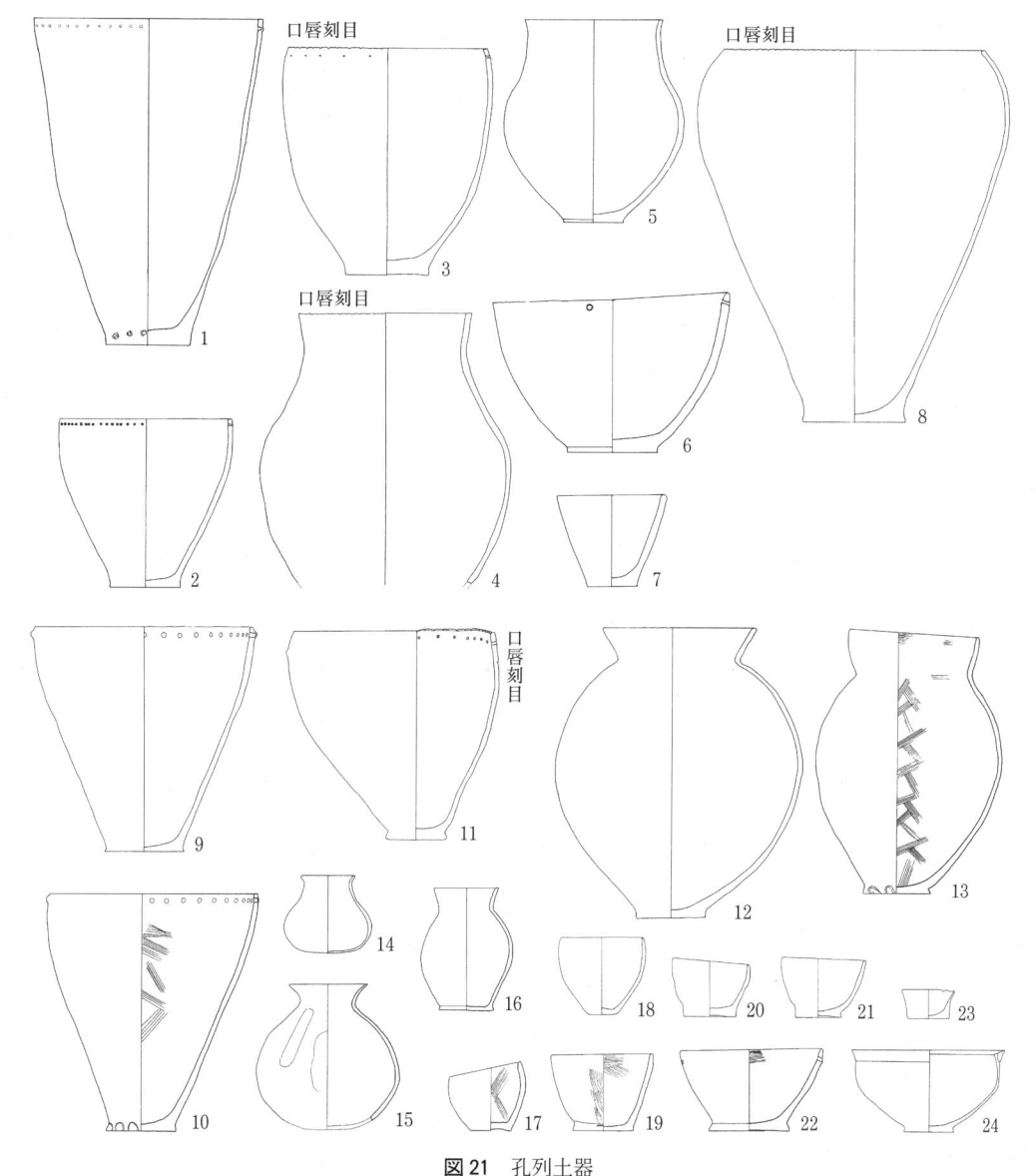

1〜7：欣岩里12号住居　　8：同14号住居　　9〜24：大坪里玉房1号住居　　〔縮尺　約1/10〕

　これらは最初に確認された遺跡名をとって、①を可楽洞式、②を欣岩里式、③を駅三洞式とも呼べるが、それは大きな括りとしてであって、それぞれはさらに時空間に沿って小型式に細分しなければ土器の動態、それにもとづく文化のありようを細かに検討するには不十分である。たとえば、①においては可楽洞遺跡のように二重口縁短斜線のみのものと、これに孔列や口唇刻目が加わるものの間には時期と地域の差異があるのか、②においては二重口縁を表す沈線の有無や、短斜線のかわりにX字形や八字形に短線を配するものの間に時期・地域性があるのか、③においては孔列のみと孔列＋口唇刻目の時期・地域的差異の有無などを検討する必要がある。この細部検討とともに、器種構成をなす壺形土器・鉢形土器・丹塗磨研土器の型式分類と組み合わせにもとづいて初めて型式・様式が認識できるからである。

以上の検討によって、前期を4期に区分し、刻目突帯文土器を「前期1期」、上記①を「前期2期」、②を「前期3期」、③を「前期4期」と仮に定めておく。

2 中期土器⁽³⁾

松菊里型住居

中期は1980年代半ばに忠清南道扶余郡松菊里遺跡出土土器（松菊里式）によって設定されたもので、日本では藤口が松菊里遺跡の土器を松菊里Ⅰ・Ⅱ・Ⅲ式に分けてⅠ・Ⅱ式を中期土器としたのが最初である（藤口1986）⁽⁴⁾。また松菊里遺跡では独特の形態の平面円形住居がみつかり松菊里型住居と名づけられた⁽⁵⁾。

最初に松菊里型住居が見つかったのは、1968年から69年に実施された忠清南道休岩里遺跡の1次～3次調査においてである（尹武炳ほか1990）。もっとも早く報告されたのは1977年調査の全羅南道光州市松岩洞遺跡の1軒であろう（崔夢龍1979）。その後1975年の忠清南道扶餘郡草村面松菊里遺跡の調査で大量に確認され（姜仁求ほか1979）、松菊里型住居と名づけられた（李健茂1992）。現在松菊里型住居は忠清南北道、全羅南北道、慶尚道南北道で発見されている（李宗哲2000）。

松菊里型住居はきわめて特徴的な形態を持つ竪穴住居である（図22）。平面円形で、床面中央に楕

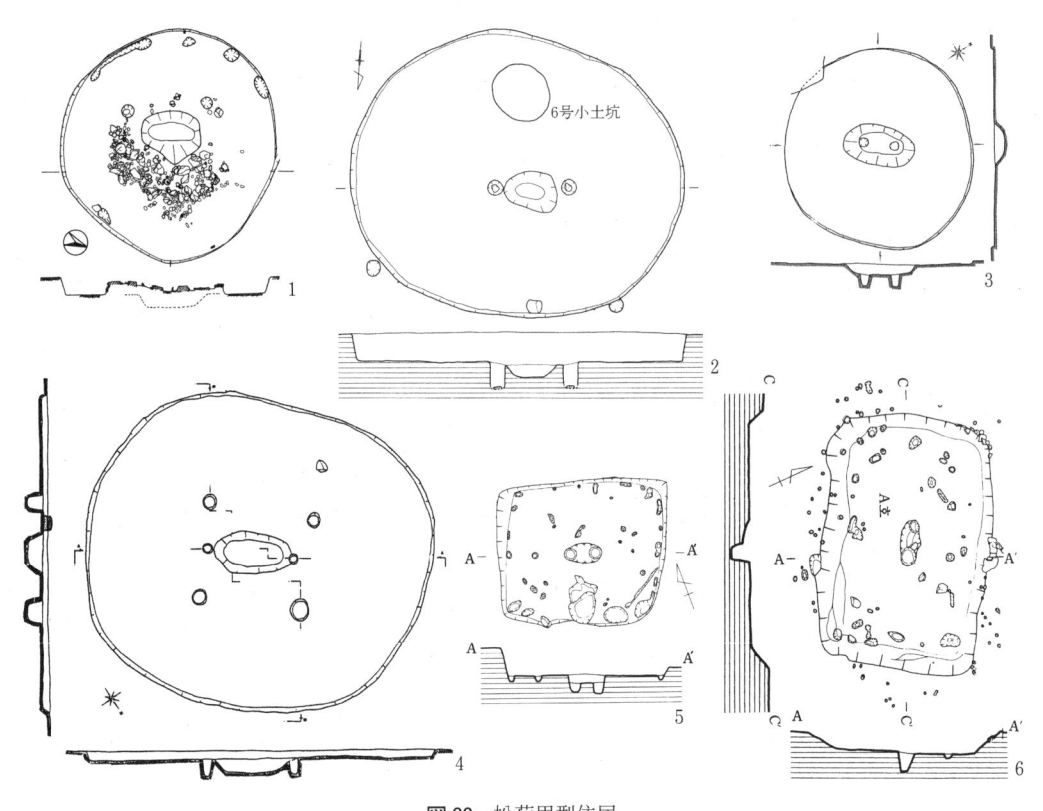

図22 松菊里型住居

1：Ⅰa類 長川里5号　2：Ⅰb類 大谷里K21-1号　3：Ⅰc類 大也里13号
4：Ⅰc'類 大谷里K39号　5：Ⅱb類 休岩里8号　6：Ⅱb'類 休岩里A号　〔縮尺：1/150〕

円形の長さ 1m 前後・幅 50～60cm の土坑を掘り（中央土坑）、その内部または外部両端に直径 20cm ほどの柱穴を掘り込んでいる。中央土坑は炉のように見えるが、中から石片が出るなど、何らかの作業場所らしい。平面円形のほかに方形もあり、中央土坑両端以外に 4 柱穴を設けることもある。松菊里型住居を中央土坑をもつ住居として広く捉えると、次のように分類できる。

　平面形
　　Ⅰ類：円形
　　Ⅱ類：長方形ないし方形
　柱穴①（中央土坑両端）
　　a 類：中央土坑両端に柱穴がない
　　b 類：中央土坑内部両端に柱穴がある
　　c 類：中央土坑外側両端に柱穴がある
　柱穴②　a～c 類の柱穴のほかに、中央土坑を取り囲んで 1 辺が 2m ほどの間隔で柱穴 4 個を方形に配するものを、それぞれ a' 類・b' 類・c' 類とする。

　平面形と柱穴①・②を組み合わせると、円形のⅠ類は a～c' の 6 類（図 22-1～4）、方形のⅡ類は a・b・b'（方形の b' は中央土坑の長軸上の住居壁際に柱穴 1 つずつを配する）の 3 類（同図 5・6）が確認でき、円形が多く方形ははるかに少なく、円形で中央土坑内部両端に柱穴をもつもの（Ⅰb 類）がもっとも多い。

　ところで円形の竪穴住居は新石器時代～無文土器時代の住居の中では数少ない。これまでの報告事例からざっと計算したところでは（1991 年時点）、新石器時代の住居は 100 軒近く（平面形がはっきりしないものを除くと 90 軒ぐらい）あり、その約 3 分の 1 が円形～楕円形で、残りは方形・長方形である。無文土器時代の住居は 400 軒を越えるが、円形ないし楕円形のものは 17～18％（20％弱）で残りは長方形・方形である。しかも円形住居のほぼすべてが東南地域の慶尚南北道と西南部地域の全羅南北道・忠清南北道に集中し、またその大多数が松菊里型住居であり、さらに中央に土坑をもたない（非松菊里型）円形住居のほとんども松菊里型住居と同じ遺跡に存在するなど、地域・時期において著しく偏っているのである。これは現在の資料状況でも変わらない（大貫編 2001）。

　松菊里型住居が調査された遺跡には多数の長方形住居もあり、両種住居の出土土器には差異が認められることが多く、両者の関係とそれにもとづく集落構成・分期などが問題になる。松菊里式土器と松菊里型住居は同じ遺跡名を冠してはいるが、土器と住居が結びついてはいない。松菊里式土器は松菊里型住居から出ないのが普通である。以下、数遺跡を取り上げて松菊里型住居と長方形住居の関係、出土土器の差異をとおして中期土器の変遷を考える。

松菊里遺跡

　住居と集落（図 23）　1975 年の第 1 次調査から 1997 年の第 11 次調査までが報告されている。第 1 次～第 7 次調査（1987 年）で調査した住居は、松菊里型住居が 55 地区の 7 軒（図 23-1、1～7 の番号を付した黒丸）とこの東南に延びる尾根（50 地区）の 3 軒およびこれらの東 1km 以上離れた 17 地区の 1 軒（55 地区の 1 軒がⅠb 類かⅠc 類か不明、他はすべてⅠb 類）、長方形住居が 55 地区の小

58　第Ⅰ部　無文土器

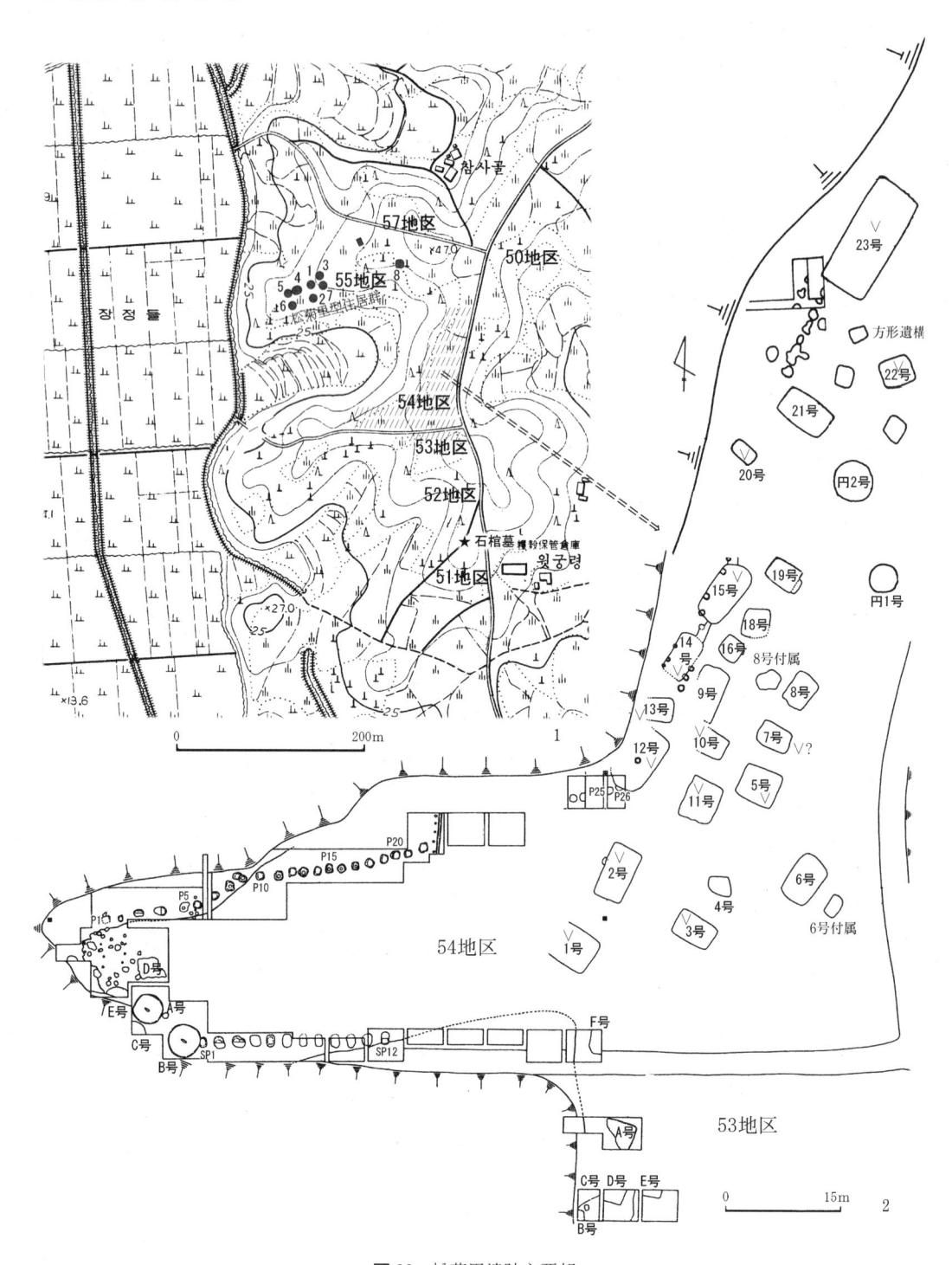

図23　松菊里遺跡主要部
1：50〜57地区地形図（●は55地区住居、数字は住居番号
1〜7号が松菊里型住居）　2：54地区遺構配置図（∨印は火災住居）

谷を挟んだ南側尾根上（54地区）の18軒（同図2の1～18号住居）および50地区の松菊里型住居群の近くと53地区、57地区の各1軒である（姜仁求ほか1979、池健吉ほか1986、安承模ほか1987）。55地区の松菊里型住居群と54地区の長方形住居群が地点を異にしていることが注意を引く。住居の切り合いはない。なお55地区の松菊里型住居群の東70mの形状不明8号住居上面の褐色腐植土層では扇形銅斧鋳型が出土している[6]。

　54地区の長方形住居は、長幅比1～1.5未満で長辺壁長が2.2～5.7mの小形住居10軒（3・5～8・10・11・13・16・18号）と、長幅比1.8～2.05で長辺壁長が5.8～8.2mの大形住居6軒（1・2・9・12・14・15号）にわかれる。大形住居は1号を除き長軸を北東—南西にとり、火災住居5軒（1・2・12・14・15号）はほぼ南北に並び、そのうち北側3軒は丘陵の縁近くに位置し、火災に遭っていない1軒（9号）はその内側にある。小形住居は1軒（13号）を除き大形型住居の内側（東側）にあり、長軸方向は北東—南西と北西—南東にわかれ、火災を受けたものは少なくとも5軒である。大形住居と小形住居は配置からみて時期が異なると思われる。なお火災にあった松菊里型住居は55地区で2軒、50地区で1軒である。

　その後の第9・10次調査（1992・93年）では、54地区南の53地区で長方形住居5軒（A～E号、確認のみ）、55地区北の57地区で大形長方形住居7軒・円形1軒（いずれも確認のみ）、54地区の尾根南西端で長方形住居1軒（D号）・円形住居4軒（A・B号は松菊里型Ⅰb類、C・E号は確認のみ）、1号住居南で長方形住居（F号、確認のみ）を調査した（金吉植1993）。さらに第11次調査（1997年）では54地区で15号・18号住居の北に続く大形長方形住居2軒（21・23号）、小形長方形住居3軒（19・20・22号）と円形松菊里型住居Ⅰb類2軒（円1・2号）を調査した（国立扶餘博物館2000）。23号住居は長軸13.8m（長幅比2.4）で、本遺跡最大規模である。

　第9・10次調査結果で注目すべきことは、54地区と57地区で尾根の高い部分を削ってまわりに盛土した造成の跡（盛土中にそれ以前の遺物が包含されている）、これを利用して設けた丘陵縁に沿う長さ430mの木柵の柱穴列、54・57地区境界部分（図23-1の「50地区」の文字の「5」のあたり）で木柵を切る壕を確認したことである。これによって、報告者は本遺跡を、盛土以前の時期（方形住居）、盛土・木柵の時期（長方形住居）、木柵を切る長方形住居と壕そして壕に囲まれていたと推定する松菊里型住居の時期に3分する[7]。

　この知見を参照すれば、1975～88年に調査した大形長方形住居（54-12・14・15号）は、当時は認識されなかった木柵柱穴と切り合っていたことが判明する。ここでは相互の前後関係はわからなかったが、新たに調査した57地区で同じ大形長方形住居5軒が木柵柱穴を切っていることから、54地区の大形住居も木柵以後の時期と判断できる。これと関連して54地区の大形長方形住居内側の小形長方形住居は木柵に囲まれた住居であり、盛土内の遺物から想定される木柵以前の住居は盛土造成で破壊されたと考えられている（金吉植1993：128）。

　問題は松菊里型住居である。調査者によれば松菊里型住居は大形長方形住居とともに本遺跡最後の段階に属する。松菊里型住居が木柵に遅れる根拠は、「壕状遺構（環濠？）も55地区円形住居群（松菊里型住居群——後藤）をとりまく様相を帯び、木柵列を破壊してい」ることと（金吉植1993：128）、54地区西南端のB号住居[8]（松菊里型Ⅰb類）が木柵柱穴の1つを切っていることの2点である。

前者は理由が示されておらず、170mも離れている住居群と壕が関連づけられるか疑問である。後者の土層関係は明白である。報告者は、54-B号住居を切る柱穴SP1を西端として尾根南縁に東西に一直線につながる木柵柱穴12個が尾根西端をまわって、尾根北縁からさらに北東に延び先の大形長方形住居に切られる木柵柱穴列（P1〜）につながるとし、尾根西端で欠けているのは逆茂木等によって破壊され失われたと考えている（金吉植128）。これについても検討すべき点があると考える[9]。また9次調査以降に54地区で発見された松菊里型住居と大形長方形住居の併存は確定されてはいない。

こうしたことを述べるのは、松菊里型住居と長方形住居出土土器が異なり、時間的前後関係にあると考えるからである。

土　　器（図24、図25）　藤口は最初の報告書（姜仁求ほか1979）にもとづいて、松菊里型住居の55-2号住居出土土器（図25-1〜7）に大形長方形住居（54-2号）土器の一部（図25-4・5・8）を加えて松菊里I式、54-2号住居のその他土器を松菊里II式、大形長方形住居54-1号出土土器（図24-28〜34）を松菊里III式とした（藤口1986）。

松菊里型住居で出土した土器は少ないが、火災に遭った55-1号と55-2号で床面からやや多く出ている。藤口がI式とする55-2号住居土器には、胴上部が少しすぼまり口縁部が小さく外反するが外反度と胴部のふくらみが弱いものと（図24-1・2）、胴部がほぼ直立して口縁部が外反しないものがあり（同図3〜5）、前者が壺、後者が甕のようだがいずれも小形である。前者は長方形住居で多数出土する口縁部が外反するものにくらべると、胴張りと口縁外反度ともに弱く、外反しない後者は長方形住居にはない。これと同じ口縁部が直立に近いか外反度が弱いものが出土した松菊里型住居は17-1号・53-円1号・53-円2号（これらは床面出土かどうか不明）・50-2号・50-3号住居（これらは床面出土）である。また長方形住居には稀な口縁部へ直線的に開く鉢がある（同図6・7）。本遺跡の松菊里型住居出土土器は良好な一括資料には届かないが、長方形住居出土土器とは明らかに異なるもので、松菊里1式とする。

同じ松菊里型住居でも55-1号住居の土器は、胴部の膨らみと口縁部外反度が弱いものもあるが（同図10・11）、両方が強いものもあり（同図8・9）、長方形住居出土土器に近づいている。このほか55-6号住居では長方形住居にしばしば見られるフラスコ形丹塗磨研壺（同図18、図25-12・19）が出ている。これらは松菊里1式と2式をつなぐものと見られるが、松菊里1式に含めておく。

54-1号住居を含め、大形・小形を問わず長方形住居から出土する土器は藤口のII式・III式土器である（図24-12〜34、図25）。明らかな鉢形・壺形以外の土器は、高台状の底部をもち、胴部が膨らみ、器高中位前後で最大径となり、口縁部へすぼまり、口縁部が外反する形態で、胴部膨らみ・口縁部外反度は松菊里1式より強い。ごく少数の口縁部がほぼ直立ないし内傾する（図25-6・7・15〜17）。これらは明瞭な頸部がなく甕形、壺形の区分が困難である。大きさによって高さが60〜70cmの特大品と40〜50cmの大形品が壺、30cm前後の中形品と20cm以下の小形が甕と見られるにすぎない。胴の膨らみの傾向は大形品が強く、中形品以下が弱いようで用途に対応しているかもしれない。用途（器種）により胎土や器面調整に差があるかは明瞭ではない。

ほかの器種はフラスコ形を含む丹塗磨研壺と鉢で（図24-18〜22・34、図25-9〜12・19・20・26・27）、

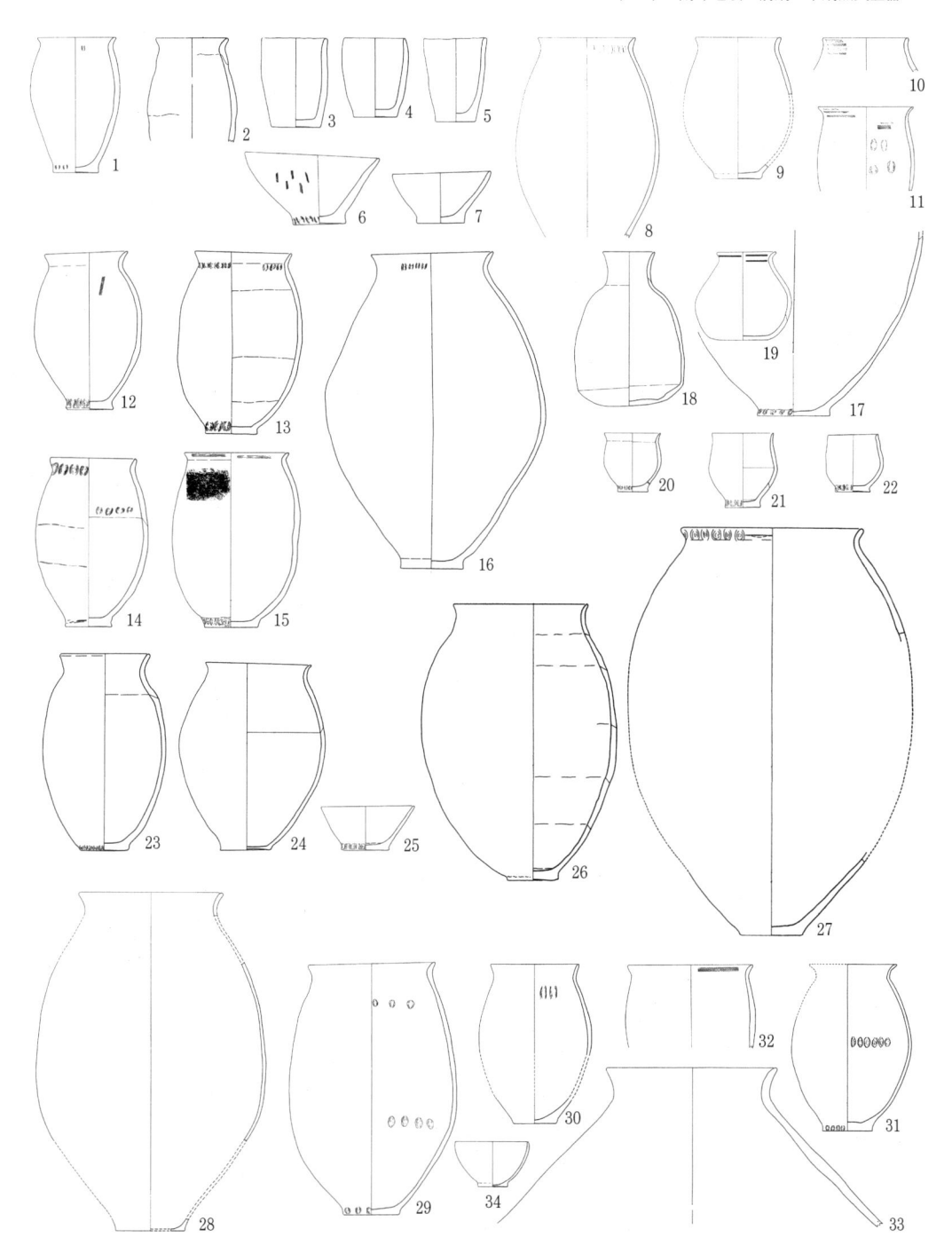

第3章 南部地域の前期・中期無文土器 *61*

図24 松菊里遺跡出土土器（1）
1〜11：松菊里型住居出土（1〜7：55-2号住居　8〜11：55-1号住居）
12〜27：小形長方形住居出土（12〜22：54-5号住居　23〜25：54-8号住居
26・27：54-11号住居）　28〜34：大形長方形住居出土（54-1号住居）
（18〜22・34は丹塗磨研土器）　　　　　　　　　　　〔縮尺　約1/10〕

62　第Ⅰ部　無文土器

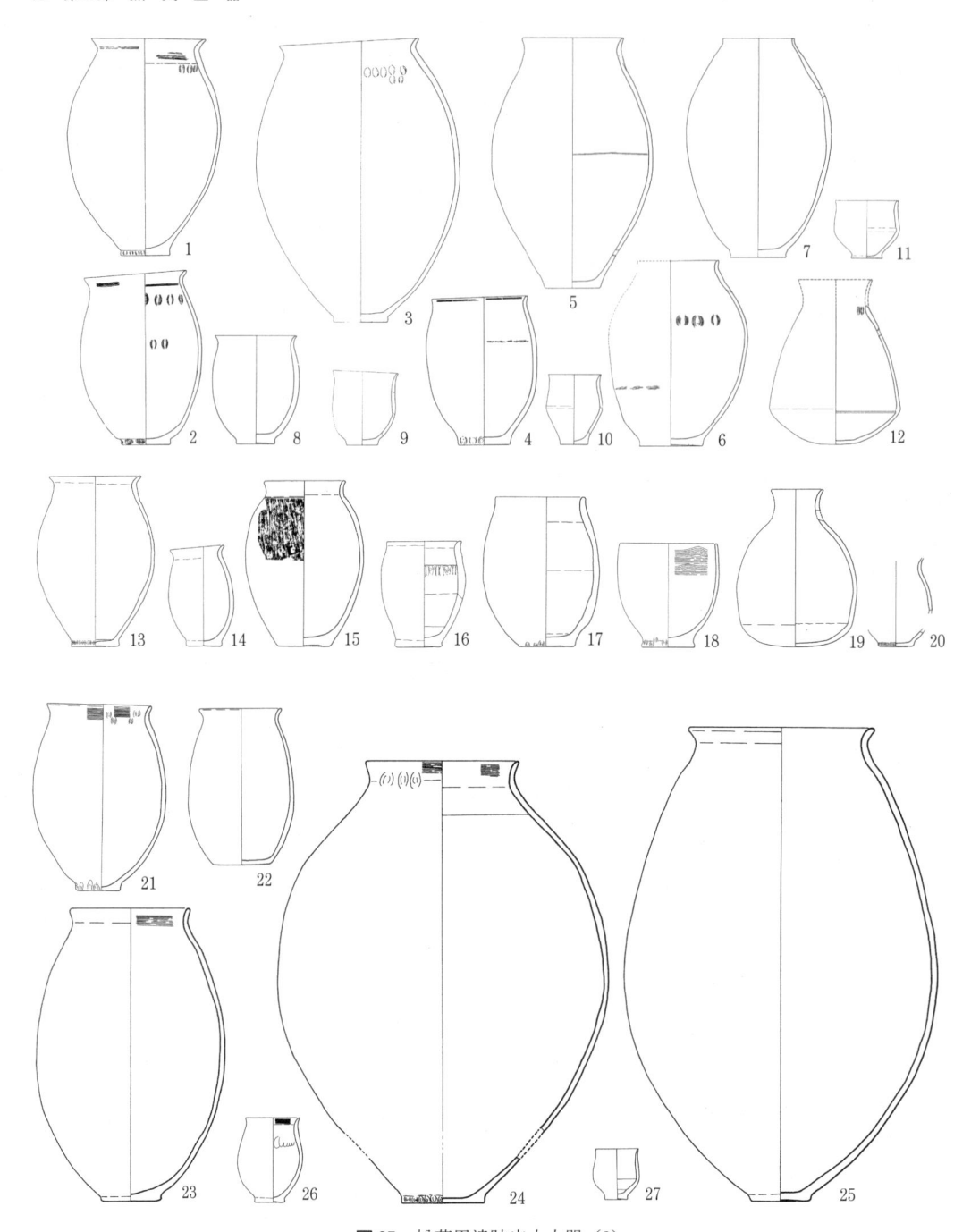

図25　松菊里遺跡出土土器（2）
大形長方形住居出土（1〜12：54-2号住居　　13〜20：54-14号住居
21〜25：54-15号住居）　（9〜12・19・20・26・27は丹塗磨研土器）　〔縮尺　約1/10〕

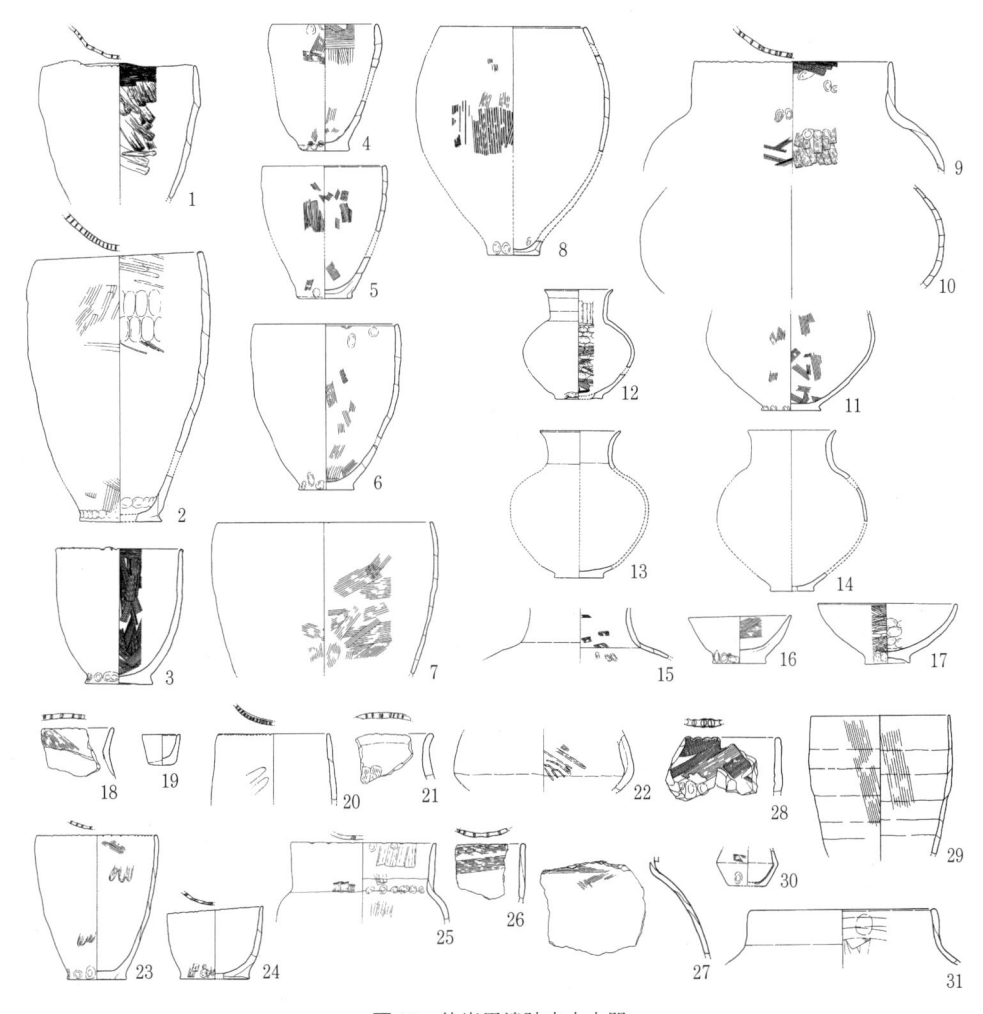

第 3 章　南部地域の前期・中期無文土器　63

図 26　休岩里遺跡出土土器
1〜17：A 号住居出土　　18・19：B 号住居出土　　20〜22：2 号住居出土
23〜25：9 号住居出土　　26・27：野外炉址出土　　28〜31：第 2 次調査
黒色腐植土層出土　　（12〜15 は丹塗磨研土器）　　〔縮尺 約 1/10〕

鉢には丹塗磨研でないものもある。胴が最大径のある中〜下位で折れる鉢（図 25-11 など）はほかの遺跡には稀である。

長方形住居 54-2 号と 54-1 号出土土器による藤口のⅡ式・Ⅲ式区分の理由は、54-1 号住居出土の外開き短頸の大形品（図 24-33）によってⅢ式を独立させたのかもしれないが、明確ではない。また第 9・10 次調査によって小形長方形住居が古く大形長方形住居が新しいとされているが、両者の土器を分離することは難しい。したがって長方形住居出土土器を一括して松菊里 2 式とする。これがいわゆる松菊里式土器である。

第 9 次以降の調査に基づく本遺跡の 3 期区分が正しければ、土器は 2 式→1 式の順、あるいは 2 式の後半（大形長方形住居の時期）と 1 式は同時期併存となる。しかし土器型式のうえからは同時併存も 2 式→1 式の順も認めがたく、1 式→2 式と考える。

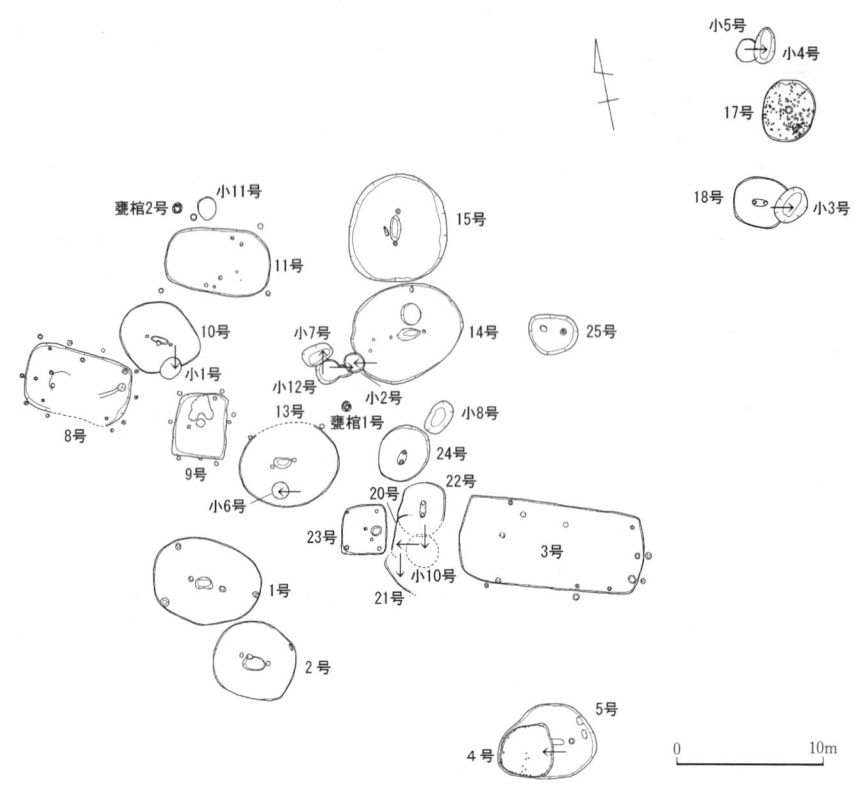

図27　大也里遺跡遺構配置図　（小：小土坑、矢印は切り合いの前後関係を示す）

休岩里遺跡（尹武炳ほか1990）

　住居と集落　　住居は数100m離れて丘陵の北東（休岩里）と南西（龍岩里）にわかれる。北東側の2軒は方形の松菊里型（A号がⅡb'類、B号がⅡb類）、南西側の9軒は円形松菊里型（円形というよりは長楕円形）が3軒（7号がⅠb類、2・3号がⅠb'類）、方形が7軒（1・4・5・8号がⅡb類、6号がⅡb'類、9号は松菊里型ではない？）である（図23-5・6）。切り合いは、前後関係不明の1号・2号と、5号→4号→3号の2組がある。2号の土器はやや多いが、1号の土器は鉢と底部各1点、5号・3号の土器は底部片1～2点、4号は無遺物である。A号・B号は近接し同時存在ではなかろう。

　土　　器（図26）　　良好な一括資料はA号住居で出ている。甕形土器は断面台形の高台状底部をもち、口縁部は直立ないし軽く内傾し、口唇刻目をもつものともたないものとがある（図26-1～7）。図上復元品には口縁部が強く内径するものがある（同図8）。壺は各部分の破片から推定すると、底部は甕形土器と同じで、胴部は大きく円く膨らみ内彎気味に直立する頸部は短く、口唇刻目をもつ（同図9～11）。丹塗磨研小壺はこれと同じ底部、胴部だが、頸部は外開き気味と内傾気味両者があり、口縁部が外反する（同図12～15）。鉢形土器は胴部が丸みをもって広がる（同図16・17）。9号住居の甕形土器、壺形土器も同じである。

　2号住居の甕形土器もまた同じであるが、ここには口縁部が少し外反する口唇刻目付甕口縁部破片と胴下部が強く屈曲する壺片がある（同図21・22）。前者はB号住居にもあり、後者の形状は2次調査の黒色腐蝕土層で上記と同じ甕、壺とともに出た小形壺にも認められる。このようなごく小さ

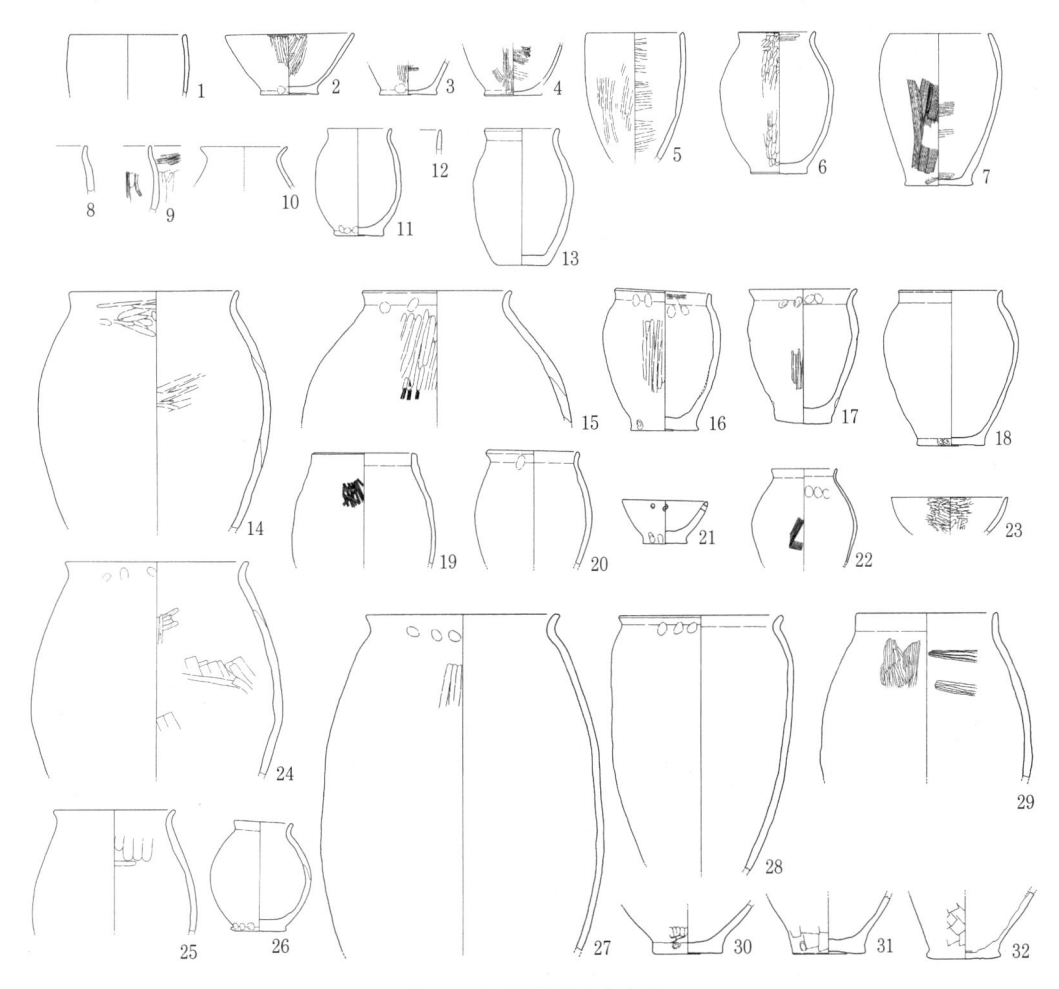

図28 大也里遺跡出土土器
1:5号住居　2～4:10号住居　5・6:13号住居　7:23号住居
8～10:9号住居　11・12:小土坑1　13:小土坑6　14～23:
3号住居　24～26:11号住居　27～32:4号住居　(2・6・10・22・23は
丹塗磨研土器)　〔縮尺　約1/10〕

な違いはあるが、他住居出土の少数の破片も含め、A号住居出土土器と大きく異なるものはない。A号出土土器をもって休岩里式とする。

大也里遺跡（林孝澤ほか 1998・1990）

住居と集落（図27）　円形松菊里型住居11軒（Ⅰa類1軒・Ⅰb類3軒・Ⅰc類7軒、Ⅰc類は前2者より大きい）のほかに、長幅比が小さい南北長軸小形長方形住居2軒（9号・23号）と長幅比が大きい東西長軸大形長方形住居3軒（3号・8号・11号）、残存状態不良の住居2軒（20号・21号）、そして大形土坑1基（4号、報告者は住居または3号住居付属遺構とする）と小土坑10基（1～5号・7号・8号・10号・11号・14号）を調査した。ほかに甕棺墓2基がある。

遺構の切り合いは8組あるが土器を分離する上で参考になるのは、5号住居（松菊里型Ⅰc類）→4号土坑、10号住居（松菊里型Ⅰc類）→小土坑1号、13号住居（松菊里Ⅰc類）（図23-3）→小土杭

6号の3組である。とくに4号と5号の切り合いは、4号床面出土土器（図28-27）に3号住居（大形長方形）床面出土土器片が接合することから、松菊里型住居が大形長方形住居に先行することを示す。さらに小土坑の多くが松菊里型住居より新しいが、長方形住居との関係はわからない。

　　土　　器（図28）　　5号住居をはじめとする松菊里型住居、これを切る小土坑、小形長方形住居の床面と埋土からは、ほぼ直立ないし内傾口縁で何ら装飾がない甕（完形品と口縁部破片）（図28-1・5・7・12）が出土する。つぎに胴がやや膨らみ口縁部が小さく外反する小形壺（同図11・13）と同形態の口縁部片（同図8）は小土坑と小形長方形住居床面で出土し、松菊里型住居床面では出土していない。ただし同形態の丹塗磨研小形壺（同図6）と丹塗磨研鉢（同図2）は松菊里型住居で出土する。この土器出土状況と小土坑が松菊里型住居を切ることから、口縁部小外反土器は松菊里型住居より後で、小土坑（およびこれとほぼ同時期とみられる小形長方形住居）の時期となるが、同形の丹塗磨研土器小壺は松菊里型住居にあって（同図6）、時間的隔たりは小さいだろう。このように遺構種類ごとの小異はあるが、各遺構に共通する内傾口縁甕を指標に大也里1式土器として括っておく。

　これに対し大形土坑4号床面、大形長方形住居3号床面、11号床面で出土した大形土器および甕棺に用いた土器は口縁部外反度と胴膨らみが強い（図28-14・15・24・25・27・28）。小形土器には口縁部がほぼ直立ないし弱く外反し、胴膨らみが弱いものがある（同図16～19）。これらは大也里1式とは異なるもので、大也里2式とする。遺構の切り合いから1式が2式に先行する。

大谷里道弄遺跡（全南大学校博物館編 1989・1990）

　住居と集落（図29左）　　調査機関と調査年次が異なるので、住居番号の頭に国立光州博物館調査は「k」、ソウル大学校1次調査は「s」、同2次調査は「ss」を付す。

　松菊里型住居22軒のほかに非松菊里型円形住居4軒、円形？住居1軒と長方形住居42軒、長方形？住居2軒を調査した。長方形住居は長幅比が小さく方形に近い小形住居である。

　松菊里型住居は円形のⅠa類3軒、Ⅰb類5軒、Ⅰc類1軒、Ⅰa'類7軒、Ⅰc'類2軒、方形のⅡa類3軒、Ⅱb類1軒である。長方形住居を長軸方向で分けると、北東—南西19軒（長方形1類）、南東—北西17軒（長方形2類）、南北5軒（長方形3類）、東西1軒（長方形4類）、方向不明2軒（長方形5類）である。

　住居の切合いは13例ある。松菊里型住居が関係するのは2例で、松菊里型Ⅰb類→長方形2類と前後関係不明の松菊里型Ⅰc'類・長方形1類である。円形住居がかかわるのは、非松菊里型円形住居が長方形住居2類を切る2例と円形？住居を長方形2類が切る1例である。これ以外は長方形住居相互の切り合いで、長方形1類→長方形2類がもっとも多く5例、長方形1類相互・長方形1類→長方形3類・長方形2類→長方形3類が各1例である。

　松菊里型住居を長方形住居が切るのは1例だけであるが、土器の検討からも松菊里型住居が長方形住居より古い。長方形住居は相互の切り合い傾向から、初現が1類、2類、3類の順だが、それぞれが併存していたであろう。

　　土　　器（図29右）　　土器は以下のように4型式に分けられる。

　1式：孔列をもつ甕と直立頸部の壺の組み合わせで、数軒の住居で破片がごく少量出土したが、

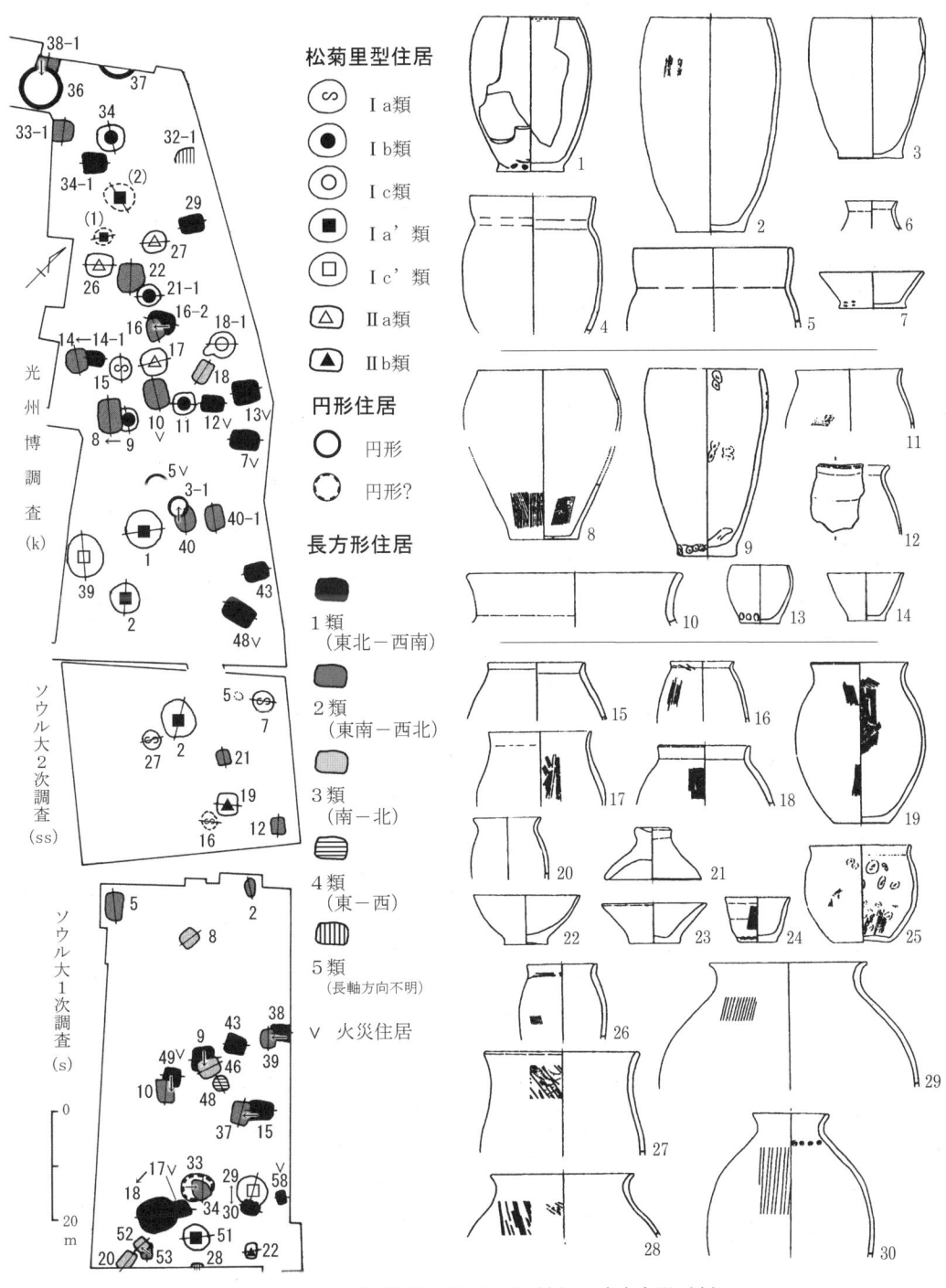

第 3 章　南部地域の前期・中期無文土器　67

松菊里型住居
- Ⅰa類
- Ⅰb類
- Ⅰc類
- Ⅰa'類
- Ⅰc'類
- Ⅱa類
- Ⅱb類

円形住居
- 円形
- 円形?

長方形住居
- 1類（東北－西南）
- 2類（東南－西北）
- 3類（南－北）
- 4類（東－西）
- 5類（長軸方向不明）
- ∨ 火災住居

図29　大谷里道弄遺跡　住居配置（左）と出土土器（右）

1～7：1式（1：k1号住居　2・7：ss2号住居　3：k15号住居　4・6：k17号住居　5：k34号住居）
8～14：2式（8・10：s9号住居　9：k40-1号住居　11：s10号住居　12：k37号住居　13：s5号住居　14：ss12号住居）
15～30：3式（15・19・21：k43号住居　16：k18号住居　17・25：k16号住居　18：k33-1号住居　20：s土坑17　22：k14号住居　23：s53号住居　24：k10号住居　26～30：s28号住居）

〔縮尺約1/10〕

表6　大谷里道弄遺跡の各型式土器出土住居数

土器	円形住居		長方形住居				
	松菊里型	非松菊里型	松菊里型	1類	2類	3類	5類
2式	6						
3式		2	1	3	5	2	
4式				4	5	2	1

＊長方形4類住居（1軒のみ）の土器は不明

確実に住居に伴うものはないらしい。

　2式：口縁部が内彎する甕（図29-1〜3）と、口径と胴径がほぼ同じで頸部が内彎気味に立つ壺（同図4・5）の組み合わせ。

　3式：2式と同じく口縁部が内彎する甕（図29-8・9）と、口径より胴径が大きく頸部が外開きの壺（同図10）、頸部がなく口縁が小さく外反する壺（同図11・12）の組み合わせ。

　4式：胴上半部が内傾し口縁部が小さく外反する甕（同図15〜18・26・27）と、短い頸部に外反する口縁をもつ壺（同図19・20・28〜30）の組み合わせ。

　1式は前期4期の土器で2〜3式に先行する。2〜3式それぞれが確実に出土した住居の類別と軒数は表6のとおりである。2式は切り合いから長方形住居に先行すると判断できる円形松菊里型住居のみから出土するから3式・4式より古い。3式は長方形住居1〜3類で出土するが、方形松菊里型住居でも出土するから4式に先行すると考えられ、また型式的にも2式と4式の間におかれる。したがって土器編年は1式（孔列土器、前期4期）→2式→3式→4式の順になる。

長川里遺跡（木浦大学博物館1984、崔盛洛1986a・1986b）

　住居と集落　住居は非松菊里型円形が3軒（1号・2号・5-1号・6号）、松菊里型Ⅰa類が1軒（5号）、同Ⅰb類が4軒（7〜9号・11号）、一辺4mほどの小形方形が1軒（3号）である。ほかに8号住居のすぐ南側に掘立柱建物（1間×3間）があるが、竪穴住居との関係はわからない。松菊里型の7号住居と非松菊里型円形の2号住居は火事に遭っている。なお数10m南西に支石墓がある[10]。

　切り合い関係は、非松菊里型円形6号→松菊里型Ⅰb類7号、非松菊里型円形5-1号→5号と松菊里型Ⅰb類相互の8号→9号である。

　土　器（図30）　松菊里型Ⅰb類7号住居出土土器は、底部から胴部に直接続き胴中央やや上で最大径になり口縁部が内傾する甕形土器と、同じ底部と外開きの短い頸部をもつ壺形土器である（図30-1〜3）。同じ甕形土器破片は11号で、同形態の底部破片は9号と11号床面で出ている。

　松菊里型Ⅰa類住居5号の床面出土土器は底部から胴部へ直接つながり口縁部がわずかに外反する甕形土器、底部が同じ形態の壺下半部破片、直立ないしやや外反する頸部をもつ壺上部破片である。同じ形態の甕口縁部片数片も埋土で出土する（同図14〜23）。

　非松菊里型円形住居2号の土器は胴上部が内傾し口縁部が短く立つ甕形土器、胴部と頸部の区別がなく口縁部が外反する壺形土器、底部から胴部へ直接つながる甕・壺の底部破片である（同図4〜13）。非松菊里型円形住居1号、6号では床面出土土器がなく2号住居との時期関係はわからない。

小形方形住居 3 号の土器は破片のみで出土状況は明らかでないが、すべて口縁部が松菊里式同様外反する（同図 24〜28）。

7 号住居出土土器を長川里 1 式、5 号住居と 2 号住居出土土器を壺形土器は異なるが甕口縁部の類似によって長川里 2 式、3 号住居出土土器を長川里 3 式（松菊里式）とし、この順に編年できる。

中期土器の編年

以上 5 遺跡の土器のうち、休岩里式土器が口唇刻目をもつ点で前期土器と共通すること、口唇刻目がないものも一定量あること、孔列がないことから、前期 4 期に後続する中期最初の土器と位置づけられる。甕形土器の形態は底部から緩い弧を描いて立ち上がり口縁部は直立ないし内彎気味で、前期土器と共通する。前期土器との最大の違いは孔列文がないことである。これを「中期 1 期」の土器とする。

これに続くのが大谷里 2 式・3 式、大也里 1 式、長川里 1 式である。これらの甕形土器は中期 1 期と変わりない内傾口縁だが、口唇刻目がまったくなくなる。大谷里 2 式の壺形土器の口頸部は休岩里式に類似するが、肩がほとんど張らない点と口唇刻目がない点で異なる。これらによって大谷里 2 式が中期 1 期（休岩里式）に後続すると判断できる。

大谷里 2 式と 3 式の差は壺の口頸部形態の違いと、3 式には口縁部が小さく外反する壺が存在することである。長川里 1 式の壺の口頸部は大谷里 3 式と同形態であり、大也里 1 式には壺の確実な例がないが、小形壺には大谷里 3 式と同じく口縁部が小さく外反するものがある。長川里 1 式の甕

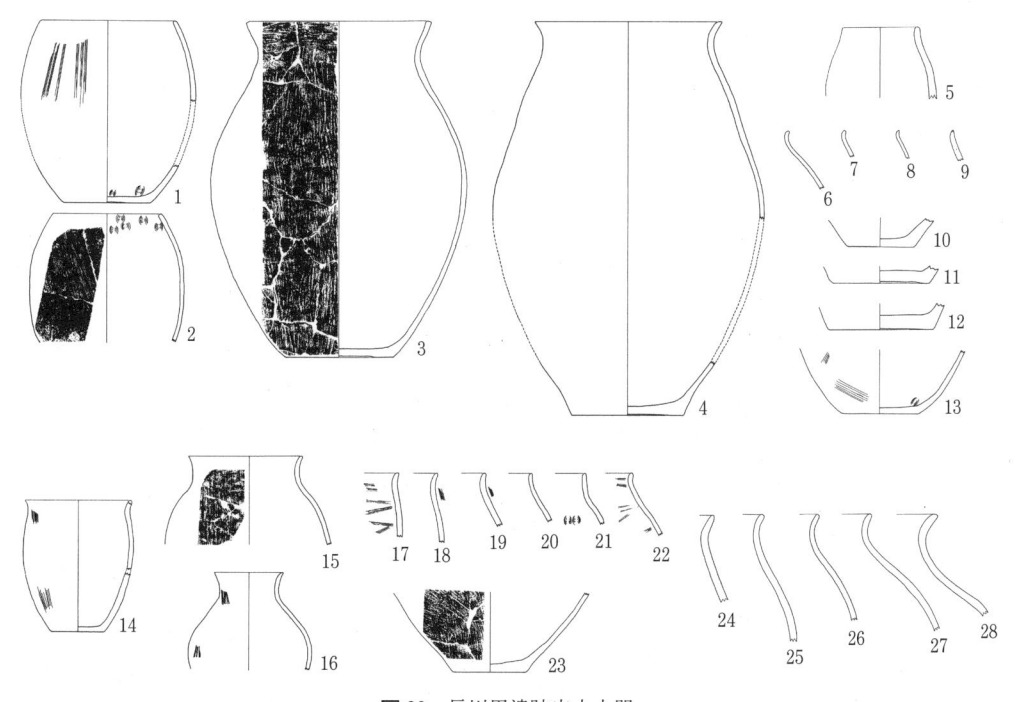

図 30 長川里遺跡出土土器
1 式：1〜3（7 号住居出土）　2 式：4〜23（4〜13：2 号住居出土　14〜23：5 号住居出土）
3 式：24〜28（3 号住居出土）
〔縮尺 約 1/10〕

の形態は壺と異なり大谷里3式よりは2式に類似する。長川里1式は大谷里2・3式に、大也里1式は大谷里3式に近い。このようにそれぞれの間には差異があるが、口唇刻目がない内傾口縁甕の共通性によって「中期2期」の土器とする。

　大谷里4式、大也里2式、長川里2式、松菊里1式（藤口の松菊里Ⅰ式）には、口縁部が小さく外反し胴の膨らみが小さな甕が共通する。中期1期と2期に特徴的な内彎口縁甕がなくなっている。この新しい甕の口縁部形態は中期2期の大也里1式のうち小形長方形住居9号床・埋土出土片に見え（図28-8・9）、壺は外開き口頸部をもち肩が張らない形態が中期2期の大也里3式・長川里1式と共通するなどから、中期2期の次に位置づけられる。これらを「中期3期」の土器とする。しかしそれぞれは甕の共通性以外では差異がある。大谷里4式には肩が張り松菊里式土器に近いものがあり（図29-28・29）、大也里2式の大形土器は松菊里式であるが（図28-14・15・24・27）、長川里2式と松菊里1式には松菊里式との類似はほとんどない。中期2期の中での地域差や細分時期差などを反映するのであろう。

　この後が松菊里2式、長川里3式の松菊里式土器である。口縁部の外反度が中期3期と同程度のものの他に強いものが現れ、胴の張りが強くなる。これを「中期4期」の土器とする。

　中期土器は4期に区分できるが、内彎口縁甕の有無が前半（1・2期）と後半（3・4期）を分ける。この中期土器編年も、前期同様に大まかな変遷を示すものにすぎず、地域ごとの検討によって検証され、細分されるべきことはいうまでもない。たとえば環濠集落として著名な慶尚南道検丹里遺跡の土器は上の編年に当てはめれば、甕の形態や口唇刻目がないことなどから中期2期と考えられるが、一部に報告者が横線文、斜線文と呼ぶ装飾をもつ甕と壺や口縁下に瘤状把手を付す甕が少数あり、東南地域の特徴と見られる（釜山大学校博物館1995）。

　なお前期と中期の境は、中期1期に口唇刻目が残り中期2期に装飾がなくなることから、中期1期を前期に含め「前期5期」とすることも考えられるが、それ以前の大形細長方形住居がほぼ姿を消し、松菊里型住居が中期1期に出現することに注目して上記のようにした。

　土器編年に関連して前期、中期の住居について多少ふれておく。前期の住居は平面長方形である。前期1期の住居は渼沙里で見つかっていて、長壁が6〜9mほどの方形ないし長幅比の小さい長方形で、柱穴はなく炉は方形の石囲い、石敷きである。前期2期〜4期の住居は長壁が6〜11m、長幅比が1.3〜2ほどの長方形のほかに、長壁が11〜18m、長幅比2.2〜3.5に達する大形細長方形のものもある。前期2期には大形細長方形住居は少ないが、3期・4期には多い。柱穴は長壁に沿って並ぶのが一般的で、さらに長軸方向に平石を2列並べて礎石とするものや小数だが長軸上に柱穴列1本のみの場合もある。炉は床を掘り窪める炉、地床炉、石囲炉で、長軸上の中央から片方に寄って設け、細長方形住居には2〜3の炉を設置することもある。4期には石囲炉はほとんどなくなるなどの変化が認められる。

　中期の長方形住居には長さが10mを超えるものはほとんどなく、また長幅比2以上のものもごく少ない。柱穴も長壁沿いに2列のものは中期1期にわずかにあるが、ほとんどは4個を方形に配する構造に変わり、中期2期〜4期には柱穴のないものが一般的になる。炉も中期1期には設けられるが、以後は無炉になり、炉を持つものは稀である。

長方形住居のほかに中期1期に松菊里型住居が出現して中期3期頃まで長方形住居と併存する。以上に言及した遺跡では中期4期に下るものはないが、多少は残るかもしれない[11]。松菊里型住居のうち先に現れるのは方形だがすぐに円形も出現し、中期2期・3期には方形は少なくなり円形が主流になる。中央土坑・4柱穴などによる松菊里型住居類別が時期性や地域性を示すか否かははっきりしない。このほかに少数の非松菊里型円形住居が中期1期〜3期に存在する。

註

（1） 韓国では1980年代中頃から、緊急調査の急増によって膨大な前期、中期遺跡が調査されているが、後期遺跡の調査例は少なく（裵眞晟2004）、新たに認識された土器としては江原道、京畿道で発見された後期から次の原三国時代にかけての中島式土器がある。

（2） この住居は1997年調査の大坪里遺跡群玉房2地区集落遺跡に含まれる（趙榮濟編1999）。

（3） この項は「東アジア古代史・考古学研究会第2回交流会」（1991年2月11日、京都）での口頭発表にもとづく（後藤1992）。

（4） 藤口は、松菊里Ⅲ式は粘土帯Ⅰ式（水石里式）と平行し（これによると松菊里Ⅲ式は後期前半に位置づけられる）、新昌里17号甕棺墓の甕形土器（図18-28）と松菊里式土器との類似から地域によっては粘土帯Ⅱ式（槐亭洞式）期までその系譜が残存した可能性を考えている（藤口1986：155）。

（5） 松菊里型住居は弥生時代にもあり、中間が集成と詳細な検討を行っている（中間1987）。その後福岡県粕屋町江辻遺跡では松菊里型住居だけからなる集落も調査され（新宅1993）、その出現時期は弥生時代早期末であることが明らかになった。なお松菊里遺跡ではまた琵琶形銅剣とこの剣の茎片を加工した鑿を副葬する石棺墓が発見され（金永培ほか1975）、琵琶形銅剣と松菊里式土器は同時期と認識されている。福岡県新宮町今川遺跡では同じ琵琶形銅剣茎利用の銅鑿（採集）と琵琶形銅剣身再加工の銅鏃（包含層下層、板付Ⅰ式期）が発見され、松菊里型住居1軒（板付Ⅰ式期）もみつかっている（酒井編1981）。

（6） この層から出た土器は松菊里式である。

（7） このような前後関係が土器とどのように対応するかは、遺物が十分に報告されていないため明らかでない。

（8） この住居の堆積土からは土製紡錘車、砥石片、無文土器片が多数出土し、ほぼ床面からはすりうす下石（磨盤）が出土した。土器についてのくわしい記載はない。

（9） 南側の12個の柱穴列と尾根北縁から北東に伸びる柱穴列をくらべると、前者は等間隔に並び、平面形が方形、縦断面形が方形、底が広く平坦で整った形態であるのに対し、後者は間隔が不規則で、平面形が前者より一回り小さいうえに、平面はほぼ方形や円形ではあるが整っておらず、断面形もやや不定形で底面も凹凸があり、さらに内部埋土層も異なるなど、柱の建て方に違いがあり両者が同時に設けられた一連のものではないようにも見える。

（10） 上石は11個あり、1〜4号支石墓を調査したところ、1号主体部から細形銅剣（BⅠ式）と石製把頭飾が、3号下部構造内から抉入片刃石斧が、1号の積石内から土器底部片2点が出土した。底部片は高台状で、底面からすぐ胴につながる住居出土土器底部の大多数とは異なる。

（11） 松菊里型住居から後期前半の断面円形粘土帯土器が出土する例がいくつかある（裵眞晟2004）。
　忠清南道公州市長院里遺跡1号住居（松菊里型Ⅰc類）では、6層に区分した内部堆積層の一番下とその上の層および床面から円形粘土帯土器・長頸壺・組合牛角把手・高杯の破片が多数出土し、口唇刻目土器片も1片出ている（柳基正ほか2001）。口唇刻目土器は混入か。
　忠清南道保寧郡寛倉里遺跡B区域KC30号住居（松菊里型Ⅰc'類住居）では口唇刻目をもつ土器片（その多くは口縁部がやや外反し、休岩里遺跡の土器の一部（図26-18・21）に類似し、中期1期とみられる）とともに円形粘土帯土器・組合牛角形把手片が出土するが、出土層位の記載はなく、混入であろ

う（李弘鍾編 2001）。大田保健大学校博物館調査の同遺跡F区域30号住居（松菊里型Ⅰc'類）でも円形粘土帯土器が出土し、同郡真竹里遺跡8号住居（松菊里型Ⅰb'またはc'類か）でも円形粘土帯土器・組合牛角形把手・高坏が出ているが、いずれも報告書未見で詳細不明。

　全羅北道群山郡桃岩里遺跡の住居（松菊里型Ⅰc類）出土の円形粘土帯土器片は報告書記載からも明らかなように堆積層上部出土で、住居とは無関係（全北大学校博物館 2001）。

　長院里1号住居の事例は、松菊里型住居が松菊里式土器の時期（中期4期）以後、円形粘土帯土器の時期（後期前半）まで存在したことを示す。これは松菊里遺跡において松菊里型住居が遅れるとする見解（金吉植 1993・1994）を裏付けるともみられるが、本章の土器編年にもとづき松菊里型住居の残存現象とみておきたい。

第4章　朝鮮系無文土器

　朝鮮の無文土器と形態を同じくする土器は、かなり以前から弥生時代遺跡で出土していたと思われる。しかしながら、その出土がはじめて確認され報告されたのは、1974年夏の福岡市博多区諸岡遺跡の発掘であった（後藤ほか（編）1975：46-71）。その後、新らたな出土例がふえ、既発掘・採集資料中にもその例がしられるようになった。

　これらの土器は、主に青銅器、一部石器によって考察されてきた弥生時代の日朝関係論に新らたな材料を提供するものである。本章では、朝鮮系無文土器の検討をとおして、弥生時代日朝関係の一端にふれることにする。

1　朝鮮系無文土器とその年代

　ここで扱う土器を「朝鮮系無文土器」とよぶのは、その製作地が朝鮮南部か北部九州（山口県西部も含む）か判別できないためであり、またそれらが弥生社会の中にあって朝鮮南部無文土器社会におけるのとはことなる性格をもつとみられるからである。

　弥生土器と朝鮮系無文土器はその製作技術の水準にほとんど差がない。後者の胎土・焼成は肉眼でみる限り弥生土器とかわらない。両者の差は形態において明瞭である。弥生土器とはまったくことなるこの種の土器の形態は、朝鮮南部の無文土器と完全に一致する。したがって製作地の問題を別にしても、北部九州出土無文土器が朝鮮南部無文土器人の手になることは明らかである。

　しかしその他に、部分的形状は無文土器に似るが、同じ形態のものが無文土器の中に見出せないもの、弥生土器とは形態が異なるが無文土器とみなすにはやや困難なもの、無文土器の形態が崩れて弥生土器に近くなったようなものなども存在する。これらは「朝鮮系無文土器」と区別して「擬・朝鮮系無文土器」とよぶことにする。

　これまでにしられている朝鮮系無文土器・擬朝鮮系無文土器の諸例は以下のとおりである（表7、図31）。

1　諸岡遺跡（図32-1～8）

　この遺跡は板付遺跡の南西約0.6kmの独立丘陵（標高約23m）上にあり、先土器時代から鎌倉時代にわたる遺物・遺構が出土している（横山（編）1974、後藤ほか（編）1975、山口（編）1976）。朝鮮系無文土器は、丘陵東斜面上位の南側にある弥生時代前期末の小竪穴18基のうち12基から出土した[1]。小竪穴群の下方の甕棺墓地で出土した数片を除けば、出土個体数は甕が完形品4点を含めて

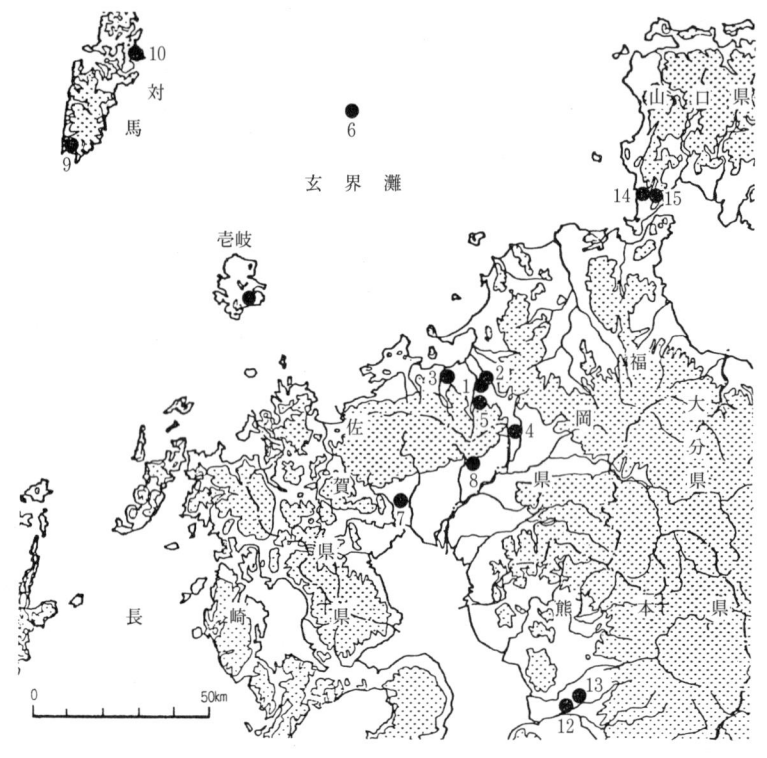

図31　朝鮮系無文土器出土遺跡地図

47～51個体、壺3個体、鉢1個体であった。

　甕（図32-1～5）はすべて口縁部に断面円ないし楕円形の粘土紐をまきつける（粘土紐甕とよぶ）。胴が張り、最大径は中央よりやや上にあり、1例を除いて口径より大きい。平底底部は多少なりとも高台状のものが多く、胴部と底部が区別されるが、区別の明瞭でないものもある。その厚さは1cm未満から2cmまでで、底面は少しへこむことが多い。高さ12.5～21cm、口径11.2～17cm、胴径11～19.6cm、底径5.5～6.6cmで、弥生土器甕よりやや小形であるが、朝鮮南部の粘土紐甕とは大きさに大差ない。

　胎土は白色の小石粒混りでやや砂質である。器体は幅2～4cmほどの粘土帯積上げで成形する。器壁は胴部が厚く口縁部は薄い。厚さ0.4～0.7cmで1cmに達するものはない。口縁部に粘土紐をとりつける前に内外面を調整する。内面は箆や指によるなで調整、外面は箆なで調整で磨研に近くやや光沢を帯びるものもある（同図5）。外面には箆なで調整で生じる刷毛目状の細い擦痕が部分的にみえるが、これは刷毛目ではない[補註1]。

　器面調整のあと口縁部に粘土紐をまきつけ、その上に器体上部をかぶせ、粘土紐と口縁部内側を横なでする。粘土紐下端を器体に密着させることはない。ただし1カ所を指でなでつけるものが2点ある（同図3）。粘土紐ははずれやすく、それがとれた破片には粘土紐をまきつけた痕が浅い溝状に口縁部をまわり、そこに粘土紐とりつけ前の器面調整の痕が認められる。甕の色調は淡い橙色～濃い茶色で、赤褐色と称しうる。外面に黒斑をもつものもある。こうした形態・成形・器面調整の特徴は、他遺跡の粘土紐甕と一致する。

表7 朝鮮系無文土器出土遺跡

No.	遺跡	所在地	遺構・出土状態	無文土器	伴出土器（時期）	文献
1	諸岡	福岡市 博多区	竪穴（12基）	甕 完形4、破片43〜47個体 壺 3（口頸部片） 鉢 1 把手片 1	板付Ⅱ式（前期末）	後藤・横山（編）1975：46-71
2	板付	〃 〃	G-25トレンチ包含層（撹乱） 第1区44号竪穴	甕 2（口縁部片） 甕 1（ 〃 ）		後藤・沢（編）1976：181-182、485、495
3	有田	〃 西区	1号土坑埋土	（甕）1（口縁部片、刻目あり）		井沢（編）1977
4	横隈山 みくにの東 B地点	福岡県 小郡市	表採 81号ピット（貯蔵穴） D12	甕 2（底部欠） 甕 3（口縁部片） 組合牛角形把手付壺1 組合牛角形把手1	板付Ⅱ式（前期末）	
5	門田	〃 春日市	辻田地区12号住居址埋土上層	（甕）2	（中期前半）	
6	沖ノ島	〃 宗像郡大島村	社務所前遺跡包含層	（甕）数片（口縁部片）		
7	土生	佐賀県 小城郡三日月町	包含層 住居址 貯蔵庫	甕（擬無文土器も含む） 壺（組合牛角形把手付） 鉢 高坏 組合牛角形把手 } 多数・正確な数量不明	（中期前半）	木下（編）1977
8	二塚山	〃 神埼郡、三養基郡		甕		
9	オテカタ	長崎県 下県郡厳原町 豆酘	包含層	甕 数片（口縁部片）	（中期後半〜後期前半）	
10	芦ヶ浦第1洞窟	〃 美津島町	洞窟内	（甕）2	（後期中頃）	九州大学考古学研究室：85-86
11	原の辻	〃 壱岐郡芦辺町深江	包含層	甕 2（底部欠1と口縁部片1）	（中期後半？）	
12	御幸木部町	熊本市 御幸木部町	加勢川河床舊	甕 3（口縁部片）	（前期末）	緒方（編）1977：123-126
13	江津湖	〃 健軍町苗代津	江津湖々底	甕 2（口縁部片）	（前期末）	
14	綾羅木郷	山口県 下関市	溝	（鉢）1（底部欠）	（前期末）	
15	秋根	〃 秋根町	溝（LD068）第2層	甕 1（底部欠）	（中期前半）	下関市教育委員会1977：22、29

（ ）は擬無文土器

　壺3点（図32-6・7）は口頸部破片で、胴部の形態はわからない。口縁部が外上方にひらき、頸中央でくびれ、頸下部が外に開いて肩部へつづく。頸高7〜9cm、口径16〜24.5cm、頸中央径15〜20.5cmと推定され、厚さは口縁部から頸下部まで均一（約0.7cm）である。胎土に小石粒を含み、内外面は褐黄色、内部は黄灰色で器面は風化しているが、内面は指なでの上を箆なで、外面は箆みがきであろう。その形態・大きさは大邱市孝睦洞採集の壺に近い（金英夏1968）（図36-11）。

　これら壺の胴部に把手がついたかどうかは明らかでない。小竪穴群東側の甕棺墓地で小形の把手

1点が出土している（16号甕棺墓付近）（後藤ほか（編）1975：114-115）。その胎土・色調は壺頸部片とかわらず、壺についた組合牛角形把手の片方のようでもあるが確実ではない。長さ4cm前後の小形把手で、ソウル市鷹峰遺跡採集品（横山1930）中にもこのような小形組合牛角形把手はある。

　鉢（図32-8）は小形品だが、壺・甕にくらべ厚手のつくりである。石粒混り砂質胎土、外面は茶〜橙褐色で一部に黒斑があり、内部は黒〜黒褐色。外面は口縁部が横なで、胴部は箆のたてなで、底と胴の境は指でおさえる。弥生土器の鉢とは形態がことなり、ソウル市俄嵯山出土の黒色磨研鉢（図36-13）に大きさ・形態が近い。これら無文土器の時期は、板付Ⅱ式の新しい土器が伴出するので、弥生時代の前期末と断定できる。

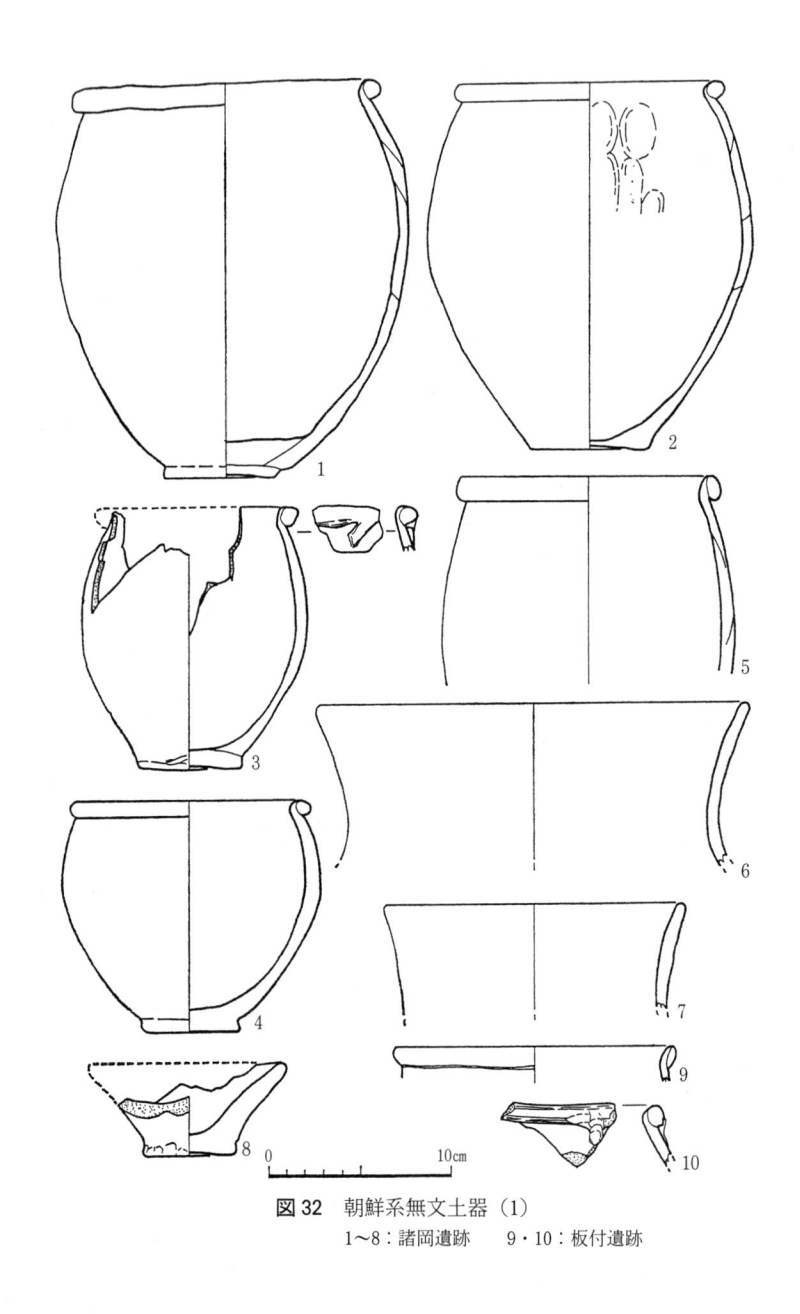

図32 朝鮮系無文土器（1）
1〜8：諸岡遺跡　　9・10：板付遺跡

2 板付遺跡（図31-9・10）

諸岡遺跡と同じ粘土紐甕口縁部片（図32-10）と粘土紐片各1点が、1971～74年に調査した市営住宅建設地の第2区G-25トレンチ表土下包含層で出土した。同層の弥生土器の大多数は中期中頃～後期前半で、前期・中期前半のものは少ない。伴出弥生土器からはその年代を決め難いが、他遺跡の例から前期末～中期前半と考えられる。

もう1点の甕口縁部片は、同じ調査の第1区、われわれが現在板付北小学校遺跡とよぶ板付台地北端の第44号竪穴（貯蔵穴）埋土より出土した（同図9）。口縁部に扁平な粘土紐をはりつけ、口縁部断面が長楕円形をなす。胎土に石英粒・砂を含み、外面赤褐色・内面黄褐色。弥生土器とは明らかにことなる。粘土紐のつけ方や口縁部断面形態は先にのべた粘土紐甕とことなるが、これに近い形態は、ソウル市鷹峰や俄嵯山にもあるので、朝鮮系無文土器としてさしつかえない。埋土出土土器は夜臼式、板付Ⅰ式・Ⅱ式だが、竪穴が他の多くの遺構に切られ攪乱がはなはだしいので、埋土出土土器と同時期とは断定できない。しかしこれも弥生時代前期末～中期前半とみて誤りあるまい。

3 有田遺跡（図33-5）

有田遺跡第3次調査（1976年）の1号土坑（後期初頭の井戸）埋土より1点出土している。この調査では弥生時代前期後半から平安時代にわたる遺構・遺物が見出されたが、この土器片の時期は明らかでない。口縁部を外に折りかえして厚くしたらしく、その内・上・外面を横なでし、器体は箆で横なでする。肥厚部下端は箆先端でなでられ器体との間が切り込み状になっている。肥厚部に箆状具をおしつけて刻目を施す。石粒混り砂質胎土で白灰色をおびる。弥生土器とはみられないが、朝鮮無文土器に類例はなく、擬無文土器として扱う。

4 横隈山遺跡[(2)]

みくにの東団地造成地内の遺跡である。1973年11月にブルドーザーが削平した第7地点で、粘土紐甕2点が出土した。胴下部以下を欠くが、諸岡遺跡の甕と同じである。1点は諸岡遺跡のもっとも大きい甕（図32-1）よりひとまわり大きく、粘土紐下2cmに瘤状の小突起がつく。類例は忠清南道南城里（韓炳三・李健茂1977）で出土している（図36-12）。2点とも伴出遺物はなく、時期不詳であるが、前期末ないしそれより若干遅れる程度であろう。

1977年には同遺跡のみくにの東B地点のひとつの竪穴（貯蔵穴）で、粘土紐甕破片3点、組合牛角形把手付壺破片と把手のとれた壺胴部片各1点が[(補註2)]、弥生時代前期末の土器多数とともに出土した。また別の竪穴でも組合牛角形把手1点が出ている。組合牛角形把手は、形態・製作方法が後述する土生遺跡のものと同じである。

5 門田遺跡[(3)]（図33-3・4）

辻田地区第12号住居址の埋土上層で小形の擬無文土器2点が出土した。ひとつは口径約8.7cm、高さ7.6cmの植木鉢状で、胴が張る部分と張らない部分がある（図33-4）。口縁部は器体上端に粘土紐をのせ、断面三角形をなす。口縁部内面に横の刷毛目、器体外面に縦の刷毛目調整を施し、粘土

78　第Ⅰ部　無文土器

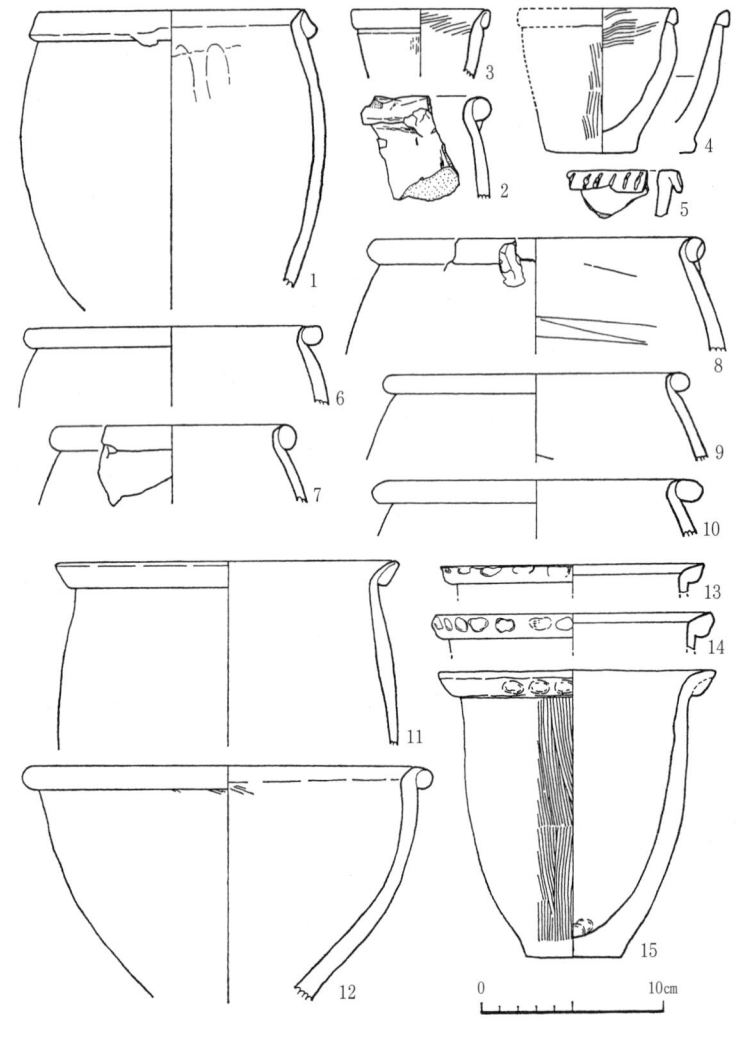

図33　朝鮮系無文土器（2）
1・2：原の辻遺跡　　3・4：門田遺跡　　5：有田遺跡
6・7：江津湖　　8～10：御幸木部町　　11：秋根遺跡
12：綾羅木郷遺跡　　13・14：沖ノ島　　15：芦ケ浦第1洞窟

　紐の上端と側面は横なでする。土器のつくりは雑で、器面に凹凸がある。諸岡遺跡等の粘土紐甕とはことなる。これに似た口縁部のつくり方は、固城貝塚出土の土器に認められる（図37-3）（武末1974）が、直接の関係はないだろう。
　他の1点も小形の植木鉢状で、胴下部を欠く（図33-3）。口縁部には扁平な断面楕円形の粘土紐をまき、器体上端をこれにかぶせてとりつける。しかし口縁部内面は刷毛目調整され、器体外面は刷毛目の上をなでている。
　これらは、口縁部の形状は無文土器に近く、弥生土器とことなるが、器形や器面調整は無文土器と差があり、擬無文土器としておく。
　この2点が出土した住居址は、床面から前期末の弥生土器が、埋土上層から中期前半の弥生土器が出土するというから、これら擬無文土器の時期を中期前半におくことができる。

6 沖ノ島[(4)]（図33-13・14）

　社務所前遺跡で擬朝鮮系無文土器数点が出土している。伴出土器は各時代にわたり、時期は決定できない。口縁部に粘土帯をはりつけ、そこには指頭でおさえた痕がある。口縁部内面は「く」字形に外反し、胴部は張らない。口径14〜15cm前後。諸岡遺跡などの粘土紐甕とことなり、後述する秋根やオテカタの例に近い。前者と区別して粘土帯甕とよぶ。この口縁部形態は朝鮮無文土器に多い。しかし粘土帯を指頭でおさえる点はことなるようである。口縁部のつくり、形態が後述する芦ケ浦第1洞窟例に類するので、時期も同じく後期前半〜中頃と考えられる。

7 土生遺跡（図34・図35）

　1971年の調査で組合牛角形把手3点が出土し、その北側で1976年に行われた調査で多くの朝鮮系無文土器・擬無文土器が出土した。

　この遺跡の無文土器には組合牛角形把手が多く、総数は10点をこえよう（図35-1〜3）。これらは把手部分の破片で、土器全体の器形を直接知ることはできない。しかし1点は頸下部と把手のつく胴部が残る壺である（図34-6）。他の把手部分破片も、この例と朝鮮無文土器の諸例からみて、壺につくことは確実である。

　把手それぞれは大きさ、形状、器体へのとりつけ方に差はない。棒状の粘土2本を先端で接合して三角形にし、基部を器体にあけた穴にさしこみ、その裏の器体内面に粘土をかぶせ、外面の把手基部にも粘土を補って太くしている。把手先端はとがり、急角度あるいはゆるやかに上方にはねあがる。基部における幅は9〜12cmである。胎土は白色小石粒混り砂質で、金色の微石粒が点々と認められる。色は黒色をおびるものと褐色をおびるものがある。把手と器体外面は箆なでないし磨研で、光沢をおびるものがある。

　頸胴部が残る組合牛角形把手付壺（図34-6）は、頸中央が軽く縮約し、口縁と下部へ少し外開きになる。なだらかに下方へひろがる肩部に組合牛角形把手がつき、そのすぐ下に胴最大径がある。胴径32.8cm前後・頸部中央径20cm前後（いずれも復元推定）・頸部残高約8.5cm。この形態は朝鮮無文土器と同じである。しかし朝鮮無文土器にはみられない箆描沈線文をもつ。頸と肩の境およびその下に箆描沈線をめぐらし、これらの下に2本の沈線で重弧文を施す。このような沈線文は弥生前期土器に特徴的なもので、無文土器壺に弥生土器の文様を施した特異な土器である。胎土は組合牛角形把手片と同じであり、他の無文土器・擬無文土器および伴出弥生土器とも共通する。色は淡褐〜橙褐色で、弥生土器壺に組合牛角形把手をつけたようにみえるが、以上にのべたようにその形態は朝鮮無文土器と同じで、弥生土器壺とはことなる。

　無文土器甕は口縁部に断面円形の粘土紐をめぐらす。1点は他遺跡の粘土紐甕とかわらず（図34-2）、器面をていねいになで、外面が暗灰褐色、内面が褐黒色をおびる。もう1点は粘土紐ははずれているが完形品である（同図1）。組合牛角形把手付重弧文壺と同じ住居址で出土した。胴の張りが弱く最大径は口縁部にある。底部は外に張り出す部分と張り出さない部分がある。内外面とも雑ななで調整で、幅4〜5cmの粘土帯継目が認められる。色は橙褐色。粘土紐甕としてはつくりが雑で胴部形態もややことなる。これら2点とも外面の一部に煤が付着している。

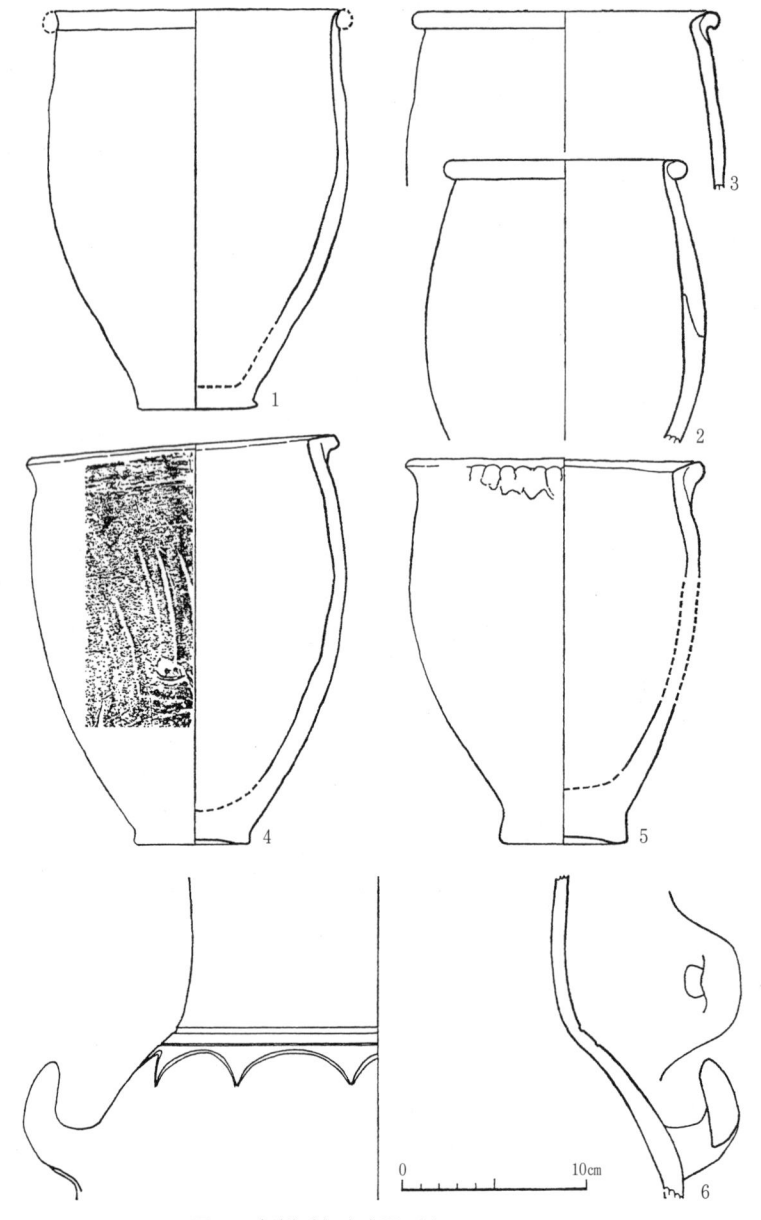

図 34　朝鮮系無文土器（3）　　土生遺跡 1

　他の甕は、粘土紐の下部を器体になでつけている。粘土紐に器体上部をかぶせるもの（図 34-3）とかぶせないもの（同図 4・5）があり、後者は口縁上端が内側に傾斜する平坦面をなし、弥生土器口縁部に近い。粘土紐下部は指でなでつけただけのもの（同図 4・5）・その上を軽く横なでするもの・ていねいに横なでして指なでの痕を消すもの（同図 4）にわけられる。いずれも胴が張り、胴径は口縁部径より大きい。器面は箆なでで調整し、箆先による縦の溝の残ることがある（同図 4）。これらの色調は褐灰黒色で、同遺跡出土弥生土器の赤褐色系の色とことなる。このような甕は、朝鮮無文土器に同種のものがなく、典型的な粘土紐甕から生じた擬無文土器とみるべきであろう。
　この他に高杯と鉢がある。いずれも黒色磨研品である。高杯の多く（図 35-6〜8）は脚が高く、下

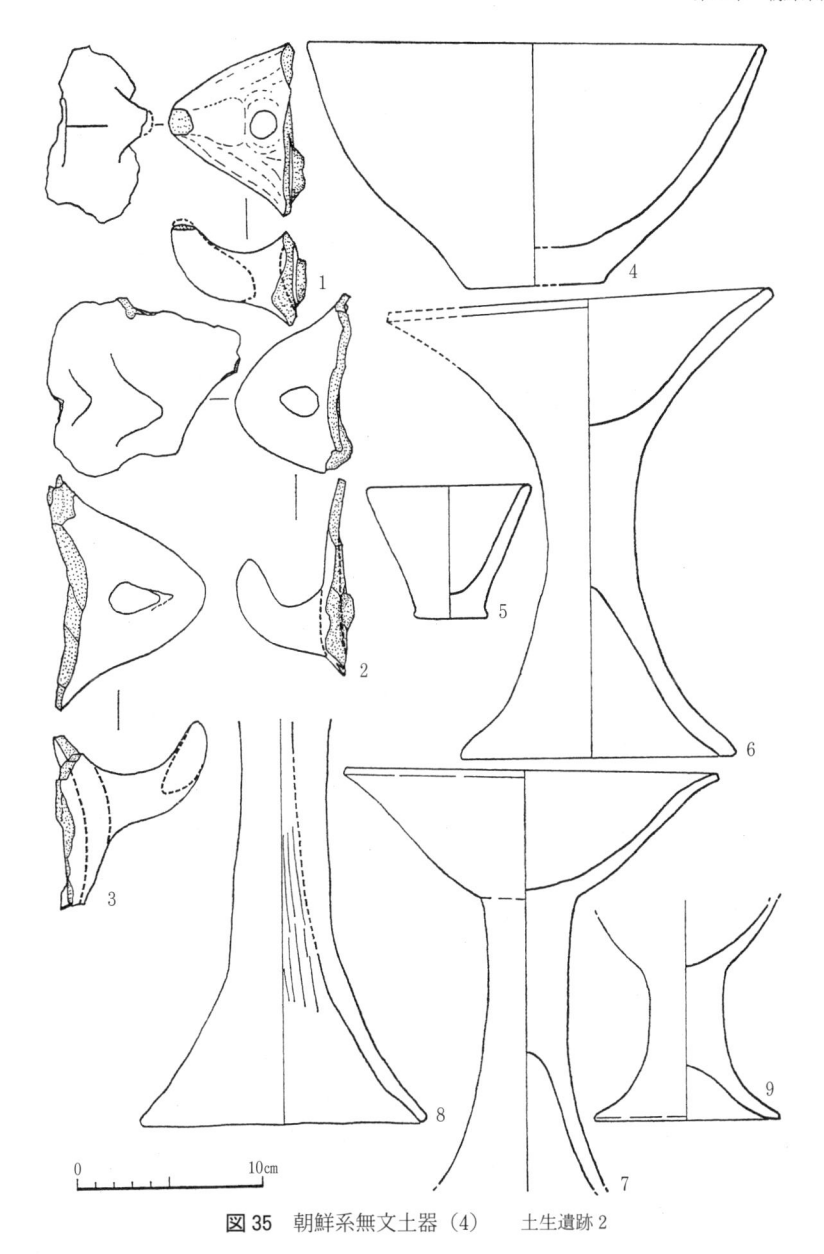

図 35 朝鮮系無文土器（4）　土生遺跡 2

端は外にひろがる。脚上部は円柱状のものと中空円筒状のものがあり、後者は内面にしぼり痕がみえる。杯部は、下から上へほぼまっすぐに外にひろがるものと下部が少しふくらみ口縁部が軽く外反するものとがある。脚高は 16cm 前後〜20cm 以上。器面はていねいな縦方向の箆磨きで、杯部を横・斜め方向に磨研するものがある。表面は褐黒色・灰黒色で、内部は淡褐色をおびる。他に小形の黒色磨研高杯もある（図 35-9）。黒色・灰黒色の磨研した高杯破片はかなり多い。脚の高い高杯は朝鮮無文土器に認められるが、全形がわかり、本遺跡の高杯と対比しうる資料は少ない。

　鉢は椀状の大形品と植木鉢状小形品がある（同図 4・5）。いずれも褐色味を帯びる黒色磨研品で、本遺跡出土弥生土器の明るい褐色とことなる。粘土紐甕にともなう朝鮮無文土器鉢の的確な例は少なく、対比することはできないが、色調から朝鮮系無文土器の可能性が高いといいうるだけである。

8 二塚山遺跡[5]

粘土紐甕口縁部破片1点が出土しているという。出土遺構・伴出遺物不明。

9 オテカタ遺跡[6]

1976年3月に九州大学考古学研究室が調査した。後述する秋根遺跡出土々器や金海会峴里貝塚出土品類以の粘土帯甕口縁部片数点と金海式陶質土器片が出土した。これらは中期後半と後期前半の弥生土器とともに包含層より出土し、後者が多いことから、後期前半のものとみられる。

10 芦ケ浦第一洞窟（図33-15）

「く」字形に外反する口縁部に粘土帯をはりつけた高さ15〜16cmの深鉢状甕が2点出土している。口縁部のつくり・形態は、沖ノ島出土品に酷似し、朝鮮系無文土器の可能性が高く、擬無文土器として扱いうる。後期中頃の袋状口縁壺が伴出する。この甕は、対馬美津島町平野浦出土甕（九州大学考古学研究室1974：27-31）とともに、弥生土器の中に類例がなく、「対馬特有のもので、供献ないし副葬用に、そのつど製作されたものと考えられ稚拙な製作法」（九州大学考古学研究室1974：86）の土器とされている。しかし平野浦出土土器は、口縁部のつくり方や胴部の形状が芦ケ浦の甕とことなり、擬無文土器とするより、弥生土器に含めておいた方がよいようである。

11 原の辻遺跡[7]（図33-1・2）

1951年の調査（水野・岡崎1954）で無文土器甕2点が出土した。1点は底部を欠き、口径15.7cm、胴径16.6cm、残高15.5cm。口縁外部に粘土帯をはり、口縁内面は横なでで「く」字形に外反する（図33-1）。粘土帯側面は横なでで、少しへこむ部分とへこまぬ部分とがあり、下端はまるくととのえ、1ヵ所に器体へのなでつけがある。口縁部断面は三角形に近く、上端がとがる。胴外面は、上部が横なで、下部が縦・斜めのていねいななで調整で、内面上部は指の縦なでのあと横なで、下部は横なでである。外面には幅4〜5cmの粘土帯つぎめが軽くへこんだ状態で残る。淡褐〜橙褐色で、内面に黒斑がみえる。

もう1点は粘土紐甕口縁部破片で、粘土紐下端を器体になでつけた痕が1ヵ所ある（同図2）。外面はなで調整で、それにより生じた擦痕が一部に残る。外面は褐黒色、内面は淡褐色で、器壁の外面側は黒灰色である。

いずれも胎土に径1〜2mmの小石粒がまじる。

この遺跡には上・下2層があり（水野・岡崎1954）、下層で出土したという[8]。そうであればこれら朝鮮系無文土器2点は中期後半になる[補註3]。

12　御幸木部町遺跡（図33-8〜10）

　加勢川河床から粘土紐甕口縁部片3点が採集されている（熊本大学蔵）。口径17〜19cmで、諸岡出土例と同じ形態である。外面は箆なで調整で斜めの細い擦痕が全面につく（図33-8・9）。8の内面は指なでの上を箆で横なでして生じたらしい細い水平の沈線が走り、さらに縦なでして細い擦痕が生じている。9の内面は指なでの上を箆で横なでして生じたらしい細い擦痕と沈線1本がみえる。3点とも口縁部内面と粘土紐は横なで調整し、8は粘土紐を器体になでつけたところが1ヵ所ある。いずれも小石粒まじり砂質胎土で、よく焼きしまっている。8は淡橙褐色、9は表面が黒色・内部が褐黒色、10の外面は黒色でまっ黒の煤が全面に付着し、内面は淡褐色、内部は褐黒色である。いっしょに採集された弥生土器から、これらは前期末とみることができる。

13　江津湖遺跡[9]（図33-6・7）

　江津湖中ノ島近くで、サンドポンプに吸い上げられた土器片中に粘土紐甕片2点がある。形態・つくりは諸岡遺跡のものとかわらず、粘土紐と口縁内側は横なで、器体内外面は箆なで調整する。6は口縁上面から内面は褐灰色、外面は黒色で黒い煤が付着する。これは粘土紐への器体のかぶせ方が十分でなく、口縁部上面に器体上端が多少もりあがった状態の部分がある。7は表面の厚さ0.5mm以下が明橙色、内部が褐黒色で、破片端部には粘土紐を器体になでつけた部分がある。前期末の弥生土器片が同時に採集されている。

14　綾羅木郷遺跡[10]（図33-12）

　口縁部に断面円形の粘土紐をまいた土器が前期末の溝で出土した（下関市教育委員会1977：29）。口縁部粘土紐のつけ方は、他遺跡の粘土紐甕とかわらない。粘土紐下部の器体のところどころに刷毛目がみえ、刷毛目調整のあと粘土紐をとりつけたことがわかる。しかし、器体内外面はていねいになで調整で、口縁部内面の1ヵ所に刷毛目痕が残っている。全体を刷毛目調整したのち、なで調整で消したらしい。成形は幅2cm前後の粘土帯積上げによる。口径22.4cm、残高12.3。器体はなめらかに彎曲して、下部でやや開き気味になる。鉢とすれば平底底部に、高杯とすれば脚部につづくが、鉢の可能性をとる。類例は朝鮮無文土器には認められず、擬無文土器として扱う。

15　秋根遺跡（図33-11）

　溝（LD068）の第2層で、粘土帯甕口縁部破片1点が出土した。口縁部は「く」の字形に外反し、外側に約1.6×0.6cmの粘土帯をはりつける。器面は風化しているがなで調整とみられる。胎土には径1〜2mmの小石粒を含み、淡橙〜褐色。口径18.7cm、残高9.7cm、胴径18.4cm。オテカタ遺跡や金海会峴里出土品と同じ形態である。

　伴出弥生土器は、「北九州地域で中期初頭に比定される土器」（下関市教育委員会1977：29）というが、この朝鮮系無文土器を実見したさい、共伴土器として示されたものの中にはT字形口縁の甕もあり、この土器の時期を中期前半と考えたい。

以上の他に、朝鮮系無文土器ともみられる土器の出土例がいくつかしられているが[11]、これらについては今後の検討に委ねる。

朝鮮系無文土器・擬無文土器の時期は弥生時代前期末から後期中頃にわたり、九州本土出土例は前期末〜中期前半、対馬・壱岐・沖ノ島出土例は中期後半以降である。

遺跡ごとの出土量は、大部分が1〜3点で、数点〜10点は横隈山・オテカタ・沖ノ島の3遺跡、多量に出土したのは諸岡（50数個体）と土生（正確な数量不明）だけである。1〜3点しか出土しない場合は、綾羅木郷遺跡を除いてすべて甕形である。壺は諸岡・土生・横隈山で、鉢は諸岡・土生・綾羅木郷（？）で、高杯は土生遺跡のみで出土し、甕は綾羅木郷遺跡を除く各遺跡で出土する。各器種がそろっているのは土生遺跡だけである。

甕の形態はほぼ3つにわけられる（擬無文土器を除く）。第1類は口縁部に断面円ないし楕円形の粘土紐をまき、器体上端をこれにかぶせるようにしてとりつけるもの、第2類は原の辻出土例（図33-1）、第3類は粘土帯を口縁部にはりつけ、口縁内面が「く」字形に外反するもの（秋根・オテカタ）である。形態的には第1→第2→第3の順に変化したとみられる。しかし、第1類の大部分は前期末から中期前半さらには中期後半（原の辻）に、第2類は中期後半に、第3類は中期前半（秋根）と後期前半（オテカタ）にあり、第1類が他の2つより古いとはいえても、第2類と第3類の前後関係ははっきりしない。朝鮮無文土器の変遷においても、第2類と第3類の間に明確な時間差を見出すことは現状では困難である。

壺は前期末（諸岡・横隈山）と中期前半（土生）にあり、いずれも甕第1類をともなう。横隈山と土生では組合牛角形把手がつき、諸岡でもそれらしい破片が出土している。鉢は綾羅木郷の擬無文土器を除けば、諸岡（前期末）と土生（中期前半）にあるが、形態はことなる。高杯は中期前半例（土生）だけである。

2 無文土器文化と弥生文化の年代的関係

弥生時代遺跡出土の朝鮮系無文土器をとおして、われわれは無文土器文化と弥生文化のおおまかな年代関係を確定することができる。

筆者はかつて朝鮮南部無文土器の大づかみの編年を試み（後藤1973）、その後、李白圭氏は京畿道地域の編年を行い（李白圭1974）、尹武炳も無文土器の型式分類を発表している（尹武炳1975）。無文土器の編年は、無文土器文化研究の基準であり、今後新資料の増加にともない新たな視点から深められ、地域的細分がなされねばならない。

現在のところ、朝鮮南部の無文土器編年は次のように考えられる。

朝鮮南部の無文土器は前後の2時期に大別される。前期の土器は、漢江流域に分布する少数のコマ形土器と刻目粘土帯土器を除けば、有孔口縁土器である[12]。これは平底深鉢状の甕で、口縁部に小孔を1列めぐらす。口縁上端に刻目を施すもの、小孔下にあるいは小孔のかわりに短斜線列をめぐらすもの、小孔が貫通しないものなどもある。器面はなで調整らしく、刷毛目はないようだ。これにともなう壺は、短い直立頸とほぼ球状の胴をもち、口縁上端に刻目を施すことがある。他に口

縁部が外反し、頸中央が細く、頸下部がひらくものなどもある。椀状の鉢や高杯もともなう。高杯や壺には丹塗磨研品がみられる。

　この種の土器を出す住居址は数ヵ所で調査され、支石墓からの出土例もある。有孔口縁土器は朝鮮南部のほぼ全域に分布するとみられる。最近の欣岩里遺跡の調査によれば（ソウル大学校考古人類学科 1973・1974・1976）、この土器は細分して時期差をとらえられそうである。

　後期の土器（図36）は、口縁部に断面円形の粘土紐をめぐらす甕（粘土紐甕）を指標とする。後期はこの甕にともなう壺の形態によってほぼ3期（後期第1期～第3期）に細分できよう。

　第1期の壺は、直立頸から球形の胴・小さい平底につづき（図36-2）、頸と胴の境が明瞭である。

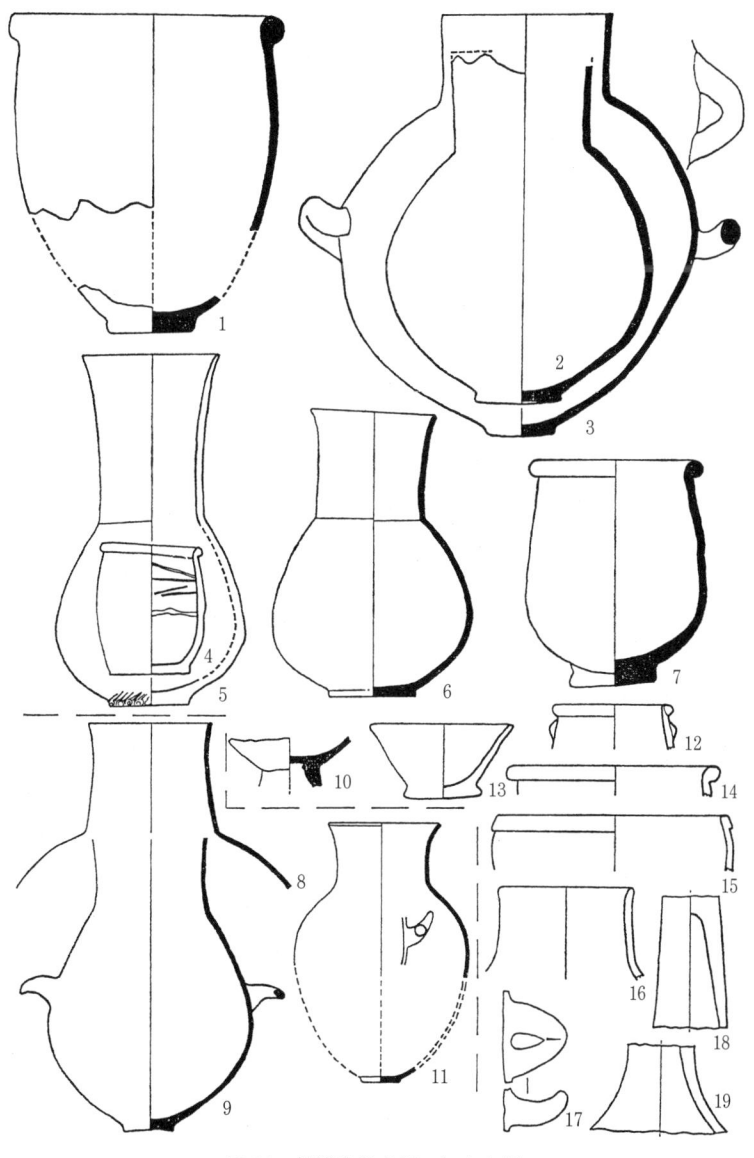

図36　朝鮮半島南部の無文土器

1～3：水石里　　4・5：飛下里　　6・7：槐亭洞　　8～10：鷹峰　　11：孝睦洞
12：南城里　　13～19：峨嵯山　　　　　　　　〔8・9・11は約1/12、他は約1/6〕

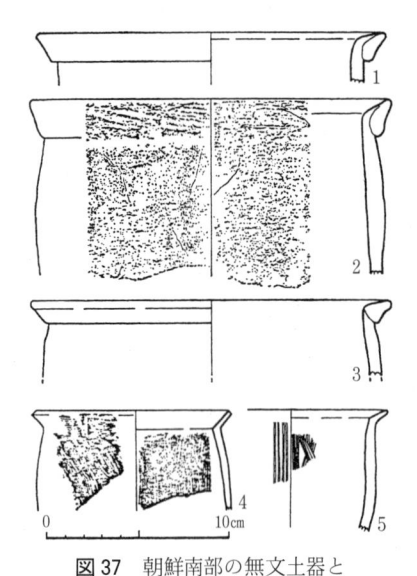

図37 朝鮮南部の無文土器と
　　　金海式赤褐色軟質土器
　　　1・2：会峴里貝塚　　3：固城貝塚
　　　　　　4・5：朝島貝塚

また黒色磨研長頸壺（図36-5・6）や半環形把手のつくもの（同図3）もあるが、一般に把手はつかないらしい。この時期を代表する水石里遺跡（金元龍1966b）の粘土紐甕は口縁部がほぼ直立し、胴の張りは弱く底部は小さい。青銅器とともに副葬されていた甕も胴はあまり張らず（同図4・7）、粘土紐下に瘤状突起をもつものがある（同図12）。この他に、口縁部に粘土紐をもたない深鉢状の甕もある。これは後期の各時期に存在するが、今のところ編年の手がかりにはならない。第1期の鉢や高杯の確実な例はまだみつかっていない

　第2期の壺（同図8・9・11・16）は胴部に組合牛角形把手（同図17）を1対もつ[13]。頸部は長いものと短いものがあり、それぞれに、直立するものと頸中央でしまり口縁部と頸下部が外にひらくものがみられる。粘土紐甕は第1期のものにくらべ、胴の張りが強くなるようであり、また粘土紐がやや扁平のものが少数認められる（同図14・15）。鉢（同図13）や円筒・円柱状の高い脚の高杯がある（同図18・19）。壺と甕には黒色磨研品がみられる。この時期の土器を出す住居地や墓の確実な例はなく、資料の多くは表採品である。

　第3期の壺には、組合牛角形把手が存続するとともに、棒状の牛角形把手1対をもつものがあらわれる。これには中央に溝状の切込みをもつものがある。好例は全羅南道光山郡新昌里の甕棺に用いられた壺で、ほぼ直立する頸部に長卵形の胴と小さな平底あるいは丸底がつき、胴部に牛角形把手1対がつく（金元龍1964）。

　甕（図37-1〜3）は、粘土紐甕も残るが、多くは粘土紐が扁平化し口縁内面が「く」字形に外反し断面が三角形に近くなる（粘土帯甕）。これには厚いものと薄いものがある。前者は朝鮮系無文土器甕第2類（原の辻）に、後者は第3類（秋根）に近い。この他に直立ないしやや内傾する口縁部をもち、粘土紐・帯のつかない甕も他時期同様存在する。

　高杯は第2期と大差なく、鉢は特徴が明らかでない。壺や高杯には黒色磨研品がある。京畿道楊州郡陶谷里（金廷鶴1967a・b）、慶尚北道大邱市燕巌山（尹容鎮1969）・高霊郡良田洞（尹容鎮1966a）などの採集品がこの時期のものである。

　この第3期のあと金海式の灰色陶質土器（金海式灰陶）が出現する。いわゆる原三国文化（金元龍1973：109〜114）のはじまりである。灰色陶質土器とともに赤褐色軟質土器が用いられる。前者は楽浪郡の漢式土器に系統をたどれるのに対し、後者は無文土器系統の土器とみられる。

　釜山市の朝島貝塚（韓炳三・李健茂1976）は上からⅠ・Ⅱ・Ⅲ層にわけられ、無文土器の90％がⅢ層で、金海式灰陶と赤褐色軟質土器の90％がⅠ・Ⅱ層で出土した。金海式赤褐色軟質土器は、灰陶の7倍以上の出土量があり、多くは口縁部が「く」字形に外反する甕である（図37-4・5）。この甕は無文土器後期第3期の、口縁内側が「く」字形に外反する断面三角形に近い粘土帯甕から変化したようにもみえるが、その40％以上が刷毛目調整され、灰陶から受けついだとみられる縄文・格子文

などの叩き文を施すものもあり、無文土器とは技法的な差がある。また壺には組合牛角形・牛角形把手のつくものがある。金海式赤褐色土器は、無文土器を基盤に新らたな技法によってつくられた土器といえよう。

　金海会峴里貝塚や固城貝塚では、金海式土器とともに無文土器後期第3期の粘土帯甕が出土している（図37-1～3）。これが混入か確実な共伴かは明らかではないが、いずれにせよ無文土器から金海式赤褐色軟質土器への変化は、金海式灰陶の出現期の問題をも含めて多くの問題を含んでいよう（武末1974：53-55）。

　では、このような朝鮮南部無文土器の変遷は弥生文化各時期とどのように対応するのであろうか。

　弥生時代遺跡出土の朝鮮系無文土器は、朝鮮からもちこまれたか、朝鮮から来た無文土器人によって北部九州で作られたかである。どちらにしても、こわれやすい日常生活容器であるから、製作されてから北部九州の地に廃棄されるまでの時間はさほど長くはなく、考古学的時間尺度からみれば同時といってよい。したがって朝鮮系無文土器をとおして、無文土器文化の各時期を弥生時代各時期に対応させても、大きなズレは生じない。

　朝鮮系無文土器のうち、粘土紐甕と組合牛角形把手付壺の一群は、弥生時代前期末～中期前半の土器と共伴する（諸岡・横隈山・土生）。これらは無文土器後期第2期の土器に相当する。諸岡遺跡の鉢は第2期のソウル市峨嵯山のそれに類似し、土生遺跡の高杯は第2期（峨嵯山・鷹峰）あるいは第3期（良田洞・燕厳山）のそれに共通する。すなわち無文土器後期第2期は弥生時代前期末～中期前半に平行する。

　これ以外の朝鮮系無文土器は甕のみだが、時期が明らかなのは、口縁部内面が「く」字形に外反し、外部に粘土帯をめぐらすもので、弥生時代中期前半～後期前半に属する（秋根・原の辻・オテカタ）。これらは無文土器後期第3期の甕と同じである。このうちオテカタのものは金海式灰陶をともなう。また対馬における金海式灰陶の出土例が今のところ後期初頭をさかのぼらないので（九州大学考古学研究室1974：408-410）、原三国文化の上限はおそくとも後期初頭にあり、中期後半にまでさかのぼりうる。したがって無文土器文化後期第3期は弥生時代中期前半～中期後半に平行すると考えられ、無文土器文化後期第2期と第3期の境は弥生時代中期前半の中にあることになる。

　一方、無文土器後期第1期とみなしうる朝鮮系無文土器は現在のところ出土していない。そのために無文土器後期第2期の上限が弥生前期末よりさかのぼるのかどうかという点と、弥生時代初頭平行期の無文土器がどのようなものであったかという点は、土器からは直接明らかにしえない。

　弥生文化の開始にあたっては、朝鮮南部から渡来移住者のあったことは確実であり、弥生時代初頭に出現する大陸系磨製石器（石庖丁・太形蛤刃石斧・扁平片刃石斧・抉入片刃石斧）は朝鮮南部からもたらされたものである[補註4]。このうち抉入片刃石斧は西朝鮮のコマ形土器にともなう有段石斧から変化したもので、朝鮮南部無文土器後期に盛行し、前期には少ないので、その出現時期は無文土器文化前期の終り頃と思われる。しかし無文土器文化前期遺跡（とくに漢江流域）に少数ながら存在する多頭石斧・環状石斧や鞍形すりうすは、後期の遺跡にはほとんどなく、弥生文化にも認められない。さらに、弥生時代の磨製石剣は、無樋一段柄式（BⅡ式[14]）が大部分で、無樋二段柄式（BⅠb式）は数例にすぎず、有樋二段柄式（BⅠa式）はない。朝鮮南部において時期の明らかな土

器と磨製石剣の確実な共伴例は少ないが、前期の有孔口縁土器に伴出するものは、型式上BⅡ式に先行するBⅠa式およびBⅠb式である。(BⅠb式は後期土器にもともなう)。消極的な理由ではあるが、これらのことから弥生時代初頭は朝鮮南部無文土器文化の前期末ないし後期初頭と想定できるのである。

以上から、朝鮮南部無文土器文化前期は弥生時代初頭前後以前、後期第1期は弥生前期初頭前後〜中頃、第2期は弥生前期後半〜中期前半、第3期は弥生中期前半〜後半に平行し、無文土器文化から原三国文化への移行は弥生中期後半の内に置くことができよう。

金海会峴里貝塚Ⅱb層出土の貨泉(浜田ほか1923：37-38)が原三国文化の上限を示すとすれば、それはほぼ1世紀中頃となろう。また弥生中期と後期の境は、甕棺墓に副葬された舶載鏡から1世紀後半とみられ(高倉1972：24・27-28)、彼我の推定絶対年代は一致する。これに対し、弥生文化開始期の絶対年代は紀元前3〜2世紀といえるにすぎず、無文土器文化の上限年代もそれより2〜3世紀はさかのぼると考えられるにせよ、確定はできない。

3 弥生社会における朝鮮系無文土器

朝鮮系無文土器の出土は、弥生社会と朝鮮南部無文土器社会との交通の結果である。

この土器はすでにのべたように、無文土器人の手になるものであり、その製作地がまず問題になる。これは土器そのものの胎土分析によって明らかになる場合もあるが、その出土状態の考古学的検討によって追求すべき課題でもある。

胎土分析は最近、清水芳裕が諸岡遺跡出土の無文土器19点、伴出弥生土器15点、板付遺跡出土の無文土器2点、板付Ⅰ式・Ⅱ式土器14点について行っている(清水1978)。これらの土器は含有岩石鉱物からⅠ〜Ⅴ類にわけられ、無文土器はⅠ類9点、Ⅱ類14点、Ⅲ類1点、Ⅳ・Ⅴ類なし、弥生土器はⅠ類11点、Ⅱ類14点、Ⅲ類1点、Ⅳ類1点、Ⅴ類2点で、両者の間に有意味の差は認められなかった。北部九州と朝鮮南部の地質学的状態はきわめて似かよっていて、両地域の土器の胎土にどれほどの差があるかは、朝鮮南部の土器の胎土分析によって確認すべきであり、以上の分析結果からは朝鮮系無文土器の製作地を決定しえない[15]。むしろ、弥生社会における朝鮮系無文土器の性格を考察する中で、製作地問題の見通しが得られるであろう。

まず、この土器は日常生活容器で、それ自体が青銅器や後世の中国陶磁器などのように、交易の対象となるような価値を有するものではない。あるいは、交易品たるなにかがこの容器に収められていたのかもしれないが、それを明らかにする手がかりはない。

朝鮮系無文土器の出土量をみると、竪穴遺構から出土した諸岡・土生・横隈山の3遺跡以外ではごく少量にすぎず、これらは当該遺跡の外部から無文土器人によってあるいは弥生人の手を経て持ち込まれたとみるべきである。以下、多数の朝鮮系無文土器が出土し、報告されている諸岡遺跡と土生遺跡をとおして、そのあり方を考えてみよう。

諸岡遺跡では、朝鮮系無文土器を出す竪穴は東斜面南側上位の南北約60m、東西約15mの範囲にあり、ここには他の弥生時代遺構はない(C区とD区)(図38)。これ以外の弥生時代遺物包含層・

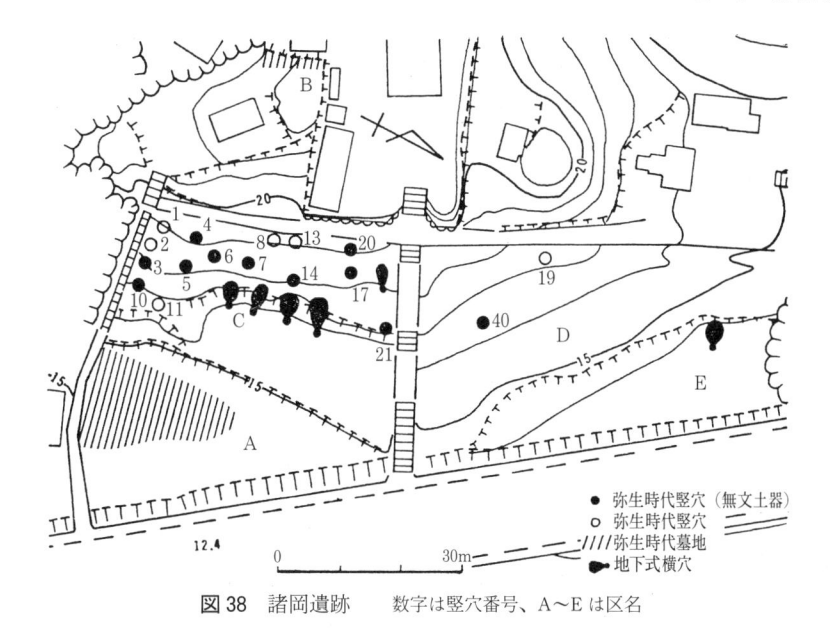

図38 諸岡遺跡　　数字は竪穴番号、A～Eは区名

遺構は、丘陵東南端に接する沖積層内の黒色粘質土層に含まれる多量の夜臼式土器（F区）と、A区・B区の中期中頃から後期はじめまでの甕棺墓地である。A区甕棺墓地はさらに南にひろがり、B区甕棺墓地は丘陵頂部にひろがる墓地の一部である。表土層や撹乱層では前期～後期の遺物破片が出土している[16]。甕棺墓地の造営は、C区出土金海式甕棺破片からみれば、朝鮮系無文土器と同じ前期末にさかのぼるとみられるが、発掘で確認されたのは中期中頃からである。なお甕棺墓地造営者たちの生活地は確認されていない。

朝鮮系無文土器を出土する12基およびそれと時期・性格を同じくする小竪穴群の範囲は、未調査の西側と、すでに削平された南側に多少ひろがるであろう。東側には、地下式横穴（鎌倉時代か）を設けるさいの削平で生じたとみられる高さ1m前後の段があり（標高16～17m）、これによって破壊消滅した小竪穴もあっただろうが（21号竪穴は東半を失っている）、A区の甕棺墓地まではのびていなかったであろう。竪穴群の東限は、段落ち形成前の標高16m等高線付近（段の東約10m以内と推定される）と考えられる。したがって無文土器を出す小竪穴群の範囲は、発掘で確認された範囲より西・南・東に若干ひろがる程度と推定される。

竪穴は14号が2基の切りあいとみられるが（14a・14b号）、他は最低50cmの間隔で一定範囲内に散在し、出土弥生土器から、弥生時代前期末のごく短い間に設けられ、使用されたこと、同時期に存在したかもしれない弥生人の生活地（未確認）とは占地がことなること、のちの甕棺墓地もこの範囲には及んでいないことが認められる。

竪穴の深さは、地山面から床の一番低いところまでが、20cm代5基、30cm代3基、40cm代7基、50cm代と60cm代各1基で、もっとも深い17号は1.05mである（図39-1）。いずれも上部を削平されていて本来の深さは明らかでない。削平は約50cmとみられるから[17]、本来の深さは0.7～1.5mとなろう。いずれにしても深さは各々でことなる。

竪穴の現存平面形は不整形で、円・楕円形に近い。もとの平面形は、方形らしいもの1基（5号）

以外は、円形・楕円形（あるいは隅丸長方形？）とみられ、長径は2m以上[18]、もっとも残りのよい17号は長径3m、短径2.2mである。長軸方向は北―45°―東から北―35°―西の間で、とくに統一性はない。

壁は床面から外上方へゆるやかに立ちあがるものが多いが、2号、14a・b号、17号の4基は袋状をなす部分がある。床はほぼ水平とはいえ、中央が低く壁際がやや高いものが多い。5号・17号・40号は床面が2段になる。5号と40号（図39-2）は高い部分が壁の片側に沿う幅20～50cm程度で、低い方よりはるかにせまく、10～20cmほど高いだけである。17号は床の南半分が北半分より30～45cmほど低くなっている（同図1）。

床面や竪穴外に、竪穴に付属するとみられる柱穴は認められない。床面の浅いくぼみは6号と17号下段床にのみある。

3基の竪穴に焼土がある。6号では床面から2枚めの埋土層上に90×50cm・厚さ17cmの不整形焼土があり、その東30cmにも30×20cmの焼土がある。14b号竪穴では中心よりやや南よりの床面上10cmに径35cmの焼土があった。40号竪穴の中央やや東よりの床は35×25cm・深さ6cmほど赤く焼けている。その東側の床面上約10cm、床面から3枚目の埋土層中に60×30cm・厚さ6cm前後の焼土がある（同図2）。床で火をもやしたのは40号のみで、6号と14b号は床面が若干埋まった後に火をたいている。なお17号竪穴の下段床面直上の埋土には焼土がまじっている。

竪穴出土遺物の大多数は土器である。完形に近いものは破片が床面ないしその直上にまとまって、あるいは全体に散乱している。小片は埋土内の上下をとわず出土する。朝鮮系無文土器片は、40号の7～11個体・17号の9個体・14号の7個体が多く、他は数片未満である。弥生土器片は470片以上出土した。17号が130片をこえ、40号で90片以上、3・4・5号が30～50片で、他は少ない。器形が明らかなものは壺が約20個体、甕が10個体以下、高杯3個体、蓋2個体、計30数個体

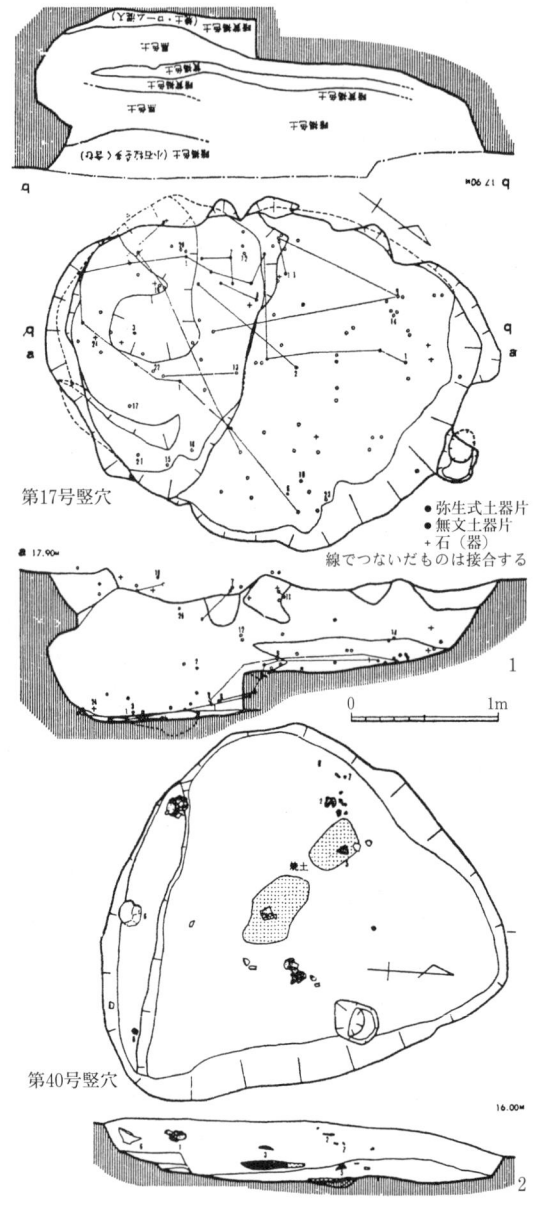

図39 朝鮮系無文土器出土竪穴　諸岡遺跡

で、総個体数は無文土器と同じ程度ないしそれ以下とみられる。いずれも板付Ⅱ式の新らしいもの＝前期末である[19]。石器は扁平片刃石斧片1（17号）・黒耀石製打製石鏃と蛤刃石斧片各1（40号）・砥石1（8号）だけで、それぞれ床面直上で出土した。3号竪穴床面では白色石製の小玉が1点出土している[20]。

これら竪穴は小形である点を除けば、形状・深さ・床面や壁の形態・焼土の有無・遺物の出土量などがまちまちである。深さはもっとも浅いものでも、70cm以上はあるとみられる。同じ竪穴は同時期の朝鮮半島には今のところ知られていない[21]。弥生時代の袋状竪穴（貯蔵穴）とは、大きさは近いが、形状はまったく一致するわけではない。平面形は竪穴住居としては小さすぎるようだが、40号のように床あるいは床の少し上で火をもやした跡が残るものは、人間が一時的にせよ居住したものであり、17号のように深いもの（少なくとも深さ1.5m以上と推定される）は、貯蔵用竪穴であろう。

小竪穴群はごく短期間にすべてが同時に用いられたもので、長期にわたる生活の跡ではないこと、ここに生活の根拠をおき生産活動を行い、墓地を造営した人びとが遺したものでないことは確実である。これは石器がほとんどないことからも推察でき、残された土器は一時的な仮住いの痕跡であろう。そして焼土のある竪穴は簡単な小屋がけをした仮のすまいで、深い竪穴は生活物資などの一時的保管所であったと考えられる。すなわち、この竪穴群は宿営地の跡であり、出土する土器は弥生土器・無文土器をとわず、他からもちこまれたと考えるべきである。

しかしこの遺跡は、各地を転々とする小集団が遺したものでもなく、また季節的宿営地でもない。その土器から判断すれば、一定の目的をもって朝鮮南部からやって来て再び故郷に帰って行った人びとの遺跡であろう。その目的が弥生社会との交渉にあったことは明らかで、彼らこそ当時の弥生社会と無文土器社会の間の交渉を実際に担った人びとであった。彼らはその滞在期間中、弥生集落とは一定の隔りをもった所に居たのであろうが、弥生土器の出土は、この場で弥生人と接したことを示すと同時に、彼らはこの地に滞在する限りにおいて自らの生活の維持を弥生社会に相当程度依存していたことを物語る。そして無文土器そのものは主に彼らの生活用具として朝鮮南部から持ち来ったのであろう。

土生遺跡の無文土器と擬無文土器は、報告書によれば、住居址と貯蔵庫とされる竪穴で出土している（住居址8軒、貯蔵庫3軒）。竪穴は平面形が不整形で、住居址・貯蔵庫という性格づけに問題がないわけではなく、竪穴内での出土状態も明らかではない。そうした不明瞭な点もあるが、黒色系統の無文土器や擬無文土器よりも赤褐色系統の弥生土器がはるかに多く、種々の木製品とその未成品・石器が出土しており、扇状地に立地するかなり規模の大きい弥生中期前半の集落である点は疑いない。

この遺跡の無文土器のあり方は諸岡遺跡の場合とことなる。諸岡遺跡の無文土器が弥生社会と一定の隔りをもって存在するのに対し、土生遺跡では弥生集落のまっただ中に多くの無文土器と擬無文土器が存在している。無文土器の担い手たちは弥生社会の中に入り、そこに生活の場をもち、弥生土器に近く変形した擬無文土器を作るに至ったと考えられるのである。彼らがこの地にやって来た目的が諸岡遺跡の場合とことなるのか（たとえば移住）、同じであったとしても、目的を達成した

のちもなんらかの事情で（自発的にもしくは状況に強いられて）弥生社会の中に生活し始めたのかは速断しかねる。

いずれにしても、遺跡・遺構のあり方や出土状態からは、本遺跡の無文土器が、朝鮮からの持ち込みなのか、この地での製作なのかは明らかでない。しかし重弧文をもつ組合牛角形把手付壺は、この遺跡で無文土器人により作られたことが明らかであり、これと同じ住居址出土の粘土紐甕（図34-1）の形態は粘土紐をとればこの時期の弥生土器甕に近い。この遺跡の朝鮮系無文土器は、この地で無文土器人が製作した可能性が高く、擬無文土器は明らかにこの地で製作されたものである。

これ以外の遺跡では、横隈山遺跡[22]を除けば無文土器出土量は数片に満たない。このうち前期末～中期前半の北部九州本土出土例の大部分は、諸岡遺跡のような一定の宿営地を基地として、無文土器人が弥生社会と交渉した結果弥生遺跡にのこされたものであり[23]、出土量の少なさにそれが反映されていよう。これに対し、中期後半以降の対馬・壱岐・沖ノ島出土例のあり方は、次節でのべるように、それ以前の場合と多少ことなるようである。

4 弥生社会と無文土器社会の交渉

北部九州出土の朝鮮系無文土器は、朝鮮南部の無文土器社会と弥生社会の交渉を担って往来した人びとが残したものであり、朝鮮南部で出土する弥生土器も同様であろう。

弥生文化は朝鮮南部無文土器文化の前期と後期の交りの頃、朝鮮南部から北部九州への一定規模の集団の渡来移住[補註4]を契機としてはじまる。移住を促した朝鮮南部無文土器社会内部の要因は明らかでなく、また当時の北部九州の縄文晩期文化の実態も十分解明されてはいないが、縄文晩期社会に移住者が結びつくことによって弥生文化は成立する。

成立期の遺跡は北部九州沿岸地域に点在するにすぎないが、板付Ⅱ式土器とくにその後半の段階になると遺跡は急増し、中南部九州にも弥生文化が定着する。弥生文化が固有の性格をもつ文化として確立されるとともに、その社会が一定の地域的ひろがりとつながりをもって形成されるのである。ここに到るまでの朝鮮との関係は弥生時代成立期のそれの延長と考えられる。

無文土器文化との関係・交渉は前期末になって一転する。この時期に大形甕棺墓が墓制として確立し、その中には朝鮮からもたらされた青銅器（主に利器）を副葬するものがあらわれる。当時の朝鮮で製作され相当広くゆきわたっていた青銅器を必要とし、またそれを入手しうるだけの社会的基盤が生じたのである。ここに弥生前期初頭とは質的にことなる無文土器社会（後期第2期）との新たな関係の開始が認められる。

これは一から他への文化の流入ではなく、弥生社会が自らの要求に基き、自らの中から交渉担当者を選んで彼地へ派遣し、また無文土器社会からのいわば「使節」を受け入れることによって成りたつ関係であった。

中期前半までの無文土器社会と弥生社会の交渉は直接的で、両者は交渉の担い手を自らの中から選び相手の地へ派遣しているらしく、明らかな仲介者の存在は認められない。これは日常生活容器の彼我の地での出土から推定される。朝鮮南部では、釜山市朝島貝塚で中期初頭の土器片や須玖式

甕棺破片が出土し[24]、また金海会峴里の甕棺墓は前期末の弥生甕棺を使用している（梅本1938）。この甕棺墓には朝鮮南部へ渡り、彼地で死んだ弥生人が葬られたはずである。

　この交渉を必要とし、「使節」を送り出した弥生社会の側の主体は、この時期から一定地域ごとに形成され始める小地域社会—水稲農耕を軸に複数個の集落からなる「農業共同体」であり（高倉1975）、直接それを担当したのはその中で主導権を握っていた集落であったろう[25]。この交渉の他方の当事者が、後期第2期の無文土器社会の中でどのような位置・性格を有していたかは明らかではないが、その青銅器文化のあり方からみて、弥生社会の側よりは進んだ段階と想定できる[26]。

　多くの品物の交換がなされたであろうこの交渉は、経済的なあるいは未開社会にみられるような儀礼的な性格を有するとはいえ、まだ両地域間のもしくは弥生社会内部での政治的・階級的利害関係の側面は稀薄であっただろう。朝鮮よりもたらされた文物のうちもっとも目につくものは、小地域社会首長層の宝器として扱われた細形銅剣などの朝鮮製青銅器であるが、鉄器など直接生産にかかわるものも含まれていたであろう。さらにこの交渉の過程で、青銅器や鉄器製作技術の導入・技術者の渡来も行われたはずであり、やがては弥生人自らがそれらの生産にたずさわるようになる。これらの見返りとして、弥生社会から無文土器社会にどのようなものがもたらされたかは明らかでない。実態は十分明らかとはいえないが、前期末～中期前半の朝鮮系無文土器の出土は、こうした交渉の存在を物語っていよう。

　中期中頃からは、無文土器社会の他に楽浪郡が交渉の相手としてあらわれる。この間、弥生社会では小地域社会内部での階層の分化と地域社会相互の間の系列化がすすみ、平野を単位とするようなより広域の地域的統合がすすむ。楽浪郡と、ついでそれを介しての漢王朝との交渉、そしてそれによる前漢鏡やガラス璧など中国文物の輸入は、このような弥生社会内部の動向とかかわっている。これは交渉主体が広域の統合体の首長層にうつり、交渉の性格が文物の交換ではなく、朝貢という政治的交渉に変化していったことを示していよう。

　無文土器社会も、その推移が十分解明されてはいないが、青銅器の衰退と鉄器の普及といった諸現象のなかで、徐々に変化し、やがて原三国文化へと移行してゆく。弥生社会と無文土器社会との交渉も断続することなくつづいていたとみられるが、しかしそれを具体的に示す文物の出土は中期後半にはほとんどなくなり（高倉1973b：19）、九州本土における朝鮮系無文土器の出土も、現在のところみられない。

　その一方で、壱岐・対馬は両地域の交渉の仲介者としての地位を高めるようである。中期後半以降、朝鮮系無文土器や金海式灰陶は対島・壱岐には出土するが北部九州本土では出土しない[補註5]。今後発見される可能性はあろうが、むしろ前期末～中期前半の朝鮮系無文土器がこれら島嶼で出土しないことを重視すべきである。つまり中期後半以降、朝鮮系無文土器と金海式灰陶が対馬・壱岐にあらわれはじめることは、それ以前は単なる交通手段の提供者程度でしかなかったかもしれないこれらの島が、両地域の積極的な仲継者としての位置を獲得したことを示していよう。それまでの、当事者間のいわば直接交渉が、仲介者をつうじてのあるいは彼らに交通手段などを大幅に依存せねばならない交渉へと変化したのである。これは、以上にのべたように交渉の主導権が小地域社会からそれらを統合するより上位の集団・支配者層へとうつり、交渉の規模と性格が拡大・変化したた

めとみられ、また交渉主体に北部九州以外の地域が加わったことも考えられよう。対馬における北部九州製広形銅矛の多量の出土、朝鮮製青銅品や金海式灰色陶質土器さらには中国製品の出土が、中期後半以降のこの島の地位を示すことはつとに指摘されているところである。

　北部九州製青銅器の一部は、おそらく対馬の航海者の手を経て朝鮮南部にまでもたらされている。慶尚北道大邱市晩村洞の中広形銅戈（金載元ほか 1966）や慶尚南道金海邑出土と伝える中広銅矛（尹武炳 1971）などがそれである。すでに原三国時代に入っていたとみられる当時の朝鮮南部で、これら祭器としての青銅器がとくに必要とされたとは思われないが、弥生社会へもたらされたもの（鉄器・鉄材などか）の見返りであったかもしれない。

　中期後半以降、対馬・壱岐で出土する朝鮮系無文土器あるいは灰色陶質土器は、このような交渉の中でもたらされたものである。

　朝鮮系無文土器は弥生時代前期末から北部九州にあらわれる。これらは前期末以降の無文土器社会と弥生社会の新らたな交渉を如実に示すものであり、また弥生文化と無文土器文化の平行関係を細かに確定する素材でもある。朝鮮系無文土器によって確認された弥生土器と無文土器の編年的関係は、青銅器をとおしてなされてきた弥生時代日朝関係の考察（森 1968）に一層確かな基礎を与えるであろう。

　朝鮮系無文土器は前期末〜中期前半とそれ以降とで、形態と出土地域に差を示している。これは両地域における社会の推移とそれにもとづく交渉関係の変化によるものであろう。集落・墓制あるいはいくつかの遺物をとおして弥生社会の諸段階が明らかにされているが、社会のあり方に強く規定される対外交渉は、その内容・主体の検討によって、弥生社会の諸相を一層具体的に知る手がかりとなるはずである。

　朝鮮無文土器社会の推移を考古学的資料をとおして把握する作業はこれまでほとんどなされていないが、編年的枠組の輪郭がようやくはっきりしてきた今、精力的にとりくむべき課題である。無文土器社会の推移をつかんだうえで弥生社会と無文土器社会の交渉をみてゆくことは、弥生社会史の解明に資する所少なくないと考える。

註
（1）　報告書（後藤ほか 1975：67）では、切りあう 14a 号と 14b 号をひとつとして、竪穴総数 17、無文土器出土竪穴 11 と記した。
（2）　遺跡を調査した浜田信也氏の御教示による。土器の実見には九州歴史資料館の岩瀬氏をわずらわせた。
（3）　調査担当者の井上裕弘氏の御教示による〔その後報告書（井上（編）1987）が刊行された〕。
（4）　報告書（岡崎ほか 1979）作製中であるが、岡崎敬先生と佐田茂氏より掲載承諾を得た。
（5）　高島忠平氏の御教示による。
（6）　未報告であるが、調査概要は共同研究「東アジアより見た日本古代墓制」の会合（1976 年 12 月九州大学）で下條信行氏が報告した。
（7）　未発表資料であるが、調査者の岡崎敬先生、樋口隆康先生、保管責任者の林巳奈夫先生から、図の公表の承諾を得た。

(8) 森貞次郎先生は「調査地のはずれの下層につづく層より出土したように記憶している」と諸岡遺跡調査のさいにいわれた（1974年8月）。
(9) 所蔵者の福田正文氏より図の公表の承諾を得た。この資料の存在は山崎純男氏より教えられた。
(10) 伊東照雄氏の御教示による。同氏の好意で土器の実測をした。図の公表については下関市教育委員会の許可を得た。
(11) ①福岡県甘木市栗田遺跡出土の擬無文土器ともみられる甕が何点か九州歴史資料館にある。
②福岡県大野城市中・寺尾遺跡Ⅰ区7号甕棺墓（金海式甕棺）副葬の無頸壺（浜田ほか1971：13、図36-5）を、西谷正氏は朝鮮からもたらされた無文土器であろうとする（西谷1978：6）。
③対馬の峰村井手遺跡で板付Ⅱ式土器とともに出土した壺口縁部破片（九州大学考古学研究室1974：364、第45図7）は「北九州にも類例がなく留意すべき土器」（同上：408）で、橋口達也氏は朝鮮系無文土器ではないかと私に話されたことがある。①～③については今は判断を保留する。
④福岡市西区羽根戸（旧早良郡金武村羽根戸）で把手が出土している（中山1935）。把手に溝状の切目が入り、原三国文化期のものか？
⑤兵庫県姫路市小山遺跡Ⅷ地点で、前期後半の土器とともに粘土紐甕に近い口縁の甕が1点出土している（今里1962）。
⑥岡山市門前池遺跡の第4地点11号住居址流入土内では口縁部に粘土紐をまわすらしい鉢（郷のものにやや近い）が、第2地点24号住居址と包含層では口縁部を折り返し胴の張る甕が出土している（岡山県教育委員会1975：111・196・216）。
⑦島根県簸川郡大社町原山遺跡では弥生前期土器とともに口縁部に扁平な粘土帯をはりつけ、内外面を刷毛目調整した甕破片が出土し、大社町教育委員会に保管されている。
⑤～⑦は春成秀爾氏の御教示による。⑦については同氏よりスケッチ図をいただいた。いずれも今後検討したい。
(12) これら3種の土器の関係および後期の土器との系譜関係ははっきりしていない。
(13) 組合牛角形把手は先端が上方に上り、鷹峰の下方に下る（図36-9）のは復元上の誤りと考えられている（韓炳三ほか1976：16）。
(14) 磨製石剣の分類は有光教一による（有光1959a：14-16）。
(15) 朝鮮半島南端と東海岸には火山岩が分布し、諸岡・板付の朝鮮系無文土器胎土に火山岩が含まれないことから、これらが朝鮮南部で製作されたとしても、その製作地は朝鮮半島南端部以北だろうという（清水1978：10）。
(16) 前期の遺物は、A区甕棺墓地西に接する溝で土器小片、A区の13・14・16号甕棺墓々壙で板付Ⅱ式土器小片、C区表土・攪乱層で板付Ⅱ式壺小片（無文土器にともなう？）と金海式甕棺片（丘陵頂部よりの流れ込みか）、D区表土・攪乱層で外彎刃石庖丁と玄武岩製蛤刃石斧片、中期の遺物はC区表土・攪乱層で城ノ越式土器片と瓢形土器片（丘陵頂部甕棺墓地の祭祀に用いたものの流れ込みか？）、後期の土器片はA区で出土している。
(17) 14号竪穴のすぐ西に中世の土器片を出す長さ8m・幅30cmの溝があり、両端が東に直角に折れている。この溝の失われた壁高を50cmと考え、削平はほぼ50cmと推定する。
(18) 7a号竪穴は径1.2～1.3mだが、削平がはなはだしく本来の大きさを推定しえないので除外する。
(19) 17号竪穴では中期はじめの土器片2～3片が埋土上部で出土している。
(20) この玉は忠清南道の大田市槐亭洞（李殷昌1968）・牙山郡南城里（韓炳三ほか1977）・扶余郡蓮花里（国立博物館1968）で、細形銅剣や多鈕粗文鏡とともに出土する天河石製飾玉と形態が同じである。ただしそれらより小形で薄いが、上の出土例が伴出土器から無文土器後期第1期とみられ、時期の近さからも忠清南道出土品と同類で、朝鮮南部から持ち込まれたと考えてよいだろう。なお韓炳三（1976：225）参照。
(21) 朝鮮南部無文土器文化の集落には、高い丘陵斜面に立地するものが多く、諸岡遺跡の竪穴立地と似てい

(22) 貯蔵穴から多量の弥生土器とともに出土した本遺跡の無文土器のあり方は、諸岡や土生遺跡の場合とことなるようにも思われる。これについては、本遺跡の報告が出た後で、改めて考えてみたい。
(23) ただし、熊本出土例は、無文土器人が直接この地まで入った結果かどうかは疑わしく、この地の弥生社会と北部九州弥生社会との交渉をとおして、間接的にもちこまれた可能性が強い。
(24) 中期初頭の土器を、報告者は金海式赤褐色軟質土器の甕Aに、甕棺を金海式赤褐色軟質土器の其他土器に分類している。
(25) こうした小地域社会のすべてが無文土器社会と交渉をもったわけではない。最初に弥生文化が成立し、地理的にも有利な位置にあった北部九州沿岸地域が無文土器社会との交渉を行ったであろうことは、もっとも早く流入した細形銅剣の出土地域からも明らかである（森1968：137-138）。しかし江津湖や御幸木部町の朝鮮系無文土器の出土は、内陸部の地域も、北部九州の小地域社会との諸関係を通じて間接的にであれ、この交渉につらなっていたことを示している。
(26) 朝鮮南部における銅剣副葬墓のおおまかな変遷をみると、①古式のA式銅剣（森1968）は支石墓や石棺墓から出土し、②BⅠ式（一部BⅡ式を含む）銅剣は地下に設けられた石室より出土し、③BⅡ式・C式銅剣は土壙内の木室より出土する。①は無文土器文化前期〔現在は中期と読み替える〕、②は後期第1～2期、③は後期第2～3期頃とみられる。一方支石墓には後期に入っても（下限は明らかでない）磨製石剣や石鏃が副葬されることもあるが、後期以降、支石墓と銅剣副葬墓の間に格差（その性格は明らかでない）が生じていることは否定できない（有光1965a）。これから推測される無文土器社会内部での社会階層の分化は弥生社会のそれより著しいものであったと思われる。

補註

（1）この箆なでに用いた道具は、刷毛目をつけるのと同じ板で、その先端が摩耗していないものである。それによって生じた痕跡を最終的には消そうとしているらしい。これは1978年9月に諸岡出土無文土器を観察した横山浩一先生におききした。
（2）この2点は他の破片とともに1個体の壺に復元され（底部欠）、1978年6月～9月に九州歴史資料館に展示された。外にひらく短い頸部から、下方になだらかにひらく肩につづき、胴最大径部分に組合牛角形把手がつく。高さ40cm未満。
（3）原の辻遺跡では1977年10月にも粘土紐甕口縁部片1点が弥生時代中期後半の土器とともに採集された（安楽ほか1978：27）。
（4）1978年に行われた板付遺跡G-17地点の調査では、板付Ⅰ式・夜臼式土器共伴の水田下に夜臼式土器のみを出す水田面が発見され、ここから木製農具未成品・石庖丁破片が出土した。これによって、北部九州では水稲農耕と大陸系磨製石器の出現が、弥生土器（板付Ⅰ式土器）以前にさかのぼることが確実になった（山崎1978）。それによって生じる問題は多岐にわたるが、弥生土器成立前における朝鮮無文土器文化と北部九州地域との関係も今後の検討課題である。
（5）1978年はじめの福岡県前原町三雲遺跡の調査では、朝鮮製灰色陶質土器が出土し、その時期は弥生時代後期前半だという。柳田康雄氏の御教示による。

第5章　朝鮮系無文土器再論
——後期無文土器系について——

　筆者は1979年に弥生時代遺跡出土の朝鮮系無文土器をとりあげ、弥生時代日朝関係におけるこの種の土器の意義についてのべた（後藤1979）。この時に扱ったのは福岡、佐賀、長崎、熊本、山口の5県、14遺跡出土の100点近くの資料である。これらには、製作技法、形態が朝鮮半島南部の後期無文土器と同じ「朝鮮系無文土器」と、部分的形状が無文土器に似ていたり、無文土器の形態が崩れて弥生土器に近くなったり、弥生土器と形態がことなるが無文土器とはみなしがたいなどの「擬朝鮮系無文土器」がふくまれていた。

　その後、朝鮮系無文土器とそれに擬せられる土器の出土例が増え、分布も山陰、四国、近畿にひろがっている。さらに前期無文土器との関連を想定できる資料も指摘されるようになった[1]。

　こうして朝鮮系無文土器と弥生時代日朝関係史を再検討する状況が生まれているが、本章では増大した「後期無文土器系」土器について資料論的な検討を行うことにしたい。なぜならこれらの土器には、朝鮮半島の後期無文土器に一致するものから似ても似つかぬものまでがふくまれていて、一律に後期無文土器系土器としては扱えないからである。

1　後期無文土器系土器の類別

　後期無文土器系およびそれらに擬せられる土器は、数少ない壺・高杯・鉢以外は、口縁部に粘土帯をめぐらせる甕とわずかな鉢である。

　壺は北部九州の6遺跡で確認され、組合牛角形把手という一見して明らかな特徴によって朝鮮系と認められる（図43-2・3）。しかも表採品（1遺跡1点）をのぞき、後期無文土器系であることが確実な甕と共伴している。高杯と鉢も北部九州の4遺跡で確かな後期無文土器系甕・壺にともない、形態上の特徴は朝鮮半島出土品に通じる（図43-4〜7）。

　後期無文土器系か否かの判別が問題と

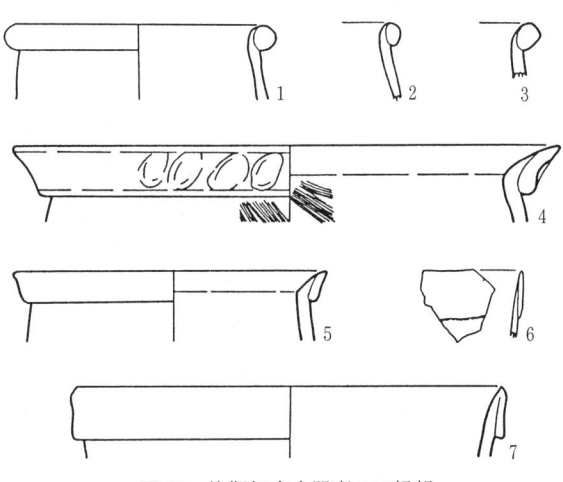

図40　後期無文土器甕の口縁部
1：忠清南道槐亭洞遺跡　　2：慶尚南道トウィパッコル遺跡
3：慶尚南道朝島貝塚　　　4・5：慶尚南道勒島遺跡
6：慶尚南道チンゴゲ遺跡　7：慶尚南道金丈二里遺跡
〔縮尺1/4〕

なるのは甕（一部鉢をふくむ）である。これらが朝鮮系無文土器とされたり、それに擬せられるのは、粘土帯や他の方法で厚くした口縁部の形態的特徴にもとづいている（粘土帯甕）。口縁部粘土帯の形、作り方は実にさまざまで、細分すれば1点1類型になることさえあり、また判別に迷う例もある。

それぞれの資料にふれる前に、多様な粘土帯土器口縁部を製作方法、形態によって類別し、判断の基準を作っておきたい。

朝鮮半島南部の後期無文土器甕を特徴づける口縁部粘土帯の作り方（図40）は2つに大別される。ひとつは、粘土帯とりつけ前に器体表面を調整しておき、断面円形ないし楕円形に成形した粘土帯を器体上端にまきつけ（この時粘土帯側面を軽くおしつけることもあろう）、器体上端を粘土帯にかぶせてなでつけ、口縁部内面から上面、粘土帯側面を横ナデする。これで粘土帯とりつけは終了し、粘土帯断面はとりつけ時とほとんどかわらぬ円形ないし楕円形（とくに長楕円形）のままであり、口縁部上端もまるくなる。さらに粘土帯両端の接する部分その他を1～数ヵ所器体に押し、ナデつけることもある。これをⅠ類とする（図40-1～3）。

もうひとつの方法は、器体上端を粘土帯にかぶせるまでは同じであるが、粘土帯外側縁を強く押さえて器体へのとりつけを強め、さらに器体口縁部内面と粘土帯外側縁とを横ナデする。これにより口縁部内面は多少とも「く」字形に外反し、粘土帯断面は三角形に近くなる。また器体上端の粘土帯へのかぶせは不明瞭になる傾向がある。粘土帯には厚さが厚いものとやや薄いものとがみられ、粘土帯外側面が少しへこむもの、指で押した痕が凹点としてのこるもの、ていねいなナデ調整で少しふくらみ気味のものなどの変化がある。時には粘土帯下端の1～数ヵ所を器体に押しナデつけることもある。このようなものをⅡ類とする（図40-4・5）。

このほかに、薄い長楕円形断面の粘土帯をとりつけ、その側面を強くナデて幅広く扁平な粘土帯になったものも見受ける。これも器体上端の粘土帯へのかぶせが不明瞭になる。これをⅢ類とする[2]（図40-6・7）。

注意すべき点は、Ⅰ～Ⅲ類いずれの場合も、粘土帯下端全部を器体にナデつけて密着させない点である。したがって粘土帯下端（面）は多少なりとも下に張る曲面をなし、器体との間になにがしかの小さな空隙が生じる傾向がある。ただしⅢ類の場合は小さな段差をなすだけのこともある。

後期無文土器はⅠ類からⅡ類へと変化し、Ⅲ類は、技法上はⅡ類に近い。

日本列島出土の後期無文土器系甕（鉢）の口縁部には以上の3類すべてがある。ただしⅠ類には粘土帯下端をほぼ連続的あるいは間隔をおいて指で押さえたものが少数あり、少数のⅢ類には粘土帯下端を面取りし器体に密着させるものがある。これらはⅠb類（図44-7、図48-2～5）、Ⅲb類（図44-11、図48-1）として区別し、それ以外をⅠa類、Ⅲa類とする。ただし確かなⅢa類の出土例はない。またⅠa類とⅡ類も、こまかくみればわけられる（後述）。

このほかに、粘土帯下端全体をナデつけて器体に密着させるものがある。粘土帯下部から器体への断面は凹面状になる。粘土帯上部には器体上端がわずかながらもかぶせられているが、はっきりしないものもある。粘土帯断面は厚く円形に近いものと薄く長楕円形に近いものがみられる。これをⅣ類とする（図42-5、図44-12）。

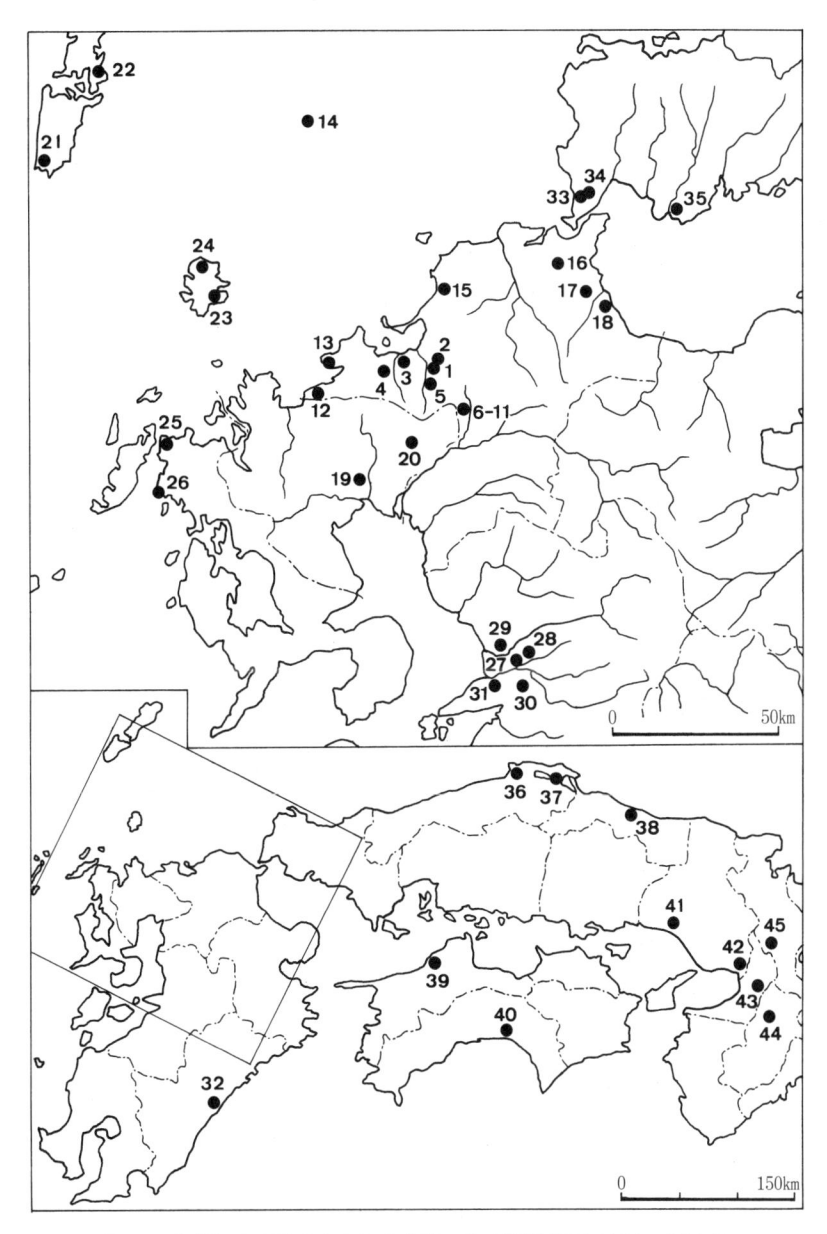

図41 後期無文土器系とされる土器の出土遺跡地図（遺跡名は本文参照）

　さらに器体口縁部に粘土帯をまきつけただけで、器体上端を意図的に粘土帯にかぶせてはいないとみられる例がある。粘土帯下端は器体にナデつけていないが、I・II類のような小さな空隙はなく、粘土帯の厚さが薄いものには下端が面取りしたように斜面をなすものが見受けられる。これをV類とする（図45-8・12～16、図47-5～7）。

　また、口縁部に粘土帯をめぐらすのではなく、器体上端を折り返して厚くしたものもある。これをVI類とする（図45-9・10、図47-9）。

　なお口縁上端に粘土帯をのせたらしいものが1例ある（図42-9）。

　IV・V・VI類は、朝鮮半島の無文土器の中には認められない。しかし伴出する弥生土器とくらべ

ると差異が目立ち、「(後期) 無文土器系」とされることが多い。無文土器となんらかの関係があるのか、弥生土器製作の中での変異なのかは、個々について出土遺跡の地理的位置などとともに判断せねばならない。またⅠb類、Ⅲb類も朝鮮系無文土器そのものとはいえないし、Ⅰa・Ⅰb・Ⅱ・Ⅲb類にも刻目をもつなど弥生土器の要素を加えたものもある。Ⅰa類中の少数の鉢も無文土器の中に見出し難い。

以上の各類の多くは器面をナデ調整し、ハケメを一部残すものや全面をハケメ調整するものは少ない。ナデ調整具は板と考えられ、器面にはハケメと区別される細かい擦痕状の細線が残り、これをさらにナデ消したものもある。ハケメ調整自体は、普遍的ではないが無文土器にも用いられ（図40-4）、その有無が朝鮮系無文土器判別の基準にはならない。しかし全面をハケメ調整するものは弥生土器の手法を加えたといえるかもしれない。

2 後期無文土器系土器の諸例

これまでに筆者が知りえた朝鮮半島南部の「後期無文土器系」とされる土器は、45遺跡で出土し（図41）、その中には未報告例も少なくない。前節の分類はこれら資料にもとづくが、本節では個々の資料について検討する。なお前章でとりあげた遺跡は番号に＊印を付し、略記するにとどめる。

福岡県

1＊ 諸岡遺跡（福岡市博多区）（後藤ほか（編）1975）　竪穴12基より甕（Ⅰa類）50個体前後、壺口縁部片3、把手片1、鉢1が出土（図42-1・2、図43-1・7）。板付Ⅱ式（前期末）がともなう。その後の検討では高杯も認められる。

2＊ 板付遺跡（同前）（後藤ほか（編）1976）　市営住宅建設地で甕（Ⅰa類）口縁部片3が出土。前期末～中期前半か。

3＊ 有田遺跡（同早良区）（井沢1987）　第3次調査1号土坑（井戸）埋土で甕（Ⅵ類）口縁部片1が出土。口縁部に刻目。時期不詳。

4　飯盛遺跡（同西区）　1981年度の第1次調査で甕（Ⅰa類）片1が出土。未報告。

5＊ 門田遺跡（春日市）（井上1978）　辻畑地区12号住居址埋土上層で小形甕2点が出土。1点はⅠa類、1点は口縁上に粘土帯をのせる。ともに器面をハケメ調整する（図42-8・9）。中期前半。

6＊ 横隈山遺跡（小郡市）（岡崎ほか1979）　甕（Ⅰa類）2点を採集。下部を欠く。1点は胴上部に瘤状の突起をもつ（図42-3・4）。類似例は朝鮮半島にある。7～9の遺跡例から前期末としてよい。

7　みくにの東遺跡（同前）　前者の北にあたる。B地点8号貯蔵穴で甕（Ⅰa類）片3、組合牛角形把手付壺1が出土し（前期末）、12号土坑で組合牛角形把手1が出土。これも前期末だろう。他に鉢も出ているらしい。壺は短い頸部からゆるく下方に開く胴がつづき、胴中位の最大径部分に把手が1対つく。底部を欠くが、高さ約38cm。未報告。

8　横隈鍋倉遺跡（同前）（中島（編）1985）　前者の東につづき本来は同一遺跡とみられる。東西にのびる低丘陵上から斜面に弥生時代前期後半～末の住居址・貯蔵穴群と、中期後半～後期、古墳

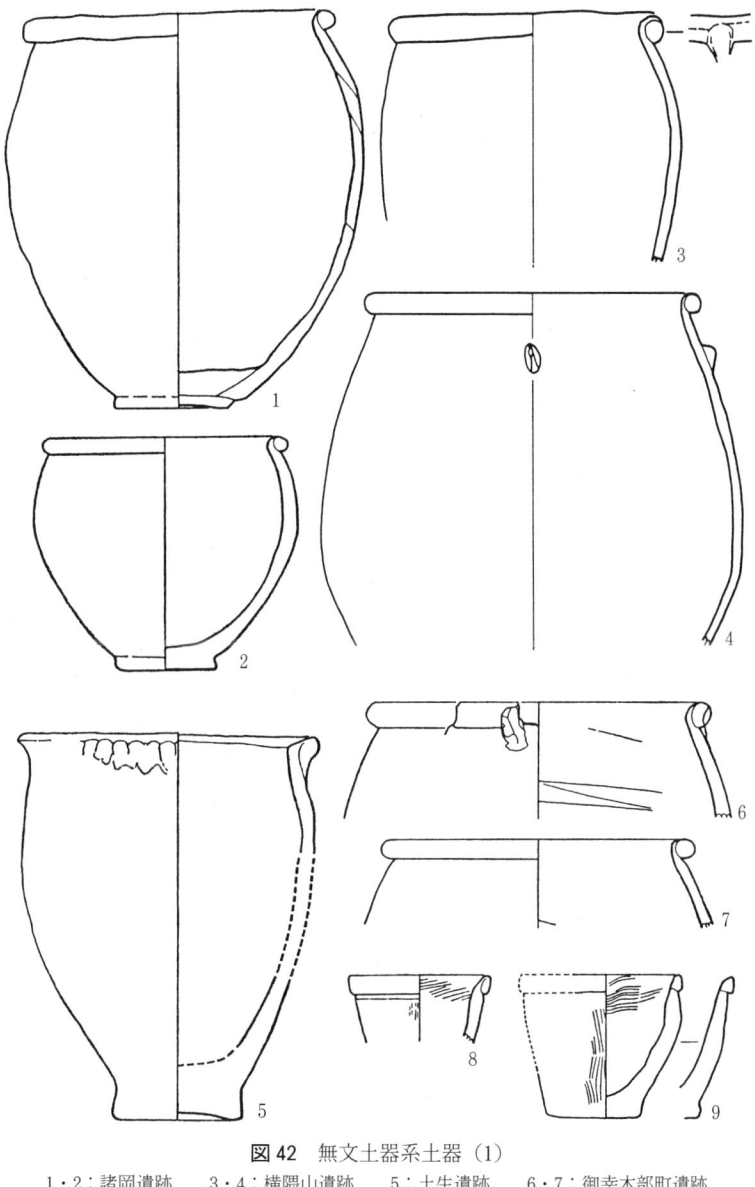

図 42　無文土器系土器（1）
1・2：諸岡遺跡　　3・4：横隈山遺跡　　5：土生遺跡　　6・7：御幸木部町遺跡
8・9：門田遺跡
〔縮尺1/4〕

時代、7〜8世紀の住居址群などがある。前期末の住居址7と貯蔵穴2のほか、それ以降の住居址14や丘陵下部の土坑などに流入・転落した状態で甕50個体前後と組合牛角把手1の朝鮮系無文土器が出土した。

　甕はほとんどすべてがⅠa類で（図44-1〜6・10）、Ⅰb類・Ⅲb類・Ⅳ類が各1点ある。また中期末〜後期初の土器にともなってⅡ類1片が出土している（同図9）。Ⅰb類はⅠa類の粘土帯下端をなでつけている（同図7）。Ⅲb類（同図11）は粘土帯下端をヘラナデし、Ⅳ類（同図12）はⅠa類の粘土帯下端をなでつけている。Ⅰa類には粘土帯側面に指で押した痕が連続するものが1点ある（同図10）。

　Ⅰa類の完形品をみると、胴部最大径は口径より大きく、底部は粘土板に胴下部をなでのばし接

102 第 I 部 無 文 土 器

合し側面を指で押さえ、はみ出した部分を下からおしかえし、底側縁がはりだし気味になる（図44-8）（中島（編）1985：95）。胴部成形が判別できるものはすべて外形接合である。甕の器面はナデ調整で、ハケメにはみられない。これらの点と胎土、色調、大きさすべての面で、諸岡、横隈山、後述の三国の鼻遺跡出土品は共通する。

　9　三国の鼻遺跡（同前）（片岡（編）1985）　　前者の北の丘陵上の遺跡。前期末の土器とともに大量の無文土器（甕・壺・鉢・高杯）が出土した。甕はⅠa類、壺は組合牛角形把手付で、鉢、高杯は土生遺跡出土品と同形である。未報告。

　以上の4遺跡は三国丘陵東縁にならび小さい谷でわけられている。三国丘陵の同時期の多くの遺跡の中で、ここが後期無文土器直系土器の集中的出土地である。

　10　蓬ヶ浦遺跡（同前）（宮小路（編）1984）　　横隈鍋倉遺跡の西南約0.7km、同じ三国丘陵上の

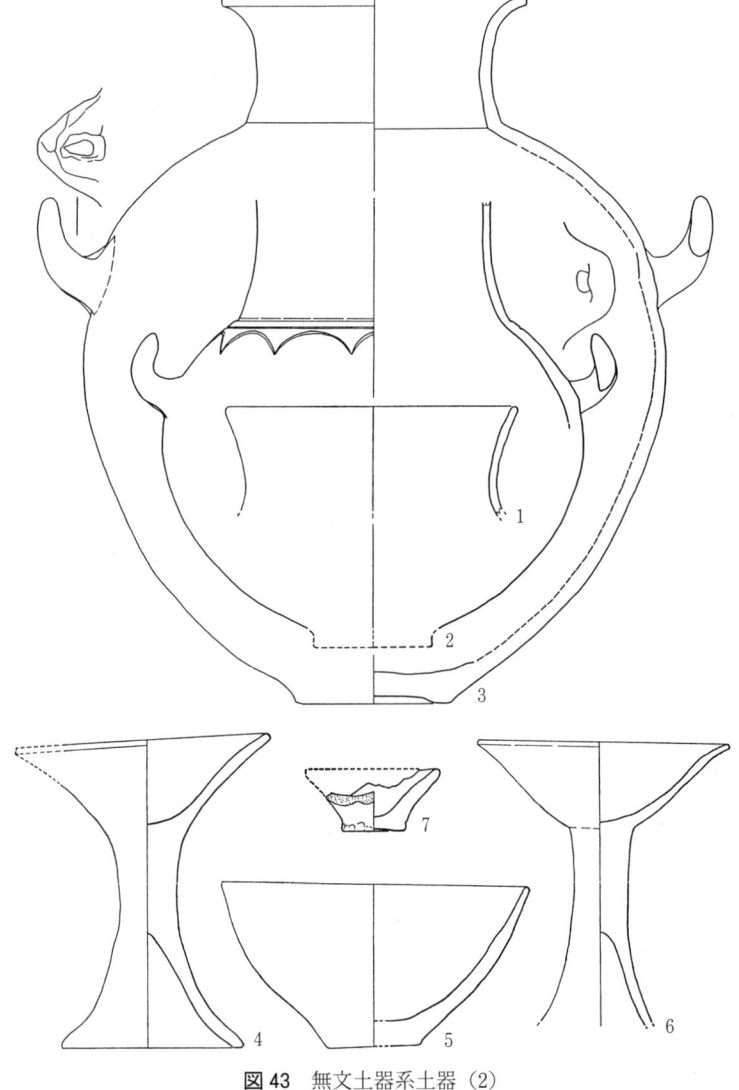

図43　無文土器系土器（2）
1・7：諸岡遺跡　　2〜6：土生遺跡　　〔縮尺1/6〕

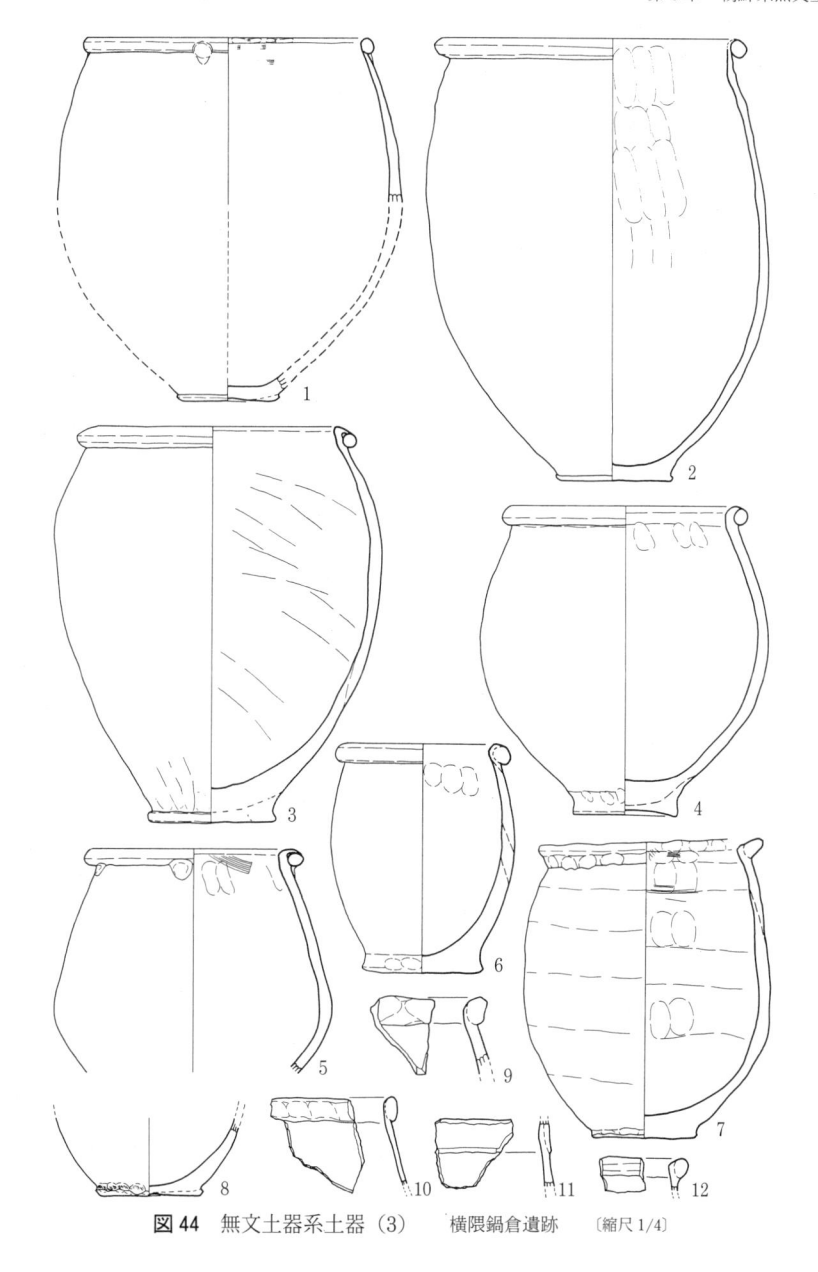

図44 無文土器系土器（3）　横隈鍋倉遺跡　〔縮尺1/4〕

内側に入ったところにある（前期後半〜中期はじめ）。このB地区の34号貯蔵穴（中期はじめ）でIa類甕片1が出土した。Ia類とはいえ、外面をハケメ調整し、横隈鍋倉遺跡の類品とことなり、弥生土器製作のなかで無文土器を模して作った土器とみられる（図45-7）。

　11　北牟田遺跡（同前）（酒井（編）1979）　　前者の南々西約0.7kmの三国丘陵上の集落址（前期末〜中期後半）。103号貯蔵穴（中期前半）でIa類の口縁をもつ鉢1点が出土した。外面にハケメ調整痕をのこし、粘土帯と口縁部上面を平坦になでており、Ia類の中では異質である。これも蓬ヶ浦出土品と同様に考えられる（図45-6）。

　12　曲り田遺跡（糸島郡二丈町）（橋口（編）1983・1984）　　沖積平野中の小丘陵上で刻目突帯文土

104 第Ⅰ部 無文土器

器期の住居址30などが調査された。W1区包含層の南半上層でⅠa類口縁甕片1が出土した（図45-3）。伴出土器の90％以上を占める前期土器の大部分は板付Ⅰ式で、報告者はこの時期の可能性が高いとする。そうであれば無文土器直系のⅠa類としてはもっともさかのぼる例となる。

このほかに、刻目突帯文土器にともなってⅥ類の甕破片2が出土し、1点は口縁部に刻目を付している（同図4・5）。また弥生時代後期包含層で朝鮮系かとみられる把手片1が出土した。

　13　御床松原遺跡（同志摩町）（井上（編）1983）　糸島半島西部、引津湾岸の砂丘上の遺跡。1982～93年調査時に、D6区3層上部でⅡ類甕1片が出土した。粘土帯断面は厚い三角形で側面が少しへこむ。無文土器直系の土器である（図46-1）。これの出土層では中期後半～後期前半の土器が多く

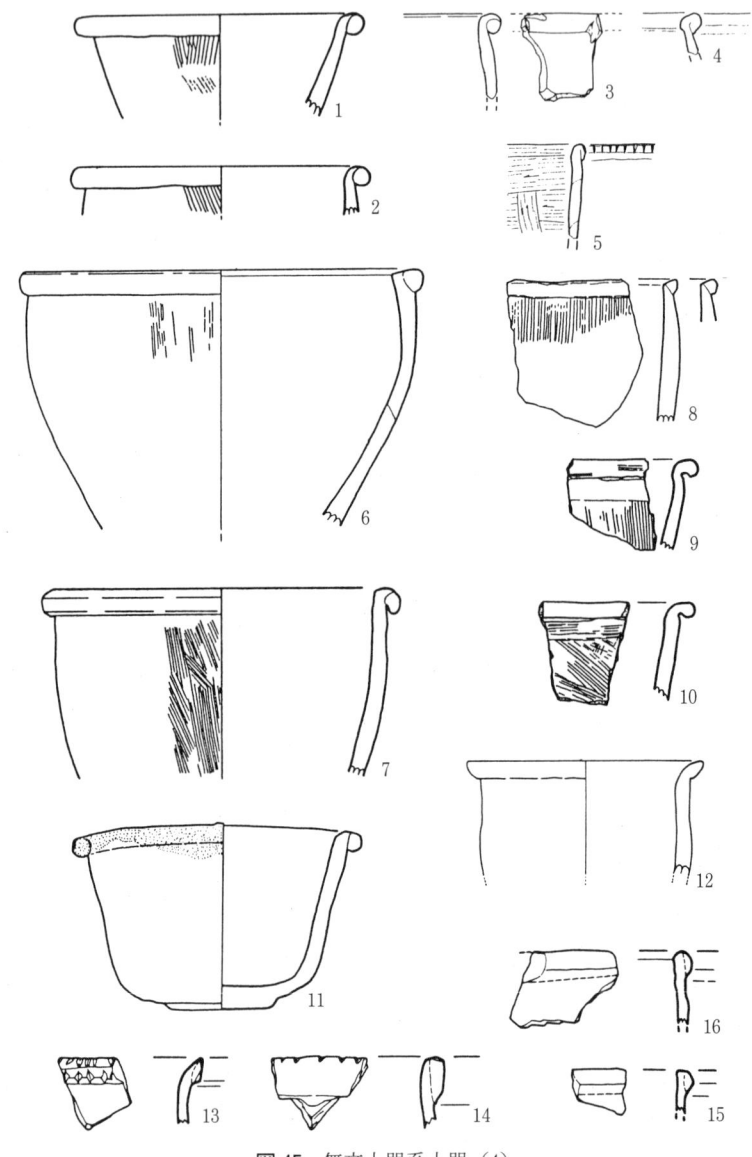

図45　無文土器系土器（4）
1・2：長行遺跡　　3〜5：曲り田遺跡　　6：北牟田遺跡　　7：蓬ケ浦遺跡　　8：葛川遺跡　　9・10：長井遺跡
11：上ノ原遺跡　　12：宇土城三の丸遺跡　　13〜16：今川遺跡　　〔縮尺1/4〕

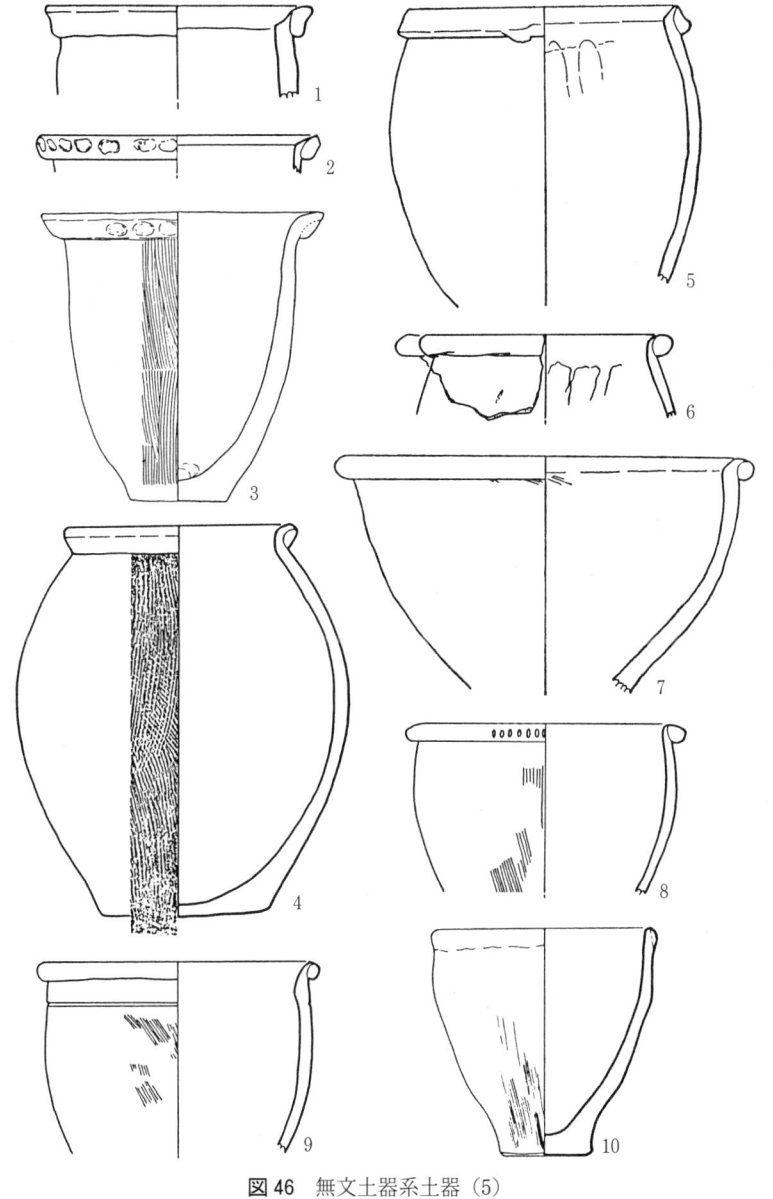

図 46　無文土器系土器（5）
1：御床松原遺跡　　2：沖ノ島遺跡　　3：芦ケ浦第一洞窟　　4：沖ノ山遺跡
5・6：原の辻遺跡　　7～10：綾羅木郷遺跡　　　　　　　　　〔縮尺1/4〕

出土し、楽浪系とみられる土器片もある。同じD6区3層の下部（中期後半～後期前半）では半両銭1枚と貨泉2枚も出土している。

14　沖ノ島（宗像郡大島村）（岡崎ほか1979）　包含層から厚い三角形粘土帯をもつⅡ類甕口縁片数片が出土した（図46-2）。時期は不明だが中期後半～後期前半と推定できる。

15　今川遺跡（同津屋崎町）（酒井（編）1981）　今川河口の砂丘（標高14m）上の遺跡。円形住居址（板付Ⅰ式）とこれを切るV字溝、貯蔵穴などを調査。住居址を覆いV字溝を掘り込んだ包含層下層で2片、採集品中に3片のV類甕片がある。いずれも口縁部に粘土帯を貼り厚くしている。

3点は粘土帯の厚さが5mm前後（図45-15・16）、1点は外反する口縁部に粘土帯を貼りたしたようになりその上・下に刻目をつらね（同図13）、さらに1点は幅広く厚い粘土帯下面が斜面をなし上端に刻目を付す（同図14）。またはね上り気味の突帯状の粘土帯を貼りハケメ調整する破片が1片あるが、無文土器系とはみなし難い。

16　長行遺跡（北九州市小倉南区）（宇野（編）1983）　弥生時代前期後半〜中期後半の水田・水路を調査し、第2期水路南側外の最下層でIa類甕2片が出土した（中期後半か）。2片は同一個体と思われ、器面をハケメ調整したのち粘土帯をとりつけている。2片の傾きは甕・鉢いずれにもとれる（図45-1・2）。なお報告書第70図1と2も無文土器系として報告されているが、認めがたい。

17　葛川遺跡（京都郡苅田町）（酒井（編）1984）　標高20m余の丘陵端で、環溝にかこまれた貯蔵穴35基を調査（板付Ⅱ式、前期中ごろ）。報告書に言及されていないが、無文土器系とされるⅤ類甕片1点が環溝で出土している（図45-8）。口縁端に細い粘土帯を貼りつけ器表面をハケメ調整する（下部は剥離）。粘土帯は斜めにそいだようになった器体口縁部に貼りつけ、横ナデによって断面は円に近い多角形状になるが一定しない。

18　長井遺跡（行橋市）　海岸砂丘上の遺跡。砂取りで多くの箱式石棺墓が破壊された（小田ほか1965）。定村貴二氏採集品にⅥ類甕片2点がある（長嶺ほか（編）1985）。外に折りかえした口縁部を横ナデして断面をまるくしている。器表面はハケメ調整する（図45-9・10）。前期か。

佐賀県

19*　土生遺跡（小城郡三日月町）（木下（編）1977）　無文土器系土器が大量に出土し、器種には甕、壺、高杯、鉢がある。甕にはIa類と、粘土帯下部を器体に押しナデたⅣ類がある（図42-5）。いずれも器面をナデ調整する。Ia類には口縁部上面を平坦にナデるものもある。Ⅳ類の口縁部断面は弥生土器との折衷的形態となる。壺は組合せ牛角形把手のほかに2点が完形に復元されている。口縁部と底部を欠く橙褐色壺の器形は無文土器に共通するが、胴上部に弥生土器と同じ重弧文を施文する（図43-2）。もう1点は高杯や鉢（同図4〜6）と同じく黒色磨研である（同図3）。中期前半。

長崎県

20　切畑遺跡（神埼郡神埼町）　前期末〜中期初の遺跡で、無文土器の長頸壺に似た壺が1点出土している。無文土器と関係づけられるかは明らかではなく、未報告のため以下では言及しない。

21*　オテカタ遺跡（下県郡厳原町）　中期後半〜後期前半の包含層でⅡ類甕片数点と陶質土器片が出土している。未報告。

22*　芦ヶ浦第一洞窟（同美津島町）（九州大学考古学研究室（編）1974）　甕（Ⅱ類）2点が出土。ともに器体表面をハケメ調整する（図46-3）。1点は「く」字形に外反する口縁部に粘土を貼り、作りはⅤ類に近い。後期中頃の壺と共伴。

23*　原の辻遺跡（壱岐郡芦辺町）（水野ほか1954、安楽ほか1976）　1951年に中期後半とみられる包含層で甕Ia類とⅡ類（図46-5）が1点ずつ出土した。1973年にも甕Ia類（同図6）が中期後半の土器とともに採集された。

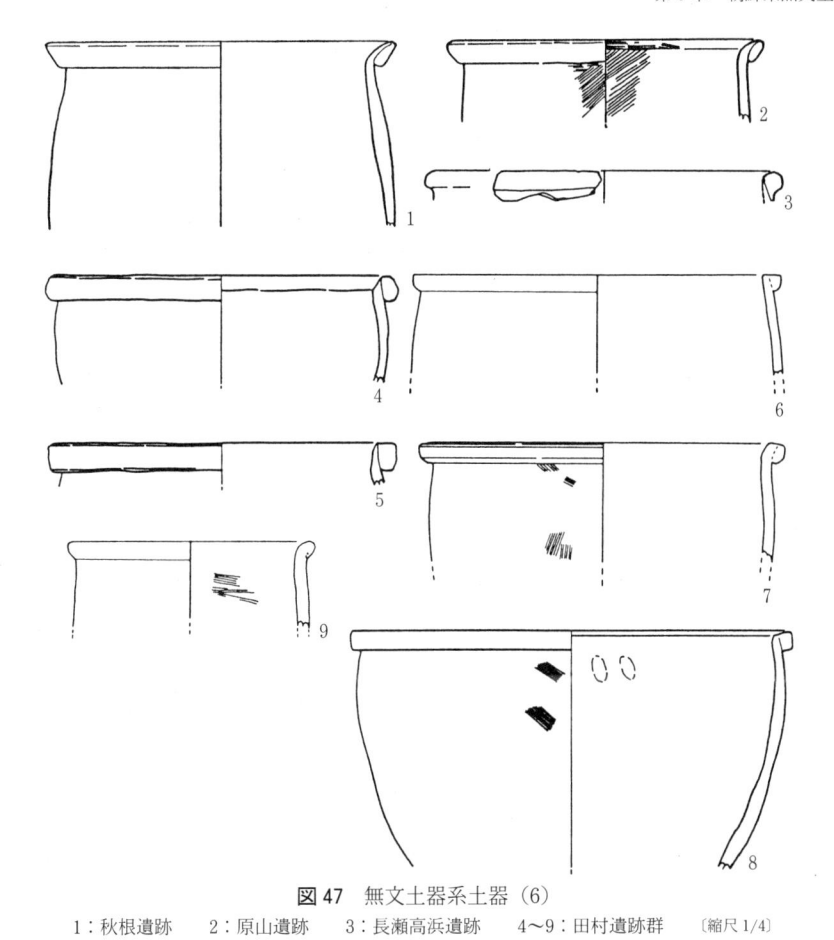

図47 無文土器系土器（6）
1：秋根遺跡　2：原山遺跡　3：長瀬高浜遺跡　4〜9：田村遺跡群　〔縮尺1/4〕

　24　天ヶ原遺跡（同勝本町）　中山麻太郎採集土器の中に組合牛角形把手片1点がある。形態、作りは土生遺跡出土品などとかわらないが、全面を丹塗り磨研している
　25　里田原遺跡（松浦郡田平町）（長崎県教育委員会1975）　第5次調査Eトレンチ包含層で甕Ⅰa類破片1が出土した。中期はじめ。
　26　古田遺跡（同小佐々町）（町田（編）1985）　A遺跡B-6区で甕Ⅰa類の粘土帯とみられる小片1が出土した。時期は明らかでない。

熊本県
　27＊　御幸木部町遺跡（熊本市）　前期末の土器とともに甕Ⅰa類破片3点が採集された（図42-6・7）。
　28＊　江津湖苗代津遺跡（同健軍町）　前期末の土器とともに甕Ⅰa類破片2点が採集されている。
　29　高橋遺跡（同高橋町）　坪井川と井芹川の合流点近くの河床で無文土器類似の甕口縁部片1点を採集。断面円形に近い粘土帯のつけ方ははっきりしないが、Ⅴ類とみられる。器面はナデ調整で細かい擦痕が残り、灰黒色。
　30　上の原遺跡（下益城郡城南町）（熊本県教育委員会1983）　台地上の集落遺跡。弥生時代遺構は

108 第Ⅰ部 無文土器

竪穴住居址 13 と甕棺墓 2 で、24 号住居址床面でⅠa類鉢 1 点が出土した（上の原Ⅰ期、前期末）。椀状の器体はいびつで、口縁部上面を平坦になでる。底は高さ 4mm、径 6cm の台状である。器表面はナデにより擦痕が残る。この形態は無文土器にはみられない（図 45-11）。

　31　宇土城三の丸遺跡（宇土市）（河北ほか（編）1982）　第 4 トレンチのＶ字溝（SD01）で無文土器類似の甕破片 1 点が出土した。Ⅴ類に分類できる（図 45-12）。前期末。

宮崎県

　32　持田中尾遺跡（児湯郡高鍋町）（北郷 1982）　古墳封土中からⅠa類口縁の鉢 1 点が出土して

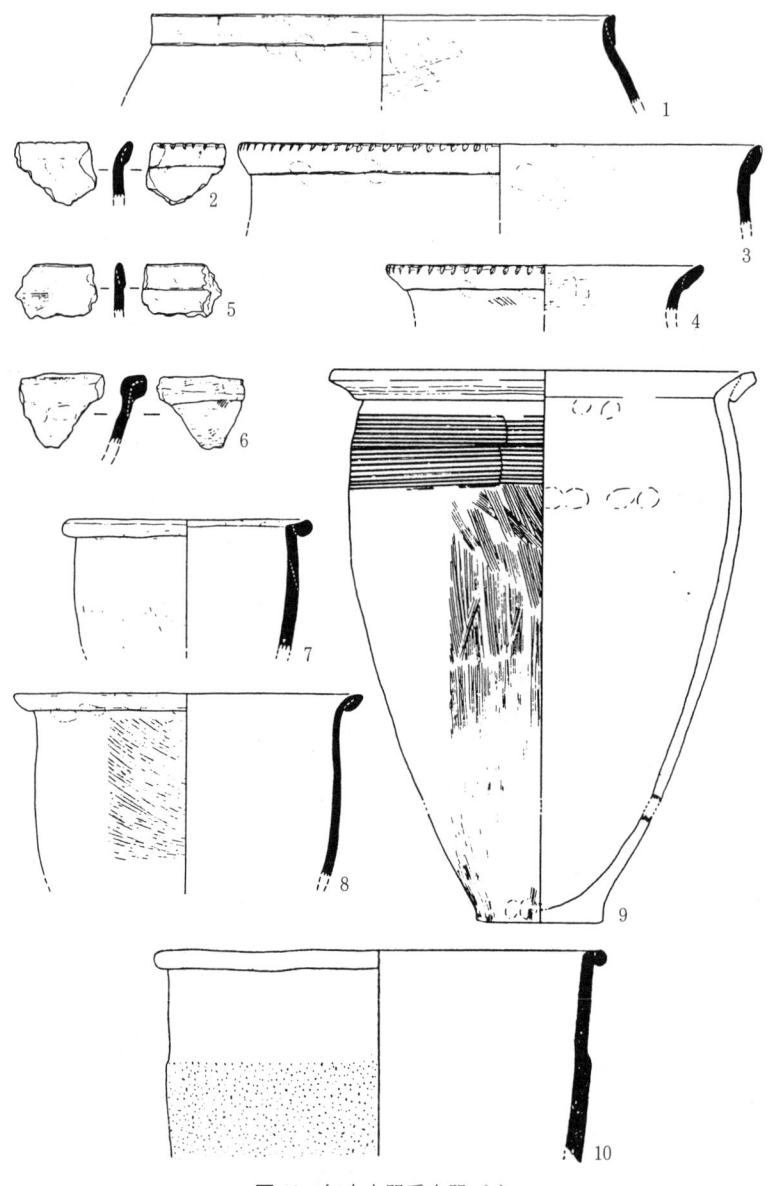

図 48　無文土器系土器（7）
1～6：太田遺跡　　7・8：高井田遺跡　　9：田能遺跡　　10：小山遺跡　　〔縮尺 1/4〕

山口県

33* 綾羅木郷遺跡（下関市）（伊東（編）1981）　第4章ではＩａ類の鉢1点をとりあげた（図46-7、前期末）。その後刊行された報告書には、これとは別に綾羅木Ⅲ式期（前期末）の袋状竪穴や溝で出土した甕5点を無文土器系としてあげている。そのうち2点（報告書土器番号726と891）は無文土器系とはみられない。他の3点も外面にハケメ調整をのこし、2点がＩａ類（同図8・9）、1点がⅤ類（同図10）である。Ｉａ類の1点は粘土帯側縁に刻目をつらね、もう1点は胴上部に箆描沈線1条をめぐらし弥生土器の手法をとり入れている。Ⅴ類は口縁部に薄い粘土帯を貼っている。

34* 秋根遺跡（同）（伊東・山内（編）1977）　Ⅱ類甕破片1点が溝で出土している。長楕円形断面粘土帯の側面と上端をていねいになでて、側面が少しふくらみ、側面と下端の間がやや丸みのつく稜となる。粘土帯への器体のかぶせは不明瞭になっている（図47-1）。中期前半。

35* 沖ノ山遺跡（宇部市）（小田1982b）　半両銭と五銖銭が大量に入った甕が江戸時代に発見された（図46-4）。粘土帯のつけ方はⅠ・Ⅱ類と同じで、粘土帯側面はナデ調整でほぼ平坦になり、その下端は器体につくが、これは口縁部の強い外反と肩部の張りによる。Ⅱ類に分類しておく。器体表面は叩き痕が一部にのこるが全面をハケメ調整する。内面には銭貨の錆が付着している。中に入っていた五銖銭は穿上横文五銖銭などで、岡内分類のＩｂ類・Ｉｃ型式、紀元前1世紀後半のものとみられる（岡内1982b）。この土器は弥生時代中期後半〜後期初頭であろう。

島根県

36　原山遺跡（簸川郡大社町）（村上・川原1979）　Ｉａ類甕破片1点が包含層で出土した（図47-2）。粘土帯は断面長楕円形で、外反する口縁内面は横方向のハケメ調整をし、それ以下と外面は斜めのハケメ調整。外面のハケメは粘土帯の下に入り、粘土帯ととりつけ前の調整である。粘土帯には横ナデによる擦痕がみえる。前期末とみられる。

37　西川津遺跡（松江市）　前期土器にともなって無文土器系の甕破片4点が出土している。Ｉａ類1点、Ⅳ類3点らしい。未報告。

鳥取県

38　長瀬高浜遺跡（東伯郡羽合町）（鳥取県教育文化事業団1983）　海岸砂丘上の遺跡。f1区の19Ｄ・20Ｄ・19Ｅ地区包含層からⅣ類甕の破片数点が出土している。粘土帯をふくむ口縁部の小破片で器体の調整はわからない。断面円形に近い粘土帯下端全体を器体になでつける。粘土帯への器体のかぶせはごくわずからしい（図47-3）。前期。

愛媛県

39　宮前川遺跡（松山市）　Ｉａ類とみられる甕が出ている。前記末〜中期初頭。未報告。

高知県

40　田村遺跡群（南国市）（高知県教育委員会1986）　35A地点、44地点、36A地点で無文土器系土器が出土した。これらは本遺跡の前期Ⅲ・Ⅳ、中期Ⅰに属する。Ⅴ類甕片3点（図47-5〜7）、Ⅵ類甕破片1点（同図9）、Ⅰa類2点（同図4・8）である。4と8の粘土帯はⅤ類のようにもみえるが、Ⅰa類としてよい。ただし口縁上面を平坦にするなど北部九州のⅠa類とはことなる。Ⅰa類とⅤ類の2点とⅥ類は、外面に一部ハケメを残すが、他の3点と同じく最終的にはナデ調整する。

兵庫県

41　小山遺跡（姫路市）（今里1962）　Ⅷ地点で第Ⅰ様式（新）とともに口縁部に粘土帯を貼りつけた甕が1点出土している（図48-10）。粘土帯のつけ方はⅤ類とみられる。器体は胴上部で厚さをかえ、下が一段厚くなる。今里は縄文土器の系譜をひくと考えている。

42　田能遺跡（尼崎市）（福井（編）1982）　報告書には無文土器との関係にふれていないが、田代弘が無文土器系かとする甕2点がある（図48-9）（田代1985）。いずれも第6D調査区土坑6（第Ⅱ様式）で出土し、口縁部は「体部からの粘土をわずかに外反させたのちに、外側から新らたに粘土を継いで折り反し状」（福井（編）1982：145）につくる。形態はⅢ類に近いが作り方はⅤ類である。2点とも胴上部に櫛描直線を描き、播磨産の移入土器という。

大阪府

43　高井田遺跡（東大阪市）（布施市教育委員会1963、田代1985）　第Ⅰ様式〜第Ⅱ様式土器の包含層で、甕Ⅰb類とⅤ類が1点ずつ出土している。Ⅰb類（図48-8）は強く外反する口縁部に断面長楕円形の粘土帯をまわし、その下端部の一部を押しナデる。粘土帯に対する器体端部のかぶせは明らかでない。器面を板状具で斜方向になでる。Ⅴ類（同図7）は器体口縁端を調整して粘土帯をまわす。口縁上面はナデで少し凹入し、粘土帯下端と器体の間には小空隙ができている。外面は板状具でナデる。Ⅴ類とするが、Ⅰa類の変形ともとれる。肩部に外傾接合痕が認められる。

奈良県

44　唐古・鍵遺跡（磯城郡田原本町）　無文土器系とみられる甕が出土している。未報告。

京都府

45　太田遺跡（亀山遺跡）（田代1985）　溝（環溝）と包含層で甕Ⅰa類4点（図48-2〜5）、Ⅲb類1点（同図1）、Ⅳ類1点（同図6）が出土した。第Ⅰ様式（新）〜第Ⅱ様式土器がともなう。Ⅳ類は粘土帯が下縁を器体になでつける。Ⅲ類の粘土帯は、指押さえとナデで幅広く凹状にととのえられ、下端は部分的にととのえる。Ⅰb類の粘土帯は断面長楕円形で、器体の粘土帯へのかぶせは不明瞭である。粘土帯下端は強くナデたり面取りしたり、間をおいて押さえたりする。4点中3点は、伴出する第Ⅰ様式甕の刻みに類する刻みを口縁部にめぐらせる。刻みをもつⅠb類1点の外面にハケメ痕がのこるが、他はナデ調整する。また別の刻目のつくⅠb類1点の外面には、高井田遺跡Ⅴ類と

同じく、煤が付着している。

3　時期と分布

　朝鮮系無文土器とされる土器はいくつかの類型にわけられる上に、同じ類型でも差異を示すことがある。また各類型の間には出土量、時期、分布などに差が認められる。これらについて朝鮮無文土器との関係をふくめて検討しよう。

Ⅰa類

　これは朝鮮半島南部の後期無文土器と同一のつくり、形態の口縁部をもつ土器である。出土遺跡は福岡県12、佐賀県1、長崎県3、熊本県3、宮崎県1、山口県1、島根県2、四国2の合計25ヵ所に達し、後期無文土器とされる土器出土量の80％近くをしめている。

　時期は前期末が11遺跡、その可能性あるものも含めれば14遺跡になり、中期初頭～前半が6遺跡で、前期末～中期前半に属する土器である。もっともおくれるのは長崎県原の辻遺跡の中期後半であり、福岡県曲り田遺跡の1点は板付Ⅰ式にともなうかもしれないが、いずれも確実ではない。

　1遺跡での出土量は、福岡県の諸岡遺跡、横隈鍋倉遺跡（みくにの東遺跡もこれと同一遺跡と考えられる）、三国の鼻遺跡で50個体前後ないしそれ以上になり、しかも無文土器直系の他器種（壺、鉢、高杯）も若干量出土している。佐賀県土生遺跡ではⅠa類はそれほど多くないが、壺、鉢、高杯も出土し上記3遺跡と似た状況である。これ以外の遺跡ではⅠa類が1～数点出土しているだけである。

　以上の4遺跡のⅠa類口縁土器は甕だけで鉢形はない。また最終器面調整にハケメを用いるものはない。全形のわかるものをくらべても、口縁部、胴部、底部の形態とつくり、成形時の外傾接合、胎土、器面調整などすべての面で一致し、朝鮮半島の粘土帯甕に共通する。伴出する少数の他器種とあわせ、これらが朝鮮半島南部の後期前半無文土器直系であることは疑いない（典型的Ⅰa類）。同じ典型的Ⅰa類は福岡県板付、横隈山、曲り田、熊本県御幸木部町、江津湖苗代津（以上前期末）、長崎県里田原（中期初）、原の辻などの遺跡で1～3点ずつ出土している。

　これら典型的Ⅰa類のほかに、口縁部上面を平坦にしたり、器面調整にハケメを用いたり、鉢形になるもの、弥生土器の要素を加えたものがある。

　ハケメを用いる甕形は福岡県門田（中期前半）、蓬ケ浦（中期初）、島根県原山（前期末）の各遺跡で出土している。小形植木鉢状の門田出土品は朝鮮半島無文土器にみられない形態で、粘土帯断面は長楕円形になる。蓬ケ浦例は胴が張らず、胎土、器面調整は在地土器とかわらない。原山の甕は胴が張らず、粘土帯断面が長楕円形（部分的には逆三角形に近い）である。いずれも典型的Ⅰa類とは差がある。

　ハケメのある鉢形は福岡県北牟田と長行両遺跡で出土している（中期前半）。後者の粘土帯は典型的Ⅰa類と同じだが、前者は上面が平坦である。

　ハケメのない鉢形は熊本県上の原遺跡と山口県綾羅木郷遺跡の2点である（前期末）。前者は無文

土器にはみられない椀形で全面をなで、後者は粘土帯下に少しハケメを残すが最終調整はナデである。

綾羅木郷遺跡ではまた外面にハケメを残し、共伴する弥生土器の手法（刻目、沈線）を加えた甕が出土している。粘土帯、胴部は典型的Ⅰa類とかわらない。

口縁部上面を器体、粘土帯ともども平坦になでるものは、北牟田のほかに佐賀県土生、熊本県上の原、宮崎県持田中尾、高知県田村の各遺跡で出土している。

これら典型例とはことなるⅠa類には、綾羅木郷遺跡の鉢のように、将来無文土器の中に同等品が見出せる可能性をもつものもあるが、大多数は無文土器に弥生土器の手法を加味して製作された非典型的Ⅰa類土器と考えられる。

Ⅰa類の時期と分布をみると、前期末に典型的Ⅰa類が福岡平野から三国丘陵の少数の遺跡に他器種をともなって大量にあらわれ、そのほかにこの地域とその周辺および熊本にごく少量が認められる。また同時期には非典型的Ⅰa類が熊本（上の原）と山陰西部、四国に分布する。

中期初〜前半には佐賀平野の土生遺跡で少量の典型的Ⅰa類が他器種および弥生的手法を加えた土器（非典型的Ⅰa類、Ⅳ類、壺）とともにあらわれ、他に里田原遺跡にも出土する。これに対し、福岡平野〜三国丘陵地域では非典型的Ⅰa類が若干みられ、その東では長行遺跡例がある。中期後半では、原の辻遺跡で型式上後続するⅡ類とともに出土した典型的Ⅰa類だけだが、厳密な共伴とはいいがたい。

Ⅰ類の中心的時期は前期末で、以後の出土量はⅡ類と大差ない。

Ⅰb類

これは横隈鍋倉遺跡で1点出土したほか、近畿地方の太田遺跡と高井田遺跡で5点出土しただけである（前期末〜中期前半）。横隈鍋倉例は伴出する典型的Ⅰa類の変形として粘土帯下端に指押さえを加えたもので、近畿地方のⅠb類とはまったくことなる。

太田・高井田例は粘土帯断面が扁平な長楕円形で、典型的Ⅰa類とことなり、非典型的Ⅰa類である島根県原山例に近い。5点のうち3点には口縁部に第Ⅰ様式土器にみられるのと同じ刻目がつく。現在のところ近畿地方にのみみられる形態の土器である。

このような土器が、原山遺跡の非典型的Ⅰa類土器を介して典型的Ⅰa類につながりうるかは明らかではない。もしそうであれば、北部九州にⅠa類を出現させた動きは、北部九州と近畿をつなぐ交通関係にもつらなっており、同時期もしくは直後に類似土器を近畿にも出現させたと想定できる。

Ⅱ類

Ⅱ類は朝鮮半島と九州をつなぐ対馬、壱岐、沖ノ島の3島と糸島半島の海人の集落（御床松原）および九州と近畿をつなぐ瀬戸内海西部に面する遺跡（沖ノ山）で出土し、内陸部では横隈鍋倉遺跡の1点だけである。Ⅰa類にくらべれば、遺跡、出土量ともはるかに少ない。

時期は中期前半〜中頃1遺跡1点（秋根遺跡）、中期後半1遺跡1点（原の辻遺跡）、中期後半〜後期前半5遺跡10数点（横隈鍋倉、御床松原、沖ノ島、オテカタ、沖ノ山各遺跡）、後期中頃1ヵ所2点（芦ケ浦第一洞窟）である。

Ⅱ類も細分できる。ひとつは粘土帯断面が厚い三角形状で、その側面が指押さえやナデで多少凹入する沖ノ島、御床松原、オテカタ、原の辻、横隈鍋倉各遺跡出土品である。中期後半〜後期前半の幅があるが、中期後半の中におさまるだろう。もうひとつは秋根遺跡出土例で、扁平な三角形断面の粘土帯側面は平坦である。これらは器体表面をナデ調整しハケメはない。類例は朝鮮半島南部の無文土器に求められる（典型的Ⅱ類）。

これらに対し、芦ヶ浦第一洞窟と沖ノ山出土品は「く」字形に外反する厚めの口縁部に粘土帯を貼りつけたようになり、粘土帯断面は凸レンズ状をなし、外面全面をハケメ調整する。朝鮮半島の無文土器に類例はなく、また弥生土器としても異質である。無文土器直系のⅡ類とはことなり、弥生土器と無文土器の折衷式（非典型的Ⅱ類）と考えられるが、芦ヶ浦例は時期の点で無文土器とは無関係の可能性もある。

Ⅱ類の出土状況は、1遺跡1点をのぞき、この土器が海上交通に深くかかわっていたことを示し、その時期は秋根遺跡以外は、対中国交渉がはじまる中期後半以降になる。これらのことは、前章でものべたように、Ⅰa類土器とは歴史的背景のことなることを物語っている。それを端的に示すのが沖ノ山遺跡や御床松原遺跡の半両銭、五銖銭、貨泉である。

Ⅲ 類

福岡県横隈鍋倉遺跡と京都府太田遺跡で1点ずつ出土したⅢb類2点だけで、Ⅰa類とⅠb類にともない、前期末〜中期前半に属する。この2点が無文土器直系か、Ⅰa類やⅠb類製作の中でたまたまつくられたのかは決めがたい。

Ⅳ 類

北部九州、山陰、近畿の5遺跡で10数点出土し、前期末〜中期前半に属する。器面調整のわかる破片は少ないが、多くはハケメ調整ではないらしい。横隈鍋倉遺跡、土生遺跡で典型的Ⅰa類に伴出するものはⅠb類の粘土帯下端を器体に押さえナデつけた形状で、Ⅰa類の変化形態とみてよい。Ⅳ類のみが数点出土した島根県長瀬高浜遺跡例も同形態である。土生遺跡ではまた口縁部上端を平坦にし弥生土器との折衷とみられるⅣ類もある。これは、口縁部上面を平坦にした典型的Ⅰa類を介して、典型的Ⅰa類から変化（弥生化）したものと考えられる。

京都府太田遺跡の1点はⅠa類や伴出するⅠb類の粘土帯下端をなでつけたものではない。断面が厚い逆L字状のこの土器は土生遺跡のⅣ類の一部に近く、同時期の弥生土器口縁部との類似性も否定できず、弥生土器的要素が強く加わっているらしい。

Ⅳ類はⅠ類と同時期で、典型的Ⅰa類を祖源としつつも、Ⅰa類に少し手を加えたものと、弥生土器との折衷度の高いものとに分けられる。

Ⅴ 類

9遺跡出土10数点のⅤ類口縁部をもつ土器は遺跡ごとの差も大きく、時期もまちまちで、共通性はほとんどない。無文土器ともことなる。

板付Ⅰ式期から板付Ⅱa式期（前期中頃前後）の福岡県今川遺跡と葛川遺跡出土例は北部九州におけるⅠa類出現以前で、それとの関係はないだろう。しかし兵庫県小山遺跡例のように刻目突帯文土器との関係も、ただちには認めがたい。現状では系譜をたどりにくいが、今川遺跡の刻目のつく2点や、ハケメ調整する葛川例からすれば、弥生土器製作の中で生まれた異種とせねばならない。

熊本県高橋遺跡、宇土城三の丸遺跡出土品（前期末）は、後者出土の鉢形土器や甕形土器との関係を考えた方がよい。

山口県綾羅木郷遺跡出土品は全面をハケメ調整し、口縁部に薄く粘土を貼り足す。伴出するⅠa類ともことなり、器形全体からも弥生土器の範疇に入ろう。

前期末から中期初ないし前半の高知県田村遺跡、大阪府高井田遺跡出土品は、太い突帯状の粘土帯を口縁部にまいている。そのうち高井田遺跡の1点（図48-7）はⅠa類に近いようだが、粘土帯のとりつけ方がことなる。口縁部上端面が平坦になる田村遺跡の他の3点とともに、無文土器よりはそれぞれの地域の弥生土器との関係をまず考えるべきである。

胴上部に櫛描波線文をもつ兵庫県田能例も、弥生土器の中で考えるべき資料で、無文土器との関係はまったくないといってよい。

Ⅵ　類

4遺跡出土6点のⅥ類口縁土器のうち、もっとも古い福岡県曲り田遺跡出土品は口縁部を折り返して突帯状にし、1点は刻目をつらねる。同時期の無文土器にこれと関連づけられる例はなく、刻目突帯文土器の一変異と考えられる。

前期と推定される福岡県長井遺跡の例は折り返した口縁の断面がまるくなるようにととのえ、Ⅰa類口縁に似せた疑いはあるが確かではない。

時期不詳の福岡県有田遺跡例と、前期末～中期初頭の高知県田村遺跡例は、Ⅰ・Ⅱ・Ⅲ類口縁部のつくり方、形態とまったくことなり、無文土器との関係はない。

その他とした門田出土品は口縁部上端に粘土帯をのせており、非典型的Ⅰa類に伴出した。こうしたつくりの土器は、実測図の上からは無文土器にないわけではないが、それに関連づけうるかは疑問である。伴出したⅠa類とともに無文土器の形態に似せたものともみられる。

上にみたように、朝鮮半島南部の後期無文土器に直接つながり、後期無文土器直系といえる土器は典型的なⅠa類とⅡ類である。両者は後期無文土器の変遷に応じて時期がことなっている。その境は中期中頃であるが、これは後期無文土器における変化と大きくずれてはいない。

非典型的Ⅰa類とⅡ類は、典型的なⅠa類・Ⅱ類と時期を同じくし、分布地域もほぼ同じである。これらは無文土器直系土器を弥生土器的にわずかに変化させたものである。Ⅲ類には無文土器直系のⅢa類はなく、少し変化したⅢb類が2点みられるにすぎない。

Ⅰb類とⅣ類は典型的Ⅰa類と同時期でその系譜をひくと考えられるが、弥生土器化、在地化が一層進んだものである。

Ⅴ類とⅥ類は無文土器とは無関係とみられ、関係づけうる可能性をもつのは福岡県長井遺跡出土品のみである。

各類型相互の共伴関係をみると、Ⅱ類は他の類型と共伴しない。これは、他の類型すべてが中期前半以前に属するから当然である。典型的なⅠa類とⅡ類がともに出土した長崎県原の辻遺跡の場合は、厳密な意味での共伴とはいえない。

Ⅰa類と他類型との共伴例は、無文土器系とは認められないⅤ類・Ⅵ類も出土した山口県綾羅木郷遺跡、高知県田村遺跡と未報告の島根県西川津遺跡をのぞけば、福岡県横隈鍋倉遺跡と佐賀県土生遺跡のみである。横隈鍋倉遺跡では典型的Ⅰa類をわずかに変化させたⅠb・Ⅲ・Ⅳ類が1片ずつ伴ない、土生遺跡では典型的Ⅰa類を多少変化させたり、さらに弥生土器的にかわったⅣ類多数がともなっている。

近畿地方ではⅠb類が京都府太田遺跡でⅢb類、Ⅳ類各1点とともに出土し、大阪府高井田遺跡でⅤ類と共存していた。Ⅳ類は上にあげたようにⅠa・Ⅰb類と共伴するが、島根県長瀬高浜遺跡ではこれだけが数点出土している。

Ⅴ類・Ⅵ類は、山口県綾羅木郷遺跡でのⅠa類・Ⅴ類との共存、高知県田村遺跡での両者および非典型的Ⅰa類の共存、大阪府高井田遺跡でのⅠb・Ⅴ類の共存以外は、他類型との共伴例はない。これらが無文土器系でないことの傍証となろう。

以上に検討したように、朝鮮系無文土器とされる土器には、(1)無文土器直系の土器（典型的Ⅰa類とⅡ類）、(2)無文土器直系土器が西日本で多少変化したり弥生土器の要素を加えられたもの（典型的Ⅰa類系の非典型的Ⅰa類、Ⅰb類、Ⅳ類、典型的Ⅱ類系の非典型的Ⅱ類、Ⅲa類系のⅢb類）、(3)無文土器とは無関係と考えられる土器（Ⅴ類、Ⅵ類）の3者がふくまれてる。(3)は朝鮮系無文土器から除かねばならない。

(1)の無文土器直系土器と(2)の「類無文土器」ともいうべき土器は、弥生時代日朝関係と、それからみた弥生社会論の一資料となる。これについては前章で考えをのべておいた。これに多少つけ加えて結びとしたい。

Ⅱ類土器については、この土器が日朝間の海上交通を担う海人集団と結びつくとした（後藤1979：522-524）。その後しられた山口県沖ノ山遺跡の中国銭貨内蔵土器や福岡県御床松原遺跡出土土器はこの考えを一層確実にするとともに、朝鮮半島との交通——文物の流通が北部九州との間にとどまらず、西瀬戸内さらには近畿へも直接的・間接的につながっていたことを示唆する。

Ⅰa類土器は前期末に新たな段階に入る北部九州と朝鮮半島との交渉によって出現し、彼我の間の人間の往来を示すものと考えた（後藤1979：521-522）。その内容については、諸岡遺跡と土生遺跡とを対比し、前者は朝鮮半島からの「使節」ともいうべき人びとの宿営地であり、後者は少数の移住者がこの地の弥生社会の中で生活しはじめた結果と想定した。諸岡遺跡の無文土器は、もう一歩ふみこんで、すぐ近くの板付遺跡田端の舶載形銅剣、銅矛（中山1917）とむすびつけても、あながち不当ではなかろう。

その後、横隈鍋倉遺跡など三国丘陵倉東縁部で多くのⅠa類土器が無文土器直系の壺、鉢、高杯とともに出土した。住居、貯蔵穴からなる弥生集落での出土は諸岡遺跡とはことなり、土生遺跡に近い。その量を伴出する弥生土器の量とくらべれば、諸岡遺跡ではほぼ等しく、土生、横隈鍋倉両遺

跡では圧倒的に少ない。しかし、横隈鍋倉遺跡ではほとんどすべてが無文土器直系土器であるのに対し、土生遺跡では類無文土器が相当量をしめている。こうした差異は、三国丘陵の朝鮮系無文土器の背景が、諸岡遺跡や土生遺跡のそれとちがうことを予想させるが、その差を的確にいいあてるのはむつかしい。

　三国丘陵の無文土器直系土器は、諸岡・土生遺跡と同じく、朝鮮半島からの渡来者の手になる土器であろう。この人びとはこの時期に形成されていた農業共同体間の結びつきを介してこの地に到達し、弥生集落の中に小集団としてまとまったまま生活したと考えられる。彼らがどのような人びとであったか——単なる少数の移住者とみず、青銅器製作などの技術者集団という魅力的な考えをとれるのか等々は今後の課題である。

　近畿地方で新らたに発見された朝鮮系無文土器（Ⅰb類、Ⅲb類、Ⅳ類）は、山陰西部の土器とともに、前期末〜中期前半にはすでに、朝鮮半島との交渉が北部九州を介して西日本地域にもつながっていたことを示唆する。これに先行する農耕拡大の路が、情報・物資伝達のルートとして質をかえて維持され、さらに中期後半〜後期へと受けつがれたにちがいない。寺沢薫は「明らかに第三様式以前に遡る大陸製品の流入が鉄製品である」（寺沢1985：210）として、大阪府鬼虎川遺跡の鋳造鉄鑿（第二〜三様式）と京都府扇谷遺跡の斧状鉄器（第一〜二様式）をあげている。これらの鉄器はむろん、大阪府大県遺跡と奈良県名柄の多紐細文鏡も、中期前半のうちにこのルートを経て近畿地方にもちこまれたと考えられる。また瀬戸内中部以西と四国南部の細形銅剣なども同様であろう。

註
（1）朝鮮半島南部の無文土器を、前期（可楽里式、欣岩里式、松菊里式）と後期（粘土帯土器）に二分するのが多くの論者の見解である。最近藤口健二は欣岩里式と松菊里式をそれぞれ3型式にわけ、欣岩里式と松菊里Ⅰ・Ⅱ式をもって中期を設定した（藤口1986）。弥生文化成立期に平行する時期を中期として限定できる点で評価できるが今後の検証が必要である。

　　前期無文土器との関連を指摘されるのは、①黒川式〜夜臼式土器にまれにみられる口縁部に孔をつらねる土器、②夜臼式土器の丹塗磨研壺、③岡山市津島遺跡出土の松菊里土器である。①は孔列土器（欣岩里式）との関係は疑わしい。②は前期無文土器の技法を受けつぎ、朝鮮半島直系とみられるものも福岡県曲り田遺跡で出ている。③は現状では解釈困難な土器である。

（2）第4章で口縁部粘土帯をわけ、Ⅰ類を粘土紐、Ⅱ・Ⅲ類を粘土帯としたが、本章ではいずれも粘土帯とよぶ。

追記
　校正中に、関門海峡入口の六連島（山口県下関市）で無文土器（典型的Ⅱ類）2片が出土していることを知った。中期後半らしい（杉原1987）。

第Ⅱ部　青　銅　器

第6章　青銅器文化の系譜

1　遼寧青銅器文化

　弥生時代の青銅器文化は、朝鮮半島の無文土器時代に発達した青銅器文化の移入によってはじまる。朝鮮半島の青銅器文化の源流は、中国東北地方南部の遼寧青銅器文化である。

　中国の遼寧省を中心に、一部河北省と吉林省に分布する青銅器文化を遼寧青銅器文化とよぶ（図49）。この文化を代表する青銅器は、剣身の側縁が弧状に屈曲する独特の形態の銅剣である。この剣を日本では遼寧式銅剣とよび、朝鮮半島と中国では形態から琵琶形銅剣あるいは曲刃式銅剣とよぶ。剣身中央に脊がとおり、側縁の突起部（節）に対応する脊の部分は厚味を増す。脊上部は研磨されて中央に稜（鎬）が生じる。脊の下部は茎に続く（図50-1～3）。琵琶形銅剣は、このような剣身と、別につくった把（木製や青銅製）と把頭飾（石製）を組み合わせてひとつの剣になる（図50-3・7・8）。これは琵琶形銅剣に特有のやりかたで、のちに朝鮮半島の細形銅剣にひきつがれる。

　琵琶形銅剣の剣身は、時とともに節の位置が上部から中央に移り、側縁の弧状の屈曲がしだいに失われて直線的になってゆく（図50-4・5）。剣柄は、最初は木質らしく遺存しないが、のちに青銅製のT字形のものになる（図50-8）。柄頭には石製の把頭飾（図50-6・7、図51-1）をはめこみ刺突に必要な重量を得る。

　剣のほかに斧、鑿、鏃、錐、釣針などの生産具、さらに刀子、馬具、各種飾金具、鏡、装身具などがある（図50-9～11、図51-4～9）。時代がくだると手鎌や斧などの鉄器が伴出する。遼寧青銅器文化は北方系のオルドス青銅器文化の影響のもとに大凌河中～上流域でうまれ東にひろがる（図49）。その存続年代は、紀元前8世紀から紀元前3世紀と考えられ、3期にわけることができる。

　第1期（西周末頃～春秋時代後半）　遼寧青銅器文化が遼西地区にうまれ、この時期の後半には沈陽・遼東地区にもひろがる。もっとも古い南山根101号墓では琵琶形銅剣のほかにオルドス系の剣、矛、刀子、馬具と中国の中原系の剣、戈、彝器などが出る（遼寧省昭烏達盟文物工作站ほか1973）。代表的遺跡のひとつの十二台営子3号石棺墓では多鈕雷文鏡がでている（朱貴1960）。これはのちに朝鮮半島の多鈕粗文鏡のもとになる鏡である。沈陽・遼東地区で青銅器にともなう土器は、朝鮮半島北部の美松里型土器に酷似する。また墓が石棺墓であることも、朝鮮半島青銅器文化の直接的源流となったことを思わせる。

　第2期（春秋時代後半～戦国時代前半）　琵琶形銅剣は剣身の節が中央近くになり、鋒部が長くなる。剣把に青銅製品があらわれ、写実的な動物文が馬具の飾りなどに用いられる。中原系の青銅

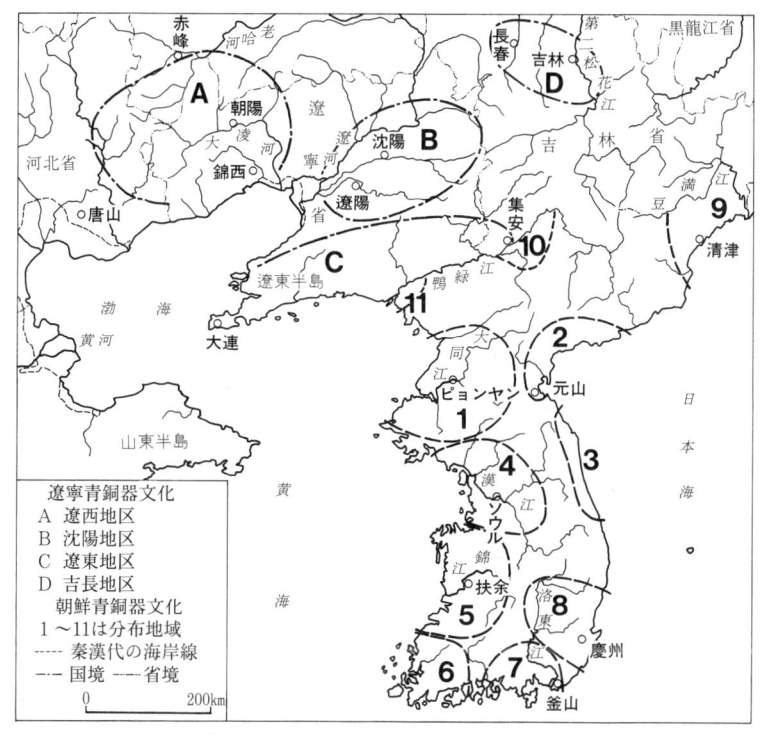

図49 遼寧青銅器文化と朝鮮青銅器文化の分布地域

器も伴出する。沈陽地区の鄭家窪子6512号木槨木棺墓（図51）（瀋陽市故宮博物館ほか1975）、遼東地区の崗上墓は代表的遺跡である（金用玗ほか1967a）。第2期後半から吉長地区にも波及する。

　第3期（戦国時代前半〜前漢時代前半）　この時期の前半で遼西地区の遼寧青銅器文化は終わり、他の3地区では後半までつづく。

　銅剣の節は目立たなくなってやがて消え、身の側縁が直線的になる。遼西地区では青銅器を副葬する墓が土壙墓になり、それまで目立っていた馬具、工具、装飾品などが失われるようである。遼東地区で代表的な遺跡は楼上墓である（許明綱1960）。長方形の石積みの囲みの内側に大形石室墓2基をふくむ10基の墓があり、火葬骨が納められている。副葬遺物にはこれまでのような青銅器や玉のほか、明刀銭や鉄製手鎌などがみられる(補記1)。

　鴨緑江流域の集安県五道嶺溝門の方壇階段式積石墓の銅剣は、側縁が直線的で下部は一段幅広くなり（図50-5）、琵琶形銅剣の面影はまったくない。これとともに銅矛3、銅斧5、多鈕鏡1、鉄鏃2が発見されている（集安文物保管所1981）。吉長地区では側縁が屈曲する琵琶形銅矛と中原系の戦国式銅矛が出ている。琵琶形銅矛の鋳型は朝鮮半島の永興湾地域の永興邑遺跡で発見されている（徐国泰1965）。また西荒山屯では石蓋竪穴墓から、側縁がほぼまっすぐで下部が少し幅広くなりここに4孔をあけた剣、触角式柄をつくりつけて鋳造した剣、青銅のT字形剣柄をもつ剣、多鈕粗文鏡などのほか鉄製工具もみられる（吉林省文物工作隊ほか1982）。

　このように遼寧青銅器文化は時とともに東にうつり、終末期には初期の頃とはまったく異なる銅剣が出現するが、これは春秋時代から戦国時代にわたる中国、とくに燕の勢力の北方伸張と関係が

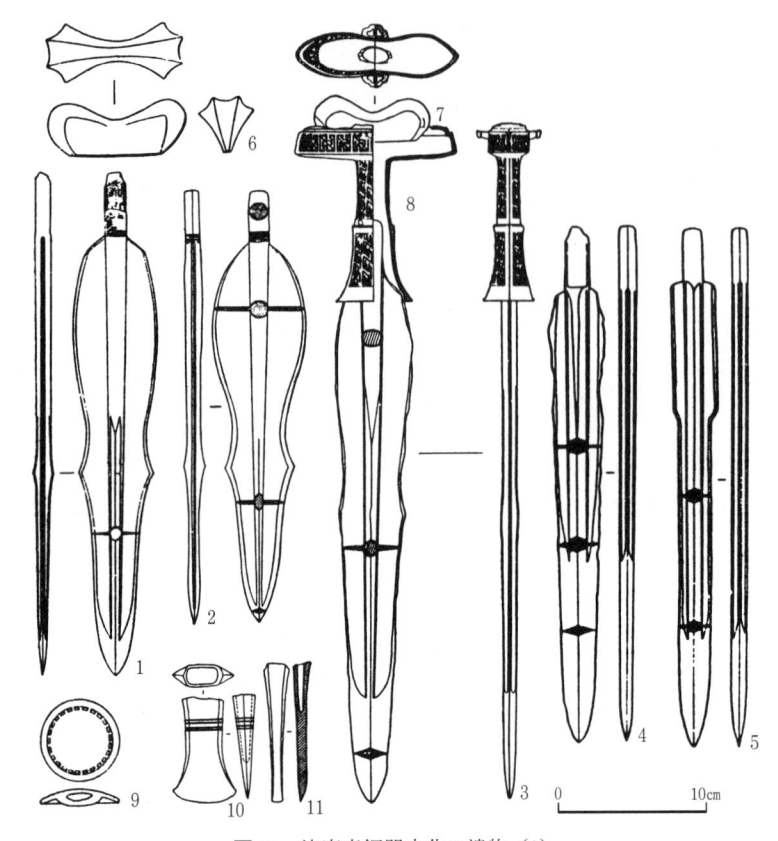

図50　遼寧青銅器文化の遺物（1）
　　　1～5：遼寧式銅剣　　6・7：石製把頭飾　　8：青銅製剣把　　9：銅泡　　10：銅斧　　11：銅鑿
　　　1・6：十二台営子　　2・10・11：二道河子　　3・7・8：南洞溝　　4：尹家村　　5：五道嶺溝門　　9：楼上墓

あるだろう。
　朝鮮半島の青銅器文化に直接かかわるのは、遼東地区とくに遼東半島地域である。この地域の土器は、朝鮮半島西北部の土器とよく似ている。土器に示された親縁性をもとに、遼東地区の青銅器文化は早くから朝鮮半島西北部に影響をおよぼし、第2期の後半に琵琶形銅剣の朝鮮半島流入がはじまるのである。

2　朝鮮半島青銅器文化の展開

(1) 青銅器文化の分期
　朝鮮半島の青銅器文化は6期にわけられる。最初は遼寧青銅器文化第1期の影響をうけて少量の青銅製品がもたらされるにすぎない（朝鮮青銅器文化第1期、紀元前5世紀、上限はさらにさかのぼるとみられる）。本格化するのは前5世紀末から前4世紀はじめ、琵琶形銅剣がもたらされてからである（第2期）。ついで前3世紀には細形銅剣（図53-1）がうまれ、朝鮮青銅器文化が確立する。これが第3期である。この時期の終わり頃、中国戦国時代の銅矛の影響をうけて朝鮮の銅矛が出現する（図52-5～8）。この時期には鉄器も普及しはじめる。前3世紀末から前2世紀が第4期である。

この時期のはじめに銅戈がうまれる。日本の青銅器文化は第4期の朝鮮青銅器文化の流入によってはじまる。第5期（前2世紀末〜紀元前後）には大同江流域を中心に木槨墓が発達し、車馬具、鉄器が普及し他地域との差を示す。この時期をもって朝鮮青銅器文化はほぼ終わる。つぎの第6期（紀元後1世紀）には東南地方に終末期の青銅器文化が残る。

青銅期が発見された遺跡は朝鮮半島のほぼ全域にわたるが、青銅器文化の差異や地理的条件にもとづいて11の地区に区分できる（図49）（第8章参照）。

(2) 青銅器の種類

武器、工具、装飾品、車馬具、鏡などのほか用途不明品がある。系統的には遼寧系のもの、中国系のもの、朝鮮半島独自のものにわけられる。

武 器

〔琵琶形銅剣〕　A1式（図52-1）と退化型式（A2式）にわけられる。

〔細形銅剣〕　琵琶形銅剣と同じく、剣身、剣把、剣把頭飾とを組み合わせる。剣身の中央部には脊がとおり下部が茎につづく。側縁を研いで刃をつけるが、下部に刳方がある。脊は研磨して中心に鋒からつづく鎬をつくり、刃部の刳方に対応する位置に節帯を研ぎ出す。細かい型式分類がされているが（岡内1982a）、ここでは5型式にわけておく。もっとも古いBⅠ式（図53-1）は鎬が節帯までで、つぎのBⅡ式（図54-3）は鎬が節帯の下、関部までとおる。BⅡ式と同じだが刃と脊の間に細い樋を設けるものをBⅢ式とする。退化形は刃部の刳方や脊の節帯が失われて扁平になる。

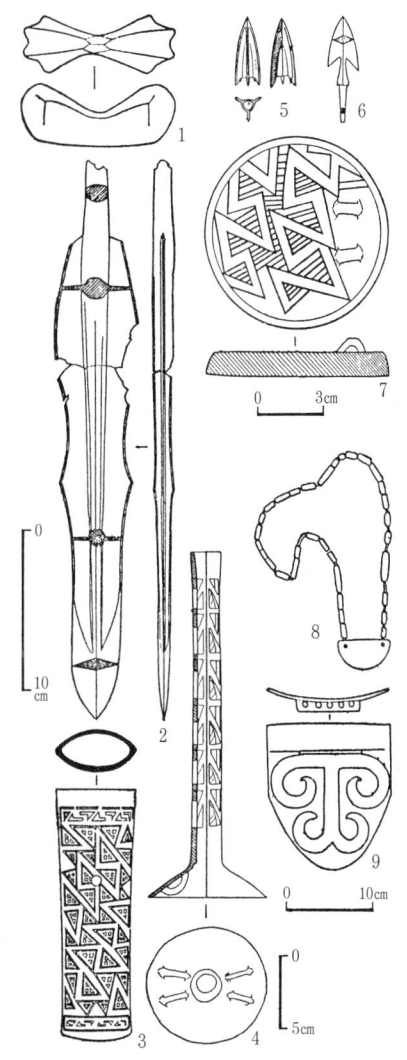

図51　遼寧青銅器文化の遺物（2）
すべて鄭家窪子6512号墓
1：把頭飾　2：銅剣　3：鞘尻金具　4：ラッパ状銅器　5・6：銅鏃　7：多鈕雷文鏡　8：首飾り　9：斧鑿（盾形銅器）

このうち剣身に幅広い樋のつくものをCⅠ式（図52-2）とする。これはピョンヤンを中心とする大同江流域地区に分布する。鎬の左右に2条の樋を設けるもの、その下端や茎に孔をあけるものをCⅡ式とする（図52-3）。これは東南部の洛東江河口から慶尚南道内陸部に分布する。

〔剣把〕　最初のうちは木製らしく、青銅製はBⅡ式剣身からあらわれ、BⅢ式、CⅡ式剣身につくものがある。把頭飾は石製（図54-2のいちばん下）、青銅製（図52-4のいちばん上）がある。BⅠ式剣身に伴う例は少なく、BⅡ式以降の剣身に伴うことが多い。

〔剣鞘金具〕　BⅡ、BⅢ、Cの各式の剣身に伴い（図52-4、図54-2）、剣の儀器化によって終末期の第5期に発達したが、大同江流域地方と洛東江流域地方では形態がことなる。

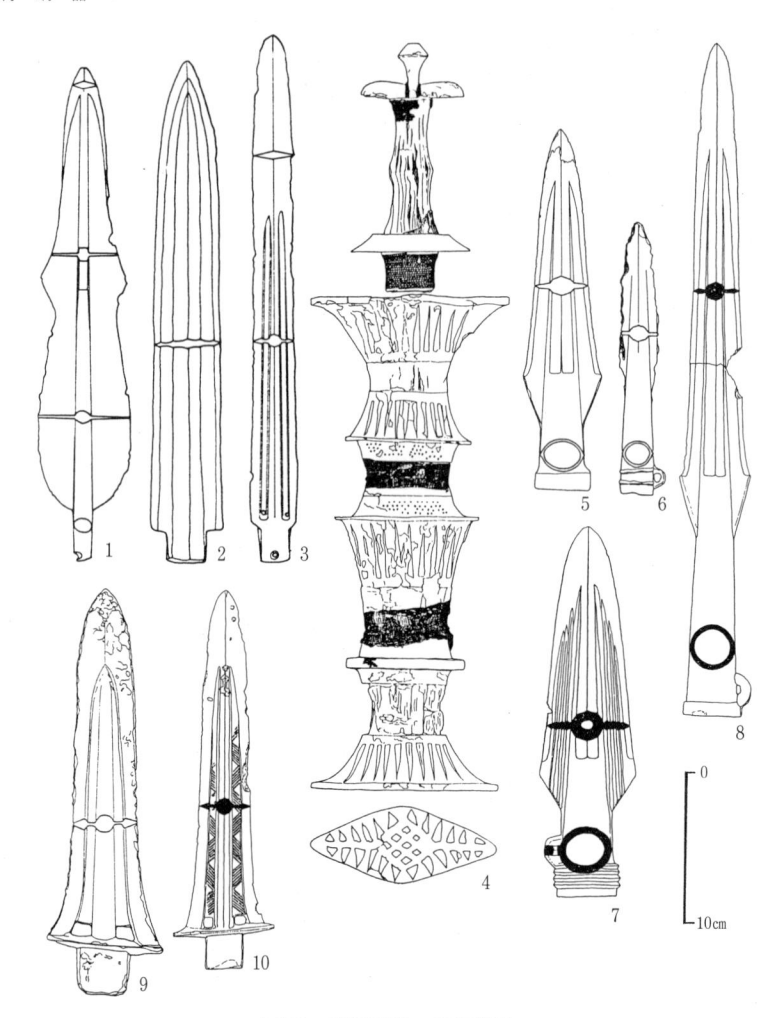

図 52　朝鮮半島の青銅武器
1〜3：銅剣　　4：鞘・把・把頭飾を完備した鉄剣（銅剣も同じ）　　5〜8：銅矛　　9・10：銅戈
1：松菊里　2：貞柏里　3：伝金海　4：伝ピョンヤン　5：ピョンヤン付近
6：美林里　7・8・10：九政里　9：九月山麓

〔銅矛〕　長さが 16cm ほどから 30cm をこえるが、新しいものには 40cm 以上の長身のものがある。身部中央に脊がとおり、これが下部につづいて、柄を差し込む穴（銎）になる。銎部に目釘穴と幅の広い節帯のつくものを A 類（図 52-5）、細い凸帯が 2 条つくものを B 類（図 54-4）、銎部に耳環のつくものを C 類（図 52-6）、耳環のほかに文様があったり身部に数本の樋のつくものを D 類（図 52-7）、銎部に幅広い節帯と耳環がつき長身のものを E 類（図 52-8）、耳環がふたつつくものを F 類とする。E 類、F 類は朝鮮半島東南部で発見される。

〔銅戈〕　関（闌）が中軸線に対してななめになり、樋の下端に 2 孔をもうける。樋の文様の有無によって大別し、無文のものを A 類（図 52-9）、有文のものを B 類（同図 10）とする。B 類はあとからあらわれるもので、東南部地域に分布する。この地域にはまた小形の退化型式のほか、北部九州製の中広銅戈も出ている。

〔銅鏃〕　中国系の断面三角形の三稜鏃（図 54-9）を除くと出土例は少ない。ほとんどが有茎両翼式

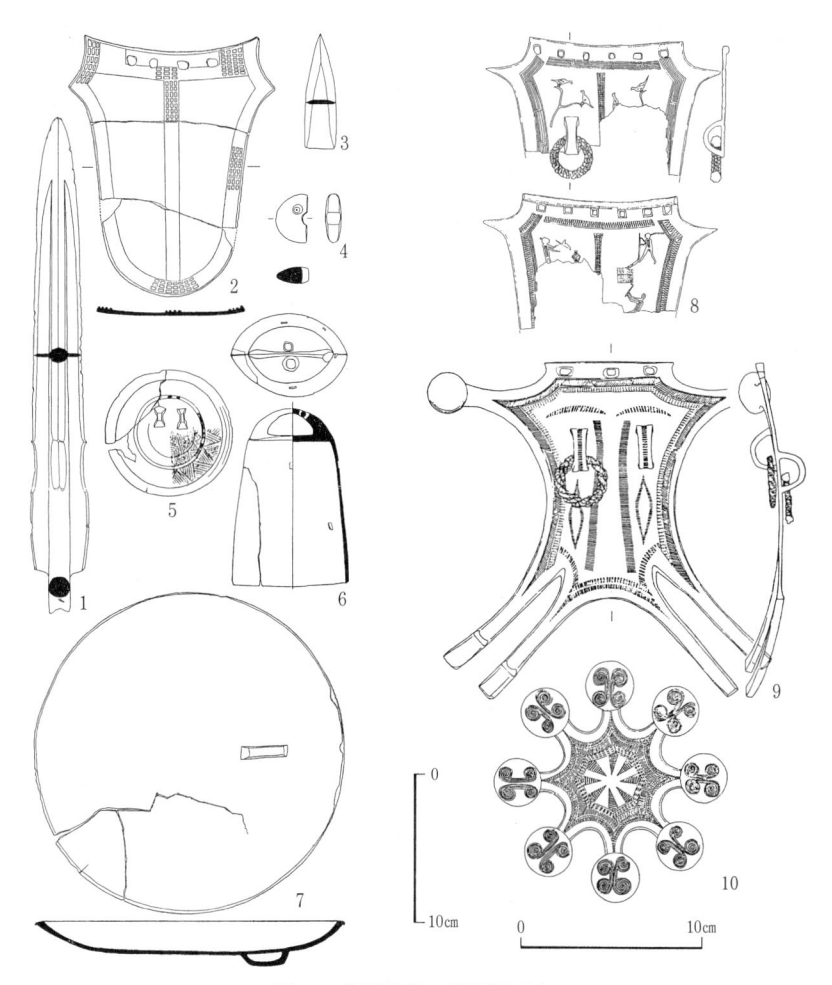

図 53 朝鮮半島の青銅器（1）
1：銅剣　2：防牌形銅飾　3：石鏃　4：天河石製玦状垂飾　5：多鈕粗文鏡
6：銅鑿　7：円蓋形銅器（以上槐亭洞遺跡）　8：游環付双鈕銅飾（伝大田）
9：游環付双鈕銅飾（東西里）　10：八珠鈴（伝尚州）

で、身部下端が下方にするどくのびる。

工具・生活用具

〔銅斧〕　上部に柄をさしこむ銎がある。刃部が弧をなし左右にひろがる遼寧青銅器文化直系の扇形斧、平面形が長方形で、左右中央が少しくびれ、刃が直線のもの（長方形斧）、朝鮮半島でうまれた銎の下に肩がつく有肩斧にわけられる。

〔銅鑿〕　柄をさしこむ銎が上部にある。細長く刃の幅が 1cm ほどである。

〔銅鉇〕　木を削って平坦にする道具で、幅約 2cm、断面形は弧状をなし、外側の中央部には細い隆起線が縦に通じる。先端を研磨して刃をつける。遼寧系ではなく中国系のものとみられる。

鏡　遼寧青銅器文化の多鈕鏡は、雷文鏡から発達し、まず粗文鏡（図53-5）があらわれ、細文鏡にかわる。素文鏡もある。遼寧青銅器文化の多鈕雷文鏡をふくめて細かな型式分類がされているが、大別するとA式（雷文鏡）・B式（粗文鏡）・C式（細文鏡）にわけられる。

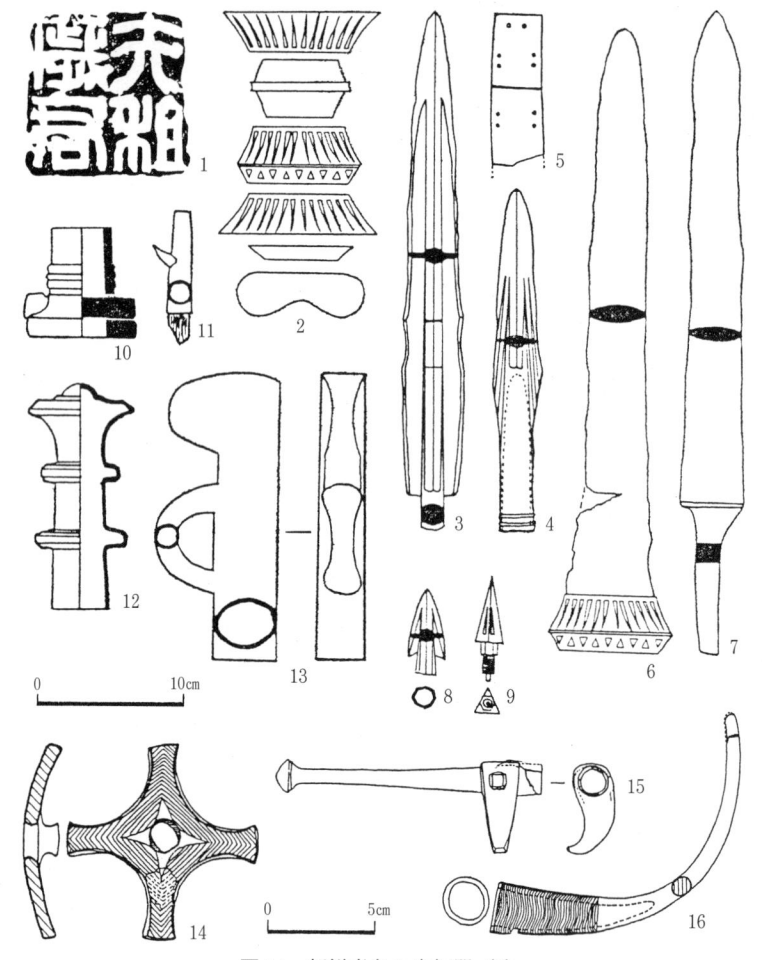

図54 朝鮮半島の青銅器（2）
1：「夫租薉君」印（原寸大）　2：銅剣の鞘金具・鐔金具・把頭飾　3：銅剣　4：銅矛
5：鉄製よろいの小札　6・7：鉄剣　8・9：銅鏃　10：車軸頭　11：蓋弓樮瓜
12：笠形円筒形金具　13：車衡端金具（以上貞柏洞1号墓＝夫租薉君墓）　14：有孔十字形
銅器　15：笠頭形銅器　16：角形銅器（以上洛東里）

銅鐸　日本の銅鐸に対比して小銅鐸とよばれる（図53-6）。馬具の一種とみられるが、むしろ音を出す道具として馬具からはなれた用途にもちいられる。高さ8.5〜15cmほどで文様はない。内部に舌とよぶ青銅あるいは鉄製の棒状のものを吊して音を出す。ときに五銖銭が舌に用いられることがある。

用途不明品

〔銅泡〕　遼寧青銅器文化ではひとつの墓で多量に出土し、弓嚢その他に綴じつける飾り金具であった（図50-9）。しかし朝鮮半島では単独で出土し、本来の用途とは別の用いかたをしたとおもわれる。

〔游環付双鈕銅飾・防牌形銅飾〕　錦江流域に出土例がある（図53-9）。きわめて高度の技術で精巧な文様を鋳出し、農耕図を鋳出したもの（同図2・8）や鈴をつけるもの（同図9）もある。用途は明らかでない。このほかに文様はないが円蓋形銅器（同図7）なども使用目的は明らかでない。

〔銅鈴〕　胡瓜形で両端が鈴になったものは、大同江流域、西南地域、洛東江流域にみられる。文様を鋳出した棒状の両端に鈴のついた双頭鈴は西南地域に、ヒトデ状の8本の突起の先に鈴がつき精巧な文様のある八珠鈴は西南地域と洛東江流域北部に出ている（図53-10）。また竿頭筒形銅鈴は、東北日本海岸の永興湾地域および洛東江流域北部にみられる。これらの鈴は朝鮮半島の南部で発達したものであるが、どのような目的に用いられたかは明らかでない。

中国系の青銅器

　戦国時代後期の剣・矛・戈がおもに大同江流域で発見され、南部では錦江流域で銅剣・矛がみつかっている。出土遺構や伴出遺物がはっきりしない例が多い。これよりおくれるものは、断面三角形の銅鏃と、これをとばすための弩が大同江流域とその東の永興湾地域にみられる。武器のほかに車輿具や馬具がある（図54-10〜13）。青銅製品や鉄製品で、大同江流域に多い。ここでは馬車のひとまとまりの部品がみつかるが、南部では個々の部品が発見され、本来の用途からはなれた扱いを受けているらしい。車馬具は第4期にあらわれて第5期に盛行する。

　中国の銅銭は、戦国時代後期の明刀銭や布銭が、鴨緑江流域と清川江流域の間で大量に発見される。第3〜第4期の頃で、青銅器製作の地金としてもちこまれたとも考えられる。なお同じ時期の明刀銭の分布地域には、戦国時代から漢代にかけての中国系鉄製農工具の出土する遺跡がある。漢代の五銖銭は大同江流域を中心に各地で発見されている。前漢の鏡は、大同江流域の第5期に多く、他地域にはほとんどない。東南の洛東江流域地方では、第5期末から第6期に前漢後期や後漢はじめの鏡が少数発見され、またこれらをまねてつくった倣製鏡が数例知られている。

(3) 朝鮮青銅器文化の展開

　朝鮮半島青銅器文化の内容は、時期によってあるいは地域によって差異があり、出土遺構（ほとんどが埋葬遺跡）にも変化が認められる。青銅器文化の変遷と地域性について述べその意義を概観する。

第1期（紀元前5世紀以前）

　琵琶形銅剣出現以前の時期で、青銅器の発見例はきわめて少なく、その分布は鴨緑江下流域と大同江流域にかぎられる。鴨緑江下流域の新岩里遺跡からは青銅刀子と銅泡が、新岩里Ⅱ型土器に伴っている（図59-1・2）。この土器は美松里型土器に先行する。大同江流域の金灘里、新興洞両遺跡からはそれぞれ銅鑿（図60-6）と銅泡が発見されている。金灘里の銅鑿は長方形板状の先端に刃をつけたもので、第2期のものとは異なる。両遺跡ともコマ形土器としては古い型式の土器が出ている。

　この時期は遼寧青銅器文化からぽつぽつと青銅器が入ってくる状態である。このほかに箱式石棺墓や支石墓から銅鏃の出土例があり、その多くは第2期とみられるが、一部に第1期のものがあるかもしれない。

第2期（紀元前5世紀末〜4世紀）

　第2期後半の遼寧青銅器文化が朝鮮半島に伝えられ、全域に琵琶形銅剣がひろがる。銅剣以外の

青銅器は銅鏃・銅斧・銅泡で、このほかに天河石（アマゾナイト）製の玦状垂飾ももたらされた。これらは遼東地区よりも瀋陽地区の遼寧青銅器文化との関連が強い。

　この時期の琵琶形銅剣（A1式）は典型的な琵琶形銅剣の形態を持つ琴谷洞タイプ・松菊里タイプとそうでない龍興里タイプがある。

　琴谷洞タイプ（図61-6）は長さが25cm前後と小さく、ピョンヤン市西浦洞のものは脊に節帯をもつ。松菊里タイプは全長30cm以上で遼寧地方のものと変わらないが、脊を研磨せず鎬がなく、茎の片側に小さな抉りがある（図66-1）。龍興里タイプは長さ26cmほどで、鋒が長く幅がせまい（図61-1）。このように詳細にみると、すでに遼寧地方のものそのままではないということになる。琴谷洞や龍興里タイプは大同江流域地方に、松菊里タイプは南部の錦江・洛東江流域に分布する。退化型式の琵琶形銅剣（A2式）は、大同江流域、漢江流域、洛東江流域に出土している。A2式のなかでも一層退化したものは大同江流域の大雅里と仙岩里の箱式石棺および漢江流域の永登浦（銅鑿を伴う）で出土している（図75-1・2）。これらはつぎの第3期にくだる可能性がある。A2式銅剣も長さ30cmをこえるものはない。細形銅剣への過渡的な形態の剣は、漢江流域の上紫浦里の支石墓や洛東江流域の沙川洞で出土している（図65-1）。

　銅鏃は大雅里でA2式銅剣に伴出した以外に大同江流域や洛東江下流域に3例あり（図75-3〜5）、石剣、石鏃とともに支石墓、箱式石棺墓に副葬されている。銅鏃の鋳型は中部東海岸地域の鉢山遺跡で採集されたことがある。

　銅斧は鴨緑江下流の美松里洞窟出土の扇形斧2例（図59-16・17）のほか、豆満江地域の漁郎地方でも出ているという。扇形銅斧の鋳型は永興湾地域の永興邑遺跡で出土している（図64-11・13）。

　銅鑿は錦江流域の松菊里で銅剣の茎を利用したものが、A1式銅剣、石剣、石鏃とともに箱式石棺墓から出土している。

　銅刀子は大同江流域の龍興里でA1式銅剣、石斧、天河石の玦状垂飾に伴った1例が知られている（図61-2）。

　銅泡は鴨緑江上流の豊龍里石棺墓に1例（図59-10）、豆満江地域の草島で1例、同地域の三峰では銅泡鋳型が採集されている。なお草島では、鐸形有文青銅器が発見されており（図57-13）、これと同じものの鋳型は永興邑遺跡で発見されている。

　天河石の玦状垂飾は、大同江流域の龍興里（図61-3）、漢江流域の上紫浦里（図65-4）、錦江流域の松菊里で銅剣に伴出している（図66-6）。この玉はつぎの第3期にもひきつがれる。

　これら青銅器の出土遺構は、明らかな場合はすべて支石墓か箱式石棺墓である。この墓制は朝鮮無文土器文化に普遍的なものである。

　がんらいこれらの墓の副葬品は石剣・石鏃・石斧・紡錘車・管玉・土器などであって、これに青銅器が共伴するのは無文土器文化前期終わり頃[補記2]、すなわち紀元前5〜4世紀頃のことである。鴨緑江中流の豊龍里、下流の美松里洞窟（いずれも美松里型土器）、漢江流域の上紫浦里支石墓（孔列土器＝前期無文土器[補記3]）、洛東江下流域の鎮東里、金海茂渓里（丹塗磨研壺＝前期無文土器[補記4]）があげられるが、これら土器・石器と青銅器の共伴は、遼寧青銅器文化が朝鮮無文土器社会に受容され定着したことを物語る。また鋳型（銅鏃・銅斧）と退化形琵琶形銅剣の存在は、早く

もこの時期に朝鮮半島で青銅器の製作がはじまったことを示している。

第3期（紀元前3世紀）

　遼寧青銅器文化の色彩がうすれ、細形銅剣がうみ出されて朝鮮半島独自の青銅器文化が確立する時期であり、また朝鮮無文土器文化が大きく変化する時期でもある。西北部ではコマ形土器や美松里型土器が終わり、三角環状や牛角状の把手のつく土器に変わり、やがて灰色陶器の土器があらわれるらしい。南部では前期無文土器(補記5)から、口縁部に粘土帯をまわす甕を指標とする後期無文土器に変わる。後期無文土器は青銅器文化第5期まで存続する。無文土器時代後期に入ると支石墓・箱式石棺は衰退の道をたどりはじめるらしく、青銅器の副葬はほとんどなくなる。第3期には細形銅剣BⅠ式がうまれるが、この時期の後半にはBⅡ式が出現する。

　この時期の青銅器出土遺構は、明らかに推定できる場合、ほとんどすべてが石槨墓である。石槨墓は地面に掘った墓壙内に石塊や板石で石室（石槨）をもうけ、そのなかに木棺を入れるらしい。

　代表的な遺跡は、大同江流域の泉谷里（BⅠ式銅剣1）・松山里（同前）・丁峰里（BⅡ式細形銅剣1）、漢江流域の四老里（BⅠ式細形銅剣1）、錦江流域の屯浦里と槐亭洞（ともにBⅠ式細形銅剣1）・蓮花里（BⅠ式細形銅剣4）・南城里（BⅠ式細形銅剣8・BⅡ式細形銅剣1）・東西里（BⅠ式細形銅剣5・BⅡ式細形銅剣3・不明剣1）、洛東江流域では白雲里（BⅠ式細形銅剣1・BⅡ式細形銅剣3）、内洞（BⅠ式細形銅剣1――これだけ支石墓）がある。大同江流域と漢江流域では細形銅剣1本のほかに多鈕細文鏡、銅斧（長方形・扇形）、銅矛、銅鑿、銅鉇、三角形石鏃、銅斧も副葬される（種類・数量は遺跡によりことなる）。

　錦江・洛東江流域で複数の細形銅剣を副葬するのは、この時期以後の南部地域の特色である。この第3期では細形銅剣以外に多鈕鏡、銅鐸、天河石玦状垂飾、管玉、銅鑿、銅鉇、銅矛、円蓋形銅器、用途不明有文銅器、三角形石鏃、土器などが副葬されている（図53-1～7）。土器は粘土帯甕と黒色磨研長頸壺で、後期無文土器としては古いものである。多鈕鏡は、東西里の素文鏡以外はすべてB式（粗文鏡）（図53-5）である。銅鐸は錦江流域の槐亭洞の2点だけである（同図6）。朝鮮半島の銅鐸としては最古のものになる。鉇は南部の四老里・白雲里だけであるが、遼寧青銅器文化に系譜を求められず、戦国時代の中国の楚の文化圏に求められるものである。銅矛は白雲里と大同江流域の丁峰里でA類がみられ、第3期後半に銅矛が出現したことを示す。用途不明有文銅器は錦江流域に出ている。游環付双鈕銅飾、防牌形銅飾、ラッパ形銅器で、これらは遼寧青銅器文化とくに鄭家窪子の出土品に系譜がたどれる（同図2・7～9）。

　なお豆満江流域の東、ソ連沿海州南端のイズウェストフの箱式石棺墓からBⅠ式銅剣・多鈕粗文鏡・銅矛など第3期のものがみられるが（平井1960）、シュコトワの再加工した細形銅剣と多鈕鏡は第4～5期にあたろうか（鳥居1929）。シニェ・スカルーイ遺跡では4点の鋳型が出土し（甲元1979）、剣・矛・鏃・泡・釣針の型が彫られている。これは第3～4期にあたろう。イズウェストフやシュコトワの例は、海岸沿いに細形銅剣文化が北方にも伝えられたことを示している。

　この時期にはこれまでと系統を異にした中国式銅剣がみられる。大同江流域の孤山里（土壙墓か）では、青銅製T字形剣把のつくA2式銅剣、長方形銅斧とともに中国式銅剣2本が出土し、第3期

とみられる。錦江流域の上林里では26本が一括出土している。なお大同江流域発見数本のうち石厳里のものは、B類銅矛・戦国式銅戈とともに発見されたという。戦国式銅戈には秦始皇帝25年（紀元前222）の銘があり、この一括遺物は第3期末から第4期はじめとなる。さらに清川江流域と鴨緑江中下流の間の地域には明刀銭埋納遺跡が知られ、鴨緑江中流の龍淵洞では戦国時代燕の系統に属する鉄製農工具などが発見されている。

　このように細形銅剣・銅矛・多鈕粗文鏡などが生まれ、朝鮮青銅器文化が確立する第3期には、中国の金属器文化の波もおしよせ、それを通じて鉄器がひろがりはじめるのである。

第4期（紀元前3世紀末～2世紀末）

　この時期のはじめに銅戈が出現し、多鈕鏡は粗文鏡（B式）から細文鏡（C式）に変わり、いずれも第5期につづく。また東北部の永興湾地域でも青銅器文化がさかんになる。細形銅剣はBⅠ式とBⅡ式であるが、大同江や永興湾地域ではBⅡ式に把頭飾を伴うことが多い。

　青銅器の一括出土遺跡は遺構が不明確なことが多く、土壙墓かと思われる。おもな遺跡は、大同江流域の反川里、梧峴里、石山里、永興湾地域の下細洞里、梨花洞、龍山里、南昌里、中部東岸の土城面、漢江流域の上一洞、講林里、錦江流域の鳳安里、炭坊洞、龍堤里、南西端地域の大谷里、洛東江上流域の連渓洞などである。梨花洞墓は、長さ2.2mに幅0.7m、深さ約1.5mの土壙の床に平石を敷いている。大谷里墓は、幅1.35mに長さ3mの土壙のなかに、さらに幅0.8mに長さ2.1mの土壙を掘ってまわりに石を積み、床面に板があったというから石槨墓であろう。このほか洛東江下流域の金海会峴里の甕棺墓もこの時期である。

　細形銅剣は1本副葬されるが、梨花洞、梧峴里、講林里は2本、大谷里は3本である。この時期に銅剣・銅矛・銅戈がそろう。銅戈は樋に文様のないA類（図52-9）である。永興湾地域では、矛と共伴した遺跡が3例ある。

　青銅工具をあげると、鉇は大同江流域の反川里・南部の龍堤里・大谷里・会峴里にみられる。鑿は錦江流域の炭坊洞と龍堤里にみられる。斧は有肩斧で、これまでと異なっている。大同江流域・錦江流域・洛東江北方流域にみられる。その鋳型は西南地域の霊岩で発見されている。霊岩では、ほかにⅠ式の矛、A類の戈、剣、鑿、釣針などの鋳型があり、第4期と考えられる。

　多鈕鏡はすべて細文鏡であるが、永興湾地域の3面のうち2面は、文様に内区と外区の区別のない型式で、同型式は東海岸の中部から洛東江流域で発見されている。さらに日本発見の5面の多鈕細文鏡のうち、大阪府柏原市大県と福岡市吉武高木のものをのぞく3面もこの型式である。なお吉武高木の多鈕鏡は西南地域のものに近い。

　銅鈴は南部で盛行しており、西南地域の大谷里の双頭鈴と八珠鈴（図53-10）、錦江流域の論山、洛東江上流域の伝尚州の出土品など共通したものがみられる。

　大同江流域ではこの時期の後半に車馬具が普及しはじめる。銅鐸はこの時期と断定できる例はないが、洛東江上流域の入室里出土品が、複数の墓の出土品とすれば、ここで出土した銅鐸は型式の上から多鈕細文鏡とともに、第4期にあげることが可能である。

　鉄器は梨花洞と石山里の鋳造鉄斧だけが知られているが、北部地域にはかなり普及していると思

われる。青銅器に伴う土器は梨花洞の破片だけである。また第3期にあった天河石製の玦状垂飾はなくなり、玉は会峴里の管玉だけである。

　この時期、各地には銅剣・銅矛・銅戈の分布が広くみられるが、以上にのべたように地域差が認められる。有文銅鈴は、第3期の錦江流域の用途不明有文銅器の製作技術の延長として、南部地域にひろがったものであろう。北部では車馬具が普及し、銅剣に把頭飾を伴うことが多い。紀元前194年の衛氏朝鮮の成立、それによる青銅器保有者層の変質がみてとれる。

　第4期の意義はまた、この時期に日本へ青銅器文化が伝えられたことである。これをよく示すのが金海会峴里の甕棺墓である。3基の甕棺は北部九州の弥生時代前期末から中期初頭の甕棺と同型式で、その3号甕棺から銅剣2、銅鉇約8、管玉3が出土した。青銅器を求めて朝鮮半島に渡った弥生人を葬ったと思われる。

第5期（紀元前2世紀末〜紀元前後）

　大同江流域は、紀元前108年に前漢武帝が衛氏朝鮮を滅ぼして楽浪郡を設置してからその領域となり、永興湾地域にもその勢力がおよんだ（玄菟郡？紀元前108〜82年）。大同江地域には木槨墓が発達した。その出現は紀元前2世紀後半とみられるが、最初のうちは方台形の墳丘に1つの墓壙を掘って木槨をつくる単葬墓である。ついで2つの墓壙を並列して夫婦を合葬するようになり、さらに1つの大きな木槨に夫婦を合葬するにいたる。小児用甕棺墓もみられる。木槨墓は群集することが多い。ピョンヤン市大同江南側の楽浪土城跡付近、台城里、雲城里などである。第4期までの青銅器保有者層が楽浪郡の土着下級官人層に再編され、郡治、県治の付近に墓をいとなんだからであろう。

　従来の青銅器は木槨墓に副葬されるが、鉄製武器の普及によって駆逐され、この時期をもって青銅器文化は終了する。細形銅剣はBⅡ式であるが、BⅢ式やCⅠ式（図52-2）もあらわれ、急速に退化する。これとともに青銅製の剣把・剣把頭飾・鐔金具・鞘金具（図54-2）を伴う例が多くなる。鉄剣にもこうした金具付鞘をもつ例がある（図52-4、図54-6）。銅剣は、かくして主座を鉄剣にゆずり、儀器化が進み身分の象徴と化するのである。銅矛の出土例は少なく、B類（図52-5）のほかに耳のつくC類（同図6）があらわれる。銅戈にはこの時期と断定できるものはない。銅矛は鉄矛に、銅戈は鉄戟にとってかわられるのである。

　鉄製武器（図54-6・7）の普及と軌を一にして、青銅製・鉄製の車馬具が副葬される（同図10〜13）。車馬具のなかには銅鐸があり、雲城里出土品のように漢代の五銖銭を舌に用いるものもある。

　木槨墓にはたいていの場合に植木鉢形の甕（花盆形土器）と小形壺が副葬されている。また、被葬者の官位・姓名を記した官印・私印が副葬されることがある。大同江流域の貞柏洞1号墓の「夫租薉君」印（同図1）、同2号墓の「高常賢」印、同3号墓の「周古」印、石岩里219号の「王根」印などである。この時期の中頃からは前漢鏡を副葬することもある。かくして第4期までの文化は大きく変質し、終末へむかうのである。

　大同江流域以外では、この時期の遺跡は洛東江流域に多く、そのほかの地域では、個別的な青銅器を除くと、良好な遺跡、一括出土例はほとんどない。

洛東江上流域のおもな遺跡は、入室里（木槨墓か、一部の遺物は第4期にあがるか）、九政里（土壙墓）（図52-7・8・10）、朝陽洞（5号木棺墓）、漁隠洞（土壙墓か埋納遺跡か不明）、坪里洞（遺構不明）、飛山洞（石槨墓か）などである。遺構には種々あり、墓かどうか明らかでないものもある。いずれも多種多様の青銅器が一括して発見されている。鉄器の普及もいちじるしく、鉄剣（入室里・朝陽洞）、素環頭大刀（九政里）、鉄斧（九政里・朝陽洞）、鎌（九政里）、板状鉄斧？（入室里・九政里）、鉄戈（朝陽洞）がでている。

細形銅剣はBⅠ・BⅡ・BⅢ式が漁隠洞以外で出土し、鞘金具・青銅製剣把・剣把頭飾が伴うことが多い。これは大同江流域と共通する現象である。なお飛山洞で出土した把頭に水鳥をあらわす触覚式剣把は、類品が日本の対馬と唐津に出ている。

銅矛は九政里で6本以上、入室里と飛山洞で2本ずつ出土した。D類と長身のE類（図52-7・8）で、東南地域に特徴的なE類がこの時期にうまれるのである。銅戈は東南地域に特徴的な有文のB類（同図10）と小形退化形が発見されている。

車馬具は坪里洞で青銅製鑣・馬面・鉄製轡・銅鐸がまとまって出土し、銅鐸が九政里・入室里で、馬鐸が朝陽洞・入室里で、筒形円筒金具が入室里で出土した。坪里洞の銅鐸は最末期の型式である。鏡は朝陽洞の多鈕素文鏡、入室里の多鈕細文鏡のほかに、中国製の日光鏡（漁隠洞）と虺龍文鏡（漁隠洞・坪里洞）があり、また倣製鏡が坪里洞で5面、漁隠洞で12面出ている。この倣製鏡のなかには、同じ鋳型でつくった同笵鏡が漁隠洞と坪里洞さらに北部九州の2遺跡でも知られている。

洛東江下流域の馬島洞ではBⅡ式銅剣、Ⅱ類銅矛とともに銅環、双頭環状銅器、ガラス玉が出土した。銅矛は鋬部の2条の突線の間に縦の突短線が入る。類例は西南端地域の治興里、大同江流域の梧野里にもみられる。銅環は大同江流域で馬具の継手金具に用いられたものか。双頭環状銅器は対馬の3遺跡で発見されたものと同じである。東南地域のこの時期は、銅剣の儀器化、鉄器の普及、中国鏡の流入など、大同江流域との共通性とともに地域色ある銅矛、銅剣を製作している。さらに銅矛の長身化、小形仿製鏡、双頭環状銅器にみられるように、北部九州との関係が強まっている。

第6期（紀元後1世紀）

遺跡は東南地域に限られ、他の地域は第5期をもって青銅器文化は終わっている。朝鮮青銅器文化の最終段階である。洛東江流域西部では金海発見と伝える韓国中央博物館所蔵の、CⅡ式銅剣2（図52-3）とその剣把・鞘先金具および銅矛2がある。銅矛は姜洙陽氏所蔵の伝金海出土銅矛2と同じくE類の退化形とF類である。銅剣・銅矛文化の最終末の姿を示している。なお同じCⅡ式銅剣は対馬にも出土例がある。

良洞里の土壙墓では、後漢の方格規矩四神鏡と鉄剣・鉄矛が発見された。伴出した青銅製把頭飾は四頭の馬を表現している。東外洞貝塚では北部九州製広形銅矛の破片が出土し、かつて金海酒村面でも広形銅矛が発見されている。洛東江流域北部では、晩村洞でBⅡ式・BⅢ式の銅剣とともに北部九州製中広銅戈が発見された。剣には把頭飾・鞘金具が伴う。中広銅戈は金東鉉氏所蔵品にもある。洛東里出土と伝える一括遺物にはBⅠ式銅剣1、E類洞矛2、剣把頭飾1のほかに用途不明の角形銅器1、笠頭形銅器2、有孔十字形銅器1がある（図54-14～16）。角形銅器は金東鉉氏所蔵品中に

も 3 点みられるほか、対馬の 4 遺跡でみられ、笠頭形銅器も対馬の 4 遺跡、有孔十字形銅器も対馬の 3 遺跡で発見されている。朝陽洞の 38 号木棺墓では前漢鏡 4 面と土器 8 点が出土した。これらの土器は瓦質土器で、無文土器の直後のものである。さきにふれた良洞里出土土器も瓦質土器である。

　これらの遺跡のなかでは、晩村洞・洛東里・朝陽洞が紀元前後から 1 世紀前半、伝金海・良洞里が 1 世紀中頃であろう。第 4 期からつづく細形銅剣文化は、中国鏡の移入、北部九州製銅矛・銅戈の流入の中で、CⅡ式銅剣、F 類銅矛を生み出して終息するのである。時代は変わり、無文土器文化はすでに終わり、原三国時代の歩みがはじまっているのである。

補記
（1）　この明刀銭は琵琶形銅剣の下限を示す資料とされていたが、現在は明刀銭、鉄器とも混入とされている。
（2）　ここでいう「前期終わり頃」は、現在の知見によれば中期である。第 3 章参照。
（3）　この共伴は認められない。報告には、土器は「表土層と 5 基の支石墓周辺積石層で一様に出土したが……副葬品と認定できる確実な例はない……口縁部破片もあるが遊離した小片だけである」（秦弘燮ほか 1974：46）と明記しており、筆者の誤読である。なおこの口縁部片は前期 4 期である（図 65-3）。
（4）　この 2 遺跡の丹塗磨研壺は、形態からは前期か中期か判断できない。ただし共伴遺物からは中期と考えられる。
（5）　現在の知見により「中期無文土器」と改める。第 3 章参照。

第7章　青銅器と土器・石器

　朝鮮半島の青銅器文化を代表する遺物は細形銅剣である。細形銅剣は単独であるいは細形銅矛・銅戈・多鈕鏡など（こられを細形銅剣群の青銅器とする）のすべてまたは一部とともに出土する。また鉄剣・鉄矛・鉄斧などの鉄製品や車馬具をともなうこともある。その組み合わせは時期と地域によりことなる。

　一方、朝鮮半島の青銅器には主流ともいうべき細形銅剣群のほかに、少数ながらこれとは別の青銅器がある。そのひとつは琵琶形銅剣である。発見例は20数本にすぎないが、その分布は細形銅剣文化とほぼ重なっている。銅泡と扇形銅斧は中国遼寧省では琵琶形銅剣に伴出するが、吉林省や朝鮮半島では単独であるいは別の青銅器とともに出土することが多い。琵琶形銅剣と関係あると考えられるものには、ほかに青銅刀子や細形銅矛とは形のことなる琵琶形銅矛（鋳型）がある。銅鏃の中には中国系の三稜鏃や三翼鏃とはことなる有茎有翼形・無茎のものがある。これも細形銅剣群にともなうことはない。

　小銅鐸は車馬具の一種ともみられ、細形銅剣群とともに出土するが、これとはことなる有文無鈕の鐸形鈴が東北地域にみられる。東北地域、西北地域には青銅の腕輪がある。平壌地域の木槨墓出土の銅・銀製の釧との関係は不明である。明刀銭はこれらの青銅器と系統、出土状態がことなる。

　ここに列挙した青銅器が出土する遺構は、少数の生活址をのぞくとほとんどすべてが墓である。しかし細形銅剣群は支石墓や箱式石棺墓など、無文土器社会のもっとも特徴的な墓から出土することはきわめて少ない。

　細形銅剣群が出土する墓の構造はかつてははっきりしていなかった。解放後の発掘調査の進展にともない土壙墓、木棺墓、石墓など多様なことがはっきりしてきた。とくに西地域の墓については、木槨墳との連続性が明らかになるとともに、その歴史的意味づけについて見解の相違が大きくなっている[1]。

　朝鮮半島の青銅器それ自体についての研究は長い歴史をもち、われわれは型式学・編年学上の多くの成果を手にすることができる[2]。しかしながら青銅器にともなう土器はこれまでの青銅器研究において対象とされることはほとんどなかった。たしかに青銅器と土器の共伴例は多くの青銅器出土例の中ではごくわずかである。しかし青銅器文化を、それを産み出し支えた社会との関連のもとでみてゆく必要性は、弥生時代青銅器の研究史を例にひくまでもなく明らかである。それを可能にするのは土器と青銅器の関係の検討である。

　朝鮮の青銅器にともなう土器の多くは無文土器である。灰色陶質土器は西地域の細形銅剣文化以外では、西北地域の明刀銭や南部地域の漢式鏡を含む一部の青銅器にともなうにすぎない。また土

器はないが石器をともなう例も少ないながらみられる。

　本章では青銅器と土器・石器の共伴関係を主たる対象とし、また出土する墓の構造にもふれつつ朝鮮青銅器文化の地域性・変遷について考える。個々の青銅器の型式などは、必要に応じて先学の成果によることとする。

1　青銅器と土器・石器の共伴資料

　青銅器と土器・石器の共伴資料を表8にあげる（図55参照）。これらの資料は次のような基準にもとづいて選んだ。

　無文土器および無文土器文化に属すると認められる石器が、青銅器をともなって出土あるいは採集された例をあげる。

　土器や石器は出土しなくても、明らかに無文土器文化に属する遺構（支石墓・箱式石棺墓など）で青銅器が出土する場合もあげる。

　青銅器の鋳型も土器との共伴、同時採集例をあげる。

　銅剣の把頭（飾）には銅製のほかに石製品・土製品があるが、これらも土器・石器との共伴、同時採集例をあげる（石製品・土製品も表中では青銅器欄に入れる）。

　青銅器を模したとみられる石製品・土製品もあげるが、石剣・石鏃はのぞく。ただし青銅器と共伴、同時採集の磨製石剣・石鏃は共伴石器としてあげる。

　中国貨幣のうち、縄蓆文土器と共伴する明刀銭のほかは貨幣以外の青銅器と土器をともなう場合のみをあげる。

　なお平壌を中心とする西地域では、木槨墓で細形銅剣群の青銅器に車馬具（青銅製・鉄製）、鉄製品（武器・利器）、中国鏡がともなうことがあるが、これらが細形銅剣群をともなわないことも多い。表8には細形銅剣群と土器をふくむ例のみをあげる。ただしこれだけを対象としては考察は不可能だから、4節では対象を木槨墓全体としている[註(1)参照]。

　南地域については、細形銅剣群を共伴せず銅鏡が土器を伴出する若干例もあげる。この地域の考察に必要だからである。

　なおこの表には、ただちに共伴とは考えがたい採集例や伝聞などによる不確実な例も参考のためにあげておく。

　2節以下で、これらの資料を次の地域区分にしたがって検討する。

　　東北地域：北部＝咸鏡北道
　　　　　　　南部＝咸鏡南道
　　西北地域：慈江道・平安北道
　　西地域：平安南道・黄海北道・黄海南道
　　中部地域：京畿道・江原道の西側
　　東地域：江原道の東側
　　南地域：西南地域＝忠清北道・忠清南道・全羅北道・全羅南道

134　第Ⅱ部　青　銅　器

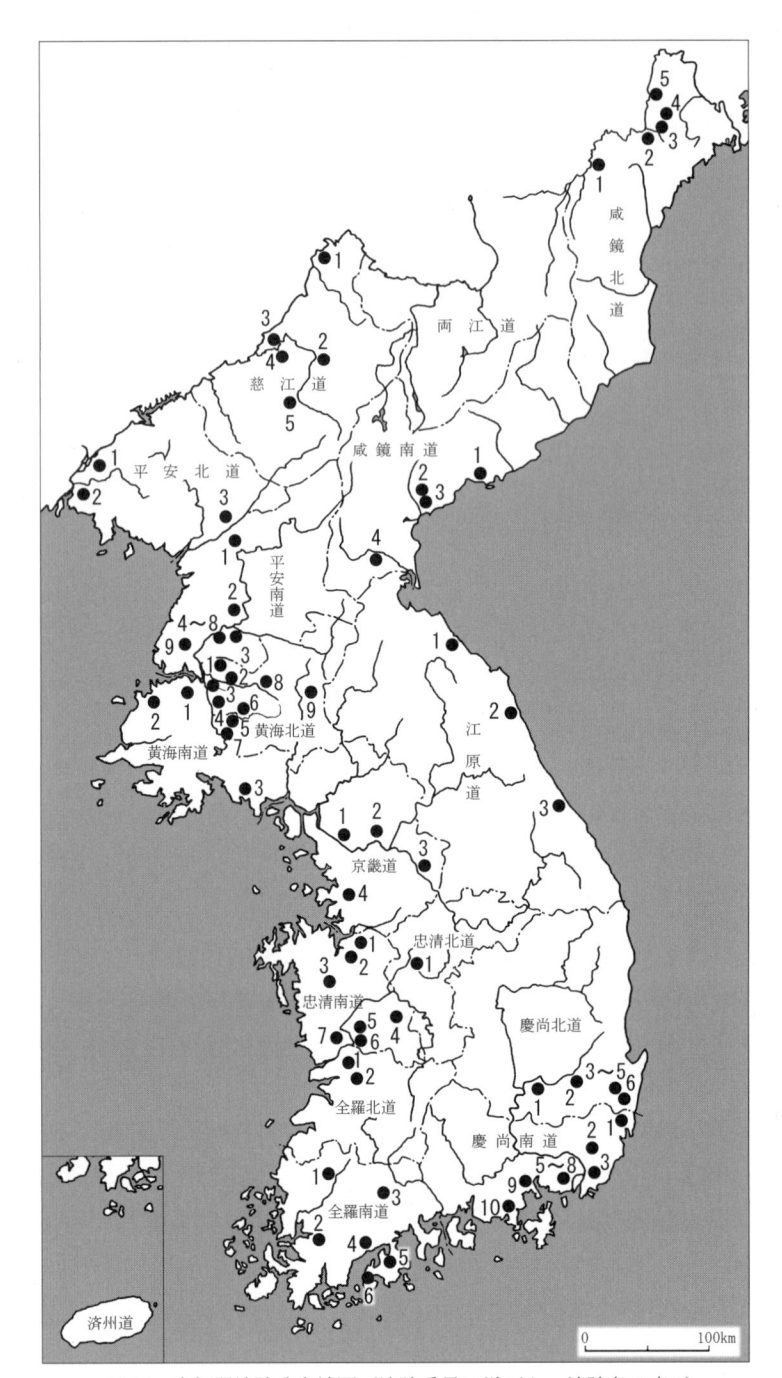

図 55　青銅器遺跡分布地図（遺跡番号は道ごと、遺跡名は表 8）

東南地域＝慶尚北道・慶尚南道

　なお無文土器の編年、年代については、とくにことわらない限り、筆者がこれまでに発表した見解にもとづく（後藤 1971・1973・1979・1980）。

表 8　青銅器と土器・石器の伴出例

No.	遺　跡	遺　構	土　器（土製品）	石　器（石製品）	青　銅　器	鉄器・その他	文献・備考
	咸鏡北道						
1	茂山郡 茂山邑 虎谷	19号住居址	無文土器（虎3期）	鏃、刺具、石斧、丁字形斧、玉環	銅泡石製模造品1		黄基德1975
		8号住居址	無文土器（虎4期）、紡錘車、土製ブタ・人形	鏃、槍、丁字形斧、石包丁、すりうす、	青銅垂飾品の土製模造品1	} 骨角器、卜骨	
		33号住居址			銅泡土製模造品1		
		50号住居址		石斧、網錘など	青銅塊1		
		5号住居址	無文土器（虎5期）、紡錘車、土製ブタ	鏃、丁字形斧、石包丁、石斧、網錘など	銅泡土製模造品1	鉄器片2 } 骨角器	
		28号住居址			〃　　　　　　1		
		38号・39号住居址			〃　　　　　　2		
		17号住居址	無文土器（虎6期）	丸石、分銅状石	腕輪数個、指輪1	斧5、鎌先？1、鉄包丁2、鎌1、釣針1	
		29号住居址			腕輪数個、五銖銭？1	斧1	
2	会寧郡 会寧邑 五洞	8号住居址（埋土）	無文土器（五洞2期）	黒曜石片、磨製石器、砥石	銅泡石製模造品1		考古学民俗学研究所1960
3	彰孝里 チョンニョン	埋葬址 人骨大人2個体、子供1個体	無文土器6	斧5、鑿1、鏃29、環状斧2、多頭斧1	腕輪1	骨器、動物骨	田寿福1960
4	旧鍾城郡 行営面 地境洞	表採	無文土器5	鏃、石包丁、剣、斧、すりうす	鏃1	骨針、貝玉	榧本1934b, 1935b
5	鍾城郡 三峰里	住居址	土器、網錘	鏃、槍、すりうす、丁字形斧、網錘など	銅泡鈴型1	骨鏃	榧本1968
6	羅津市 草島	第Ⅰ発掘地4号坑 地表下50cm	すぐぼに無文土器	紡錘車1、管玉4	鐸形鈴1、笠形飾金具1、指輪1、垂飾品1		黄基德1957a
		第Ⅱ発掘地 11号人骨			管玉1、銅小片2		考古学民俗学研究所1956
		第Ⅰ発掘地10号坑 地表下56cm			棒状銅器2、溶銅塊2	鉄塊大小52	
	咸鏡南道						
1	洪原郡 雲浦里	墓　人骨10余個体	無文土器5個体、破片多数	紡錘車	把頭飾		韓雪正1961、朴晋煌1974
2	咸興市 会上区域 梨花洞	土壙墓	無文土器2		細剣1、石製把頭飾1、支1、矛2、多鈕細文鏡2	斧1	安容谷1966b、朴晋煌1974
3	沙浦区域 湖上洞	不明	無文土器	斧1	細剣1（土器・石器と共伴でない）		韓雪正1961、朴晋煌1974
4	永興郡 永興邑	表採	永興邑形土器	鏃、槍、剣、石包丁、抉入片刃石斧、扁平片刃斧、斧、すりうす、環状斧、紡錘車	矛鋳型1（裏は飾金具の型）、鋳型2、鋳形鈴鋳型1、石製把頭飾1		徐国泰1965
		9号住居址			石製把頭飾1		
		2号住居址			鋳型破片1		

136　第Ⅱ部　青銅器

No.	遺跡	遺構	土器(土製品)	石器(石製品)	青銅器	鉄器・その他	文献・備考
	慈江道						
1	中江郡 土城里	包含層	魯南里型土器		腕輪1,五鉄銭1	斧,刀など	李柄善1961
2	江界市 公貴里	6号住居址区域内	公貴里型土器	あり	青銅器小片		考古学民俗学研究所1959c
3	時中郡 魯南里 南坡洞	上層(包含層)	魯南里型土器		鏃,腕輪,明刀銭,五鉄銭	斧,鎌,釣針,錐など	鄭燦永1965
4	豊龍里	箱式石棺墓	美松里型土器(壺1・甕1)	鏃片1,球形有孔石器1,管玉27	銅泡1		有光1941a
5	前川郡 前川邑	埋納址?(土器内)	縄席文土器		明刀銭1200枚以上		ユ・チョンシュン1957・1958
	吉祥牧場附近	埋納址?(土器内)	縄席文土器		明刀銭1500枚		
	平安北道						
1	義州郡 美松里	洞窟	美松里型土器多数,紡錘車1	斧1,鏃16,碧玉管玉1	扇形銅斧2	骨針1,青銅3	金用玕1963b
2	龍川郡 新岩里	第3地点第2文化層(包含層)	無文土器(新岩里Ⅱ)網錘,紡錘車,垂飾品,環	鏃,斧,石包丁,環状斧,碧玉管玉など	環頭銅刀子1,銅泡1		新義州博物館1967
3	寧辺郡 細竹里	第3文化層	灰色陶質土器(縄席文土器)(細竹里Ⅲ)		石製把頭飾1(12号住の上),鐔金具1(11号住),鏃鋳型1・青銅塊(第2地点作業場址),鏃(鉄茎),明刀銭,布銭	斧,鎌,刀,戈,戟,鑿など	金政学1964,金永祐1964b
	平安南道						
1	竹川郡 中西面 龍興里	箱式石棺墓(?)		石斧1,天河石製飾1	遼寧式銅剣1,刀子1		韓炳三1968
2	大同郡 龍岳面 上里(現在平城市)	木槨墓	縄席文壺1,花盆形甕1		細剣1,把頭飾1,剣柄1,車輿具1,銅鐸3(鉄合1),帯鉤1,円錐状鈴1	剣2,矛2,戟1,刀子4,斧2,鉇1,銛1	榧本1934a
3	平壌市 寺洞区域 金灘里	8号住居址	コマ形土器	石包丁4,鏃2,槍2,剣1,紡錘車4	鑿1		金用玕1964b
4	平壌市 楽浪区域 貞柏洞1号墓(夫租薉君墓)	木槨墓	縄席文壺1,花盆形甕1	玉製装飾品1	細剣1(鞘金具4,鐔金具1),石製把頭飾,矛1,鏃15,弩機2,小銅鐸12(鉄古14),車輿具,銅印1など	長剣2,短剣2(銅製鞘金具1,鍔金具1),長刀1,矛3,戟1,斧1,鑿1,申札,繻4,ガラス製装飾品	都宥浩1962b,考古学研究所1977a,詳細不明
	貞柏洞2号墓(高常賢墓)	木槨墓	花盆形甕2,壺1,白色壺1など		細剣1,蓋弓帽1,帯鉤1,日光鏡1,昭明鏡1など	鉄器,銅印1,漆器	考古学研究所田野工作隊1978
5	石岩里	木槨墓	花盆形甕2		細剣1(鞘に入っている),剣頭飾1,その他	短剣1,長剣1,車馬具,小多数	李淳鎭1964
	石岩里219号墓 王根墓	木槨墓	縄席文壺1(大),1(小)2,花盆形甕1,土器片5		矛1,銅鏃1,把頭飾1,鍔金具1,銅鐸1	矛1,戟1,劒1	白錬行1965
6	土城洞4号墓	木槨墓	縄席文壺1,花盆形甕1		細剣1,鞘金具1組,把頭飾1,銅鏃20余,星雲文鏡1,車輿具など	武器,車輿具など多数	榧本ほか1975
7	東大院区域	木槨墓	縄席文壺1(他に多数あった)		細剣1,童1,車輿具	刀1,車輿具など	金チョンヒョク1974
							藤田ほか1925

第7章 青銅器と土器・石器

8	東大院洞 許山	木槨墓	縄席文壺1,花盆形甕1		小銅鐸4(鉄本2),車輿具	野守ほか・神田1935
	梧野里22号墳					
9	江西郡 台城里 10号墓 西棺	木槨墓	縄席文壺1,花盆形甕1		細剣1,把頭飾1,鐸金具1,車輿具,皿破片	考古学民俗学研究所1959b
黄海北道						
1	黄州郡 黒橋里	不明(木槨墓か)	縄席文壺1,常黒色壺2,灰白色土器1		細剣1,把頭飾1,矛1,車輿具,五鉄銭2,鉇1	藤田・梅原・小泉1925
2	天柱里	不明(木槨墓か)	縄席文壺1	斧1(表採),片耳付壺	細剣1,車輿具	考古学民俗学研究所1959a
3	青龍里 鄭村	不明(木槨墓か)	破片	車軸頭1	細剣1,把頭飾1,車輿具	黄基徳1959a
4	沙里院市 上梅里	箱式石槨墓		鏃4	鏃1	考古学民俗学研究所1959a
5	鳳山郡 鳳山色 新興洞	7号住居址	コマ形土器	剣1,鏃2,槍1,斧1,扁平片刃斧1,すりうす2,石貨など	泡1	徐国泰1964
6	松山里 唐村	木槨墓	縄席文甕2,花盆形甕2		細剣1(鞘入り),鉇1,多鈕細文鏡1,斧1,鉇1,鋤(?)1	黄基徳1959a
7	ソルメコル	配石墓			斧1	同上
8	銀波郡 葛峴里 下石洞	木槨墓	花盆形甕1(他に3個体分)		細剣1,把頭飾1,矛1,弩機1,帯鉤1,車輿具	考古学民俗学研究所1959a
9	瑞興郡 泉谷里	石棺墓?		鏃7	細剣1,石製把頭飾1	白錬行1966
10	新渓郡 丁峰里	石棺墓		鏃6	細剣1,鏃1,斧1	考古学研究所1977a
黄海南道						
1	銀泉郡 銀泉邑 薬師洞	支石墓			鏃1	黄基徳1977,歴史研究所1979a
2	殷栗郡 雲城里 1号墓	木槨墓	青灰色土器1,縄席文壺1,破片2個分		細剣1,矛1,車輿具,小銅鐸4(石斧3,鉄舌三衡片1),五鉄銭1(馬鐸の細片)	考古学民俗学研究所1958b
	9号墓	木槨墓	縄席文壺1,花盆形甕1	砥石1,水晶玉1,玉2	細剣1,把頭飾1,鉇1,車輿具	李淳鎮1974b
3	延安郡 復興里 琴合洞	泥炭層	褐色土器(無文土器)1	斧2	遼寧式銅剣1	黄基徳1974
4	白川郡 大雅里	石棺墓		鏃	遼寧式剣1,鏃	歴史研究所1979b
京畿道						
1	高陽郡 元堂面 星沙里	無文土器遺跡表採			矛(?)鋳型(滑石製)	梅原1933b
2	楊州郡 九里面 四老里	割石積長方形石室	「漢式土器」1		細剣1,鉇1	横山1952・1953
3	楊平郡 介軍面 上紫浦里	1号支石墓	有孔口縁土器片,丹塗磨研土器1	紡錘車1,天河石製飾玉1	細剣1	秦弘燮ほか1974
4	伝水原郡餅店附近(現,華城郡合安面餅店里)	土壙	陶質の土棺		細剣1	藤田ほか1925
江原道						
1	通川郡 通川邑 鉢山	散布地,表採	土器片約12(黝色席目1片の他は無文土器)	剣1,鏃5,石包丁1,敲石1,環状斧1,両刃斧2,片刃斧1,石器原材?5	鏃鋳型(滑石製)1	沢1937

138 第Ⅱ部 青銅器

No.	遺跡	遺構	土器(土製品)	石器(石製品)	青銅器	鉄器・その他	文献・備考
2	高城郡 巨津面 巨津里	散布地	無文土器片,紡錘車1	剣1,鏃1,斧1,柱状片刃斧1,石匙1,紡錘車1	剣鋳型(滑石製)1		沢1937
3	江陵市 浦南洞	住居址	無文土器片	剣5,鏃10,斧4,石匙丁13,鎌(?)1,刀3,紡錘車9,すりうす4,石棒2,砥石1,円盤3,岩玉製品1	鏃1	鉄片,木炭	李蘭暎1964・1965
忠清北道
1	清原郡 飛下里	不明	黒色磨研壺1,粘土紐甕1,紡錘車1		細剣1		無署名1974
忠清南道
1	牙山郡 屯浦面 屯浦里	石室墓?	灰色の壺1		細剣1,矛1		藤田ほか1925
2	新昌面 南城里	石槨墓	黒色磨研壺1,粘土紐甕片5(口縁2,底部3)	天河石製飾玉1,凝灰岩製管玉103	細剣9,防牌形銅器1,剣把形銅器3,多鈕鏡粗文2,斧1,鑿1		韓炳三ほか1977
3	礼山郡 大興面 東西里	石槨墓	黒色磨研壺1,粘土紐甕1	鏃9,碧玉製管玉104,天河石製小玉22	細剣9,剣把形銅器3,ラッパ形銅器2,多鈕鏡粗文4,多鈕鏡素文鏡1,円蓋形銅器1		池健吉1978
4	大田市 槐亭洞	石槨墓	黒色磨研壺1,粘土紐甕1	鏃3,天河石製飾玉2,天河石製小玉50余	細剣1,防牌形銅器2,剣把形銅器3,多鈕鏡粗文2,小銅鐸2,円蓋形銅器1		李殷昌1968,韓国国立博物館1968
5	扶余郡 草村面 松菊里	石棺墓	松菊里型土器	剣1,鏃11,天河石製飾玉2,碧玉管玉17	遼寧式剣1,鑿1		姜仁求ほか1979
	55地区8号住居址				扇形銅斧鋳型1		金永培1975
6	蓮花里	石槨墓	土器2点(現存せず)		細剣4,多鈕粗文鏡1		金載元1964
7	南面 檜洞里	土中の幾枚かの板石の下	土器片(現存せず)		矛1		無署名1969a
全羅北道
1	益山郡 咸悦面 多松里	石槨墓	黒色磨研土器片2,無文土器片若干	管玉・扁平小玉110	多鈕鏡粗文1,円形銅器4,笠形金具1		全榮來1975b
2	八峰面 龍堤里 梨堤部落	不明	無文土器片3		細剣1,支1,鑿1,鉇1		金元龍1968
3	伝 全羅北道			鏃5	細剣1,石製把頭飾1,利器1,多鈕粗文鏡1		全榮來1977
全羅南道
1	光山郡 飛鴉面 新昌里	甕棺墓地	無文土器甕棺(牛角把手付)	鏃1,斧1	剣把把頭飾1(表採)	鉄片3	金元龍1964
2	伝 霊岩郡 霊岩邑附近	不明		鏃1,鑿1	多鈕細文鏡1		崔夢龍1975a
3	谷城郡 洪北里	B号支石墓	無文土器片2(石室内)"約30(積石外)		土製把頭飾1(積石外)		金載元ほか1967

No.	地域	遺構	土器	石器	青銅器	その他	文献
4	宝城郡 熊峙面 江上里	支石墓			細剣1		崔夢龍1975a
5	高興郡 豆原面 雲垈里	支石墓			遼寧式剣1		有光1959a
6	小鹿島	不明	土器1	鏃6,斧1	多鈕粗文鏡1		榧本1935a
慶尚北道							
1	大邱市 山格洞	散布地	無文土器,紡錘車,鍾など	剣,鏃,石庖丁,扁平片刃斧,抉入斧など	土製把頭飾1		尹容鎮1969
2	永川郡 漁隠洞	土壙墓?	土器(牛角形把手,口縁片)	砥石1	日光鏡2,四乳虺龍文鏡1,倣製鏡12,鏡片2,釧8,帯鉤2,飾鋲123,四葉透文円形金具2,平鐶1,動物形金具3など		藤田ほか1925
3	慶州市 東方里 (旧慶州郡 内東面)	包含層		剣1	剣(破片)(石剣と銅剣は地表下40〜50cmではなれて出土)		斎藤1936
4	九政里	土壙墓?		斧1	細剣1〜2,矛3+α,支1,双鈴2,小銅鐸1	素環頭大刀1,鍬形鉄器3,斧頭?1,斧3,鎌1	金元龍1953
5	朝陽洞	土壙墓	黒色磨研長頸壺4		小銅鐸2,多鈕素文鏡1,剣把1		韓柄三1980
6	月城郡 外東面 入室里	木槨墓か	小形鉢1,牛角形把手付小形鉢1	剣1,斧1	細文1,剣把1,矛2,支2,馬鐸5,小銅鐸2,銅棒1,各種鈴など	漆器片多数	藤田ほか1925
慶尚南道							
1	蔚山郡 下廂面 蒋峴里	散布地,表採	無文土器	剣,鏃,斧,石庖丁など	石製把頭飾1		金元龍1960b
2	梁山郡 下北面 芝山里	採集		剣,鏃	細剣1		金元龍1965b
3	釜山市 東莱区 長箭洞	支石墓		剣	石製把頭飾1		有光1959a
4	金海郡 大東面 礼安里	(不明)	土器		細剣2,鈴	武器	沈奉謹1980,詳細不明
5	金海邑 内洞	1号支石墓	黒色磨研長頸壺片1,丹塗土器片		細剣1		金廷鶴1976
6	会峴里	3号甕棺墓 1号甕棺墓		碧玉製管玉3	細銅剣2,鉈10,青銅品小片1		榧本1938・1957
7	長有面 茂渓里	支石墓	丹塗磨研土器	剣,鏃8,管玉3	剣2,矛2		金元龍1963b
8	酒村面 良洞里	土壙墓?	土器3(1は灰色縄席文らしい)		方格規矩四神鏡1,剣把頭1		朴敬源1970
9	昌原邑 鎮東面 鎮東里	石棺(支石墓か)	丹塗磨研土器片	剣1,鏃1	遼寧式剣1		沈奉謹1980
10	固城郡 固城邑 東外洞貝塚	包含層	赤色軟質土器,陶質土器		漢鏡片,把頭飾,広矛片	刀子,炭化米,ムギ,人骨,獣骨	金東鎬1975

2　地域ごとの検討

(1) 東北地域北部

　東北地域北部の青銅器出土遺跡は5～6ヵ所にすぎず、細形銅剣・銅戈は鍾城郡潼関里で1本ずつ出ただけである（朴晋煌 1974：179）。

　この地域の無文土器文化（青銅器時代～鉄器時代）の編年は、多くの住居址が層位をなす茂山邑虎谷遺跡・会寧邑五洞遺跡、雄基郡西浦項遺跡の調査にもとづいて行われている（表9）。絶対年代は別にして土器変遷の大綱はほぼ明らかである。

　虎谷遺跡では青銅器の土製・石製模造品、青銅塊、青銅製指輪・腕輪、五銖銭（？）が、第3～第6期に出土する（図57-2～12）。

　第3期の土器は褐色磨研土器で、折返し口縁や把手はまだ盛行していないが第4期の土器に近い（図56-1・2）。

　第4期の土器（同図3～7）は砂まじり胎土の黒色磨研土器と褐色磨研土器である。口縁を折りかえす二重口縁土器が多く（同図6）、大形甕には帯状把手が縦もしくは横に1対つく（同図6）。乳頭把手（同図5）、底部に1孔をもつ甑および高杯がこの時期にあらわれる。高杯の脚は低く、脚部に三角や四角の透口をもつものがある。なお第2期に盛行し、第3期にみられなかった赤色磨研土器が1点出ている。口頸部を欠く壺形で胴部に突帯をめぐらす（黄基徳 1975：図版 25-6）。

　第5期の土器（図56-8～14）は第4期の土器をひきつぐが、この時期の新しい変化として、大形の甕と帯状把手が衰退し乳頭把手（同図10）が多くなりはじめること、三角環状把手（同図12）や切株状把手付鉢（同図8）、また口唇状のひらたい横長の把手（同図13）の出現があげられる。口縁端のすぐ下に突帯状の段がつく甕（同図14）もこの時期の特徴である。甑には1孔のものと小孔が多数あくものがみられる。いずれも鉢状でボタン状把手が1対つく。この時期に鉄器があらわれる。

　第6期の土器（図56-15～20）は褐色、黒褐色、黒色で堅質になる。口縁部に段がつくものはない。深鉢状の甕には切株状把手が1対つく（同図20）。この把手は甑にもつく（同図19）。高杯は黒色磨研で双円錐状である（同図17）。この時期に石器はほとんど姿を消し鉄器が普及する。

　このような土器の変遷を西北～西地域の土器編年と対比すると、第4期の折返し二重口縁や帯状把手は公貴里型土器と共通する。第5期の乳頭把手の盛行は、公貴里型土器の新しいものや美松里型土器にもみられ、口唇状把手は美松里型土器に特徴的である。三角環状把手は西北地域の細竹里遺跡では美松里型土器のあとにあらわれるものである。西北～西地域における鉄器の盛行は灰色陶質土器の時期からである。これらの点から虎谷第3～6期は西北地域の公貴里型土器、美松里型土器をへて縄蓆文土器の時期に平行すると考えられる。

　五洞遺跡の8号住居址埋土では、銅泡状の碧玉（？）製品が出た（図57-1）。埋土の土器は把手が未発達な褐色土器で、虎谷第3期にほぼ平行する。

第7章 青銅器と土器・石器 *141*

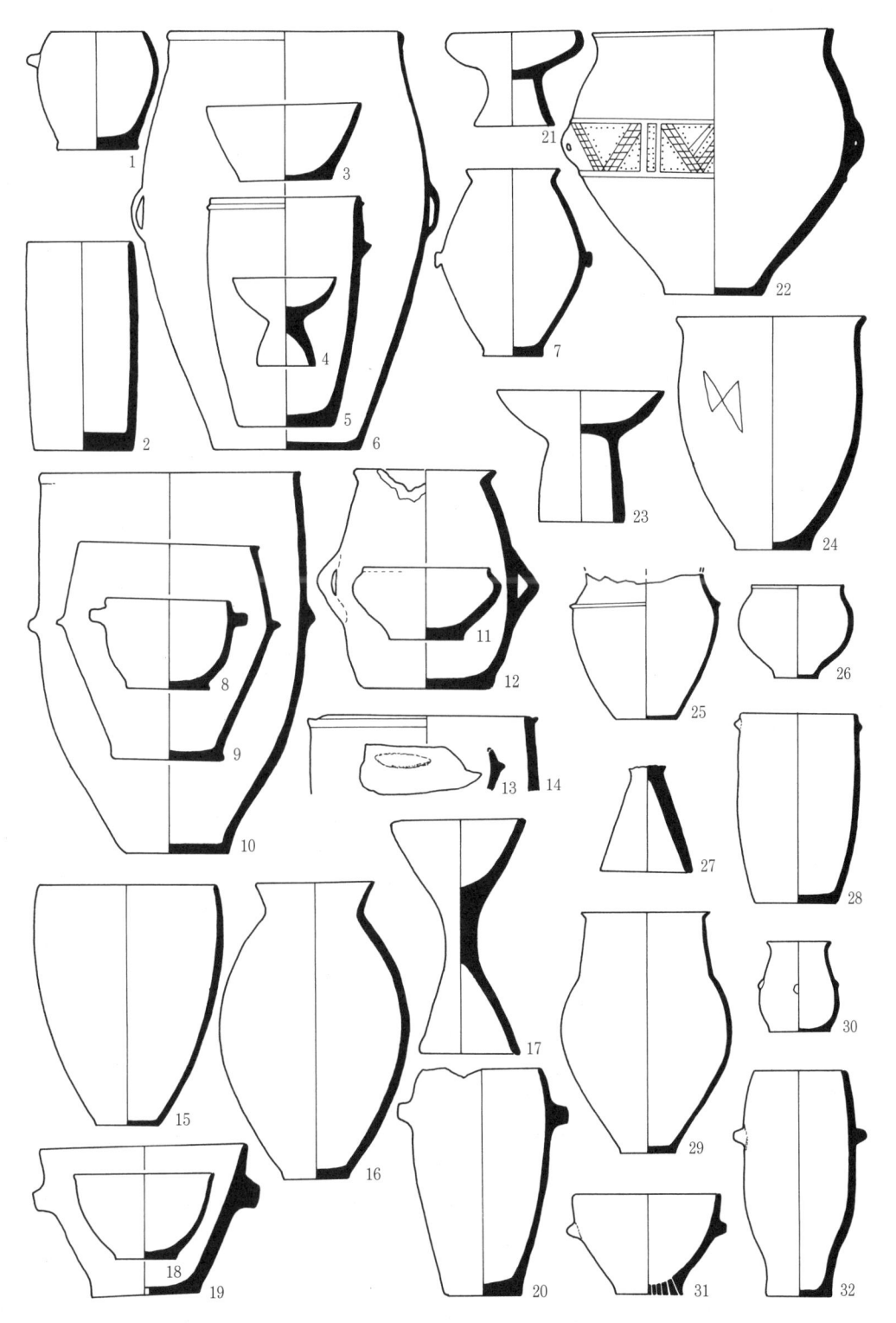

図56 東北地域北部の無文土器（1）

1・2：虎谷遺跡第3期層　　3～7：同第4期層　　8～14：同第5期層　　15～20：同第6期層　　21～32：草島遺跡（21～23・25・26は丹塗磨研土器）

〔縮尺　1～5・8・9・11～14・21～24・27・28：約1/6、6・7・10・15・16・25・26・29～32：約1/12、他は不明〕

142 第Ⅱ部 青銅器

表9　東北地域北部の無文土器編年

(1) 黄基徳（1970）の編年

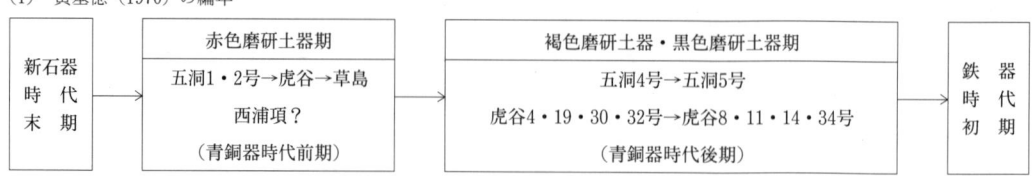

| 新石器時代末期 | → | 赤色磨研土器期
五洞1・2号→虎谷→草島
西浦項?
（青銅器時代前期） | → | 褐色磨研土器・黒色磨研土器期
五洞4号→五洞5号
虎谷4・19・30・32号→虎谷8・11・14・34号
（青銅器時代後期） | → | 鉄器時代初期 |

(2) 黄基徳（1975）の編年〔新石器時代末～鉄器時代初期〕

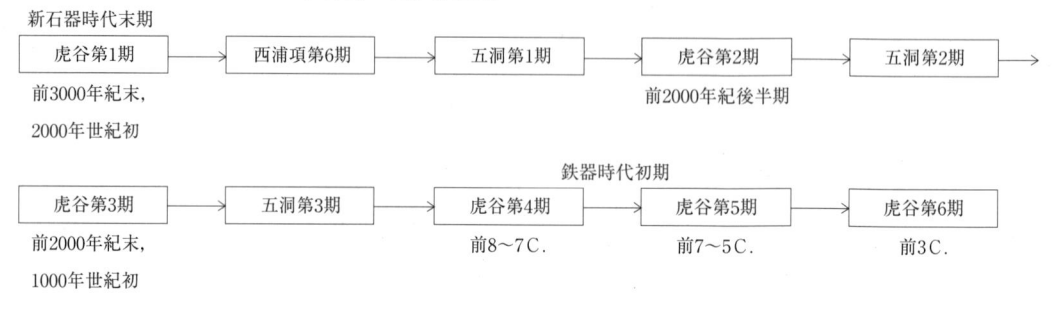

新石器時代末期
虎谷第1期 → 西浦項第6期 → 五洞第1期 → 虎谷第2期 → 五洞第2期 →
前3000年紀末，　　　　　　　　　　　　　　　前2000年紀後半期
2000年世紀初

　　　　　　　　　　　　　　　　　　　鉄器時代初期
虎谷第3期 → 五洞第3期 → 虎谷第4期 → 虎谷第5期 → 虎谷第6期
前2000年紀末，　　　　　　　前8～7C.　　　前7～5C.　　　前3C.
1000年世紀初

(3) 考古学研究所（1977b）の編年〔青銅器時代〕

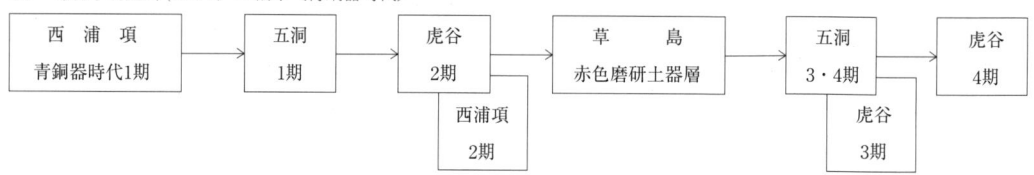

西浦項
青銅器時代1期 → 五洞
1期 → 虎谷
2期 → 草　島
赤色磨研土器層 → 五洞
3・4期 → 虎谷
4期
　　　　　　　　　　　　　　　　　西浦項
2期　　　　　　　　　　　　　　　虎谷
3期

(4) 歴史研究所（1979a）の編年〔青銅器時代～鉄器時代〕（一部略）

B.C.2000年紀前半	B.C.2000年紀後半	B.C.1000年紀前半	
西浦項第6期－五洞第1期	西浦項第7期－五洞第2期	五洞第3期	
	虎谷第2期　　　虎谷第3期	虎谷第4期	虎谷第5期
青　銅　器　時　代			鉄　器　時　代

(2)～(4) の五洞1、2、3期はそれぞれ (1) の五洞1・2号住居址、4号住居址、5号住居址をさす。
(2)・(4) の西浦項第6期、第7期はそれぞれ (3) の西浦項青銅器時代1期、2期をさす。
(1) の青銅器時代前期の虎谷は、(2)～(4) の虎谷第2期をさす。虎谷4号住居址以下と8号住居址以下はそれぞれ (2)～(4) の虎谷3期、4期をさす。
赤色磨研土器は丹塗磨研土器。

　草島遺跡の土器は層や遺構ごとの差異の有無が明らかでない。しかし他遺跡の土器と比較すると少なくとも時期がことなる2群にわけられる。ひとつは丹塗磨研土器、黒色で彩色した土器、幾何的な刻線文をもつ土器の一群である（図56-21～26）。これらは沿海州の貝塚文化期の土器と同類である（アンドレーエフ1958、Andreyev1964）。もうひとつは虎谷の第5～6期の土器と同じ黒色磨研土器の一群で（図56-27～32）、前者よりおくれる。

　草島遺跡の丹塗磨研土器は突帯文や刻線文を併用するものもあり（図56-22）、西浦項6期、五洞1期、虎谷2期の丹塗磨研土器とことなる。この地域の丹塗磨研土器の中では後出的と考えられる（表9-(1)・(3)）。

　突帯をもつ丹塗磨研壺（図56-25）と同じものが虎谷第4期の8号住居址で出ていることは前にの

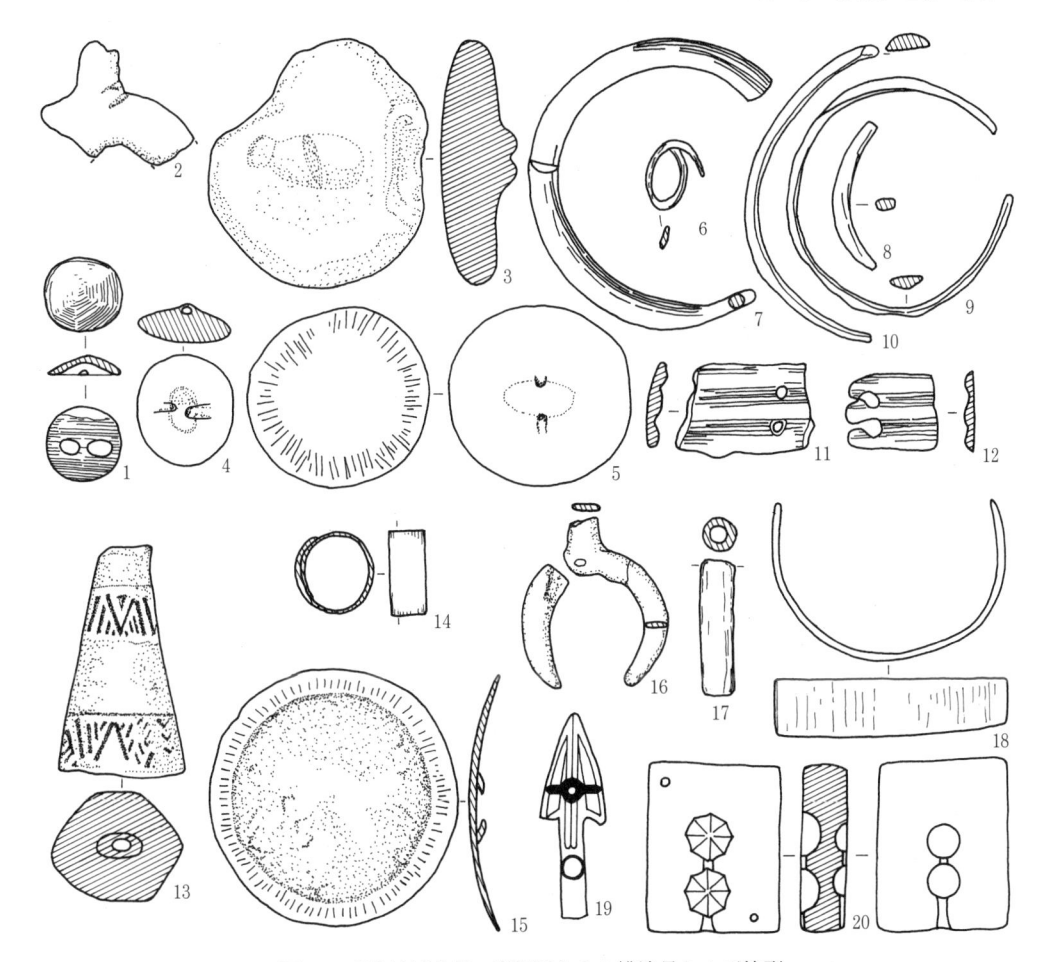

図 57 東北地域北部の青銅器とその模造品および鋳型
1：五洞遺跡　　2・3：虎谷遺跡第4期層　　4・5：同第5期層　　6〜12：同第6期層
13〜17：草島遺跡　　18：彰孝里遺跡　　19：地境洞遺跡　　20：上三峰遺跡
〔縮尺 1・6〜12：約2/3　　13〜18・20：約1/2　　2〜5：不明〕

べた。これから草島の丹塗磨研土器の時期の一端を虎谷第4期平行とみておく。

　草島遺跡の青銅器は2群にわけたどの土器にともなうだろうか。

　鉄器小片とともに出土した棒状青銅器と溶銅塊が黒色磨研土器の一群にともなうことは確かである。紡錘車や管玉とともにまとまって出土した鐸形鈴、笠形飾金具、垂飾品、指輪（図57-13〜16）を報告者は副葬品ではないかとみる。これらといっしょに土器2点が出土したというが、どのような土器か明らかでない。垂飾品と同形の土製品は虎谷第4期に出ている（図57-2）。指輪は虎谷第6期のもの（同図6）に近い。鐸形鈴は同型品の鋳型が咸鏡南道永興邑遺跡にあり（図64-14）、これは同遺跡の土器から公貴里型土器、美松里型土器平行期と考えられる。こうした点からこの一群の青銅器は虎谷第4期前後で、丹塗磨研土器の一群にともなうと考える。

　幼児骨に副葬されていた銅製管玉（図57-17）と銅器小片も土器をともなっていない。別の10号人骨には口縁上面が楕円形の丹塗磨研鉢を副葬しており、本遺跡出土人骨14体すべてが同時期とすればこの青銅器も丹塗磨研土器の一群にともなうとみられる。

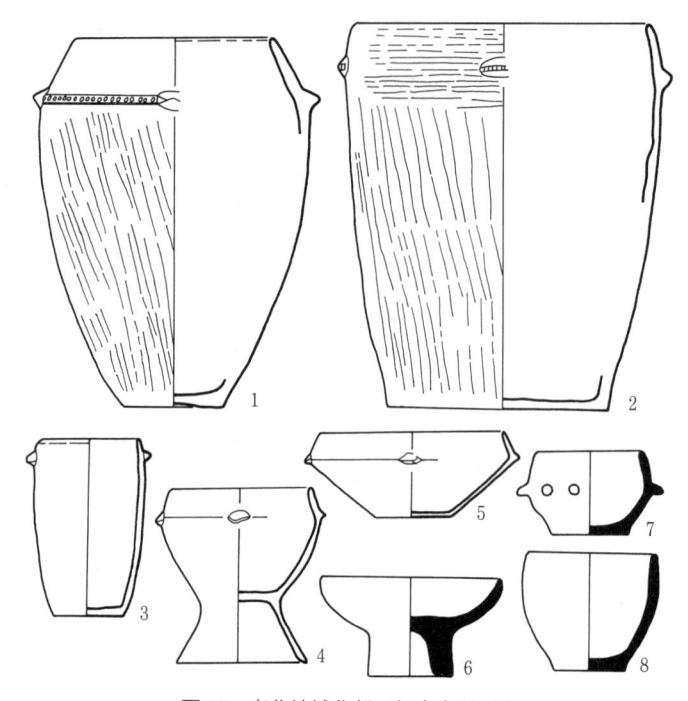

図 58 東北地域北部の無文土器（2）
1〜5：地境洞遺跡　　6〜8：彰孝里遺跡　　〔縮尺 1〜5：約1/12　6〜8：不明〕

　彰孝里の青銅腕輪（図57-18）は幅が約1.5cmの青銅板をまげたもので、虎谷第6期の溝2条と孔のある破片（同図11・12）と同じつくりだが、それより古そうである。伴出した土器（図58-6〜8）には高杯があり、瘤状突起7個をもつ鉢（同図7）は他に類例がないが、突起を4個以上付ける点で地境洞の鉢や高坏に近い（同図4・5）。石器には多頭石斧、環状石斧などがある。いずれもこの地域には少ない石器だが、虎谷遺跡では第3期の住居址で環状石斧が出土し、草島遺跡にも1点ある。石鏃のうち図示された2点の形態は虎谷第3期層のものに近い。現状では時期を判断しがたくこの地域の青銅器時代後半としておく。

　三峰里では銅泡の両面鋳型1点が採集されている（図57-20）。この遺跡で採集された土器のうち公表された2点は高杯と甑である。甑は虎谷第5〜6期、草島のそれと完全に同じである（図56-19・31）。またかつての採集品には口縁下部に刻目突帯をめぐらす破片、横長の口唇状把手をつける破片がある（八木1938：第42図）。前者は五洞第3期の甕に、後者は虎谷第5期にみられる。鋳型の時期はこの地域の青銅器時代後半と考えておく。

　地境洞で採集した有茎両翼形の銅鏃は鏃身に鎬と樋がある（図57-19）。茎部が袋状になる点は、各地で出土する有茎有翼鏃とことなる。これと同時に採集された土器、石器はないが、別の時に各種の石器が採集され、また埋葬人骨も1体分発見されている。

　また1940年には径3〜4mの円形（?）竪穴住居址が調査され、土器が出土している（図58-1〜5）。このうち瘤状把手1対をもつ甕（同図3）は草島遺跡に同形のものがある（図56-28）。高杯と鉢には横長の把手が4個つく。大形甕のうち1点にも同様の把手が4個つき、それぞれの間に刻目突帯をめぐらす（図58-1）。もう一つの大形甕には刻目を入れた横長の把手がつく（同図2）。横長の把手は虎

谷第5期層と共通し、刻目突帯は五洞遺跡第3期にみられる。横長の刻目付把手は慶源郡鳳山里円峰山A地点に類例がある（田寿福1960：図3）。

これらをとおして以上の土器はこの地域の青銅器時代後期から鉄器時代初期に属すると判断できる。銅鏃もほぼこの時期であろう。

これら東北地域北部の数少ない青銅器は五洞遺跡第2期から虎谷遺跡第3期以降に属する。表9-(4)の編年表に従えば、青銅器時代後期から鉄器時代にかけてである。ただしこの表の実年代には従うわけにはいかない。

虎谷6期は鉄器が渭原龍淵洞の鉄器と共通するから、紀元前2世紀はじめ以降、第5期はそれに直接先行し紀元前3世紀と考えられる。第4期以前の実年代を知る手がかりはないが、西北地域の美松里型土器の新しいもの（細竹里II$_3$）に平行で、紀元前4世紀頃とみる。

(2) 西北地域

この地域の青銅器出土地は平安北道で3ヵ所、慈江道では4ヵ所しられている[3]。このうち3ヵ所では明刀銭も出土する。このほかに明刀銭が単独であるいは他の貨幣や鉄器などとともに出土する遺跡は10数ヵ所ある。

青銅器は細竹里遺跡の石製把頭飾と鐔金具をのぞくと細形銅剣群とはことなる。

この地域でもっともさかのぼる青銅器は、新岩里遺跡第三地点第二文化層で新岩里II類土器とともに出土した環頭刀子と銅泡である（図59-1〜7）。このような環頭の刀子は遼寧省朝陽の十二台営

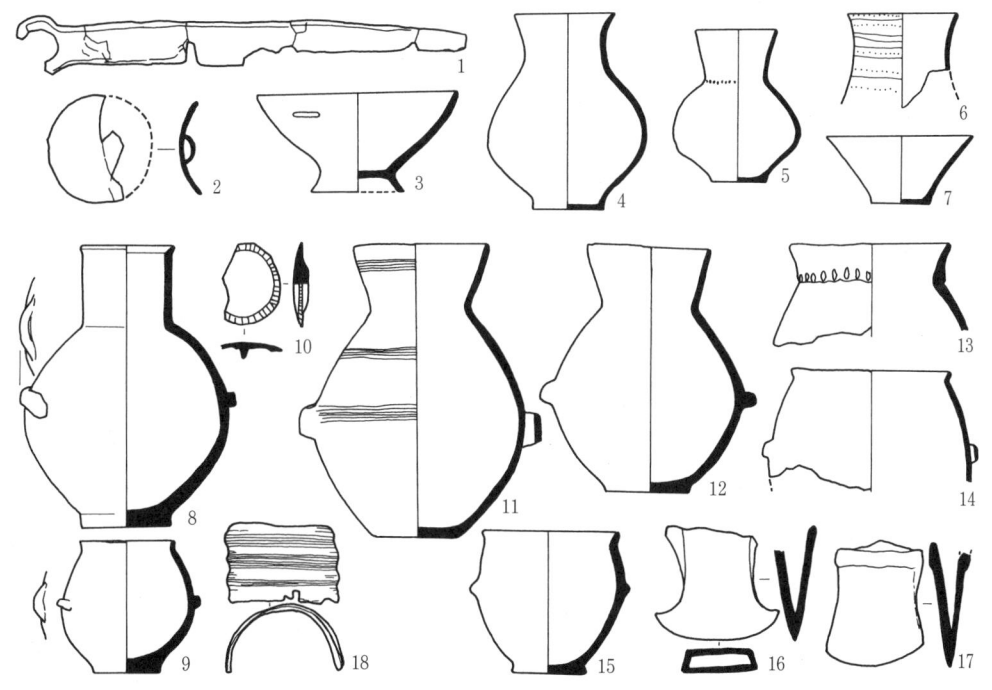

図59 西北地域の青銅器と土器
1〜7：新岩里遺跡第3地点第2文化層　　8〜10：豊龍里石棺墓　　11〜17：美松里遺跡　　18：土城里遺跡
〔縮尺　1・2・10・16〜18：約1/3　　他は約1/6〕

子2号墓に出土例がある（朱貴1960：図版5-2）。新岩里Ⅱ類土器は美松里型土器に先行し、鴨緑江中流域の公貴里型土器の古いものと平行する。この地域の無文土器としてはもっとも古い。

公貴里遺跡出土の青銅器小片は、1.9×1.7×0.2cmの青銅小片に残存長0.3cmの釘状の青銅をさしこんでいる。全形はわからない。これは6号住居址上の地表下28cm（住居址床面は地表下130cm）で出土した遊離品だが、この遺跡の土器は公貴里型だけで、この土器にともなうと思われる。公貴里遺跡の土器は公貴里型土器の中では新しく、美松里型土器の古い方に平行する。

美松里遺跡では扇形銅斧2点が美松里型土器とともに出土した（図59-11～17）。美松里型土器は横位の帯状把手、瘤状把手、口唇状把手を胴部にもつ。壺は無文のものと沈線帯を何条かめぐらすものがあり、時期がくだるとM字形の沈線帯を施文することがある（墨房里型）。甕には口縁を肥厚させその下端に刻目をつけるものがある。美松里型土器は朝鮮半島では鴨緑江下流域から清川江流域にひろく分布し、吉林省では西団山遺跡などの箱式石棺墓に副葬され（東北考古発掘団1964）、遼寧省では琵琶形銅剣に伴出する。扇形銅斧もまた琵琶形銅剣とともに出土する遺物で、美松里遺跡の銅斧も遼寧青銅器文化の産物である。

鴨緑江中流域の支流、禿魯江岸の豊龍里では箱式石棺墓に銅泡が副葬されていた（図59-10）。伴出した土器は、退化した帯状把手がつく壺と甕である（同図8・9）。壺の頸は直立しているが美松里型土器の後出型式とみられる。甕は美松里遺跡出土品と形態が同じである。

銅泡は遼寧省沈陽市鄭家窪子第3地点6512号墓で、弓嚢と被葬者の皮靴にとりつけられた状態で多数出土し、本来のもちい方が明らかになった。径1.7～2cmの小形品、2.4cmのもの、4.5cmの大型品がある（瀋陽市故宮博物館ほか1975）。しかし朝鮮半島の西北、東北地域では宝器的に扱われ、また石製・土製模造品がつくられたのである。

魯南里南坡洞遺跡では高句麗古墳群の下に2枚の文化層がある。下層は公貴里型土器層である。上層では多くの鉄器とともに銅鏃、青銅腕輪、明刀銭、五銖銭が出土した。銅鏃・腕輪の形状、大きさは不明である。この層の土器は魯南里型土器で、帯状把手のつく褐色磨研土器、灰色土器（縄蓆文はない）、黒色磨研土器などがある。

これと同じ土器を出すのが土城里遺跡である。ここの第1・2区では公貴里型土器を出す住居址の上に魯南里型土器の住居址2軒が重なりあい、第3区・第4区にもこの土器の層がある。ここから多くの鉄器とともに青銅腕輪と五銖銭が出ている。腕輪は、三条の凹線のある幅3cmの青銅板を径4.5cmにまげたもので、虎谷第6期層の腕輪と同類である（図59-18）。魯南里型土器の時期は、鉄器をとおして東北地域北部の虎谷第5・6期に平行し、清川江流域の細竹里Ⅲに平行する。

細竹里遺跡は、櫛目文土器層（細竹里Ⅰ）、無文土器層（細竹里Ⅱ、これは細竹里Ⅱ$_1$＝新岩里Ⅱ平行、細竹里Ⅱ$_2$・Ⅱ$_3$＝美松里型土器層にわかれる）、灰色陶質土器層（細竹里Ⅲ）の3層からなる。細竹里Ⅲの土器はロクロを使用しない滑石混入胎土のもの（大部分無文）とロクロ成形の縄蓆文土器である。壺、甕、鉢、高杯、盤などがあるというが、具体的な形は明らかでない。

細竹里の青銅器はすべて細竹里Ⅲ層で出ている。この中には石製把頭飾、鐔金具のように細形銅剣に関連するものがある。銅鏃は鉄茎の三稜鏃で、三稜鏃とみられる石製鋳型もある。このほかに明刀銭多数が縄蓆文土器の中やピットから出ている。貨幣には布銭もある。この層では、鍬、ホミ、

鎌、斧、鑿、刀子、戈などの鉄器が多数出土している。細竹里Ⅲの年代は紀元前 2 世紀で、上限は紀元前 3 世紀にあがる。

　この遺跡の土器で注意をひくのは、黄基徳が細竹里ⅡとⅢの間に入るとした三角環状把手や脚の高い高杯・抉入片刃石斧である（黄 1966）。この種の把手は少ないながら西地域にもみられ、細竹里Ⅱ₂・Ⅱ₃（美松里型土器）や西地域のコマ形土器と縄蓆文土器の間をうめる土器と考えられる。この土器を「明砂里型」と仮称しよう（次節参照）。また東北地域の虎谷第 5 期の三角環状把手とも同じで、時期もほぼ同じである。

　この地域の多数の明刀銭遺跡のうち、縄蓆文土器の中から明刀銭が出たのはこの細竹里と慈江道前川邑遺跡である。前川邑では 1952 年に板石でふたをした縄蓆文土器（高さ 30cm・径 20cm）の中から明刀銭 1200 枚がみつかり、1957 年には高さ 50cm、径 40cm の縄蓆文土器の中から 50 枚ずつたばねた明刀銭が 1500 枚出土した。

　この地域では紀元前 3 世紀以降、鉄器が普及し明刀銭が流入する。土器は鴨緑江下流域から清川江流域では縄蓆文土器にかわるが、鴨緑江中流域、禿魯江流域では無文土器系の魯南里型土器となる。それ以前は公貴里土器と美松里型土器がひろく分布するが、とくに美松里型土器は遼寧青銅器文化の土器と同種で、その分布範囲はきわめて広い。しかしこの時期の青銅器は銅泡と扇形銅斧だけで、琵琶形銅剣は発見されていない。これと平行する時期の西地域以南には琵琶形銅剣が入っていることと対照的である。これに先行するのは新岩里の刀子と銅泡であるが、これらも遼寧省地域との関連のもとに出現したことはいうまでもない。

(3) 西　地　域

　この地域は細形銅剣文化の中心地域のひとつで青銅器出土遺跡はきわめて多い。朝鮮青銅器のうち細形銅剣の 30％以上、銅矛の 25％以上、銅戈の 25％以上、小銅鐸の 80％以上がこの地域で発見されている。ただし多鈕鏡は 20％未満である。このほかに遼寧式銅剣、中国式銅剣、戦国式銅戈が数口ずつ出土している。

　これとはべつに伴出する土器・石器、出土遺構（墓）の構造から、細形銅剣盛行期以前に属することが明らかな青銅器も存在する。そのなかには一部の細形銅剣もふくまれる。

　この地域の無文土器はコマ形土器で、多くの生活址が調査されている。この時期の墓は支石墓や箱式石棺墓である。コマ形土器は美松里型土器との共伴（細竹里遺跡、黄海北道黄州郡高淵里遺跡 3 号住居址（李キリョン 1980：99））により、西北地域の美松里型土器と平行することが確かめられている。

　コマ形土器と灰色縄蓆文系土器との間には、黄海北道御水区支石山（黄基徳 1959a）や黄海南道信川郡明砂里（都宥浩 1962a）の土器のような三角環状把手や棒状把手のつく無文土器が存在する。これは前節でのべたように細竹里遺跡で細竹里ⅡとⅢの間に入ると考えられた無文土器と共通する（明砂里型土器）。ただしこの土器が系譜的に灰色陶質土器につながっていくとは考えられない。

　コマ形土器文化期の青銅器には鑿（金灘里遺跡）、銅泡（新興洞遺跡）、鏃（上梅里箱式石棺墓、薬師洞支石墓）がある（図 60）。

148 第Ⅱ部 青銅器

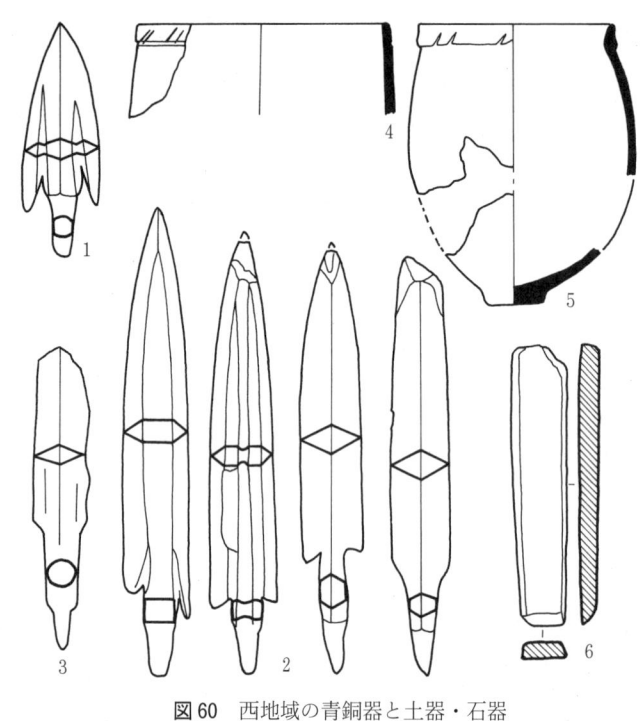

図60 西地域の青銅器と土器・石器
1・2：上梅里石棺墓　　3：薬師洞支石墓　　4〜6：金灘里遺跡8号住居址　　〔縮尺 1〜3・6：約2/3　4・5約1/6〕

　金灘里遺跡の銅製鑿（同図6）は頭部側が破損しており、現長5.6cm、幅1cm、厚さ4mmで、一端に片刃をたてる。背面の両側縁に鋳痕が残る。鋳型が2枚あわせか単范かは明らかでない。類例はない。新興洞遺跡の銅泡は腐蝕がはなはだしく、とりあげ不可能であったという。直径は2.5cmであった。両遺跡とも、コマ形土器遺跡のなかでは古い方に属する（同図4・5）。

　上梅里の4基の箱式石棺墓のうち、銅鏃を副葬した箱式石棺墓は、厚さ3〜4cmの4枚の粘板岩板石で四壁を組み、床には板石を敷き、長さ145cm・幅60cmの蓋石をかぶせる。内法は長さ136cm・幅42cm・高さ58cmである。これは、三上分類（三上1961：610）のⅠ型式で、西北〜西〜中部地域の箱式石棺墓に通有の形態である。遺物の出土状態は明らかでない。銅鏃は有茎両翼で鏃身には鎬と樋がつく（同図1）。この銅鏃の鏃身は、江原道鉢山採集の鋳型に彫った鏃型（図65-8）と同形同大である。これに伴出した石鏃（図60-2）はいずれも有茎鏃で（長さ8〜9cm）、茎は2段につくる。鏃身断面は菱形、扁平六角形、および中央に溝をもつ扁平六角形である。このような石鏃はこの地域の箱式石棺墓や支石墓に副葬されており、長さの短いものはときにコマ形土器住居址で出土する。

　薬師洞支石墓の報告はなく、支石墓の構造、銅鏃以外の遺物の有無は明らかでない。銅鏃（同図3）は先端部を欠くが、茎を2段につくり、柳葉形の長い鏃身は断面が菱形である。鎬の両側に樋をあらわすような線（細い刻線？）がみえる(補記1)。同じ形態とみられる銅鏃は東南地域の茂渓里支石墓で出ている（図69-6）。上梅里などで出土した石鏃とは同形同大である。

　上梅里と薬師洞の銅鏃は出土遺構と伴出石鏃からコマ形土器文化の所産である。しかしコマ形土器文化の中での編年的位置づけは明らかでない。

　西地域では琵琶形銅剣が数本発見されている。このうち出土状況と伴出遺物がわかっているのは次の3例である。

　龍興里で青銅製刀子、天河石製飾玉、石斧を伴出した琵琶形銅剣は箱式石棺墓で出土したといわれる（図61-1〜4）。しかし墓の構造や出土状態などはわからない。この銅剣（剣身）は秋山分類のⅡ式（秋山1968）、林澐分類の剣身第2類（林澐1980）に相当し、琵琶形銅剣としては新しい形態である。剣柄、把頭飾を欠くことはもとからないのか失われたかである。刀子は刃部の幅が広く先端が少し

そりかえる。柄部にコ字形の突起が2つつく。刃部断面をみると単范鋳造のようである。この刃部とほぼ同じ形の刀子は遼寧省の十二台営子1号墓で出土している（朱貴1960）。これも刃部断面をみると単范鋳造のようである。

砂岩製蛤刃石斧は断面が長方形に近い。西北〜西地域の蛤刃石斧は長方形断面形のものが多く、これもそれらの石斧と同類である。この遺跡の近くでは細竹里遺跡9号住居址（細竹里II₃）でこれとほぼ同形態の石斧が出土している。

半月形2孔の飾玉は南部地域の天河石製飾玉（勾玉状1孔）とはことなる。類品はさきにふれた遼寧省瀋陽市鄭家窪子第3地点6512号墓で出土した。やや形がことなるが2孔のものは忠清南道牙山郡白岩里で無文土器（長頸壺、鉢）とともに出土している。半月形1孔の飾玉は京畿道上紫浦里1号支石墓で、古式の細形銅剣に伴出している（図65-4）。

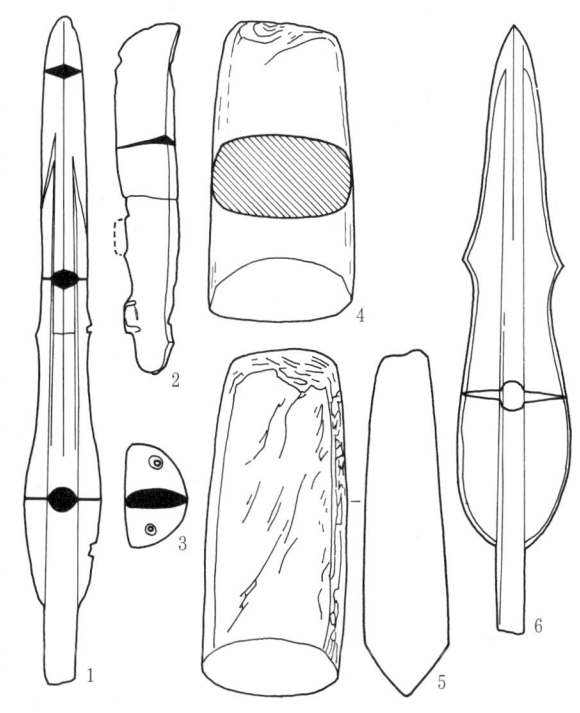

図61　西地域の青銅器と石器
1〜4：龍興里遺跡　　5・6：琴谷洞遺跡　　〔縮尺 約1/3〕

琵琶形銅剣のもうひとつの例は黄海南道琴谷洞遺跡出土品である（図61-5・6）。出土状況は「琵琶形銅剣とそのほかの遺物は厚く堆積した泥炭層内で出たというが、その深さはおおむね地表下140〜180cm、泥炭層がはじまるところから100〜140cmにあたる。まず石斧（1個）が出土し、その下で琵琶形銅剣（1本）が出た。またそこには長さ174cmの太い丸太が立っており、そのかたわらに長さ100cmに切った細い丸太がいくつも積んであったという。そしてこの丸太のまわりから頸の小さい褐色の壺（高さ約20cm）1個とキビの皮のようなものが出、そこから4〜5mはなれて木柄のついた石斧、石鏃などの遺物が出たという」（黄基徳1974：157）。報告者はここに杭居がたっていたとみる。

またここから20〜30mはなれた泥炭層内では細形銅矛1本が出ている。近藤分類（近藤1969）の狭鋒銅鉾a型式である。矛と琵琶形銅剣の関係は明らかでない。

この琵琶形銅剣（図61-6）は、もっとも典型的なもので、型式的には龍興里出土品に先行する。石斧は2点とも断面が長方形に近い。銅剣のすぐ上で出た石斧は蛤刃であり、木柄のついていた石斧（同図5）の刃は断面クサビ形で、類例は黄海南道石橋里のコマ形土器住居址で出ている（黄基徳1963b）。

琴谷洞の東北20数kmの白川郡大雅里では箱式石棺墓で琵琶形銅剣、銅鏃が出土したというが、ごく最近の発見らしくくわしい報告はない。遺構が箱式石棺墓で石鏃をともなうことから龍興里と同じ性格と考えられる。

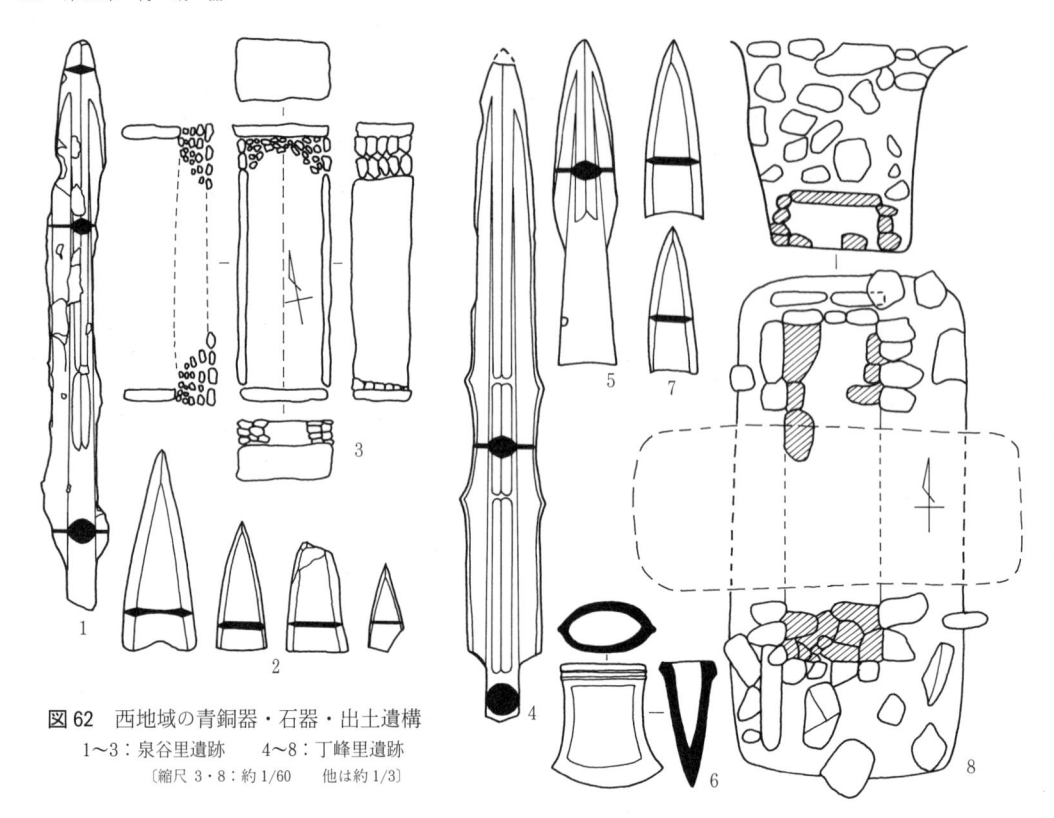

図62 西地域の青銅器・石器・出土遺構
1〜3：泉谷里遺跡　　4〜8：丁峰里遺跡
〔縮尺 3・8：約1/60　他は約1/3〕

　これらの琵琶形銅剣の時期がコマ形土器文化期であることは、出土遺構・伴出品から明らかである。先にのべた銅鏃などとの先後関係を直接知る手がかりはないが、青銅器そのものからはこれらよりおくれる可能性が強い。しかしこれからのべる細形銅剣には先行する。
　なお戦国式銅戈は出土遺構が明らかでなく、土器や石器との共伴例もない。中国式銅剣はあとでのべる孤山里で銅剣、銅斧とともに出土している。
　細形銅剣群の青銅器の大部分は木槨墓の副葬品として出土するが、これとは別の種類の墓で出土する例が少数ながらある。それらは石墓と土壙墓である（考古学研究所 1977a：21-33）。現在、細形銅剣を出す石墓は3ヵ所しられている。いずれも土器は出土していないが2ヵ所で石鏃をともなっている。
　泉谷里の石墓は箱式石棺墓状である（図62-3）。四壁にそれぞれ1枚の板石をたてるが、南短壁は板石の下に石塊をつみかさね、東西両長壁の北壁側は板石のたりない部分に石塊をつみかさねて壁とする。床は拳大の石と砂をまぜた層で、その下は石塊・粘土・砂をまぜてかため、さらにその下に石塊をしく。床面は 210×64cm である。この石棺状遺構の内部には灰白色の腐蝕土がつまっており、蓋石はなかった。封土はなかったと報告されているが墓壙については明らかでない。
　この墓は大きさの点ではこの地域の箱式石棺墓よりはるかに大きい[4]。また蓋石がなく内部に腐蝕土がつまっている点、墓内部東南側でまとまって出土した遺物が、漆のようにみえる樹脂の膜の上にあったことなどから、箱式石棺墓とは別種の墓とみるべきである。内部に木棺をおさめる石槨墓の可能性が強い。

銅剣は節帯以下に鎬がなく（図62-1）、把頭飾は十字形体部に方柱状突起がつく。石鏃（同図2）は基部がまっすぐないし少し凹入し、断面は扁平六角形で、1点はその中央がくぼむ。大きさは約4cmから8cmまでまちまちである。西地域の無茎石鏃は有茎石鏃にくらべ少ないが、その形態は泉谷里や次にのべる丁峰里の石鏃と同じものが多い。また西南地域で銅剣や多鈕鏡に伴出する石鏃がこれらと同形態である。

丁峰里の石墓についてのくわしい報告はないが、図から判断すると次のような構造である（同図8）。上面で約3.9×1.9m、深さ1.6mの長方形土壙（南北長軸）を掘り、底面幅は1.1mになる。土壙の床に石塊を積んで、内法が約2.7×0.8m、高さ30数cmの石槨をつくり、石槨に板石で蓋をする。その上および石槨と土壙のあいだには石塊まじりの土を埋める。

このような構造は後でのべる西南地域の南城里や槐亭洞の石槨墓に似る。否、まったく同じといってよい。南城里の例からみてこの石槨の中に木棺を入れた可能性が高い。

ここで出土した銅剣は、節帯の下まで鎬がとおる（同図4）。扇形銅斧は刃の突出は強くない。袋部外面に突線2条をめぐらす（同図6）。その下の枠線はなにかわからない。琵琶形銅剣にともなう扇形斧と同類である。銅矛は節帯・耳がなく片側に目釘穴があく近藤分類の狭鋒銅矛a型式に相当し、朝鮮の銅矛の最古式に属する（同図5）。石鏃はいずれも基部が少し凹入し、断面が扁平六角形である（同図7）。

ここで土器や石器は出ていないが黄海北道鳳山郡松山里ソルメコルの石囲墓をみておこう（黄基徳1959a）。ここでは地表下50cmでほぼ南北にのびる高さ20cmの石塊列がみつかり、これを追った結果、石塊列で長さ230cm、幅100cmのかこみをつくり、その南側石塊列の内側にも石塊列をおいて幅70cmの区画をつくっていることがわかった。多鈕細文鏡、銅鉇、銅斧、銅鏃、鋳造鉄斧各1点と銅鑿2点はこの区画内で出土した。銅剣の出土位置はわからなくなっていたという。

この墓はこれまで類例がないまま石囲墓・配石墓とされてきた。しかし丁峰里の例を参考にすれば、現地表下50cmで出たのは相当の削平を受けたためで、本来は深い墓壙の中に石囲いの石槨あるいは石槨状の石囲いを設け、木棺をおさめていたと推定できる。副葬品のための別区画を設けている点は木槨墓と共通する。遺物の組み合わせは丁峰里よりおくれる。墓の構造、副葬品は丁峰里や泉谷里のような石墓と、後述する木槨墓を結びつける位置にある。

つぎに細形銅剣群を出す土壙墓は3遺跡があげられている（考古学研究所1977a：21-33）。平安南道反川里（現在は大宝山里、銅剣・多鈕細文鏡・銅鉇各1点）（梅原1930）と黄海南道の石山里（銅剣・銅戈・十字形柱状突起付把頭飾・鉄斧各1点）・孤山里（青銅製T字形剣把付銅剣・銅斧各1点、中国式銅剣2点）（ともに黄基徳1974）である。いずれも偶然の発見で土器の伴出は報じられていない。副葬品に鉄斧以外の鉄製工具・武器や車馬具がふくまれず、木槨墓の副葬品に先行し、松山里ソルメコル出土品と同一のグループを形成する。

この3遺跡では木槨の存在は確認されず、土壙墓とされている。もし木槨墓とすればもっとも古いものであり、土壙墓としても松山里ソルメコル遺跡とともに、泉谷里・丁峰里の石墓と木槨墓との間に位置づけられる。さらに南地域の最初の細形銅剣群を副葬する墓と副葬品に共通性がある。

これをまとめれば、この地域で木槨墓に先行する銅剣副葬墓は、龍興里・大雅里（琵琶形銅剣、箱式石棺墓）→泉谷里・丁峰里（細形銅剣・銅矛・銅斧・石鏃、石槨墓？）→松山里ソルメコル・反川里・石山里・孤山里（細形銅剣・銅戈・銅鉇・多鈕細文鏡、石槨墓？および土壙墓あるいは木槨墓）という変遷をたどっていることになる。これらは土器をともなっていない。

これらにおくれる木槨墓は長方形土壙の中に木槨を設け木棺をおさめる。頭位側に副葬品をおく空間を設ける。副葬品は木棺内にもおさめる。木槨の上は土でおおいその上には方台形の墳丘をつくるが、流失してしまっていることも多い。

この木槨墓はまず1墓壙に1槨を設けて1人を葬るが、ややおくれて夫婦合葬のために単葬用の木槨（土壙）を2つ併列させ、ついでより大きなひとつの土壙の中に木槨をひとつ設け2棺をおさめるようになる。この最後のものには貞栢洞2号墓（高常賢墓）や石巌里219号墳（王根墓）のように、槨内を2つに区切って2棺を入れるものが少数あり、区切りのないものに先行する（椛本・中村1975：45-51）。これら3種の木槨墓を、田村（1979）に従ってそれぞれ単葬墓・併穴合葬墓・同穴合葬墓とよぶことにする。前二者が従来「土壙墓」とよばれていたものである。

これらは初現の時期には新旧の順があるが、それぞれが長期にわたって併存したことは副葬品からも明らかである。木槨墓の存続期間は紀年銘のある副葬品、中国鏡、印章などの検討によれば、紀元前2世紀後葉から紀元前1世紀代である。

木槨墓の副葬品も時とともに変化する。最初は細形銅剣群を含むがのちには姿を消し、鉄製利器・武器と車馬具だけになり（西谷1966a）、さらに土器以外に目につく副葬品がみられなくなる。細形銅剣群が副葬されるのは単葬墓と併穴合葬墓で同穴合葬墓にはほとんどみられない。

この間一貫して副葬されるのは土器である。ただし初期には土器を副葬しなかった可能性がある。この土器は灰色陶質土器類で、多少の形態の変化、器種の増加は認められるが木槨墓に特有の土器である。したがって細形銅剣類の有無にかかわらず、木槨墓出土土器として一括して対象にせねばならない。しかしまたこれらの土器は副葬土器であるから、生活址出土土器をふまえた上で墓の構造・副葬品全体の組み合わせとともにその変化・性格を検討する必要がある。

ところがこの時期の遺跡は、「墓が大部分で、それ以外には土城があるだけで、住居趾はまだ確実に出たものはないのである」（考古学研究所1977a：32）。しかもこれまで楽浪土城などで出土した土器の分析はほとんどなされていない。そのためここでは墓の構造と副葬品にもとづく木槨墓の変遷を手がかりとして、副葬土器の概略をのべるにとどめる。

木槨墓のうち最初にあらわれるのは単葬墓である。これには細形銅剣が副葬され、一部に銅矛がある。また鉄製長剣、鉄斧、鉄鑿、車馬具が副葬される。このなかには正式に調査されたにもかかわらず土器を副葬していない平壌市貞栢洞96号・97号墓のようなものがある（考古学研究所1977a）[補記2]。このうち97号墓では「細地蟠螭文鏡」が出土していて、年代の上ることをうかがわせる。

土器を副葬する木槨墓は、副葬品の組み合わせと土器の種類にもとづいておおよそ4群にわけられる。第一群は鉄製長剣と車馬具をもち、遺跡によっては細形銅剣や鉄製短剣、銅矛、鉄矛が加わり、鉄斧、鉄鎌、鉄鑿が若干ある。土器は深鉢状の甕（以下花盆形甕という）と小壺が1点ずつセットになる。

第二群は鉄製長剣と鉄矛、鉄斧、鉄鎌、鉄鑿があり、車馬具は墓によって有無がことなる。また鉄製短剣もあるがこれらのない場合は環頭の鉄刀が入っている。細形銅剣はみられない。土器の組み合わせは第一群とかわらない。

第三群は鉄製の長剣と環頭大刀があり、鉄製工具類の有無は墓によりことなる。車馬具は少ない。土器は第二群までの組み合わせに、やや大形の白色壺・灰色壺が加わり大きく変化する。

第四群は従来楽浪漢墓の代表とされていた木槨墓（木槨墓一般と区別して囲槨墓とよばれることがある）を主とする。副葬品の種類・量は墓により大きくことなる。まれに細形銅剣群がある。土器は第三群と同じく多様である。

この分類は副葬土器を検討する目安にすぎず、こまかく検討すればさらに細分できる。したがって、初出の順は第一→第四群になるが、一定の相互の併存期は認めねばならない。

木槨墓群が調査された代表的な遺跡―平壤市貞柏洞、平安南道台城里、黄海南道雲城里―の出土土器を中心に群ごとにならべたのが図63である。形態と器種の変化はこれによってほぼ把握できよう（なお年代推定の手がかりとなる遺物を記した）。

副葬土器の基本となるのは花盆形の甕と小壺である。甕は平底深鉢形で高さ10cmから20cm前後で、口縁部には断面「コ」字形の突帯がめぐる。胎土には砂をときに滑石や石綿をまぜ、色は灰〜黒灰色がおもだが黄灰・赤褐色もある。ロクロを使用せずに成形するらしい。製作技法で注目されるのは、型抜きともいうべき方法で作ることである。これは器壁内面に布目の残ることからわかる。台城里10号墓、貞柏洞81号・62号墓出土品、雲城里2〜5・9号墓出土品に布目がよく残っている。すべてこの方法かどうかはわからないが、楽浪土城出土土器片の中にも内面に細い布目の残るものがあり、この技法がひろく行われていたことがわかる。

こうした製作技法のためか形態の変化はほとんどないが、第3群の末期以降、口縁上端が内傾するものがあらわれる。また把手のつくもの、底部が高台状のものが出てくる。これらは木槨墓出土の耳付鉄製壺と共通する。

壺は良質の胎土をもちい灰色をおびるものが多い。表面にロクロ痕を残すものがあり、胴部、胴下部に縄蓆文などの叩き目をもつものが多い。高さは大きいもので15cmを少しこえ、多くは12cm前後である。頸部は低く外にひらき、底部は平底がほとんどで丸底は少ない。胴部は上下からおしつぶしたような偏球形で、胴部中央で強く屈曲するものもある。胴径は15〜20cmで高さより大きい。第一群には胴高の高いものがあるが（図63-2・10）、第二・三群にはそのようなものは少ない。

第三群以降、副葬土器の量がふえる。これはおもに壺がふえるためである。それまでの小形壺のほかに中形の壺があらわれる（同図28・29・34）。第四群になるとさらに大形の灰色壺（同図47・58）、灰白色壺（同図59）、白色壺（同図42・46・51）があらわれる。高さ40cmをこえるものがある。第四群ではまた三足土器が副葬される（同図52・53・55）。

このような土器を副葬する木槨墓の年代は漢式鏡や紀年銘ある漆器、印章から、紀元前1世紀初から紀元後1世紀である。副葬土器をもたない貞柏洞97号墓などは紀元前2世紀後葉にあがる。

細形銅剣群のうち多鈕鏡と銅戈はこれらの土器といっしょに出土することがなく、それ以前に盛行したものである。細形銅剣・銅矛は第一群には存在するがそれ以降はきわめて少なく、第三群の

154 第Ⅱ部 青銅器

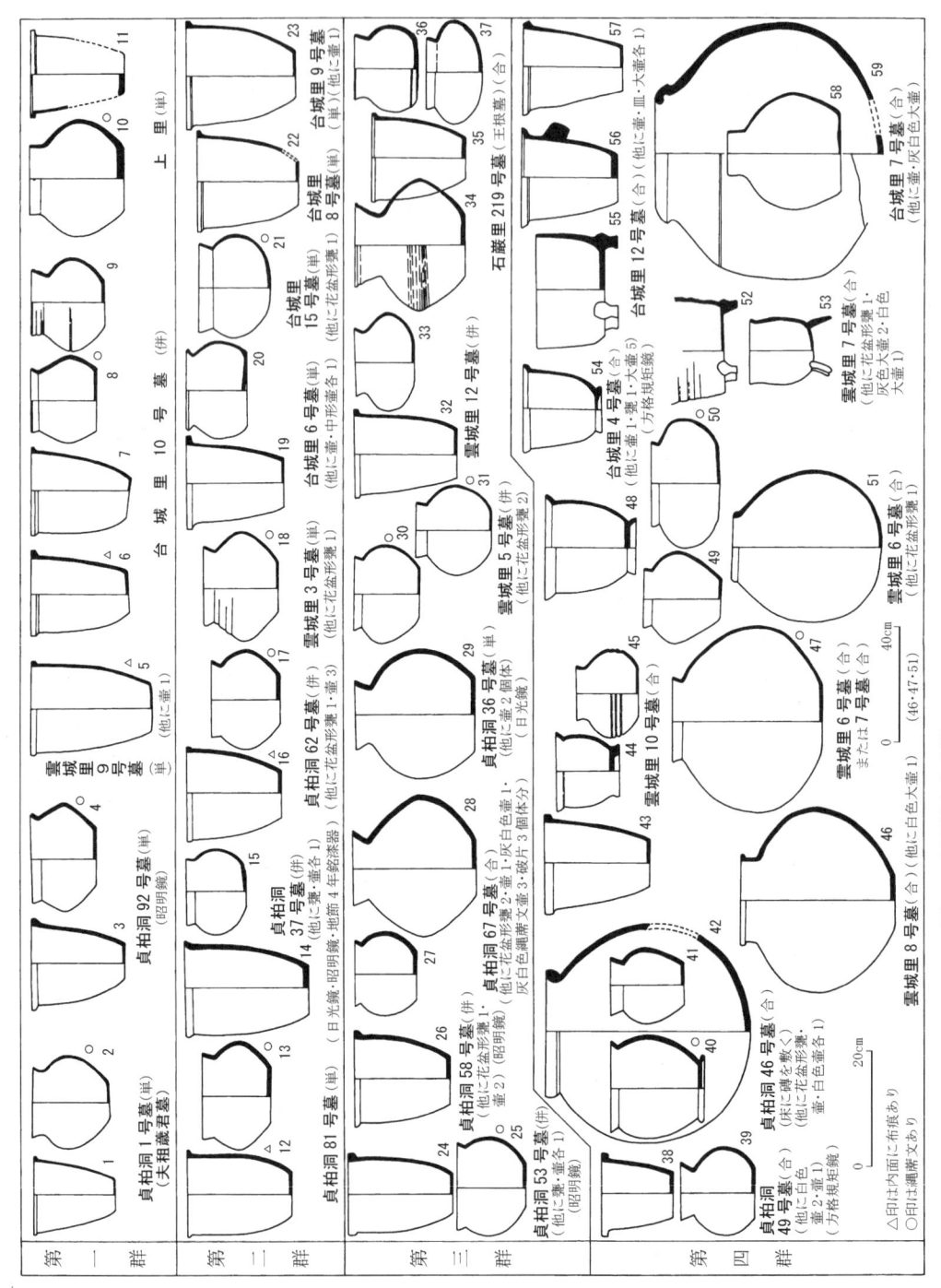

図63 木槨墓出土土器 (単：単葬墓 併：併穴合葬墓 合：同穴合葬墓)

石巌里 219 号墓（王根墓）の銅矛、貞柏洞 2 号墓（高常賢墓）の細形銅剣、第四群の貞柏洞 88 号墓の細形銅剣をあげうるていどである。この地域の細形銅剣群は紀元前後まで残存するが、基本的には紀元前 1 世紀中頃をもって姿を消すのである。

(4) 東北地域南部

　咸鏡南道では 15 ヵ所以上の遺跡で青銅器が出土している。出土量は細形銅剣 11、銅矛 4、銅戈 8、多鈕細文鏡 2 で、細形銅剣群にほぼ限られる。車馬具は下細洞里出土の鈴付筒形金具の鈴部分 1 点（田疇農 1963a）だけであり、鉄器も梨花洞の鉄斧 1 点にすぎない。

　細形銅剣群のほかに無茎の銅鏃が興上郡新慶里で単独出土している（韓雪正 1961）。基部が台形状に深く凹入するもので（図 64-18）、同じ形の無茎石鏃は各地の無文土器遺跡にみられる。この銅鏃の時期は明らかではないが細形銅剣群に先行する可能性もある。

　永興邑遺跡では完形の滑石製鋳型 4 点が採集され、2 号住居址では種別不明の鋳型破片 1 点が出土した（図 64-1～15）。この遺跡は龍興江右岸にあり、住居址 10 軒を調査し、川に削られた住居址から出たとみられる多くの遺物を採集した。

　銅矛鋳型の矛型は全長 15.5cm、鋒部長 8.5cm、幅 3.8cm である（同図 12）。鋒部は中央よりやや下で左右に鋭く突出し、それ以下は丸味をおび、耳や節帯がない。身部の形態は朝鮮半島の多くの銅矛とことなる。報告者は琵琶形銅矛とするが、この名にあたいするのは吉林省吉林市長蛇山遺跡の銅矛（全長 19.6cm）（吉林省文物工作隊 1980）と同省永吉県星星哨水庫石棺墓出土品（全長 20cm）（吉林市文物管理委員会ほか 1978）である。

　永興邑の鋳型の銅矛は、形態に多少の差はあるが沿海州イズウェストフ出土銅矛（平井 1960）、伝平壌付近出土品（榧本 1980b：No.238）に近いもので、朝鮮半島におけるもっとも古い型式と考えられる。あるいは琵琶形の銅矛と細形銅矛の中間に位置するといってもよい。

　鐸形鈴は鈕がなく、上部と下部に斜線文、鋸歯文をもつ（図 64-14）。中央部には長方形の突起があり、製品の身部には長方形透口が生じる。草島出土品と多少ことなるが同類である。

　扇形銅斧は大小 2 つあり、大きい方は銎部に点と斜格子でうめた三角文がめぐる。小さい方は無文である（同図 11・13）。いずれも刃部が左右に強く突出し、美松里遺跡出土品のうちの 1 点に近い。

　なお 9 号住居址では十字形の石製把頭飾が 1 点出土している（同図 15）。

　この遺跡では住居址に切りあうものがあるが、土器はほぼ単一の時期のものと認められる。土器は 2 種にわけられる。ひとつは砂まじり（時に滑石も少しまぜる）の褐色ないし赤褐色の土器である。完形の甕（図 64-1）は口縁部に孔列を 1 列めぐらせ、その下に乳頭状把手を 1 対つける。甕の口縁部片には斜線列をめぐらすもの（同図 3）、一段厚くした口縁部に孔文様を施すもの（同図 4）がある。採集品の中には鉢・壺・横長の把手をつけるもの、高杯がある（同図 7～10）。もうひとつは比較的良質胎土の黒色土器である。いずれも破片だが平行線帯をめぐらすもの（同図 5）は美松里型土器に近い。平行線の間を格子文でうめる破片（同図 6）や口縁部にひいた平行線の間に斜線と孔を配しその下に把手がとれた跡を残すものもある（同図 2）。この遺跡の土器を永興邑型土器とよぶことにする。

156 第Ⅱ部 青銅器

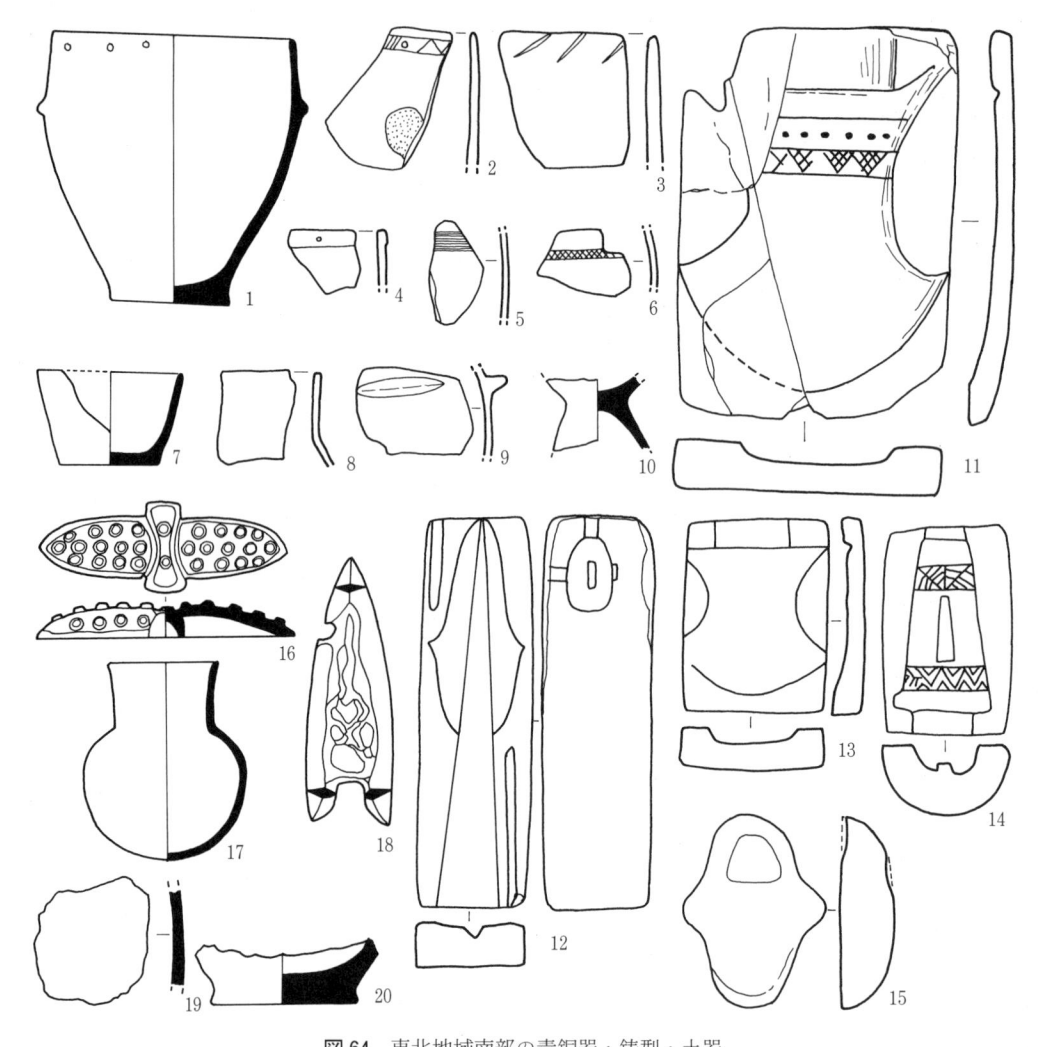

図64 東北地域南部の青銅器・鋳型・土器
1〜15：永興邑遺跡　　16・17：雲浦里遺跡　　18：新慶里遺跡　　19・20：梨花洞遺跡
〔縮尺 1〜10・17：約1/6　　11〜16・19・20：約1/3　　18：約2/3〕

　完形の甕はまったく同じものが公貴里遺跡にある。口縁部に孔をめぐらす土器は南地域の前期無文土器に多い。口縁部を厚くする土器は公貴里型土器、美松里型土器、コマ形土器、虎谷第4期にみられる。横長の把手は虎谷第5期にある。
　石器にも各地域との共通性がみられる。石鏃には虎谷第4期に近いものや美松里型土器にともなうのと同じ無茎鏃がある。左右が不対称の石槍は東北地域北部に特徴的なもので虎谷遺跡では第4期にみられる。石庖丁は外彎刃で1〜3孔をもつ。西地域から南地域に類例が多い。南地域に多い抉入片刃石斧もある。
　この遺跡の土器・石器と同じものは咸鏡南道北青郡中里遺跡で出土しているが（安容濬1966a）、これ以外にはこの地域の土器編年の手がかりとなりうる資料は公表されていない。永興邑遺跡の土器の時期を細かく決めることは困難だが、幅をもたせて西北地域の美松型土器の新しいもの、東北地域北部の虎谷第4〜5期に平行する頃とみておく。この地域の細形銅剣群に先行することは確かである。

この地域の細形銅剣群の出土遺跡のうちある程度実態がわかっているのは5遺跡である。積石下出土の雲浦里を除くと土壙内に木槨の痕跡がなく土壙墓とされている。本来木槨がなかったかどうかは明らかでない。このうち土器を共伴するのは梨花洞だけである。

雲浦里では山の斜面から落ちた自然堆積とみられる石積（厚さ1m、幅5m、長さ30m）の下、地表下50cmの腐蝕土まじり砂利層で遺物と人骨10余体分が出土した。人骨との位置関係は不明だが、表面に粟粒状の突起のある青銅製十字形把頭飾（図64-16）は粘板岩製紡錘車とともに出土した。これから2mはなれて土器片と人骨4～5個体分が出た。土器は5個体分ある。別の位置ではまた人骨1体分とその頭骨横で黒色丸底壺1点が出土した（同図17）。さらにこれらと別に何ヵ所かで人骨と土器片が出ている。

この埋葬遺跡は自然の撹乱を受け本来の状態は明らかでない。土器からみて無文土器文化の群集墓地であったのであろう。土器片には黒味がかった赤色の無文土器がある。底部破片は平底で、口縁部を折りまげたように厚くするものがある。報告者は花盆形土器のようだという。また薄手の赤色磨研土器（丹塗磨研か）があるが形態の特徴はわからない。人骨頭部で出た丸底壺は良質胎土で磨研する。丸底はきわめてめずらしく比較しうる例はない（同図17）。これらの土器の時期判断は困難で、将来の課題としておく。

湖上洞の細形銅剣は地表下40cmの褐色砂質粘土層で出土した。それから1.5mはなれた同一水準で石斧と黄褐色土器片多数が出た。銅剣の出たところは土の色が他と少しことなり、銅剣出土遺構が土器包含層を掘り込んだとみられる。ただし遺構としての特別の施設はみつからなかった。土器は砂質厚手で径5cmほどの底とこれと同一個体の破片というだけでくわしいことはわからない。石斧も同様である。無文土器と青銅器の層位関係を示す遺跡である。なおこの遺跡の西200mでも銅剣が出ている。

梨花洞の遺構は床に石を敷いた土壙墓とみられる。地表下20cmで土壙上面がみつかり、その下127cmで遺物が出土し147cmの深さで床になる。土壙は南北長軸で長さ約270cm、幅70cmである。封土の痕跡はない。土壙は赤褐色粘土層に掘り込み、土壙内には少し青い土が入り、川石と黒い腐蝕土が少しまじる。壙の壁にはなんら施設の痕跡はなかったという。床には15×20×5～7cmほどの石を敷き、石の間に粘土をつめる。この上にやわらかい青色粘土層があり、その上面で遺物が出た。

床の西南端で銅剣と把頭飾と銅矛が出土し、西北側で多鈕細文鏡、東北側で鉄斧が出土した。土器（同図19・20）は鉄斧の下で出た。銅戈の出土位置は不明。この出土状態から、西地域の木槨墓と同様、北側に副葬品区画があり、その南側に木棺をおいたと推定できる。

土器は細砂混入の赤褐色土器底部と太い砂粒まじり黒褐色土器胴部破片である。特徴はとらえられないが、無文土器である。

青銅器の種類は西地域のソルメコル、石山里、反川里と共通する。墓壙床に石を敷くのは西地域の石墓と共通する現象かもしれない。その時期は反川里などとほぼ同時期のようだが、多鈕細文鏡の型式からは少しおくれよう。

これらより新しいとみられる墓は永興郡龍江里所羅里土城でみつかっている。土城内には瓦と土

器片がみられる。土城内の発掘では鉄茎の三稜鏃、鉄製車馬具、鉄製の剣・矛・斧などが出土した。木槨墓があったのだろう。土器についての記述はない。土城からは1kmのところにも木槨墓2基があるという。また土城付近の低丘陵斜面では縄蓆文土器と鉄製有耳壺が出土し、土城内の別のところでは二耳付銅壺がみつかっている（韓雪正1961）。

この地域では永興邑遺跡の鋳型から、西北地域の美松里型土器併行期には青銅器の製作が行われていたことが確実である。その後、細形銅剣群があらわれ西地域と同様の変遷をたどったとみられる。ただし梨花洞のように無文土器あるいはその系統の土器がよりおそくまで用いられ、そのあと縄蓆文土器にかわるのだろう。

(5) 東　地　域

江原道の海岸線に沿うこの地域は北側に永興湾にのぞむ沖積平野がひらけるが（このあたりは旧行政区画では咸鏡南道に入る）、それ以南は海岸近くまで山がせまり遺跡は多くない。細形銅剣群は銅剣、銅戈、多鈕細文鏡が中部の襄陽より北側の4ヵ所ほどで1～2点ずつ出ているにすぎない。これらは東北地域南部の青銅器文化に属し、梨花洞と青銅器の組み合わせが同じでほぼ同時期であろう。ただし土器や石器を伴出する例はない。

土器・石器をともなう資料は銅鏃1点と鋳型2点である。しかしこの地域の無文土器編年は資料不足のためほとんど明らかでない。

浦南洞遺跡の住居址とみられるところで出土した銅鏃は茎部が2段になり、鏃身断面は中央の鎬とその左右の稜によって扁平八角形になる（図65-12）。同じ形の銅鏃の類例はない。伴出した有茎石鏃2点のうち1点はこの銅鏃と同じである（同図10）。この形態の石鏃は中部・東地域に比較的多く、伴出土器がはっきりしているのは南地域の前期無文土器である。無茎鏃は基部が台形状に凹入し（同図11）、その中央が少し突出するものもある。この形態も中部・東地域に多く、無文土器前期にさかのぼる。石鏃以外に無樋二段柄式石剣、片刃石斧、外彎刃石庖丁、石鎌、すりうすなどの石器が出ている。錐か釘とみられる細長い棒状の鉄器も出土した（混入だろう）。土器は砂まじりの赤褐色で、甕形とみられる。平底で口縁部は外反する。編年上の位置は明らかでない。

鉢山で採集された滑石製鋳型破片（同図8）の片面に残る鏃身部は中央に脊があり、その形態は東北地域の地境洞、西地域の上梅里、東南地域の茂渓里で出土した銅鏃と同じで、大きさは上梅里例にもっとも近い。この反対面にも銅鏃の茎と鏃身下部の左右下方に突出した部分の型を彫っている。茎が太いのは、製品を研いで茎部を2段にするのだろうか。両面とも同形態であろう。

これといっしょに採集された土器片12点は、黝黒色の縄蓆文土器1片をのぞくと、赤褐色砂質の無文土器である。この中には木葉圧痕のつく平底底部片と把手破片もあるが、口縁部片はない。石器には外彎刃石庖丁、環状石斧、石斧（同図9）、二段茎の有茎鏃がある。鋳型は無文土器や石器にともなうものであろう。

巨津里採集の滑石製鋳型破片は片面に銅剣の鋒先部分を彫っている。反対面には大きく深い半楕円形の彫り込みがあるが、何の型かわからない（図65-6）。同時に採集された土器は、砂質赤褐色の口縁部片である。口縁部が少し外反し、胴部が多少ふくらむ甕である。石器には無樋二段柄式石剣

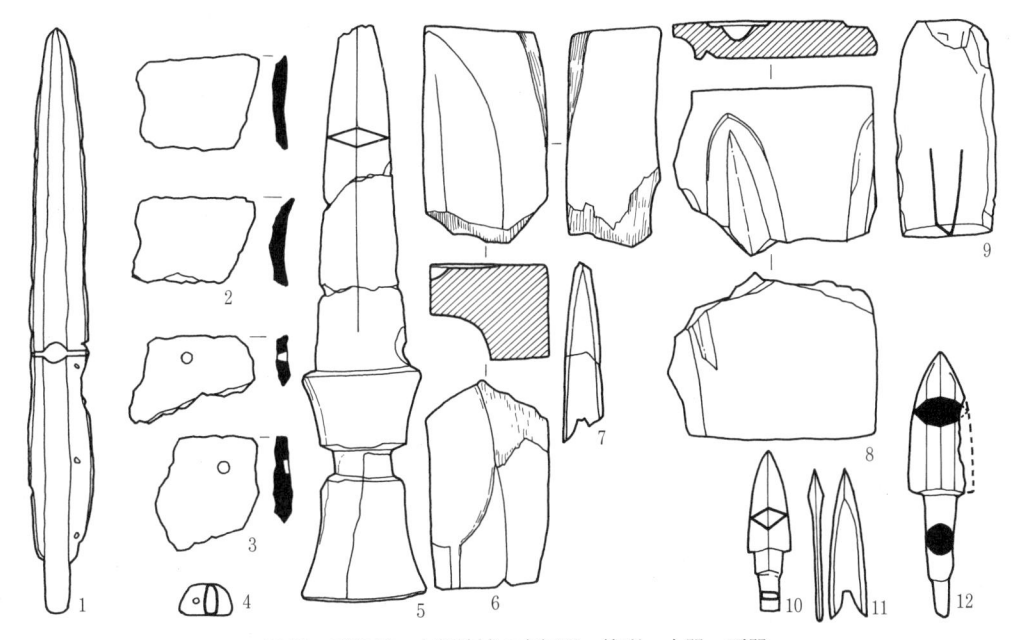

図65 東地域・中部地域の青銅器・鋳型・土器・石器
1〜4：上柴浦里遺跡　　5〜7：巨津里遺跡　　8・9：鉢山遺跡　　10〜12：浦南洞遺跡
〔縮尺 6・8・12：約2/3　　他は約1/3〕

(同図5)、外彎刃石庖丁、柱状片刃石斧、無茎鏃(同図7)などがある。無茎鏃の形態は浦南洞と同形態である。

　以上の3遺跡の銅鏃・鋳型の時期は細かく判断できないが、この地域の細形銅剣群と同時期ないし先行するとしておく。

(6) 中 部 地 域

　この地域の青銅器遺跡は20ヵ所未満で、青銅器の出土量も少ない。遺跡の多くは漢江によって結びついている。

　青銅器と土器が共伴したもっとも古い良好な例は、上柴浦里遺跡の梨花女子大学校が調査した第1号支石墓である。この墓は銅剣を副葬する稀有の支石墓のひとつである。

　土器は有孔口縁土器片 (図65-3) と丹塗磨研小形壺片 (同図2) で、南地域無文土器前期に属する(補記3)。銅剣は鎬がなく刳方の下部が丸味をもつ古式の細形銅剣である (同図1)。天河石製飾玉は1孔半月形で、琵琶形銅剣にともなった西地域の龍興里例に近い (同図4)。

　この地域では漢江上流域の春川市で琵琶形銅剣の2本の出土が伝えられている (有光1938b)。出土の経緯は明らかでない。上柴浦里支石墓の銅剣よりは古いであろう。

　細形銅剣、銅鉇、土器が出土した四老里の墓は「蓋石のない、矩形に割石で囲まれた石壙」(横山1952：7) といわれる。土器はソウル市岩寺里の竪穴出土の土器と同形・同質の「小型の口縁が外反する丸底壺」(横山1952) である。横山のいう岩寺里の竪穴出土土器は、口縁部外反りの丸底壺と、口縁・胴部の区別のない丸底円筒形土器である。ともに疎籠のような押紋のあるきわめて薄手の灰褐色土器で、ロクロは使用していないという。横山は「これを仮りに漢式土器と呼」んでいる (横山

1953：74)。遺構・遺物の図や写真はない。青銅器の種類は西地域の反川里と同じである。土器は西地域の縄蓆文土器に相当しそうだ。遺構が積石石室墓とすれば西南地域のそれに近いかもしれない。

　漢江上流域の江原道では、横城郡構林一里（李康承1977）で細形銅剣、多鈕細文鏡が、原州市（金元龍1972）で細形銅剣、銅斧、銅鑿、銅鉇、多鈕細文鏡が出土している[補記4]。出土遺構・伴出土器の有無は不明だが、青銅器の組み合わせや型式から西地域のソルメコルや反川里とほぼ同時期としてよい。四老里はこのあとになろう。上紫浦里との間にはへだたりがあり、後述する西南地域の石槨墓平行期の青銅器群がこのギャップをうめると思われる。

　星沙里で採集された滑石製鋳型破片は矛の鋳型らしい。この遺跡については「石器時代の遺跡で……いわゆる弥生式に近い土器系統に属する……遺跡」（梅原1933b：228）と報告されている。鋳型が無文土器文化期に属する可能性が高く、矛の鋳型とすれば無文土器後期に入るだろう。

　餅店付近では「径5～6寸、高さ2尺2～3寸の陶質の土棺内より」長さ1尺7七寸内外（約51cm）、茎長6～7分（2cm前後）の銅剣が出たというが、出土状態、剣の大きさ、1913年（大正2）の発見、出土品がはやくに失われていることなどから、きわめて信頼性の低い資料といわねばならない。

(7) 西南地域

　この地域は西地域、東南地域とならんで朝鮮青銅器文化の中心地のひとつである。青銅器出土地は伝出土地をふくめ、忠清南道が40ヵ所近く、全羅北道が約15ヵ所、全羅南道が20ヵ所ほど、忠清北道は1ヵ所である。

　朝鮮半島の青銅器出土量に占める割合は、細形銅剣が約25％、銅矛が約10％、銅戈が約12％、多鈕鏡が40数％で、多鈕鏡の多いのが特徴である。しかし小銅鐸はきわめて少なく、これ以外の車馬具は絶無といってよい。琵琶形銅剣は6本ほど出土している。このほかに全羅北道完州郡伊西面上林里では中国式の銅剣26本が出土したが、石器や土器はともなっていない（全榮來1976）。

　西南地域でもっともさかのぼる青銅器は琵琶形銅剣と扇形銅斧である。扇形銅斧の鋳型は松菊里遺跡で出土し、製品は南城里で出土している。

　松菊里遺跡で鋳型（図66-7）が出た55地区8号住居は松菊里型円形住居7軒より70mほどはなれて孤立している。この住居は削平がはなはだしく、柱穴若干と貯蔵穴らしい穴の一部を確認したにすぎず、長方形住居址と推定されている。扇形銅斧の鋳型は住居址上の褐色腐蝕土層で松菊里式土器片（同図8）、円筒斧、石剣片とともに出土し、床面からは松菊里式土器1点（同図9）と石材3点が出ている。鋳型がこの住居址にともなうと断定はできないがその可能性は高く、松菊里式土器にともなうとみてよい。

　鋳型は片磨岩製の片面鋳型で、斧の型の半分以上を欠く。上半部に4本の沈線を彫り、刃部は左右に突出するがさほど強くはない。松菊里式土器がまとまって出土する遺跡は今のところほかになく、編年上の位置を細かく決めることはできないが南地域無文土器の中期に属することは確かである。

　琵琶形銅剣は2遺跡で出土している。そのひとつは、松菊里遺跡の扇形銅斧を出した住居址の南、

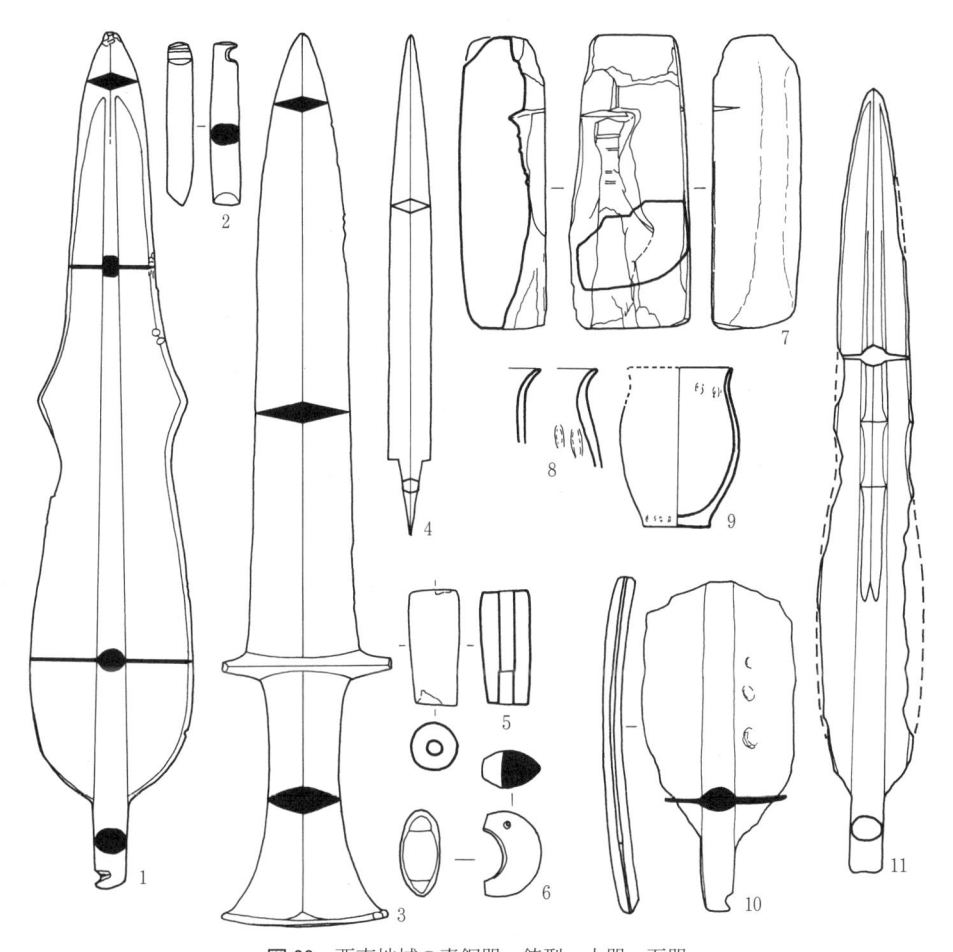

図66 西南地域の青銅器・鋳型・土器・石器
1〜6：松菊里遺跡石棺墓　7〜9：松菊里遺跡　10：雲岱里支石墓　11：伝全羅北道
〔縮尺 8・9：約1/8　他は約1/3〕

約350mの箱式石棺墓で出土した。周辺には松菊里型土器の包含層がある。

　石棺墓（図67-1）の蓋石（2.6×1.5×0.2m）は地表下20cmにあらわれた。東壁と西壁は人工を加えた板石をそれぞれ5枚・4枚ずつ立て、北壁は2枚、南壁は1枚の石をたてる。床には大石3枚を敷いて間に小石をつめる。石棺の内法は長さ185cm、幅80cm前後、深さ80cmである。棺内には精撰された山土と人頭大の塊石が蓋石にとどくまで満たされていた。床面の北東側で石鏃・銅剣・玉が、南西側で石剣が出土した。忠清南道の箱式石棺墓として有名なのは扶余郡佳増里の5基である（有光1959a：59-61）。松菊里の石棺墓の壁のつくりは佳増里に似ているが、大きさはひとまわり大きい。

　琵琶形銅剣（図66-1）はもっとも典型的な形態である。茎端の片側に小さな抉りがある。このような抉りは次にのべる雲岱里出土品のほかに、全羅北道茂朱出土と伝える2本（1本は両側に抉りがある）（金元龍1974）[補記5]と慶尚南道鎮東里出土品（図69-1）にあるだけで、他地域の琵琶形銅剣にはみられない。抉りの目的はわからないが剣把と関係があろうか。このような琵琶形銅剣の茎部を再利用したらしい銅鑿も出ている（同図2）。

162 第Ⅱ部 青銅器

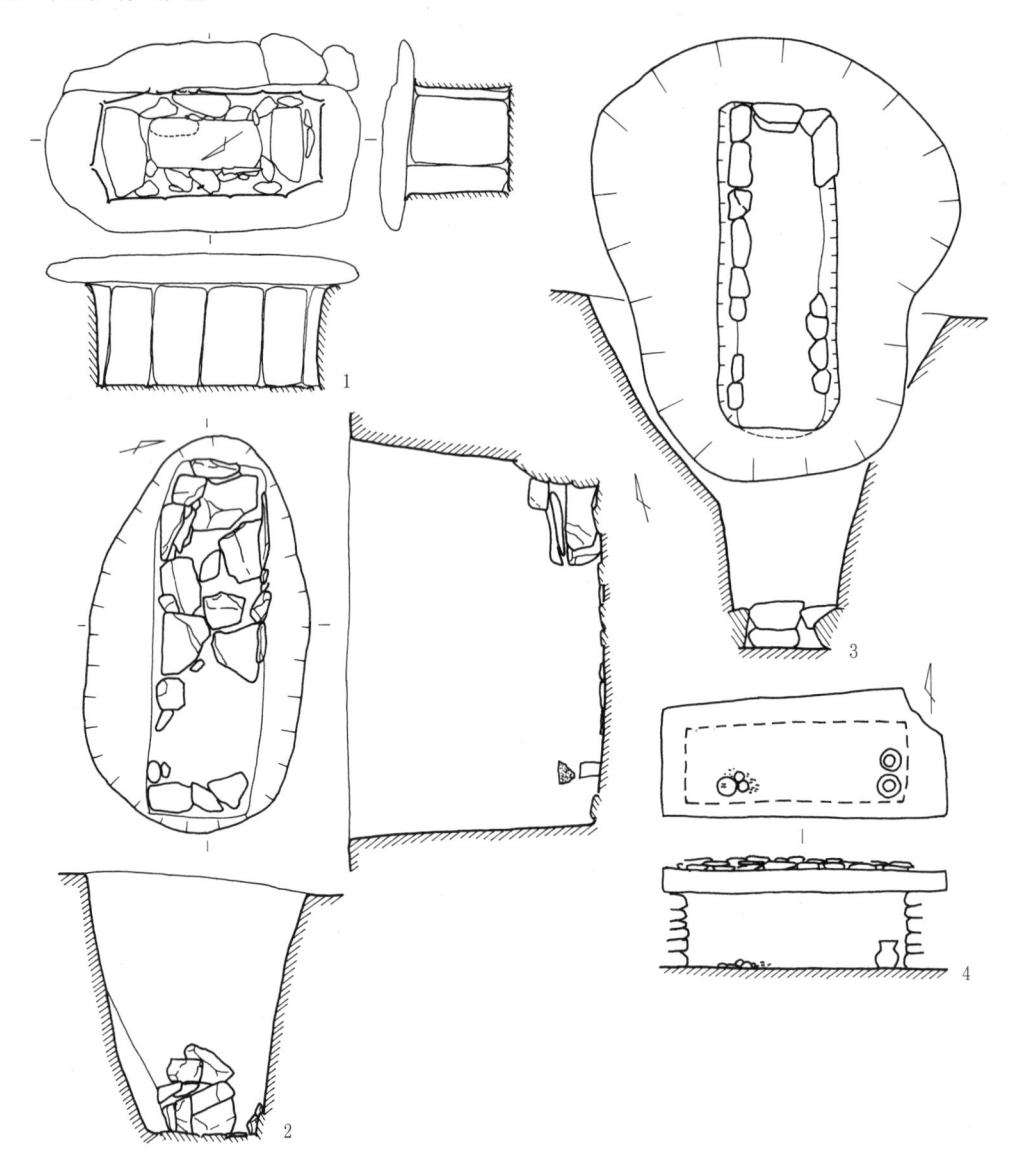

図67 西南地域の青銅器副葬墓
1：松菊里遺跡　2：南城里遺跡　3：槐亭洞遺跡　4：多松里遺跡　〔縮尺 約1/60〕

　伴出した石剣（同図3）は無樋一段柄式だが、この型式の中では先行する形態である。松菊里遺跡の生活址出土の石剣も同型式だが、形態がことなる。実用品と儀器の差であろうか。石鏃11点は長12.4～20cm の有茎鏃である（同図4）。この形態の石鏃は南地域によくみられるもので、松菊里遺跡の住居址出土石鏃の多くも長さは短いが同じ形態である。
　装飾品は碧玉製管玉（同図5）と天河石製飾玉（図66-6）がある。後者は1孔で抉りをもつ。
　琵琶形銅剣の破片は雲岱里の箱式石棺でも出土している（図66-10）。石棺は長さ285cm、幅130cm（たぶん外法）、深さ40cm で、底に板石を敷く。小口に1枚、側壁に数枚の板石をたてている。この遺跡にはほかに32基の支石墓が群集しており、調査者はこの石棺も上石を失った支石墓とみている。中期に属し、松菊里の箱式石棺墓と大きな時期差はないであろう。

江上里の銅剣を出土したといわる支石墓は遺跡・遺物の詳細が明らかでない。

このほかに洪北里支石墓群第2群B号支石墓の積石に隣接して、地表下45cmで出土した土製把頭飾がある。支石墓との関係は明らかでない。

西南地域でもっとも古い細形銅剣群を出す遺構の多くは石槨墓である（図67-2～4）。このうち屯浦里の遺構は石棺墓とか石槨墓と伝えられるだけで、くわしくはわからない。

南城里（同図2）と槐亭洞（同図3）の場合は、平面形が楕円形の大きな墓壙（長軸3m以長、短軸1.8～1.9m）を2m以上掘り、下部は長方形にととのえる。ここに塊石を積んで石槨をつくる。床に石を敷く場合もある（南城里）。石槨は長さ2.3～2.5m、幅50～70cmのひろさで、高さはよく残っているところで70cmほどだが、墓壙下部の状態からみると1m近くになりそうである。床（敷石のある場合はその上）に粘土を敷いているが、この粘土内や床面に木質の残存が認められ、木棺をおさめたと推定される。石槨の蓋は木製かもとからなかったかいずれかである。墓壙内には土がつまり土の間にはやや大きな石塊が多数入っている。土壙上部の状態（墳丘の有無）は明らかでない。

蓮花里の石槨は長さ104cm、幅55cmで、上の2例より小さい。石槨の高さは55cmで、墓壙の深さも1m未満のようだ。石槨というより石棺というべきかもしれないが基本的構造は南城里や椀亭洞とほぼ同じである。

東西里の墓は、発見者によると「出土地点のまわりは周囲の傾斜とはことなり、低い墳丘の形態をなしており……この墳丘の頂上付近には大きさ20～30cmの割石がほぼ底径2mの範囲に60cmほどの高さに積まれていた。……積石を除くとその下にはきれいな土があらわれ、この土を30cmほど掘り下げたときに、さらにその下にはひらたい板石が立った状態でさしこまれ、長方形の石棺状をなしていたという。」（池健吉 1978：153）

この板石を立てていたところの土壙は長さ180cm、幅90cmの長方形で、残存する深さは20cmだが、本来は積石下より掘り込まれたとみられる。石材は一辺30～40cmの方形で、厚さは5～8cmであった。床に敷石はなく、灰白色の泥土が最大厚5～6cmにあり、その中から木質の残存が確認された。石槨規模はさほど大きくないが木棺をおさめていたらしい。ここでは石槨をおおったあと積石をしていたとみられる。

同様の例は多松里遺跡でも認められた（図67-4）。これも偶然の発見である。石槨は花崗岩の割石（一辺20～30cm、厚さ10cm）を平積みし、長さ1.8m前後、幅60cm前後、高さ60cm前後と推定される。床石はない。この石槨は237×100×20cmほどの板石で蓋をする。この蓋石は現地表下1mにあり、その上には塊石を積んでいた。報告者はこの上に封土があったとみている。

これらの墓は深さに差があり、上部に積石をしたらしいもの、上部はまったく不明のものなどがあるが、支石墓や箱式石棺墓とはことなる墓で、遺体は木棺におさめて石槨内に安置した公算が大である。

こうした石槨墓と、西地域の泉谷里、丁峰里、ソルメコルや中部地域の四老里などとは、板石や塊石で石槨を築く点で共通する。とくに丁峰里の石室墓とは同じ構造といってよい。

西南地域のこれら石槨墓では共通の特徴をもつ土器が出土し、時期を判断する有力な手がかりになる（図68-1・2・5～10）。

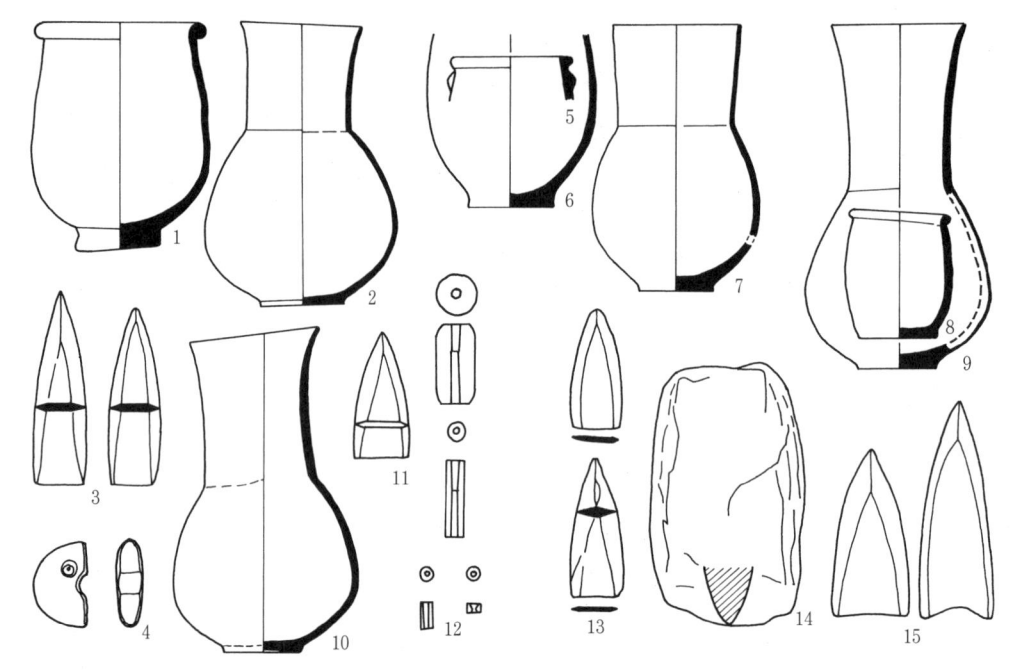

図 68 西南地域の土器・石器・装飾品
1〜4：槐亭洞遺跡　　5〜7：南城里遺跡　　8〜9：飛下里遺跡　　10〜12：東西里遺跡
13・14：小鹿島遺跡　15：伝全羅北道　　　　〔縮尺 土器：約1/6　他は約1/3〕

　南城里・東西里・槐亭洞には黒色磨研長頸壺と粘土帯甕が1点ずつ副葬されている。多松里では、破片であるが黒色磨研土器片と無文粗質土器片が出ており、蓮華里でも土器2点が出土したが発見時に捨てられている。これらも上の3遺跡の例と同じ組み合わせの可能性がある。

　屯浦里では石囲いの内部に高さ7〜8寸の素焼の灰色の壺があったという。素焼で高さ23cm前後というから黒色磨研長頸壺であったかもしれない。また出土遺構不明の飛下里でも黒色磨研長頸壺と粘土紐甕が細形銅剣とともに出土しており、遺構が槐亭洞や南城里と同じでなかったかと思われる。

　全形の明らかな黒色磨研長頸壺はこれら4点である。黒色磨研ではないが忠清南道牙山郡白岩里出土品（無署名 1974：148-150）もこれに加えてよい。これは無文土器鉢2点、天河石製小玉6点、半月形に近い2孔ある天河石製飾玉を伴出している。

　これらの長頸壺は砂が多くまじる胎土と（白岩里・南城里）、砂がほとんどない良質胎土のもの（飛下里・槐亭洞・東西里）とがある。色調は黒色で器面を磨研する。白岩里の壺は黄灰色である。胴部は下ふくらみで台状の平底底部がつく。長い頸部はほぼまっすぐ（南城里）、ほぼまっすぐで上部が少しひらく（飛下里・東西里・槐亭洞）、ほぼまっすぐ外にひらく（白岩里）の3つにわけられる。頸の高さは器高の半分以下（白岩里・槐亭洞・南城里）、半分以上（東西里・飛下里）にわかれる。

　これにともなう粘土帯甕は3例である。胴下部が丸味をもち上半が内傾する南城里・槐亭洞出土品と、円筒形に近い飛下里出土品とにわけられる。南城里の甕には瘤状突起がつく。

　これらの土器の相互の前後関係は、飛下里・東西里・白岩里が槐亭洞・南城里よりやや早いとみ

られる。しかし大きな時間的へだたりはないだろう。土器をとおして、これらの墓を南地域無文土器文化の後期前葉に位置づけることができる。

飛下里以外では玉類が出ている。天河石製勾玉状飾玉は南城里・槐亭洞（図68-4）・蓮花里で出ている。松菊里の飾玉とは形態に多少の差があり時期差を示す。勾玉状飾玉は松菊里・龍興里をへて鄭家窪子へと系統をたどりうる。管玉は南城里（凝灰岩）・東西里（碧玉）（図68-12）・多松里（石質不明）で出土し、東西里・槐亭洞では石製小玉も副葬されていた。

細形銅剣は1本のみ副葬している場合と、4～9本という多数を副葬する場合とがある。その中には鎬が節帯下にないものが多いが、節帯下にまでのびるものも少数みられる。銅剣のない多松里には青銅製の笠形飾り金具があり、女性の墓かもしれない。

これにともなう防牌形銅器や剣把形銅器などは他地域にはみられないもので、この地域の青銅器文化の特質を示している。東西里出土のラッパ形銅器は第3節でふれた沈陽市鄭家窪子6512号墓に類例があり、南城里出土の扇形銅斧、銅鑿とともにこの地域の青銅器文化に琵琶形銅剣文化の影響が色濃く作用していることを物語る。

これら石槨墓出土の多鈕粗文鏡は、宇野分類（宇野1977）のB型式に相当する。

槐亭洞と東西里の石鏃は基部がまっすぐの無茎鏃で、断面は扁平六角形である（図68-3・11）。これと同じ無茎鏃は小鹿島の地下5尺に多鈕粗文鏡（BⅡ型式）で蓋をして埋まっていた土器の中から石斧とともに出土した（同図13・14）。土器は高さ1尺、胴径7寸ということしかわからない。以上の石槨墓と同時期とみてよい。

また全羅北道出土と伝えられる細形銅剣・多鈕鏡などの一括遺物に含まれる石鏃は、基部が少し凹入するがやはり石槨墓出土石鏃（図68-15）と同類である。これに伴出する銅剣（図66-11）は細形銅剣としては古式で、また多鈕素文鏡もBⅠ型式であるから、これら一括遺物は石室墓と同じグループの中でももっとも早い時期に位置づけられよう。

これらの諸例は、無文土器文化後期に入るや先行する松菊里や雲岱里の琵琶形銅剣文化を受けつぎつつ、この地域に地域色豊かな細形銅剣文化が開花したことを物語る。

このあとにつづく青銅器遺跡は全羅北道梨堤部落（無文土器をともなったらしいが詳細不明）、全羅南道和順郡大谷里（土壙墓？（補記6））（尹武炳1977）、潭陽邑（石棺下）（崔夢龍1975a：35）、忠清南道太田市炭坊洞（成周鐸1974）、燕岐面鳳岩里（金載元1964）、公州郡鳳安里（安承周1978）などであろう。宇野分類C型式の多鈕細文鏡があらわれ、銅矛・銅戈・銅鉇が副葬されるようになる。その時期は土器をともなわないとはいえ、銅鉇をとおして東南地域の会峴里甕棺墓と平行し、無文土器後期中葉になる。また西地域の反川里などともほぼ同じ時期であろう。新昌里の甕棺墓地で採集された銅製把頭飾は、甕棺墓と同時期とすれば無文土器後期後葉となろう。

(8) 東 南 地 域

東南地域も青銅器遺跡の多い地域である。この地域で発見された細形銅剣は、慶尚北道が50本近く、慶尚南道が約20本である（あわせて朝鮮半島出土品の約24％）。銅矛は慶尚北道が20本をこえ、慶尚南道はその3分の1ほどになる（全体の約37％）。銅戈は慶尚南道に確実な例はないらし

く、慶尚北道で10本以上出土している（全体の約20％）。西南地域にくらべ銅矛の多いのが特徴である。これにたいし、多鈕鏡は西南地域の4分の1ほどの数しか出ていない。小銅鐸をふくむ車馬具は少ないながらも存在する。この地域にも有鍔異形鈴など地域色豊かな青銅器が存在する。

青銅器が土器や石器とともに出土した遺跡は16ヵ所ある。

支石墓では銅鏃・銅剣・石製剣把頭飾が出土している。銅鏃を副葬していた茂渓里の支石墓の主体部は床に小礫を敷く積石石棺（1.6×1.0m、高さ0.6m）で、3枚の板石で蓋をする。その上に積石をして上石をのせる（図69-8）。銅鏃のひとつ（同図7）は茎・脊部の断面が円形で茎端部断面は長方形になる。鏃身は大きく欠損している。西地域の上梅里出土品や巨津里の鋳型と同じく有翼鏃であろう。同形態とみられる茎部破片が2点ある。これらの銅質はよくない。もう1点（同図6）は白銅質で茎部は2段になり、茎上段と鏃身に鎬がとおる。鏃身の形状は明らかでないが、西地域の薬師洞出土品に近いと思われる。石剣は無樋一段柄式だが型式化がいちじるしい。石鏃はすべて有茎鏃で松菊里石棺墓やこの地域の支石墓でしばしば出土するものと同じ形態である。この墓は、副葬していた丹塗磨研小壺と石剣の形態によってこの地域の無文土器中期にあがりうる。

内洞の墓は支石墓とされ、主体部は積石石室とみられる。ここでは細形銅剣とともに黒色磨研長頸壺、丹塗磨研土器片が出土した。前者は西南地域の石槨墓出土品と同類で、土器からこの支石墓は無文土器文化後期前葉に属する。

鎮東里遺跡では慶尚南道ではじめて琵琶形銅剣が発見された。出土遺構はすでに破壊されていたが、わずかな残存部と聞きとりによって推定復元すれば（図69-5）、深さ150cmの長方形墓壙内に石棺（長さ約182cm、幅約57cm、深さ約50cm）をつくり、石棺と墓壙壁の間に塊石をつめ（南端部には置かない）、蓋石の上は礫と土とを埋めたらしい。報告者はこの上に上石をおく支石墓と考えている。

石棺内に琵琶形銅剣、無樋一段柄式石剣、石鏃各1点を副葬し（同図1～3）、石棺外の南側に丹塗磨研小壺（同図4）を副葬していた。石鏃は茂渓里や松菊里石棺墓出土品とかわらない。石剣は茂渓里出土品ほど退化していないが、松菊里石棺墓出土品よりは後出的である。

銅剣は剣身側縁が直線化しているが、脊の縦断面は琵琶形銅剣そのものである。琵琶形銅剣の側縁を二次加工したものかもしれない。茎を除く剣身の長さは松菊里出土品とほぼ等しく、本来の形も松菊里の剣に近かったと思われる。茎の片側には小さな抉りがある。

丹塗磨研土器と石剣から、この遺跡の年代が無文土器文化中期に属することは確実である。松菊里石棺墓とさほどことならない時期であろう。

以上の3遺跡と時期が近いと考えられるのは、慶尚北道盈徳郡沙川洞の「粗造石棺」で出土した銅剣である（梅原1930）。銅剣は抉方がない古式のものである。

この4遺跡の時期は無文土器文化の中期から後期はじめである。上限は西南地域とくらべた場合、松菊里とほぼ同じか少しおくれるだろう。

この地域には西南地域の石槨墓のように、無文土器後期前葉と考えられる青銅器遺跡はほとんどない。西南地域のそれに平行するかもしれないのは、慶州郡内東面坪里（現在慶州市）の「野石積の竪穴式石室」（細形銅剣、石製把頭飾が出土）くらいであるが（梅原1930）、確かではない。

第 7 章 青銅器と土器・石器　167

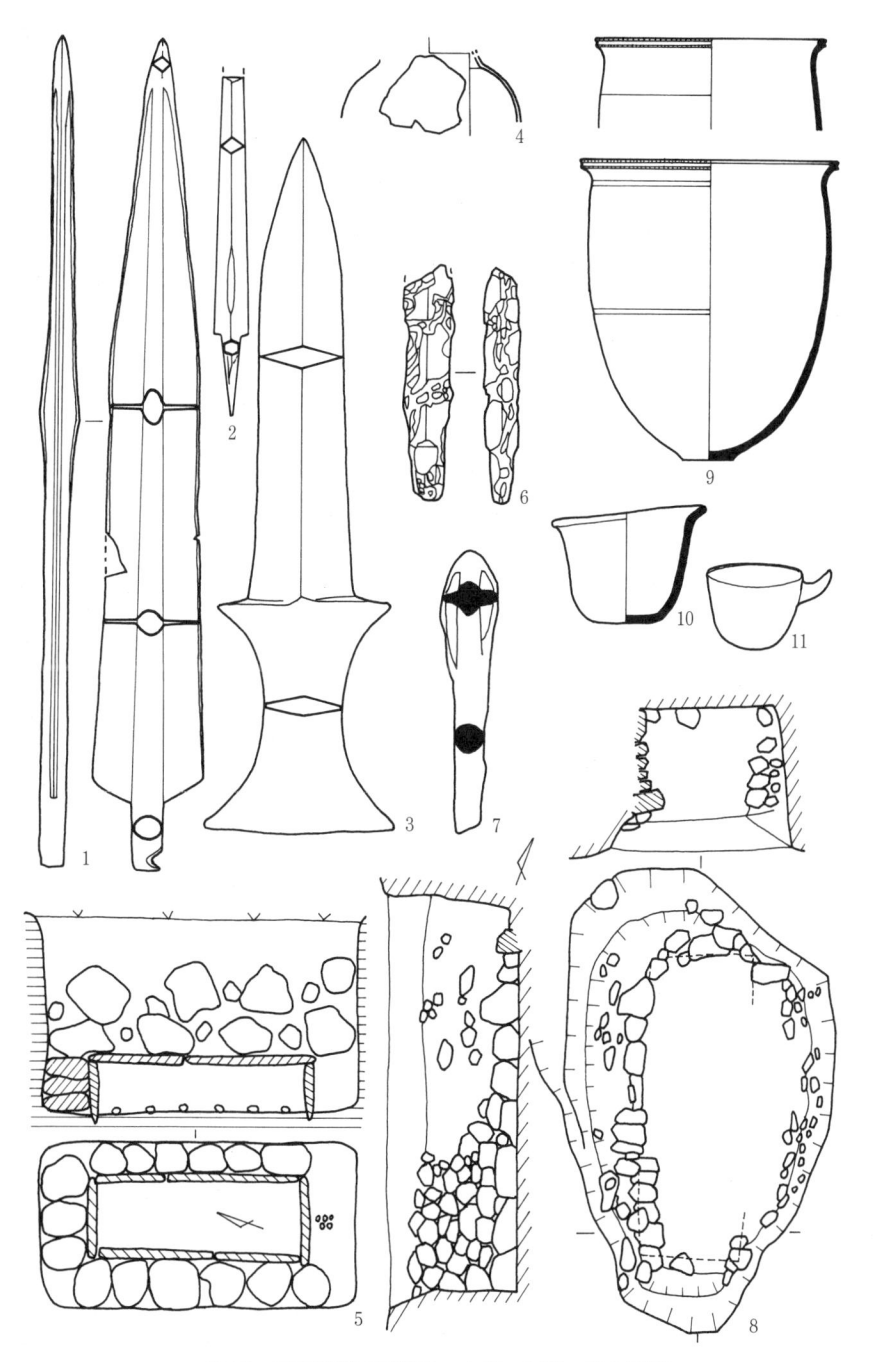

図 69　東南地域の青銅器・土器・石器・出土遺構
1～5：鎮東里遺跡（5 は推定復元図）　　6～8：茂渓里遺跡　　9：会峴里遺跡
10・11：入室里遺跡（11：スケッチ図）
〔縮尺　1～3：約1/3　　6・7：約2/3　　4・10：約1/6　　9：約1/15　　5・8：約1/60〕

今のところ、東南地域で細形銅剣群が多数あらわれるのは、無文土器後期中葉頃かららしい。

会峴里遺跡の3号甕棺墓では、細形銅剣、鉈が出土している。甕棺墓は東西長軸で、墓壙は長さ1m前後、現状の深さ60cm前後である。東側の甕棺が外甕になり「その底を竪穴の東壁にうがった穴にさしいれ……外甕の口に内甕をさしこんでいたが、位置は水平であった」（榧本 1957：7）。この甕棺のあわせた口の下に鋒を東にむけた銅剣と銅鉈を副葬していた。

甕棺墓は全部で3基あり、棺にもちいた甕（図69-9）はいずれも弥生土器で、前期末から中期はじめのもの（金海式甕棺）である。墓壙に横穴を掘って下甕の底をさしこむのは弥生時代甕棺墓にひろく認められることである。3基の甕棺墓とも金海式甕棺のうちではやや遅れる形態で、弥生時代中期はじめに属する。これは南地域無文土器文化の後期中葉に相当する（後藤 1979）。

土器はないが、銅剣4本、銅矛1本とともに銅鉈1本が出た慶尚南道丹城面白雲里（石棺墓か？）（沈奉謹 1980）はこれと同時期であろう。

これらよりおくれる時期の土器とともに青銅器が出土した遺跡は入室里、九政里（石斧のみを伴出）、朝陽洞、漁隠洞、良洞里である。まずそれぞれの遺構、遺物の出土状態をみよう。

入室里の遺構については、「地下約六尺にして其の一部に長さ九尺許り、深さ三尺許りの部分は土質に腐蝕物あるらしく黒色を呈して、周囲の赭色土とは劃然区別せられる状態にあった。而して遺物はすべて其の黒色腐蝕土の内から見出された。……本来の構造部分の木材ではなかったかとの想像をも加え得る」（藤田ほか 1925：35-36）という。

九政里遺跡も偶然の発見で遺構、遺物の出土状態ははっきりしない。発見者たちの話をまとめると、「地表に接して銅剣・銅鉾・銅鐸類が最初に発見され、更に約三〇糎位下から、鉄製品と石斧が出た。」この一帯は花崗岩が風化した砂土だが、「これらの遺物が出た所は赤土から出来て居り、赤土の部分は、直径二・五尺、深さ約二尺二寸位……。唯赤土が周囲の岩砂と接した部分は特にかたまった粘土でできて居り、あたかも壁のやうだった」（金元龍 1953：42）。

漁隠洞の場合も「遺物は互に密接して地表面から二尺五六寸の深位に存し、周囲の土壌は心持ち柔かであった」（藤田ほか 1925：5）というのみで、具体性を欠く。

これらの諸例は出土位置に石塊や板石がないから石墓でないことは確かである。したがって土壙内に直接棺と副葬品をおさめたか、土壙内に木槨を設けて棺や副葬品を安置したかいずれかである。入室里の場合は木槨の存在が推定されている。これらの遺跡の時期は後述するが、その時期からみて木槨墓の可能性は高い。

朝陽洞遺跡の土壙墓は、「長さ1.3mの垂直壙内に木棺を安置したもの」（韓柄三 1980：64）である。良洞里も偶然の発見で、遺構の構造は明らかでないが土壙墓とみられる。

これらのうち入室里、九政里、朝陽洞で出土した遺物の量はことなるが、青銅器の組み合わせは基本的には同じである。このうち入室里と朝陽洞で土器が出土した。

入室里出土の土器は少なくとも2点ある（図69-10・11、図70）。1点は遺物群の中心にあったと伝えられる小形の鉢である。平底で口縁部は外反し高さ9cm弱である。胎土には長石、石英、雲母などの細粒がまじり、胴部には叩き目がある。もう1点は報告時にはすでに失われていたが、高さ12～15cmの素焼きの鉢で、牛角形把手が1本ついている。このほかにも多くの土器が出土

したらしい。

　小形鉢の類例はさほど多くないが、慶尚南道馬山市城山貝塚西南区と東区の原三国文化期の赤褐色軟質土器の中にみられる（文化財管理局 1976b：71・95・143）。ただしこれらは丸底ないし不安定な平底で、入室里よりおくれる。小形鉢は牛角形把手付鉢とともに無文土器終末期の土器とみて誤りない。弥生時代中期後半に平行する。

　朝陽洞では黒色磨研長頸壺4点が出土している。「青銅器時代に盛行した黒陶長頸壺」（韓柄三 1980：64）というが、組合牛角形把手のつく黒色磨研壺らしく、この地域の無文土器文化後期中葉以降に属する。

図70　入室里遺跡出土土器

　九政里の磨製石斧は、全長20cm、幅8.2cm、厚さ6cmで全面をよく磨く。これだけでは時期の判断は困難である。

　これら3遺跡の副葬品は細形銅剣群に鉄製の刀・剣・斧が加わっている。これらの鉄器は先にのべた西地域の木槨墓に対比すれば、第二・三群に一致する。西地域ではすでに細形銅剣類は姿を消しはじめているがこの地域では盛行している。青銅器からは、九政里と朝陽洞は入室里に先行し、土器にもとづけばこれらの3遺跡は無文土器文化の後期後葉から終末期にかけての墓となる。

　これらよりおくれるのが漁隠洞と良洞里である。両遺跡とも細形銅剣群の影はほとんどみえない。漁隠洞では日光鏡や飾り金具類とともに土器片2片が得られ、その後、現地で十数片の土器片が採集された。その中には黄味をおびた堅質な壺（口径20cm前後、いわゆる漢式土器に似る）と赤褐色堅質で弥生土器にやや近い破片がある。後者には牛角形把手や深い筒状の土器片が含まれている。現在の知見にもとづけば、これらの土器は明らかに原三国文化期の赤褐色土器と陶質土器である。

　良洞里で出土した土器3点はすでに失われていた。出土した時2点は原形がわからぬほどに破損しており、1点は高さ20cmほどの叩き目をもつ細頸丸底壺で、軟質青灰色であったという。これもまた原三国文化の土器である。

　両遺跡とも入室里遺跡よりおくれ原三国文化期に属する。その時期をさらに限定するのは鏡である。漁隠洞で出た少なくとも15面の鏡には前漢晩期から後漢初期の日光鏡2面、虺龍文鏡1面がある。またここで出土した倣製鏡は弥生時代小形倣製鏡第1型に属す（高倉 1972）。さらにその中の同笵鏡2面は佐賀県二塚山46号甕棺墓（後期はじめ）副葬鏡と同笵である（高倉 1979：218、図71）。また八乳と放射線文をもつ倣製鏡が1面あり、この類品は大邱市坪里洞で細形銅剣、銅戈、車馬具、漢式鏡（鏡式不明）を伴出している（金廷鶴 1977）。坪里洞の青銅器の種類は入室里に近い。これらから漁隠洞は原三国時代はじめで、弥生時代後期前葉に平行する。良洞里では流雲文縁方格規矩四神鏡が出土しており、漁隠洞とほぼ同時期ないしややおくれる。

　最後にこのほかの遺跡にふれておく。

　蔣峴里遺跡では十字形の石製把頭飾が無文土器・石器とともに採集されている。石器のなかに三角形交刃石庖丁がある。長箭洞では、支石墓の石室（石棺？）内中央で石剣と石製把頭飾が一直線

上に約30cmはなれて発見された。木柄を用いる一具のものとみられる。石剣は無樋無茎式で、この地域に特有のものである。把頭飾は十字形だが方柱状突起が失われたらしい。時期はわからない。東方里遺跡では地表下40〜50cmで細形銅剣と磨製石剣（有光分類のE式）（有光1959a）が出土した。たがいに5mほどはなれていて共伴の当否は明らかでない。石剣は長箭里出土品とおなじくこの地域に特有のものである。山格洞遺跡は無文土器後期の遺跡で、ここでは土製の把頭飾が採集されている。

東外洞貝塚では包含層から青銅製剣把頭、漢式鏡破片、広形銅矛片、鉄器などが出土した。土器は原三国文化期で、赤色軟質土器が90％を占め、ほかに灰色陶質土器がある。広形銅矛片の出土は興味をひくが、報告書未刊のため詳細をしりえない。

3 結

8つの地域にわけて青銅器と土器・石器の共伴関係、出土する墓の構造、青銅器文化変遷の概略を検討し、地域相互の関係にも多少言及した。以下これを概括しよう。

朝鮮の無文土器はその絶対年代を直接示す遺物をともなわないが、そのあとの灰色陶質土器をとおして下限年代をおさえうる。

西北地域の灰色土器は明刀銭をともない、細竹里遺跡古代文化層（細竹里Ⅲ）の上限はもっともあげて考えても紀元前3世紀中頃であろう。西地域では木槨墓出土の灰色陶質土器の上限を紀元前2世紀後葉までたどりうる。それより上るかどうかは資料を欠くため確かでない。しかし細竹里遺跡の例から紀元前2世紀はじめまであがる余地はある。

西北地域の鴨緑江下流域から清川江流域の無文土器は新岩里Ⅱ、細竹里Ⅱ₁がもっとも古く、そのあとに美松里型土器がくる（美松里遺跡出土土器、新岩里Ⅲ、細竹里Ⅱ₂・Ⅱ₃）。美松里型土器の新しいものを墨房里型土器ともよぶ（細竹里Ⅱ₃がこれにあたる）。

鴨緑江中・上流域では公貴里型土器が新岩里Ⅱ・Ⅲに平行し、そののち美松里型土器（新）がひろがる。そのあとが魯南里型土器になろう。魯南里型土器の時期には明刀銭とともに縄蓆文土器が流入するが、この地域で製作されたかは疑わしい。魯南里型土器は紀元前3世紀以降の土器である。

西地域の無文土器はコマ形土器である。この土器は細竹里Ⅱ₁と美松里形土器に平行する。コマ形土器と美松里型土器の下限年代は紀元前4世紀末から3世紀初頭と推定され、そのあと灰色陶質土器までの間、少なくとも清川江流域以南、黄海南・北道までの地域には、明砂里型土器が存在するらしい。紀元前3世紀前葉〜中葉である。

東北地域南部の灰色土器は所羅里土城とその周辺で出土し、土城出土の鉄器類から紀元前1世紀代とみてよい。さらにさかのぼるかどうかはわからないが、西北地域ほどにはあがるまい。

東北地域北部では虎谷第5・6期層を、鉄器をとおして紀元前3世紀以降とみることができる。第6期層は紀元前2世紀にさがろう。これに先行する第4期層の下限は紀元前3世紀はじめ頃になるだろう。

南地域の無文土器は東南地域と北部九州における弥生土器との共伴例をとおして、その中期が弥

生時代前期初頭前後を下限とし、後期の終末期が弥生時代中期後葉と平行する（後藤 1979、申敬澈 1980）。紀元前後が無文土器から陶質土器をもつ原三国文化への移行期である。南地域の無文土器前期・中期は西〜西北地域のコマ形土器・美松里型土器平行で、下限もほぼ同じとみられる。

中部地域での灰色陶質土器の出現は西南・東南地域より多少早いかもしれないが、西地域よりはおくれ、紀元前 1 世紀中頃より古くはなるまい。

以上をもとにして土器と青銅器との関係を、まず細形銅剣群からまとめてみよう。

西地域の細形銅剣群のうち木槨墓に副葬されるものは銅戈や多鈕鏡を欠き、車馬具・鉄製利器類をともなう。土器は花盆形甕と小形壺である。

これよりさかのぼる細形銅剣群は銅戈・多鈕細文鏡・鉇をふくみ、鉄斧をともなう（ソルメコル、孤山里、石山里、反川里）。ソルメコルが石墓でほかは土壙墓とされている。さらにこれに先行するのは泉谷里と丁峰里の石墓出土の細形銅剣、銅矛、鋼斧、無茎石鏃である。木槨墓に先行するこれら 2 つのグループは、紀元前 2 世紀中葉以前であるが、土器を伴出しない。無茎石鏃を出す泉谷里と丁峰里の石墓はコマ形土器文化期の箱式石棺墓や支石墓（とくに墨房里型支石墓）の系譜をひくとみられるが、それより 1 段階おくれコマ形土器より新しくなろう。明砂里型土器から初期の灰色陶質土器がこれら 2 グループの時期の土器かと思われる。泉谷里、丁峰里を紀元前 3 世紀代、石山里、反川里などを紀元前 2 世紀代とみておく。

西南地域では石槨墓がもっともさかのぼる細形銅剣群の墓である。細形銅剣、多鈕粗文鏡などと無茎鏃、土器を副葬する。土器によってその時期を南地域の無文土器後期前葉とさだめうる。墓の構造は丁峰里とほぼ一致し、無茎鏃は泉谷里・丁峰里と共通する。しかし多鈕鏡をともなう点はソルメコルに近い。これらによって南西地域の石室墓は西地域の石墓（泉谷里・丁峰里・ソルメコル）とほぼ同時期とみてよい。その時期はまた無文土器後期前葉という点で、弥生時代前期にぼ平行することになる。

石槨墓のあとにくる細形銅剣群は土器をともなわないが（大谷里、潭陽邑など）、銅鉇をとおして西地域の反川里と東南地域の会峴里甕棺墓につながり、時期も平行する。無文土器後期中葉で紀元前 2 世紀中ごろ前後であろう。

東南地域では、内洞支石墓出土の銅剣が無文土器後期はじめで、副葬土器をとおして西南地域の石槨墓に平行する。このあとの会峴里や白岩里の青銅器は弥生時代前期末から中期はじめ頃に平行する。九政里や入室里は、入室里の無文土器によって無文土器後期末葉に置ける。これらは弥生時代中期後葉に平行し紀元前 1 世紀後葉から紀元前後の年代をあたえうる。

中部地域では上紫浦里支石墓の細形銅剣が伴出土器、出土遺構から無文土器中期にさかのぼる。泉谷里よりやや古くなろう。江原道の講林一里や原州市の青銅器は、西地域のソルメッコル、反川里や西南地域の大谷里などに平行し、南地域の無文土器後期中葉であろう。この時期の土器はソウル市鷹峰などの組合牛角形把手付壺であり（横山 1930）、この土器は西地域の明砂里型土器と関係があろう。四老里はこの直後になるだろう。

東北地域南部の梨花洞は時期不詳の無文土器を出すが、青銅器・墓の構造からは紀元前 1 世紀までさがり、所羅里土城の「土壙墓」の直前における。

このように地域相互の関係をたどると、細形銅剣群の上限は、西、中部、西南、東南地域で、大きな差のないことがわかる。その年代は紀元前3世紀前半代と推定され、上紫浦里のような最古式の細形銅剣は紀元前4世紀末まではあがりうる。

　ほぼ時を同じくして各地にあらわれた細形銅剣文化はその後、地域によって差を示すようになる。南地域では最後まで無文土器をともなうが、西地域では灰色陶質土器をともなうようになり、紀元前後まで命脈を保つが、実質的には紀元前1世紀中葉に姿を消す。

　つぎに琵琶形銅剣文化をみよう。琵琶形銅剣は西地域の琴谷洞と龍興里では伴出した石斧をとおして、コマ形土器の時期と考えられるだけである。松菊里と鎮東里は土器をとおして南地域の無文土器中期である。墓の構造からみると松菊里は鎮東里より少し古くなろう。

　扇形銅斧は西北地域では美松里型土器にともない、その鋳型は西南地域で松菊里式土器に、東北地域南部で美松里型土器（新）平行の永興邑型土器にともなう。西南地区の南城里出土の扇形銅斧と銅鑿はもっとも新しい例になる。

　銅泡のもっともさかのぼる例は新岩里遺跡で、美松里型土器に先行する土器（新岩里Ⅱ）に伴出している。新興洞出土品もこれと同じくらいの時期であろう。豊龍里出土例は美松里型土器の中でも新しい土器にともなう。東北北部で出土する石製・土製模造品は豊龍里例と同時期前後だろう。

　琵琶形銅剣の年代については諸説があるが、朝鮮半島における下限は、西地区ではコマ形土器の下限に、西北地域では美松里型土器の下限に同じく、また南地域では無文土器中期末を下限とする。つまり下限時期に地域差はなく、下限年代は紀元前4世紀末〜3世紀初とみられる。これは細形銅剣群の初現時期とほぼ一致する。

　永興邑遺跡の銅矛鋳型に彫った矛型の形態は、すでにのべたように琵琶形銅矛と細形銅矛の中間形である。吉林省出土の琵琶形銅矛は美松里型土器の新らしいものをともなうから、永興邑の銅矛鋳型、銅斧鋳型、鐸形鈴鋳型は美松邑型土器の新しい方に平行する。紀元前4世紀後半代が妥当な年代であろうか。草島の鐸形鈴も同じ年代となる。

　銅鏃は出土量は少ないながらも各地域にみられ、鋳型もある。東北地域南部の無茎鏃以外はすべて有茎鏃で、鏃身部のひろい両翼形とせまいものとにわけられる。

　いずれも西北〜西地域のコマ形土器・美松里型土器の時期、南地域の無文土器中期、東北地域北部の無文土器の後半とみられるが、こまかく時期を決めがたく、相互の前後関係はとらえられない。

　金灘里遺跡の銅鑿は、新岩里遺跡の銅刀子・銅泡と同じく、無文土器文化の古い方に属するが年代は明らかでない。

　朝鮮半島の青銅器文化は遼寧青銅器文化が隣接地域へ入る形ではじまるが、これは製品の流入のみではなく、永興邑遺跡にみられるように早くから鋳造を行っている。そのひとつが銅鏃で、各地で製作され多くの石製倣製品（磨製石鏃）をうみだしたのであろう。

　琵琶形銅剣もまた西、中部、東部、南の各地に大きな時間差なしにあらわれるようだ。その年代は紀元前4世紀とみられ、5世紀にあがる可能性もあるが、この点は遼寧省におけるこの剣の型式・年代に対比してきめるべき問題である。この剣は無文土器社会の支石墓、箱式石棺墓に副葬されている。これらの墓にはまた磨製石剣が副葬され、両者の性格の異同がこれからの問題になる。

このあとに朝鮮半島に特有の細形銅剣がうまれる。その時期は、西北地域では美松里型土器が、西地域ではコマ形土器が、さらに南地域では中期無文土器が姿を消す時期である。これはまた鉄器がはじめてあらわれる時期でもある。このような諸現象からこの時期が朝鮮原始社会の大きな転換期であったと考えられる。

弥生時代の青銅器文化は弥生時代前期末以降、朝鮮半島からの細形銅剣群の舶載をもってはじまる。これは朝鮮半島の細形銅剣文化より1段階おくれ、東南地域の無文土器後期中葉の社会からもたらされたためであろう。もし西南地域からもたらされたとすれば、石室墓の次の段階（大谷里遺跡など）の青銅器であろう。

しかし弥生時代青銅器文化がもっとも密接な関係をもっていたのは東南地域の青銅器文化である。これは弥生時代中期後葉＝無文土器文化後期末以降、北部九州産の中広、広形の銅戈や銅矛がこの地域にもたらされていることや、大分県別府遺跡出土の朝鮮小銅鐸が入室里出土品と同じ型式である（小田1981）ことなどからも明らかである。

今後、各種青銅器の諸型式の組み合わせ、出土遺構、伴出土器をさらに細く検討し、朝鮮青銅器文化の変遷と地域性を明らかにするとともに、社会の変化過程の中で青銅器の意味を問うことが重要である。弥生時代青銅器文化をめぐる諸問題のいくつかはそれによって新らたな展開を期待できる。

註
（1） 最近、朝鮮民主主義人民共和国では、古朝鮮の中心地王険城は遼寧省の遼河々口にあり、これを滅ぼして設置された楽浪郡郡治もまたこの王険城の跡におかれたとし、平壌を中心とする西朝鮮に残るいわゆる楽浪古墳や土城を、王険城滅亡後の古朝鮮後期の遺跡とする見解が定着している。

　従来いわれていた楽浪木槨墳は囲槨墓とし、1970年代前半まで土壙墓に一括していた細形銅剣などを副葬する墓を土壙墓と木槨墓にわけ、土壙墓→木槨墓→囲槨墓と継承されたとする。これら紀元前3世紀以降の墓に先行する紀元前5〜4世紀の墓は西北〜西朝鮮と遼寧省に分布する土壙墓と石墓であるとする。さらに先行する紀元前8世紀以降の古朝鮮の墓は、遼東半島先端にある楼上墓や崗上墓のような積石墓とみる。

　古朝鮮の青銅器を代表するのは琵琶形銅剣とこれを継承する細形銅剣であり、この青銅器文化が中心地をかえながら長期にわたって存続したと考えている。

　このような見解は考古学研究所（1977a）に示されており、考古学研究所（1977b）や歴史研究所（1979b）も同様の見解にもとづいて記述されている。これの前段階の見解は考古学研究所（1973）にくわしい。1960年代には王険城の位置を平壌とみるか遼河々口域とみるかについて意見の対立があったが（これについては李進熙（1962）に紹介されている）、その後、上のような見解に統一されていったらしい。

　このような共和国における最近の見解のうち、西朝鮮に楽浪郡があったことを否定する論拠（封泥を偽物とするなど）に対しては田村晃一の批判がある（田村1976）。田村の批判の対象は考古学研究所（1973）の後半（「馬韓の文化」）である。

　細形銅剣などを副葬する一連の墓の構造が明らかになったのは解放後のことであり、とくに平安南道台城里遺跡の発掘調査がその契機となった（考古学民俗学研究所1959b）。それ以来この種の墓は「土壙墓」とみられるようになったが、田村はこれらを木槨墓であると指摘した（田村1965）。その後、共和国では土壙墓の中に木槨土壙墓を認めるようになり、最近は上のように木槨墓と考えている。しかしこれ

とは別に土壙墓も存在したとしている。最近の木槨墓調査については田村の批判的紹介がある（田村1980）。

（2）朝鮮青銅器とその文化については次のような多くの研究がある。総括的な考察としては金貞培（1971）、尹武柄（1972）。各青銅器の型式分類と編年は、把頭（飾）については金元龍（1970）・岡内（1973a）・千葉（1973）、銅戈については崔夢龍（1971）・岡内（1973b）・千葉（1978）、銅矛については近藤（1969）、銅剣については鄭燦永（1962）・尹武柄（1966）、多鈕鏡については宇野（1977）・全栄来（1977）・千葉（1979）、小銅鐸については高倉（1973a）・田村（1977）、車馬具については秋山（1964）・岡内（1979）、銅鉇については西谷（1966b）などがある。青銅器文化の編年については、西谷（1966a）・金廷鶴（1972）・金昌鎬（1978）などがある。

（3）金元龍編（1965b：88）には、金良善の談によるとして、平安北道亀城郡砂器面新市洞の石棺墓から細形銅剣と黒曜石球が出たと記す。金廷鶴（1972）図版98の銅剣のタイトルは亀城出土となっている。ところがこの写真の銅剣は金良善（1962）図版5-4と同一だが、ここでは公州出土としている。したがって新市洞出土細形銅剣というのは不確実な資料であり、のぞく。

（4）この地域で最大の箱式石棺墓は黄海北道鳳山郡徳岩里2号石棺墓（185×46cm、高さ50m）である（有光1941b）。なお慈江道豊龍里石棺墓は240×60×69cmで泉谷里の墓に匹敵する大きさである。

追記

（1）本章でとりあげなかった遺物に青銅器を模したらしい石製品3例がある。①茂山虎谷遺跡第4期33号住居址出土品、復原径6.5cm、厚さ3〜5mm、②平壌市立石里遺跡2号住居址（コマ形土器）出土品、復元径12.4cm、厚さ3〜4cm、③黄海北道黄州郡旧清水面箱式石棺墓出土品、径11cm前後、中央に小孔ひとつ。いずれも縁に平行の弧線を刻み、その内側に放射状に短線（帯）を配する。その文様は草島や豊龍里の銅泡（状金具）と同じである。銅泡やそれにともなう円盤状飾金具などの系譜にひくのかもしれない（黄基徳1963a、李元均ほか1962）。3例とも時期は近い。

（2）平安北道博川郡堂山里遺跡の鉄器時代層では、灰色縄蓆文土器、無文の灰色土器、鉄器（斧、手斧、刀子）、瓦片などとともに、滑石製鋳型2点（鏃と種別不明）が出ている。紀元前2世頃、細竹里Ⅲ平行期か（考古学研究所1973）。

（3）朝陽洞遺跡では、本章でふれた以外にも土壙墓が調査されている。1981年に調査した10基のうち38号土壙墓では、組合牛角形把手付黒色磨研壺が、青銅製把頭飾付鉄剣、鉄鋌、日光鏡、昭明鏡、四乳鏡とともに出土した。無文土器文化後期後葉である（崔鍾圭1982）。

（4）1981年に調査した福岡市西区有田遺跡では、夜臼単純層（夜臼Ⅱa式）から松菊里型土器の小形壺と鉢が出土した（福岡市教育委員会文化課松村道博氏調査、山崎純男氏確認）。これによって松菊里型土器の時期の一端が、板付Ⅰ式土器出現前、夜臼式土器単純期に平行することが確実となる。本稿の年代観を補強する資料である。

補記

（1）のちに公表された写真によると、身両側縁が欠けていて本来は身が長三角形で逆りがあり樋が通る上梅里出土例と同形態ともみられる（朝鮮遺跡遺物図鑑編集委員会1988：253）。

（2）考古学研究所（1977a）にもとづいて平壌市貞柏洞96号・97号墓では土器が出土していないとした。その後の論文によると96号墓では花盆形甕と壺が出土している（李淳鎮1996）。

97号墓の銅剣図は考古学研究所（1977a）の図14-5にあり、これは1961年7月に貞柏洞の工事現場でみつかった「蟠螭細地文鏡」・車輿具・鉄長剣・甲小札など一括遺物中の銅剣の図（鄭燦永1962：図61-2）と酷似し、伴出遺物もよく似ている。もし両者が同じであれば、不時発見のため土器は捨てられたのかもしれない。なお1982〜84年に統一路関連調査で大量の楽浪古墳を発掘した中にも「貞柏洞97号

墓」(同穴合葬墓) があるが (李淳鎮ほか 2003)、これは上の 97 号墓とは別である。
(3) 第 6 章補記 (3) 参照。
(4) 金元龍 (1972) で伝原州市一括出土とされたのは、①多鈕細文鏡 (径 13.3cm)、②細形銅剣 4・細形銅矛 2、③銅斧 1・銅鑿 2・銅鉇 1 である。しかし①・②は全羅南道霊岩 (伝霊岩) とされ (共伴とは認められていないらしい) (金廷鶴 1972：PL52・53・65)、③は袋部を欠く細形銅矛とともに伝公州出土とされている (国立中央博物館 1992：PL58) (すべて崇実大学校博物館蔵)。なお金元龍 (1972) で①とともに紹介されている別の多鈕細文鏡 (径 21cm) は、その後の調査で、伝原州地方出土とされていた双頭鈴・八珠鈴・竿頭鈴各 2 および組合双頭鈴 1 と共に伝忠清南道論山の訓練所付近出土であることが確かめられた (李健茂 1992) (湖巌美術館蔵)。したがって原州出土という青銅器はすべて他で出土したもので、取り消される。
(5) 伝茂朱の琵琶形銅剣 2 本 (湖巌美術館蔵) は、安春培の調査で、崇実大学校博物館所蔵品とあわせ 3 本が慶尚北道星州郡草田面で山麓の自然の石積みから出土したことが確認された (金鍾徹 1987：註 4)。ただし国立中央博物館 (1992) では伝慶尚北道金陵または尚州とされている。
(6) その後発表された報告 (趙由典 1984) によると石槨墓とみなされる。第 8 章追記参照。

第8章　青銅器文化の地域性

　これまでに発見された朝鮮半島の青銅器は剣をはじめ多種多様で、おびただしい量になる。出土地は、不確実な場合を含め300ヵ所にはなろう。これらの青銅器は、原始社会が解体し古代社会へむかう時期に製作・使用され、多くは墓に副葬されている。この時期の社会とその展開を考える上で、青銅器とその遺跡はまたとない資料である。

　筆者は、青銅器を当時の社会と関連づけるべく、青銅器と土器・石器の関係および青銅器副葬墓についてのべたことがある（後藤1982、1984）。本章も同じ意図のもとに、遺跡の分布をとおして青銅器文化の地域性を概観し、青銅器社会の地域的発達の予察を試みるものである。

1　地域と時期区分

　青銅器出土地は表10にまとめ、その位置は分布図に記入した（図71）。分布状態と自然地理的条件にもとついて、朝鮮半島の青銅器文化は11の地域に区分でき、そのいくつかはさらに細かくわけることができる。

　　第Ⅰ地域　清川江流域以南、瑞興江流域以北。a～eの5地域に細分。
　　第Ⅱ地域　南大川以西、咸興・永興平野一帯。
　　第Ⅲ地域　日本海岸の江原道中～北部。
　　第Ⅳ地域　黄海南道南東部から漢江流域一帯。a・bの2地域に細分。
　　第Ⅴ地域　牙山湾周辺から錦江流域～万頃江流域。a～cの3地域に細分。
　　第Ⅵ地域　全羅南道。a・bの2地域に細分。
　　第Ⅶ地域　慶尚南道。分布が密な南海岸部をa地域とする。
　　第Ⅷ地域　慶尚北道。a～cの3地域に細分。
　　第Ⅸ地域　咸鏡北道北部。
　　第Ⅹ地域　鴨緑江中流・禿魯江流域。
　　第ⅩⅠ地域　鴨緑江河口域。

このほか済州島に1ヵ所出土地がある。またⅠ・Ⅹ・ⅩⅠ地域の間には明刀銭が分布する。
　なお、朝鮮半島青銅器文化の時期区分の概略を、第Ⅰ地域を中心に記しておく。
　第Ⅰ期　銅剣出現以前。銅泡・銅鑿や銅鎌が散見されるにすぎず、そのあるものは第Ⅱ期に下るかもしれない。
　第Ⅱ期　遼寧式銅剣（A式[1]）や扇形銅斧の時期。出土遺構は箱式石棺墓。

第8章　青銅器文化の地域性　177

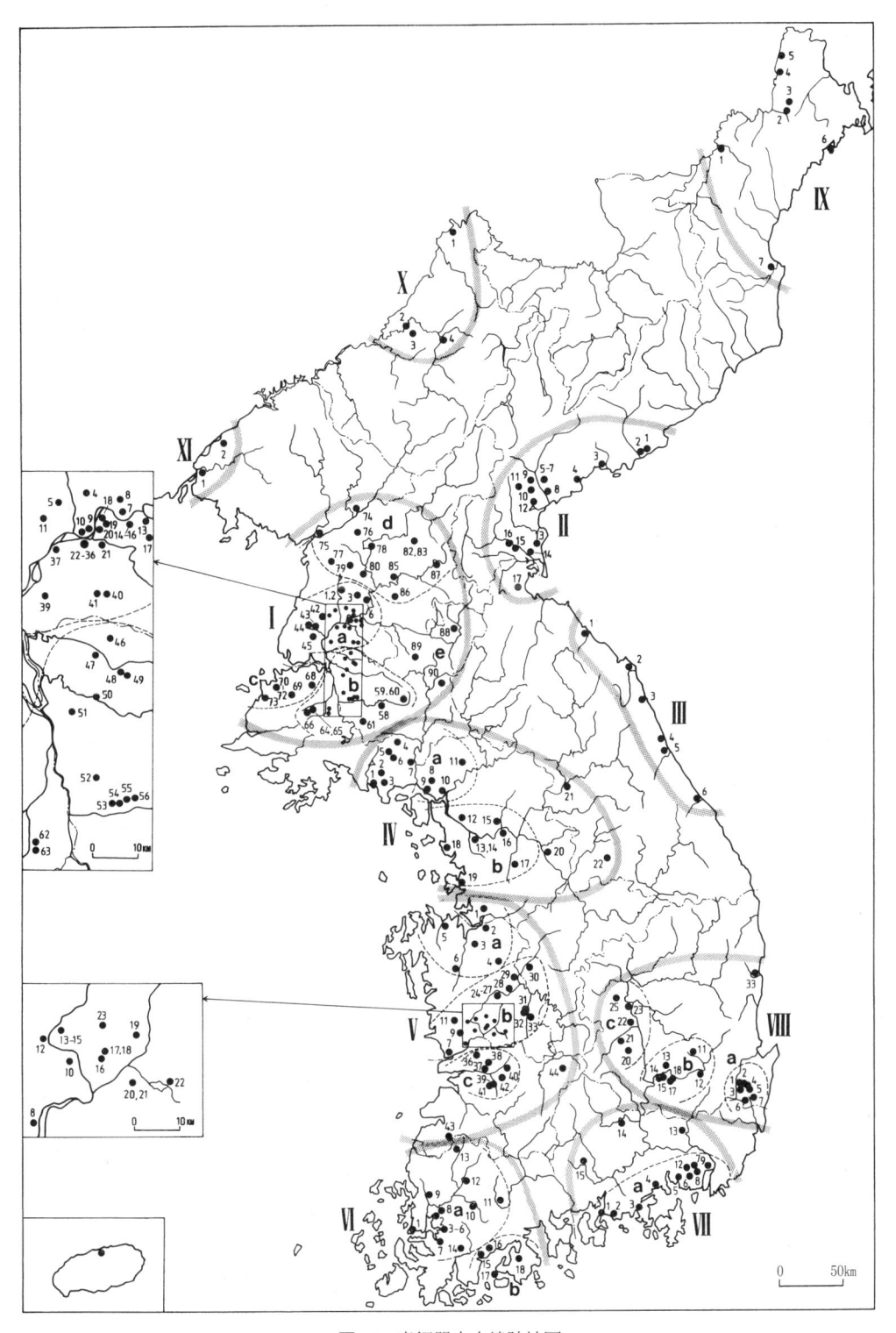

図71　青銅器出土遺跡地図

表10　青銅器出土地

No.	出土地	遺構	遺物	文献
第Ⅰ地域				
〔a地域〕平安南道				
1	旧　平原郡順安面（平壌市）		東周式剣1	梶本1980a
2	伝　　〃　　（〃）		斧1	U1839
3	旧　大同郡龍岳面（平城市）上里	木	剣1、鉄武器、車馬具、土器など	梶本1980a
4	平壌市　兄弟山区域西浦洞		剣1	黄基徳1974
5	南兄弟山	土?	剣1、鏡1　△	鄭白雲1957、考古学研究所1973
6	三石区域道徳里		剣1	無署名1983a
7	大城区域高山洞		矛1	無署名1983a
8	魯聖里		矛1	藤田ほか1947、K240
9	外城区域平壌駅		剣1	無署名1983a
10	平川区域平川里		剣把付銅剣1	藤田ほか1947
11	万景台区域龍山里	木?	剣1、鉄武器、車馬具	考古学研究所1977a
(12)	万景台区域		剣1	無署名1983a
13	寺洞区域金灘里	住	鑿1	金用玕1964b
14	美林里		剣3、車馬具、内行花文鏡など　▽	藤田ほか1947
15	〃		剣3　　　　　　　　　　　×	K194・195・214
16	〃		矛2　　　　　　　　　　　×	無署名1983a、K241・242
17	将泉里		剣鋳型2対、鐔金具鋳型1	藤田ほか1947
18	大同江区域鰲村里		剣1、剣把頭飾、剣把、鐔	K110～113
19	旧　東大院洞許山	木	剣1、車輿具、土器など	藤田ほか1925
20	船橋区域船橋洞		剣1、矛1	鄭白雲1957、考古学研究所1973
21	力浦区域将進洞	木?	剣1、矛1、鉄斧	梅原1933b
22	楽浪区域貞柏里採土場		剣1、戈1、鉄武器、車馬具　▽	藤田ほか1947
23	貞柏洞1号墓	木	剣1、矛1、鉄武器、車馬具など	黄基徳1974
24	2号墓	木	剣1、鉄武器、車馬具、日光鏡、昭明鏡など	無署名1983a
25	3号墓	木	矛1、鉄武器、車馬具、漆器、昭明鏡など	無署名1983a
26	88号墓	木	剣1、鉄武器、車馬具など	考古学研究所田野工作隊1978
27	96号墓	木	剣1、鉄武器・工具、車輿具	考古学研究所1977a
28	97号墓	木	剣1、鉄剣、車輿具、蟠螭文鏡など	考古学研究所1977a
29	貞梧洞	木	剣3、車輿具など　△	鄭白雲1957、無署名1983a
30	梧野里23号墓		小銅鐸4など	野守他1935
31	梧野里		矛1	朝鮮考古学会1941
32	石岩里	木	剣1、鉄武器、車馬具など	白錬行1965
33	石岩里219号墓	木	矛1、鉄武器、車馬具など	梶本ほか1975
34	石岩里		戈1	梅原1933b
35	〃		剣2、内行花文鏡、山字文鏡　▽	藤田ほか1925
36	土城洞4号墓	木	剣1、鉄武器、車馬具、星雲文鏡など	黄基徳1974
37	猿岩里		剣1	無署名1983a
(38)	楽浪里		剣1	無署名1983a
39	江南郡東井里		剣1	無署名1983a、鄭白雲1957
40	伝　中和郡中和邑		多鈕粗文鏡1	U2303
41	中和郡金山里		矛1	無署名1983a
42	旧　大同郡大同江面反川里	土	剣1、鉇1、多鈕細文鏡1	梅原1930
43	南浦市大安市徳興里チョルサン		剣1	無署名1983a
44	水山里		矛1	無署名1983a
45	旧　江西郡（大安市）台城里10号墓	木	剣1、矛1、鉄武器、車輿具など	考古学民俗学研究所1959b
	ほかに旧大同江面、平壌出土と伝えるものがいくつかあり、その中には中国の矛・戈も含まれる。			
〔b地域〕黄海北道・黄海南道				
46	黄北　黄州郡黒橋里	木?	剣1、矛1、車輿具、五銖銭	藤田ほか1925
47	金石里	木?	剣1、鉄武器、車馬具、土器	無署名1983a
48	伝　黄州郡内東里		剣1	梅原1933b
49	天柱里	木?	剣1、車輿具、鉄斧、土器など	考古学民俗学研究所1959a
50	黄州付近		剣1	梅原1930、K207

No.	出　土　地		遺構	遺　　物	文　　献
51		青龍里　鄭村	木	剣1、車輿具、土器	黄基徳1959
52		沙里院市上梅里	箱	鏃、石鏃4 など	考古学民俗学研究所1959a
53		鳳山郡松山里ソルメコル	石	剣1、鉇、多鈕細文鏡、銅工具	黄基徳1959・1963b
54		唐村	木	剣1、土器など	黄基徳1959
55		新興洞	住	泡1	徐国泰1964
56		御水区支石山		剣1（支石墓に混入）	黄基徳1959
(57)		鳳山		剣1	都宥浩1960b
58		瑞興郡文武里		剣1、蓋弓帽1、	無署名1983a
59		泉谷里	石	剣1、石鏃7	白錬行1966
60		ウェコル	採	剣1	無署名1983a
61		銀波郡葛峴里下石洞	木	剣1、矛1、鉄武器、車馬具、土器など	無署名1983a
62	黄南	載寧郡孤山洞	土?	剣1、斧1、東周式剣2	黄基徳1974
63		富徳里水駅洞	木	剣1、矛1、鉄武器、車輿具	李淳鎮1961
64		信川郡青山里土城付近		剣1	黄基徳1974
65		日出洞		剣1	黄基徳1974
66		旧　信川郡文化面九月山		戈1	榧本1941、K225
(67)		信川郡		剣1	無署名1983a
〔c 地域〕黄海南道					
68	黄南	銀泉郡銀泉邑薬師洞	支	鏃1	歴史研究所1979a
69		旧　殷栗郡南部面九月山麓		戈1	藤田ほか1947
70		殷栗郡雲城里1号墓	木	剣1、矛1、車馬具、鉄斧、五銖銭、土器	考古学民俗学研究所1958b
71		9号墓	木	剣1、鉄武器、車馬具、土器など	李淳鎮1974b
72		雲城里		剣1	黄基徳1974
73		旧　松禾郡豊海面豊川		剣1	梅原1930
〔d 地域〕平安北道・平安南道					
74	平北	寧辺郡細竹里第3文化層	包	鏃、鐔金具・銅鏃鋳型、布銭、明刀銭など	金永祐1964b
75		博辺郡堂山里	包	鋳型2（鏃と種別不明）	考古学研究所1973
76	平南	价川郡旧中西面龍興里	箱	剣1、刀子1、天河石飾玉、石斧	韓炳三1968
77		旧　平原郡粛川面付近		剣2、車輿具など	梅原1930
78		順川郡旧北倉面		剣2　×	K193・210
79		旧　慈山面　龍文里		剣1	鄭白雲1957
80		旧　舎人場慈山（平城市）		剣1	梅原1933b、U1657
(81)		平城市　キョソシン里メボン山		矛1	無署名1983a
82		旧　孟山郡封仁面（鳳一面は誤）		多鈕粗文鏡鋳型1	藤田ほか1947
83		〃		剣1（土器伴出？）	梅原1933b
(84)		伝　成川郡		多鈕粗文鏡1	藤田ほか1947
85		伝旧　三徳面文源里		剣1	U1638
86		伝旧　通仙面龍潭里		剣1	U1667
87		旧　陽徳郡化村面白石里		矛1	U1833
〔e 地域〕黄海北道					
88	黄北	新坪郡仙岩里1号墓	箱	剣1、石鏃、玉	無署名1983a
89		遂安郡		剣1　△	鄭白雲1957
90		新渓郡丁峰里ウォンピョン村	石	剣1、矛1、斧1、石鏃6	無署名1983a
第Ⅱ地域　咸鏡南道・江原道					
1	咸南	新昌郡下細洞里	土	剣1、矛1、戈1、筒形銅器鈴部	田疇農1963a、黄1974
2		北青郡青海面土城里	土城	剣1	藤田ほか1925
3		洪原郡雲浦里	墓	把頭飾、土器など	韓雪正1961、朴晋煌1974
4		咸興市退潮区域松海里		戈1	韓雪正1961、朴晋煌1974
5		会上区域梨花洞	土	剣2、矛2、戈1、多鈕細文鏡2、鉄斧	安容蕃1966b、朴晋煌1974
6		馳馬洞		戈1	安容蕃1966b、朴晋煌1974
7		東興山区域至長洞		剣1	安容蕃1966b、朴晋煌1974
8		沙浦区域湖上洞		剣2　×	韓雪正1961、朴晋煌1974
9		咸州郡朝陽里		竿頭筒形銅鈴1	無署名1983a

180 第Ⅱ部 青銅器

No.	出土地	遺構	遺物	文献
10	大成里		剣1	朴晋煌1974
11	旧 川西面		戈2 ▽	藤田ほか1947
12	興上郡新慶里		鏃1	韓雪正1961
13	旧 仁興郡（金野郡）蓮洞里		剣2 △	朴晋煌1974
14	龍山里	土	戈1、矛1	安容濬1966b、朴晋煌1974
	〃第1地点		剣1、矛1	無署名1983a
	〃第2地点		剣1、多鈕細文鏡1	無署名1983a
15	旧 永興郡（金野郡）龍江里所羅里	土城	鏃、鉄武器、車馬具、土器など	韓雪正1961、朴晋煌1974
16	永興邑	包	鋳型4（矛・斧・鐸形鈴）	徐国泰1965
17	江原 文川郡南昌里	土	剣1、戈1	無署名1983a

第Ⅲ地域 江原道

1	江原 通川郡通川邑外鉢山	採	鏃鋳型1	沢1937
2	高城郡新北面沙坪里		剣1	梅原1930
3	巨津面巨津里	採	剣鋳型1	沢1937
4	襄陽郡土城面〔束草市北方〕	住	剣1、多鈕細文鏡1	金元龍1967c
5	降峴面釘岩里		多鈕細文鏡1	李康承1977
6	江陵市浦南洞		鏃、石器、土器など	李蘭瑛1964

第Ⅳ地域
〔a地域〕黄海南道・開城市

1	黄南 延安郡復興里琴谷洞	包	剣1、石斧2、土器	黄基徳1974
2	小雅里		多鈕（粗文？）鏡1	黄基徳1974
3	梧峴里	土	剣2、矛1	無署名1983a
4	碧城郡		剣1、矛1	無署名1983a
5	白川郡大雅里	箱	剣1、鏃1、石鏃10、管玉1	無署名1983a
6	日谷里		剣1	無署名1983a
7	石山里	土	剣1、戈1、鉄斧1	黄基徳1974
8	開城市 板門郡大陵里		矛1	黄基徳1974
9	開豊郡海平里白馬山中腹		剣1	無署名1983a
10	大龍里		矛1	無署名1983a、鄭1957
11	長豊郡国花里ソタル山中腹		戈1	鄭白雲1957

〔b地域〕京畿道

12	京畿 高陽郡元堂面星沙里	採	鋳型1	梅原1933b
13	ソウル市永登浦区		剣1、鑿2	藤田ほか1947
14	永登浦区汝矣島		戈1	金廷鶴1972
15	楊州郡九里面四老里	石	剣1、戈1、土器1	横山1953
16	ソウル市城東区上一洞	土	剣1、石製把頭飾	韓炳三1968
17	龍仁郡慕賢面草芙里		剣鋳型3	国立博物館1968
18	仁川市鶴翼洞付近		剣1	樋本1980a
19	華城郡南陽面		戈1	金元龍1965b

〔その他〕京畿道・江原道

20	京畿 楊平郡介軍面上紫浦里	支	剣1、天河石飾玉1、土器など	秦弘燮ほか1974
21	江原 伝 春川		剣2 △▽	有光1938b
22	横城郡安興面講林一里		剣2、多鈕細文鏡1	李康承1977

第Ⅴ地域
〔a地域〕京畿道・忠清南道

1	京畿 伝平沢郡古徳面		戈1	国立博物館1968
2	忠南 牙山郡屯浦面屯浦里	石	剣1、矛1、土器	藤田ほか1947
3	新昌面南城里	石	剣9、多鈕粗文鏡2、異形銅器など	韓炳三ほか1977
4	天原郡広徳面太平里		戈1	黒田1938
5	唐津郡唐津面柿谷里		剣1	藤田ほか1947
6	礼山郡大興面東西里	石	剣9、多鈕鏡5、異形銅器など	池健吉1978

No.	出　土　地	遺構	遺　　物	文　　献
〔b地域〕忠清南道・忠清北道				
7	忠南　舒川郡長項邑元水洞		剣1	国立博物館1968
8	扶余郡良化面岩樹里		剣1	有光1938a
9	南面檜洞里		戈1、土器片	韓炳三1969
10	場岩面		剣1	U1682
11	伝　内山面		矛1	有光1938a
12	窺岩面検卜里		剣1、石製把頭飾	梅原1933b
13	扶余邑内		剣1	考古美術ニュース1961
14	伝　扶余		矛1	国立博物館1968
15	伝　扶余郡		剣2、戈1　×	梅原1933b、K203、中央博1973
16	扶余郡草村面蓮花里	石箱住	剣4、多鈕粗文鏡1、天河石飾玉1	金載元1964
17	松菊里		剣1、石剣1、石鏃11、天河石飾玉2など	金永培ほか1975
18	〃		扇形斧鋳型1	姜仁求ほか1979
19	論山郡魯城面松堂里		戈1	金良善1962
20	伝　論山付近		矛1	梅原1933b
21	伝　論山		八珠銅鈴、竿頭筒形銅鈴、多鈕細文鏡など	国立中央博物館1973、岡内1983
22	連山面青銅里		剣1	無署名1961
23	公州郡灘川面南山里		剣1	金元龍1974
24	公州		矛1、斧1、鑿2、鉇1　▽	金廷鶴1972
25	公州		中国式矛1	全栄来1977
26	公州		剣1	U1683
27	伝　公州		胡瓜形双頭鈴1	国立博物館1968
28	長岐面鳳安里	土?	剣1、戈1	安承周1978
29	燕岐郡西面鳳岩里		剣1、戈1	金載元1964
30	忠北　清原郡江西面飛下里		剣1、土器など	無署名1974
31	忠南　大田市炭坊洞	土	剣1、矛1、鑿1	成周鐸1974
32	槐亭洞	石	剣1、小銅鐸2、多鈕鏡2など	李殷昌1968、国立博物館1968
33	文化洞		剣1	成周鐸1974
(34)	伝　大田市		農耕図付防牌形銅器	韓炳三1971
(35)	伝　忠南		多鈕粗文鏡	藤田ほか1947
〔c地域〕全羅北道				
36	全北　益山郡咸悦面多松里	石	多鈕粗文鏡1、円形銅器4など	全栄來1975b
37	八峰面龍堤里利提	土?	剣1、戈1、鑿1、鉇1	金元龍1968
38	益山邑五金山		剣3、多鈕細文鏡1	金元龍1967b
39	完州郡伊西面上林里		東周式銅剣26	全栄來1976
40	伝　高山面南峰里		剣1	国立博物館1968
41	全州市孝子洞		矛1	全栄來1973
42	旧　全州郡草浦面雲上里		剣1	藤田ほか1947
〔その他〕全羅北道				
43	全北　高敞郡新林面松龍里		剣1	全榮來1979
44	伝茂朱郡内（慶北尚州郡ともいう）		剣2ないし3	金元龍1974
(45)	全羅北道		剣1	K215
(46)	伝　全羅北道		剣1、多鈕粗文鏡1、石鏃5など	全榮來1977
第VI地域				
〔a地域〕全羅南道				
1	全南　木浦付近		剣1	梅原1925
2	霊岩郡始終面新燕里		矛1、把頭飾1	金元龍1960b
3	霊岩		剣4　▽	金廷鶴1972
4	〃		矛2　▽	金廷鶴1972
5	伝　霊岩〔兵営出土〕		多鈕細文鏡1	梅原1943
6	霊岩郡		多鈕細文鏡2　▽	金廷鶴1972
7	推郡西面東鳩林里		剣・矛・戈・斧・鑿・釣針などの鋳型	金廷鶴1972、金良善1962
8	羅州郡潘南面青松里		剣1	崔夢龍1976

No.	出　土　地	遺構	遺　　物	文　献
9	威平郡鶴橋面月山里月山	土	戈1	崔夢龍1976
10	和順郡道谷面大谷里		剣3、多鈕細文鏡2、斧1、鉇1、鈴具4	国史編纂委員会1974
11	南　面櫛山里		剣1	崔夢龍1975b
12	光州市柳徳洞		剣1	崔夢龍1973
13	長城郡北二面		剣1	崔夢龍1973
14	康津郡鵲川面冶興里		矛1	徐声勲1983
〔b地域〕全羅南道				
15	全南　長興郡安良面鶴松里		戈1	崔夢龍1976
16	宝城郡熊峙面		剣1	国史編纂委員会1974
17	高興郡小鹿島		多鈕粗文鏡1、石鏃、石斧、土器	榧本1980a
18	豆原面雲垈里	支	剣1	有光1959a

第Ⅶ地
〔a地域〕慶尚南道

No.	出　土　地	遺構	遺　　物	文　献
1	慶南　三千浦市馬島洞		剣1、矛1、双筒管状銅器、土器片など	沈奉謹ほか1982
2	固城郡下二面石芝里陽村		剣1	沈奉謹ほか1982
3	固城邑東外洞貝塚	包	中広矛片1など	金東鎬1975
4	昌原郡鎮東面鎮東里	箱	剣1、石剣、石鏃、土器	沈奉謹1980
5	鎮海市県洞		剣1	鄭澄元1982
6	金海郡長有面茂渓里	支	鉄3、石剣、石鏃、土器など	金元龍1963b
7	金海市内洞	支	剣1、土器	金廷鶴1976
8	会峴里	甕	剣2、鉇8、管玉	榧本1980a
9	金海郡大東面礼安里		剣3　×	沈奉謹ほか1982、鄭澄元1982
(10)	伝　金海		剣2、矛2、剣把1、鞘金具1	尹武炳1971
(11)	伝　金海		矛2	国立中央博物館1973、鄭澄元1982
12	伝　金海郡酒村面		広矛1	藤田ほか1925、梅原1925

〔その他〕慶尚南道

No.	出　土　地	遺構	遺　　物	文　献
13	慶南　伝　密陽		剣1	国立博物館1968
14	陝川郡栗谷面林北里上林		剣1	沈奉謹ほか1982
15	山清郡丹城面白雲里		剣4、矛1、鉇1	沈奉謹1980
(16)	伝　慶尚南道		多鈕細文鏡1	藤田ほか1947

第Ⅷ地域
〔a地域〕慶尚北道

No.	出　土　地	遺構	遺　　物	文　献
1	慶北旧慶州郡内東面排盤里陵旨		剣1、矛1、鞘金具1	斎藤1936
2	東方里		剣1	斎藤1936
3	坪里	石?	剣1、石製把頭飾1	梅原1930
4	慶州市朝陽洞Ⅱ区5号墓	棺	馬鐸2、多鈕素文鏡1、鉄武器、土器など	崔鍾圭1983
5	九政里	土?	剣2、矛5、戈3、銅鐸1、鉄刀、鉄斧など	金元龍1953、中央博1973、金載元1964
6	旧　慶州郡（月城郡）外東面冷川里		小形剣（鏃?）1	藤田ほか1925、K253
7	入室里	木	剣6、矛2、戈2、多鈕細文鏡、鉄器など	藤田ほか1947・1925
(8)	慶州市内		斧1	朝鮮考古学会1941
(9)	慶州南山一帯		剣1	梅原1925
(10)	伝　慶州付近		剣1、剣把1、鐔金具1	国立博物館1968、金載元1964

〔b地域〕慶尚北道

No.	出　土　地	遺構	遺　　物	文　献
11	慶北　永川郡花山面連渓里	土	剣1、戈1	梅原1930
12	琴湖面漁隠里		鏡、釧、各種金具など	藤田ほか1925
13	大邱市北区西辺洞		斧1	国立博物館1968
14	西区坪里洞		剣3、戈1、馬具、小銅鐸、鏡など	尹容鎮1981
15	飛山洞	石?	剣3、把頭飾1、矛2、戈1など	金廷鶴1972
(16)	旧　大邱中学校		小形剣（鏃?）1、小形剣1　×	K251・254
17	東区新川洞		戈2、矛2、竿頭筒形銅鈴　△	金廷鶴1977
18	晩村洞	土?	剣3、把頭飾1、鞘金具1、中広戈1	金載元ほか1966
(19)	大邱か		剣1	K218

No.	出　土　地	遺構	遺　物	文　献
〔c地域〕慶尚北道				
20	慶北　金陵郡南　面金鳥山		剣2	梅原1933b
21	牙浦面大新里		剣1	梅原1933b
22	伝　善山付近		剣1	朝鮮考古学会1944
23	尚州郡洛東面洛東里		剣1、矛2、角形・笠頭形・十字形銅器	尹武炳1980
(24)	洛東面		剣1、鞘尻金具1	朝鮮考古学会1941
25	尚州邑		剣3（鋳放し）	梅原1930
(26)	伝　尚州付近		矛1	朝鮮考古学会1941、K244
(27)	伝　尚州郡内		剣1、矛1	藤田ほか1925
(28)	伝　尚州		矛1	梅原1933b
(29)	伝　尚州郡〔洛東江流域〕		八珠鈴、竿頭筒形鈴、双頭鈴など	藤田ほか1925
(30)	洛東江流域		矛1、竿頭筒形鈴2	藤田ほか1947、K88～90
(31)	伝　洛東江流域		剣1	K187
〔その他〕慶尚北道				
(32)	慶北　伝　慶尚北道（慶州ともいう）		戈1	黒田1938
33	盈徳郡柄谷面沙川里	箱	剣1	藤田ほか1947
第IX地域　咸鏡北道				
1	咸北　茂山郡茂山邑虎谷（第4期）	住	青銅塊1	黄基徳1975
	（第6期）	住	腕輪、指輪、五銖銭？	黄基徳1975
2	旧　鐘城郡行営面地境洞	採	鏃	榧本1980a
3	会寧郡彰孝里	墓	腕輪	田寿福1960
4	旧　鍾城郡三峰里	採	泡鋳型1	新義州博物館1967
5	潼関里		剣1、戈1　△	朴晋煌1974
6	羅津市草島		鐸形鈴、泡、指輪など	考古学民俗学研究所1956
7	伝　漁郎川		扇形斧　△	都1960b
第X地域　慈江道				
1	慈江　中江郡土城里	住・包	腕輪3、五銖銭5	鄭燦永1983
2	時中郡魯南里	住・包	鏃、腕輪6、五銖銭1、明刀銭1	鄭燦永1983
3	豊龍里	箱	泡1、管玉、土器など	有光1941a
4	江界市公貴里	包	青銅器小片1	考古学民俗学研究所1959c
(5)	伝　江界		戦国式戈1	藤田ほか1925
第XI地域　平安北道				
1	平北　龍川郡新岩里第3地点	包	刀子1、泡1	新義州博物館1967
2	義州郡美松里	洞窟	扇形斧2	金用玕1963b
済州島　済州道				
	済州市建入洞山地港		鐔金具、貨泉、貨布、倣製鏡	藤田ほか1947

本表は朝鮮半島の青銅器出土地名表である。出土を伝えられるものの中には省略した場合もある。

No.に（）を付した出土地は地図に記入しない。

地名に付した略号は、旧：旧地名、伝：出土を伝えられる地名である。

遺構は次の略号で示す。

　　支：支石墓、箱：箱式石棺墓、石：石槨墓、土：土壙墓、棺：木棺墓、木：木槨墓、甕：甕棺墓、

　　墓：その他の墓、住：住居址、包：包含層、採：採集。

遺物は出土品をすべて挙げず、数量を略する場合もある。遺物欄は次の略号で示す。

　　△：詳細不明、×：共伴でない。▽：共伴か否か不明、を示す。

U：梅原考古資料、K：榧本1980b　（U、Kのあとの数字は資料No.）

第Ⅲ期　細形銅剣が出現し急速に普及する時期。そのほかに、遼寧式銅剣退化型式（A退化式）も製作される。剣のほかに矛、多鈕粗文鏡[(2)]、斧、鉇などもあり、一部に鉄斧があらわれる。出土遺構は石槨墓で、これにおくれて土壙墓が出現。朝鮮独自の青銅器文化が確立し、他方で中国系青銅器（剣・矛・戈・明刀銭など）も流入する。
　第Ⅳ期　剣・矛に加えて戈が出現し、第Ⅲ期末にあらわれた多鈕細文鏡や小銅鐸も存続する。出土遺構は土壙墓である。
　第Ⅴ期　前代からの各種青銅器に前漢系統の鉄製武器・車馬具・銅鏡などが加わる。遺物の組み合わせに基づいて細分できるが、青銅器はしだいに衰退する。出土遺構は木槨墓である。
　第Ⅵ期　終末期。遺跡は第Ⅶ・Ⅷ地域だけである。
　暦年代は、第Ⅰ期が紀元前5世紀以前、下限は前4世紀代、第Ⅱ期が前4世紀代とその前後、第Ⅲ期が前3世紀代とその前後、第Ⅳ期が前3世紀末～前2世紀後葉、第Ⅴ期が前2世紀後葉～紀元後1世紀初、第Ⅵ期が紀元後1世紀とみる。
　このような時期区分が各地域にひとしく適用できるわけではなく、また出土遺構が地域によってことなることはいうまでもない。その点に留意した上で、便宜上この時期区分によりつつ各地域の青銅器文化をみてゆこう。

2　各地域の青銅器文化

第Ⅰ地域

　清川江流域から大同江流域をへて載寧江とその支流域にわたるこの地域は、青銅器遺跡の最大の分布地域である。なかでも平壌を中心とする大同江下流域と載寧江流域に集中する。前者をa地域、後者をb地域とする。これ以外に、黄海南道北半をc地域とし、a地域の北、清川江流域までをd地域とする。また礼川江上流域から南江上流域は地域的まとまりはないが、e地域としておく。
　a地域　第Ⅰ期に属する青銅器は金灘里遺跡（1　このNo.は地名表No.、以下同じ）でコマ形土器に伴出した鑿である。コマ形土器文化前期に属し、Ⅰb地域の新興洞遺跡（55）の銅泡とともに第Ⅰ地域最古の青銅器となる。
　この地域の本格的青銅器文化はA式銅剣の出現をもって始まる。西浦洞（4）のほかに伝平安南道出土品（藤田ほか1925：PL71-2）がある。これにつづく第Ⅲ期の剣が伝平壌付近出土品（藤田ほか1947：No.167）、平壌付近出土品（榧本1980b：No.178）の2口（A退化式）である。第Ⅲ期と考えられる多鈕粗文鏡には伝中和邑（40）と伝平壌出土品（藤田・梅原1947：No.218）がある。これ以外に第Ⅲ期と断定できる遺跡は明らかでない。この地域には今のところ石槨墓は発見されていない。
　第Ⅲ期ないし第Ⅳ期と推定されるのは、道徳里（6）・高山洞（7）・魯聖里（8）・平壌駅（9）・船橋洞（20）・梧野里（31）・猿岩里（37）・東井里（39）・金山里（41）・徳興里（43）・水山里（44）など銅剣や銅矛が単独あるいは組み合わさって発見された例であろう。
　第Ⅳ期の典型的な例は反川里（42）であり、南兄弟山（5）も第Ⅳ期となろう。伝順安面（2）の有肩銅斧は第Ⅴ・Ⅵ・Ⅷ地域の類例から第Ⅳ期としてよい。

第Ⅴ期は木槨墓の時代で紀元前1世紀代にはとくに大同江南岸に群集するようになる（22～36）。群集する点でそれ以前の青銅器副葬墓とことなる。大同江南岸以外では、台城里（45）に木槨墓が群集し、上里（3）・龍山里（11）で1基ずつ発見されている。第Ⅰ地域と第Ⅳ地域の木槨墓の性格については別稿でふれた（後藤1984）。

b地域　　もっともさかのぼるのは新興洞遺跡（55）の銅泡である。上梅里石棺墓（52）の銅鏃も、暦年代は下るかもしれないが第Ⅰ期に属する。

　A式銅剣はまだ発見されていないが、A退化式の剣はこの地域の西南、青山里（64）と孤山里（62）に出土例がある。後者の銅剣にはT字形剣把がつき、東周式銅剣と銅斧が伴出した。遺構は土壙墓とみられ、銅斧がソルメコル（53）出土品に類似することから、第Ⅲ期末～第Ⅳ期初と考える。

　第Ⅲ期の遺跡は、ソルメコル（53）と泉谷里（59）の石槨墓である。遺構不明の伝内東里（48）・文武里（58）・信川郡（67）は第Ⅲ～第Ⅳ期、九月山（66）は第Ⅳ期、日出洞（65）は第Ⅲ期と考えられる。第Ⅴ期の木槨墓は、青銅器を副葬しないものも含め数は多い。これらは載寧江西岸の平野地域に集中し、第Ⅳ期以前の遺跡とやや対照的な分布を示している。

c地域　　遺跡は少ない。詳細不明の豊川（73）を除くと、薬師洞が第Ⅰ期、九月山麓（69）が第Ⅳ期、雲城里（70～72）が第Ⅴ期である。雲城里では確認された多数の墓（木槨墓らしい）のうち10数基の木槨墓が調査され、近くでは土城も調査されている。

d地域　　清川江中～下流域と大同江上流域で、点々と青銅器の出土が報告されている。遺構が明らかなのは第Ⅱ期の龍興里石棺墓（A式銅剣）のみで、他は包含層や偶然の発見による。遺物からみて、龍潭里（86）の銅剣は細形銅剣の最古型式で第Ⅲ期はじめ、北倉面（78）、慈山（80）、封仁面（83）の銅剣、メボン山（81）の矛などは第Ⅲ～Ⅳ期であろう。伝成川郡（84）と封仁面（82）の多鈕粗文鏡と鋳型は第Ⅲ期である。包含層で銅鏃・同鋳型・鐸金具・明刀銭・布銭の出た細竹里（74）は第Ⅲ期後半以降、鋳型の出た堂山里（75）は第Ⅳ期後半以降と思われる。木槨墓の確例はないが、粛川面付近（77）は第Ⅴ期であろう。

e地域　　地域的まとまりはない。A退化式剣と石鏃を副葬する南江上流域の仙岩里（88）石棺墓は第Ⅱ～Ⅲ期初である。礼成江上流域の丁峰里（90）の石槨墓には剣・矛・扇形斧・石鑑が副葬されていた。第Ⅲ期である。

　第Ⅰ地域の青銅器遺跡はa・b両地域に集中し、第Ⅰ期から第Ⅴ期までの一貫した変遷が認められ、第Ⅴ期以後は木槨墓につづく塼室墳も集中する。d地域も第Ⅱ期以降の変遷がたどれるが、第Ⅴ期の遺跡は激減する。c地域の盛行期は第Ⅴ期だが、雲城里遺跡以外へのひろがりは今のところ認められない。e地域には第Ⅱ～Ⅲ期の遺跡しかない。

　第Ⅰ地域の支石墓の分布をみると、b・c地域に多く、d地域はやや少ない。b・c地域は西北地域の支石墓文化の中心地で、黄州から沙里院にかけての正方山西側にはとくに多い。この載寧江流域には、第Ⅰ期からの遺跡があり、コマ形土器文化に受容された青銅器文化が順調に発展したことを示している。c地域も、青銅器遺跡は少ないが、同じような歩みであったと思われる。

　これに対し、a地域の支石墓は、台城里西方の石泉山々麓一帯に群集がみられる以外は、まばらに存在するにすぎない。しかし大同江流域にはコマ形土器遺跡も多く、b・c地域と同じく、コマ形土

器文化期以来の青銅器文化の進展があったとみてよい。ただし、第Ⅲ期（おそらく後半）に中国系の剣・矛・戈がやや多くこの地域に入っていることは、b・c地域に先がけて青銅器文化を変化させ始めたであろう。

　第Ⅳ～Ⅴ期には、a・b・c地域は衛氏朝鮮・楽浪郡の政治支配下に入り、青銅器は従来の共同体から切り離される（後藤1984）。この点が第Ⅲ～Ⅷ地域の青銅器文化の歩んだ道との最大の相違である。

　d・e地域の青銅器文化は第Ⅱ期に始まる。d地域では青銅器文化が支石墓社会（美松里型土器・コマ形土器）を基盤に発達するが、第Ⅴ期に入ると楽浪郡支配下での状況がa～c地域とことなったためか、急激に衰退する。e地域は支石墓がほとんどしられていない地域で、第Ⅱ～Ⅲ期の青銅器副葬墓の存在する理由は明らかでない。

第Ⅱ地域

　咸興平野を中心にその東と南に青銅器遺跡が分布する。地域を細分できそうだが、今のところひとつにまとめておく。

　この地域でもっともさかのぼるのは新慶里（12）と永興邑（16）である。後者の扇形銅斧鋳型は第Ⅸ地域の美松里出土銅斧と同型で第Ⅱ期に属する。また鐸形鈴鋳型は第Ⅸ地域の草島出土鐸形鈴と同種とみられる。永興邑の鋳型は朝鮮半島における青銅器鋳造の上限を示す資料である。

　この地域にはA式・A退化式剣の出土例はなく、石槨墓も未発見である。木槨墓は所羅里（15）で数基しられているが銅剣類を副葬せず、第Ⅴ期の後半とみられる。これ以外で遺構が明らかなのは、雲浦里（3）を除くと土壙墓のみである。これらは遺物の組み合わせからも第Ⅳ期である。遺構不明の出土例も、石材などが見出されていないので土壙墓かもしれない。

　この地域の青銅器は剣・矛・戈の武器が主で、工具や小銅鐸はみられない。剣と戈には単独出土例も多いが、矛は剣か戈もしくは両者と共伴する。鉄器は所羅里を除くと梨花洞（5）の鉄斧だけである。

　多鈕細文鏡は3面出土しているが、型式のわかる2面はCⅡ式である。CⅡ式は第Ⅲ・Ⅶ・Ⅷ地域に出土し、日本海岸で発達した型式である。また朝陽里（9）の竿頭筒形銅鈴も第Ⅴ・Ⅶ地域にみられる。これらは、第Ⅱ地域と南部諸地域との密接な交流を物語る。むろん下細洞里（1）の筒形銅器鈴部破片をあげるまでもなく、第Ⅰ地域との関係が密であったことはいうまでもない。

　この地域の青銅器文化の盛期は第Ⅳ期で、上限は第Ⅱ期に、下限は第Ⅴ期にあるが、連続的な発達は認められない。第Ⅱ期から第Ⅳ期への断絶の理由は明らかでない。第Ⅳ期以後の衰退は、楽浪など四郡設置により発展をはばまれたためであろうか。この点については青山里土城や所羅里土城とも関連づけて、検討すべきことである。

　なおこの地域の支石墓は少なく、また無文土器文化の実態も明瞭を欠く。永興邑遺跡の鋳型の背景や第Ⅳ期の青銅器文化の盛行の要因なども、今のところ明らかにしがたい。

第Ⅲ地域

　青銅器遺跡6ヵ所が、海岸沿いに北から南へ点在する。鉢山（1）と巨津里（3）の無文土器遺跡で銅鏃と銅剣の鋳型が採集されている。この地域での青銅器製作を示す資料である。浦南洞（6）では

住居址から有茎銅鏃が出土した。これは鉢山の銅鏃鋳型や第Ⅰ地域の薬師洞・上梅里、第Ⅶ地域の茂渓里の銅鏃とはことなり、後出のものであろう。

他の3遺跡（2・4・5）では細形銅剣2本と多鈕細文鏡2面（CⅡ式）が出土し、いずれも第Ⅳ期の墓とみられる。

この地域は海岸によって第Ⅱ・第Ⅷ地域とつながり、青銅器文化の伝播も海岸づたいであっただろう。大白山脈をこえての第Ⅳ地域との交通も講林一里（第Ⅳ地域22）のCⅡ式多鈕鏡から十分に考えられる。海岸沿いの小平野に遺跡が点在するこの地域は、青銅器文化を十分に発達させえなかった。しかし鋳型の出土はこの地域の重要性を示している。

第Ⅳ地域

この地域は臨津江流域以西（a地域）と漢江下流域から海岸一帯（b地域）にわけられ、それ以外に若干の遺跡がある。

a地域　もっともさかのぼるのはA式銅剣を出した琴谷洞第1地点（1）で、遺構は生活址と思われる（第Ⅱ期）。A退化式銅剣は大雅里（5）の石棺墓に副葬され（第Ⅱ期）、また海平里（9）でも発見された（第Ⅲ期）。

土壙墓とみられるのは梧峴里（3）と石山里（7）である。石山里は遺物組成から第Ⅳ期だが、梧峴里の組合せは第Ⅲ期の可能性がある。碧城郡（4）と日谷里（6）は第Ⅲ～Ⅳ期であろう。

矛は上記遺跡以外に、大陵里（8）と大龍里（10）でほぼ同形同大のものが1本ずつ発見されているが、やや後出的で第Ⅳ期かもしれない。戈は石山里のほかは国花里（11）の単独出土例だけである（第Ⅳ期）。多鈕鏡は小雅里（2）の1面しかしられていない。詳細不明だが粗文鏡らしく第Ⅲ期であろう。

この地域には木槨墓はなく、第Ⅴ期とみられる遺跡もない。この時期の西北地域の政治状勢によるものであろうか。

a地域の支石墓は礼成江の西には若干しられているが東にはなく、青銅器文化の内容も西の方が相対的に豊富で、より古い。礼成江以西の支石墓社会を基盤として第Ⅱ期に青銅器文化が定着し、のちに礼成江以東に及んだようである。

b地域　鋳型出土地が2ヵ所ある。星沙里（12）の無文土器遺跡では矛（？）鋳型が採集され、草芙里（17）では剣鋳型3点（2点は1組となる）が発見されている。

第Ⅱ期とみられる遺跡はなく、A退化式剣と鑿の出た永登浦（13）は、鑿の型式からも第Ⅲ期とみられる。四老里（15）も第Ⅲ期である。上一洞（16）は第Ⅳ期であり、汝矣島（14）は第Ⅳ期以降か。

この地域の青銅器遺跡の密度はやや散慢である。しかし支石墓は相当しられており、支石墓社会を基盤に第Ⅲ期頃から青銅器文化が始まり、鋳造も行われたのであろう。

その他　北漢江上流域で、伝春川（21）というA式銅剣が2本あり、また南漢江流域でも上紫浦里（20）の支石墓からA退化式剣（細形に近い）が出土している（ともに第Ⅱ期）。両方とも支石墓の多いところだが、第Ⅲ期以後青銅器文化がほとんど発達しなかった。この点は第Ⅰe地域と似ている。また南漢江上流域山間部の講林一里（22）では細形銅剣2本とCⅡ式の多鈕細文鏡が発見されている（第Ⅳ期）。前述のように第Ⅲ地域との交流を思わせる例である。

第Ⅳ地域は、南北の第Ⅰ・Ⅴ地域にくらべ、遺跡も少なく、地域的まとまりにもやや欠けるようである。

第Ⅴ地域

　この地域は牙山湾周辺地域（a 地域）、錦江流域（b 地域）、万頃江流域（c 地域）の 3 つにわかれる。

a 地域　　遺構が明らかな遺跡 3 ヵ所——屯浦里（2）・南城里（3）・東西里（6）——はいずれも石槨墓で、無文土器後期前葉の土器をともない、紀元前 3 世紀代、第Ⅲ期である。南城里と東西里では防牌形・剣把形などの異形銅器が出ている。他の 3 遺跡では銅剣と銅戈が単独で出土している。剣は第Ⅲ期にもさかのぼりうるが、戈は第Ⅳ期以降である。

　この地域の遺跡は第Ⅲ期以降で、第Ⅱ期に上る例はない。青銅器遺跡のある平沢・牙山・天原・唐津・礼山の 5 郡には今のところ支石墓・箱式石棺墓は報告されていないようだ。おそらく b 地域で第Ⅱ期に始まった青銅器文化が第Ⅲ期になってこの地域に及んだのであろう。

b 地域　　錦江の下〜中流域とその支流域に 30 ヵ所近くの青銅器遺跡がしられており、朝鮮半島南部青銅器文化の中枢地域のひとつである。遺構が明らかなのは箱式石棺墓・石槨墓・土壙墓で、第Ⅱ〜第Ⅳ期に及ぶ。第Ⅰ期の遺跡はみつかっていない。

　松菊里（17）では A 式銅剣とその茎部を加工した鑿などが出土し、同遺跡住居址（18）では扇形銅斧の鋳型が出ている（第Ⅱ期）。公州南山里（23）でも A 式剣の出土が伝えられている。

　これにつづくのが蓮花里（16）と槐亭洞（32）の石槨墓で、a 地域のそれと同様、無文土器後期前葉の土器を副葬している。遺構不明の飛下里（30）も同時期——第Ⅲ期である。槐亭洞（32）と伝大田市（34）の防牌形銅器は a 地域の石槨墓出土品と共通し、第Ⅲ期のこの地域の青銅器文化が地域的特色をもち始めたことを読みとれる。なお槐亭洞の小銅鐸は、現在のところ第Ⅲ期にさかのぼる唯一の例である。

　鳳安里（28）・炭坊洞（31）は土壙墓とみられ、遺物からも第Ⅳ期とみてよい。鳳岩里（29）も同時期であろう。伝論山（21）の鈴具類と多鈕鏡の組み合わせは、多鈕細文鏡の型式（CⅠ式）と双頭鈴・八珠鈴が第Ⅵ地域の大谷里出土品と共通するので、第Ⅳ期のものである。同じ鈴でも、伝公州（27）の胡瓜形銅鈴は貞柏洞 97 号墓・貞柏里（第Ⅰ地域）や九政洞（第Ⅷ地域）出土品と同種で、第Ⅴ期の前葉に位置づけられる。

　単独で発見されたらしい細形銅剣は 11 本ある。いずれも BⅠ・BⅡ式で、これより新しい型式はないが、BⅡ式には第Ⅴ期に下るものもあろう。矛は炭坊洞のほかに 4 ヵ所で 4 本出土している。このうち伝論山付近（20）は鋬部に耳をもつ後出型式で、第Ⅳ期はじめ以降になろう。公州（25）では中国式矛が出ている（第Ⅲ期か）。戈は 5 本出土し、鎬が闌まで通るもの 3 本、鋒部だけのもの 2 本で、後者はいずれも銅剣を伴い第Ⅳ期とみられる。檜洞里（9）の戈は「土中のいく枚かの板石下で土器片とともに発見」されたというが、くわしいことはわからない。

　炭坊洞（31）と公州（24）の鑿は、a 地域の南城里や第Ⅳ地域の永登浦出土品と同じである。公州（24）の袋状有肩斧は第Ⅰ地域の順安、第Ⅵ地域の大谷里、第Ⅷ地域の西辺洞出土品と同形で、その鋳型は第Ⅵ地域の霊岩郡（第 VI 地域№7）で出ている。これらは第Ⅲ〜Ⅳ期に位置づけられる。

そのほかに、この地域の特色としては、銅剣にともなう外装具が検卜里（12）の石製把頭飾しかなく、槐亭洞（32）の小銅鐸以外に車馬具のないことなどがあげられる。

この地域の青銅器文化は、第Ⅱ期に始まり、第Ⅲ期に入ると独得の青銅器をうみ出し、第Ⅳ期には第Ⅵ・第Ⅷ地域とともに特異な鈴具を用いている。銅剣を複数——ときに 9 本——副葬することも地域的特徴のひとつに数えうる。第Ⅴ期の状況は明確ではないが、胡瓜形鈴のように第Ⅰ地域との交流を示す遺品を残している。

c 地域　遺構が明らかなのは多松里（36）の石槨墓と龍堤里（37）の土壙墓のみである。前者は第Ⅲ期、後者は第Ⅳ期になる。五金山（38）の遺物は第Ⅲ期である。他に剣 2 本と矛 1 本が単独で発見されている[(3)]。上林里では東周式銅剣 26 本が出土した。第Ⅰ地域を経て入ったのか、中国から直接伝えられたのか、議論のわかれるところである。

その他　全羅北道南端の松龍里（43）で、古式の細形銅剣が出ている。茂朱郡（44）出土という A 式銅剣 2 本（3 本ともいう）は、慶尚北道尚州（第Ⅷ地域 c 地域）出土ともいう。茂朱郡の位置からみて、尚州出土の可能性の方が高い[(補記1)]。なお全羅北道出土と伝える古式の BI 式剣・多鈕粗文鏡などの一括品がある（46）。遺物の組み合わせは第Ⅲ期としてよい。

第Ⅴ地域の青銅器文化は、b・c 地域の支石墓社会を基盤として第Ⅱ期、紀元前 4 世紀はじめには始まっている。第Ⅲ期以降隆盛をむかえ、地域色が鮮明になる。第Ⅰ～Ⅳ地域とは多分に性格を異にするが、第Ⅵ～Ⅷ地域とは共通面の多い青銅器文化である。

第Ⅵ地域

この地域は南海湾沿岸から栄山江流域一帯（a 地域）と宝城湾岸地域（b 地域）とにわけられる。

a 地域　出土遺構が判明するのは大谷里（10）の土壙木棺墓のみである。副葬品の組み合わせから第Ⅳ期になる。銅剣以外の青銅器には、第 Id・Ⅳ・Ⅴ・Ⅷ の各地域に類例のある斧と鑿、第Ⅴ・Ⅷ地域と共通する八珠鈴と双頭鈴がある。

第Ⅲ期の確実な遺跡はないが、霊岩（3・4）の剣・矛などはその可能性がある。また伝霊岩（5）と霊岩郡（6）の多鈕細文鏡は大谷里と同じ CI 型式で第Ⅳ期である。

東鳩林里（7）の一括出土と伝えられる鋳型 10 数点は、この地域における多様な青銅器の製作を物語る。その中の鍬状（？）の銅器の型は Ib 地域のソルメコルの銅器に近く、有肩斧・鑿は第Ⅳ～Ⅵ・Ⅷ地域の第Ⅲ～Ⅳ期にみられる。これらの鋳型の時期も明らかである。

b 地域　この地域には第Ⅱ期の雲岱里（18）と第Ⅲ期の小鹿島（17）の両遺跡がある。前者は支石墓だが、後者は埋納遺跡らしい。鶴松里（15）は第Ⅳ期以後である。

第Ⅵ地域には多数の支石墓がしられており、それらが青銅器文化の基盤を形成したことが明らかである。現在の分布状態からは b 地域にまず青銅器文化が出現し、第Ⅲ期頃に a 地域に中心がうつり盛行し、第Ⅴ・第Ⅷ地域とも緊密な関係を保ったと思われる。第Ⅴ期になると青銅器文化は衰退するようである。

第Ⅶ地域

　遺跡は洛東江河口以西の海岸ぞいにならび（a地域）、中でも金海平野に多い。これ以外は内陸部の洛東江支流域に3ヵ所ほどしられているにすぎない。

a 地域　　第Ⅰ期から第Ⅵ期までの遺跡がある。第Ⅰ期は銅鏃の出た茂溪里（6）の支石墓で、伴出した丹塗磨研土器により紀元前4世紀代になる^(補記2)。第Ⅱ期は加工を加えたA式剣を副葬する鎮東里（4）石棺墓（支石墓かもしれぬ）で、副葬丹塗磨研土器から無文土器前期末になる^(補記3)。第Ⅲ期は内洞（7）の支石墓で、伴出した黒色磨研長頸壺から前3世紀代に位置づけられる。会峴里（8）甕棺墓は第Ⅲ期末～第Ⅳ期初で、前2世紀初前後であろう。第Ⅳ期の確かな遺跡はしられていない。

　第Ⅴ期後半以降第Ⅵ期のこの地域には対馬・九州との関係を示す遺物がみられる。そのひとつ、馬島洞（1）の双頭管状銅器は対馬に出土例がある⁽⁴⁾。伝金海（10）の異形銅剣は朝鮮半島には類例がなく、やはり対馬に出土している⁽⁵⁾。なおこの異形銅剣に伴出した銅矛2本は同じ伝金海（11）の矛2本と同じ異形品で、朝鮮半島・対馬・九州にも類例がない。これら異形の剣・矛はこの地域で製作されたものであろう。東外洞貝塚（3）と伝酒村面（12）の中広形と広形の矛は第Ⅵ期に対馬経由で、この地域にもたらされたものである。

　この地域の青銅器文化は、他地域同様支石墓社会から生まれながらも、そこからの離脱が遅れたことを、第Ⅲ期までの遺構からよみとれる。また第Ⅴ期後半以後第Ⅵ期には他に例をみない形態の剣・矛を作り出し、北部九州の青銅器を受け入れている。

その他　　一括出土品は白雲里（15）だけである。その組み合わせからは第Ⅳ期で、剣が4本あることは第Ⅴ・Ⅵ地域の第Ⅲ～Ⅳ期、第Ⅷb地域の第Ⅴ期と通じる。

　出土地ははっきりしないが慶尚南道出土と伝えるCⅡ式多鈕細文鏡がある。第Ⅶ地域唯一の多鈕鏡で、東海岸地域様式ともいうべきものである（第Ⅳ期）。なお第Ⅶ地域には銅戈と鈴具類が発見されていないことは注意をひく⁽⁶⁾。

第Ⅷ地域

　この地域の青銅器遺跡は3ヵ所に集中する。ひとつは慶州地域（a地域）であり、他は大邱を中心とする琴湖江流域（b地域）と、洛東江流域の善山～尚州地域（c地域）である。a・b地域は支石墓の集中地域だが、C地域には支石墓はほとんどしられていない。

a 地域　　第Ⅰ・Ⅱ期の遺物・遺跡は報告されていない。1927年発見の坪里（3）は石槨墓で第Ⅲ期とみられるが、剣の型式はそれほど古くない。

　土壙墓らしい九政里（5）では多くの青銅器・鉄器が出土した。銅剣と矛の破片各1点は、1964年に報告された坪里出土一括品中の破片と接合し、坪里出土品も九政里出土とみてよい⁽⁷⁾。そうすると剣2、矛5+α、戈3、剣か矛2となる。ひとつの墓の副葬品としては多すぎ、複数の土壙墓出土品とみるべきであろう。戈はいずれも樋に文様をもちⅧa地域にのみみられるものである。矛は多樋の1本以外は長さの増した有耳式（c・d式）である。これらに小銅鐸や胡瓜形銅鈴および鉄製武器・農工具が伴う。第Ⅴ期の中でやや時間幅があろう。

　入室里（7）は、木槨墓と推定される。出土品は伝入室里を含め多く、青銅利器以外に多鈕細文鏡

（CⅡ式）など多様な青銅器があり、鉄製武器・工具も出ている。九政里と同様、複数の墓からなる遺跡らしく、第Ⅳ期末から第Ⅴ期の間で一定の時間幅をもつのであろう。

朝陽洞（4）の木棺墓にはすでに青銅利器はなく、馬鐸・鉄器などと共に最末期の無文土器が副葬されていた。第Ⅵ期。

遺構が明らかでない排盤里（1）・伝慶州付近（10）は遺物の組み合わせから第Ⅴ期になる。慶州市内（8）の銅斧は、形態はことなるがⅧb地域西辺洞（13）や第Ⅴ・Ⅵ地域出土品と一連のもので第Ⅳ期に上る。

この地域の青銅器文化は第Ⅲ期に始まるが、第Ⅴ期になって有文銅戈や銅矛にみられるように地域色を生み出すとともに、鉄器や木槨墓など第Ⅰ地域の影響を受けつつ発達する。遺構には土壙墓も残り、次の時期にひきつがれるらしい。

b地域　第Ⅲ期にさかのぼる確実な遺跡はない。連渓里（11）は第Ⅳ期の可能性がある。大石（2.5×2×1尺）下の小石20数個を除いてあらわれた土壙（径1尺前後、深さ1.5尺）より出たという。土壙の大きさからは墓とはいえない。

飛山洞（15）では粘板岩の散乱したところで青銅器が出土した。長大な有耳式矛と小形の退化型式の戈を含み、第Ⅴ期後半になる。

漁隠洞（12）の遺物は例のない組み合わせである。漢式鏡や倣製鏡から第Ⅵ期である。

坪里洞（16）でも、多くの青銅器が出土しているが、遺構は明らかでない。青銅器個々の型式・組み合わせから第Ⅵ期である。漁隠洞と坪里洞には同笵倣製鏡があり、これらは九州でも出土している（小田1982a）。晩村洞（18）は土壙墓らしい[補記4]。飛山洞と同じく、第Ⅰ地域にしかないBⅣ式銅剣が出土し、伴出した戈は北部九州製の中広式である。第Ⅵ期に下るとみてよい。新川洞（17）は詳細不明だが、第Ⅳ期〜第Ⅴ期後半の遺物がまじっているように思われる。

この地域の銅戈・銅矛には型式的に新しいものが多い。剣にはBⅠ式がなく、もっとも新しいBⅣ式がみられ、剣把や鞘金具を伴うことが多い。鏡は多鈕細文鏡がなく漢式鏡や倣製鏡である。これまでの出土例からすれば、盛行期は第Ⅴ期後半期以降で、それ以前の状況ははっきりしない。

大鳳町支石墓のように、支石墓としてはもっとも発達したものを生み出した社会を基盤に他地域よりおくれ、短期間のうちに青銅器文化が花開いたのだろうか。

c地域　銅剣のみの出土例が多い。BⅠ式が金鳥山（20）、大新里（21）、伝善山（22）、洛東面（24）で出土し、鋳放しのままの3口が尚州邑（25）で出土している。金鳥山と大新里は第Ⅲ期に上る可能性もある。洛東里（23）以外の銅矛は近藤分類のa式あるいはb式で、第Ⅲ・Ⅳ期とみられる。伝尚州郡（29）や洛東江流域（30）の八珠鈴などの各種銅鈴は他地域の例と同じく第Ⅳ期である。

洛東里（23）で銅剣、c式銅矛にともなった角形銅器・笠頭形銅器・有孔十字形銅器は対馬にも出土する用途不明品である[8]。これらは第Ⅵ期とみられる。

洛東里を除くと、この地域の青銅武器（戈はない）には新しい型式はなく、第Ⅳ期、一部第Ⅲ期とみられる。第Ⅳ期の鈴具類は第Ⅴ・Ⅵ地域との密接な関係を示している。

第Ⅷ地域には上の3地域からはなれて、日本海側に沙川里遺跡（33）がある。箱式石棺とみられる遺構からA退化式らしい剣（片側に抉り込みらしいところがあり、最古式の細形銅剣か）が出土

し、第Ⅲ期はじめとみられる。第Ⅷ地域最古の青銅器遺跡かもしれないが、支石墓のしられていないこの地でこのような遺跡が発見されていることは不思議である。

第Ⅷ地域の青銅器文化はa・c地域が第Ⅲ期に始まり、b地域は第Ⅳ期までおくれるようだ。その後の展開もa・b・c各地の間に差がある。第Ⅶ地域とともに弥生時代青銅器と関係の深い地域でもある。

第Ⅸ地域

豆満江上流域と東海岸部に遺跡が点在する。1952年頃に潼関里（5）で細形銅剣と銅戈が発見されている。正確な出土地・遺構は確認できないという。朝鮮半島最北の出土例で、第Ⅳ期に第Ⅱ地域からもたらされたのであろう。また隣接する沿海州イズウェストフ出土の銅剣・矛・多鈕粗文鏡（第Ⅲ期）（平井1960）ともなんらかの関係があろう。

これ以外は装身具（指輪・腕輪・管玉）、泡、鐸形鈴、鏃などである。草島（6）の鐸形鈴はその形態が第Ⅱ地域永興邑遺跡の鋳型の鐸形鈴に似る。三峰里（4）では泡とみられる鋳型が出ている。

これらは紀元前4世紀～紀元前2世紀代とみられる。祭祀的性格の強いこれらの青銅器は、基本的には細形銅剣類とは無縁で、吉林省東部方面に系統をたどるべきものであろう。

なお扇形銅斧が漁郎地方で出ているらしい（7）。第Ⅱ期に第Ⅱ地域をへて入ったものか。

第Ⅹ・ⅩⅠ地域

両地域とも銅剣類はない。第Ⅹ地域では公貴里（4）と豊龍里（3）が、伴出土器から第Ⅰ期に属し、これ以外の腕輪などは紀元前3～2世紀になろう。このほかに伝江界（5）出土の戦国式銅戈がある。紀元前3世紀に明刀銭とともに流入したものだろう。明刀銭は第Ⅹ地域の禿魯江流域から、第Ⅰ・第ⅩⅠ地域の間に分布する。またこの地域に含まれる龍淵洞の鉄器類も同じ意味をもっていよう。

第ⅩⅠ地域では新岩里（1）の銅泡・刀子（第Ⅰ期）と美松里（2）の扇形銅斧（第Ⅱ期）だけがしられている。これらは遼東半島からもたらされたものだが、さらに泡は第Ⅰ地域へ伝えられ、斧は第Ⅱ・第Ⅴ地域へと伝えられ製作されている。

第Ⅹ地域も青銅器文化の高揚は認められないまま、第Ⅸ地域と同じく紀元前3世紀代に鉄器の出現をむかえるようである。

朝鮮半島青銅器文化を地域ごとに概観した。地域によりさらには細別地域ごとに、青銅器文化のはじまりと展開に差異があり、それぞれの地域に特徴が認められる。地域相互の関係にも多様性と時間的変化がうかがえる。朝鮮半島の青銅器文化を総体としてとらえるのではなく、地域性をふまえた上でみてゆく必要がある。弥生時代青銅器との関係も各々の地域との関係でとらえなおせば、交渉史を具体的に考えることができよう。

註

（1）　本章での銅剣の型式分類は岡内（1982）によるが、AⅠ・AⅡ式はA式、AⅢ・AⅣ式はA退化式とする。

（2）多紐鏡の型式分類は宇野による（宇野1977）。なお銅矛については近藤喬一の分類を援用するが、「狭鋒」はとってa式、b式…と記す（近藤1969）。

（3）この地域ではこのほかに、益山郡龍華山（王宮面龍華里）で遼寧式銅剣の出土が伝えられ（沈奉謹1980）、益山出土と伝えられる円形有文青銅器がある（国立中央博物館1973：PL.117・118）。前者は第Ⅱ期に上る可能性もあるが、典拠が不明なので除外した。後者は表裏に文様があり裏面に2鈕の痕跡がある。文様は第Ⅴb地域の異形青銅器・鈴具類に共通する。この地域で出土してもおかしくないが、出土地不詳とする文献もあり、除外した。また全州市東南東の鎮安郡馬霊面で銅鈴が出土したといわれるが詳細不明（金元龍1960a）。

（4）下ガヤノキ・サカドウ・唐崎・木坂の4ヵ所（九大考古学研究室1969・1974、対馬遺跡調査会1963、坂田1976）。

（5）佐護白岳・仁位東の浜・シゲノダンの3ヵ所（水野ほか1953、九大考古学研究室1969・1974、対馬遺跡調査会1963）。

（6）この他に第Ⅶ地域出土品には、南海郡雪川面文義里（a地域）で剣の出土が伝えられ（沈奉謹1980）、梁山郡下北面芝山里で剣（金元龍1965b）が出土しているという。

（7）岡内三真の教示による。金元龍（1953）、金載元（1964）、国立中央博物館（1973）参照。

（8）角形銅器には出土地不明品3点があり（国立中央博物館1973：PL.68・69）、対馬の佐護白岳・サカドウ・唐崎・木坂にも出土例がある。笠頭形銅器はサカドウ・唐崎・トウトゴ山・木坂に、有孔十字形銅器はサカドウ・唐崎・本坂に出土例がある（水野ほか1953、対馬遺跡調査会1963、九大考古学研究室1969・1974、坂田1976）。

追記

全羅南道大谷里（第Ⅵa地域NO.10）を本章では略報にしたがって木棺墓としたが、報告によると、石槨墓である。2段に掘った墓壙下段の四周に礫を2〜3段積み、板石でおおい石槨とし、その上を礫と土で埋める。石槨床に板材が残り、床に板を敷いたか木棺をおいたらしい（趙由典1984）。第Ⅴ地域の石槨墓と共通する。第Ⅳ期としたが、その中でも古く位置づけられる。

補記

（1）第7章の補記（5）参照。
（2）伴出した退化磨製石剣により茂渓里は「第Ⅱ期」と訂正する。
（3）「前期末」は現在の編年により「中期」に訂正する。
（4）現在は墓ではなく埋納遺構と考えている。第11章参照。

第9章　青銅器副葬墓
——銅剣とその社会——

　韓半島の青銅器副葬墓は支石墓・箱式石棺墓・石槨墓・土壙墓・木槨墓など多様である。これらの青銅器副葬墓は墓の構造以外にも時期・地域的分布・副葬品の組み合わせ・墓地のあり方などに相違が認められる。

　集落址や生産址にもとづく無文土器社会の研究が今後にのこされている現在、青銅器副葬墓は古代国家成立以前の社会の発展を示す有力な指標である。

　無文土器社会はその発展とともに中国大陸や日本列島との関係を深めていった。周知のように日本列島の弥生社会は無文土器社会との密接な関係のもとに成立し、それ以後もそれぞれの社会の発展におうじた関係がつづくのである。われわれ日本人が韓半島の無文土器文化を研究する意義はそこにある。

　本章は青銅器とくに銅剣類を副葬する墓から無文土器社会発展の一端を考えようとするものである。

　韓半島の青銅器出土遺跡は相当の数に達する。そのほとんどは墓とみられるが、墓の構造が明らかなもの、あるいは推定できる例は少ない。それをまとめたのが表11である。これにより青銅器副葬墓の類型・構造、立地と群集性、副葬品などを検討しよう。

1　支石墓と箱式石棺墓

　支石墓と箱式石棺墓（以下、石棺墓とよぶ）は無文土器文化期にもっともひろく採用された墓制である。ただし石棺墓は支石墓よりはるかに少なく、両者のちがいの意味は明らかではない。しかし支石墓の主体部に石棺墓と同じ構造の石棺がもちいられることも多く、磨製石剣・石鏃など副葬品が共通するなど、両者が密接な関係にあったことは明らかである。膨大な量の支石墓・石棺墓のなかで、青銅器を副葬する支石墓・石棺墓はごくわずかである（表11-No.1～13）。銅剣を副葬した支石墓は3基[1]、石棺墓は6基にすぎない。銅剣以外では銅鏃を副葬する支石墓が2基、石棺墓が1基、銅泡を副葬する石棺墓が1基である。

　構造のわかる支石墓はいずれもよく似ている。上紫浦里1号支石墓は攪乱されているが、板石や石塊で石棺状の主体部を築き、その上に積石して上石をのせるらしい。雲垈里支石墓も石棺を主体部とする[2]。上石は失われている。内洞1号支石墓の主体部は3枚の石で蓋をする石棺で、上石は失われている。銅鏃を副葬する茂渓里支石墓も積石石棺を主体部とする。これらはいずれも主体部と上石の間に土や積石が介在し、甲元眞之分類の大鳳洞型あるいは谷安里型で、支石墓としては新しい型式である（甲元 1980b）。

表11　青銅器副葬墓

No.	遺　跡	墓　の　構　造	立　地	副葬品 青銅器	副葬品 その他	文献・備考
1	黄南・薬師洞	支石墓．構造不明	不明	鏃1	不明	歴史研究所1979a
2	京畿・上紫浦里1号	支石墓．撹乱	河岸，4基中の1基	剣1（AⅡ）	石製紡錘車1，天河石飾玉1，丹塗磨研土器	秦弘燮ほか1974
3	全南・雲岱里	支石墓．上石欠．主体部：塊石と板石石棺，2.85×1.30×0.4m，床に板石敷く	32基の支石墓群中	剣1（AⅠ）		藤田ほか1947，有光1959a
4	慶南・茂渓里	主体部：積石石棺．1.6×1.0×0.6m．床に小礫敷く，板石3枚で蓋，蓋の上に積石して上石を置く	付近に支石墓	鏃3	石剣1，石鏃9，管玉3，丹塗磨研土器片	金元龍1963a
5	慶南・内洞1号	支石墓．上石欠．主体部：3.5×1.2×0.9mの土壙内に積石石室，蓋石3枚	付近に2号・3号支石墓	剣1（BⅠ）	無文土器片，丹塗磨研・黒色磨研土器片	金廷鶴1976
6	平北・豊龍里	支石墓．東西長軸．2.4×0.45～0.6×0.69m．側石4枚，床石1枚，蓋石なし	水田中の小高い畠地西斜面	銅泡1	石鏃片1，球形有孔石器1，管玉27，美松里型土器2	有光1941a
7	平北・龍興里	石棺墓．構造不明	不明	剣1（AⅡ），刀子1	石斧1，天河石飾玉1	韓炳三1968
8	黄北・上梅里	石棺墓．北東－南西長軸，側石・蓋石・床石1枚ずつ．1.36×0.42×0.58m	付近に石棺墓2	鏃2	石斧4，有孔サザエ貝殻2	考古学民俗学研究所1959a
9	黄北・仙岩里1号	石棺墓．南北長軸，蓋石1枚，床に板石，1.4×0.5～0.6×0.6m	南数百mに2号石棺墓	剣1（AⅣ）	石鏃4，石製小玉1，管玉	鄭ヨンヒル1983
10	黄北・大雅里	石棺墓．東西長軸，側石・蓋石・床石1枚ずつ．1.6×0.6×0.48m	丘陵斜面	剣1（琵琶形の変形），鏃1	石鏃10，管玉1	李キーデ1983
11	忠北・松菊里	石棺墓．南30°西長軸，東5枚・西4枚・北2枚・南1枚の側石，床石3枚，蓋石3枚．1.95×0.8×0.81m	丘陵上	剣1（AD），銅鑿1	石鏃11，管玉17，天河石飾玉2	金永培ほか1975
12	慶北・沙川里	組合組造石棺墓		剣1（BⅠ）		梅原1930
13	慶南・鎮東里	石棺墓（支石墓？）．南北長軸．土壙内に板石石棺，1.82×0.56m，石棺と土壙壁の間は南を除き積石．蓋石の上に塊石あり	まわりに支石墓上石7（今3個残る）	剣1（AⅠ？）	石剣1，石鏃1，丹塗磨研小壺1	沈奉謹1980
14	黄北・松山里ソルメヌル	石棺墓．南北長軸，2.3×1.0×0.2m，側に幅0.7mの副葬部	不明，単独？	剣1（BⅠ），多鈕細文鏡1，鏃1，斧1，鑿1，錐1	鉄斧1	黄基徳1959a
15	黄北・泉谷里	石棺墓．東西長軸，2.1×0.6×0.5m．板石と礫で構成，床は石と砂の混層	不明，単独？	剣把頭飾1	無茎石鏃7	白鍊行1966
16	黄北・丁峰里	石棺墓．南北長軸．墓壙は3.3×1.8×2.1m．土壙内に川石を敷き，隣積みの石棺，石棺は2.62×0.7×0.4m，板石数枚で蓋，床に青灰色泥土，石棺と土壙の間に礫を積む	不明，単独？	剣1（BⅡ），矛1，斧1	無茎石鏃6	ラ・ミョングァン1983
17	京畿・四老里	矩形の割石材石棺，蓋石なし	不明	剣1（BⅠ），鏃1	土器1	横山1953
18	忠南・屯浦里	石棺墓？　詳細不明	山腹緩傾斜面	剣1（BⅠ），矛1	灰色素焼壺1	藤田ほか1925

196 第Ⅱ部 青銅器

No.	遺跡	墓の構造	立地	副葬品 青銅器	副葬品 その他	文献・備考
19	忠南・南城里	石槨墓。墓壙上面は3.1×1.8mの不整楕円形、下部は2.8×0.8～0.9m、深さ2m、土壙下部に割石積石槨、2.35×0.5～0.7×0.7m、床に板石、その上に青灰色粘土1cm	標高30～40m低丘陵、単独	剣9（BⅠ：7、BⅡ：1、不明：1）、多鈕粗文鏡2、斧1、鑿1、防牌形器1、剣把形器3	天河石飾玉1、凝灰岩管玉103、粘土帯土器口縁2、底部2、黒色磨研長頸壺1	韓炳三ほか1977
20	忠南・東西里	石槨墓。東西長軸、墓壙1.8×0.9×0.2m、石材をたてて石槨、木蓋？床に灰色粘土、その中に木質が残る。墓壙上30cmに積石（厚2m、高さ0.6m）	標高140～150mの山腹、単独	剣9（BⅠ：5、BⅡ：3、不明：1）、多鈕細文鏡2、多鈕素文鏡2、剣把形器1、ラッパ形器2、円蓋形器1	碧玉管玉104、天河石小玉22、粘土帯土器片、黒色磨研長頸壺1	池健吉1978
21	忠南・塊亭洞	石槨墓、略南北長軸、墓壙上面は2.8×3.3mの精円形、下部は2.5×0.73m、深さ2.7m。土壙下部に積石石槨、2.2×0.5×1m、床石なし、槨内に厚さ2cmの腐軸木質、石槨の上は積石でつめる	小丘陵上、単独、東1kmに炭坊坊洞土壙墓	剣1（BⅠ）、多鈕粗文鏡2、防牌形器1、剣把形器3、円蓋形器1	天河石飾玉2、小玉50余、無茎石鏃3、粘土帯土器1、黒色磨研長頸壺1	李殷昌1968、国立博物館1968
22	忠南・蓮花里	石槨墓。北北西一南南東長軸、石槨の大きさ不明、石槨は自然石を積み、床に5～6枚を敷く、1.04×0.5×0.55m、厚5cmの花崗岩で蓋	不明	剣4（BⅠ）、多鈕粗文鏡1	天河石飾玉1、土器2	金載元1964
23	全北・多松里	石槨墓。東西長軸、墓壙不明、石槨は花崗岩石を平積み、2.37×1.0×0.19mの1枚石、床石なし。蓋石の上に封土があったらしい	標高20mの丘陵南斜面	多鈕粗文鏡1、泡形器4、円形飾具	管玉と小玉110、無文土器片若干（1個体）、黒色研磨土器片2（1個体）	全栄来1975b
24	慶北・飛山洞	径5～6mに粘板岩が散乱した範囲内で出土、あるいは石槨墓か	山麓	剣5（BⅡ：3、BⅣ：2）、剣把頭飾1、鐸金具2、鑣1、鞘金具9、矛2、戈1、虎形帯鉤1、蓋弓帽2		金廷鶴1972
25	慶北・坪里	石槨墓？径1尺内外の丸石数個か埋没した部分で出土、石塊で築いた小石室の状態	白雲台下の山麓斜面	剣1（BⅡ）、剣把頭飾1、石製把頭飾1		梅原1930
26	慶南・白雲里	石槨墓？礫層内の板石で作った石棺か破壊されたものか	周囲に立石や支石墓か分布	剣4（BⅠ：1、BⅡ：3）、矛1、鉋1		沈奉謹1980
27	咸南・下細洞里	土壙墓。地表下1mで遺物、封土なし、施設なし	丘陵斜面端	剣1(BⅠ)、矛1、戈1、有鈴銅形金具鈴部分1		朴晋煜1974
28	咸南・梨花洞	土壙墓。南北長軸、地表下20cmに土壙上端2.2×0.7m、地下1.27mに平石敷の床、床上に青灰色粘土	丘陵斜面端、平地比後10m	剣2(BⅠ、BⅡ)、把頭飾2、戈1、多鈕細文鏡2	鉄斧1、土器2	朴晋煜1974
29	咸南・龍山里	土壙墓。南北長軸、長2.1m、幅不明、地表下50cmに床、床上30cmに平帯黄色土、その上は土壙外と同じ	丘陵斜面端、平地との比高8m	戈1、矛1		朴晋煜1974
30	江原・南昌里	土壙墓。地表下60cmに遺物、その上20cmまではやや黄色の土	丘陵斜面端	剣1（BⅠ）、戈1		元山歴史博物館1983

第9章 青銅器副葬墓 197

No.	遺跡	墓の構造	立地	副葬品 青銅器	その他	文献・備考
31	平南・反山里	土壙墓。地下になんら施設なし	小丘陵南向斜面	剣1（BI）、鉇1、多鈕細文鏡2		梅原1930
32	黄南・孤山里	土壙墓。地表下50〜60cmで遺物出土	不明	剣1（AIV）、T字形剣把1、中国式剣2、斧1		黄基徳1974
33	黄南・梧峴里	土壙墓	不明	剣2（BI）、矛1		無署名1983a
34	黄南・石山里	土壙墓。南東ー北西長軸、赤色砂層50〜60cm下に灰色砂質土層、その下に木と金属の腐った青黒い砂土の床、幅80cm	礼成江右岸	剣1（BII）、把頭飾1、戈1		黄基徳1974
35	京畿・上ー洞	土壙墓。地表下30cmの腐蝕土層とその下の地山層の間で遺物出土、出土地点周囲に腐蝕土層が厚さ70cm	低丘陵上	剣1（BII）、把頭飾1		国立博物館1968
36	忠南・鳳安里	土壙墓？詳細不明	海抜30mの山頂に近い南面	剣1（BII）、戈1		安周周1978
37	忠南・炭坊洞	土壙墓。南北長軸、地表下3.5mで2.5×0.6mの範囲の土がかためられている	丘陵上、槐亭洞遺跡の東1km	剣1（BI）、矛1、鑿1		成周鐸1974
38	全北・龍堤里	土壙墓。道路面下60cmで遺物出土	丘陵上	剣1（BI）、戈1、鉇1	無文土器片（出土地点の西約2m）	金元龍1968
39	全南・大谷里	土壙墓。東西長軸、二重の土壙、外壙は3.0×1.35m、内壙は2.1×0.8×0.6m、床東側で90×45cmの板、ここで大部分の遺物出土、周囲壁面から床に厚さ10cmの粘土	山麓	剣3（BI：1、BII：2）、多鈕細文鏡2、斧1、鉇1、八珠鈴2、双頭鈴2		尹武炳1974
40	慶北・晩村洞	土壙墓？石ならなどなかったらしい	丘陵上	剣3（BII：2、BIV：1）、把頭飾1、鍔金具1、鞘金具4、戈1		金廷元ほか1966
41	慶北・漁隠洞	土壙墓？地表下75cm前後で出土	丘陵端、平地との比高6m	日光鏡2、虺龍文鏡1、小形倣製鏡11、変形八乳文鏡1、鏡片2、釧8、帯鉤2、飾金具123、その他	砥石、土器片	藤田ほか1925
42	慶北・九政里	土壙墓？	丘陵上	剣1（BII：2）、矛3、戈1、胡瓜形鈴2、鐸1、銅器残欠1	素環頭鉄刀1、板状鉄斧3、鉄斧1、袋状鉄斧3、鉄戟1、石斧1、瑠璃玉1、麻布残欠1	金元龍1953
43	慶南・会峴里	甕棺墓（第3号）。甕棺墓下に青銅器	丘陵上、甕棺墓3基中の1基	剣1（BII）、未研磨1）、鉇8	碧玉管玉1	椎木1938・1957
44	平南・上里	木槨墓。地表下90cmないし120〜130cmの3〜4mの範囲に黒色土層（墓壙？）、遺物の出土範囲はその中の東西2m、南北1.5mの部分	丘陵縁辺	剣2（BII）、把頭飾2、鐸1、常鉤1、円錐状器1	鉄矛2、鉄戟1、環頭鉄刀子1、鉄斧2、馬具1、土器2（甕・壺）	椎木1934a
45	平壌・龍山里	不明	不明	剣1（BI）、剣把1、車輿具	鉄戟1、鉄鑿1	朝鮮歴史博物館1967
46	平南・台城里	10号木槨墓（併穴合葬）。墓壙3.2×1.55×2.0m	台地上、古墳群中の1基	剣1（BIII）、把頭飾1、鐸金具1、漆塗木鞘、矛1、車輿具14、容器片1	鉄矛1、鉄鑿2、鉄斧2、鉄鎌1、土器2（甕・壺）	考古学民俗学研究所1959b、東柳出土品は省略

198　第Ⅱ部　青銅器

No.	遺跡	墓の構造	立地	副葬品 青銅器	副葬品 その他	文献・備考
47	平壤・貞柏洞1号墓(夫租薉君墓)	木槨墓(単葬)。南北長軸、長方形墓壙内に木槨	古墳群中	剣1(BⅡ)、把頭飾1、鐔金具1、鞘金具4、矛1、鏃15、弩2、車輿具12、馬具	鉄短剣2、(銅製鐔金具3、銅製鞘金具)、鉄長剣2、鉄刀1、鉄矛1、鉄斧1、鉄匕首1、小札数十、(夫租薉君)銀印1(夫租薉君)、土器2(甕・壷)、ガラス製・玉製装飾品各1、その他	李淳鎮1974a
48	平壤・貞柏洞2号墓(高常賢墓)	木槨墓(同穴合葬)。南北長軸、墓壙3.4×3.1×1.5m、角材で木槨2.8×2.5×0.56m、槨内を柱2本で東西にわける、側板二重、東槨2.08×0.8×0.48m、西槨2.28×0.8m	古墳群中	[西槨の西側]剣1(BⅢ)、把頭飾1、鞘1、弩1、矛1、車輿具多敷 [木槨北側] [西槨内]昭明鏡1、帯鈎1、銅鐔1(夫租長印)	木製斧1、硯1 漆器多敷、土器6など 鉄矛1、銀印1(高常賢印)	考古学研究所1983 東槨出土品は略
49	平壤・貞柏洞3号墓(周古墓)	木槨墓(併穴合葬)。南北長軸、東・西両墓壙結合、西基壙3.4×1.6×0.8m、東墓壙3.7×1.6×0.9m、角材で木槨、西木槨3.0×1.35×0.6m、東木槨3.0×1.25×0.7m、西槨2.05×0.8×0.45m、東槨2.15×0.7×0.45m	古墳群中	[西槨内]常鈎2	鉄長剣1、漆塗木枕1、冠1、玉7、銀製指輪2、絹片、木簡片3、銀印1(周古) 鉄斧1、漆器多敷、土器6など	考古学研究所1983 東槨出土品は略
50	平壤・貞柏洞88号墓	木槨墓(同穴合葬)。墳丘失われる。ほぼ東西長軸、基壙3.8×2.7×1.2m、角材で木槨、3.6×2.5m、高さ不明。角材を積んで槨内に南に仕切る、木槨は痕跡のみ	古墳群中	[槨内北側]剣1(CⅠ)、把頭飾1、鞘金具、弩1、車輿具多数、銅製容器2	鉄長剣1、鉄矛1 漆器片	考古学研究所1977a、田野工作隊1978 槨内南側出土品は略
51	平壤・貞柏洞96号墓	木槨墓(単葬か)。詳細不明	古墳群中	剣1(BⅡ)、把頭飾1、鐔金具1、車輿具2	鉄刀1、鉄矛1、鉄斧2、鉄鑿1	考古学研究所1977a、歴史博物館1967
52	平壤・石岩里同上		古墳群中	剣1(BⅡ)、幡螭文鏡1、内行花文鏡?小片1、弩1、胡瓜形鈴1、車輿具2、銅鐔若干	鉄長剣1、鐔金具1、鉄戟1、小札多数	鄭燦永1962、考古学研究所1977a
53	平壤・石岩里	木槨墓(単葬)。地表下4mで遺物出土、墓壙西南床50×20cmに木の腐った跡	古墳群中	剣1把、剣1辺不明、把頭飾1、車輿具、銅鐔1	鉄矛1、鉄戟1、鐸1、土器2	白瓚行1965
54	平壤・石岩里219号墓(王根墓)	木槨墓(同穴合葬)。南北長軸、墓壙4.2×4.05×2.0m、墳丘1辺約24m・高さ6m、木槨3.1×3.6m×0.7m、木槨の外と下に板石	古墳群中	[西槨内]矛1、鏃1、容器3	鉄剣1、鉄刀子1、鉄戟1、装身具、木印1(王根信印)など 鉄剣1、矛1、鉄戟5、弩1、車馬具、装身具、漆器など	権本はか1975 槨内東側出土品は略
55	平壤・土城洞4号墓	木槨墓(単葬墓)。南北長軸、墓墳3.65×1.87×1.2m、木槨は内外二重、外槨3.0×1.24×0.4m、槨2.0×0.4m	古墳群中	[槨内]銅1型式不明、把頭飾1、鞘金具1、鐔40余(矢筒に入る)、鏃1、車馬具多数、星雲文鏡1	鉄長剣1、鍔金具1 土器2(甕・壷)	金チョンヒョク1974

第 9 章　青銅器副葬墓

No.	遺　跡	墓　の　構　造	立　地	副　品　青　銅　器	副品その他	葬	文献・備考
56	平壌・將進洞	木槨墓？詳細不明	丘陵上	剣1（BI）、矛1	鉄斧2（他にも出土品があったらしい）		梅原1930
57	平壌・東大院洞詳山	木槨墓、地下3.3m余に12cm角の木材13本がならびそのの下で遺物出土	丘陵端	剣1（BIV）、剣把6、車輿具6、片耳付壺1			藤田ほか1925
58	黄北・黒橋里	木槨墓？詳細不明	丘陵上	剣1（BIV）、把頭飾1、矛1、銅匕1、車輿具6、五銖銭2	土器4点以上		藤田ほか1925
59	黄北・金石里	詳細不明	丘陵上	剣1（BIII）、弩1、車輿具14、盤1	鉄長剣1、鉄短剣1、鉄矛1、鉄鑿1、鉄斧2、車馬具6		無署名1983b
60	黄北・天柱里	詳細不明	丘陵上、他にも木槨墓があるらしい	剣1（CI）、車輿具8	鉄斧1、片耳付鉄壺1、土器1（壺）		考古学民俗学研究所1959a
61	黄北・青龍里鄭村	木槨墓（単葬）。地表下50cmの2.5×1.0mの範囲で長60～70cmの木片、これをとり出す時遺物出土	山の北端、南7～8mにも木槨墓	剣1（BIV）、把頭飾、車輿具14	車輿具1、土器1		黄基徳1959b
62	黄北・松山里唐村	木槨墓（単葬）。南北長軸、表土下1mに木材10余、角材を敷き壁に積んで木槨、南半を乱す大き残長2.3m、幅1.0m、高0.3m、槨内に木棺	不明	剣1（BIV）木製鞘入り	土器4（甕2、縄席文大形壺2）		黄基徳1959a
63	黄北・葛峴里	木槨墓（併穴合葬）。南北長軸、東西両墓墉が結合し2.5×2.6×1.1m、西側墓墉幅0.8mで床は東側より0.4m高い、木槨材・棺材は発見されず	山斜面平坦部	剣1（BII）、把頭飾1、矛1、弩1、常鉤1、車輿具14、飾金具1	鉄長剣1、鉄矛2、鉄斧1、馬具1、ガラス玉1、土器1（甕）		考古学民俗学研究所1959a、遺物出土状況不明
64	黄南・雲城里1号墓	木槨墓（単葬）。東西長軸、東端部のみ残る、幅2.97m、残長1.3m、地表下1.7mに槨天井の痕、2mに槨の床	丘陵、古墳群中の1基	[北側]　剣鋒部片1、矛片1、車輿具5 [南側]　蓋弓帽1、銅鐸4、馬鐸2、五銖銭1 [出土位置不明]　金銅環1	鉄斧2、土器1、漆器1（銅矛と鉄斧は棺内） 土器3		考古学民俗学研究所1958b
65	黄南・雲城里9号墓	木槨墓（単葬）。方台形墳丘、一辺18m・高さ2.5m、地表下2.4mの粘土墓墉（10cm）下に墓墉、南北長軸、3.35×1.6×1.7m、塞墉南北に溝（25×10×35cm）、木槨の痕跡2.8×1.2×0.5m、槨内の北から50cmに隔壁の痕（副葬品区画）、棺は長2.3m、北幅0.85m、南1幅0.75m	丘陵、古墳群の中心最高所にある	[棺内]　剣1（BIII）、把頭飾1、鏢、蓋弓帽1 [槨内東隅]　車輿具11 [副葬品区画]　車軸頭2 [出土位置不明]　銅鑿1	鉄長剣1、碧玉管玉1、玉23、砥石1 鉄斧1 土器2（甕・壺）		李淳鎮1974b
66	黄南・富徳里水駅洞	木槨墓（単葬）、南東一北東長軸、地表下2mに床、2×1mの長方形範囲内で博磚出土	ヘム山の西北斜面、南250mに博室墳2基	[墓墉中央] 剣1（BIII）、矛1 [墓墉北側] 車輿具3	鉄長剣1 鉄斧1、車輿具1		李淳鎮1961
67	慶北・入室里	木槨墓？地下1.8mの2.7×0.9mの黒色をおびた土部分で遺物出土	丘陵端、平地との比高2.1～2.4m	剣6（BI:2、BII:4）、把頭飾1、子2、戈1、多鈕細文鏡1、銅鐸2、銅鐸5、竿頭鈴2、柄付鈴1、銅環1、笠形小金具1、棒状器1	鉄剣？1、鉄斧1、土器2		藤田ほか1925

200 第Ⅱ部 青銅器

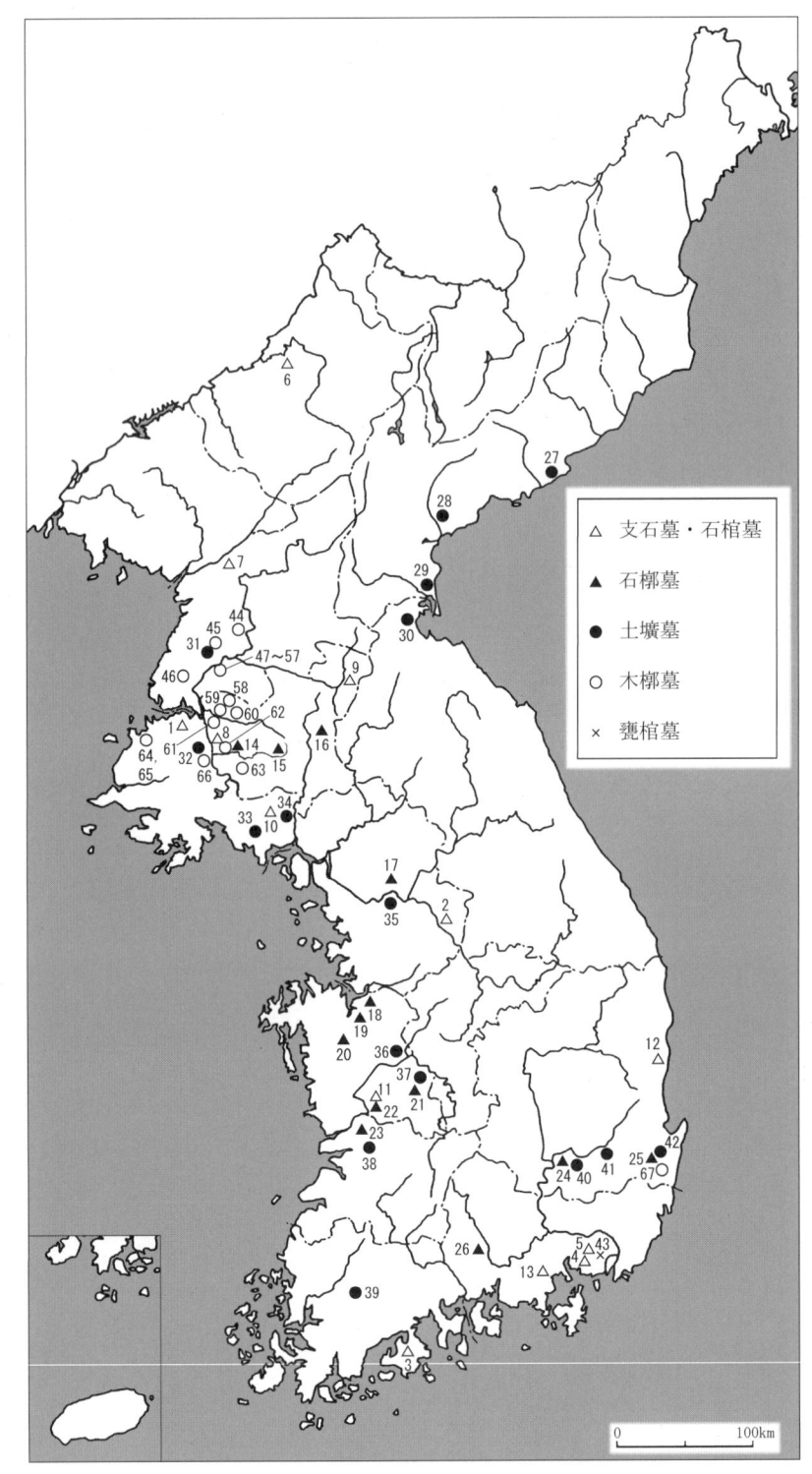

図72 青銅器副葬墓遺跡地図（遺跡名は表11参照）

これらは青銅器を副葬していても構造・大きさは他の支石墓となんらかわることはない。なお銅鏃が出土した薬師洞支石墓の構造は明らかでない(補記1)。

青銅器副葬石棺墓のうち、西北〜西地域のものは、構造不明の龍興里を除くと、いずれも同じ形態である。すなわち四壁と床と蓋にそれぞれ1枚の板石を用い、側壁の下端は床石より深い。上梅里（図74-1）と大雅里では小口の板石が長側壁にはさまれ、豊龍里石棺墓は両端の幅がことなる。これらは三上次男分類の1型で、この地域に共通して認められる石棺墓である（三上 1961：610-620）。大きさも、豊龍里石棺墓の全長がこの地域で最大である他は青銅器を副葬しない石棺墓の大きさの範囲内である。

西南地域と東南地域で構造が明らかな石棺墓は2基だけである。松菊里石棺墓（図74-2）は12枚の長方形板石を縦長に立てて四壁とし、床に板石3枚と小石を敷き、1枚の板石で蓋をする。こうした点で南部地域に多い2型の石棺墓ではあるが（三上 1961：610-620）、他とややことなっている。鎮東里の石棺墓はすでに破壊されていたが、土壙内に板石で石棺を組み、土壙壁と石棺の間には南側短辺を除いて石塊をつめ、石棺上の土壙内には礫と土を入れると推定されている（図69-5）。この石棺も2型で、松菊里と同様に大きさは他の石棺墓とかわらない。なお周囲には支石墓7基があって、報告者もいうように、上石を失った支石墓の可能性もある。支石墓とすれば大鳳洞型か谷安里型になる。沙川洞の石棺墓は組み合わせ粗造石棺と報告されているが、おそらく2型であろう。

このように青銅器副葬の支石墓・石棺墓は、ほかの支石墓・石棺墓にくらべてとくにことなる点は認められない。松菊里石棺墓のみが棺高が高く、壁の作り方に他の石棺墓とことなる点が認められる。

青銅器副葬支石墓はいずれも支石墓群中にある。上紫浦里1号は近接して造営された4基中の1基で、他の3基との差異はない。雲垈里の銅剣副葬支石墓は32基からなる支石墓群中の西端に位置し、調査された4基（副葬品なし）と同じ構造である。内洞1号は近くに支石墓2基があり、茂渓里も付近に他の支石墓があり、ともに数基からなる支石墓群中の1基である。薬師洞支石墓の群集性は不明である。鎮東里の石棺墓が上石を失った支石墓とすれぼ、これも支石墓群中の1基となる。

これにたいし石棺墓は単独で発見されることが多い。豊龍里・仙岩里1号・大雅里・松菊里は周辺に他の石棺墓が発見されておらず、単独で造営されたと考えられる(補記2)。仙岩里1号は南100mに2号石棺墓があるが、群をなしているとはいえない。松菊里石棺墓の近く（？）では松菊里型土器を用いた甕棺墓（管玉4点を副葬する単棺）1基が発見されたが（姜仁求ほか 1979）、石棺墓との関係はわからない。

銅鏃を副葬する上梅里石棺墓だけは、付近に石剣副葬石棺墓1基、南数十mに人骨の残る石棺墓1基があり（黄基徳 1959b）、黄海道徳岩里遺跡（有光 1941b）と同様、3基ほどからなる石棺墓群である。

つぎにこれらの支石墓・石棺墓の副葬品をみよう。

豊龍里石棺墓の銅泡・管玉・土器の組み合わせは中国吉林地域の石棺墓副葬品に近く、朝鮮半島の他の石棺墓とことなる。副葬土器は美松里型で、吉林省から韓半島西北地域のものである。

このほかに土器を副葬する墓は4例ある。上紫浦里・茂渓里・鎮東里の丹塗磨研土器は無文土器前期に属する(補記3)（後藤 1980）。内洞1号の黒色磨研長頸壺は無文土器後期前葉のもので（後藤

1973)、本章でとりあげる支石墓の中でもっともおくれ、次節で言及する石槨墓と同じ時期であることを示している。

副葬青銅器は銅剣・銅鏃・銅鑿である。銅剣は琵琶形銅剣とその退化形および最古式の細形銅剣にわけられる[3]。細形銅剣（BⅠ式）は沙川洞と内洞の２例だけである。内洞剣は沙川洞剣より後出型式で、件出土器とともに時期の下ることが明らかである。

典型的な琵琶形銅剣（AⅠ式）は松菊里（図73-1）と雲垈里で出土し、鎮東里の剣も脊の縦断面形からこれに含めてよい。３例とも茎の片側に抉りをもつ。このうち雲垈里支石墓は銅剣下部の破片のみを副葬していたらしい。松菊里と鎮東里では完形の銅剣のほかに無樋一段柄式石剣と有茎石鏃を副葬する点で共通し、装身具と土器の有無に差がある。石剣は柄部にも鎬があってこの種の剣としては古式である。石鏃は茂渓里出土品と同形で、長い身部に先端のとがる短い茎がつく。全長12～20cm で儀器化している。石剣・石鏃が銅剣と共件するのは松菊里と鎮東里だけで、後述する各類型の墓には認められない。

龍興里と上紫浦里では典型的な琵琶形銅剣と細形銅剣をつなぐ型式の銅剣が出ている（AⅡ式）（図73-2）。石斧や石製紡錘車を件出するが、石剣・石鏃はない。ただし上紫浦里では同じ墓群の３号・４号支石墓で無樋二段柄式石剣と有茎石鏃が出土し、両遺跡の銅剣が石剣や石鏃と無縁でないことを物語る。

仙岩里と大雅里の石棺墓の銅剣は同じ地域の平壌市西浦洞・黄海南道琴谷洞（黄基徳 1974）や松菊里などの琵琶形銅剣（AⅠ式）の退化形にあたる（図75-1・2）。岡内分類のAⅢ・AⅣ式いずれにも該当せず、細形銅剣につながらない退化型式の多様性を示す例である。両石棺墓とも石鏃を伴う。基部がV字形に凹入する無茎鏃１点ずつのほかは有茎鏃である。これらは、上梅里石棺墓の石鏃と同じく、茎部が二段になり全長７～12cm で、上述の南地域の石鏃とは大きさと形態に差がある。

銅鏃４例は、大雅里１例が銅剣と共伴し、上梅里例が石鏃を、茂渓里例が石剣・石鏃をともなう。薬師洞例の件出品の有無はわからない[補記1]。上梅里と大雅里の銅鏃は二段茎式の有翼鏃で（図75-3・4）、同形態の銅鏃鋳型は江原道鉢山遺跡で発見されている（沢 1937）。薬師洞と茂渓里の銅鏃は破片だが、二段茎で身部が細く、上にみた有茎石鏃と同形とみられる（図75-5）。

このほかの注目すべき副葬品は装身具（管玉と天河石製飾玉）である。小形碧玉製管玉は豊龍里・松菊里・茂渓里で複数ずつ出土し、大形管玉（おそらく碧玉製）は仙岩里と大雅里で１点ずつ出土した。西北～西地域では青銅器を副葬しない支石墓・石棺墓にもしばしば管玉か副葬され、石剣・石鏃と同様、青銅器副葬支石墓・石棺墓が、それ以外の支石墓・石棺墓と同じ社会的・文化的基盤の上に造営された証拠となる。ただ中～南地域では江原道泉田里（金載元ほか 1967）以外に管玉はほとんどないが、石剣・石鏃によって上と同じことがいえる。

天河石製飾玉には扁平半月形（龍興里・上紫浦里）と、厚手大形の抉入り半月形＝勾玉状（松菊里）の２種がある。類例は平安南道北倉郡大坪里石棺墓に出ている程度で（鄭燦永 1974）、銅剣とともに遼寧省方面から入ったものであろう。管玉より一層高い社会的地位の象徴であっただろう。とくに厚手大形の勾玉状のものは後述する西南地域の石槨墓に副葬され、社会的地位を示す重要な装身具に発達したらしい。

第9章 青銅器副葬墓 *203*

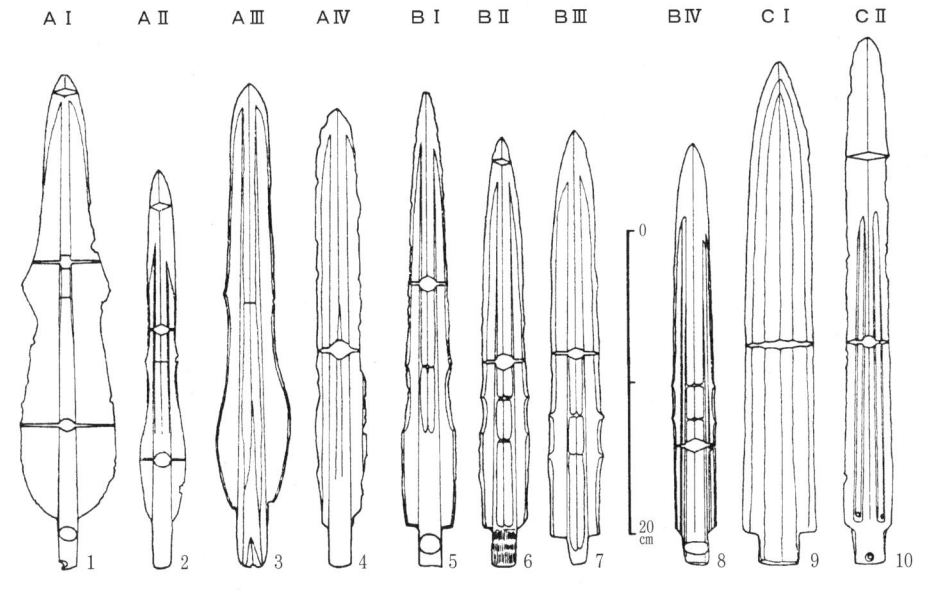

図73 銅剣と型式
1：松菊里　2：龍興里　3：伝平壌　4：弧山里　5：南城里
6：会峴里　7：貞柏洞2号墓　8：青龍里　9：貞柏洞　10：伝平壌

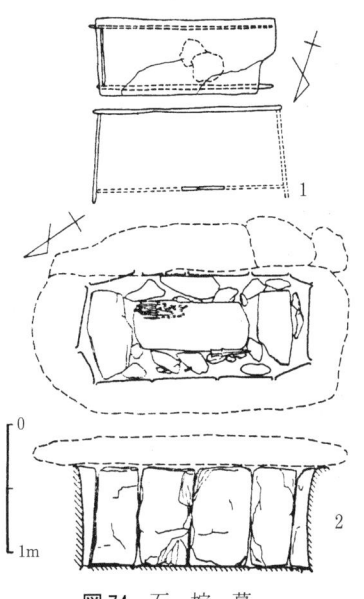

図74 石棺墓
1：上梅里　2：松菊里

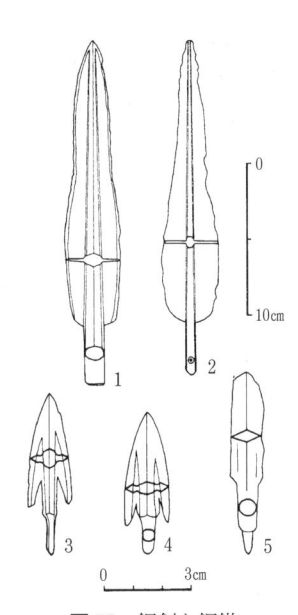

図75 銅剣と銅鏃
1・3：大雅里　2：仙岩里1号墓　4：上梅里
5：薬師洞

青銅器を副葬する支石墓・石棺墓は、墓の構造と副葬された土器にもとづいて、西北地域のものは美松里型土器の時期、西地域のものはコマ形土器文化期、中〜南地域のものは無文土器文化前期^(補記4)（内洞のみ後期前葉）に属し、地域間の時期差は認められない。実年代を推定すれば紀元前4世紀で、一部5世紀にあがるだろう。

墓の構造はそれぞれの地域の無文土器社会の墓制となんらかわるところはない。とくに支石墓は青銅器非副葬墓とともに群をなし、青銅器をもつ点で優位を示すにすぎない。ただし青銅器副葬墓を含む支石墓群と含まない支石墓群との関係は、単位となる小地域や流域ごとの支石墓・集落址の細かな分析によって明らかにしうる性質の問題である。

石棺葬は群集しないことも多く、支石墓にくらべ石剣や石鏃を副葬する割合が高く、総体的にみれば支石墓より社会的地位の高い者を葬ったようにも考えれる。とくに銅剣副葬石棺墓は単独で営まれており、群集墓から離脱したあり方を示している。ただし、同じ地域内の集落址や墓群との関係を明確にする必要がある。そうした意味で注目すべきは松菊里石棺墓である^(補記2)。すでにふれたように石棺墓としてやや特異な様相を示すこの墓は、南に石城川の沖積地をのぞむ標高20mの丘陵端にあって、北側100〜500mで松菊里遺跡50・53〜55区の住居址17棟が調査されている（姜ほか1979）。石棺墓をこれら住居址を残した集団の首長、さらには前面にひろがる沖積平野にのぞむ諸集落を統合する首長の墓とみることは決して不当ではない。さらにこの首長権が南西2kmほどの蓮花里石槨墓の被葬者にひきつがれたことも十分考えられるのである。

琵琶形銅剣をはじめとする青銅器の保持者は、それまでの伝統的社会の中から析出されて支石墓・石棺墓に埋葬されたのである。この段階での支石墓・石棺墓の被葬者は、図式的にいえば、(1)青銅器をもつ者、(2)石剣・石鏃をもつ者、(3)副葬品をもたぬ者に三分される。(2)がそれ以前の段階の首長層であり、その中から(1)があらわれたのであろう。さらに墓の群集・単独をみると、(2)は(3)とともに以前から群集墓（集団墓）に葬られるが、(1)の一部とくに石棺墓に葬られる者は集団墓から離晩する傾向を示している。これは首長権の強化とともにその及ぶ範囲の拡大を物語るものである。

2 石 槨 墓

石槨墓は土壙内に石塊あるいは板石で槨を築き、内部に木棺をおさめたと考えられる墓である（表11-No. 14〜26）。木棺が遺存する例はなく、その存在を推定させる次のような調査所見が報告されているにすぎない。

泉谷里では石槨内東南床に30cm四方の漆のような膜があり、その上に銅剣・把頭飾・石鏃があった。この膜は銅剣の鞘の痕跡ともみられるが、大きさや石鏃がのっていたことから木棺の遺存と推定できる。丁峰里では石槨壁の問隙に薄い皮膜とヤマザクラの皮が残り、報告者はヤマザクラの皮につつまれた棺の存在を推定している。南城里では石槨内埋土から漆塗りシラカバ樹皮片が発見されたが、槨の木蓋か銅剣の木鞘で、木棺ではないと報告されている。槐亭洞の石槨内で発見された厚さ2cmの腐蝕した木材からは木棺の存在が予想されるという。東西里では床上の厚さ5〜6

cm の灰白色粘土層中に厚さ 0.4cm の木質の痕跡があり、粘土の上に木棺が置かれたと推定されている。これらの所見は木棺の存在を十分に予想させる。

　石槨床に粘土層がみられるのは丁峰里・南城里・東西里であるが、これは後述する土壙墓と木槨墓にも認められる。ただし支石墓・石棺墓には報告例がない。石槨墓・土壙墓では床に粘土を敷いて木棺を安置したのかもしれない。

　木棺の存在を予想させる別の理由は石槨の大きさである。石塊や板石で構築する石槨の形状は石棺墓や支石墓の石棺と大きな相違はない。しかし石棺より大きく木棺を納めうる大きさのものもある。泉谷里・丁峰里・南城里・槐亭洞は長さ 210～260cm・幅 50～70cm・高さ 40～100cm で、長さは石棺墓の大きなものと同等かそれ以上である（図 76-2～5）。またソルメコルの石槨は木槨墓のように一端に副葬品収納区画を設けている（同図1）。一方、蓮花里・東西里・多松里は石棺の大きさとかわらない。このうち東西里では木棺の存在が予想される。多松里の墓はすでに破壊されていたが、1枚の大石を主体部の蓋としその上に積石し、さらに封土があったらしく、石棺墓とはことなる。蓮花里だけは石槨墓とすべき積極的理由はない。

　これら3基を含め石槨墓とした墓の副葬品には石棺墓や支石墓のそれとはことなる共通性がある。また石棺墓の可能性が報告されている白雲里、詳細不明の四老里・屯浦里・坪里も副葬品からみて石槨墓としてよい。このように青銅器副葬墓のひとつの類型として石槨墓が認められるのである。

　ただし飛山洞は石で作った遺構と予想できるにすぎず、青銅器も前の諸例より新しい型式で、石槨墓としても遅れるものである。当面は除外して考察をすすめよう。

　石槨墓の構造をさらにくわしくみよう。まず墓壙の状態が明らかなのは3遺跡だけである。丁峰里の墓壙は平面が隅丸長方形で深さ 2.1m、壁はわずかに傾斜するが床面は石槨より広い。槐亭洞と南城里の墓壙上面は広い楕円形で深さは 2～2.7m、壁は傾斜して下部は石槨外形にそった長方形となる（図 76-3～5）。

　石槨の築き方は、大きな板石と石塊を用いるもの（泉谷里）（図 76-2）、自然石か割石塊を積み重ねるもの（ソルメコル・丁峰里・四老里・南城里・槐亭洞・蓮花里）、板石を立てる（東西里）、板石平積（多松里）である。多松里以外は石棺墓や支石墓の石棺と同じで、出現の契機に外からの影響があったにしても、従来の墓制からの連続性が認められる。

　床は、丁峰里が川石敷き、蓮花里と南城里が板石敷き、泉谷里が石と粘土・砂をまぜて3層に敷く以外は石材を用いていない。石槨の天井には丁峰里と蓮花里が数枚の板石を、多松里が1枚の板石をかぶせるだけで、他には天井石がない。南城里で推定されたように木蓋であったのかもしれない。泉谷里では内部に腐蝕土がつまっていたが、天井を設けず土を満たすこともあったのだろうか。

　石槨と墓壙壁の間があく丁峰里の場合は間隙に石塊を積んでいる。墓壙がよく残る丁峰里・南城里・槐亭洞では、墓壙上面と石槨の間が 1m 以上あき、ここに石塊と土をつめている。丁峰里ではトラック2台分の石塊があったという。墓壙上面より上の状態は明らかでない。東西里では墳状の高まりの頂部付近に径 2m・高さ 60cm に割石を積み、積石下 30cm に墓壙があらわれたという。多松里でも石槨上に積石があったという。石槨墓の地表構造については現在のところほとんど不明である。

　石槨墓には多松里を除いて細形銅剣が副葬される[4]。京畿道以北の石槨墓には1本ずつ副葬する

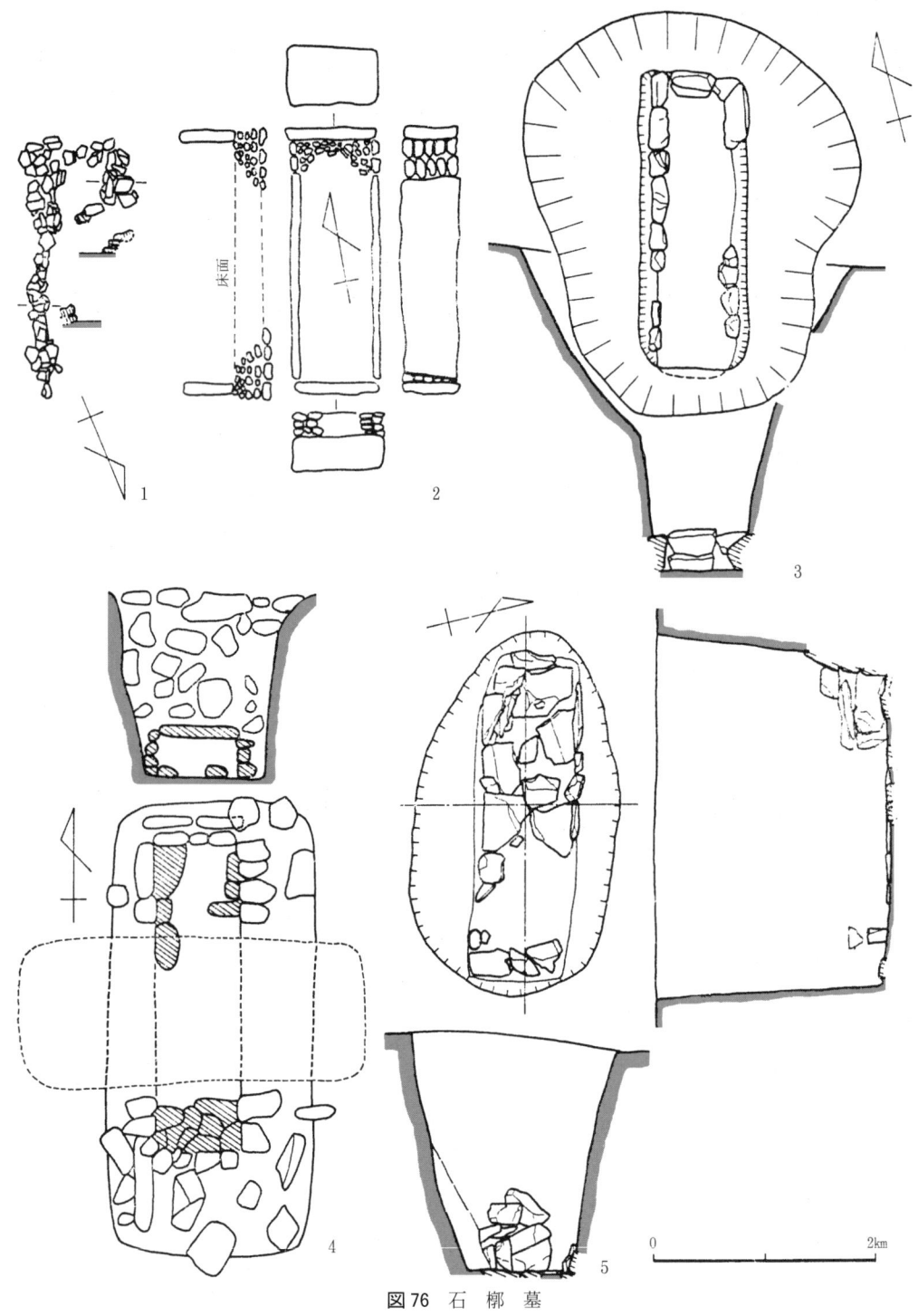

図76 石槨墓
1：ソルメコル　2：泉谷里　3：槐亭洞　4：丁峰里　5：南城里

が、以南では1本副葬（屯浦里・槐亭洞・坪里）のほかに4本あるいは9本を副葬することがある（南城里〈図73-5〉・東西里・蓮花里・白雲里）。銅剣の型式はBⅠ式とBⅡ式である。1本副葬の場合BⅠ式が5例で、BⅡ式は丁峰里だけである。複数副葬の場合は蓮花里がBⅠ式のみ、そのほかはBⅠ式とBⅡ式の組み合わせ（BⅠ式の方が多いが白雲里は逆）となる。琵琶形銅剣とその変形はすでにみられない。

支石墓・石棺墓に副葬例のない銅矛は丁峰里・蓮花里・白雲里で出土したい。ずれも最古の型式である。しかし銅戈の副葬はまったくみられない。

多鈕鏡は、西地域ではソルメコルの細文鏡1面だけだが、西南地域では5遺跡9面のうち8面が粗文鏡で、細文鏡は東西里の1面だけである。

青銅製工具には鉈・鍬（?）・斧・鑿がある。ソルメコルでは4種すべて、南城里では斧と鑿、四老里と白雲里では鉈、丁峰里では斧が出土した。丁峰里と南城里の斧は扇形だが、ソルメコルの斧は直線刃で次節でのべる孤山里出土品に似る。鑿はソルメコルが板状だが、南城里は袋状で炭坊洞土壙墓出土品と同じである。鉈は3遺跡で出土しているが、次にのべる土壙墓のうち3基にもみられる。

西南地域には、高度の技術で複雑な文様を鋳出した防牌形銅器・剣把形銅器がある。いまのところこの地域の石槨墓にのみみられる。東西里出土のラッパ形銅器は遼寧省鄭家窪子6512号墓に類品がある（瀋陽市故宮博物館ほか 1982）。文様はないが、円蓋形・円盤形銅器や笠形金具もこの地域で生まれた銅器である（槐亭洞・東西里・多松里）。

銅鐸は槐亭洞の2点だが、これまでの研究によれば最古式の銅鐸である（宇野 1982）。

鉄器はソルメコルの鋳造斧が唯一の例である。

このほかに西地域と西南地域の4遺跡（丁峰里・泉谷里・槐亭洞・東西里）で基部が直線ないしわずかに凹入する断面扁平六角形石鏃が出ている。石槨墓に特有の石鏃で、小鹿島では多鈕粗文鏡に件出し（榧本 1935a）、伝全北出土一括遺物（全榮來 1977、退化形琵琶形銅剣・多鈕粗文鏡など）中にもみられる。西南地域の石槨墓には玉と土器が副葬されている。碧玉や凝灰岩製管玉は松菊里石棺墓出土品をひきつぐものであろう。天河石製の大形勾玉状飾玉も松菊里石棺墓の玉と同じである。京畿道以北には玉がみられない。

副葬土器には粘土帯口縁の甕と黒色磨研長頸壺があり、いずれも無文土器後期前葉の土器で（後藤 1973）、石槨墓の時期を明示する。蓮花里の土器2点はすでに失われているが、時期が大きくずれることはなかろう。屯浦里の土器は高さ21〜24cmの灰色素焼壺といい、高さは黒色磨研長頸壺とかわらない。四老里の土器は縄席文灰色土器の可能性もあるが明らかでない。

副葬土器によって、西南地域の石槨墓は支石墓や石棺墓よりおくれ、無文土器文化後期前葉に営まれたことが明らかである。他地域の石槨墓もこれと同時期とみてさしつかえない。年代は紀元前3世紀であり、一部前4世紀末にあがるもの前2世紀初に下るものもあろう。

石槨墓は平野に面する標高30〜40mの低丘陵上に位置する。また石槨墓どおしや他の墓と群をなさず単独で存在するらしい(補記5)。東西里は標高20mほどの沖積地（現在は人造湖）に面する140〜150mの山腹に単独で営まれている。石槨墓の性格は、周辺にどのような墓（群）があるかによってひときわ明瞭になろうが、今のところ十分な資料はない。ただ蓮花里石槨墓については松菊里石棺墓との関連ですでにふれた。槐亭洞石槨墓は北側近距離に炭坊洞土壙墓があって一連の首長墓の

可能性を示している。石槨墓は青銅器を副葬する支石墓・石棺墓の次の時期の首長墓であり、地域差が稀薄であった前代にくらべ、地域的特徴が顕在化しはじめた段階のものということができる。

なおここで慶尚北道飛山洞遺跡についてふれておく（表11-No.24）。ここでは臥龍山山麓の5〜6m径の範囲に散乱した粘板岩内でBⅡ式とBⅣ式の細形銅剣5本、触角式剣把・鞘金具、耳をもつ新式の銅矛2本、退化形銅戈1本、虎形帯鉤、蓋弓帽が発見された。遺物の型式と組み合わせは上にのべた石槨墓副葬品よりはるかに新しく、紀元前1世紀である。遺構の性格は明らかでないが、石槨墓とすれば東南地域では後まで石槨墓が残る可能性を示す資料である。

3 土壙墓

石棺墓・石槨墓あるいは木槨墓とことなり、石材はもちろん木槨の痕跡やそれを推定させる所見なしに、青銅器などが一括して発見された時、その出土遺構は土壙墓とされることが多い。その理由は、明示されることはないが、出土品が他の墓の副葬品組み合わせに共通する面があり、また墓以外の遺跡と考えさせる遺物が少ないからである。したがって土壙墓という類型を設けるのは、遺構の構造によるのではなく、一括遺物の内容によるといってさしつかえない（表11-No.27〜42）。

しかし現地調査で遺構の一端に触れることのできた例も少なくない。梨花洞の場合は、地表下20cmに2.2×0.7mの長方形土壙の上面があらわれ、その下127cmで遺物が出土しはじめ、147cmで平石を敷いた床がみつかった。龍山里では長さ2.1mの土壙があり、地表下50cmの床面の上30cmまでは土壙外とことなる土が満たされていた。石山里では赤色砂層の50〜60cm下に灰色砂質土層があって、さらにその下に木と金属の腐った青黒い砂土層の床（幅80cm）が見出された。炭坊洞では地下3.5mの2.5×0.6mの範囲がかためられていた。

土壙墓の構造がわかるのは大谷里遺跡である。風化岩盤に掘った土壙は二重になっている。外側は3×1.35m、内側は2.1×0.8m、深さ0.6mで、その東側床に90×45cmの板が残り、そこから大部分の遺物が出土した。内側土壙にそって組合箱式木棺があったのかもしれない。外側土壙を掘って、さらに内側土壙を掘り下げたのであろうが[補記6]、その構造は北部九州弥生時代の土壙木棺墓と共通するようである。

このほかにも、地下の周囲とことなる色調・土質のところから遺物が出土したとの報告例もある。

これらの事例からは、土壙墓とされる墓が、棺のない土壙墓か、土壙内に木棺を安置したのか、大谷里のように土壙木棺墓かを、個々に判断するほかない。

土壙墓からは、東北地域の龍山里と東南地域の漁隠洞を除いて必ず銅剣が出土する。漁隠洞の一括遺物は他と著るしくことなり、墓以外の可能性（埋納物）さえ考えられ、また他の土壙墓より新しいので、当面の検討から除外しておく。

土壙墓には銅剣を1本副葬することが多いが、2本・3本の場合もある。銅剣の型式は中国式銅剣2本を件出する孤山里がAⅣ式（図73-4）、晩村洞がBⅡ式とBⅣ式である以外は、BⅠ式（1本副葬4例、2本副葬1例）、BⅡ式（1本副葬3例）、BⅠ式とBⅡ式共件（2例）である。銅剣が単数か複数かには地域差はないが、細形銅剣を3本副葬するのは西南・東南両地域のみで、石槨墓と同じ地

域性を示している。銅剣の型式は孤山里と晩村洞以外、石槨墓と同じである。

　注意をひくのは、把頭飾の多いことで、石槨墓では泉谷里1例（飛山洞を除く）だったのに、梨花洞（BⅠ・BⅡ式剣）、石山里・上一洞（BⅡ式剣）、晩村洞（BⅡ式かBⅣ式剣）の4遺跡で出ている。晩村洞では鍔金具と鞘金具も出ているが、土壙墓では唯一の例である（補記7）。孤山里ではAⅣ式銅剣に丁字形剣把がともなったが、琵琶形銅剣の剣把としては新しいものである（秋山1968、靳楓毅1983）。

　武器には銅矛が6遺跡で出土し（梨花洞では2本）、石槨墓には皆無だった銅戈が9遺跡で出土する(5)。銅戈は晩村洞が中広式である以外は細形で、九政里出土品のみが樋に文様をもつ。銅矛は九政里で耳付の新しい型式が出ているほかは耳のないものである。銅戈と銅矛の型式からも九政里と晩村洞が他より新しい時期であることがわかる。なお銅戈と矛の共件は、九政里のほかは東北地域の3遺跡のみである。

　青銅工具には鉇・斧・鑿がある。鉇は京畿道以北の2ヵ所の石槨墓でも出ているが、土壙墓では3ヵ所になりうち2ヵ所は西南地域である（大谷里・龍堤里）。斧は孤山里の直線刃のもの（ソルメコル石槨墓出土品と同形）と大谷里出土品（南地域特有の有肩形）の2例である。後者は南城里の扇形斧より後出型式である。鑿2例（炭坊洞・龍堤里）は南城里石槨墓出土品と大差ない。

　多鈕鏡は東北・西・西南地域で1遺跡ずつ計6面であるが、すべて細文鏡で、石槨墓に粗文鏡の多いことと対照的である。

　これまでの墓にみられなかったものとしては大谷里の八珠鈴・双頭鈴が注目される。これらは南地域に特有で、石槨墓の防牌形・剣把形銅器と同じく、この地域の青銅器文化の特徴を示している。九政里の胡瓜形鈴は、伝公州出土品（国立博物館1968：図版31）や貞柏里一括出土品（藤田ほか1947）、後述する貞柏洞97号木槨墓出土品と同じもので、紀元前1世紀代に下るものである。

　車輿具は下細洞里の有鈴筒形金具のみだが、これは鈴部分の破片で、鈴として用いられたものだろう。

　銅鐸は九政里の1例だけである。

　青銅器以外の副葬品は、九政里を除くと、梨花洞の土器（形態不明）と梨花洞・石山里の鋳造鉄斧1点ずつしかない。土壙墓は偶然発見されることが多く、土器や鉄器は見落されたのかもしれない。龍堤里では後の現地調査で付近から無文土器小片3点が採集されたが、これも副葬土器の可能性がある。鉄器は十分普及しておらず、本来副葬されなかったと思われる。

　しかし他の土壙墓より時期が下る九政里では多くの鉄器が出土した。その内容は次節でのべる木槨墓出土鉄器に共通する。

　このほかに玉類はまったく見出されていないが、採集もれでないとすれば、青銅武器の充実とあいまって、被葬者の性格に変化が生じたのだろうか。

　土壙墓の立地は沖積地をのぞむ低丘陵あるいは山麓斜面で比高差は10m前後である。石槨墓と同じようだが、細かくみれば差異があるかもしれない。また土壙墓も単独で営まれ、群集しないようである。他の墓との関係は、炭坊洞が槐亭洞石槨墓と約1kmはなれて同じ丘陵上にあって一連の首長墓と思われるほかは明らかでない。

　土壙墓からは特徴不明の土器が梨花洞と龍堤里で出ているにすぎず、無文土器文化における編年

210 第Ⅱ部 青銅器

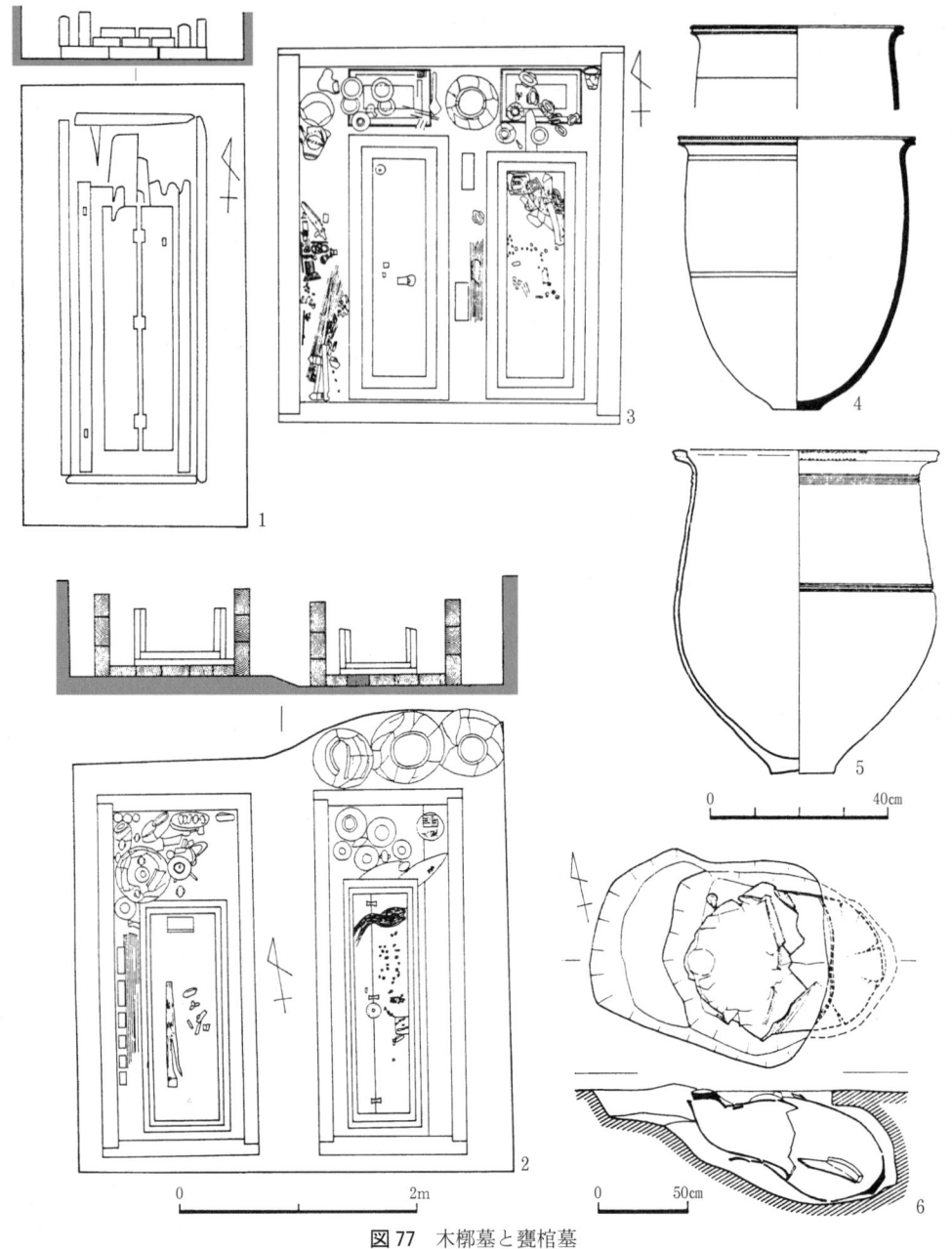

図77　木槨墓と甕棺墓
1：土城洞4号墓　2：貞柏洞3号墓　3：貞柏洞2号墓　4：会峴里3号甕棺
5：三雲遺跡柿木3号甕棺上甕　6：柿木3号甕棺墓埋置状態

的位置は明らかでない。青銅器をみると、銅剣の型式は石槨墓の銅剣とかわらないが、把頭飾をともなうことが多い。鉋と鑿もかわらない。多鈕鏡は細文鏡のみである。矛の副葬は石槨墓と同じだが、土壙墓には戈の副葬が行われ、1遺跡だが鉄斧が副葬される。これらから土壙墓が石槨墓より新しく、後述する木槨墓より古いことがわかる。実年代は紀元前2世紀であり、一部前3世紀に上り（孤山里）、また前1世紀に下る（晩村洞・九政里）。

なお土壙墓と関連して言及すべきは金海会峴里の第3号甕棺墓である（表11-No.43）。ここでは碧玉製管玉のほか、甕棺下に銅剣2本（BⅡ式〈図73-6〉と未研磨各1本）と鏃約8本を副葬していた。これら副葬品の内容は石槨墓や土壙墓の副葬品に共通し、この甕棺墓が両者の移行期、紀元前2世紀初に位置づけうることを示している。

これを含む会峴里の3基の甕棺の型式は同一で（図77-4）、無文土器時代の甕棺墓（忠清南道松菊里・全羅南道新昌里）（金元龍1964）・慶南楽民洞（藤田ほか1947）・黄海北道明砂里（都1962a）とことなる。同型式の甕棺は北部九州弥生時代の金海式甕棺で（図77-5）、伯玄式（前期後半）－金海式（前期末～中期初）－汲田式－須玖式－立岩式（以上中期）－桜馬場式（後期初）という編年系列の中に位置づけられている。会峴里甕棺の埋置方法は、深さ60cmの墓壙の底から掘った横穴に外甕をさしこみ、その口に内甕を入れる方法で、北部九州橐甕墓の普遍的埋置方法に一致する（図77-6）。

金海式橐棺の時期は、朝鮮半島南部から北部九州へ細形銅剣・矛・戈、多鈕細文鏡、粘土帯口縁土器などがもたらされはじめる時期（森1968）、朝鮮半島と日本列島の関係が新らたな段階に入る時期である（後藤1979）。

4 木槨墓

木槨墓は地表から掘った墓壙内に木槨を設け、その中に木棺をおさめる墓である（表11-No.44～67）。墓壙の上に方台形の墳丘を築くが、多くは流失している。墳丘の規模がよくわかるのは雲城里9号墓の一辺18m・高さ2.5m、台城里4号墓の20×17m・高さ4.5m、同6号墓の12×10m・高さ2.2mなどである。

その分布は平安南道・黄海道に集中し、そのほかの地域では慶尚北道入室里と咸鏡南道所羅里（朴晋煜1974）の墓が木槨墓と推定されるにすぎない。

木槨墓のうち銅剣類を副葬するのは一部で、銅剣類をもたず鉄製武器などを副葬するものも多く、土器以外に副葬品をもたないものもある。

木槨墓は、(1) 墓壙が1つのもの、(2) 2つの墓壙を併列させるもの、(3) 1つの墓壙内の木槨に2棺（ときに3～4棺）をおさめるものにわけられる。かつては(3)が木槨墓として知られていた。(1)と(2)のほとんどは解放後に正式な調査が行われ、当初は土壙墓と考えられていたが、調査の進展につれて木槨墓であることが認められるようになった。田村晃一は(1)を単葬墓、(2)を併穴合葬墓、(3)を同穴合葬墓とよぶ（田村1979）。合葬墓が夫婦を合葬することは副葬品から明らかである。

これらは(1)・(2)・(3)の順に出現したが、それぞれが併存していたことは副葬品により確認できる。

木槨墓は前節までに検討した墓にくらべ定型化が著るしい。単葬墓は長方形土壙内に角材（長さ200数10cm～300cm・幅20～40cm・厚さ10cmほど）を敷きならべ、四壁に角材を積みあげて木槨をつくる（図77-1）。木槨は長さ200数10cm～300cm・幅90～100数10cmほどで、高さは貞柏洞92号墓の場合70cmが残っていた。槨内には遺体の頭部側に副葬品を納める区画を設ける。木槨天井が遺存している例はほとんどない。

併穴合葬墓は単葬墓を2つ併列する。2つの墓壙が切りあつて新旧を到断できたり、1つの墓壙のように見えることがある。木槨の構造は単葬墓とかわりない（図77-2）。

同穴合葬墓の構造はいくつかにわけられるが、本章でとりあげる銅剣類を副葬する4墓（貞柏洞2号墓〈高常賢墓〉・同88号墓・石岩里219号墓〈王根墓〉・雲城里1号墓）はほぼ同じ構造である（図77-3）。墓壙は長さ3.4〜4.6m・幅2.7〜4m・深さ1.2〜2.3mの長方形で、この中に長さ3.4m〜3.6m・幅2.5〜3.1m・高さ0.8m以上の木槨を角材で組みたてる。王根墓は木槨の四周に板石を立て、床下にも板石を敷く。木槨内部は中央に木柱を立てたり角材を積んで2室に仕切り、それぞれに木棺を入れる[6]。棺外副葬品は、木槨が南北長軸であれば頭部方向にあたる北側と棺の西側に、東西長軸であれば東側と棺の南側におく。

合葬墓は併穴であれ同穴であれ、南北長軸のときは西側に男、東側に女を、東西長軸のときは北側に男、南側に女を葬る（李淳鎮 1983）。

木槨墓の編年・年代についてはこれまでに多くの研究がなされている（田村 1965・1979、西谷 1966 a、李淳鎮 1983）。それによれば木槨墓の上限は紀元前2世紀後葉と考えられ、単葬墓と併穴合葬墓は紀元前後が下限で、同穴合葬墓は紀元前1世紀後葉〜紀元後1世紀と考えられる。表11にあげた銅剣類副葬木槨墓は、出土品の内容から木槨墓と判断できるものを含め24基であるが、入室里以外の西地域の23基について、上の年代観をふまえて副葬品を対比すると表12のようになる。

1本ずつ副葬される細形銅剣はBⅡ・BⅢ・BⅣ・CⅠの各式で、型式不明が2本である。銅剣がなく銅矛を副葬するのが2基ある。これらの銅剣は6例をのぞき鞘とその金具・鐔金具・剣把・把頭飾を1〜3種類ともなう。前節までにのべた墓の細形銅剣にともなう外装具は、時期のおくれる東南地域の数例以外は把頭飾だけである（石槨墓1例、土壙墓3例）。木槨墓で把頭飾しか伴わないのは4例で、いずれも黄海道にある。木槨墓副葬銅剣が外装を重視していることは明らかで、これは銅剣の儀器化を物語る。

少しくわしくみると、BⅠ式銅剣3例は剣把をともなうものと鉄剣をともなうものがそれぞれ1例で、実用に供されたとみてよい。BⅡ・BⅢ・BⅣ式になると外装が発達するとともに武器が鉄製品にかわる。さらにCⅠ式は剣身が扁平化して実用から遠ざかり、まもなく銅剣は消滅する。

銅剣の副葬位置の判明している例をみると、貞柏洞1号・富徳里・台城里10号・雲城里9号・唐村は棺内（銅矛がともなう場合、銅矛も棺内）、貞柏洞2号・88号の銅剣と貞柏洞3号・王根墓の銅矛は棺外である。被葬者が佩用していた剣が鉄剣にかわることを示している。

剣以外の青銅武器は矛だけで戈はない。矛には耳のつく新しい型式が2例みられる。矛も鉄製品にかわるのである。

ところでBⅡ・BⅢ式銅剣を副葬する墓には鉄製武器・工具が多いのに対し、BⅣ式銅剣副葬墓には鉄器がなく、CⅠ式銅剣副葬墓と銅剣非副葬墓では鉄器の有無が個々にことなる。これは時期差よりはむしろ被葬者の性格によるものであろう。このような漢式の鉄製武器副葬の普及は木槨墓の性格を端的に物語っている。

木槨墓の普遍的副葬品に車馬具と土器がある。車馬具に関する岡内の分類・編年（岡内 1979）を援用すると、BⅠ式・BⅡ式銅剣副葬墓にはA群の車馬具が、その他の木槨墓にはこれよりおくれるB

表12　西地域木槨墓副葬品の比較

表11のNo.	遺跡	銅剣型式	銅剣外装具	銅矛	鉄長剣	鉄短剣	鉄刀	鉄矛	鉄戟	鏃	弩	小札	鉄斧	車馬具	銅鐸	金属製容器	土器	漆器	鏡　な　ど
52	貞柏洞97号	BⅠ										○		A群	若干				蟠螭文鏡、内行花文鏡?小片
56	将進洞	〃	▲	○									2	―					
45	籠山里	〃												A群					
44	上里	BⅡ	▲△		○	○		○○	○			○	2	A群	3		●●		
47	貞柏洞1号	〃	●○△	○	○○	○		○○					1	〃	12		●●		「夫租薉君」銀印
51	貞柏洞96号	〃	○▲△		○○	○		○○		○			2	〃			●●		
53	石岩里	〃	▲△		○○	○○						○		〃	1		●●		
63	葛嶋里	〃	△										1						
66	富德里	〃		○									2	B群					
59	金石里	BⅢ			○	○	○					○	2	B群		○	●●		
46	合城里10号	〃	○△	◎	○	○		○			○		2	C群		○	●●		日光鏡、「高常賢印」銀印、「夫租長印」銅印
48	貞柏洞2号	〃	●△		○○									〃			●●		
65	雲城里9号	〃	△		○○			○					1	〃			●●		
58	黒橋里	BⅣ	△	○										A群		○	○		
57	許山	〃	○											B群			●●▲2		五銖銭2
62	唐村	〃	●●											―		○	有		
61	菁龍里	〃	○○								○			C群				○	
50	貞柏洞88号	CⅠ	●△		○							○		B群		○	●●		
60	天柱里	〃			○	○		○					1	〃			●●	○	
49	貞柏洞3号	なし		○	○○	○	○	○					1	＊		○	●●○2▲	○	昭明鏡1、「周古」銀印、車蓋
54	石岩里219号	なし		◎	○○	○○		○						C群		○	●●	○	
55	土城洞4号	不明	●○△		○	○								B群	4	○	●●		五銖銭1
64	雲城里1号	〃		○										〃					

銅剣外装具：●鞘（金具）、○鐔金具、▲剣把、△把頭飾。　銅矛の◎は耳付。
土器：●花盆形甕、○小形甕、▲大形壺。　合葬墓は男性槨内柳副葬品のみ。

群・C群の車馬具が副葬される傾向を認めうる。ただし種類と数量の多寡は墓によりことなる。

　土器は、BⅠ式銅剣副葬墓では出土が報告されていない。BⅡ式銅剣には基本的に花盆形甕と小形壺1点ずつがともなう。BⅢ・BⅣ・CⅠ式銅剣副葬墓では土器の量が増え、大形壺を副葬することが多く、また漆器や金属製容器が副葬される。

　以上から、銅剣類副葬木槨墓は、BⅠ・BⅡ式銅剣を副葬する古群とそれ以外の新群に大別できる。両者の境に貞柏洞1号墓とおそらく土城洞4号墓が位置づけられよう。暦年代は古群が紀元前1世紀中頃以前、新群がそれ以後、紀元1世紀初以前となろう[7]。古群のうちBⅠ式銅剣副葬墓は紀元前2世紀代にあがるだろう。

　木槨墓には銅剣類を副葬せず鉄製武器や車馬具、漆器、鏡などを豊富に副葬する単葬墓、合葬墓があり、さらに単葬墓には一部の合葬墓女性槨と同じく若干の装身具と土器のみを副葬する墓および土器しか副葬しない墓がある。このような副葬品の差は時期の差を多少は示しているが、むしろ被葬者の性別とそれ以上に社会的位置を反映していると見られる。

　これについて考えるのに恰好の材料は1970年代はじめに調査された貞柏洞の古墓群である（考古学研究所田野工作隊1978）。東西200m・南北100m範囲で調査された多数の墓のうち磚室墓14基、瓦棺墓2基、甕棺墓18基以外は次のとおりである。

　(1) 単葬木槨墓33基　鉄製武器・工具副葬の男性墓10基（うち5基に車馬具、鉄器と車馬具の数量・種類は墓ごとに差あり）、装身具・鏡をもつ女性墓8基[8]（うち1基に車馬具）、土器のみを副葬する墓15基。

　(2) 併穴合葬墓9基　男性槨に銅剣類はなく鉄製武器と工具の両方か片方を副葬する（うち6基に車馬具、鉄器と車馬具の種類と量は墓によりことなる）。女性槨に土器しか副葬せぬもの3基。

　(3) 同穴合葬墓6基　副葬品の差は甚しい。上にふれた88号墓がもっとも古く、他はそれ以後。(1)・(2)は副葬品から紀元前1世紀後半代である。

　(1)・(2)の木槨墓相互間の著るしい副葬品の差は被葬者の社会的位置の差を示す。いいかえれば木槨墓社会では少なくとも紀元前1世紀中頃以降、身分差とその社会的固定化が顕著になるのである。そしてこの頃から夫婦合葬墓が出現することは、社会的身分の分化とともに、新しい社会思潮が前漢から入ってきたためであろう（町田1981）。

　大同江南岸丘陵地帯には木槨墓をふくめ多数の古墓がある。これらが土城洞の土城におかれた楽浪郡治にかかわる官人の墓、漢の墓制の影響を色濃く受けた墓であることはすでに指摘されているとおりである。木槨墓副葬品の差異は官人の身分差を示すとともに、身分が副葬品を規定していたことを物語る。

　しかし、木槨墓の古いものは樂浪郡設置以前にさかのぼり、衛氏朝鮮時代にすでに出現していたであろう。副葬品に鉄製品が少なく、岡内のいうA群の車馬具とBⅠ式銅剣を含む木槨墓は衛氏朝鮮時代のものである。楽浪置郡後、衛氏朝鮮下の豪族層は楽浪郡官人となり銅剣文化の伝統は存続した。しかししだいに強まった前漢的色彩は、紀元前1世紀中葉以降明瞭となる。これはまた銅剣文化の衰退と終焉をもたらした。

　上にみたように木槨墓は群集する傾向を示すが、これは政治権力により被葬者が共同体と切りは

なされた結果であろう。その傾向はすでに衞氏朝鮮の時代にあらわれ、樂浪置郡以後、その官人層にくりこまれる中で一層増大したとみられる[9]。

木槨墓などの群集は大同江南岸のほかに黄海南道雲城里と平安南道台城里にもみられ、また黄海北道黄州から沙里院一帯にも木槨墓は多い。雲城里では100×60mの土城の南丘陵に墓群がのこっている。土城からは「千秋万歳」銘軒丸瓦や木槨墓副葬土器と同じ土器が出土し、土城の西には同時代の井戸がある（李淳鎮1974b）。楽浪郡下の県治と県官人層の墓である。台城里の台地上にはコマ形土器文化期の住居址や墓とともに、木槨墓・磚室墓・石室墓などがのこっている。西南西2.5kmには石泉山があり、その山麓には支石墓が群集し、古くからひらけた地である。木槨墓などはこの地域の有力者層の墓であろう。

黄州〜沙里院一帯の木槨墓には、上にのべたように鉄製武器を副葬しないものもあるが、青銅武器がなく鉄器が豊富な墓もある。被葬者の身分差や系統のちがい（在地有力者層か漢系統の人かというような）を示すと考えられる。

木槨墓の分布は、大同江流域と黄海道および咸鏡南道南部にほぼ限定される。これらの地域はそれぞれ銅剣文化の中心地であった。そこに樂浪郡設置によって及んだ漢文化の波は、銅剣文化を後代への連続を断つ形で終熄せしめたように思われる。この点は南地域とくらべるとき一層明らかである。

入室里遺跡は、発見後の聞きとりから、南地域で知られているほとんど唯一の銅剣副葬木槨墓とみられる。しかし回収された出土品は上にのべた木槨墓とかなりことなる。銅剣や各種銅鈴が豊富なことはこの地域の伝統にかなっている。多量の青銅器にたいして鉄器が2点程度という点は、鉄器普及の遅れを物語る。しかし他面では、この墓の被葬者が楽浪文化の影響を多少は受けているにせよ、この地域に根をおろした首長層であったことを示している。

5　結

以上のべてきたことを概括すると次のようになる。

無文土器社会の墓制は支石墓・石棺墓であった。支石墓・石棺墓群の中にあって磨製石剣・石鏃を副葬するのは血縁的な農業共同体の首長層の墓であろう。

無文土器社会には早ければ紀元前5世紀代に遼寧地方から琵琶形銅剣文化が伝えられる。首長層の中には、稀少価値をもつ銅剣（AⅠ式）をもつ者が各地にあらわれる。彼らはまだ在来の墓に青銅器とともに葬られ、その墓は群集墓（共同体の集団墓地）の中に営まれるが、一部は群集墓から脱し単独で墓を造営する。そうした者は、無文土器社会の進展によって、従来の血縁的共同体を平野単位、流域単位にまとめて形成された統合体の首長層と考えられる。その下には在来の支石墓社会が存続していた。この間、琵琶形銅剣を祖型とする銅剣の鋳造がつづけられ、やがで朝鮮半島独自の細形銅剣が生み出される。その時期は紀元前3世紀初頭を下らない。

細形銅剣がまず副葬された墓は石槨墓であった（内洞のように支石墓に副葬されるのは例外）。石槨墓出現の契機は明らかでないが、棺を槨で囲むという外来の考え方を受けて、支石墓や石棺墓から発生したとしておきたい。石槨墓は東北地域を除く各地にほぼ同時にあらわれたとみられる。その時

期は細形銅剣の出現期であるが、同時に西地域でコマ形土器が消え、南地域で前期[補記3]無文土器から後期無文土器へうつる時期でもある。さらに北部九州に弥生文化が成立する時期とも重なる。

そこには、具体性を欠くが、韓半島における大きな歴史的変動が読みとれる。この変動を推進し、時には銅剣に象徴される武力をもって各地域内の統合を一層おしすすめ、より力ある首長となった人びとが、細形銅剣とともに石槨墓に葬られたのであろう。青銅器を独占する彼らの前に、従来の支石墓とその被葬者の地位は相対的に低下し、支石墓は紀元前3世紀代には終末を迎えたと考えられる。

銅剣文化という共通性を保ちつつ、西南地域にみられるような特徴的青銅器文化を生んだ社会を領導する首長の墓は、紀元前3世紀末から土壙墓にかわる。墓制が転換した理由はわからない。それと同時に青銅武器には剣とすでに生まれていた矛に加えて戈が新たに出現し、多鈕鏡が粗文鏡から細文鏡にかわるなど、青銅器文化にも変化があらわれ、地域差も目立ってくる。また銅剣文化が東北地域にも及ぶ。弥生社会に青銅器文化が流入しはじめるのもこの頃である。

この時期、西地域には衛氏朝鮮が出現し、銅剣を保持する首長層は、まがりなりにも一定の領域を支配する国家体制の中に組みこまれ、紀元前2世紀後半には漢的色彩の濃い木槨墓を造営しはじめた。以後のあり方は前節でのべた。

西南地域では、高度な技術を駆使して複雑な文様をもつ銅鈴などが発達した。石槨墓の防牌形・剣把形銅器とともに、この地域での首長権が共同体との関係において、青銅武器を多数保持する一方で宗教的外衣を色濃くまとっていたことが、このような銅器を生み出した原因であろう。この点は東南地域でも同様である。ただし弥生社会のように、青銅武器自体が祭器化することはなかった。

東南地域では土壙墓や石槨墓がおそくまでつづく（飛山洞・九政里・晩村洞）。これらは入室里とともに紀元前1世紀代であり、多様な墓が併存しているらしい。この地域の歴史的歩みが他地域とややことなっていたためであろう。ただしこれらの墓は、良洞里土壙墓や朝陽洞の土壙墓・木棺墓のように（朴敬源1970、韓炳三1980）、次の原三国時代にもひきつがれる。

このような歩みの中で、共同体の中から生まれた首長層は、その内にも較差を生じ、そのトップ・クラスはより多くの共同体を統合して小国家の王へとかわっていくのである。この歴史を具体的に記述するには、今後、地域ごとの集落址・生産遺構・墓地の関係を総合的にみていく必要がある。

なお、本章では墓の構造をある程度推測しうる場合のみを対象とした。そのため、地域と時期によっては構造の明らかな墓がないことになり、論旨が偏ったり飛躍したのではないかと恐れる。今後の調査事例の増加を期待するとともに、出土遺構不明の多数の青銅器一括出土例から社会関係の変遷を讀みとる努力をしていきたい。

註
（1） 全羅南道では宝城郡熊峙面、和順郡節山里、光州市柳徳で支石墓からの細形銅剣の出土が報じられているが、詳細不明なので除外しておく（崔夢龍1973・1975a・1978）。また黄海北道鳳山郡御水区支石山の卓子式支石墓でも細形銅剣が出土したといわれたが、現地調査の結果、後世の混入とされた（黄基徳1959a）。
（2） 石棺の大きさは長さ2.85m・幅1.3mと報告されているが、写真でみると内法の幅は60〜70cm程度と思われる。上の数字は外法の大きさであろう。

第 9 章　青銅器副葬墓　217

（3）本章において銅剣の型式分類は岡内三眞の研究に従う（図 73）。岡内は朝鮮半島出土の銅剣を A 式（琵琶形とその変化形、Ⅰ・Ⅱ・Ⅲ・Ⅳに細分）、B 式（細形銅剣、Ⅰa・Ⅰb・Ⅰc・Ⅱa・Ⅱb・Ⅲ・Ⅳに細分）、C 式（細形銅剣の退化形、Ⅰ・Ⅱに細分）に分け、

AⅠ ─→ AⅡ →BⅠ → BⅡ ─→ BⅣ → CⅠと変遷したとする。
　└→ AⅢ　　　　　　 └→ BⅢ

AⅣとCⅡは先行型式不明とする（岡内 1982a）。

（4）多松里石槨墓の被葬者は副葬品からみると女性であったと思われる。
（5）全羅南道咸平郡月山里と長興郡鶴松里では土壙墓から銅戈が 2 本ずつ出土したと伝えられる（崔夢龍 1976）。
（6）銅剣類を副葬しないが、1933 年に調査された貞柏里 17 号墳も同じ構造である（榧本 1934a）。
（7）暦年代を直接示す資料で本章にとりあげた木槨墓出土品は貞柏洞 2 号墓（高常賢墓）の「永始三年十二月卒鄭氏作」銘車蓋柄である（永始 3 年＝紀元前 14 年）。このほかに鏡や印章が年代推定の資料となる。
（8）装身具や鏡は合葬墓の男性槨に副葬されることもあるが、武器類をもたないことから女性墓としておく。
（9）被葬者が身分を規定された官人であることは副葬された官印によっても明らかである。本章でとりあげた木槨墓でも官印と私印の出土例がある（表 11）。

補記

（1）薬師洞支石墓発掘報告は 1988 年に公表された（ラ・ミョングワン 1988）。支石墓は上石を失った卓子形で、南北に支石（3.6×2.35×0.25m、北側は上半部を失う）1 枚ずつを東・西短壁を挟んで立てる。内部は炭敷きの上に河石を 1～2 層敷き、さらに 1 枚の板石を敷いて床とする。内法は 1.85×1m。銅鏃のほかに有茎柳葉形磨製石鏃 20 余点（長さ 10～14cm）・蛤刃石斧 1 点を副葬する。
（2）松菊里石棺墓は、その後の調査で石棺墓 3 基、石蓋土壙墓 2 基、小児甕棺墓（松菊里式）2 基、計 7 基からなる墓地の 1 基（1 号墓）であることが明らかになった（金吉植 1994）。この 1 号墓以外は盗掘を受け遺物はほとんどないが、5 号石棺墓では「口縁部に短斜線がある二重口縁土器 1 個体分が床と壁石の間に散在して出土した」（ibid.：183）。このような土器は前期 2～3 期にさかのぼるが（第 3 章参照）、副葬土器ではないだろう。
（3）この「前期」は「中期」と読み替える。また上紫浦里の土器については第 6 章の補記（3）参照。
（4）この「前期」も「中期」と読み替える。
（5）全羅北道長水郡天川面南陽里遺跡では、1989 年に細形銅剣（BⅡ式）・銅製把頭飾・無耳銅矛・多鈕細文鏡・鉄斧・鉄鑿・石包丁各 1 点、無茎三角石鏃 2 点、土器片が石槨墓とみられるところから一括して発見された（池健吉 1990）。その後 1997 年に新たに石槨墓 4 基を調査した。1989 年発見墓を 1 号とし、その少し北に西北西－東南東に並ぶ 3 基のうち、1 号の西側を 4 号、東側を西から 3 号・2 号とし、4 号の南約 10m のものを 5 号とした（4 号西端と 2 号東端間が 21.5m、4 号北端と 5 号南端の間が 16m、5 号南端と 2 号南端との間が 15m）。出土遺物は、2 号が鉄鉇 1 点・ガラス管玉 4 点・円形粘土帯甕 1 点、3 号が細形銅剣（BⅠ式）・銅製把頭飾各 1 点、鋳造鉄斧・鉄鉇片各 2 点、4 号が細形銅剣（BⅠ式）・銅製把頭飾・鉄鑿・多鈕細文鏡・鋳造鉄斧・鋳造鉄鑿・鉄鉇・砥石各 1 点、無耳銅矛 2 点、スレート生管玉 4 点、5 号が黒色磨研壺 1 点である。2～5 号石槨墓はいずれも塊石で 4 壁を積み、長軸が西北西－東南東、槨内法が 2～2.38m×0.47～0.53m、床は現地表下 50 数 cm で墓壙床のままであった（尹德香 2000）。この事例から、石槨墓には銅剣類を副葬し、数基でひとつの墓地を構成する場合のあることがわかる。ただし常に数基 1 墓地で、単独造営はないと断定はできない。
（6）第 8 章追記参照。
（7）現在、筆者は晩村洞遺跡を埋納遺跡と考えている（第 11 章参照）。

第10章　無文土器時代の副葬行為

　青銅器時代すなわち無文土器時代の墓は、前半（前～中期）が支石墓と少数の箱式石棺墓で群集し、後半（後期）が地下に積石で墓室を築く石槨墓で群集性を認め難い。副葬品も前者が磨製石剣を主とし、末期に琵琶形銅剣や玉が出現するのに対し、後者は細形銅剣・銅矛・銅戈を主とし、遅れて鉄器が伴うという違いがある。

1　支石墓と副葬

　最新の支石墓地名表には1,900以上の遺跡で20,000基以上が挙げられ、南部に多くなかでも全羅南道では900遺跡以上、16,000基を越える（甲元1997）。遺物が出土した支石墓は、李榮文の集計によると、南部で調査された200遺跡1,059基のうち111遺跡518基である（李榮文1993）。だが遺物が発見されない支石墓も多く、ひとつの支石墓遺跡全体で遺物が出土しないこともある。たとえば全羅南道長城郡徳在里ナムパウィ遺跡（5基）、同里ウォンドン遺跡（10基）、同郡双熊里遺跡（3基）では主体部の内外からなんら遺物は出土しなかった（李浩官ほか1976）。さらに遺物が出土する支石墓遺跡でも副葬品がない全羅南道宝城郡詩川里サルジ「ナ」群のような例もある（崔盛洛1988a）。
　また出土遺物のすべてが副葬品ではない。たとえば全羅南道で発掘調査した64遺跡658基の支石墓のうち、遺物が出土するのは49遺跡359基だが（李榮文1993）、その出土状態を個別に検討してみると、主体部の床面、床面直上や主体部壁に立てかけた状態で遺物が出土する確実な副葬支石墓は82基、疑わしいものを含めても100基に届かない。副葬支石墓はきわめて少ないのである。
　この82基の副葬支石墓は前～中期の石剣を主とする61基と、中期に下る琵琶形銅剣や玉を副葬する20基と細形銅剣を副葬する1基、計21基にわかれる。前者の61基中54基に石剣が1本副葬され、磨製石鏃、丹塗磨研壺、扁平片刃石斧をも副葬するのは9基にすぎない。残りの7基には石鏃、扁平片刃石斧、丹塗磨研や彩文の壺を副葬する。他地域をも含め支石墓の副葬品の圧倒的多数は石剣である。
　副葬品よりはるかに多い多種多様な遺物はどこから出土するのか。石鏃は上石除去後の主体部の上の土層、積石内など主体部の外や、主体部に流れ込んだ堆積土から出土し、丹塗磨研土器や無文土器も同様で1個体にならない破片状態が多い。抉入片刃石斧、扁平片刃石斧、石庖丁、すりうす、網錘なども少ないながら主体部外で出土している。これらは支石墓築造時や埋葬時、埋葬後の儀礼に使用して残されたと考えられる。この点については李相吉が葬送儀礼の諸場面を示すものとして考察しており（李相吉1994b）、葬送儀礼から共同体のあり方についてさらに踏み込んだ議論が期待

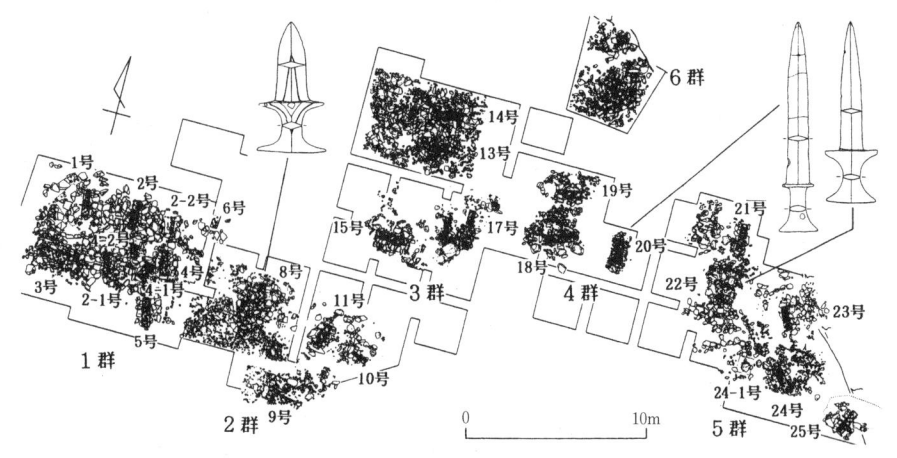

第 10 章　無文土器時代の副葬行為　219

図 78　月内洞支石墓と副葬品〔遺物は約 1/15〕

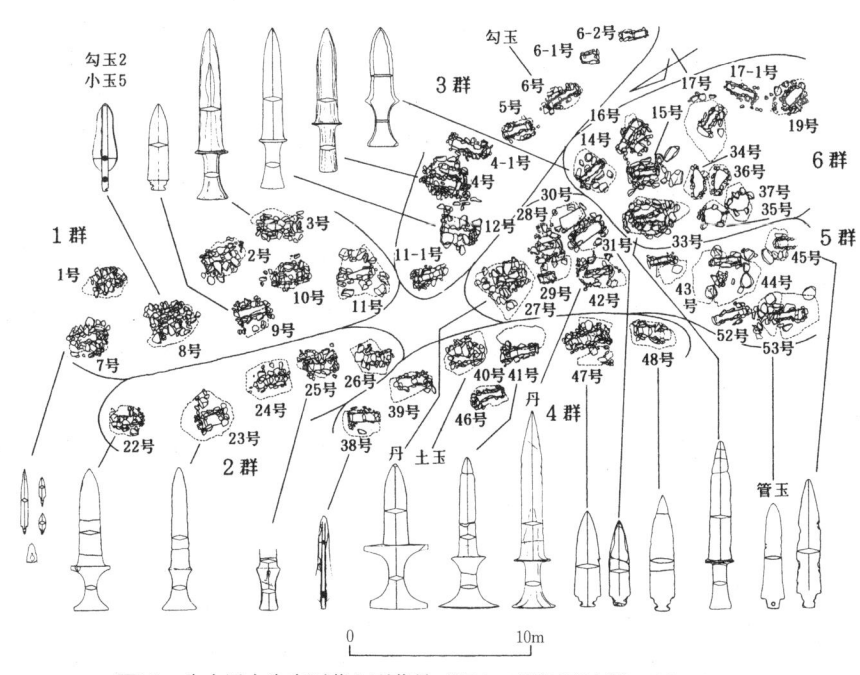

図 79　牛山里内牛支石墓と副葬品（「丹」は丹塗磨研土器）〔遺物は約 1/15〕

できるのである。

　墓地における副葬支石墓をみてみよう。全羅南道月内洞遺跡（国立光州博物館学芸研究室 1992）では 30 基の支石墓が、上石下の積石の状況などから 6 群にわかれている（図 78）。どの支石墓も主体部外の積石などから土器や石器が出土し、2・3・5 群には口唇刻目孔列土器、孔列土器が出土するので本遺跡は前期 4 期である。副葬品は 2・4・5 群の各 1 基の一段柄式石剣だけである[(1)]。石剣副葬墓をもつ 3 群が他の 3 群より上位の集団の墓となる。

　全羅南道牛山里内牛遺跡（宋正炫ほか 1988）では列状に並ぶ 52 基の主体部が調査された。無理に群別すれば図 79 のようになろうか。主体部は石槨形 45 基、囲石形 5 基、土壙形 2 基で、石槨形すべ

ての主体部外で遺物が出土する。副葬品は石槨形出土の石剣、琵琶形銅剣、玉、丹塗磨研壺である。これに対し、土壙形は第5・6群に、囲石形は第4群外の1基以外は第6群南にまとまり、いずれも副葬品はなく、主体部外出土遺物も囲石形2基の土器と石鏃のみで、格下の墓と考えられる。

　本遺跡では半数近くの墓が副葬墓で、別の群分けをしたにしても、どの群にも副葬墓が存在する。また周辺支石墓遺跡とくらべても副葬墓の数は群を抜き、琵琶形銅剣を副葬する点からも、時期は中期で、宝城江中～上流域全域の最高首長＝盟主層の墓地と認めてよい。

　琵琶形銅剣副葬支石墓は月内洞遺跡西の積良洞上積遺跡（李榮文ほか1993）でも調査された。主体部30基は西端の7号を除いてA～Dの4群にわけられる（甲元1999）（図80）。7号以外の主体部外でも遺物が出土する。副葬墓は石剣を副葬するA群の1基以外は琵琶形銅剣を1本副葬し、A・B群には1基ずつ（B群の別の1基は表土層で出土）、C群には2基、D群には銅剣とともに琵琶形銅矛と管玉5点をも副葬する1基、西端の7号にも銅剣を副葬していた。各群に銅剣副葬墓が存在するが、上石の大きさや副葬量などからも（2号）・7号はその中でも格が上とみられ、銅剣所有層の中にもさらに格差が生じていたらしい。

　この格差は副葬品だけでなく墓の構造と付帯施設にも反映されている。慶尚南道昌原郡徳川里遺跡では支石墓3基、石槨墓12基、石蓋土壙墓5基を調査した（李相吉1994a）（図81）。石槨墓と石蓋土壙墓は上石が失われた支石墓のようでもある。中央には1号支石墓が石築（南北56.2m、東西

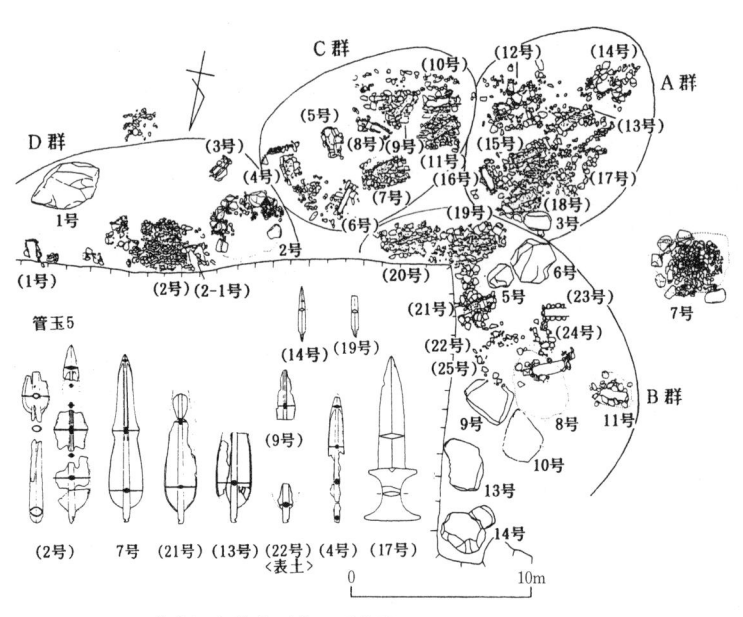

図80　積良洞上積支石墓と副葬品
（括弧付き支石墓番号は上石が失われたもの）
〔遺物は約1/15〕

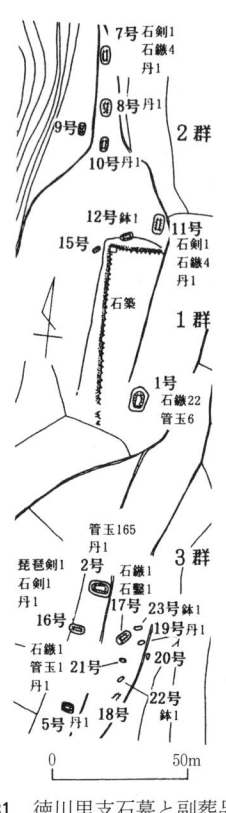

図81　徳川里支石墓と副葬品
（「丹」は丹塗磨研土器）

17.5m が残存）で囲んだ墓域内に 1 基だけ造営されていた。この支石墓は深さ 4m の三段掘墓壙の最下段に蓋石 5 枚で覆った石室を設け、封土状に土を覆って上石を置く例のない構造であった。2・5 号支石墓も墓壙は二段掘りである。1・2 号支石墓の石槨内には木棺残片が残る。石築からは無文土器片数 10 片、砥石、扁平片刃石斧などが出土し、ほかの遺構周辺でも砥石、石庖丁、無文土器片を採集している。

　墓の構造から支石墓―石槨墓―石蓋土壙墓の上・中・下級の 3 階層が認められる。墓を 3 群に分ければ、第 1 群は卓越した上級と中級、第 2 群は中級、第 3 群は並の上級と中級・下級の墓からなる。しかし墓の構造の等級と副葬品の種類、数は必ずしも対応しない。丹塗磨研壺は各級に共通し、上級墓を複数の管玉が、中級墓を石剣と石鏃が特徴づけるとはいえ、下級墓に管玉 1 点があったり、上級墓に丹塗磨研壺しかないこともあり、唯一の琵琶形銅剣がここでは中級の石槨墓に副葬されている。琵琶形銅剣出現後は管玉と銅剣に副葬品としての高い価値があたえられ、なかでも玉が尊ばれているようである。

　以上の例にみられるように、支石墓墓地は、(1) まったく遺物が出土せず副葬墓がなく墓での儀礼の痕跡も認め難いもの、(2) 副葬墓はないが主体部外で遺物が出土するもの、(3) 墓地を構成する小群のいくつかに副葬墓が含まれるもの、(4) 各小群に副葬墓が含まれるもの、(5) 各小群のほとんどの墓に副葬品があるもの、など多様なあり方を示している。

　(4)・(5) は琵琶形銅剣や玉を副葬し中期に下り、地域内の有力集団＝盟主層の墓地であり、とくに (5) はその中でも突出した集団の墓で、その長は個人の墓と墓域を他とへだてて設けている。(1)～(5) のあり方は、時期差とともに背景となる共同体の優劣を反映しているが、副葬墓も支石墓群という共同性の中にいまだ抱摂されたままである。

2　松菊里遺跡と如意洞遺跡

　副葬墓が単独であるいはごく少数で墓地を形成するのは次の段階、無文土器時代後期だが、その先駆けはすでに中期のうちに支石墓以外の墓に現れている。2 例をあげる。

　忠清南道松菊里遺跡では、丘陵南東端の沖積平地をみおろす位置で、琵琶形銅剣、銅鑿、石剣、石鏃、勾玉、管玉を副葬し 1 枚の大石で蓋をする石棺（槨）墓が発見された（1 号）（金永培ほか 1975）。その後の調査で周囲に土壙墓 2 基、石槨墓 2 基、小児用甕棺墓（松菊里式土器）2 基がみつかっている（金吉植 1994）（図 82）。盗掘などで副葬品は失われたらしくまた詳細は未報告だが、墓相互に時期差があるとすれば、数代にわたる首長墓々地、大きな時期差がなければ 1 号墓を中心とする首長一族の墓地と考えられる。

　全羅北道如意洞遺跡（全榮來 1990）の多鈕粗文鏡、銅斧、銅鑿、

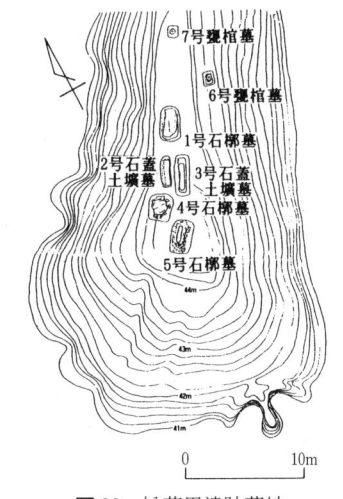

図 82　松菊里遺跡墓地

黒色磨研壺を副葬する石蓋土壙墓（1号）は1枚石で蓋をし、標高50mの小丘陵上にある。その北西42m、標高45〜46mに別の墓2基があり、2号石蓋土壙墓には石剣1本を副葬し蓋石の上には供献土器（松菊里式）1個体を置く。2号の北4mの3号墓はよく残らず、床に雑石を敷き、副葬品はない。各墓には多少時期差があるようだが、中期末前後とみてよく、丘陵頂部に青銅器副葬墓が単独で、丘陵下部に格下の石剣副葬墓が存在するのである。

3 後期の副葬墓

　後期の副葬墓は墓壙内に川石や割石で石槨を設け、木棺とともに細形銅剣などの副葬品を納める。北部から南部まで多数発見されているが、問題は青銅器などを副葬しない墓の有無、青銅器所有階層以下の人びとの墓がどのようなものであったかが明らかでないことである。近年発見され始めた周溝墓も細形銅剣副葬石槨墓との関係を問題とすべき墓であるが、上限時期が明らかでない（崔完奎1997）。

　青銅器副葬石槨墓のほとんどは偶然に発見され、周辺に他の墓があったのかどうかは明らかでなく、単独で存在するようでもある。そのひとつ全羅北道南陽里遺跡では石槨墓と推定される墓で細形銅剣、青銅製剣把頭飾、細形銅矛、多鈕細文鏡、鋳造鉄斧、鉄鑿、石鏃、石庖丁がみつかった（1号墓）（池健吉1990）。その後に行われた調査の簡略な記載には（全北大学校博物館1997）、1号墓の東に2基、西に1基の石槨墓が確認されたと記すが、写真と説明によると石槨墓は4基（2〜5号）で、2号で粘土帯土器と碧玉製管玉4点、鉄製錘1点、3号で銅剣と銅製剣把頭飾各1点、ガラス（？）小玉数点、鋳造鉄斧1点、4号で細形銅剣1点、多鈕細文鏡1点、銅矛、銅鑿など、5号では黒色磨研壺が出土しているらしい。詳細は不明だが、細形銅剣副葬墓が単独で存在するのではなく、ほぼ同じ内容の青銅器などを副葬する数基で墓地を構成することを明らかにした重要な事例である[補記]。

　後期の副葬墓には、細形銅剣、銅矛、銅戈、多鈕鏡、銅鉇、銅鑿、銅斧、銅鐸、粘土帯土器や黒色磨研壺などを副葬し、おくれて鋳造鉄斧や鑿をも副葬する。副葬品の組み合わせから紀元前3〜1世紀前半にいたる編年がなされている。北部では実用的な青銅武器、工具、多鈕鏡、石鏃の組み合わせで、青銅武器は1種類1点を原則とする。南部もこれを踏襲するが、しかし呪術的な防牌形など異形の銅器、八珠鈴や竿頭鈴などの鈴具が組み合わせられ、また南西部では多数の細形銅剣を副葬することがある。

　これらは当時の最先端技術による青銅器、鉄器を副葬し、墓地は単独あるいはごく少数の厚葬墓だけから構成されるらしい。したがってその被葬者が、支石墓に葬られた首長よりははるかに広い地域を統率し、一般の人びとから相当に隔絶した権威・権力を認められた首長・盟主であることは疑いなく、また南部では権威・権力に呪的、宗教的要素が色濃く認められる。

　その後、北部では楽浪郡域で新たな木槨墓が出現し群集し、鉄製武器・工具などのほかに銅武器を副葬することもある。在地首長が共同体から切離されて楽浪郡の支配機構に組み入れられ、皇帝を頂点とする身分秩序が他界においても継続するという漢の副葬思想が浸透した結果であろう。南

部でも紀元前1世紀後半からの原三国時代には青銅器は衰退するが、まだ多くの鉄器とともに副葬され、その墓は茶戸里遺跡のように群をなすようになる（李健茂ほか1989）。首長層とその基盤に変化が生じた結果と思われるが、的確な説明はなされていない。

4　副葬の意味

　階層分化をとげつつ展開する初期農耕社会で追求される最大の価値は、農耕の安定と拡大による共同体の再生産であろう。そこでは共同体員と首長を含む人びととの関係だけでなく、生者と死者との関係を安定させることにも努力が傾けられた。

　人間は死ぬものであるという認識は、死の問題を、死を意味づけし再生へ逆転させるさまざまな観念をもって解決しようとする。そこに死にまつわる儀礼、すなわち象徴的、演技的な行為によって死を再生へと転化する儀礼が行われる。

　初期農耕社会では、死は個人の問題ではなく共同体の死と再生に直結し、とくに共同体を代表し体現する首長の死は共同体の危機であり、死者を祭る儀礼は共同体再生に不可欠であっただろう。したがって墓は遺体を埋葬する所である以上に、死者を祭ることで共同体の再生を実現する儀礼の場でもあった。この儀礼には共同体の価値観が表現されている。

　儀礼は造墓過程から行われ、支石墓の主体部外で出土する遺物は造墓、埋葬、墓前儀礼の痕跡である（李相吉1994）。儀礼の実態は知る由もないが、共同体員全員が参加し、供儀を丹塗磨研壺に入れて供え、コメやアワ、すりうすや石庖丁を用いる農耕儀礼を原型とする象徴的、演技的行為を織り込んだ墓前の儀礼として、歌舞飲食をともなって執り行われたであろう。

　副葬も死にかかわる儀礼の一環である。副葬品は一般的には死者の他界での永生に必要なものとされる。しかしこの時代には首長が代表する共同体の再生と永続性への願いを込めたものであり、副葬品には首長の指導力、権威、権力を象徴していたものが選ばれる。

　首長たる所以は首長の日々の実際的行動によって示されるとともに、特別の所持品とそれに人びとが感じる畏敬の念によっても保証されねばならなかった。支石墓の唯一の副葬品といってよい石剣は、武器として他の共同体との交渉における優位を獲得する力、共同体を害する諸々の邪悪を払う力の象徴物であり、死後にも不可欠のものとして副葬される必要があっただろう。石剣がそのように価値づけられていたことは、首長が権威、権力をもっともはっきりと共同体員の前で示すことができたのが武器を使用する場面であったことをことを暗示し、武威を含意する儀礼、言説が諸問題の解決に不可欠であったことを推定させる。

　首長権が人びとから隔絶していく後期にも主たる副葬品は武器である。武器は石製品から特別の呪的背景をもってしか製作できないと観念される青銅製にかわり、首長の権威を一層強力に保証するものとなる。新たに多鈕鏡、銅鐸、鈴具も武威以外から呪的に首長を権威づける。死せる首長は他界に存続する権威として共同体を守護するとともに、首長権の永続をも誇示する。おびただしい副葬品を納める葬送儀礼は前代とは異なっているようだが、その跡はみつかっていない。

註

(1) 3群15・17号と4群18号の主体部出土石剣破片は、主体部外供献品が折損して破片の一部が残ったものだろう。

補記

第9章の補記（5）参照。

第11章　日本列島と朝鮮半島の青銅器
―― 副葬と埋納 ――

　日本列島の弥生時代青銅器文化の源流は朝鮮半島の青銅器であるが、その展開には朝鮮半島と共通する点と相当に異なる面とがある。共通するのは種類の一部と墓に副葬することであり、異なるのは形態変化とこれに密接に関連する埋納の点である。これは等しく青銅器を盛んに製作使用しながらも、その役割と扱いを規定する社会的背景に差異があったことを示唆する。この点について、日本列島と朝鮮半島の青銅器を概観した上で考えてみたい。

1　朝鮮半島における青銅器

(1) 青銅器の種類と変遷

　朝鮮半島の青銅器文化は、本格的には中国遼寧地方からの琵琶形銅剣の伝来をもって始まる（無文土器時代中期）。この剣は北は清川江流域から南海岸まで点々と出土している。同時代の琵琶形銅矛、扇形銅斧とその鋳型[1]も発見されているから、琵琶形銅剣も製作していたであろう。

　朝鮮半島独自の細形銅剣は無文土器時代後期始めに生まれ、同時あるいはやや遅れて武器（矛、戈）、銅鐸、多鈕粗・細文鏡、工具（斧、鑿、鉇）も製作し始める。さらに独特の異形銅器（防牌形、剣把形、ラッパ形、円蓋形）、鈴具（防牌形鈴、八珠鈴、竿頭鈴、双頭鈴、組合式双頭鈴）がとくに南部地域で盛行する。

　出現期の紀元前3世紀から消滅期の紀元後1世紀にいたる青銅器の型式変遷と時期区分の基準となるのは、銅剣を主とする武器である（岡内1982a、李健茂1992a）。型式変化の最大の特徴は大形化しないことである（図73、図83-1〜16）。剣は多樋化したり、深い樋を設け、鞘金具など外装具が繁辱になる。銅矛は幾何文などの装飾を施すものが現れ、また長さが伸びることもあるが著しくはない。銅戈も樋に文様を施すものや小形品が出現する。儀器性を高めるこれらの変化が表現されるのは細部においてであり、けっして法量の増大においてではない。銅鐸も同様である。儀器そのものとしての青銅器は別の種類――異形銅器や鈴具としてとくに南部で製作される（図83-17〜25）。この点が弥生青銅器との最大の質的な違いである。工具は比較的早く消えていく。このような武器の儀器性の増大と工具の消滅の背後には鉄製武器・工具の大量普及がある。

(2) 副　　葬

　青銅器は、出土状況が判明するほとんどすべては副葬品として発見される。原三国時代の嶺南地域にもたらされた弥生社会製の中広形銅戈や広形銅矛も副葬品として扱われている。

226　第Ⅱ部　青銅器

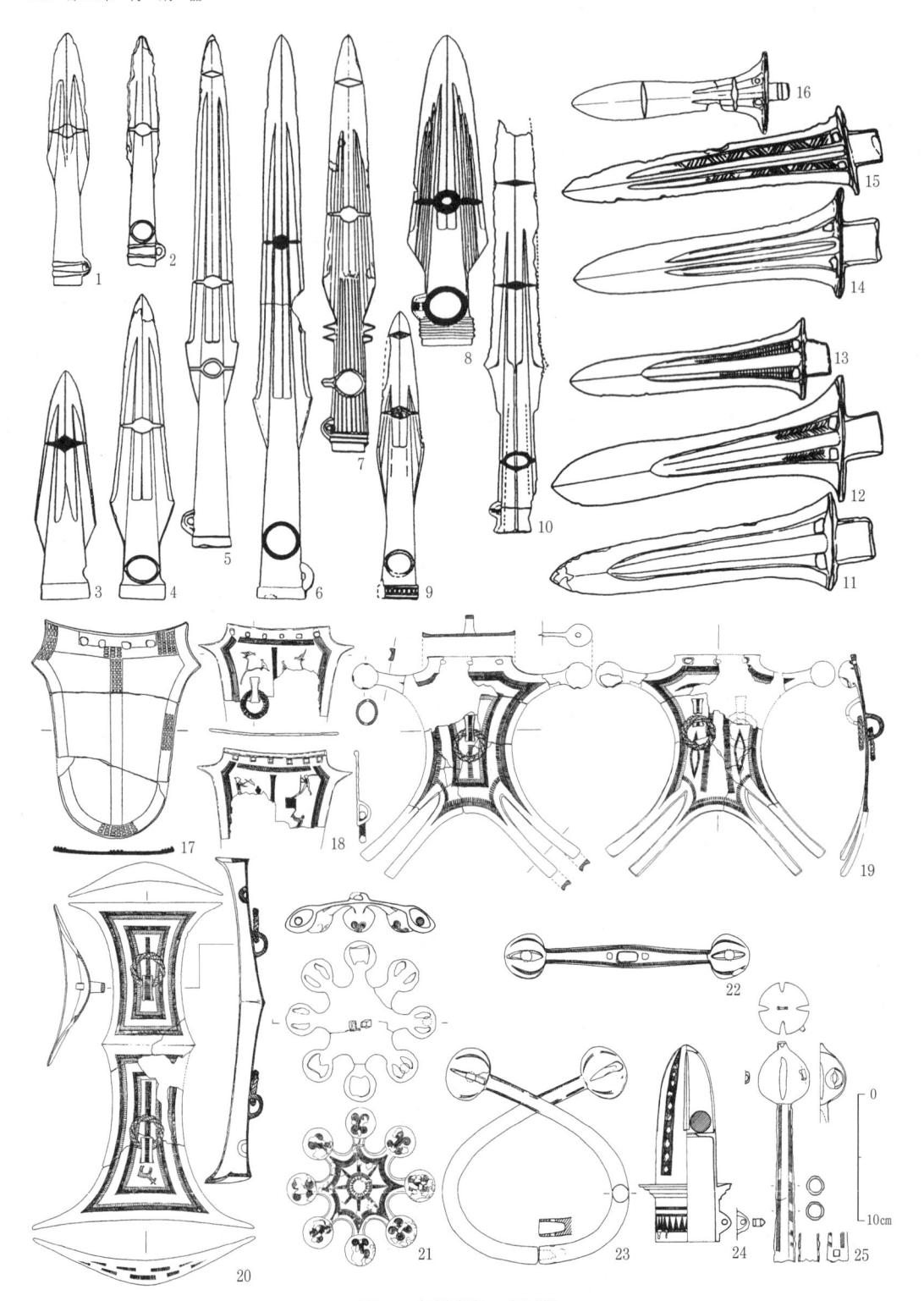

図83　朝鮮半島の青銅器

1〜10：銅矛　　11〜16：銅戈　　17〜19：防牌形青銅器（18：農耕文付　　19：鈴付）
20：剣把形青銅器　　21：八珠鈴　　22：双頭鈴　　23：組合式双頭鈴　　24：笠頭鈴
25：柄付銅鈴　　（銅剣は図73）

青銅器を副葬する墓は時期によって異なる（後藤1984）。琵琶形銅剣は群をなす支石墓と、少数の墓からなる墓地の箱式石棺墓に1点が副葬される。その後の細形銅剣などを副葬する墓は、北部では初期の石槨墓から紀元前2世紀代に土壙木棺墓や土壙木槨墓へ代わり、楽浪郡設置後は合葬木槨墓に変化していく。南部では石槨墓が主流をなし、紀元前1世紀後半の原三国時代には木槨墓や土壙木棺墓が出現する。

地域を問わずこれらの墓には、基本的に銅剣1点を必ず副葬し、これに銅矛や銅戈を1点、多鈕鏡、銅鐸、工具、ときに鋳造鉄斧・鑿を加えたりもする。南部ではこれ以外に、異形銅器、鈴具が加わり、また銅剣を2〜9点副葬するなどの大量副葬例があり、儀器としても扱われたことを示唆するとともに、少量副葬墓との階層差を反映している。

木槨墓では、鉄製の武器・農工具が副葬品の主体になり、青銅器は首座を追われ被葬者を飾る儀器として残るにすぎない。

(3) 埋　　納

朝鮮半島の埋納は、埋納品の種類・材質を問わなければ、清川江以北の鉄器埋納、明刀銭埋納例があるが、儀礼的埋納ではなく隠匿や流通にかかわる埋蔵である（田村1994）。

李相吉（1999a）は、特別の遺構がなく青銅器が出土した数例を儀礼的埋納とみなし、乙益重隆（1987）は上林里、小鹿島、上里、反川里、入室里、漁隠洞、健入里、九政洞を埋納の可能性があるとする。上里、反川里、入室里、九政洞はその青銅器・鉄器の組み合わせが副葬例と共通し、出土遺構も墓の可能性が高く、積極的に埋納とする理由はない。

以下に、埋納の可能性が高い例を挙げて、朝鮮半島の埋納の実態を検討しておこう。

1) 土城里（咸鏡南道北青郡）（金用玕ほか1986）　火災に遭った2号住居址（9m×6mの長方形）の西南隅床下に、青銅器（扇形斧、鑿、鐸状鈴各1、篦手状銅器[2]、円盤形品4、扁平珠7、管玉4、溶銅塊1）と玉石珠、黒鉛塊を麻類の布で包んで埋めていた。土坑や出土状態の詳細は明かでない。住居址からは孔列土器と石包丁などの石器が出土した。篦手状銅器、扁平銅珠、銅管玉は類例がない。

2) 上林里（全羅北道完州郡伊西面）（全榮來1976）　低い丘陵南緩傾斜面の畑の地表下60cmで「鋒部を東に向け、束ねていたように整然と東西にほぼ水平に置」いた中国式銅剣[3] 26本が発見された。これらの剣は朝鮮半島における倣製品と考えられる。遺構の状態は不明である。

3) 小鹿島（全羅南道高興郡錦山面）（榧本1935a）（図84-1〜3）　小鹿島の東南部海浜から約220mの畑地（丘地）で地下げ中に発見された。三角形無茎石鏃6点と磨製石斧1点を入れて多鈕粗文鏡で蓋をした高さ約30cm、胴径約21cmの土器が地表下1.5m内外の赤色粘土中に埋蔵されていた。鏡は縁の4分の3以外のほとんどを欠き、埋納物としても蓋としても不適当に思われるが、発見11ヵ月後の観察では「破砕面からみた内実はもはや全く錆化して、時に外面にまで緑錆を吹き出してい」たというから、本来この状態であったともみられる。

4) 漁隠洞（慶尚北道永川郡）（藤田ほか1925）　琴湖江南岸に東西にのびる丘陵の西端、水田との比高約6mの土砂崩壊部分の地表下45〜50cmに遺物が互いに密接していて、「周囲の土壌は心持

228　第Ⅱ部　青銅器

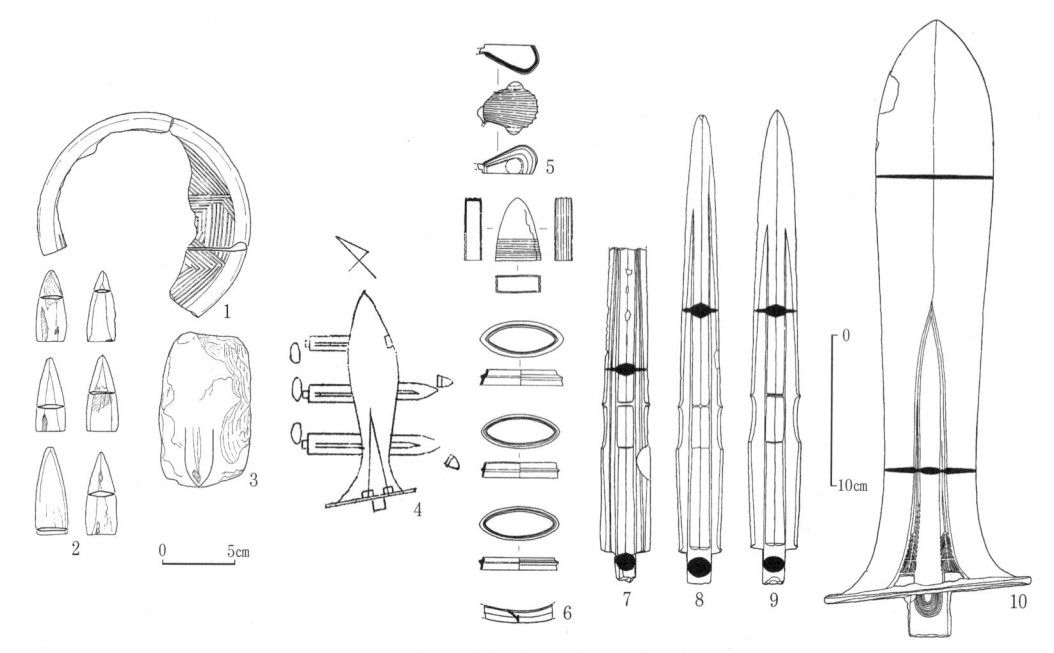

図 84　朝鮮半島の埋納遺物
小鹿島（1：多鈕粗文鏡　　2：石鏃　　3：石斧）　晩村洞（4：出土状態推定
5：把頭飾　　6：鞘金具　　7〜9：細形銅剣　　10：中広形銅戈）

ち柔らかであった。」遺物は鏡15（日光鏡2、虺龍文鏡1、小形倣製鏡12）、銅釧8、帯鉤2、飾金具123、銅鹿頭など6、土器片2、砥石片1である。中国鏡は紀元前1世紀後半〜紀元後1世紀前半で、同時期の墓であれば木槨墓であろうが、その痕跡は事後の現地踏査でも認められず、副葬例のない異色の青銅器を多数含む点からも埋納であろう。

　5）晩村洞（慶尚北道大邱市東区）（尹容鎮1966b）（図84-4〜10）　　琴湖江から200m離れた丘陵傾斜地の地表下80cmで、工事中に発見された銅剣3、鞘尻金具1、把頭飾片1、鞘金具3、弥生製中広銅戈1が回収された。聞き取り調査によると、図84-4のように埋置されていて、副葬ではありえない。

　6）礼田洞（慶尚北道清道郡梅田面）（金鍾徹1987）　　標高558.2mの山の南斜面（標高160m付近、水田面からの比高50mほどか）に崩落、堆積した自然の石積（幅10m、長さ20m）があり、そのそばの石の隙き間で琵琶形銅剣2点が出土した。銅剣の上には六角形の石が置かれ、自然石の堆積を利用して構築した祭祀遺構ないし埋納遺構の可能性があるという。

　7）草田面（慶尚北道星州郡）（金鍾徹1987）　　琵琶形銅剣3点（伝茂朱あるいは伝尚州とされた湖巌美術館蔵2点（金元龍1974）と崇実大学校博物館蔵1点）が、金泉から星州に入る国道辺りの山麓の石積から出土した。

　8）白雲里（慶尚南道山清郡丹城面）（沈奉謹1980）　　山の斜面、前面の水田面からさほど高くない所で、礫採取作業中に銅剣4、銅矛1、銅鉇1が発見された。青銅器は礫層内にうず高く積まれており、周囲にはほかの遺物や遺構はなく、掘り下げると礫層が終わり土が現れた。礫層内にあった石棺が破壊された可能性もあるが断言できないという。副葬としても奇異だが、埋納と断定もできない。

9) 架浦洞（慶尚南道馬山市）（李相吉 1999a）　　発見直後に調査された確実な埋納例である。200 m の山の海側急傾斜面の標高 28m にある東西ふたつの岩の隙間に、銅戈、銅剣、銅矛、銅鉇が差し込まれていた。工事中に発見された銅戈は、岩の隙間のいちばん高いところにあって、鋒を下向きに立てた状態であった。銅矛は 4 片に折れていて、鋬部が一番下、鋒部は銅戈とともに収集され、身 2 片も出土レベルがことなり、岩隙間に差し込む前に折れていたと判断されるという。銅剣は銅矛鋬部と同じ位置で出土し、身部破片のみを岩隙間に差し込んだようだ。鉇は工事作業員が捨ててしまった。岩の周辺では木炭と多数の無文土器片（三角粘土帯土器を含む）、三国時代土器、磁器片などが出土した。この遺跡は「山の斜面の岩の隙間に破片となった青銅器を意図的に差し込んだ」とされる。銅戈は樋がないめずらしいものである[4]。銅矛は節帯に文様がある。

10) 健入里（済州道済州市健入洞山地）（藤田ほか 1947）　　山地港突堤工事の岸壁爆破作業によって溶岩の下から小形倣製鏡（弥生製の日光鏡系）1、漢鏡片（細線式獣帯鏡？）1、鐔金具 1、五銖銭 4、貨泉 11、大泉五十 2、貨布 1 が発見された。出土地は海岸に聳える標高 148m の紗羅峰の海岸に面する西麓である。地下埋納であろう。

以上の埋納とその可能性ある事例の埋納品の種類と組み合わせおよび時期は、
　（1）扇形銅斧＋銅鑿＋鐸形銅鈴＋類例のない青銅器など：土城里（無文土器時代中期平行）
　（2）琵琶形銅剣のみ：礼田洞・草田面（無文土器時代中期）
　（3）多鈕粗文鏡＋石鏃＋石斧＋（土器）：小鹿島（無文土器時代後期始め）
　（4）中国式銅剣のみ：上林里（無文土器時代後期前半）
　（5）細形銅剣＋細形銅矛＋銅鉇または細形銅戈：白雲里・架浦洞（無文土器時代後期前半～後半）
　（6）細形銅剣＋銅剣付属金具＋中広銅戈：晩村洞（原三国時代前半）
　（7）漢鏡＋倣製鏡＋各種飾金具などあるいは中国銭貨：漁隠洞・健入洞（原三国時代前半）
である。土城里のいくつかの青銅器と漁隠洞の飾金具類以外は副葬もされる。

埋納状態は、
　（a）地下（たぶん土坑内）：土城里・上林里・小鹿島・漁隠洞・晩村洞・健入洞
　（b）石組や岩の間：礼田洞・草田面・架浦洞
　（c）地下の石の間か石組みの中（もしくは（a）と同じく土坑内）：白雲洞
に分けられる。白雲洞は（b）であったのが後世に埋没したものかもしれない。

立地は、
　（イ）山麓斜面：礼田洞・草田面・白雲里・架浦洞・健入洞
　（ロ）低丘陵斜面：上林里・漁隠洞・晩村洞
　（ハ）低丘陵上：土城里（集落）・小鹿島
である。礼田洞、草田面、白雲里、漁隠洞、晩村洞は内陸部で河川に近く、土城里は河口に近い。架浦洞、健入洞、小鹿島は海岸のすぐそばである。

集落や墓地との位置関係は明かでない。上林里の北 3km ほどの丘陵上には多鈕粗文鏡、銅斧、銅鑿を副葬する如意里石蓋土壙墓と集落遺跡がある（全榮來 1990）。晩村洞は近辺に飛山洞、坪里洞などの青銅器副葬墓がしられている。礼田洞の上流、北東 4km ほどの北旨洞には支石墓群がある。健

入洞の東方5〜6kmでは三陽洞集落遺跡（無文土器時代後期〜原三国時代）が、西方2kmでは龍潭洞墓地遺跡（無文土器時代後期）が調査されている（李清圭ほか1998）。

　埋納状態は、地下埋納と地上の石や岩の間の埋納（安置）に分かれる。地下埋納は土坑の形状も埋置方式も明かではなく、岩や石の間の安置方式もはっきりしない。地下埋納と石や岩の間の安置とでは、埋納の意味と目的に差があったかもしれない。

　推定される埋納目的も一律ではない。琵琶形銅剣2〜3本を石の間に納める2つの事例は儀礼的埋納（安置）であろう。青銅器出現初期で稀少性が高く、儀礼的埋納（安置）にも用いたのかもしれない。小鹿島例は、福岡県小郡若山遺跡（速水1994）の多鈕細文鏡埋納例（図87-2）に通じるようでもあり、この小島か高興半島の集落ないし地域共同体の儀礼にさいして埋納したのであろう。副葬品と同じ組み合わせの白雲里、架浦洞と、儀器として製作された中広銅戈と儀器性の高い細形銅剣の組み合わせの晩村洞の3例も儀礼的埋納とみてよい。

　土城里例は後で取り出すことを予定した保管のための埋蔵であろう。中国式銅剣は西北地域の副葬を含む数例と伝慶州例があるが、朝鮮半島の青銅器とは異質である。上林里例は北部の明刀銭と同じく隠匿あるいは交易にかかわる一時的埋蔵とも推定できる。

　漁隠洞と健入洞例は鏡を含むが、朝鮮半島では弥生社会のように鏡を呪的に扱うことは少なく、これに伴う銅金具や一部副葬例もある中国銭貨が儀器か宝器か財貨かは明かでなく、埋蔵か儀礼的埋納か判断し難い。

　以上の数少ない朝鮮半島の青銅器埋納例は種類と組み合わせが多様で、埋納法や立地に多少の共通性はあるが、広域にわたって埋納品種と埋置方式が一定であったとは認められない。儀礼的意義があったとしても、稀にしか行われず、当時の共通の意識に裏づけられまた共同体全体にかかわるものではなかったであろう。宗教性あるいは政治性を含み、共同体が行う青銅器の儀礼的埋納は、朝鮮半島では普遍的ではなかったと判断できる。

2　弥生社会における青銅器

(1) 青銅器の種類、型式、時期、分布

　日本列島の青銅器は朝鮮半島の青銅器の移入によって始まるが、受け入れた青銅器は原郷の種類のなかの一部（細形銅剣・銅矛・銅戈と多鈕細文鏡、銅鐸、銅鉇）であり[5]、朝鮮半島南部に特徴的な異形青銅器や鈴具は受け入れていないことには注意を払う必要がある。移入に引き続き、早ければ前期末、遅くとも中期前半には列島での製作が始まる。製作したのは銅武器と銅鐸で、鉇は少なく多鈕細文鏡は作らない。中期後半か後期始めからは、小形倣製鏡、釧、巴形銅器など弥生独自のものも作りはじめる。

　武器は最初は朝鮮半島の鋭利な刃をもつ細形品の忠実な模倣であるが、やがて長さと幅を増し刃を付けなくなり、大形化して行く。共同体の儀礼具となり、「武器形祭器」とも呼ばれる[6]（図85）。

　銅剣は細形→中細形a類→同b類→同c類へ変化し、中広形と平形は中細形から生じたと考えられる。銅矛と銅戈は細形→中細形→中広形→広形へ順次変化する。銅戈には他に大阪湾形がある。

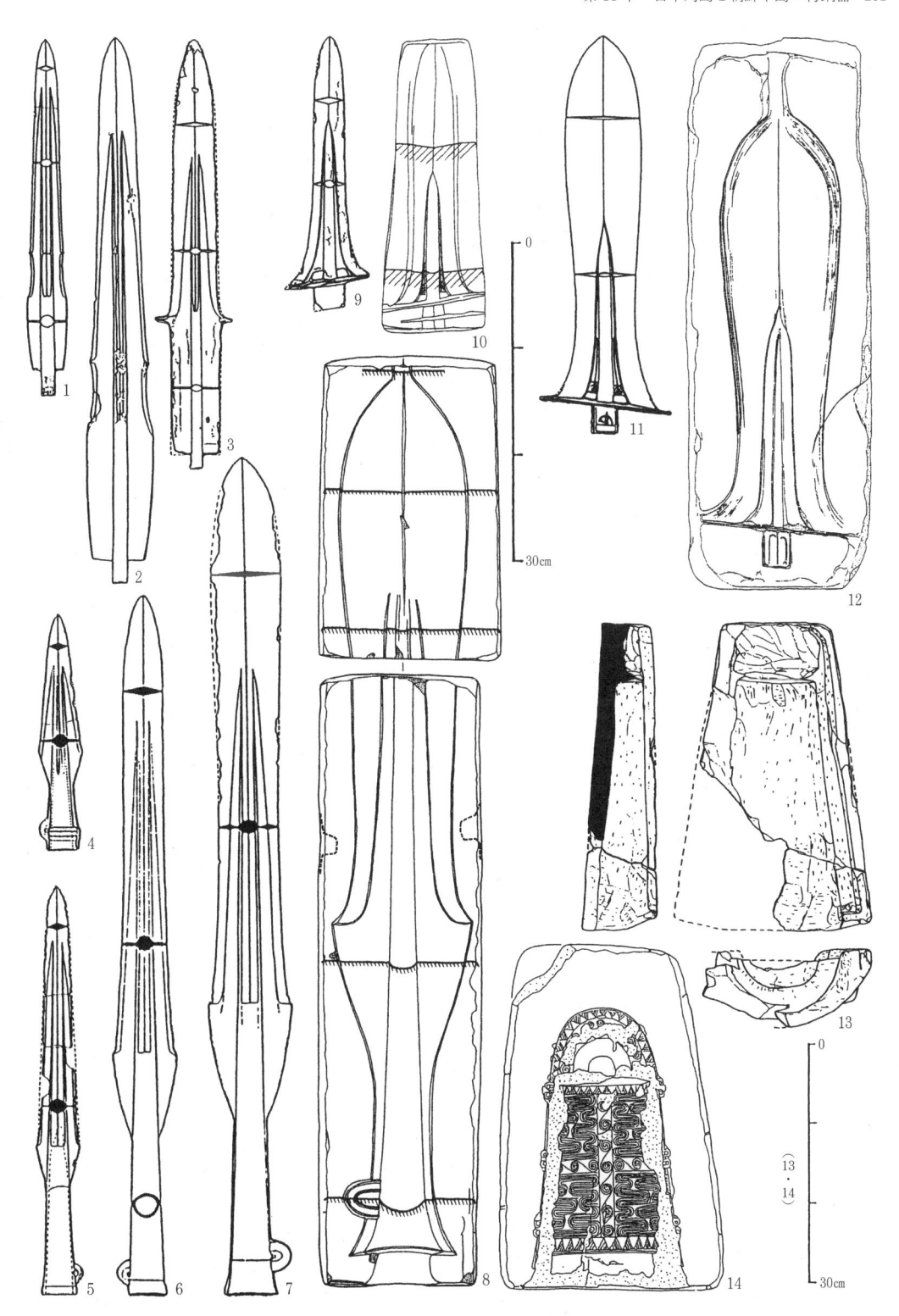

第 11 章　日本列島と朝鮮半島の青銅器　*231*

図 85　日本列島の青銅器と鋳型

1～3：銅剣（1：細形　2：中細形　3：平形）　4～8：銅矛（4・5：細形　6：中細形　7：中広形　8：広形〈鋳型〉）　9～12：銅戈（9：細形　10：中細形〈鋳型〉　11：中広形　12：広形〈鋳型〉）　13・14：銅鐸（13：土製外枠型鋳型　14：扁平鈕式鋳型）

各型式はさらに細分される（岩永 1980・1986a・1986b、宮井 1987、吉田 1993）。

銅鐸は朝鮮半島製品から弥生銅鐸への道筋が明瞭でないが、共同体儀礼具として大形化し、身の両側に鰭を付け身と鈕と鰭を文様で飾る。型式は鈕の変化にもとづき菱環鈕式→外縁鈕式→扁平鈕式（以上はそれぞれ1・2式に細分）→突線鈕式（1〜5式に細分）と変遷する（佐原 1960）。また音響具としての機能が退化することから、突線鈕2式までを「聞く銅鐸」、突線鈕3〜5式を「見る銅鐸」とも呼ぶ（田中 1970）。

銅剣は、細形が九州中部以北に多く、四国・中国・関西でも少数出土し分布範囲はもっとも広い。製作地は北部九州で、一部関西でも作っている。中細形a・b類も九州、四国、中国地方に分布するが、c類は中国地方と四国の中央部に分布し、製作地もこの地域であろう。中広形は北部九州の製品、鋳型各1例だけで、これ以後九州では銅剣を製作しない。平形は瀬戸内海沿いに分布し、この地域で製作したであろう。

銅矛は、細形が北部九州の唐津〜福岡平野と佐賀平野に、中細形が九州北半部のほかに中国・四国地方でも少数出土し、中広形と広形が九州北半部から四国西半分に分布し、中広形は島根県荒神谷遺跡（島根県教育委員会 1996）でも出土する。すべての型式が北部九州で製作された。

銅戈は、細形が九州北半部に、中細形と中広形が九州北半から四国・中国地方に分布し、数少ない広形は九州北半部で出土する。これらもすべて北部九州で製作された。大阪湾形は大阪湾を囲む地域に分布し、この地域で製作された。

銅鐸は菱環鈕式から突線鈕2式までの分布は四国・中国地方中央部から関西を経て東海・北陸地方に及び、突線鈕式3〜5式は四国東半部から関西、北陸、東海、関東西端に分布する。銅鐸の製作地は鋳型が多数発見されている関西であるが、東海地方では突線鈕式3式の一部を製作する（三遠式）。北部九州では菱環鈕ないし外縁付鈕式の横帯文銅鐸の鋳型が出土するが、製品は中国地方へ配布したらしく、九州では佐賀県吉野ヶ里遺跡の1例にとどまる。

(2) 副　　葬

青銅器は副葬品か埋納品として発見されるが、後者がはるかに多い。

青銅器副葬は前期末から中期末の北部九州にほぼ限られ、細形と一部の中細形の武器、少数の多鈕細文鏡、鉇、釧などを副葬する。副葬墓は甕棺墓、木棺墓である。代表的な福岡市吉武高木遺跡の15号木棺墓例には朝鮮半島製の細形銅剣2、銅矛・銅戈・多鈕細文鏡各1と管玉、勾玉を副葬し、中期始めの小壺を供献する（横山ほか 1996）。この周囲には細形銅剣を1点、細形銅剣1点と玉、銅釧と玉、あるいは玉のみを副葬する木棺墓と甕棺墓が10基ある（図86-1）。副葬青銅器量はほとんどの場合、このように細形の武器1点程度で大量副葬ではないことは注意すべき点である（同図-2）。この点と朝鮮半島南部に特徴的な異形銅器や鈴具がないことから、弥生社会の青銅器副葬墓が、朝鮮半島南部の青銅器大量副葬墓ではなく少数副葬墓に対応することを指摘しておきたい。

中期後半に中国製の鏡や鉄製武器が伝えられると、福岡県三雲南小路遺跡1号甕棺墓（柳田 1985）、須玖岡本遺跡D地点甕棺墓（島田ほか 1930）、立岩遺跡甕棺墓（岡崎 1977）のように、多数の中国鏡や鉄製武器とともに中細形の銅剣、銅矛、銅戈を副葬する一層強力な権威、権力を有する「王

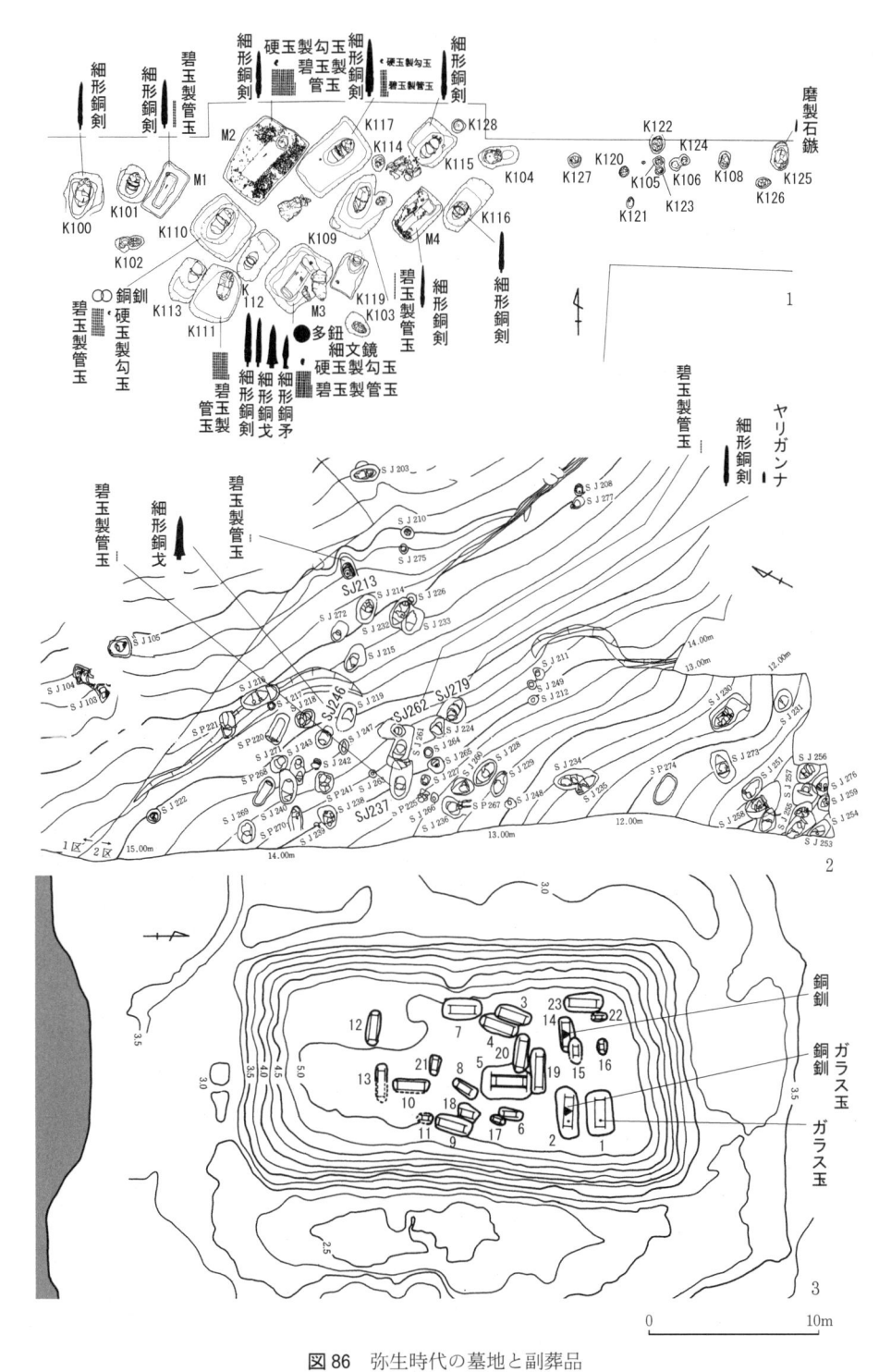

第11章 日本列島と朝鮮半島の青銅器 233

図86 弥生時代の墓地と副葬品
1：福岡市吉武高木遺跡　　2：佐賀県釈迦寺遺跡　　3：大阪市加美遺跡 Y-1号墳丘墓

墓」と称される地域首長墓が出現する。この時期をもって銅武器の副葬は終わる。

(3) 埋　　納

　埋納する青銅器は、北部九州では中細形以降の銅武器、その東方の四国、中国から北陸、東海にいたる地域ではすべての細形以降の銅武器および銅鐸である[7]。北部九州以外の地域では、青銅器は最初から共同体の儀礼具であって最終的には埋納されたが[8]、北部九州では当初は首長の所有物（副葬品）で、銅武器が埋納される儀礼具に変わり始めるのは中期後半からである。

　1ヵ所に埋納する青銅器は基本的には1種類で、2種類以上の例は少ない。銅鐸は1点だけを埋納することが多い。複数埋納は少なく（39ヵ所）、それも2〜3点が大半で、10点を越えるのは4ヵ所にすぎず、島根県加茂岩倉遺跡の39点（宍道ほか1997）がもっとも多い。複数埋納の場合の型式はほとんどが同一型式か隣合う型式であり、また「聞く」銅鐸と「見る」銅鐸を一緒に埋納するのは1例だけである（寺沢1992）。

　武器は同じ種類を複数埋納することが多いが、10点を越えることは少ない。銅矛は18点、銅戈は48点がもっとも多く、銅剣は島根県荒神谷遺跡の358点（図87-1）（島根県教育委員会1996）を除くと13点がもっとも多い。複数の場合は同一型式のことが多く、隣合う型式の組み合わせは10例ほどしかない。異種の銅武器の組み合わせも少なく、中細形の銅矛と銅戈、中細形の銅剣と銅矛、中広形の銅矛と銅戈、広形の銅矛と銅戈（同図4）の組み合わせが10例未満ある。

　銅鐸と銅武器を一緒に埋納することは中国、四国地方に少数例がある（図88-1）。北部九州製の銅矛・銅戈と銅鐸（2例）、あるいは中国・四国製の中細形c類銅剣か平形銅剣と銅鐸の組み合わせである（5例）。ほかに銅鐸と多鈕細文鏡の組み合わせが奈良県に1例ある。

　青銅器を埋納した時期を共伴土器から確定できるのは、福岡県小郡若山遺跡の多鈕細文鏡埋納（中期前半）（速水1994）（図87-2）と同県三並ヒェデ遺跡の中細形銅戈埋納（中期後半）（伊崎1999）および北九州市重留遺跡の広形銅矛埋納（後期中頃〜後半）（谷口ほか1997）（同図3）である。その他は埋納時期を個々について直接判断することはむつかしい。複数埋納の場合、上記のように同一型式のことが多く、異型式組み合わせも連続する2型式にほぼ限られることから、製作から埋納までの時間幅は短く、長くても2型式にわたる期間内であったと推定できる。したがって製作、入手から儀礼での使用、埋納までの時間幅は短く、中期前半から後期末までの間のその時々に埋納したものと考えられる（桑原1995）。ただし、銅鐸は埋納間隔が武器より多少長いことや、後期前半（Ⅳ様式末）と後期末に埋納時期がやや集中することが指摘されている（寺沢1992）。

　埋納方式には共通性がある（図87、88）。銅武器、銅鐸とも必要最小限の大きさの土坑に埋納し、朝鮮半島のような石を用いる埋納施設や土器に入れて埋納することは例外的である。銅鐸の埋置方法は両側の鰭が上下になるよう垂直にたてるか水平に置き、前者が多い。正立と倒立は稀である（寺沢1992）。武器の埋置方法は両側の刃部が上下になるように垂直に埋置する場合と、水平に埋置する場合とが相半ばするようだ。いずれも複数を埋納する時は、鋒部をそろえるか、鋒部と基部を交互にたがえる[9]（武末1982）。

　銅鐸の埋納場所の地形は山頂、山腹や丘陵斜面（集落から離れているが集落に近いところもある）

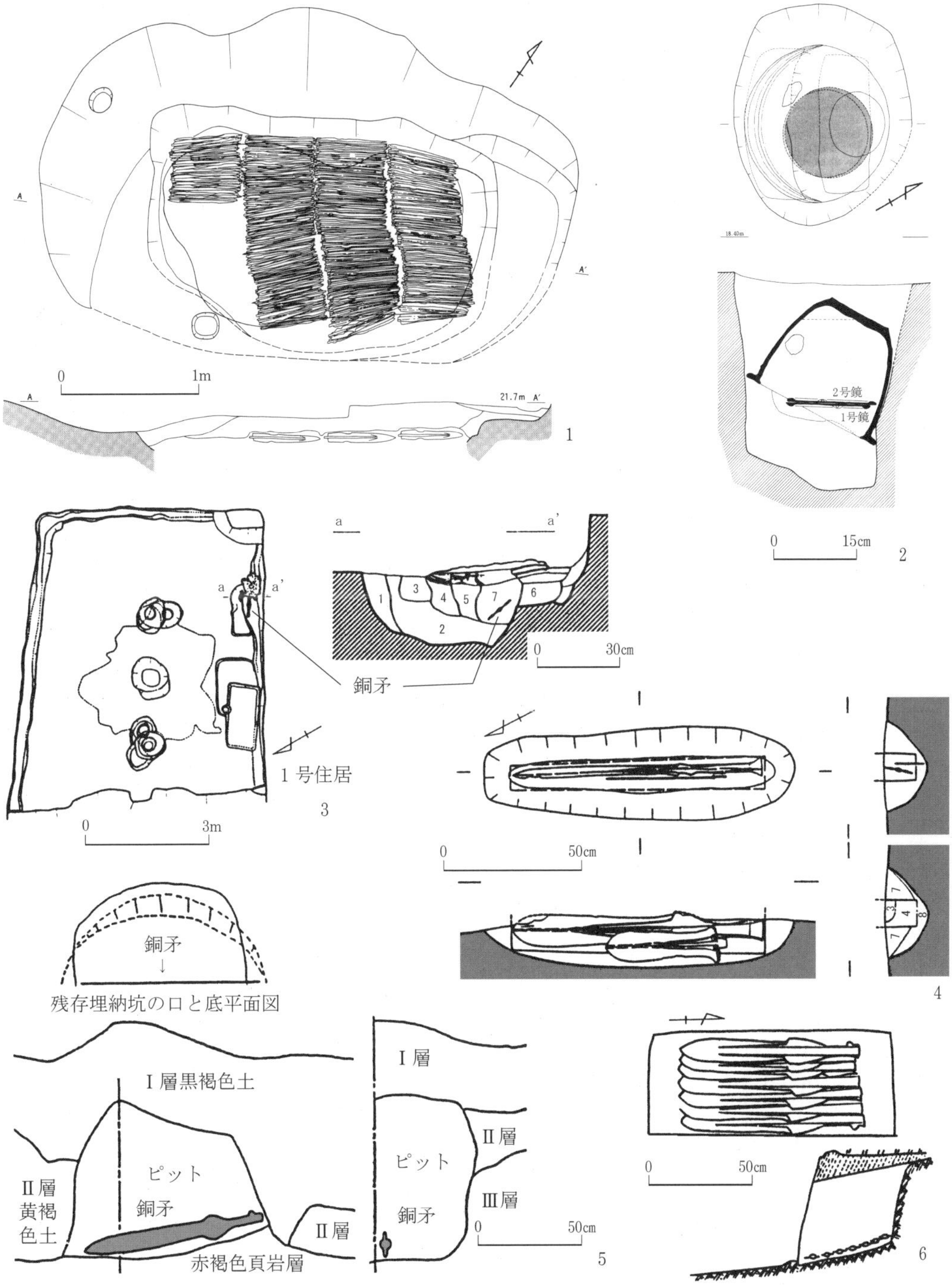

第 11 章　日本列島と朝鮮半島の青銅器　235

図 87　弥生時代青銅器の埋納 (1)
1：島根県荒神谷（中細形 c 銅剣）　2：福岡県小郡若山（多鈕細文鏡）
3：福岡県重留（広形銅矛）　4：福岡県日永（広形銅矛・銅戈）
5：高知県遅倉（中広形銅矛）　6：大分県坊主山（広形銅矛）

236　第Ⅱ部　青　銅　器

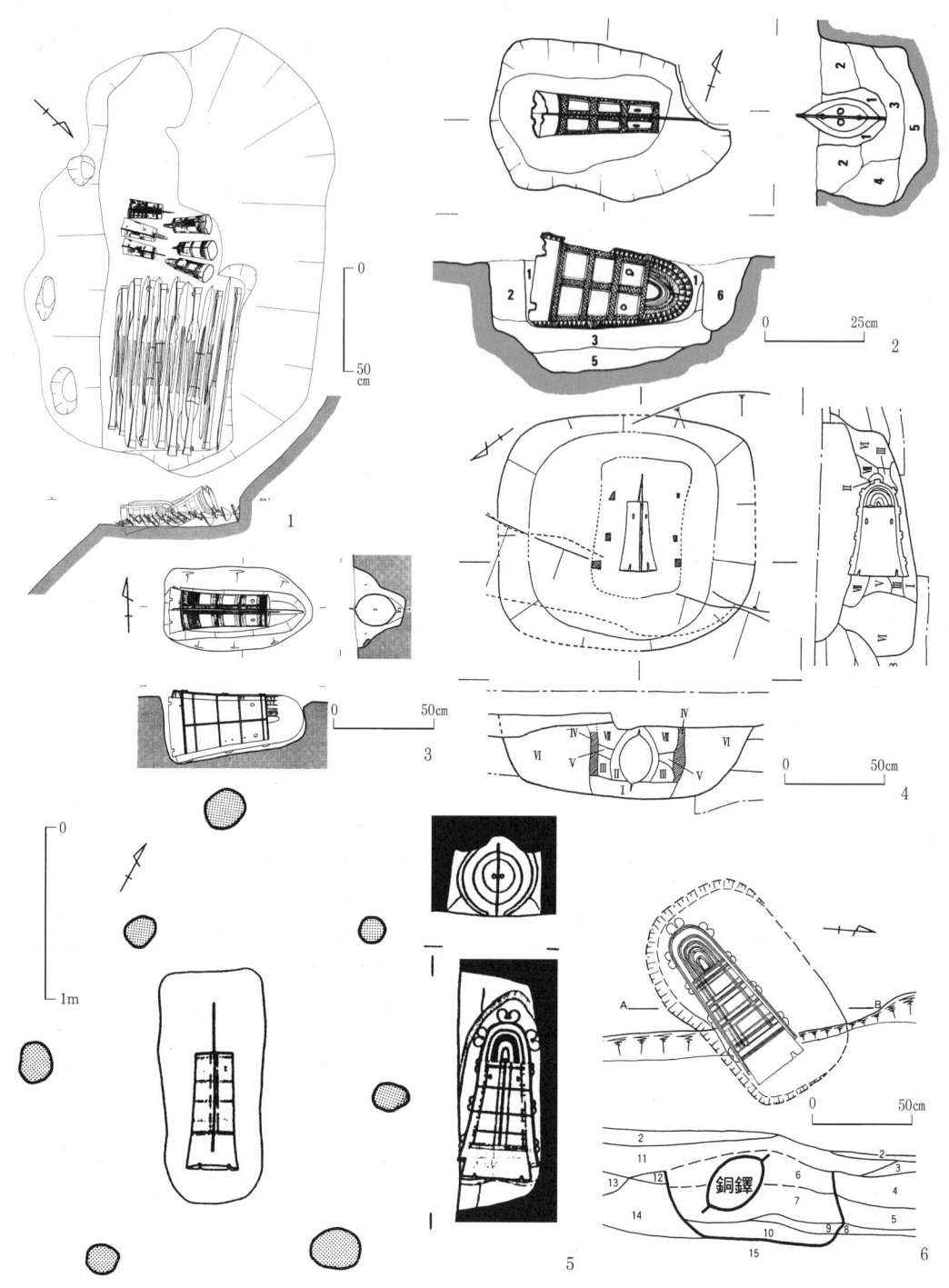

図88　弥生時代青銅器の埋納（2）
1：島根県荒神谷（菱環鈕式・外縁付鈕式銅鐸、中細形・中広形銅矛）
2：徳島県名東（扁平鈕式銅鐸）　　3：静岡県前原（突線鈕3式銅鐸）
4：大阪府跡部（扁平鈕式銅鐸）　　5：徳島県矢野（突線鈕5式銅鐸）
6：大阪府西浦（突線鈕4式銅鐸）

がきわめて多く、台地や段丘縁辺ないし自然堤防上（集落の近傍・縁辺・内部）は20％未満で、埋納地はその多様性にかかわらず、「その集団や地域にとっての意識された『自』と『他』、『内』と『外』の接点（境界）」（寺沢1992）である。

　銅武器の埋納場所も銅鐸と同様に、集落から離れた境界にあたる山腹や丘陵斜面と集落の近傍・内部である。そこが選ばれる理由も銅鐸と同じであろう。

　ただし境界地を意識したとはみなし難い、また保管のためと考えられる集落内埋納例もある。北九州市重留遺跡では1号竪穴住居長壁に接する土坑に広形銅矛1点を埋納し、埋めては取り出すことを7回繰り返したことが確認された（図87-3）。徳島市矢野遺跡の突線鈕5式銅鐸は剳抜式の合わせ口容器に入れていたらしく、埋納土坑のまわりのピットから、土坑をおおう独立棟持柱の切妻屋根建物が想定もされる（図88-6）（菅原ほか1993）。これらは土中保管状態で放置されたとみられる。埋納以前の保管場所は、高床倉庫とも推定されているが、首長の住居や掘立柱建物内の土坑に埋蔵することもあったのであろう。

　また後期中頃の住居から30m離れた土坑に広形の銅矛・銅戈を埋納していた福岡県日永遺跡例（図87-4）（緒方1993・1994）、中広銅矛1点を後期の住居群のそばに埋納した佐賀県本行遺跡例、土器をかぶせて多鈕細文鏡を埋納した福岡県小郡若山遺跡例は、集落内で行われた儀礼と埋納の跡であり、必ずしも境界を意識したとはいえないだろう。

　青銅器を埋納する目的については長い議論の歴史があり、銅鐸については土中保管説、隠匿・廃棄説などが論じられてきた。近年は共同体の自然的、人為的な危機的状況に際してそれを克服するための境界埋納説が有力で、寺沢（1992）は次のように述べている。

　　銅鐸の保有主体は、「聞く」銅鐸の小共同体から、「見る」銅鐸の大共同体＝クニないし大共同体群＝国へ代わっており、それに応じて銅鐸も、穀霊をつなぎとめ悪霊を防ぐ呪器の段階から、大共同体を加護するカミの依存体の段階へ、いいかえれば、豊饒を保証し災厄を阻止するものから、集団の繁栄を保証し人為的・政治的敵対者を阻止するものへと変貌する。そのような銅鐸の埋納＝完全な放棄は、集団と領域の安定と繁栄を保証する観念上の最終手段であり、危機的状況に際し集団の総力を挙げて埋納が行われた。後期前半と想定される「聞く」銅鐸埋納のピークは、……北部九州の政治的攻勢に対するものであり、それを契機に銅鐸保有主体に変更を生じさせ、「見る」銅鐸の埋納は北部九州の広形銅矛圏あるいは東の非銅鐸圏との緊張による。

　銅武器の埋納目的も銅鐸と同じように論じられている。銅武器は、北部九州地域を中心・盟主とし、銅武器を共通の儀礼具とする政治・経済関係を安定、持続させるものとして、北部九州で製作し、配布された（下條1991）。配布された共同体首長は銅武器を管理し、それを用いる重要な共同体儀礼を執行し、切迫した事態に際しては共同体の願いを込めて埋納した。そこには、北部九州地域を中心とする政治・経済圏にとって、その伸長を脅かす東方の銅鐸で結ばれた勢力圏への対抗という政治的契機もあっただろう。

　銅武器圏と銅鐸圏が交差する中国・四国地域は、中期後半から後期前半頃に中細形c類銅剣と平形銅剣を生みだし、別の地域圏を形成するが、やがて共同体儀礼を変更し、青銅儀礼具を捨て去る。

(4) 儀礼と埋納

　銅武器と銅鐸を共同体の最高儀礼具として、豊饒と共同体の繁栄を願うもっとも重要なそしてときには政治性を帯びた儀礼に用いることが弥生社会には普遍的であった。

　だが、弥生時代の儀礼は青銅器を用いる共同体最高の儀礼だけではない。銅武器を模した木製品・石製品、小銅鐸、土製鐸、丹塗磨研土器などが、家族、集落のさまざまな儀礼に用いられ、墓地の土坑、水田や溝、井戸や環濠に供献されたり、儀礼の後に廃棄されている。

　弥生時代の儀礼は、家族や集落を底辺とし、小地域共同体から「クニ」とも呼ぶべき大地域共同体にいたる社会の成層のそれぞれに応じて、個人にかかわる通過儀礼、農業儀礼、交易・交換にかかわる儀礼、政治的儀礼などが層をなしていたのである。しかもそれぞれの層における儀礼は互いに没交渉ではなく、目的や儀礼行為の様式が相互につながっていた。

　たとえば土器を墓に供献したり、墓前儀礼に用いた後土坑に廃棄することは、副葬品のない甕棺墓や方形周溝墓などの共同墓地から地域首長層の墳丘墓、さらには三雲南小路の「王墓」にまで共通していて、墓前儀礼の様式は底辺から上層まで貫通している。

　埋納も地域共同体の最高儀礼具たる銅武器や銅鐸だけではない。中期前半には集落あるいは小地域共同体によって、北部九州を中心とする石戈と関西・四国などの石剣の埋納が行われている（下條1982、種定1990）。下條信行は、埋納風習は石戈から始まったのではなく、有柄式磨製石剣や木製剣の埋納が先行するであろうこと、青銅武器の副葬品から埋納品への性格変化は、埋納される「祭器」としての石戈に内包されていた、と述べる（下條1982：29）。

　個々の集落や小地域共同体に共有されていた木製模造武器や石戈、石剣の儀礼的埋納の理念と儀礼様式こそが、地域共同体の最高の儀礼として肥大化した青銅祭器埋納の本源であろう[10]。

3　副葬と埋納

　以上に見たように、青銅器の扱いが朝鮮半島無文土器社会では副葬、弥生社会では埋納という差異がある。この差異はどうして生じたのだろう。

　青銅器の製作と配布を行ったのは、鋳型の出土地からみて、多少の出入りはあるが、北部九州と関西の特定のいくつかの地域共同体であった。青銅器の製作には原材料入手、工人組織、工房設置とそれらの維持に、当時としては莫大な富の投入が必要であった。また原料確保と贈与・交換などの形をとる配布・流通のためには、広い地域にわたる連携網、交通関係が安定的に維持されていなくてはならない。青銅器製作への富の配分と共同体間あるいは海を越えての交通を管轄するのは首長・首長層であり、青銅器を配布される側の共同体でも、実際に受取を決定し保有管理し、それを用いる儀礼と埋納を執行するのは共同体の意志を体現する首長である。

　したがって共同体首長は青銅器の製作、保有管理、儀礼執行の担当者として、共同体員に対し威信を示し高い権威を得ることができたのである。青銅器は副葬されるものだけでなく、たとえ共同体儀礼具であっても、首長層の保有物と意識されていたであろう（桑原1995）。

　朝鮮半島では青銅器製作地がどのように広がりもしくは限られていたかは明確でない。青銅器の

分布と鋳型出土地からは、平壌を中心とする西北地域、ソウルを中心とする中部地域、東海岸中部地域、南西地域、南東地域にそれぞれ複数の製作地があり、域内外に配布されたと推定される。ここでも製作、配布、受容そして保有の主体は首長であり、青銅器は彼らの共同体に対する威信と権威を目に見える形で象徴している。青銅器は儀礼的埋納にほとんど用いられず、明白に首長の所有物であり、共同体員にとっては見せつけられるだけの遠い存在であったにちがいない。

　副葬は、生前の共同体首長としての地位と権威を副葬品によって示すことであり、副葬墓の種類、墓群、副葬青銅器の品目などは首長層と共同体との関係を反映する。

　朝鮮半島では、支石墓の磨製石剣副葬が広く行われているところに琵琶形銅剣が新たに加わり、墓と墓群の関係から、首長層の中にも階層差が生じ始めたと考えられる。無文土器時代後期には、先にも触れたように、細形銅剣などを1～2点しか副葬しないいわば「小首長」墓[11]の上に、単独もしくは若干数で1墓地を構成し多数の青銅器を副葬するより広域の地域共同体首長（いわば「大首長」）墓[12]が出現する。ここでも剣、矛、戈の武器が副葬青銅器の中心をなし、磨製石剣以来の武力・武威の社会的効力が継続するとともに、呪的儀器の異形銅器や鈴具が新たに副葬され、大首長は自然力をはじめとする「カミ」と称すべき超越的力との交渉を独占し、現実社会における権力と宗教的権能が広域共同体首長において統合されている。

　北部九州にほぼ限られる青銅器副葬墓は、朝鮮半島の副葬習俗の受容であり[13]、また朝鮮半島系青銅器の入手と製作、そして中期後半からの中国鏡入手におけるこの地域の地理的優位によるものであった。北部九州以外では副葬はそもそも稀で、数少ない副葬品は玉が多く青銅製品は例外的でしかなく（図86-3）、ようやく後期に入って鉄製武器などの副葬が増えてくるにすぎない。首長は長らく共同体に抱摂され、その第一人者でしかなかったことを物語ろう。北部九州首長墓の豪華な副葬品も、地の利によって手に入れた舶載品とその倣製品を除くと、あとには他地域と同じ玉などが残るにすぎない。中期後半～後期前半に高潮する舶載品副葬は漢王朝と楽浪郡が衰え、朝鮮半島南部社会に鉄器を大量に副葬する木棺墓が拡大する後期中頃からは衰退する。地理的優位性は一方で朝鮮半島や中国の政治状況に平仄を合わせることを余儀なくさせているのである。ここに北部九州首長の、舶載副葬品に現れる朝鮮半島や中国との交渉を推進する権力的ともいえる面と、弥生産副葬品に現れる共同体の第一人者としての面の2つの側面が見えている。

　後者は首長墓と墓地の関係および埋納に表現されている。北部九州の青銅器副葬墓は、ごく少数の「王墓」を除くと、列島各地の首長墓と同じく、いくつかがまとまったり区画墓・墳丘墓の形態をとり、副葬品のない数多くの一般の墓と区別されてはいるが、共同墓地の中に一定のまとまりをつくるだけである。単独で墓域を確保することはなく、共同体墓地から自己の墓地を切り離すには至っていない（図86-1・2）。

　これと平行して、銅武器と銅鐸が共同体の最高の儀礼具として盛行する。富は共同体全体の安定、永続と繁栄を願う観念の領域に投じられ、さらに同じ青銅儀礼具を共有する政治・経済圏が形成される。銅武器と銅鐸を儀礼具としてますます大形化することで、諸共同体のつながりを強化することが、個々の共同体の存続、安定に必要であったのである。これを主導した首長は、共同体の意志の体現者・代表者であって、自らと自らの権限を共同体の外に切り離してはいなかったのである。

それは「確立しつつあった首長層の支配権力の弱さ、なお一般共同体成員に大きく依存せざるをえない弱さの表現」（武末1990：52）であった。そのような首長層は未だ共同体の集落にとどまってもいるのである（武末1998）。

これに対し、共同体のための青銅器の儀礼的埋納がほとんど行われなかった朝鮮半島では、青銅器を保有する首長層の共同体への依存度が相対的に低く、権限と宗教的権能がより強く、首長の共同体からの離脱がすでに始まっていたように見える。

両地域のこのような差異は、首長権が一方は未成熟、他方がより伸長しているという段階の差に帰せられるのか。それとも、共同体そのものが相対的にではあるが、共同体員のみならず首長をもその中にとどめずにはおかない規制力を必要とするか、それほどの規制力を求めないかの違いではないのか。弥生社会の農業共同体は共同体構成員を強力に規制するとともに、首長をも強い規制力によって共同体の意志の体現者としてしか行動させない状況があったのに対し、朝鮮半島ではそれほどではなかったのではなかろうか。

共同体にそうした違いがあったとすれば、さまざまな要因のひとつとして、農業の実態の差異があげられはすまいか。

この時代の朝鮮半島の農耕は、従来、北部では畠作、南部では主として水田稲作に区分されてきた。弥生時代の農耕は南部の水田農耕の伝播によるとされ、むろん畠作も並存するが、当初から高度の灌漑水田農耕が行われたことが、各地の水田遺構の調査から明かである（工楽1991）。このような水田の灌漑、開田、維持に大量の労働力を投入する必要から、共同体の結集が必要となり、共同体の規制力が強められると考えられる。

この集団の求心性が強力な首長を必要とし産みだしたと考え、そのような首長の存在は北部九州の青銅器副葬墓にしばしば求められてきた（広瀬1997）。北部九州と朝鮮半島南部の青銅器副葬墓は、青銅器の共通性もあって同質とみられやすいが、けっして同質ではない。前者は、後者の先にのべた「大首長」の大量青銅器副葬墓ではなく、それより下位の数点以下の青銅器を副葬する「小首長」墓と対比すべきものであって、かならずしも集団の求心力の中心として共同体の上に立つ強力な首長（「大首長」）の存在を示すものではない。

その点からも青銅器副葬墓や北部九州以外の首長墓の被葬者は、灌漑水田の経営を軸に共同体内で相応の強い権限を認められてはいたが、共同体の意志から離れ、共同体に外から臨むには至っていなかったとみるべきである。

朝鮮半島南部では、近年水田遺構の発見とともに、畠遺構の発見も相つぎ、また後世の農業実態からも、水田より畠作が優勢であったと考えられる。畠作においても開墾など労働力の集中を必要とはするが、水田農耕ほどすべての局面でそれが必要ではない。共同体の規制力は水田に大いに依拠する場合より弱かったであろう。

無文土器時代後期の集落の調査は、前期・中期にくらべはるかに少なく、その実態は判然としないが、前期・中期の集落には大規模なもの、長期にわたるものは少なく、小規模で短期間に終わるものが多い。これに対し、弥生集落には前期から中期へあるいは中期から後期へ長期継続する大規模拠点集落とそれに従う小集落が各地に認められる。このような集落のあり方の差異は、基盤とな

る農耕の実態の違い、それにもとづく大規模集住の必要性の有無、さらに農業経営主体の裁量範囲の広狭、自立性の程度の差異にもとづくものであろう。

したがってここでは、首長層は共同体に抱摂されて共同体に依拠する度合いも相対的に少なく、大共同体首長は、共同体の外部に自らを完全に置くまでにはなっていないとはいえ、政治的権力を比較的早く確立し、共同体の富を自らの裁量のもとで使用して、多数の青銅器を副葬することが可能であったのではなかろうか。そして、共同体儀礼は相対的に自立性の高い個々の共同体が執行し[14]、広域の大共同体を統合するための共同体儀礼具たる大形青銅器は必要ではなく、埋納儀礼もほとんど行われなかったと考えられる。

註
- （1） 咸鏡南道永興邑遺跡（徐国泰 1965）と忠清南道松菊里遺跡（姜仁求ほか 1979）。
- （2） 朝鮮遺跡遺物図鑑編集委員会（1988）には「筩手」と記す。厚さ 0.1cm 未満の薄い青銅板を丸く曲げた円筒状で（長さ 10〜12.5cm、径 5.7〜6.7cm）一端は開き他端は閉じる。
- （3） 中国戦国時代の有柄式銅剣で、文献に見える「桃氏剣」がこれに当たるといわれる。考古学用語としては「東周式銅剣」ともいう
- （4） 類例は推定扶餘出土品（梨花女子大学校博物館所蔵）のみである（国立中央博物館 1992）。
- （5） 銅斧もあるが、佐賀県本村篭遺跡 2 号甕棺墓副葬の破片 1 例だけである（田中 1992）。
- （6） 本章では「銅武器」あるいは単に「武器」と呼ぶ。
- （7） 多鈕細文鏡は、前期末〜中期前半の北部九州〜山口県西端では副葬が 5 例、埋納が 1 例、本州では中期中頃〜後期前半の奈良県の埋納 2 例と長野県の出土状況不明 1 例である。
- （8） 北部九州では細形銅武器は副葬され、確かな埋納例はない。九州以外では細形と中細形銅剣の関近くに双孔をあけ長い柄に取り付けて用いることがある。
- （9） 福岡県夜須町三並ヒエデで発見された中細形銅戈 17 本も、伴出土器内面の錆と銅戈表面の観察から、鋒と内を交互にして土器に入れて埋納したと推定される（伊崎 1999）。
- （10） 弥生社会の埋納習俗がいつ、どのように始まったのか、朝鮮半島の埋納や中国遼寧省の青銅礼器埋納とつながるか否か、などはまだ明かでない。
- （11） たとえば忠清南道屯浦里（藤田ほか 1925）・炭坊洞（成周鐸 1974）・鳳安里（安承周 1978）、全羅北道多松里（全榮來 1975b）、慶尚北道坪里（梅原 1930）など。
- （12） たとえば忠清南道南城里（韓炳三ほか 1977）、全羅南道草浦里（李健茂ほか 1988）、慶尚北道坪里洞（尹容鎮 1981）など著名な遺跡が多い。
- （13） 青銅器出現前の弥生墓には、ごく少数の朝鮮半島系磨製石鏃副葬以外は副葬風習はなかった。
- （14） 朝鮮半島の儀礼の諸相については李相吉の考察がある（李相吉 1998）。

第12章　霊岩出土鋳型の位置

　崇実大学校博物館所蔵の霊岩（霊巌）出土と伝える14枚の石製青銅器鋳型は、そのうちの銅戈鋳型1対が「1960年に霊岩で10余種のほかの鎔笵とともに出土した」（金良善1962）と紹介された後、一部について青銅器鋳造技術の面から言及されていたが（岡内1980）、1987年にようやく正式に報告された（林炳泰1987）。本章は、霊岩出土鋳型を朝鮮半島と中国東北地方の青銅器石製鋳型および北部九州の初期青銅器石製鋳型と比較し、また製品と対比して、3地域にまたがる青銅器文化の中での位置づけと年代的位置を考察するものである。

1　出　土　地

　14枚の鋳型は1960年に金良善崇田大学校教授が骨董商蒋某から全羅南道霊岩郡鶴山面犢川里出土と伝えられて購入したものである（林炳泰1987：121）。一方、崔夢龍は「いまから約10余年前、霊岩郡郡西面東鳩林里と推定されるところで、山崩れにより石製鎔笵が一括出土し」たといい（崔夢龍1976：22）、出土地は2説あって確定していない。
　霊岩出土鋳型14枚は、稀にしか出土しない鋳型が14枚まとまり、完形品が13枚、対になる鋳型が12枚も含まれているから、一括出土品で同一時期のものとみなしてよい。出土遺跡は、小破片1枚を含むので青銅器製作所跡と考えられ、ほかにも多数の破片があったであろう。今後、出土地点の特定と発掘調査が望まれる。
　霊岩郡は木浦から東に入り込み、栄山江が注ぐ内湾の北、東、南一帯である。犢川里は北に突出する上隠跡山（392m）を最高峰とする半島の付け根にあって、西には細長い干潟地が湾入している。東鳩林里は犢川里の北東7kmにあり、半島東に湾入する干潟地奥の東側である（図89）。
　この一帯の三湖面、美岩面、鶴山面、西湖面、郡西面、霊岩面では300基以上の支石墓が確認されており（崔夢龍1975a・1975b）、美岩面美岩里遺跡と鶴山面金渓里遺跡では無文土器が、三湖面山湖里遺跡では石鏃・磨製石剣・石斧などが採集されている（崔盛洛1986a）。
　西湖面青龍里支石墓では支石墓9基を発掘し無文土器・石鏃・三角形石庖丁・砥石・石棒が出土し（木浦大学博物館1984）、長川里遺跡では支石墓11基中4基を発掘して1号支石墓で砥石・石製剣把頭・細形銅剣片、3号支石墓で抉入片刃石斧が出土し、また支石墓の北東約50mでは住居址11軒と掘立柱建物跡1軒が調査された。円形住居址は9軒でうち4軒は松菊里形住居址であった（崔盛洛1986a、1986b）。
　青銅器は長川里支石墓の銅剣のほかに、霊岩郡始終面新燕里で銅矛と銅製剣把頭各1点が出土し

（金元龍1960a）、伝霊岩出土の多鈕細文鏡破片がしられている（藤田・梅原1947：81）。また崇田大学校博物館には霊岩出土ともいわれる銅剣4点、銅矛2点、多鈕細文鏡2面が所蔵されている（金廷鶴1972）。これらを含め全羅南道は青銅器集中地域の一つであり（後藤1985a）、栄山江流域では20ヵ所近くの青銅器出土地が確認され、南海岸部では最近支石墓から遼寧式銅剣の出土が相次いでいる（李栄文1990）。

2　鋳型の比較検討

霊岩出土鋳型（表13）を、朝鮮半島出土のそのほかの石製鋳型（表14）、中国東北地方の石製鋳型（表15）および北部九州の初期鋳型（表16）と比較し、形態上の共通性と特徴を検討しよう。

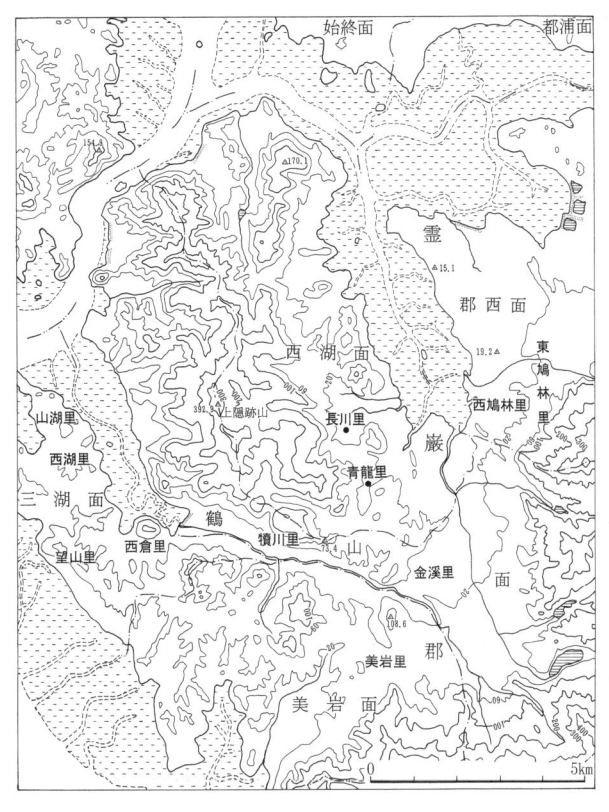

図89　霊岩鋳型出土地周辺地図

(1) 型の種類、数量と面

14枚の鋳型[1]には片面鋳型4枚と両面鋳型10枚があって、鋳型面数は24面に達する[2]（図90～92）。

片面鋳型は対になる銅剣鋳型1組（1・2号）と、銅斧鋳型1組（7・8号、8号には釣針と棒状品を加える）である。

両面鋳型10枚は、

① 2枚の表裏面それぞれが対になるもの：A面に剣、B面に戈を彫った3・4号、A面に有肩円刃斧、B面に有肩斧と鑿を彫った5・6号、A面に有肩斧、B面に鑿2個を彫った11・12号（12号は棒状品3個を加える）の6枚

② 一方の面だけが対になるもの：一面に斧、他面にそれぞれ釣針と多鈕鏡を彫った9・10号の2枚

③ 本来は①もしくは②だが対になる他方がないもの：A面に矛、B面に剣を彫った13号と、A面に剣、B面に鉇と棒状品を彫った14号の2枚

にわけられる。14号鋳型が破片のほかはすべて完形である。

型の種類と数は、剣が6面6個でそのうち4面4個は対をなす2組、戈は2面2個で対をなす1組、矛は1面1個、斧は3種にわけられ、長方形斧が2面2個で対をなす1組、有肩円刃斧が2面

244 第Ⅱ部 青銅器

表13 霊岩出土鋳型

No.	法量 長幅厚cm	面	種類	型の特徴	大きさ (cm)	湯口 L：長, W：幅, D：深さ (cm)	合印
1	34.8 7.4 3.9	片面	剣（1号と対）	湯口・茎・背が一続きで断面半円背形。背は先端まで。扶入部・上突起部あり。扶入部下部に最大。	全長33.1、身長30.5 関幅3.1、最大幅4.6	茎先端	E面：中軸上に左右に各1、計3 F面：湯口左右に各1、計2
2	34.5 7.2 3.9	片面	剣（1号と対）	同上	全長33.1、身長30.5 関幅3.2、最大幅4.6	同上	同上
3	35.7 8.9 3.9	A面	剣（4号A面と対）	同上	全長32.0、身長29.4 関幅3.5、最大幅4.6	同上	E面：中軸上に幅一杯に1 F面：湯口左右に各1、計2
		B面	戈（4号B面と対）	樋が先端で合わさる。背断面半円形。鋒部中央に鎬の線。切先から右側に鋳型面へ刻線1	全長28.9、身長25.5 身幅7.2、胡幅8.0 背幅19.1、背幅14.0 樋幅3.7、内幅2.3	内先端	E面：中軸上に幅一杯に1
4	36.1 8.9 4.1	A面	剣（3号A面と対）	1号B面と同じ。	全長32.2、身長29.5 関幅3.5、最大幅4.3	茎先端	E面：中軸上に幅一杯に1 F面：湯口左右に各1、計2
		B面	戈（3号B面と対）	3号B面と同じ。	全長28.9、身長25.5 背幅7.6、胡幅8.1 背幅18.9、背幅1.4 樋幅3.5、内幅2.8	内先端	E面：中軸上に幅一杯に1
5	17.1 11.4 4.0	A面	有肩円刃斧（6号A面と対）	盤部に突帯3条。突帯下は肩へ広がり身幅は最大幅。突帯下右側に半円形耳。	全長13.6、幅8.6 突帯部横幅6.8、突帯幅2.1 耳0.9×1.7	盤に続く。 上溝L3.3、W5.5、D1.2、下溝W1.9、上溝両側端中央に窪み	なし
		B面	有肩斧（6号B面と対）	盤部に節帯。肩部に突帯。肩から刃へ狭くなる。刃は直刃。	全長10.4、肩幅4.9 刃幅4.2、節帯下幅3.1 節帯横幅3.4・縦幅0.8	盤に続く。 上溝L3.25、W2.8、D0.8、下幅0.8、上溝左側縁に窪み	E面：中央に1、C面側に1 F面：ほぼ中央に1（3本まとまる）（D面：有肩斧肩相当部に刻み－合印ではない）
		B面	鑿（6号B面と対）	盤部に節帯。刃は節部から下方へやや狭く、幅は節部近くで多少広がる	全長12.4、節帯下幅1.6 刃幅1.5 節帯横幅1.9・縦幅0.95	盤に続く。上溝L3.0、W1.8～2.0、D0.8、下幅W0.6～0.8、上溝左側縁に窪み	
6	16.9 10.8 3.9	A面	有肩円刃斧（5号A面と対）	5号A面と同じ。耳は左側	全長13.5、幅5.5 突帯横幅6.7、縦幅1.9 突帯下幅5.1、耳0.8×1.7	盤に続く。上溝L3.3、W5.5、D1.2、下幅W1.9、上溝両側縁中央に窪み	？F面上端の中軸上と左右に刻線頂部（？）3つ図示、ただしF面図に図示なし
		B面	有肩斧（5号B面と対）	5号B面と同じ。	全長9.7、肩幅4.9 刃幅4.2、節帯下幅3.1 節帯横幅3.4・縦幅0.8	盤に続く。上溝L3.5、W2.9～3.0、D0.8、下幅W0.8～1.0、上溝両側縁に窪み	E面：中央に1、D面側に1（重なって2本） F面：中央に1

第12章 霊岩出土鋳型の位置 245

7	15.2 9.3 3.1	片面	鑿 (5号B面と対)	5号B面と同じ。	全長12.0、節帯下幅1.6 刃幅1.5 節帯横幅1.8、縦幅1.0	鑿に続く。上溝L3.4、W1.7〜1.8、D0.8、下溝W0.4〜0.5、上溝両側縁に窪み	D面：上から4.9cmに1、E面：D面側に1？（大損？）、F面：左右に2？（図なし）
			長方形斧 (8号と対)	器部に笑帯4条。笑帯のすこし下で最も狭く、刃部へ広がる。刃は弧状。笑型断面は逆台形。	全長12.6cm、刃幅6.9、笑帯下幅4.9、最小幅4.5、笑帯横幅5.4、縦幅1.0。	鑿に続く。上溝L2.6、W3.8、D0.8、下溝W1.0〜1.2、上溝両側中央中央側に窪み	
	15.8 9.2 3.9	片面	長方形斧 (7号と対)	同上。	全長12.9cm、刃幅6.9、笑帯下幅4.8、最小幅4.4、笑帯横幅5.4、縦幅1.0	鑿に続く。上溝L2.2、W3.8、D1.0、下溝W1.0	C面：上から5.0cmに1 D面：上から4.2cmに1 F面：左右に2
8		片面	釣針	軸端に糸掛突起、鉤先端内側に逆り。	長3.4、幅1.5	鉤下部からD面中央に通る	
			棒状品	断面三角形、先端夫る、先端近くでD面から延びる短刻線と交差。	長13.5、幅0.4、深0.3	上端	なし
9	12.4 6.8 1.8	A面	有肩斧 (10号B面と対)	器部に笑帯4条。肩部に最大幅、肩部から刃へ狭くなる。刃は直刃。	全長9.2、肩幅5.4 刃幅4.8、笑帯下幅3.2、笑帯横幅3.9、縦幅1.0	鑿に続く。上溝L2.6、W3.0、D0.6、下溝W0.8、上溝両側に窪み	なし
		B面	釣針3個	右に軸を下に2個つながり、左側に1個、軸を上に1個、鉤先端内側に逆り。	長×幅×深さは、右上4.5×2.2×0.3、右下5.2×2.1×0.3、左7.0×3.1×0.5	右上の鉤中央と右下の軸端につながり、左は鉤中央につながる。	なし
10	12.1 7.2 2.2	A面	多鈕鏡 2個	断面半円形の縁は全周あり、対応する1/3はは、残り1/3は鋳型外。鈕は2組を直角に配す。	鏡縁幅0.5、推定径8.5、a：長1.0、幅0.6〜0.7、隔b：長1.2、鈕b：長1.2、0.8〜0.9、間隔0.8	なし	F面：中央に幅一杯に1 (9号F面に対応刻線なし)
		B面	有肩斧 (9号A面と対)	9号A面と同じ。ただし笑帯下中央に葉状耳を彫る。	全長9.2、肩幅5.7、笑帯下幅3.1、刃幅4.7、笑帯下幅4.0、縦幅0.9	鑿に続く。上溝L2.5、W3.0、下溝W1.2	なし
11	12 6.5 1.9	A面	有肩斧 (12号A面と対)	器部に笑帯4条。肩部に最大幅、肩部から刃へ狭くなる。刃は直刃。	全長9.9、肩幅4.6、刃幅4.0、笑帯下幅3.2、笑帯横幅3.9、縦幅0.9	鑿に続く。上溝L1.6、W3.4、D0.8、下溝W0.9	C面：上から3.2cmに1 D面：上から3.4cmに1 E面：湯口のC面側に1、D面側に3。 F面：左右に2（C面側は1ヶ所に3本刻む）
		B面	鑿2個 (12号B面と対)	[左側] 器部に節帯。刃部へ狭くなる。	全長10.4、刃幅0.8、節帯下幅0.8、節帯直横幅1.8・縦幅0.8	鑿に続く。L1.2、W1.4、D0.6、両縁に窪み、下溝なし	E面：C面側に3 F面：中軸上に1C面側に1D面側に1
				[右側] 幅は節帯から中間まで狭くなったあと刃部へ広がる。	全長10.4、刃幅1.7、節帯直横幅1.6・縦幅0.7	鑿に続く。L1.2、W1.4、D0.6両縁に窪み、下溝なし	

No.	法量 長・幅・厚 cm	面	種類	型の特徴	大きさ (cm)	湯口 L:長, W:幅, D:深さ (cm)	合印
	12.3 6.5 2.2	A面	有肩斧 (11号A面と対)	11号A面と同じ。	全長9.9、肩幅4.7、刃幅4.2、突帯下幅3.0、突帯横幅3.6・縦幅1.0	器に続く。 上溝L1.8、W3.2、D0.7 下溝W1.0 上溝両側に窪み	C面：上から3.3cmに1 D面：上から3.3cmに1 E面：湯口のC面側に2、D面側に1。 F面：左右に2（D面側は1ヵ所に2〜3本刻む）
12		B面	鑿2個 (11号B面と対)	〔右側〕 11号B面左側と同じ。	全長10.5、刃幅1.0、節帯直下幅1.4、節帯横幅1.7、縦幅0.8	器に続く。L1.2, W1.6, D0.7, 湯口を上にして右縁に窪み、下溝なし	E面：D面側に3本並ぶ F面：中軸上に1、D面側に1
				〔左側〕 11号B面右側と同じ。	全長10.5、刃幅1.3、節帯直下幅1.4、節帯横幅1.4、縦幅0.8	器に続く。L1.2, W1.4, D0.7, 両縁に窪み、下溝なし	
			棒状品3個	C面側に2個（a・b）、D面側に1個（c）。a・cは先がとがり、断面三角形。bはやや幅広く断面逆合形で尖らない。	長×幅×深さは a10.7×0.4×0.3 b10.5×0.6×0.4 c7.8×0.3×0.3	a・bは頭部上端 cは左側節帯の節帯につながる。	
13	20.3 7.5 2.4	A面	矛	器部に節帯 器部・柄・背が一続きで。 形、背は先端まで。	全長18.0、身長は左側14.9・右側15.5、身幅4.9、節帯横幅3.25、縦幅1.4、深さ1.3	器に続く 上溝L1.9, W2.9, D0.8 下溝W1.3, D0.4 上溝両側に窪み	C面・D面：下から6.2cmに各1 E面：中軸線上に1 F面：湯口左右に各1
		B面	剣	湯口・茎・背が一続きで断面半円形、背は先端下1cmまで。扶入部あるが、突起なし。扶入部下部に最大幅。	全長20.0、身長18.1、大幅3.5、背長17.1、関幅3.1	茎先端	E面：中軸線からC面側1.8cmに1 F面：中軸線上の1（？）
14	破片	A面	剣	（詳細不明）			
		B面	鈍 針	（詳細不明） （詳細不明）			

第12章 霊岩出土鋳型の位置 247

表 14 朝鮮半島の青銅器石製鋳型（霊岩を除く）

出土地	鋳型No.	面	型 種類と数	型式 形態	現状	法量 (cm) 全長	法量 (cm) 幅	法量 (cm) 厚	材質	出土状況等	文献備考
咸鏡北道鍾城郡三峰里		A	泡 2	八稜形	完形	4.5	3.6	1.2	石	採集	黄基徳 1957a
		B	泡 2	円形							
咸鏡南道永興郡永興邑（現任は、金野郡金野邑）	1		斧	扇形	完形	7.5	5.7	1.5	青灰色滑石	1〜4号は集落遺跡で採集	徐国泰 1965
	2		斧	扇形	完形	15.5	11.2	1.8	灰白色滑石		
	3		矛	琵琶	完形	15.5	4.5	2.0	滑石		
	4	A	飾り金具		完形	8.0	5.5	3.0	遺灰色滑石		
		B	鐸形鈴		破片	?	?	?	青灰色滑石		
	5		不明								
平安北道寧辺郡細竹里			鏃	有茎	完形?	3.6	2.8	?	石	第3文化層作業場	金永祐 1964b
博川郡壇山邑	1		矛		破片？	>10.0	4.8	?	滑石か	鉄器時代層	社会科学院考古学研究所 1973
	2		不明		破片？	?	?	?		鉄器時代層	
平安南道（伝）孟山郡封仁面*（南陽里）		A	多鈕粗紋鏡		破片	>20.5	>18.8	3.0	滑石	不明	藤田ほか 1947
		B	多鈕粗紋鏡								
平安南道大同郡栗里面 将泉里	1		鍔金具		完形	15.5	7.2	2.8	滑石	1〜3号、地下2〜3尺、灰の間に型を合わせて出土、工房址か	藤田ほか 1947
	2		剣 No.3 と対	細形	完形	34.5	7.2	5.7	滑石		
	3		剣	細形	完形	34.5	7.4	5.7	滑石		
	4		剣 No.5 と対	細形	完形	29.8	5.4	3.9	石	不明	
	5		剣	細形	上部欠	>25.5	5.0	4.0	滑石	不明	
平壌付近		A	蓋弓帽 2		完形？	4.4	3.3	2.0	石	不明	鄭白雲 1957
		B	不明								
平壌付近か			矛？		破片	>10.8	6.5	2.3	斑糲岩様	不明	小野 1937
平壌付近			筒形銅製品			14.0	7.7	4.3	石	不明	梅原考古資料 2162
平壌付近			銅鐸		破片	21.9	>12.1	8.8	滑石	不明	梅原 1933a
京畿道高陽郡元堂面星沙里			矛？		破片	>6.1	>4.8	1.9	滑石	採集	梅原 1933b
龍仁郡器賢面芙芝里	1	A	剣 No.2A と対	細形	完形	25.5	5.5	2.6	滑石	1〜3号の3枚が重なって発見された	国立博物館 1968
		B	剣 No.2B と対	細形	完形						
	2		剣	細形	完形	25.5	5.5	2.3	滑石		
	3		剣	細形	完形	28.1	6.1	1.4	滑石		
江原道高城郡巨津面巨律里		A	剣？		破片	>4.2	>2.5	1.8	石	採集	沢 1937、有光 1938b
		B	矛？								
通川郡通川邑鉢山		A	鏃 2 個		破片	>3.3	>4.4	0.7	滑石	採集	沢 1937、有光 1938b
		B	鏃 1 個								
忠清南道扶餘郡草村面松菊里			斧		破片	11.6	>5.0	3.6	片岩	55地区8号住居址	姜仁求ら 1979
（伝）全羅南道（長城地方という）	1	A	矛	細形	完形	30.0	8.0	5.0	砂岩	不明	全栄来 1991
		B	剣（未成？）	細形							
	2	A	鑿		完形	15.5	4.0	3.0	石		
		B	鑿								

*「鳳一面」と報告されたが、この名の面はなく、同書の「封仁面」が正しい。鄭白雲（1957）は「南陽里」出土とする。

248　第Ⅱ部　青銅器

表15　中国東北地方の青銅器石製鋳型

出土地	番号	面	種類	型式形態	現状	法量（cm） 長	法量（cm） 幅	法量（cm） 厚	材質	出土状態	文献 備考
黒竜江省富裕県小登科	1		鏃（1・2対）	有茎	完形	5.1	2.4	?	黒灰色	1号土壙墓	張泰湘ほか1984
	2		鏃	有茎	完形	5.1	2.4	?	滑石		
吉林省大安県月亮泡公社漢書	1		釣針		完形	?	?	?	石	不明	吉林大学歴史系考古専業ほか1982
遼寧省大連市後牧城駅崗上	1		斧	扇形？	破片	>4.0	5.4		滑石	16号墓	朝・中合同考古学発掘隊1966
	2		斧	扇形	完形	6.4	5.3	1.5	滑石	16号墓	
	3		装飾品？		完形	8.4	7.0		滑石	16号墓	
	4	A	斧	扇形	完形	8.6	8.8		滑石	16号墓	
		B	鑿1、錐等5								
牧羊城	1	A	斧	扇形	破片	>6.0	>3.6	1.9	滑石	東8区深1尺	東亜考古学会1931
		B	不明								
	2	A	斧	扇形	破片	>3.8	>3.3	2.7	滑石	東8区深4.5尺	
		B	泡形								
尹家村	1		斧	扇形？	破片	>3.9	>2.9	2.0	白い石	区画5	朝・中合同考古学発掘隊1966
	2		装飾品？		破片	?	?	?	滑石	区画5	
金県臥龍泉			斧	扇形	完形	8.3	6.6	1.9	片麻岩	区画3	朝・中合同考古学発掘隊1966
新金県双房	1		斧（1・2対）	扇形	完形	15.8	9.2	3.0	石	M6石蓋	許明綱ほか1983
	2		斧	扇形	完形	16.0	9.2	3.0	石	石棺	
碧流河		A	斧	扇形	破片	11.3	>3.9	2.0	滑石	M21大石蓋墓	旅順博物館1984
		B	斧	扇形							
鞍山市大弧山			不明								東亜考古学会1938
遼陽市二道河子	1	A	斧1、鏃2	扇形	完形	10.5	8.5	2.3	滑石	1号石棺墓	遼陽市文物管理所1977
		B	斧（1・2対）	扇形							
	2	A	斧1、鏃2	扇形	完形	10.5	8.5	2.9	滑石	1号石棺墓	
		B	斧	扇形							
瀋陽市鄭家窪子			3面に型？不明		破片	5.1	2.7	1.9	石	上文化層	中国社会科学院考古研究所東北工作隊1989
			不明								
開原県李家台	1		飾金具2	管状？	完形	2.9	1.8	?	滑石	M1	遼寧鉄嶺地区文物組1981
	2		飾金具2	管状？	完形	2.9	1.8	?	滑石	石棺墓	
西豊県振興鎮誠信村	1	A	斧（1・2対）	扇形	完形	9.0	7.0	1.8	石	石棺墓	遼寧省西豊県文物管理所1995
		B	鏃4	有茎							
	2	A	斧	扇形	完形	9.0	7.0		石	石棺墓	1・2号合わせた厚さは4cm
		B	鏃4	有茎							
振興郷沙河			飾金具	鹿形	完形	15.2	4.4	2.2	滑石	採集	鉄嶺市博物館1992
凌源県凌北公社三官甸	1		斧	長方形	完形	10.7	7.1		滑石	竪穴墓	遼寧省博物館1985
	2		斧	長方形	完形	11.0	7.2		滑石	竪穴墓	
朝陽県勝利郷黄花溝	1		剣（1・2対）	遼寧式	完形	33.0	8.7	2.3	滑石	不明	靳楓毅1988。1対で発見、2号は失われる
	2		剣	遼寧式	完形					不明	
内蒙古赤峰市赤峰紅山後自治区	1		斧	長方形	破片	>7.0	>3.3	2.1	玄武岩？	第1住地	東亜考古学会1938
	2		斧（2・3対）	長方形	完形	9.5	5.0	2.1	蝋石様	購入	
	3		斧	長方形	完形	9.5	5.0	2.0	蝋石様	購入	
龍頭山	1		飾金具	箕形	完形	4.0	2.4	1.4	石	Ⅱ区	内蒙古自治区文物考古研究所ほか1991
	2		〃（1・2対）	〃	完形	3.7	2.5	1.7	石	包含層	
河北省唐山市霍神廟	1		斧	長方形	完形	13.6	6.7	3.2	片麻岩	黄土層	安志敏1954
	2		刀子（2・3対）	柄下に突起4	完形	22.3	6.2	2.0	片麻岩		
	3		刀子		破片	?	?	?	片麻岩		
	4		矛		完形	14.1	7.3	3.2	片麻岩		
	5		矛		完形	14.6	7.1	2.7	片麻岩		

表16　北部九州の初期鋳型

遺跡	鋳型No.	面	種類	型式	現状	残存長	残存幅	厚	材質	文献・備考
福岡市東区勝馬			剣	細形	破	18.0	6.3	3.0	石英長石斑岩	森ほか1960、中期包含層
福岡県春日市大谷	1		朝鮮系銅鐸		破	7.6	4.8	3.9	滑石片岩か滑石	春日市教育委員会1979
	3	A	剣	細形	破	6.3	6.3	1.8+	滑石片岩か滑石	鋳型は中期後半住居址
		B	剣？	細形？			3.7		滑石片岩か滑石	などで出土
	4	A	剣	細形	破	7.1	6.4	1.8	滑石片岩か滑石	
		B	剣？	細形？					滑石片岩か滑石	
岡本			朝鮮系銅鐸		完	6.5	4.4	1.9	滑石片岩か滑石	春日市教育委員会1980
須玖坂本	2		朝鮮系銅鐸		破	6.3			石	春日市教育委員会1992
中白水			戈	細形	破				石	未報告、詳細不明
添田町庄原			鉇		破	7.5	5.0	5.1	石英長石斑岩	岩本1994。貯蔵穴（中期前半以前）
瀬高町上枇杷		A	不明		破	6.1	4.3	2.9	石	福岡県教育委員会1988
		B	不明							土壙（中期前半）出土
		C	不明			6.1	2.9	4.3		
佐賀県鳥栖市本行	1	A	剣	細形？	破	10.7	6.3	2.4	石英長石斑岩	向田1993。中期包含層出土
		B	矛	細形						
	2	A	剣	細形	破	7.0	4.6	2.7	石英長石斑岩	B面：剣？　近代溝状遺構出土
	3	B	矛	細形	破	10.3	4.7	3.1	石英長石斑岩	A面：中細剣　近代溝状遺構出土
		B	瘤付き棒状			10.3	4.7	3.1		
	6		瘤付き棒状		完	9.2	3.0	2.2	滑石	表土層出土
	7	A		細形	破	4.6	3.8	2.1	滑石	後期土器を含む土壙出土
		B		細形						
	8	A		細形	破	6.2	4.9	2.7	石英長石斑岩	時期不明ピット出土
		B		細形						
平原			戈	細形	破	8.7	4.8	3.1	石	新聞報道、後期住居址出土
神崎町吉野ヶ里	1		剣	細形	破	10.1	4.7	3.8	石	佐賀県教育委員会1992
	2	A	剣	細形？	破	4.5	2.8	3.0	石	No.1は汲田式甕棺墓埋土出土
		D	瘤付き棒状			4.5	3.0	2.8	石	No.2は古墳時代土壙出土
	4	A	剣	細形	破	5.5	4.9	6.9	石	No.4は溝状土壙（中期前半）出土
		B	剣	細形					石	No.4は剣両面鋳型を
		C	矛	細形		5.5	6.9	4.9	石	剣・矛両面鋳型に転用
		D	剣	中細？					石	
	5	A	矛	細形	破	10.5	6.3	3.9	石	No.5は包含層出土
		B	矛	細形					石	
佐賀市鍋島本村南			戈	細形	破	9.5	8.3	2.9	石	佐賀市教育委員会1991 中期前半土器の出る土壙出土
大和町惣座		A	矛	細形	破	5.2	4.6	3.8	石	小田1985
		A'	剣	細形		5.2	4.4	2.5	石	矛鋳型のA・B両面側を削って
		B'	剣	細形					石	剣両面鋳型にしたらしい
三日月町土生			鉇		破	7.5	3.2	1.9	角閃石岩	柱穴出土、中期前半土器伴出

250 第Ⅱ部 青銅器

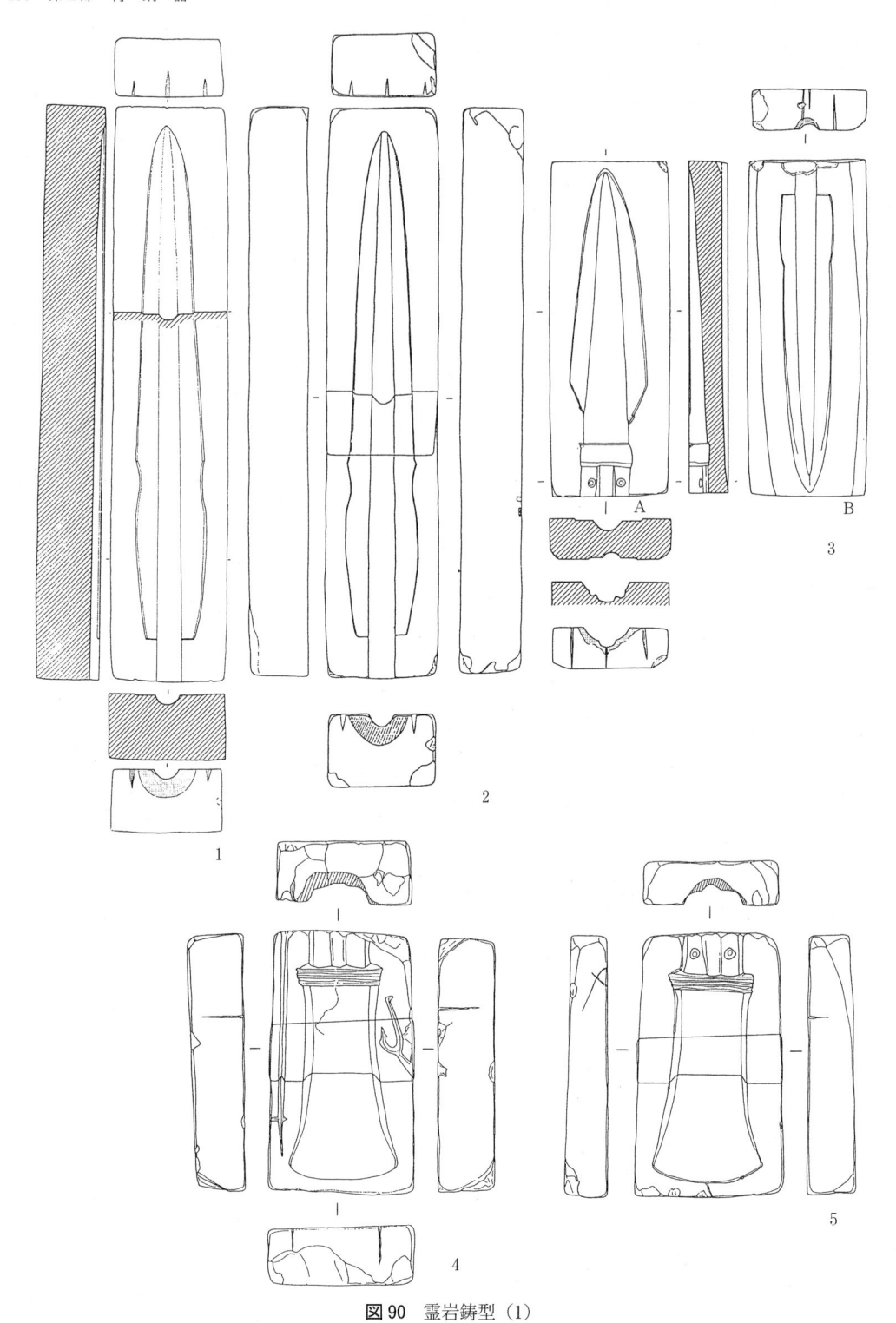

図90 霊岩鋳型（1）
1：1号鋳型　2：2号鋳型　3：13号鋳型　4：8号鋳型　5：7号鋳型　〔縮尺 約4分の1〕

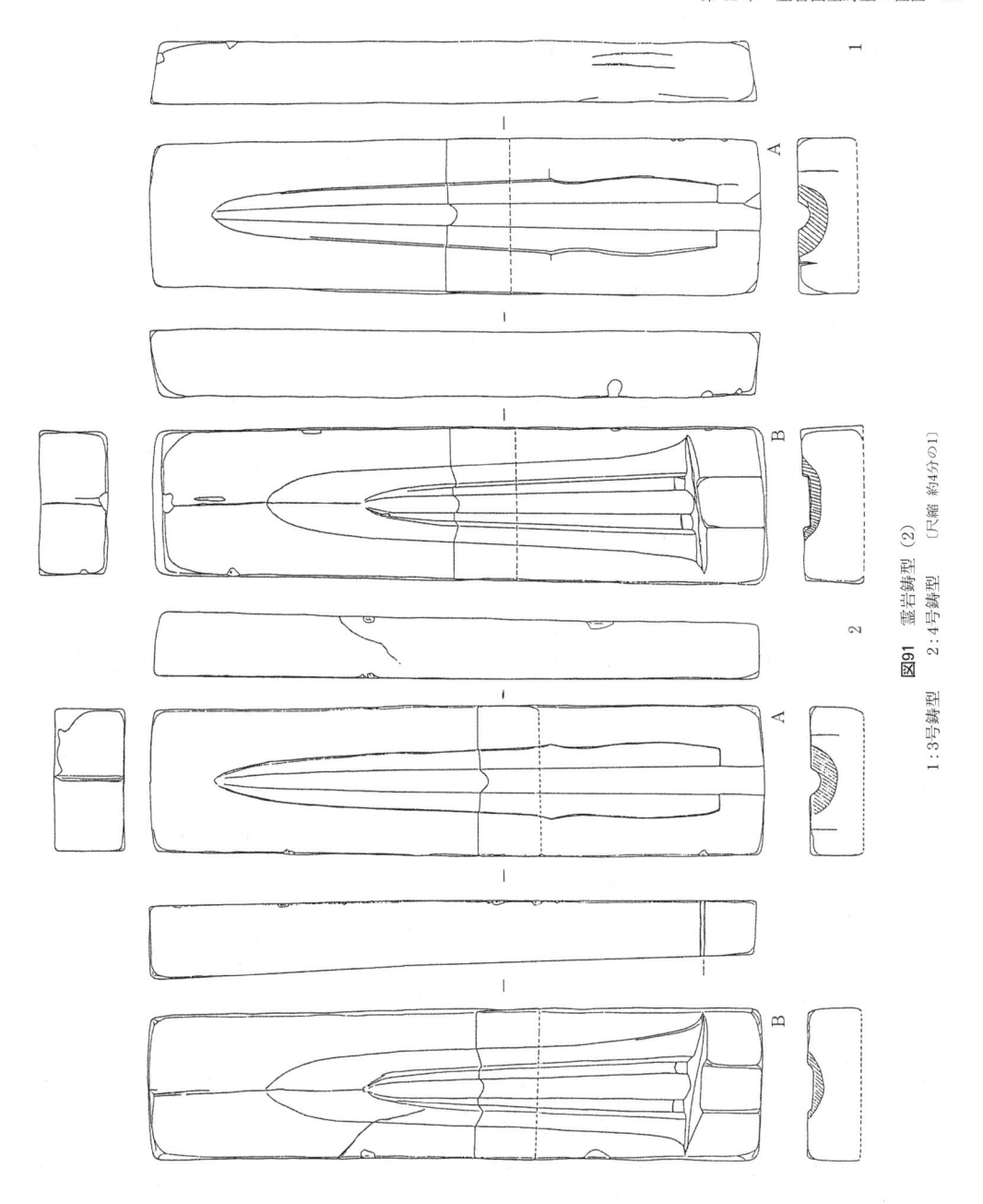

第 12 章 霊岩出土鋳型の位置　251

図91 霊岩鋳型（2）〔尺縮 約4分の1〕
1：3号鋳型　2：4号鋳型

252 第Ⅱ部 青銅器

図92 霊岩鋳型（3）
1：5号鋳型　　2：6号鋳型　　3：9号鋳型　　4：10号鋳型　　5：11号鋳型　　6：12号鋳型　　〔縮尺 約4分の1〕

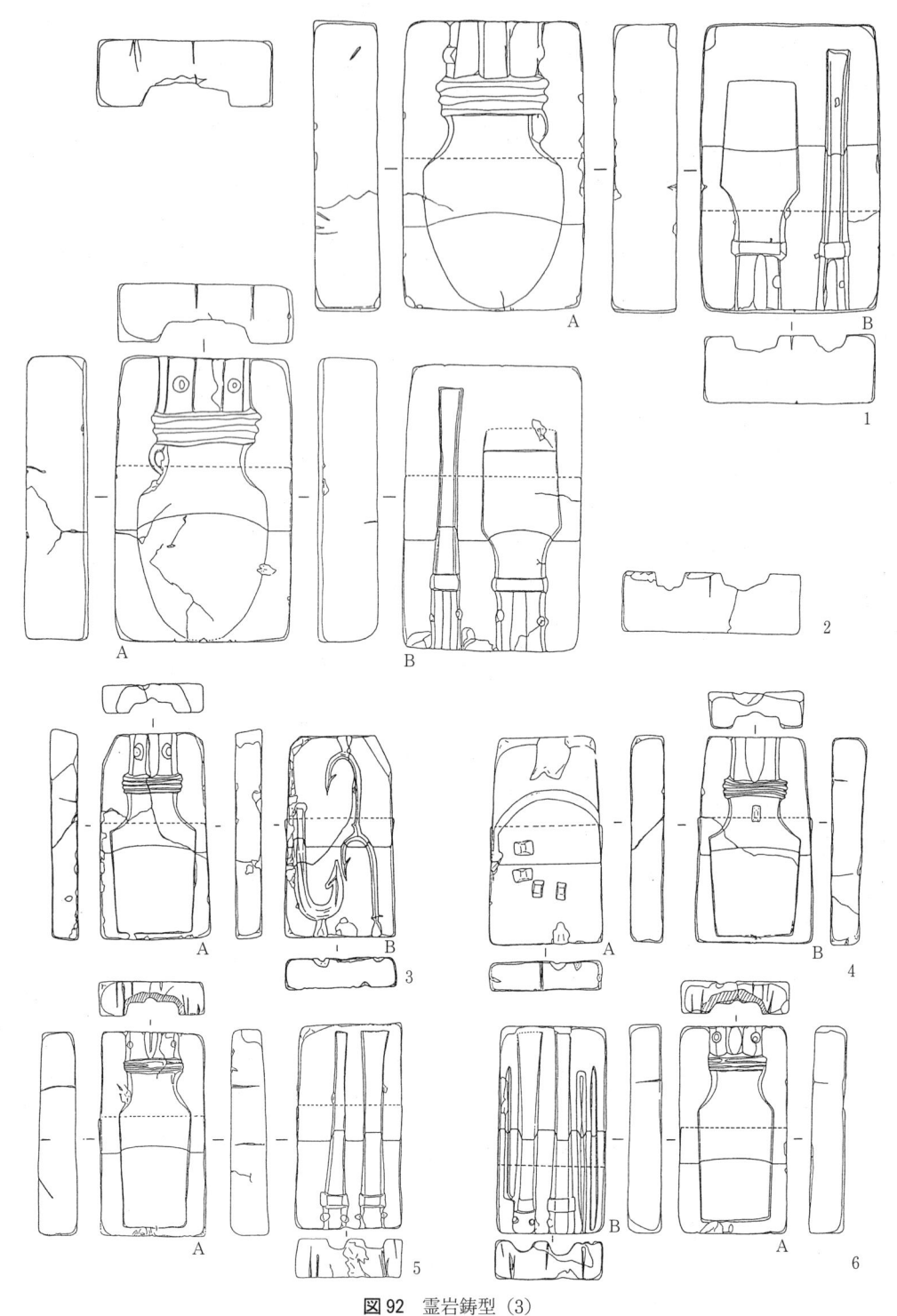

2個で対をなす1組、有肩斧が6面6個で対をなす3組、鑿は4面6個で対をなす2組、釣針は2面4個、多鈕鏡は1面2個、鉇は1面1個、針状品は3面5個で、型の合計は37個に達する。大部分は程度の差はあるが型部分と湯口部分が焼けて黒くなっていて、実際に使用している。

霊岩以外では東南部の慶尚道を除く16ヵ所で28枚の青銅器石製鋳型が発見されている（図93、図94）。

種類は、剣が9枚11面11個で、このうち表裏に剣型を彫る2枚（草芙里1・2号）と裏に矛型を彫る2枚（伝全羅南道1号、巨津里）が両面鋳型である。矛は6枚6面6個が出土し、巨津里例と裏面に飾金具を彫る永興邑3号以外は片面鋳型である。永興邑3号（琵琶形矛）と伝全羅南道1号（細形）以外は破片のため型式が判断できない。鏃鋳型2枚は鏃単独の鋳型で1枚が両面鋳型である[3]。武器関連では鍔金具の片面鋳型1枚が銅剣鋳型に伴出している。

斧の鋳型は永興邑1・2号と松菊里の3枚3個で、いずれも霊岩には見られない扇形斧の片面鋳型である。鑿は伝全羅南道2号の両面鋳型だけである。

祭具には多鈕粗文鏡の両面鋳型1枚、銅鐸の片面鋳型1枚、鐸形鈴の片面鋳型1枚が出土し、飾金具は永興邑3号B面の1個と三峰里の両面に2個ずつ銅泡を彫った1枚である。ほかに筒形金具の片面鋳型1枚がある。霊岩で出土した戈、鉇、釣針、棒状品の鋳型は他にはない。

既発見の鋳型は霊岩鋳型を加え17ヵ所41枚を数える[補記1]。

両面鋳型は、平壌周辺以北では10出土地18枚中4出土地4枚にすぎないが、東の江原道では2枚すべて、南部では5出土地の21枚中14枚を占める。北部の両面鋳型は多鈕鏡＋多鈕鏡、釦＋釦、矛＋飾金具、時期の降る蓋弓帽＋不明品各1枚であるのに対し、東海岸では剣＋矛、鏃＋鏃各1枚、南部では剣＋剣2枚、剣＋矛2枚、剣＋戈2枚、剣＋鉇1枚、斧＋斧もしくは斧と鑿あるいは鑿6枚、鑿＋鑿1枚で、武器と斧の両面鋳型が多い。なかでも霊岩の鋳型は両面鋳型が際だって多いのが特徴である。

中国東北地方の石製鋳型は河北省唐山から黒龍江省小登科遺跡までの間で38枚が確認される（図95）[補記2]。武器は遼寧式銅剣2枚2面2個（1対、1枚は失われた）、矛2枚2面2個、鏃6枚6面14個（3対）、工具は斧が20枚23面23個（4対を含む）、鑿が1枚1面1個、刀子2枚2面2個（1対）、銅泡を含む装飾品や飾金具は8枚8面10個、釣針が1枚1面1個で、斧が半数を占める。

剣、矛、刀子、釣針の鋳型はすべて片面鋳型である。両面鋳型は黒竜江省、吉林省、遼寧省西部〜河北省北部にはない。これに対し遼寧省東部の遼東半島と遼河流域では21枚中8枚を両面鋳型が占め、いずれも一面に斧を彫り、他面に斧（1枚）、斧と鏃（2枚）、鏃（2枚）、鑿と錐など（1枚）、泡など（2枚）を彫る。この地域の斧型は片面鋳型6枚を含めすべてが扇形斧であるが、遼寧省西端部〜河北省北部のものは長方形斧の片面鋳型で、製品の分布と一致する。両面鋳型が多用される遼寧省東部地域のありかたは朝鮮半島と共通し、技術的系譜が認められる。鄭家窪子の3面に型が残る小鋳型（破片？）は再利用または転用品と思われる。

中国東北地方の多種多様な青銅器の多くは土型で製作されたのであろう[4]。石型で製作したものは一部の武器と斧、簡単な装飾品や飾金具など限られていたとみられる。

日本列島でこれまでに約280枚約340面の石製鋳型が出土し、総枚数の約85％、総面数の約88％

254 第Ⅱ部 青銅器

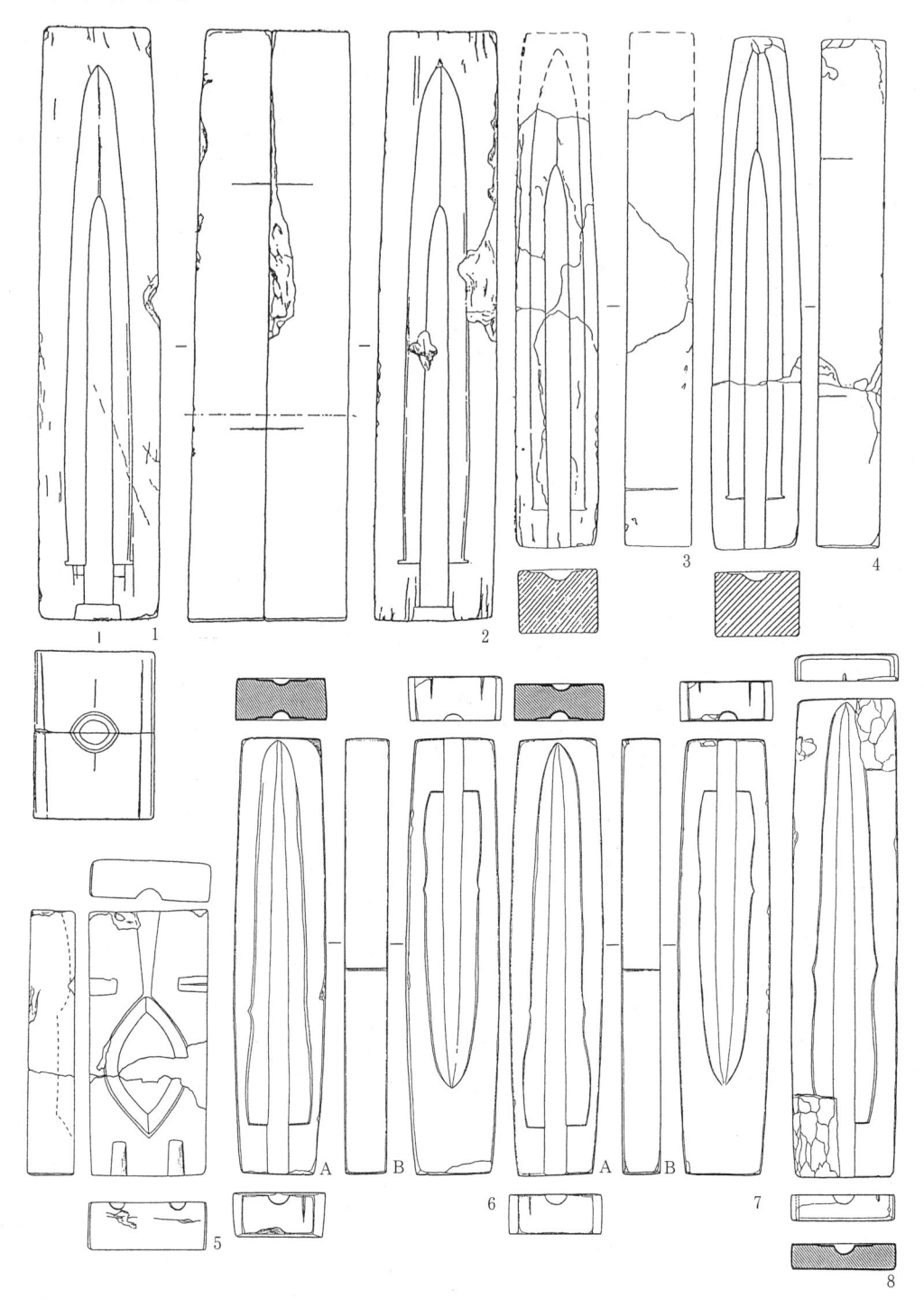

図 93 朝鮮半島の石製鋳型（1）
1：將泉里3号鋳型　2：將泉里2号鋳型　3：將泉里5号鋳型　4：將泉里4号鋳型　5：將泉里1号鋳型　6：草芙里1号鋳型　7：草芙里2号鋳型　8：草芙里3号鋳型　〔縮尺 約4分の1〕

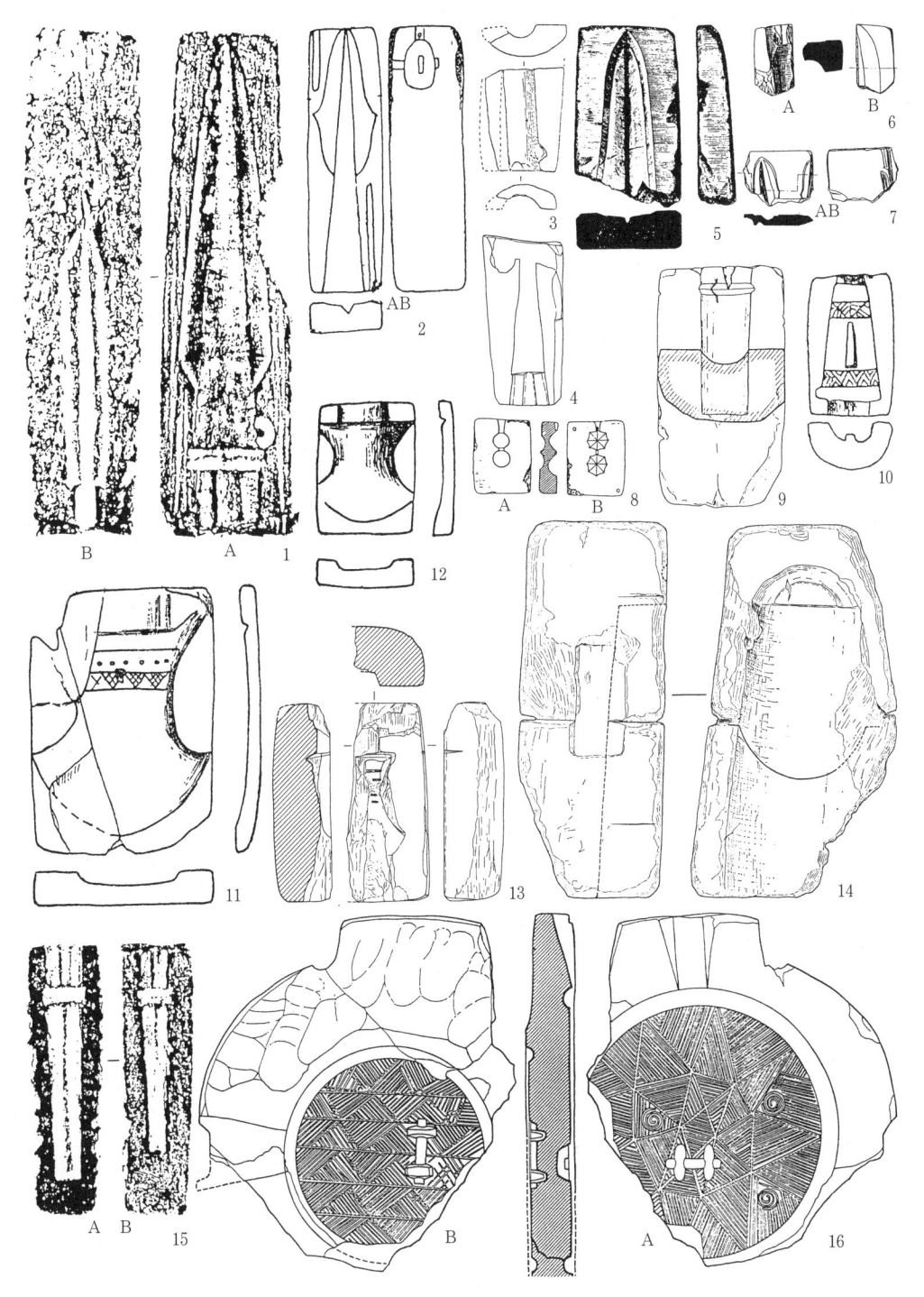

第 12 章 霊岩出土鋳型の位置 255

図94 朝鮮半島の石製鋳型 (2)

1：伝全羅南道1号鋳型　2：永興邑3号鋳型　3：星沙里鋳型　4：壇山里鋳型　5：伝平壌鋳型　6：巨津里鋳型　7：鉢山鋳型　8：三峰里鋳型　9：平壌付近鋳型　10：永興邑4号鋳型　11：永興邑2号鋳型　12：永興邑1号鋳型　13：松菊里鋳型　14：伝平壌付近鋳型　15：伝全羅南道2号鋳型　16：伝封仁面鋳型　（4は写真から図化）〔縮尺 約4分の1〕

256 第Ⅱ部 青銅器

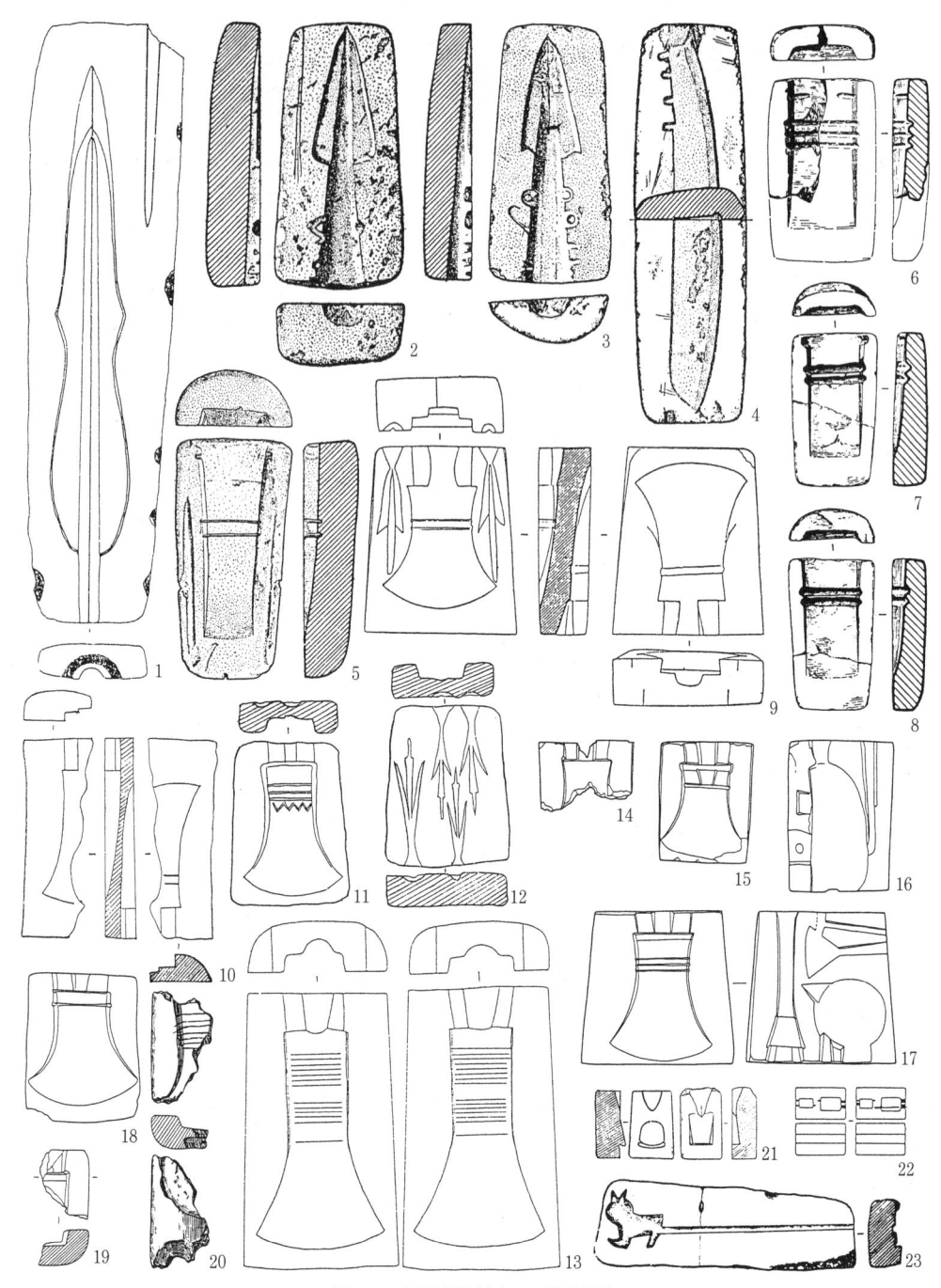

図95 中国東北地方の石製鋳型

1：黄花溝鋳型　2：雹神廟4号鋳型　3：雹神廟5号鋳型　4：雹神廟2号鋳型　5：雹神廟1号鋳型　6：赤峰紅山後1号鋳型　7：赤峰紅山後2号鋳型　8：赤峰紅山後3号鋳型　9：二道河子鋳型　10：碧流河鋳型　11：誠信村1号鋳型　12：誠信村2号鋳型　13：双房1・2号鋳型　14：崗上1号鋳型　15：崗上2号鋳型　16：崗上3号鋳型　17：崗上4号鋳型　18：臥龍泉鋳型　19：尹家村鋳型　20：牧羊城1号鋳型　21：龍頭山1・2号鋳型　22：李家台1・2号鋳型　23：沙河鋳型

〔縮尺 約4分の1〕

第 12 章 霊岩出土鋳型の位置 *257*

図 96 九州の初期鋳型

1：大谷 4 号鋳型　　2：大谷 3 号鋳型　　3：岡本鋳型　　4：勝馬鋳型　　5：本行 3 号鋳型　　6：本行 1 号鋳型　　7：本行 7 号鋳型　　8：本行 8 号鋳型　　9：本行 8 号鋳型　　10：吉野ケ里 4 号鋳型　　11：吉野ケ里 1 号鋳型　　12：吉野ケ里 2 号鋳型　　13：吉野ケ里 5 号鋳型　　14：惣座鋳型　　15：鍋島本村南鋳型

〔縮尺 約 4 分の 1〕

は北部九州（福岡県、佐賀県）で発見されている。このうち、型式的に、また判明する時期と使用時期の推定から青銅器生産が始まった初期の鋳型として分離できるものは、細形銅武器、朝鮮系銅鐸、鉇、瘤付棒状品の鋳型である。これらは北部九州で出土し、弥生時代中期前半（前期末まで上がるか）に位置づけられるが、確実な例は少ない（図96）。

細形銅剣鋳型は11枚18面出土し、片面鋳型が3枚（勝馬、吉野ヶ里1号、吉野ヶ里2号はD面に瘤付き棒状品の型がある）、裏面にも剣または剣と見られる型を彫る両面鋳型が7枚（大谷3、4号、本行2、7、8号、惣座A'・B'面、吉野ヶ里4号A・B面）、他面に矛を彫る両面鋳型が1枚である。細形銅矛鋳型は5枚6面出土し、片面鋳型が1枚（惣座A面）、裏面にも矛を彫る両面鋳型が1枚（吉野ヶ里5号）、裏面に剣を彫るものが3枚（本行1・3号、吉野ヶ里4号C・D面）である。細形銅戈鋳型は片面鋳型3枚が見つかっているが、平原鋳型は裏面が砥石に転用されていて本来は両面鋳型であったかもしれない。銅鐸鋳型は3枚（片面鋳型）、鉇鋳型は2枚出土している（片面鋳型）。瘤付き棒状品鋳型は剣鋳型に並存するもの2枚、単独1枚、計3枚3面である。ほかに異形品鋳型1枚がある。

このように九州初期鋳型のうち細形銅武器鋳型は、戈は片面鋳型であるが、剣と矛はほとんどが両面鋳型である。ただし剣は両面に剣型を彫るものが多いのに対し、矛は両面とも矛型は1枚で、他面に剣を彫るものが多い。このほか矛鋳型のA・B両面を斜めに削って剣の両面鋳型に転用したり（惣座）、最終的に4面鋳型になったもの（吉野ヶ里4号）もある。参考までに中細型式をみると、剣は細形銅矛の裏面に彫ったもの2枚と片面鋳型2枚（1枚は兵庫県田能遺跡出土）、矛は3枚中1枚が両面（裏面の種類不明）である。戈は22枚ほどあり、その中に戈の両面鋳型が6枚あるので、細形銅戈にも未発見の両面鋳型があったと推定できる。

細形銅武器鋳型に両面鋳型が多い点は朝鮮半島南部と共通し、石材の稀少性もあろうが、伝来地でのあり方を引き継いだためと考えられる。これは中細段階まで継続する。ちなみに中広以上の剣、矛、戈の鋳型は2～3枚の両面鋳型以外はすべて片面鋳型で、製品と鋳型の大形化にともなう当然の変化であろう。このように、遼寧省東部、朝鮮半島南部、北部九州に両面鋳型が多い現象は鋳型製作－青銅器製作技術の系譜を暗示するものであろう。

(2) 石　材

鋳型の石材を岩石学的に調べた例はないようで、表面の肉眼観察にとどまっているのが実状である。霊岩鋳型はやや赤味のある灰褐色の滑石を用いている。

朝鮮半島の他の鋳型で石材名が記されているのは、「斑糲岩様」と記された平壌付近出土矛？鋳型と、「片岩」（松菊里）、「砂岩」（伝全羅南道1号）のほかはすべて滑石であり、たんに石とのみ記されているものも滑石であろう。

中国東北地方の鋳型石材もほとんどが滑石で、片麻岩が2遺跡6枚、玄武岩様が1枚あるだけである。

九州の鋳型の石材のうち朝鮮半島と共通する滑石片岩または滑石岩は、春日市大谷遺跡1号（朝鮮系銅鐸）、2号（中細矛と剣？）、3、4号（細形銅剣）、岡本遺跡の朝鮮系銅鐸鋳型、鳥栖市本行遺

跡 6 号（瘤付棒状品）、7 号（細形銅剣）のみで、きわめて少ない。これ以外の大多数の鋳型の石材は石英長石斑岩で、ほかにはアクチノ閃石片岩（本行 4 号、中細矛）、角閃石岩（土生の鉇）、流紋岩質岩（須玖岡本遺跡の種別不明 2 枚）がみられる（唐木田 1993）。近畿地方の鋳型の石材は凝灰岩質砂岩である。

(3) 鋳型の形態

　霊岩鋳型は相対する面が平行し、隣接する面が直交し、厚みは上下左右がほぼ等しく、直方体をなす。各面の平面形はほぼ長方形だが、武器鋳型は上幅が中央〜下部幅より少し狭く、斧鋳型の一部には台形に近いものがあり、9 号は C・E 両面の間が斜めに切り落とされた形態である。横断面形は長方形で、片面鋳型にも台形や蒲鉾形あるいは B 面が弧状に膨らむものはない。

　やや異なるのは 13 号鋳型で（図 90-3）、B 面の左右両側を斜めに切り落したようになっている。これは、当初からこのように面取りしていたか、B 面が丸い矛鋳型を剣鋳型に転用するときに平坦に整えた結果であろうが、B 面が丸い片面武器鋳型が朝鮮半島に稀な点からは前者の可能性が高い。

　14 号鋳型 B 面（鉇）の鋳型面は両側面側から中軸線側へ低くなり、断面を緩い V 字形に整える。対になる他方の鋳型面を凸形にして鉇の裏面の凹面をつくるためである。この鋳型面の形状は北部九州の鉇鋳型に受け継がれている。

　霊岩以外の鋳型も平面形はほぼ長方形である。ただし剣鋳型は將泉里 2・3 号と草芙里 1・2 号が上下両端幅が中央よりやや狭く（図 93-1、2、6、7）、將泉里 4・5 号（同図 3、4）は剣型に合わせて上部を狭く作っていて、両側縁がほぼ平行の霊岩剣鋳型と異なる。また伝封仁面多鈕粗文鏡鋳型は平面円形で、A 面の湯口部分が長方形に突出している（図 94-16）。伝平壌の鐸鋳型も鐸型に合わせて上方が狭い台形をなす（同図 14）。細竹里の鏃鋳型の平面形も台形に近いが側面の整え方は相当雑である[5]。

　横断面形・縦断面形はほぼ長方形のものが多い。片面鋳型の中で裏面（B 面）が丸味をもつのは細竹里の鏃鋳型、伝平壌筒形銅器鋳型、永興邑 4 号（鐸形鈴）、星沙里の矛鋳型、松菊里の斧鋳型だけで少ない（図 94-3、9、10、13）。松菊里の斧鋳型の縦断面は B 面の両端面側を多少丸くととのえている。伝平壌銅鐸鋳型の B 面の幅が狭く横断面が台形であるのは型を深く彫る鐸鋳型の特性であろう。なおこの鋳型は C、D 両面の中央に手をかけるための長方形の窪みを作っている[6]。

　中国東北地方の鋳型も平面形は長方形ないし台形に整える。甕神廟の矛鋳型は下部幅が上部より広い（図 95-2、3）。黄花溝の遼寧式剣鋳型は上部幅が下幅より広いが、上右に棒状の型を彫るためであろうか（同図 1）。扇形斧鋳型は下部幅が上幅より広く台形だが（同図 9、11、13、17）、長方形斧の平面形には長方形と下部幅が上部より狭い逆台形がある（同図 5〜8）。

　両面鋳型の縦断面形と横断面形は当然ながら長方形であるが、碧流河、牧羊城 1 号のように、B 面の両側縁側を丸く整えるものもある（同図 10、19）。片面鋳型も横断面形には、裏面の両側縁側を丸く整えるもの（同図 2、4、6、13、20）、裏面が丸く蒲鉾状のもの（同図 3、5、7、8）がある。縦断面形は長方形だが、裏面の E 面または F 面側を丸く整えたり（同図 2、5、8）、B 面が緩く外に膨らむもの（同図 3）もある。

　日本の初期鋳型も両面鋳型が多いこともあって、ほぼ直方体で、横断面形・縦断面形も長方形に

近い（図96-1、2、5〜8）。中細形の鋳型も同様である。片面鋳型には横断面のB面が軽く膨らみ両側縁側が丸く面取りされたものがある（同図4、11、15）。こうした片面鋳型の横断面の形状は、朝鮮半島ではわずかに扇形斧や筒形金具鋳型（松菊里、伝平壌）に見られるが、武器の片面鋳型には見えない。また勝馬鋳型はC面中央に上から下へ浅い溝状の窪みが造られている。これも朝鮮半島の鋳型にはない造りであり、中細形以降の鋳型に時にみられる。

　朝鮮系銅鐸鋳型のうち岡本遺跡例の平面形は型に合わせて台形で、横断面は長方形だがB側面が少し丸く狭くなる（同図3）。大谷遺跡出土鋳型もほぼ同じようだ。瘤付き棒状品2個を片面に彫った本行6号鋳型の平面型は長方形、横断面はB面側が狭い台形である（同図9）。

　これら初期鋳型には、大谷遺跡の鋳型のように直方体の形状で、朝鮮半島での形をとどめるものと、中細形以降の鋳型形態に近く変化し始めたものとがある。

(4) 鋳型の法量

　法量は製作物の大きさにより決定され、長さと幅は製品（彫り込む型）の大きさを大幅に越えることはない。ただし、三峰里の銅泡鋳型（図94-8）や細竹里の鏃鋳型のように小形品の鋳型は型に比べ鋳型面がかなり大きいことがあり、また伝平壌付近の筒形銅器鋳型や松菊里斧鋳型も型にくらべ鋳型面が広い。鋳型製作や鋳造作業のためには一定以上の大きさが必要なのであろう。

　厚さは製品の厚さに左右されると考えられがちだが、実際は型の大きさや深さに関係なく、厚薄さまざまである。

　剣の片面鋳型の厚さは、草芙里3号の1.4cmと將泉里2〜5号や霊岩1・2号の4〜5.7cmの両極にわかれる。中国東北地方の遼寧式銅剣片面鋳型は2.3cmで薄く、北部九州の細形銅剣片面鋳型は3cmと3.8cmで朝鮮半島の厚薄両端の間になる。両面鋳型も巨津里、草芙里1・2号、霊岩13号の1.8〜2.5cmと、霊岩3・4号（裏面は戈）、伝全羅南道（裏面に矛）の4〜5cmの両極端にわかれる。北部九州の細形銅剣両面鋳型は1.8cm〜2.7cmだが、吉野ヶ里4号は6.9cmととくに厚く、あとで両側面を鋳型面にする予定であったようにも思われる。

　戈は剣型の裏に彫った霊岩3・4号（4cm）だけで、北部九州の戈片面鋳型の3cm前後より厚い。

　矛の片面鋳型は1.9〜2.3cmだが、両面鋳型は霊岩13号、巨津里の1.8〜2.5cm、伝全南の5.0cm（ともに裏に剣型）と厚薄両極にわかれる。中国の雹神廟4、5号は片面だが2.7cmと3.2cmでやや厚い。北部九州の細形矛の片面鋳型は3.4cm、両面鋳型は3.9cm、裏に剣型を彫る両面鋳型は2.4〜4.9cmで厚手が多く、とくに吉野ヶ里のものが厚い。

　斧・鑿の鋳型は霊岩の対になる5・6号と7・8号が3.1cm〜4.0cmだが、それ以外は1.7〜2.4cmで薄い。扇形斧鋳型は永興邑1・2号が1.5cmと1.8cm、松菊里が3.6cmである。中国東北地方の斧鋳型は、長方形斧の赤峰紅山後の3枚が2cm、雹神廟1号が3.2cmであり、扇形斧鋳型は崗上墓2号（片面）の1.5cmがもっとも薄く、ほかの両面鋳型は1.9〜3cmである。

　平壌付近の銅鐸鋳型の厚さは8.8cmで型の深さ3.8cmの倍以上あるが、北部九州の朝鮮系銅鐸鋳型はは1.9cm（岡本遺跡）〜3.9+αcm（大谷遺跡）で薄手である。

　鉇鋳型は、霊岩14号は2cm以下だが、九州例は1.9cm（土生遺跡）と5.1cm（庄原遺跡）で極

端に異なる。

このように中国東北、朝鮮半島、北部九州の初期の鋳型の厚みには変異が大きいが、種類、両面鋳型、片面鋳型との相関的な差異は認められない。地域、出土遺跡の間に多少違いがあるようだが、工人集団の伝統や癖などに還元できるかは、なお検討が必要であろう。ただし北部九州の細形銅武器鋳型は、吉野ヶ里の鋳型が3.8〜6.9cmと厚い以外は、両面鋳型も含め大部分は厚さが1.8〜3.4cmほどで、朝鮮半島例とほぼ同じである[7]。

(5) 合　　印

2枚の鋳型を型がずれないよう正確に合わせるために、C・D・E・F各面のすべてかいずれかに、鋳型面からほぼ垂直に刻んだ線が合印である。下端が裏面にまで達することは少ないが、まれに面一杯に刻まれ、両面の合印を兼ねるような例もある。湯口も2枚の位置・幅が正確ならこれを合わせることで合印の役割を果たす。九州の中細形以降の銅戈鋳型には闌の両端がC・D面に突き抜けて合印の役割を果たすものもあるが、霊岩の銅戈鋳型はそうではない。

霊岩鋳型の合印には太く深いものと細く浅いものがあり、中軸線上あるいはその左右に対称にまっすぐに刻むほか、1カ所に細い線を2〜3本まとめて刻むこともある。また合印類似の垂直や斜めの刻線も見えるが、他方の鋳型に対応する刻線がなく、合印とは認められない場合もある。これら合印や合印類似の刻線のなかには、型を割り付けるための「あたり」線も含まれているだろう。

霊岩鋳型の合印の詳細は表18に記載した。

剣は上下両端面の合印（1・2号はE面3本、F面2本、3・4号はE面1本、F面2本、13号はE・F面各1本）で合わせ、戈はE面の合印1本とF面の湯口で合わせるようで、いずれも両側面には合印がない。上下（鋒−茎）方向より左右方向のズレに注意を払っている。しかし中子を組み込む矛は4側面の合印で合わせ、ズレを極力防ごうとしている。

将泉里の剣鋳型2・3号は、2号C面とE面の図と記載がなく正確にはわからないが、両側面の上下2本とF面の両端のほぼ面一杯の2本ずつ（およびE面の合印？）の合印で合わせている。別の対になる剣鋳型4・5号も、5号上部が欠け、4号C面の図がないが、2・3号と同じであろう。霊岩と異なり、F面（とE面？）のほかC・D面にも刻んでいるのである。

草芙里の対になる剣鋳型1・2号は、A面用に一側面のほぼ中央に面一杯に1本、E面両端に1本ずつ、F面片側に1本刻み、両端面と一側面の合印で合わせる。しかしB面用にはまったくなく、側面中央の幅一杯のA面用合印と湯口を利用したのであろう。3号はごく短い線をE面の中軸線上に1本、F面の右端に1本（欠失した左端にも1本あろう）刻む。C面にはなく、D面は不明だが、両端面の合印だけで十分であろう。

このように剣鋳型の合印は将泉里、草芙里、霊岩の順で簡略の度を増し、とくに側面の合印が刻まれなくなっている。

霊岩の斧・鑿鋳型の合印は、両端面のほかに側面にも刻むもの（7・8号、11・12号A面）、両端面だけに刻むもの（5・6号B面、11・12号B面）のほかに、合印がなく中子を組み込む鋳型としてはきわめて簡略なものもある（5・6号A面？、9・10号A・B面）。ほかの斧鋳型の合印は、松菊里

例は破片のためD面上部の1本以外は不明で、永興邑の2点は有無を知る手だてがない。

そのほかの鋳型では、伝平壌付近の銅鐸鋳型が、C面の上から4cmと18cmに1本ずつ（欠けたD面にもあろう）、E面の中軸線の左右1.5cmに1本ずつ、F面の型裾の左外側に1本（欠けた右外側にもあろう）刻む[8]。福岡県岡本遺跡の朝鮮系銅鐸鋳型も同じだが、E面が中軸線上の1本だけの点が異なる。小形品のための変更であろう。いずれも、2枚の型のズレを極力防ぐための念入りな合印である。朝鮮半島のこれ以外の鋳型の合印は明らかでない。

中国東北地方についても記載・図示例は少なく、二道河子鋳型がE面中軸上に1本、F面両端に1本ずつ、双房鋳型がE面両端に1本ずつ、龍頭山鋳型がF面に刻む以外は明らかでない。黄花溝の遼寧式剣鋳型はC面下部に1ヵ所刻みがあるというが合印かどうかわからない。

九州の初期鋳型もほとんどが小さな破片のため合印を的確には知り難い。銅鐸鋳型以外では、佐賀県本行遺跡の瘤付き針状品片面鋳型が、両側面と両端面にていねいな合印を刻んでいるのが目につく（図96-9）。

ところで、釣針や棒状品の鋳型（霊岩8号、12号）が、対になる他方に対応する型を彫っていないのは、型は必要でなく平坦であればよいからであり、ズレを防ぐ合印も必要ない。釣針3個を彫る霊岩9号B面用の合印がないのも、合印を必要としないからである。多鈕鏡も鏡面側は平坦あるいはわずかに凸になる曲面をもつ石もしくは土型を合わせればよく、必ずしも合印は必要ない。遼寧省沙河村の動物形飾金具も同類であろう。

また霊岩や日本の鋳型には見られないが、2枚の鋳型を合わせるために合印ではなく、凹部と凸部を合わせる「はまり」を用いるものがある。將泉里1号の鍔金具鋳型（図93-5）は、鋳型面の上部左右と下端部左右に長さ2cm、幅1cm、深さ0.5cmほどの断面半円形の溝を4ヵ所彫る。これと対になる鋳型にはこの溝にはまる凸部が設けられるが、石型にこれを作り出すのはきわめて困難であるから、対になるのは土型である。この鋳型面に「土」をのせて押しつければ溝にはまる凸部と鍔型および湯道に対応する凸部が得られる。湯道部分の凸部は完全に削り落とすかさらに削り込んで湯道とし、鍔型の凸部は表面を製品の厚み分だけ削ればそのまま内型になる。鍔金具は厚さ2mm以下で、内型とのわずかなズレが致命傷となるから、このような「はまり」による組み合わせが必要なのである。

石型と土型の組み合わせは、銅泡のように裏面が凹入する器物についても推定できる。三峰里の銅泡鋳型も石型に土を押しつけ、土に写された凸部を製品の厚さ分削り、さらに鈕型を彫り込んだであろう。この鋳型の片面の左上と右下の小円の表示は、片方が土型であるための装置であろうか（図94-8）。また多鈕鏡の鏡面側や鉈の裏面側も土型のほうが作りやすいであろう。

朝鮮半島・中国東北では石型とともに土型の技法も広く行われていたことが、製品から確実であり（岡内1983）、將泉里1号鋳型は土型と石型の技術が密接につながっていたことを示すものである。

(6) 湯口とはばき

中子を必要としないものは、中子を固定する装置（「はばき」）が必要ない。

剣と戈は出土地を問わず、茎・内の先端が湯口を兼ね、特段の加工はしていない。そのなかで將

泉里2・3号だけは茎の先の幅1cm前後を、茎より幅広く深く彫り込んで、注入口を整えている（図93-1、2）。ほかにはみられない作りである。

鏃は、鉢山と細竹里のものは茎先端が湯口になるが、中国東北のものは鋒に湯口がつながる。

釣針、泡、飾金具などは、中国東北地方出土品を含め、口が幅広く深く、型と接する部分が幅狭く浅い湯道を彫っている。棒状品は先端部がそのまま湯口になる。

鉇鋳型（霊岩14号）の湯口の位置は、鋳放しのままの九鳳里出土品（図97-33）と型先端部が流し口として鋳型先端につながっている福岡県庄原の鋳型から、基部側にあったと判断できる。先端部に刃を研ぎ出す鉇は、武器鋳型と同じく、鋳造後の加工研磨の面からも湯口を基部側に設けなくてはならない。

多鈕鏡は鈕孔用の中子を必要とする。伝封仁面鋳型（図94-16）には中子を置く溝が彫られ、A面は湯口部分が鋳型本体から幅9cm余、長さ3cmほど突出し、その中央に断面台形で型から湯口へ傾斜する湯道を彫り込む。B面の湯口は同じ形状でA面と90°ずれている。注目すべきは両面とも湯口が鈕のまっすぐ下に位置し、鈕孔に直交することである。鈕孔用の中子や鈕の位置、方向とも関係があるのだろう。これは、霊岩10号B面上部の欠けて（？）へこんだ部分が湯口の痕跡あるいは失敗した跡とすれば(補記3)、鈕a（後述）との関係にもあてはまる。

中子を必要とするものは、湯口と中子固定部（はばき）を同じ所に造る。

しかし、永興邑3号、星沙里、河北唐山の矛鋳型は鍫部が湯口を兼ねるが、中子を固定するための特段の造りはない。伝平壌付近の鐸と筒形銅器の鋳型も中子固定用の造作はない。北部九州の中子を要する鋳型も同様である。これらは湯口とはばきが一致し、そのままでは注湯できないから、中子のはばき部分に湯道とあがり用の複数の溝を彫るのである。

そのほかの矛、斧、鑿、鐸形鈴の湯口はやや複雑であるが同じ作りである（図90-3、図92、図94-1、4、10、15）。鍫部や裾の先に鍫幅と同じか少し狭い幅で断面半円形ないし逆台形の溝を彫り（仮に上溝とよぶ）、その中央をさらに一段深く彫りくぼめ（仮に下溝とよぶ）、その左右の上溝底に平面円形の小さな窪みを設ける。上溝の底は型の底より高く深さは一定だが、下溝の底は型に接する部分から湯口へ向かって深く彫る。上溝と窪みで中子を挟み固定し、下溝と下溝に対応して中子両面に彫った溝が湯道とあがりの役割を果たすのである。扇形斧鋳型の湯口は、永興邑1、2号の詳細はわからないが、松菊里例は上溝と下溝を彫ったことが確実で、窪みの有無のみ不明である。鑿には小溝がないものもあるが（霊岩11・12号）、この場合は上記矛などと同じく中子両面に湯道とあがり用の溝を彫ればよい。

窪みは中子の対応する小突起とともに、中子の固定をより強固にするが、対になる鋳型で位置が異なるのは、中子と鋳型の表裏を合わせるためであろう。ただし窪みがなかったり（壇山里1号、伝全羅南道1号A面、伝全羅南道2号A・B面）、対になる一方にだけ窪みがある場合もあって（霊岩7・8号のうちの8号、9・10号A面のうちの10号）、必ずしも窪みは必要ではなかったようである。

中国東北地方の斧鋳型の湯口は2種類ある。遼寧西部から河北北部の長方形斧鋳型（図95-5〜8）は、幅と深さが鍫部型と同じ溝を彫り、溝の先端部近くの両側面に中子を固定する細い溝を彫る。

下溝はなく、中子に湯道を彫るのである。これに対し、遼寧東部の扇形銅斧と鑿鋳型の湯口は霊岩同様、大溝と小溝を彫っていて（同図9～11、13～15、17～19）、霊岩鋳型の源流が松菊里扇形銅斧鋳型を介して遼東に求められることを示している。ただし、遼東の鋳型の湯口には窪みはなく、これが朝鮮半島での工夫であることを推測させる。

このように中子を必要とする矛や斧・鑿では湯口と型との間に溝を彫り中子を固定するが、中子の両面に彫った溝だけを湯道と上がりとする場合と、溝の中央にもさらに深く溝を彫って（この場合も中子両面に溝を彫る）湯道とあがりを鋳型にも設ける両者が認められる。後者では上溝に窪みを設け中子の固定を強化するとともに中子の表裏と鋳型の表裏をまちがえないようにすることがある[9]。

なお崗上4号鋳型B面の直径約4cmの飾金具の型のように、湯口と上がりを別々にして広狭2本の溝を彫るらしい例もある（図95-17）。

中国山西省の侯馬鋳銅遺跡出土の土製鋳型の中の钁鋳型の湯口は、幅と深さが銎部と同じだが、中子を固定するために湯口両側を1段高くしたものと、湯道の両側面に溝を彫るものがある（山西省考古研究所1993）。前者は霊岩の斧、矛鋳型や遼寧の扇形斧鋳型の湯口と同じ造りであり、後者は赤峰や䉓神廟の長方形斧鋳型と同じである。中子の固定と湯道、あがりを同時に機能させる上で必然的に生じる工夫であろう。

しかしながらこのような造りは、九州の鋳型には普及していなかった。吉野ヶ里4号C面の矛型の断面半円形の湯道の底に幅1cm、深さ0.2cmの溝を彫り、下溝の作りかとも見られるのが唯一の類例であり（図96-10）、本行3号B面、9号、吉野ヶ里5号B面の矛型の湯口にはこのような作りがなく、中細以降の矛鋳型にも見られないのである。

また湯口ではないが、本行遺跡8号A面（図96-8）や庄原鉇鋳型のように、鋒の先につづく細い溝が鋳型外へ抜けガス抜きあるいは流しの溝として、以後の武器鋳型にしばしば見られる作りが初期段階ですでに現れている。現在のところ朝鮮半島の鋳型にはみられない。

なお重要な問題は、複数の型の湯口の方向である。

同一面に複数の型があってそれぞれの湯口方向が同じものは霊岩5・6号B面（斧と鑿）、同9号B面（釣針3個）、同11・12号B面（鑿2個と棒状品3個）、同8号（斧と棒状品）、遼寧省二道河子鋳型A面（斧と鏃2個）、崗上4号B面（鑿と飾金具）、誠信村2号B面（湯口方向が同じ鏃2個ずつ2組、各組の湯口は反対方向）である。これらのほとんどは主たる斧型に従となる型を加えたもので、斧鋳造時にほかも一緒に鋳造する鋳型である。

同一面の複数の型の湯口方向が異なるのは、霊岩8号の斧とその横の釣針（90°ずれる）、崗上4号B面の異形品と棒状品と鑿、飾金具（正反対あるいは90°ずれる）で、これらは2回にわけて鋳造作業を行わなくてはならない。

両面鋳型の表裏で湯口方向が同じものは少なく、霊岩3・4号（剣と戈）、伝全羅南道2号（鑿）、三峰里（飾金具）のほか[10]、中国東北地方では誠信村1、2号（斧と鏃）のみ、九州初期鋳型では大谷4号（剣）、本行1号（剣と矛）、吉野ヶ里4号（剣と剣および矛と剣）で、朝鮮半島西南部から北部九州の武器鋳型に目立つといえる。

これ以外の両面鋳型の大部分は表裏で湯口方向が正反対である（霊岩5・6号、9号、11・12号、

13号、草芙里1・2号、巨津里、鉢山、二道河子、碧流河、崗上4号、誠信村1・2号、本行8号、吉野ヶ里5号の各鋳型)。霊岩の6例は武器鋳型1例以外は斧、鑿鋳型だが、朝鮮半島のその他の例は伝全羅南道1号、永興邑3号を含め武器、鏃鋳型で、これは九州初期鋳型と共通する。遼寧省の例はすべて斧、鑿鋳型である。両面鋳型の表裏で湯口方向を逆にするのは、とくに斧鋳型にはっきりしているが、鋳型の湯口部分に一定の厚みを与えるためとみられる（図95-9、10参照)。

(7) 鋳型の製作

　鋳型の製作は石材の探索、採掘（採集）から始まるが、岩石同定に基づく石材の分布調査は行われていないため、石材産地と鋳型出土地との関係などは明らかではない。

　鋳型の製作は型を彫る前の作業量が多い。入手した石材を粗割りして必要な大きさを作り出し、荒い剥離や削りで鋳型の形態に整え、さらに細かく剥離し、敲打を加えて求める形態に仕上げ、最後に各面を砥石で磨き上げる。とくに鋳型面は完全な平坦面が求められるので相当の困難をともなうと思われる[補記4]。こうした工程は九州の中広～広形の武器や大阪府東奈良遺跡の銅鐸鋳型に残る加工痕から推測される。霊岩はじめ朝鮮半島の鋳型には、九州の細形～中細形の武器鋳型などと同様、一部に敲打痕を残すものや磨きで生じた擦痕がみられるが、九州の武器形祭器鋳型のように粗削り痕を残すものはないようである[11]。

　この後、型を彫り込む。多鈕鏡や鏃、釣針、針状品などは2枚のうち片方のみに型を彫り、他方は平坦もしくは鏡面用の凸面ですむから、2枚の鋳型のズレはさほど問題にならない。

　しかし武器や斧・鑿、鐸などは、2面の鋳型面を正確に合わせ、対応する同じ位置に同型同大の型を彫り込むためには割付け線が必要であろう。その最初の基準は中軸線だから、まず2枚を合わせて両端面に中軸線のためのあたり線を引くであろう。これらあたりの線と中軸線さらには割付け線は、刻線の場合もあろうし、描線の場合もあろう。後者では鋳型に割付け線は残らない。

　中軸線用のあたりとみられる例としては、霊岩3号B面用のE面中央の短刻線、同13号F面中央の矛湯口下の刻線、将泉里2・3号鋳型F面中央の湯口下の刻線があげられる。また草芙里3号E面、霊岩13号E面、同1・2号E面、同5・6号E・F面、同10号F面、同11・12号F面の中軸線上の合印も同じ役割を果たしたであろう。また型の特定部分に対応する側面の刻線、たとえば霊岩4号戈型の闌右端に対応するC面下部の面幅一杯の刻線（図91-2）や、同5号鋳型有肩斧の肩の位置に相当するD面中央のE面と接する部分の太い短刻線（図92-1）も、あたりの役を果たしているようにみえる。このほか霊岩の斧、鑿鋳型の側面の意味不明の細い刻線の一部も、割付け用のあたり線かもしれない。

　鋳型面の割付け線は、霊岩3号A面剣型の突起部外の線（図91-1）、同3・4号B面戈型の鋒から上部の中軸線（同図1、2）、将泉里3号鋳型の剣型関付近の直交する数本の細い刻線（図93-1）のほかはよく残っていないらしい。あるいは描線であったかもしれない。

　このようにみれば、合印の刻線も型を彫る前、あたり線をつけるときに一緒に刻ざまれたであろう。

　割付け線を引いた後、製作する品物の平面形を、たぶん木その他の型を用いて描き、型を彫るのである。使用した工具は明らかでないが、型の彫り込みの鋭さからみれば、銅の鑿や霊岩鋳型に見

える棒状品を尖らせたり狭い刃を付けたようなものなども候補になる。

　鋳型製作で問題となるのは、両面鋳型は最初から両面に型を彫ったのかどうかである。

　鋳造時に熱や溶銅の圧力のために鋳型が破損することはしばしばある。はじめから表裏両面に型を彫っていれば、最初に失敗して鋳型が破損すれば裏面の型は無駄になる。ただし鋳型を3枚以上合わせて、同時に2点以上の製品を鋳造するとすれば、両側の鋳型は片面の型だけでよいが、間に挟まれる鋳型は両面に型を彫っておかねばならない。しかしこうした表裏面を一度に使用する同時複数鋳造は、複数の型のズレを防ぎ、3枚以上の鋳型を湯の圧力に耐えられるように固定するなどの実際の鋳造作業を考えれば、その可能性はきわめて低いはずである。さらにこの場合は湯口は表裏で同方向でなくてはならないが、先に見たように両面の湯口方向は基本的に反対なのである。したがって両面鋳型であっても片面鋳型同様、1回に2枚合わせて1点を鋳造するものと考えるべきであろう。

　では、両面鋳型は最初から両面に型を彫っていたのか、それとも一面の型を鋳造に使用した後、破損しなければ裏面にも型を彫って再度使用したのか。この点は個々の鋳型を綿密に観察しても容易には判断できないだろう。

　表裏両面で湯口が反対方向の例が多いことも、同方向にして湯口部分の厚みが減るのを避ける工夫で、表裏の型を同時に彫ったか否かの直接的裏づけにはならない。また、先に検討したように、霊岩や草芙里の両面鋳型では、A面用の合印ははっきりしているが、B面用の合印はなかったり、A面用の一部を利用しているようであったり、その逆であったりする。こうした合印の状態から、A面使用後にA面用合印を利用してB面の型を彫ったのか、それともB面使用後にB面用合印を削ってA面の型を彫り合印を刻んだのか、などが判断できるのか、あるいは合印はそうしたこととは無関係かなどは不明と言わざるをえない。

　このように確たる理由は挙げられないが、さしあたり2枚の鋳型の表裏がそれぞれ対になる鋳型を作るのは、鋳型石材の効率的利用のためであること、したがって表裏両面に型を彫るのは片面を鋳造に使用した後のことと考えておきたい。こうして表裏両面のそれぞれが対になる2枚の鋳型が残されるのである。

(8) 鋳　　　造

　鋳造作業を具体的に復元できる遺構遺物は見つかっていない。

　鋳型にもとづいて言えることは、2枚の鋳型を合わせ、湯口のまわりを「土」で囲んで注入口を作ったであろうことである。鋳型の湯口に接する幅0.4～1cmは溶銅の熱で焼けて黒く変色し、2枚の鋳型を合わせると湯口の周囲に2～3.5×4～5cmの円形、楕円形、扁平六角形の焼けた範囲が浮かび上がる。この範囲を「土」で堤状に囲み注入口を作ったのである。したがって鋳型からはずしたばかりの製品の湯口部分には注入口にあふれた溶銅が残ることになる。これを残したままの例が九鳳里出土の鉇で、基部に直径2.2cm、厚さ0.5cmの円盤が切り落とされずに残っている（図97-33）[12]。

　鋳型の観察からは、2枚の鋳型を合わせて固定する方法、湯を注入する際に鋳型をどこに置くのかなどはわからない。何らかの材料で縛り合わせ、土で囲って湯口に注入口を設けた鋳型を、湯口

を上に向けて、地面の穴に埋めるなどして固定すると推定できるが、遺構の上から実証するには至っていない。また朝鮮半島では坩堝やふいごの羽口なども見つかっておらず、今後の調査の進展にまつべき点が多い。

遼寧省黄花溝の遼寧式銅剣鋳型は割れ口に2枚の鋳型を皮紐や縄で縛った痕跡が残るというが、詳細はわからない（図95-1）[13]。

霊岩に使用済みの完形品が13枚もあることは、実際に何回使用されたかの関心を呼ぶが、細かな損傷がどの程度生じているのかなど、さらに実物にあたって検討すべき課題である。

3　型と製品

霊岩出土例を中心に鋳型に彫られた型と製品について比較検討する。

(1) 剣

剣の型は霊岩の6点（4点が対）、將泉里の2対4点、草芙里の3点（2点が対）、伝全羅南道長城地方の1点と巨津里の小破片1点である。

剣型には茎と背が一直線に断面半円形に彫り込まれ鋒まで通っているが、將泉里例だけは身長の4分の3の所まででその先は鎬の線となる。剣身の側縁は、將泉里例と伝全羅南道例はまっすぐで抉入部や突起は彫っていない。それ以外は、上部の突起は彫るが下の突起は彫らず抉入部から身下部の側縁へ曲線をなしてつながり、さらに関部へ多少狭まる。將泉里例はさらにほかと異なり、関の両端に幅2～3mm、長さ2mmほどの突出部を彫る。

細形銅剣は鋳造後の研ぎの結果により型式分類されるため、鋳型の段階では細かく型式を判断できない。しかし背の彫り込みは浅くなく、製品は偏平ではないとみられるから、これらの鋳型で鋳造する剣はBⅠかBⅡ式と推定できる（岡内1982a）。

將泉里鋳型で鋳造した剣は、研磨によって刃と鎬を立て、鋒が長い形態になる。抉入部と突起も研ぎ出したであろう[14]。また関部の突出を残せば関両端に小突起をもつものになる。関両端を研ぎ残して小突起状にした剣はいくつかあるが[15]、鋳型の関部に突起部があったと推定できるのは伝平壌出土品（榧本1980b：No.190）、貞柏洞205号墓出土品（朝鮮歴史博物館1967）[16]などである。後者の剣身長・幅・鋒長などは將泉里2・3号鋳型の剣型に近い。

草芙里と霊岩の剣型は類似する製品を大きさから探し出すことはできても、鋳造後の加工を考えると製品との関連づけは困難である。ただし霊岩13号B面、草芙里1・2号B面の剣型は全長が20cmと20.2cmで、製品には抉入部と突起が造られるが、20cm以下のそのような剣は見つからない。平安南道大同郡石巌里や慶尚北道大邱市大邱中学校などで出土しているごく少数の小銅剣（長さ15～16cm以下、幅2cm数mm以下、抉入部・突起なし）（榧本1980b：No.252、254）ともことなる。伝全羅南道1号B面の剣型は抉入部・突起がなく、未製品のようでもあるが、全長が18cmでこれら小銅剣の類だろうか。

(2) 矛

　矛の型は霊岩13号A面と伝全羅南道1号A面の2点である。鋳造後に身側縁と背を研いで、身最大幅部から上に刃と鎬をたてる。霊岩の矛型は全長18cm、銎部に幅1cmの節帯を持ち、耳はない。伝全羅南道の矛型は全長25.2cm、銎部に幅1.3cmの節帯があり、柄の右につく耳（2×1.4cm、幅0.8cm）の下端は節帯上部に接している。両者とも全長は、長大化する以前の銅矛の全長11～27cm（15cm以上が多い）の範囲内にあり、長さに対して身幅が広い。

　霊岩例のように銎部に節帯をもち、耳がなく、身幅が広く、身最大幅部分と身下端部の間が短い矛はもっとも古く編年され、製品は各地で出土している[17]。

　伝全羅南道例は耳をとれば上記と同じ型式であるが、耳と節帯の位置関係は近藤の狭鋒b型式（全長が長くなる）で、製品例がほとんどなく、伝慶尚北道永川例（全長23.3cm、身幅4.2cm、耳下端と節帯の間が少しあく）（沈奉謹ほか1982）、伝忠清南道公州例（全長21.9cm）（金廷鶴1972：図版108）を挙げうる程度である。

　また両矛型とも銎口から身下端部までの長さが、多くの矛では全長の26～45%であるのに対し、15～19%と短いのが特徴であり、若干の製品類例がある[18]。

(3) 戈

　霊岩3・4号鋳型B面の対になる1例だけである。全長29cm前後、身長25.5cm前後、闌幅8～8.2cm、身最大幅7.2～7.6cm、樋基部の両端幅3.6cm、背長18.9cm、背幅1.4cm、内長3.6cm、内幅2.8cmを測る。樋に文様はなく、樋先端は合わさり、鋳造後の研磨で背に鎬は立てない。形態的特徴は内の幅が狭いことと、樋の下部が直線的で外に広がらないことである。

　銅戈の内の幅は、慶尚北道に多く時期が遅れ樋に文様をもつ例の1.8～2.6cmと、最末期型式の飛山洞（金廷鶴1972：図86）・坪里洞例（尹容鎮1981）の1.4cmを除くと、3cmを越えるものがほとんどで、霊岩鋳型の内幅はもっとも狭い[19]。樋が直線的で外に広がらない例も少ない[20]。霊岩鋳型の戈型に内の幅以外の法量がもっとも近いのは呂朝淵所蔵品であろう[21]。

(4) 斧

　斧の鋳型は霊岩以外では、永興邑遺跡と松菊里遺跡で出土している。中国東北でも多数発見されているが、日本列島には出土例がない。

　これら銅斧は柄を差し込む銎をもつもので、正面観から扇形斧、長方形斧、円刃、有肩斧の4類型にわけられる。

　1) 扇　形　斧　　この斧の鋳型は霊岩にはないが、永興邑遺跡で2枚（図94-11、12）、松菊里遺跡で1枚（同図13）出土し、製品は7遺跡で7点が発見されている（図97-1～7）。

　刃部は両端が左右に突出し、刃線は弧をなし、半円形に強く外彎するものから多少膨らむものまで変化がみられる。身幅は刃幅に比べかなり狭く、銎部は刃部同様左右に強く突出するものから身幅より多少広い程度のものまでさまざまである。銎部断面は長楕円形と長方形（扁平六角形）の両種にわけられる。銎部には節帯あるいは突線を巡らすもの、いずれもないもの、銎下部から身中央

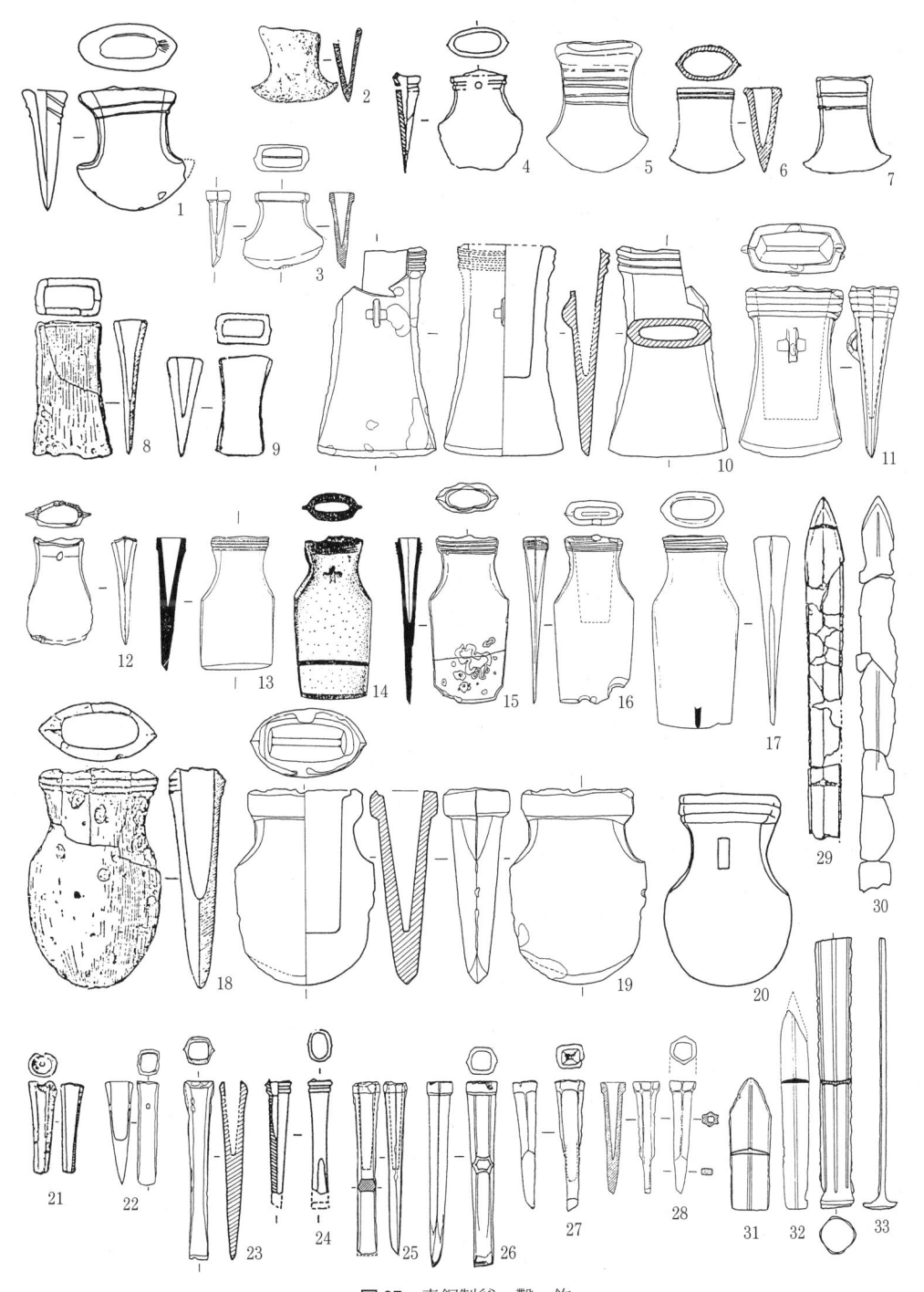

第12章　霊岩出土鋳型の位置　269

図97　青銅製斧・鑿・鉇

1：朝陽洞　　2：美松里　　3・28：南城里　　4・24：如意洞　　5：土城里　　6：丁峰里　　7：義州郡
8・18・21・30：松山里　　9：弧山里　　10・19・23・33：九鳳里　　11・22：菊隠蒐集品　　12：伝慶州
13・32：大谷里　　14・30：伝公州　　15：西辺洞　　16・31：草浦里　　17：順安　　20：湖巌美術館蔵
25：龍堤里　　26：永登浦　　27：炭坊洞　　（5、7、20は写真から図化）　　　　　　（縮尺　約4分の1）

に突線数条や幾何文を巡らすものなど例が少ない割には多様である。全長は幅に比べ短く、ほとんどは刃幅より多少大きいだけで、1.2倍を越えることはない。

中国東北地方の同類の斧と比較する上では、

Ⅰ類：刃部の左右の突出は強いが鑿部と身の幅がほぼ同じで刃部の外彎度が弱いもの（義州郡、研ぎ減りで刃部の外彎度が弱いのか？）（図97-7）、

Ⅱ類：刃部の外彎度と左右への突出度および鑿部の左右への突出度のいずれもが強いもの（永興邑1・2号、美松里、松菊里、朝陽洞、土城里）（同図1、2、5）、

Ⅲ類：鑿部の突出が弱く鑿部幅と身幅に大きな差がないもの（南城里、如意洞、丁峰里）（同図3、4、6）、

にわけるのがよい。

中国東北地方の扇形斧のうち上記Ⅱ類は吉林省五道嶺溝門遺跡出土例（集安県文物保管所1981）のみといってよく、Ⅲ類は吉林省東梁崗（吉林市博物館1983）、狼頭山（吉林市博物館1989）、長蛇山（吉林省文物工作隊1980）、遼東半島の臥龍泉（朝・中合同考古学発掘隊1966）、尹家村（いわゆる「塁周墓」、東亜考古学会1931）などで少数発見されている[22]。

中国東北地方の大多数の扇形斧（図95-9～11、13～15、17～20）は、刃部の左右突出が強く、鑿部幅が身幅とほぼ同じか多少広く、刃幅に対する全長の割合は1.2倍以内でⅠ類に近いが、刃の外彎度は比較的強く（図95-9、15、16、18）、しかも全長が長く刃幅の1.3～1.8倍に達するものも多い（同図11、13）。これらは主に吉林省と遼寧省東部に分布している。朝鮮半島のⅠ類（義州郡例）はこの分布地区に含まれるものであろう。

一方、大凌河流域から内蒙古東部の遼西地区では、十二台営子1号墓例（朱貴1960）のように刃の突出度と外彎度が強く身が長いⅠ類に近いものもあるが、細長く刃の突出と外彎が弱いもの、この傾向がさらに強く平面形が長方形に近づき、さらには完全に長方形のもが多い（図95-5～8）。また南山根例（李逸友1959）のように強く外彎する刃の両端が上に跳ね上がる斧もある。内蒙古小黒石溝ではこれら種々の銅斧が多数共伴している（項春松ほか1995）。

中国東北地方の青銅斧は、春秋～戦国時代に平行する遼寧青銅器文化の所産であり、扇形斧は南山根の刃両端が跳ね上がるものから十二台営子1号墓例、瀋陽・遼東半島地区出土例へと全長が短くなり、さらに朝鮮半島や吉長地区の扇形斧につながるのであろう。

2）長方形斧　鑿部から刃部方向へ少し幅が狭くなった後、再び刃部へ幅を増す撥形の両刃斧を長方形斧と呼ぶことにする。霊岩の鋳型1対のほか製品7例ほどが知られている。形態と出土地域からA、B2つに大別できる。

A類は鑿部に節帯などの装飾がなく、鑿横断面が長方形、両刃で、西北地域で出土する（弧山里、長寿院洞、松山里）（図97-8、9）。

B類はA類より大きく刃の開きが強く、鑿部に突線3～4条巡らせ、横断面が扁平六角形、片刃で、片面の上部中央に半環状の耳がつくことがある。南西部で出土する（霊岩7・8号鋳型、九鳳里、伝和順）（図97-10、11）。

A類は遼東半島に類例が少数見られ[23]、つながりが想定できる。しかし、B類は遼西地区に類似

品はあるが[24]、地理的関係からは直接関係づけることはできない。製品2点が耳をもつことからも儀器的なものとしてA類から生まれた南西部独自の器種とみられる。

このほか、身上部に間をおいて突線2条を巡らせ再加工の結果か刃部が軽く内彎し刃を潰したような崇実大学校博物館所蔵の小形のB類（金良善1962）や正面観が文字通りほぼ長方形の釜山市立博物館所蔵品（国立中央博物館1992：109）がある。

3）有肩円刃斧　　銎部の下に肩がつき肩から半円形の身・刃部へつづく。刃は両刃、横断面形は銎部で長楕円形、身部で凸レンズ形である。霊岩5・6号鋳型のほかに、製品が黄海北道松山里、忠清南道九鳳里、湖巖美術館蔵の3点が知られている（図97-18〜20）。九鳳里出土品は銎部に節帯が巡り、ほかは突線3条が巡る。霊岩5・6号鋳型では銎部突線帯の下の片側に耳がつき、湖巖美術館蔵品は片面の突帯下に環状耳がつく。

中国東北地方にはなく、朝鮮半島独自の斧とみられ、実用品であるよりは儀器であろう。

4）有　肩　斧　　霊岩ではこの斧の鋳型が6枚3対出ている。製品は西北部で1点、南部で6点（破片1）出土し（図97-12〜17）、ほかに佐賀県本村篭遺跡で破片が1点発見されている（田中1992）。中国東北地方には出土例がなく、朝鮮半島独自の斧である。

銎部から刃方向へ幅が広がって肩を造り、肩から刃部へ多少幅が狭くなり、刃が直線状の斧である。横断面形は銎部で長楕円形、身部で凸レンズ形だが、伝慶州例の銎部は長方形（扁平六角形）に近い。銎部に突線や節帯を巡らせ、銎部の下の片面に半環状の耳をつけることがある。刃は片刃に研いでいる。長さは最小の伝慶州例が6.2cm、最大の平安南道順川出土例が11cm、他は7.8〜9.8cmである。

肩以下が短くずんぐりしたものと長く細身のものとに大別される。前者は、銎部に突線や節帯がなく耳もないもの（伝慶州）、銎部に突線4条を巡らせ耳があるもの（霊岩9・10号）とないもの（大谷里）に、後者は突線4条を巡らせ耳がないもの（草浦里、西辺洞、順安、霊岩11・12号）と耳があるもの（伝公州）および節帯があり耳がないもの（霊岩5・6号）のにわけられ、計6種に細別できるが、地域的、年代的差は見いだせない。

このように、霊岩の斧鋳型は朝鮮半島独自の斧を作る鋳型であるが、湯口の造りは松菊里の扇形銅斧鋳型を介して瀋陽、遼東地区の扇形銅斧鋳型の特特徴を直接受け継いでいるのである。

(5) 鑿

霊岩の銎鑿鋳型は4枚2対で3個の異なる製品を鋳造できる。ほかに伝全羅南道2号の鑿両面鋳型1枚があり、製品は12ヵ所で15点出土している（図97-21〜28）。

平面形から2つに分けられる。

Ⅰ類：銎部から刃部へ幅が多少狭くなるが、平面形が長方形のものである。なかには身中央で一番狭くなって刃部幅が少し広がるものもあるが、刃幅が銎幅を超えることはない。鋳型に彫られた型はすべてこの類である。製品の銎部と身部の横断面は六角形であるが、これは型を断面台形に彫り込だ鋳型の段階で決められている。ただし銎内面は四角形である（同図23〜26）。

Ⅱ類：上部の平面形はⅠ類と変わらないが、身の中央ないしやや下で段をなして下部の幅が狭く

なり刃部に続く。断面は上部は六角形、下部は長方形で厚さのほうが幅より大きい。刃幅はⅠ類より狭い。鋳型にこのような型を彫ったのか、あるいはⅠ類の下半部両側面を研いでこのように変形したのかは明らかでない。例は南城里、炭坊洞、伝公州の各１点で（同図27・28）、草浦里の銎内に柄の木が残っていた１点（李健茂・徐声勲 1988）もⅡ類の下部が欠けたものかもしれない。

Ⅰ・Ⅱ類とも刃は片面の端部を鋭く研いでつけるが、Ⅰ類では製品に残る鋳型の合わせ目の線が刃の部分で刃を研ぎ出す面の反対面に続いていて（同図25・26）、刃面になる鋳型の型には刃の傾斜が彫り込まれていたとみられる。鋳型を詳細に見ればその型が製品の表裏どちらの面になるかが判断できるだろうが、霊岩、伝全南鋳型ともにその点は明らかでない。

Ⅰ・Ⅱ類ともほとんどすべてが銎部に節帯を巡らせる。如意洞例は銎部断面が方形または円形らしく、突線２条が巡る（同図24）。

中国東北地方の鑿は斧に比べると少なく、上のⅡ類に類するものはなく、若干の例外以外はすべてⅠ類に相当する。しかし横断面は方形や台形で六角形のものはないようである。銎部には突線１〜２条を巡らせたりなにもないものが多く、節帯をもつものはない。刃も刃端部を斜めに鋭く研ぎだすものはほとんどなく、身下部の表面が緩やかに薄くなって刃をなすものや、両面から薄くなる両刃状の刃がほとんどである。

このように朝鮮半島の銅製銎鑿の大部分は中国東北地方のものとは異なる独自の形態をもち、霊岩鋳型はその大多数を占めるⅠ類の鋳型である。

しかし中国東北のものに近いものがないわけではない。平壌長寿院洞例は写真しか公表されておらず、上部を欠いているが断面が台形らしく、あるいは中国東北系かもしれない[25]。松山里の上下を欠き上部断面が円形に近い鑿（同図21）は瀋陽鄭家窪子6512号墓出土例に近いようである[26]。また菊隠蒐集品は断面方形で節帯がなく、両面から薄くなって刃をなすもので、寧城南山根102号墓出土品に類似する[27]。

(6) 鉇

鋳型は霊岩で１枚、製品は12遺跡で20点近く発見されている（図97-29〜33）。刃のある先端側が基部よりやや幅広く、表面は凸レンズ状に膨らみ裏面は内側へ凹入する。表面中央に突線の稜が通り、両側縁には突線が通らない。九鳳里例（同図33）と四老里例（西谷 1966b：2）のみが両側縁に突線が通る。

長さは伝公州例と松山里例が20cmを越え（同図29・30）、会峴里３号甕棺墓副葬例は全長20cmほどに復元されている（榧本 1957）。出土時の長さがもっとも短いのは草浦里遺跡と白雲里遺跡の7.6cmと6.8cmであり（同図31）、イズウェストフ例や大谷里例（同図32）も12cmほどのものが副葬されたらしい。長さはまちまちで地域・時期差は認められない。

霊岩の鋳型は破片で、実測図が示されていないが、写真からは鉇の型幅は２〜2.1cmほどらしい。中軸線上が溝状に窪み製品の中央に突線が通るが、両側縁には細溝が通らずしたがって製品の両側縁には突線が生じない。製品の裏面が凹入するように鋳型面を斜めに作ることはすでに述べた。この鋳型からは大多数の製品例と同様の鉇が鋳造できる。

北部九州では製品が 10 点、鋳型が 2 点発見されている。形態は朝鮮半島出土品と変わらないが、佐賀県土生の鋳型をはじめ両側縁にも突線が通るものが多い。ただし福岡県庄原の鋳型（岩本 1994）と福岡県北松尾口（小郡市教育委員会 1990）・正尻遺跡出土品は両側縁の突線がなく、福岡県道蔵例は表面の中央と両側縁の突線がない（久留米市教育委員会 1991）。

鉇は中国東北地方には発見例がなく、長江流域の鉇との関係が想定されている（西谷 1966b）。東周式銅剣とともに中国東北地方とは別の青銅器系譜が存在したのであろう。

(7) 多鈕鏡

霊岩 10 号鋳型 A 面に鈕 2 組と断面蒲鉾状の鏡縁が彫り込まれている。鋳型の中軸線に直交して F 面寄りに並ぶ鈕は長さ 1cm、幅 0.6cm 強、鈕間 0.8cm で弧状に彫り込まれ（鈕 a）、これと隅が触れ合って直交し、中軸線に平行して C 面寄りに並ぶ鈕は長さ 1.2cm、幅 0.8～0.9cm、鈕間 0.8cm で弧状に彫られている（鈕 b）。深さは 0.2～0.4cm ほどと思われるが確認できない。

これによって鋳出される鈕は幅があり横断面は両側に稜のつく台形である。この鈕形は、細文鏡の鈕と同じであり、粗文鏡の中では蒲鉾縁を持つもののうちの新しいもの（甲元 1990a）——忠清南道塊亭洞 2 号鏡（国立博物館 1968）や南城里 1・2 号鏡（韓炳三ほか 1977）など——の鈕と共通する。細く横断面上部が丸く稜を持たない大多数の粗文鏡の鈕とは別種である。

鏡縁は中軸線に直交するように幅 0.5～0.6cm、半円状に彫り込まれ（深さ 0.2cm ほどか）、両端は鋳型両側縁で切られている。直径は外径で 8.5cm に復元できるが、鈕 a の外側には彫り込みがない。図上で推定した中心との位置関係からは鈕 a、b いずれとも組み合うようである。

縁の外の E 面側に湯口のようにも見える断面半円状の窪みがあるが、整わず鏡縁につながっていない。

鋳型面には焼けた痕跡はなく、鋳造には使用されなかったと思われる[補記3]。本来は鏡背面全部を彫れる大きさであったが、多鈕鏡の型を彫った後もしくは彫りかけて、何らかの理由で現状のように側面を取り去って小さくし、裏面に有肩斧を彫って使用することにしたのであろう。そのさい、伴出した他の鋳型には見られない上下方向のきわめて粗い擦痕が鋳型面に残っているので、鋳型面をある程度削ったようにも思われる。それにしても鈕が 2 組彫られているのは不可解である。

この鋳型で作ろうとしていた多鈕鏡は、石製鋳型であるから、粗文鏡または素文鏡であろう。ただし蒲鉾縁素文鏡は時期が降る朝陽洞 5 号墓出土鏡（径 5.3cm）（国立中央博物館 1992）しかないので、粗文鏡を意図していたとみてよい。さらに直径 8.5cm は多鈕鏡としては最小で、直径 9cm 前後以下の蒲鉾縁多鈕粗文鏡例は忠清南道塊亭洞 2 号鏡（径 8cm）しかない。

(8) 釣針

釣針の型は 8 号鋳型の斧型右側の 1 個、9 号鋳型 B 面左側の上下につながる 2 個と右側の 1 個、計 4 個である。形態は同じで、軸頂部に紐掛けの突起がつき、鈎部先端内側に逆りがつく。大きさは大（9 号右）、中（9 号左の 2 個）、小（8 号）に区分できる[28]。

銅製釣針の製品は未発見だが、石製鋳型は沿海州シニェ・スカールイ遺跡（甲元 1979：457-459）と

吉林省漢書遺跡（吉林大学歴史系考古専業・吉林省博物館考古隊 1982）で出土している。前者では矛鋳型2枚の裏面に釣針型3個を彫る。大きさは霊岩の中形品に近い。漢書遺跡の内側に逆りのある型を1個彫る鋳型は上部を欠くが、釣針専用片面鋳型らしい。大きさは不明である。

(9) 棒状品

　先が尖った細棒状品ともいうべきものの型は、8号鋳型A面に1個、12号鋳型B面に3個、14号鋳型B面に1個ある。大きさ（長さ×幅×深さ）と彫り込み断面形は、8号が 13.5×0.4×0.3cm で三角形、12号は右から順に 10.7×0.4×0.3cm で三角形、10.5×0.4～0.6×0.4cm で逆台形（これだけは先端が丸い）、7.8×0.3×0.3cm で断面三角形である。14号は不明。これらも釣針同様、対になる鋳型に型はなく、片面のみで製作する。

　ほかの鋳型の類例としては、永興邑3号鋳型の琵琶形矛型の左上と右下の 3.6×0.4cm と 6.3×0.4cm の細棒状彫り込みと、遼寧省黄花溝の遼寧式銅剣型右上の 11×0.8cm の細棒状彫り込みがある。報告者がこれらを型と認めていないのは、焼けた痕跡がないためであろうから、積極的になんらかの型とは断言できない。

　このような棒状品の製品例はなく、きわめて特殊な用途に用いるものとも思われる。先が尖り錐にもなり、先端に刃を立てれば彫刻刀のようにも使える。鋳型作り工人が型彫り道具として、求められた製品製造のついでに作ろうとしたとも想像できる。

　一方、北部九州では瘤付棒状品とも呼ぶべきものの鋳型が発見されている（図96-5、9、12）。型は断面半円形の棒状の彫り込みの上部に2個、下端に1個の半球形の窪み（製品では球形の瘤）がつく。本行遺跡の完形鋳型は多数の合印があって2枚合わせて鋳造するものである。製品例がなく用途不明で、霊岩の棒状品とは別物である。

　霊岩以外では鍔金具、鏃、鐸形鈴、銅鐸、釦、飾金具の鋳型があるが、これらについての検討は省略する。

4　霊岩鋳型の位置づけ

　霊岩の石製鋳型の種類は、細形銅武器（剣、矛、戈）、多鈕鏡、鉇、鑿、斧（有肩斧、長方形斧、円刃斧）、釣針、針状品の11種類である。すでに述べたようにこれらは同時期の一括品としてよい。その組み合わせの特徴は斧、鑿、鉇が揃っていることであろう。また釣針と針状品以外は製品が発見されている。したがって霊岩鋳型群の年代適的置づけを考える上では斧、鑿、鉇の製品の分布と伴出遺物の分析が中心となるが、その前に剣、矛、戈、多鈕鏡の鋳型について考えておこう。

　銅剣鋳型のうち小破片や小形銅剣鋳型を除く將泉里、草芙里、霊岩出土品を比べると、將泉里の型だけが突起部や抉入部を彫らず鋳造後の研ぎに委ね、これに鍔金具鋳型が伴い、草芙里、霊岩鋳型より後のもので、型の彫り込みに省略が生じたと見られる。將泉里2・3号鋳型の剣型は、先に指摘したように貞柏洞205号墓出土剣に法量が酷似する。この剣は粟粒文付剣把、把頭飾、鍔金具と組み合わさっていて、また鉄斧、鉄鑿、鉄刀、笠形円筒金具などを伴い、紀元前2世紀末以後と考

えられる（青銅器文化第5期[29]）。

　矛鋳型は先に検討したような特徴と、類似製品例から矛としてはもっとも古いものに属することが明らかである（第4期初め）。

　戈鋳型は製品との対比からは時期を限定し難いが、新式のものではない。樋下端が外開きでない点からは、類品は比較的古く位置づけられ、青銅器文化第4期でも古い方と推定できる。

　多鈕鏡鋳型は先に述べたように、多鈕粗文鏡としてはもっとも新しいものを作ろうとしたと考えられる。これは伝封仁面出土多鈕粗文鏡鋳型よりは新しく、その大きさは忠清南道塊亭洞2号鏡に近く、粗文鏡から細文鏡への交代・並存期のものである（第3期）。

　次に斧について検討するが、まず霊岩にはない扇形斧をも含め、各種斧、鑿、鉇の出土例を列挙すると表17のようになる。

　鋳型を含め9遺跡で出土している扇形銅斧は、他の種類の斧および鉇とは伴出しない。

　土器を伴うのは6遺跡で、孔列土器（土城里、永興邑）、美松里型土器（美松里遺跡）、松菊里型土器（松菊里遺跡）が無文土器時代前～中期で、粘土帯土器・長頸壺（南城里、如意洞）が無文土器時代後期前葉である。江原道朝陽洞1号支石墓は近くで調査された孔列土器住居址と同時期であろう。

　孔列土器を伴う場合は、板状の銅鑿、鐸状鈴、筒形銅製品、銅玉などの青銅器と石剣、石鏃などが伴出し（土城里2号住居址）、琵琶形銅矛と鐸状鈴の鋳型がともなう（永興邑遺跡）。板状の銅鑿は平壌市金灘里遺跡に例がある。最近平安南道徳川市南陽里16号住居址でコマ形土器、石剣などとともに琵琶形銅矛が出土し、同遺跡では美松里型土器も出ている（在日本朝鮮歴史考古学協会1995）。

　美松里型土器を伴う美松里洞窟では石鏃などの石器と土製品などが伴出したが、ほかの青銅器が出ていない。しかしこの土器は吉林～遼寧東部の青銅器文化と密接な関係にある。松菊里遺跡も含め、これらは青銅器文化第2期で、遼寧式銅剣の時期、細形銅剣出現以前になる。

　無文土器時代後期前葉の南城里と如意洞では銎鑿と多鈕粗文鏡がともない、南城里では細形銅剣、防牌形銅器、剣把形銅器がともなう。銅矛、銅戈、多鈕細文鏡、銅鈴類をともなわず、それより以前、青銅器文化第3期である。

　黄海北道丁峰里では細形銅剣、銅矛が伴出し、青銅器文化第4期はじめにあたる。

　このように扇形斧は青銅器文化第2期～4期初めで、第2期に主体があり、細形銅剣の時期にも多少残存するのである。

　長方形斧の製品はA類が西北地域に、B類が南に分布し、A、B類とも円刃斧、銎鑿、鉇、細形銅剣、多鈕細文鏡がともなう。

　A類が出た松山里の円刃斧は耳がない点を除くと霊岩鋳型の型に近く、B類が出た九鳳里のものとは異なる。松山里の鑿2点のうち1点は板状の鑿で、もう1点は刃部を欠く銎鑿だが銎口断面が丸く他の銎鑿と異なる。九鳳里の銎鑿も銎口に節帯がなく、他の大部分の鑿と異なる。多鈕細文鏡は古式である。

　ほかにA類には中国式銅剣とT字形剣把をもつ遼寧式銅剣のもっとも退化した型式の剣（弧山里）や鋳造鉄斧（松山里）が伴い、B類には細形の矛、戈、多鈕粗文鏡、黒色磨研の短頸壺と長頸壺

表17 青銅斧、鑿、

遺跡	遺構	斧				鑿		鉇	剣	矛	戈	多鈕鏡	儀器		鈴					
		扇形斧	長方斧	円刃斧	有肩斧	盞鑿	板状等						防牌形	剣把形	八珠鈴	双頭鈴	組双頭鈴	竿頭鈴	柄付鈴	胡瓜形
平安北道 美松里	洞窟	2																		
江原道 朝陽洞	1号支石墓	1																		
平安北道 義州郡	不明	1																		
忠清南道 松菊里	55-8号住居	1'																		
咸鏡南道 土城里	2号住居	1					1													
咸鏡南道 永興邑	集落、採集	1'							琵1'											
黄海北道 丁峰里	石室墓	1							1	1										
忠清南道 南城里	石室墓	1				1			9			粗2	1	3						
全羅北道 如意洞	石蓋土壙墓	1				1						粗2								
平壌 金灘里	8号住居址						1													
忠清南道 松菊里	石棺墓					1			遼1											
沿海州イズウェストフ	石棺墓？					1	1		2	1		粗1								
黄海南道 弧山里	土壙墓		1						1 中2											
平壌 長寿院洞	不明		1			1														
忠清南道 九鳳里	石室墓	1	1			1		1	11	1	2	粗1 細1								
黄海北道 松山里	囲石墓	1	1			1	1	1	1			細1								
忠清南道 宮坪里	不明			1					1		1	細1								
忠清南道 伝公州	不明			1	2	1			1											
全羅南道 大谷里	石室墓				1			1	3			細2			2	2				
全羅南道 草浦里	石室墓				1	2		1	4 中1	2	3	細3				1	1	2	1	
ソウル 永登浦	不明					2			1											
忠清南道 炭坊洞	土壙墓？					1			1	1										
全羅南道 伝長城	不明					2'			1'	1'										
全羅北道 龍堤里	不明					1		1	1		1									
平壌 反川里	土壙墓？							1	1			細2								
京畿道 四老里	割石積石棺							1	1											
慶尚南道 会峴里	3号甕棺墓								8	2										
慶尚南道 白雲里	石棺墓							1	4	1										
慶尚北道 九政里	土壙墓？							1	○	○	○									1
全羅南道 伝霊岩	不明		1'	1'	3'	3'		1'	3'	1'	1'	1'								
咸鏡北道 漁郎	不明	1																		
全羅南道 伝和順	菊隠資料		1																		
崇実大蔵			1																		
釜山市博蔵			1																		
湖厳美術館蔵				1																	
平安南道 順安					1																
慶尚北道 伝慶州					1																
慶尚北道 西辺洞	採集				1																
国立博物館蔵						1															
菊隠蒐集品						1															

'付きは鋳型、

鉇の出土状況

鐸形鈴	筒形品	銅玉	鉄器	剣	鏃	その他	土器土製品	文献備考
					16	石斧1、管玉1、紡輪1	美松里型 紡輪1、円盤1	金用玕 1961a・b
					9			白弘基 1992
							松菊里型	朝鮮遺跡遺物図鑑編集委員会 1989
								姜仁求ほか 1979
1	2	11		2	1	石斧9、石包丁2、玉6、石刀1、紡輪2	孔列土器等	金用玕・安容淳 1986 朝鮮遺跡遺物図鑑編集委員会 1988
1'							孔列土器等	徐国泰 1965
					6			ラ・ミョングゥン 1983
						勾玉1、管玉103	粘土帯2 長頸壺1	韓炳三・李健茂 1977
							長頸壺1	全栄来 1990
				1	2	石包丁4、石槍2、紡輪4	コマ形土器	金用玕 1964b
				1	11	勾玉2、管玉17		金永培ほか 1975
						石斧1、石製品1		平井 1960
								黄基徳 1974 T字形剣把
								朝鮮遺跡遺物図鑑編集委員会 1989
						石斧1、砥石1	短頸壺1 長頸壺1	李康承 1987
			斧1					黄基徳 1959
								李健茂 1989
								金廷鶴 1972
								趙由典 1984
						管玉1、砥石2		李健茂ほか 1988
								樋本 1980
								成周鐸 1974
								全栄来 1991
								金元龍 1968
								梅原 1930
							丸底壺1	横山 1953
						管玉3	金海式甕棺	樋本 1957
								沈奉謹 1980
			○					金元龍 1953、樋本 1953、李健茂ほか 1988
								林炳泰 1987
								都宥浩 1960
								国立慶州博物館 1987、菊隠蒐集資料
								国立中央博物館 1992
								国立中央博物館 1992
								国立中央博物館 1992
								梅原考古資料 No.1839
								朝鮮考古学会 1941
								尹武炳 1964
								国立中央博物館 1992
								国立慶州博物館 1987

中：中国式銅剣、遼：遼寧式銅剣、琵：琵琶形銅矛、粗：粗紋鏡、細：細紋鏡、組双鈴組合せ式双頭鈴、○：正確な数量不明

がともなう（九鳳里）。この土器は南城里のそれよりは多少時期が降るものである。このように、長方形斧はA、B類の間に大きな時期差はなく、土器から無文土器後期前葉の年代が与えられ、青銅器文化第3期である。

　有肩斧の製品は7ヵ所で1点ずつ計7点の出土例がある。平安南道順安例以外は忠清南道、全羅南道、慶尚北道各2例で鋳型を含め南部に圧倒的に多い。共伴遺物が明らかなのは忠清南道と全羅南道の4例であるが、土器の共伴例はない。長方形斧、円刃斧との共伴例はなく、鉇鑿、鉇、細形の銅剣、銅矛、銅戈、中国式銅剣、多鈕細文鏡をともなう。多鈕細文鏡は古式（宮坪里、草浦里）と新式（大谷里）がある。また長方形斧と円刃斧に伴出例のない鈴類をともなうことがある。鈴類は八珠鈴、双頭鈴、竿頭鈴などで、鐸形鈴よりずっと新しく、胡瓜形鈴よりは古い。また扇形斧にともなう防牌形・剣把形銅器より新しい。青銅器文化第4期である。

　有肩斧の破片は佐賀県大和町本村篭遺跡の2号甕棺墓（金海式、弥生前期末）でも出土している。破片の状態で副葬されたと見られる。この遺跡では58号甕棺（2号甕棺墓より新しく、中期初頭）に多鈕細文鏡と銅鉇破片が副葬されていた。朝鮮半島の有肩銅斧の時期と重なる。

　こうした出土状態からみると、扇形斧よりは新しい長方形斧、円刃斧、有肩斧の間では、前二者が後者に先行して出現し、後者がより後まで残るとみられるが、霊岩で3種の鋳型が共伴することからも、青銅器文化第3期の終わりから第4期の初め頃に共存していたであろう。

　鑿は鋳型を含め17ヵ所で出土している。鉇鑿のほかに、長方形の板状の一端に片刃をたてる板状鑿（平壌市金灘里8号住居址、北青土城里2号住居址、松山里）、と遼寧式銅剣の茎破片を鑿に転用したもの（松菊里1号石棺墓）が少数見つかっている。板状鑿は松山里例以外はコマ形土器、孔列土器にともない、茎転用墨は遼寧式銅剣に伴い、いずれも青銅器文化第2期である。沿海州イズウェストフでは長さ5.4cm、幅0.5cm、厚さ0.5～0.6cm、断面三角形の一端に片刃を立てた鑿が出ている。伴出する多鈕粗文鏡、細形銅剣、銅矛の形態的特徴から青銅器文化Ⅲ期後半以後に位置づけられる。

　鉇鑿は扇形斧の一部と有肩斧、長方形斧、円刃斧にともなうほか、斧をともなわない例が3例ある。永登浦では刳方と節帯がなく鎬が関まで通り鋒部の長さが身長の42%に達する異形の剣を、炭坊洞では細形銅剣、銅矛を、龍堤里では細形銅剣、銅戈、鉇（いずれも破片）をともなう。伝全羅南道2号鑿鋳型は細形銅剣・銅矛鋳型（1号）と共伴したと見られる。先に触れたように炭坊洞の銅矛は耳がなく銎口から身下端部までの長さがきわめて短い点で霊岩と伝全羅南道鋳型の矛型に近い。これらの共伴関係から鉇鑿は青銅器文化第3期～4期の所産としてよい。

　鉇は扇形銅斧や遼寧式銅剣との共伴例はない。有肩斧、長方形斧、円刃斧にともない（この場合鉇鑿をもともなうことが多い）、イズウェストフでは三角形鑿と、龍堤里では鉇鑿とともなう。これらの例はまた細形銅剣をともない、さらに銅矛、銅戈の片方もしくは両方をともなうことが多い。また斧や鑿をともなわない例も細形銅剣をともない、銅矛、銅戈をともなうこともある。さらに多鈕鏡とも共伴する（粗文鏡は2遺跡2枚、細文鏡は5遺跡9枚）。伴出土器は九鳳里の黒色磨研の長頸壺・短頸壺、会峴里の金海式甕棺である。四老里の土器は灰褐色・丸底・縄蓆文のようだが確認のすべがない。これらから鉇は無文土器後期前葉～中葉、青銅器文化第3期～4期であるが、九政里

例は伴出銅矛、銅戈の型式と鉄器が多量にともなうことから第5期まで下がる。

日本の鉇鋳型は中期前半（佐賀県土生遺跡）、中期前半以前（福岡県庄原遺跡）である^(補記5)。製品の出土遺構の時期は9点が中期（さらに限定できる場合は中期初頭〜前半）、1点が後期である。朝鮮半島より遅れて出現し終末はほぼ同じようである。

以上の検討から霊岩鋳型群を特徴づける斧、鑿鋳型の製品が、青銅器文化第3期〜4期に流通していたことを確認できる。また矛と戈型はもっとも古式であるから、霊岩鋳型群の時期を第4期初めと限定できる。

この時期は、朝鮮青銅器文化の隆盛期であり、多数の青銅器が石型、土型で製作されていた。霊岩鋳型は、たとえば斧の湯口とはばきのように先行する遼寧青銅器文化や第2期の石製鋳型から受け継がれ技法を伝えつつも、両面鋳型の製作と使用に習熟するなど、青銅器製作の独自性を発揮している。

日本列島の青銅器文化は、弥生時代前期末の細形銅剣・銅矛・銅戈、多鈕細文鏡の流入と、これに引き続く青銅器製作により始まる。これは朝鮮半島青銅器文化第4期前葉〜中葉の頃であろう。したがって霊岩鋳型群は、日本列島との関係では、弥生時代青銅器が出現する前期末より前に位置づけられる。

霊岩鋳型群の形態的特徴——直方体であり、両面に型を彫るものが多く、鋳型としては薄手に属するなど——や、石材が滑石であることなどは、北部九州の初期鋳型、とくに大谷遺跡出土鋳型に受け継がれている。また一部ではあるが吉野ヶ里4号鋳型の矛型のように湯口の造りも受け継いでいる。しかし種類の上での特徴——斧、鑿の鋳型が多い——は九州の初期鋳型にはまったく認められない。

北部九州の青銅器製作開始期の鋳型の種類は限られ、朝鮮半島から伝えられた可能性のある多鈕鏡、斧、鑿等の鋳型は見えない。多鈕細文鏡を別にすれば、製品も有肩斧破片1点以外は出土していない。朝鮮半島南部でこれらが作られなくなった後に弥生社会での青銅器製作が始まったからか、弥生社会がそれらを必要とせず受け入れなかったためかは微妙な問題である。

また朝鮮半島の青銅器文化が細形銅剣を生み出して確立された第3期から、青銅器製作技術の一方を占めていた土製鋳型（岡内1983）とその製品——鈴具など——ももたらされていない。日本列島の首長層の宗教的性格が鈴具を必要としなかったために、精緻な文様をもつ鈴具の製作に用いられた土製鋳型の受け入れも遅れるのであろうか。

註
（1） 林炳泰（1987）では、対になる鋳型は2枚まとめて一番号を付しそれぞれをA、Bにわけ、1から8の順で記載している。本章では1Aを1号、1Bを2号、2Aを3号、2Bを4号、3Aを5号、3Bを6号、4Aを7号、4Bを8号、5Aを9号、5Bを10号、6Aを11号、6Bを12号、7を13号、8を14号とする。実測図は14号以外のすべてが示されているが、ほかに、岡内（1980）には1号、3号、5号、12号、13号が、小田・韓（1991）には1号、3号、13号が掲載されている。
（2） 鋳型1つ1つを数える単位を「枚」、型を彫った面を数える単位を「面」、鋳型に彫られた型を数える単位を「個」とする。型を彫った面を「鋳型面」とよぶ。

1枚の鋳型の表裏・側面の平坦なあるいは曲がった面を「面」とよぶ。各面の呼称は、当該型のある面を表にして、武器形の鋳型については鋒を、銅鐸の鋳型は鈕を、鐸形鈴の鋳型は舞を、それ以外の鋳型は湯口のある方を上においた状態で、型を彫った面を「A面」、その裏側の面を「B面」、左側の側面を「C面」、右側の側面を「D面」、上側の側面を「E面」、下側の側面を「F面」とよぶ。

　また鋳型を上記のようにおいて、E面を「上端面」、F面を「下端面」、両面を「(両)端面」とよび、E面方向を「上(部)」、F面方向を「下(部)」とよび、C面を「左側面」、D面を「右側面」、両面を「(両)側面」とよぶ。

　両面に型を彫った両面鋳型は、片面を使用後反対面に型を彫ったことが確認できる場合は先に使用した面をA面、後で彫った面をB面とするが、判断ができない場合は適宜A面を決める。

　A・B両面で茎や湯口が互いに反対方向に設けられている場合は、A面での上下をB面での上下とする。このように、1個の鋳型について各面の名称(A面～F面)は絶対的に決まる。

　一方、「表面」・「裏面」・「一面」・「他面」の語は、問題としている面とその反対面を指し、問題としている面によって変動する。同様にC面方向とD面方向を「左(側)」・「右(側)」と呼ぶ場合、どちらを左・右とするかはどちらの面の型を問題にしているかで変わり、両者併せて「両(側)」と呼ぶ。

(3) 　江原道鉢山出土鏃鋳型(図94-7)を、A面の型の身下部の突起にもとづき琵琶形銅矛鋳型と見る見解がある(李健茂 1994)。鋒端から突起までが短く、同形の型が少なくとも2個並列し、B面には鏃の茎と逆りが彫られ、鋳型の厚さが0.7cmで矛の柄を彫るには薄すぎることなどから、琵琶形銅矛鋳型説は採らない。

(4) 　吉林省漢書遺跡では釣針石製鋳型のほかに、鏃、泡、飾金具、鏡などの土製鋳型50余点が出土しているが、詳細は明らかでない(吉林大学歴史系考古専業ほか 1982)。

(5) 　「朝鮮遺跡遺物図鑑」編集委員会 1989：写真176

(6) 　同様の作りは、大阪府東奈良遺跡の1号流水文銅鐸鋳型の片側(D面)にもみえる(東奈良遺跡調査会 1976)。

(7) 　なお、中細形の銅武器鋳型の厚さは2.3～6cmだが、4cm未満がほとんどで、戈の両面鋳型でも2.3～3.8cmにすぎない。中広形では3cm未満若干のほかは3～7.6cm、広形では5cmのもの1枚以外は7.2～12.6cmで、それぞれの中での変異はあるが、大形化とともに厚さが増す。

(8) 　この鋳型の石膏型(神戸市博物館蔵)による。

(9) 　中子は2枚の鋳型を合わせた型部分に土を詰めて型を写し、表面を製品の厚さ分削り、はばき部分に湯道・あがりの溝を彫り、焼き固めて作るのであろう。北部九州発見の銅矛の中子はきめ細かい「土」(真土)を焼き固め、基部(はばき部分)の断面楕円形の長軸と短軸の両端4ヵ所に溝が彫られ、2つづつが注入口とあがりとなる(春日市教育委員会 1987、1992、福岡市教育委員会 1987)。中子を取り除かない広形銅矛には製品の鋒口に中子の4個の溝が残るものがあり、湯道・あがりの溝が鋒口内部にまで通っていたことがわかるが、柄にとりつける中広形以前は、製品の鋒口内側にこの溝を示す凸部があってはならないから、中子の溝ははばき部分で終わっていたはずである。既発見の銅矛中子は中広形以降のものだろうから、細形、中細形銅矛中子の溝が4個か2個かは明らかでない。朝鮮半島の中子は未発見だが、材質は九州例と同じで、はばき部分に複数の溝を彫っていたことは容易に類推できる。

(10) 　伝全羅南道1号(矛と剣)と永興邑3号(矛と飾金具)も、報告の拓本と図の配置からは表裏で湯口方向が同じようだが、実際は逆と思われる。伝全羅南道1号(図94-1)の幅はA面では上が狭く下が広いが、B面では逆である。B面の上下が逆で、湯口がA、B両面で逆かもしれない。永興邑3号(同図2)は、「朝鮮遺跡遺物図鑑」(編集委員会 1988：写真518・519)によるとB面の飾金具はA面矛の柄側にあることと割れた部分の位置から、実際はB面の上下が逆とみられる。

(11) 　伝封仁面の多鈕粗文鏡鋳型B面は、型と湯道のまわりは平坦であるが、その外は剥離あるいは粗削りによる波状の凹凸が広がり、鋳型面より少し低い。最初にB面側は粗く削って彎曲したままでA面に型を

(12) ほかの類例は大連市郭家屯で大石下に埋納されていた鋳損じた遼寧式銅剣15本のなかにある(森脩1937)。
彫り、後でB面中央部を平坦に整えて型を彫るさい、周囲はそのままに残されたのかもしれない。
(13) 右側縁の5ヵ所と左側縁下部の1ヵ所の欠けたように表示したところか。
(14) 抉入部と突起がない製品は稀である。ない製品の好例は福岡市吉武高木3号木棺墓出土剣だが、これは鋒が短い(福岡市立歴史資料館1986)。
(15) 南陽里例(池健吉1990)、晩村洞例(金載元ほか1966)、伝洛東里例(尹武炳1980)、湖林博物館所蔵品(国立中央博物館1992:写真103)、忠清南道元水洞例(国立博物館1968)など。
(16) 朝鮮歴史博物館(1967)に貞柏洞出土として報告された一括遺物は、「朝鮮遺跡遺物図鑑」編集委員会(1989:106)の貞柏洞205号墓出土品と同一である。
(17) 尹武炳分類の第Ⅰ類(尹武炳1972)、近藤喬一分類の狭鋒a型式(近藤1969)もしくはaⅠ(近藤1982)である。製品の出土例は伝平壌例(藤田ほか1947:図版35-164、榧本1980b:No.246)、黄海南道梧峴里例(無署名1983)、咸鏡南道下細洞里例(田疇農1963a)・龍山里例(安容濬1966b)、忠清南道牙山例(藤田ほか1925)・炭坊洞例(成周鐸1974)・伝公州例(金廷鶴1972:図版108)、全羅北道南陽里例(池健吉1990)、全羅南道草浦里例(李健茂ほか1988)、慶尚南道白雲里例(沈奉謹1980)など。
(18) 霊岩例の身下端部は左右でずれるが、ここから鉾口までの長さは2.6～3.6cmで、全長の15～18%、伝全羅南道例も鉾口から身下端部までの長さが4.7cm、全長の19%以下と短い。このように短い例は、全羅南道草浦里例(8%)(李健茂ほか1988)、菊隠蒐集品(16.2%)(国立慶州博物館1987:図面26-⑤)、伝平壌付近例(16.4%)(榧本1980b:No.246)、全羅北道南陽里例(17%)(池健吉1990)、咸鏡南道龍山里例(17.6%)(安容濬1966b)、忠清南道炭坊洞例(19%)(成周鐸1974)などがある。
(19) 内幅が3cm以下の例は全羅南道鶴松里例の2.9cm(崔夢龍1976)、伝忠清南道太平里例の2.8cm(榧本1980b:No.230)、慶尚北道永川連渓洞例の3cm(藤田ほか1947:54-55、榧本1980b:No.231)を挙げうる程度である。
(20) 呂朝淵所蔵品(国立中央博物館1992:写真117-6)、江原道文川郡南昌里例(元山歴史博物館1983)、忠清南道燕岐鳳岩里例(金載元1964)、全羅南道草浦里例(李健茂ほか1988)・鶴松里例(崔夢龍1976)、慶尚北道永川連渓洞例(榧本1980b:No.231)、新川洞例(国立中央博物館1992:写真119-3)、福岡県鹿部例(九州大学文学部考古学研究室1973:251)など少ない。
(21) 呂朝淵所蔵戈は樋先端が合わさらず、鋒部幅も細いが、写真からの推定法量は内幅を除くと霊岩3・4号鋳型戈にきわめて近いようである。
(22) このほかに、吉林省騒達溝山頂大棺の扇形銅斧は、全長が刃幅以下で、鉾部からすぐ身部がひろがり刃につづく独特の形態である(吉林省博物館ほか1985、佟柱臣1955)。
(23) 長海県徐家溝例(許明綱1993:図5-2)や南山裡例(森1937:第1図17)。
(24) 建平大拉罕溝751号墓例(建平県文化館ほか1983:図7-1)など。
(25) 遼陽二道河子の1975年調査1号石棺墓出土例などに近いように見える(遼陽市文物管理所1977:図3-2)
(26) これは鉾断面が方形だが角はかなり丸い(瀋陽市故宮博物館ほか1975:図7-3)。
(27) 中国社会科学院考古研究所東北工作隊(1981):図2-4。
(28) 山崎純男氏の御教示によると、大形はサメ釣り用、中形と小形はマダイ釣り用とみられる由。
(29) 朝鮮青銅器文化の分期は第6章参照。

補記
(1) その後、全羅北道完州郡伊西面盤橋里葛洞遺跡で1号土壙墓に副葬された細形銅剣両面鋳型と細形銅戈片面鋳型各1枚が発見され(湖南文化財研究院2003a・b)、京畿道華城市東鶴山遺跡で銅鑿の片面鋳型が出土した。いずれも滑石製。葛洞鋳型は3号・4号土壙墓副葬土器から無文土器時代後期前半と後半

の境あたりに位置づけられる。
（2） この数字は本章執筆当時、管見に入った報告事例によるが、その後見ることのできた内蒙古自治区赤峰市博物館・寧城県遼中京博物館、遼寧省各地の博物館に展示されている多数の未報告鋳型からも、相当量の石製各種鋳型が発見されていることがわかる。遼寧式銅剣鋳型は内蒙古自治区敖漢旗敖吉郷山湾子でも出ている（邵国田（編）2004）。
（3） 最近観察する機会を得たが、このE面側のへこみは湯口で、周囲が欠損している。鏡縁につながっていないのは、鋳型面がかなり研がれたためである。E面の湯口周囲は多少黒変していて注湯したとみられる。
（4） 北九州鋳金研究会の石製鋳型製作実験によると、対になる鋳型の鋳型面どうしを擦り合わせることでぴったりと合う鋳型面を作ることができる。
（5） その後、和歌山県御坊市堅田遺跡で鉇鋳型が出土した（前期新段階後半）（久貝1999）。

第Ⅲ部　農　耕

第13章　農耕集落の立地

1　農耕の始まりと栽培植物

　朝鮮半島の原始時代は、旧石器時代→有文（櫛目文）土器時代〔新石器時代〕→無文土器時代〔青銅器〜鉄器時代、前・中・後期に大別〕→原三国時代〔国家形成の時代〕に区分されている。有文土器時代から無文土器時代への転換は紀元前1,000年頃、原三国時代の上限は西暦紀元前後頃と推定される。日本列島との大まかな関係は、有文土器時代が縄文時代後期までに、無文土器時代前期が縄文時代晩期に、中期が弥生時代早期（縄文時代晩期後半）に、後期が弥生時代前〜中期に、原三国時代が弥生時代後期に平行する。

　これまでに発見されている栽培穀物・植物遺体の種類と時期の上限は次のとおりである（後藤1991）。

イ　ネ	*Oryza sativa* L.	（無文土器時代前期）
オオムギ	*Hordeum vulgare* L.	（無文土器時代前期）
コ ム ギ	*Triticum aestivum* L.	（原三国時代）
ア　ワ	*Setaria italica* Beauv.	（有文土器時代）
キ　ビ	*Panicum miliaceum* L.	（無土器時代前期）
ヒ　エ	*Panicum crus-galli* L. var. *frumentaceum* Hook. f.	（無文土器時代後期）
モロコシ	*Sorghum vulgare* Pers.	（無文土器時代前期）
ダ イ ズ	*Glycine max* Merrill	（無文土器時代前期）
ア ズ キ	*Phaseolus angularis*（Willd.）Wight	（無文土器時代前期）

栽培植物の種子と土器についた種子圧痕の出土地および主要な集落遺跡を図98と表18に示した。
　朝鮮半島最古の栽培穀物種子はアワで、有文土器時代中頃に一部で農耕が始まった証拠となる。また有文土器時代と無文土器時代前期の遺跡では、中国華北の早期新石器時代や東北の新石器時代に用いられた穀粒を粉にするすりうす（磨盤・磨棒）がしばしば発見される。これは、アワを主作物とする華北・東北地方の畠作農耕が有文土器時代に伝えられたことを裏づける。アワのほかにキビ・ヒエ・モロコシ・ムギも伝えられ、有文土器時代末には、生業中での比重が低く、また点的かつ北部に偏する傾向はあるが、各種畠作物（雑穀）農耕が全域に広がっていたとみられる。
　これに対し、イネ（水稲）は無文土器時代に入ってから伝えられ、すでに全域に拡がっていた畠作農耕につけ加えられ、朝鮮半島の農耕は新たな段階に達した。

先史時代の気候条件は、東海岸束草市永朗湖での花粉分析によれば、紀元前8,000～4,700年に温暖化し、紀元前3,500～3,000年頃がもっとも温暖であった（李東柱1993）。気温は現在より2～3℃高く、湿潤で、有文土器時代の農耕が始まる時期にあたる。その後、冷涼化し、紀元前2,000年紀頃からは現在よりやや冷涼になったであろう。無文土器時代以降の気候や植生は現在と大きな差はないとみられる。

Yim and Kira (1975) の研究によると、暖かさの指数（WI）＝55、85、100℃・month と寒さの指数（CI）＝－10℃・month の等値線分布は森林植生とよく一致する（図99）。無文土器時代もこれと大きく異なることはないだろう。

いま、炭化穀類および土器圧痕種子の出土地（図98）をこの地図に重ねると、
(1) WI＞100 と CI＞－10 の地域は雑穀もあるが、イネが圧倒的に多いイネ優先地域
(2) WI＝85～100 の地域はイネ＋雑穀で、そのうち漢江流域（CI＝－30弱の等値線）以南は雑穀も栽培されるが、イネが多いイネ優勢地域
(3) WI＝85～100 の地域のうち、漢江流域以北ではイネはほとんどなく、雑穀が多い雑穀優先地域
(4) WI＝55～85 の地域は雑穀だけが出土する雑穀地域

の4作物地域が、イネが伝えられた無文土器時代以降に形成されたと推定できる。ただし、このことが遺跡立地の差異と対応するわけではない。なお、WI＜55 の地域には集落遺跡はみつかっていない[補記1]。

2 朝鮮半島の地形の特色

朝鮮半島は南北に長く、北緯34°から43°にわたり、全長は約1,000kmに達する。東西と南は海に囲まれ、北は鴨緑江と豆満江とで大陸と画されている。半島の東寄りに脊梁山脈（咸鏡山脈・太白山脈）が南北に走り、さらに南西方向へ多くの山脈が延び、その間を河川が南西流して西海岸に注ぐ。南海岸には南流する河川が注ぐ。

朝鮮半島の地形の特色は、姜錫午（1971：30～43）によると、高低の起伏が少ない老年期地貌をなし、高原性山地と残丘性山地・小丘陵が交錯する準平原や山間盆地が多い。河川は急流地帯を流れるので氾濫が少なく、河川流域に沖積平野が少ない。平野は準平原と準平原上に土砂が薄く堆積した被覆平野、または潮水運動で海成泥土が堆積した干潟地などのうち、2種類以上が結びついてできた複合平野が比較的多く、なかでも準平原化した平野がもっとも広く発達している。これに対して、鄭璋鎬（1980：26）と金萬亭（1990：18）は、主要平野は河川流域および下流地域に沖積地として発達し、平野の大部分は薄い沖積層で覆われた河成堆積平野であるとした。これら河川下流域の沖積地は標高10m前後できわめて低い。

河川の中・上流域の花崗岩の分布地帯や河川の合流地点には多数の侵食盆地が形成され、周辺山地からの岩屑で薄く被覆されている。こうした盆地の標高は数100mに達することもあるが、そこは昔から生活の場であり、良好な農耕地であった（姜錫午1971：45、鄭璋鎬1980：27、金萬亭1990：170）。

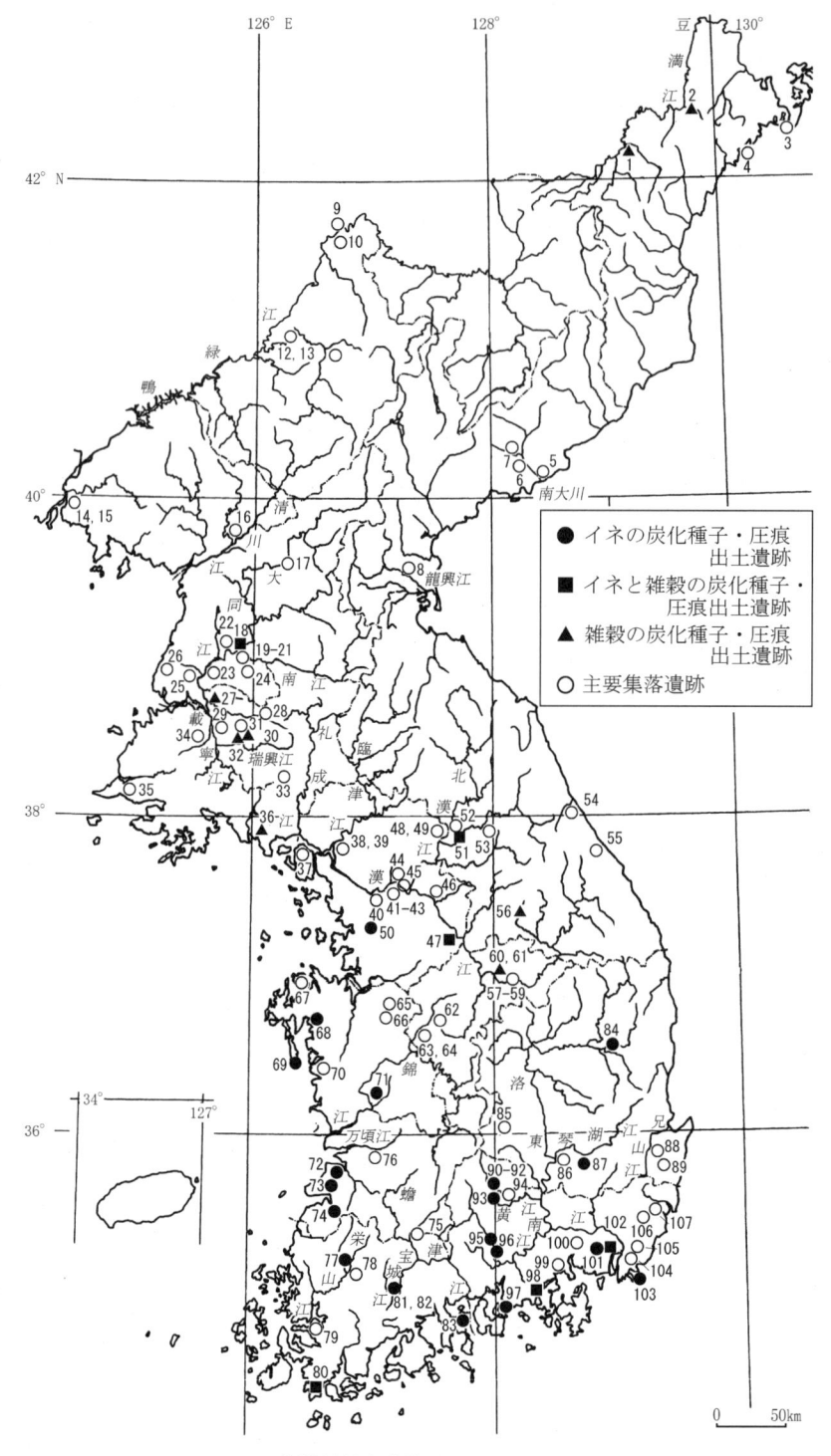

図 98 農耕関係遺跡地図 （遺跡名は表 18 参照）

表18 主な農耕遺跡と栽培植物・食用植物遺体出土遺跡

咸鏡北道
 1 虎谷（有一無）[集]
   キビ・アワ？・
   アワかキビ・モロコシ
 2 五洞（無）[集]
   アワ・アズキ・ダイズ
 3 西浦項（有一無）[集]
 4 草島（無）[集]
咸鏡南道
 5 土城里（無）[集]
 6 中里（無）[集]
 7 月近垈里（無）[集]
 8 永興邑（無）[集]
慈江道
 9 長川里（無）[集]
 10 土城洞（有一無）[集]
 11 公貴里（無）[集]
 12 深貴里（無）[集] ドングリ
 13 魯南里（無）[集]
平安北道
 14 新岩里（有一無）[集]
 15 龍淵里（無）[集]
 16 細竹里（有一無）[集]
平安南道
 17 大坪里（無）[墓・集]
 18 南京（有一無）[集]
   アワ・ドングリ〈有〉
   イネ・アワ・キビ・
   モロコシ・ダイズ〈無〉
 19 金灘里（有一無）[集]
 20 立石里（無）[集]
 21 美林休岩（無）[集]
 22 臥山洞（無）[集]
 23 猿岩里（無）[集]
 24 真坡里（無）[住]
 25 台城里（無）[墓・住]
 26 弓山（有）[集・貝]
黄海北道
 27 石灘里（無）[集] アワ・アズキ
 28 五徳里（無）[墓・住]
 29 沈村里（無）[集・墓]
 30 馬山里（有一無）[集・墓]
   アワ〈有〉
 31 新興洞（無）[集]
 32 智塔里（有）[集] アワ
 33 舟岩里（無）[集・墓]
黄海南道
 34 伏獅里（無）[集]
 35 石橋里（無）[集・墓]
 36 復興里（無）[?] キビ皮？
京畿道
 37 三巨里（無）[住・墓]

 38 玉石里（無）[住・墓]
 39 交河里（無）[集・墓]
 40 駅三洞（無）[住]
 41 可楽洞（無）[住]
 42 明逸里（無）[住]
 43 岩寺洞（有）[集]
 44 水石里（無）[集]
 45 渼沙里（有一三）[集]
   ドングリ〈有〉
 46 陽根里（無）[墓]
   *ダイズ・*アズキ
 47 欣岩里（無）[集]
   イネ・オオムギ・アワ・
   モロコシ
 48 馬場里（原）[集]
 49 梨谷里（原）[集]
 50 西屯洞（無一原）[集]
   *イネ〈原〉
江原道
 51 中島（無一原）[集・墓]
   *イネ〈無〉
   アワ・*ヒエかキビ〈原〉
 52 新海里（無）[墓・集]
 53 内坪里（有一無）[住]
 54 鰲山里（有）[集] ドングリ
 55 浦南洞（無）[住]
 56 屯内（無）[集]
   アワかヒエ・
   *アズキかダイズ
忠清北道
 57 広儀里（無）[集・墓]
 58 鶏山里（無）[集・墓]
 59 陽坪里（無）[集]
 60 荷川里（無一原）[集・墓]
   *アワかモロコシ〈無〉
   ムギ・未詳穀粒〈原〉
 61 紙洞里（無）[集・墓]
 62 内秀里（無）[住]
 63 内谷洞（無）[住]
 64 外北里（無）[住]
忠清南道
 65 斗井里（無）[住]
 66 清堂洞（無）[集]
 67 大路里（無）[住]
 68 休岩里（無）[集] *イネ
 69 古南里（無）[集] *イネ
 70 校成里（無）[集]
 71 松菊里（無）[集] イネ・*イネ
全羅北道
 72 盤谷里（原）[採]
   *イネ・*マメ
 73 所山里（無）[採] *イネ

 74 松龍里（原）[墓] *イネ
 75 細里里（無一原）[集] マメ
 76 如意洞（無）[集]
全羅南道
 77 新昌洞（無）[集・墓]
   イネ・アンズ・キュウリ・
   グミ
 78 松岩洞（無）[住]
 79 長川里（無）[集]
 80 郡谷里（無）[集・貝]
   イネ・コムギ・*イネ
 81 大谷里（無一原）[集・墓]
   *イネ〈無〉
 82 洛水里（原）[集] モモ
 83 月内洞（無）[墓] *イネ
慶尚北道
 84 知礼里（無）[墓] *イネ
 85 松竹里（有一無）[集・墓]
 86 月城洞（無）[集]
 87 城洞（無）[採] *イネ
 88 隍城洞（無一原）[集]
 89 朝陽洞（無）[墓・住]
   ドングリ
慶尚南道
 90 山浦（無）[墓] *イネ？
 91 大也里（無一原）[集・墓]
   *イネ〈無〉
 92 壬仏里（有一無）[集]
 93 鳳渓里（有一無）[集]
   コナラ・オニグルミ〈有〉
   *イネ・*ダイズ〈無〉
 94 苧浦里（無）[集・墓]
 95 江楼里（無）[採] *イネ
 96 大坪里（無）[墓・住] *イネ
 97 勒島（無）[集・貝・墓]
   イネ・*イネ
 98 東外洞（原）[貝] イネ・ムギ？
 99 新村里（無）[墓・集]
 100 茶戸里（無）[墓]
   クリ・未詳種子
 101 会峴里（無一原）[墓・貝]
   イネ〈原？〉
 102 府院洞（原一三）[集・貝]
   イネ・アズキ・ヤマブドウ
   〈原〉
   イネ・アワ・オオムギ・
   コムギ・ダイズ〈三〉
 103 朝島（原）[貝] *イネ
 104 菜城（無）[集]
 105 老圃洞（無）[集・墓]
 106 検丹里（無）[集]
 107 良東（無）[集]

遺跡位置は図98参照。
凡例 （ ）=遺跡の時代，〈 〉=植物遺体・圧痕（*印）の時代
    有：有文土器時代、無：無文土器時代、原：原三国時代、三：三国時代
   [ ]=遺跡の内容
    住：住居趾1-2軒、集：集落、貝：貝塚、墓：墓地、採：採集

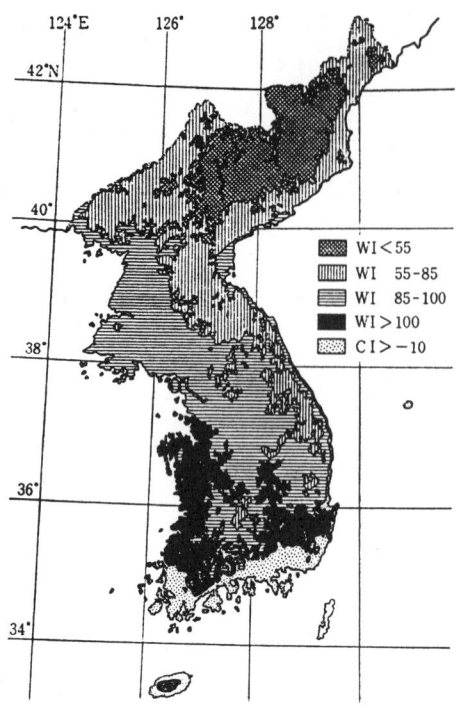

図99 朝鮮半島の温かさの指数（WI）と寒さの指数（CI）の分布

　西海岸には、北から鴨緑江、清川江、大同江、載寧江、礼成江、臨津江、漢江、錦江、万頃江、栄山江など、流路傾斜がきわめて緩い緩流型の河川が注ぐ。河口部は沈降の結果、溺谷となり、水深が深く、潮水の影響が内陸深くまで及ぶ。また支流が発達し、流域面積が広く、中流付近に河中島ができ、上流に嵌入曲流が発達する。南海岸に注ぐ大河川は、緩流型で河口に最大の三角州が発達する洛東江と、急流型の蟾津江である。これらにも西海岸の大河川の特徴のいくつかが共通する。これと対照的に東海岸の河川は、豆満江を除くと、流長の短い急流型で、土砂の流出が著しく、下流には氾濫原が発達する。漢江以北の河川は冬に凍結する（姜錫午 1970：104-108）。

　これら西海岸と南海岸の大河川の流域には、平野が発達するが、ほとんどは一望千里の平坦な平野ではなく、緩い起伏が連なっている。東海岸でも下流域に平野が形成されている。

　海岸線は、東海岸は地盤が隆起し、山脈が海岸に平行しているので、比較的単調である。南海岸と西海岸は脊梁山脈から分岐した山脈が海岸近くで終わり、また地盤が沈降し、海岸線の出入りが著しいうえに、京畿湾と南西部〜南海岸は多島海になっている。さらに、西海岸のほとんどと南海岸西部には干潟地が発達している。なお、西海岸は過去4,000年間に毎年0.426mmの速度で沈降・浸水しているという（鄭璋鎬 1980：28）。

　これまでに住居址が調査された集落遺跡は100数10ヵ所に達する。その立地は、山間部、平野部、山稜・山頂、海岸部に大別される。山間部や平野部の河川流域、平野部や海岸部の平坦地に面する低い丘陵が多い。

　以下、有文土器時代と、農耕社会が成立発展する無文土器時代以後とにわけて、遺跡立地の具体例をあげてみる。

3　有文土器時代の遺跡立地

　この時代の集落遺跡の立地は多様である。まず、海岸部の遺跡があげられる。海岸砂丘、海岸近くの山や丘陵の麓、島などで、貝塚を形成することもある。栽培植物遺体の出土例はまだなく、農耕に関係しそうな遺物が時に出土することはあるが、積極的に農耕の存在を示すものではなく、生業の主体は漁撈であった。

　内陸部では、集落は狩猟・漁撈・採集等に適した河岸段丘や自然堤防上に立地する。この時代の栽培植物遺体（アワ）が出土した北西部の3遺跡はこのような場所にあり、いずれも後の無文土器

第 13 章　農耕集落の立地　289

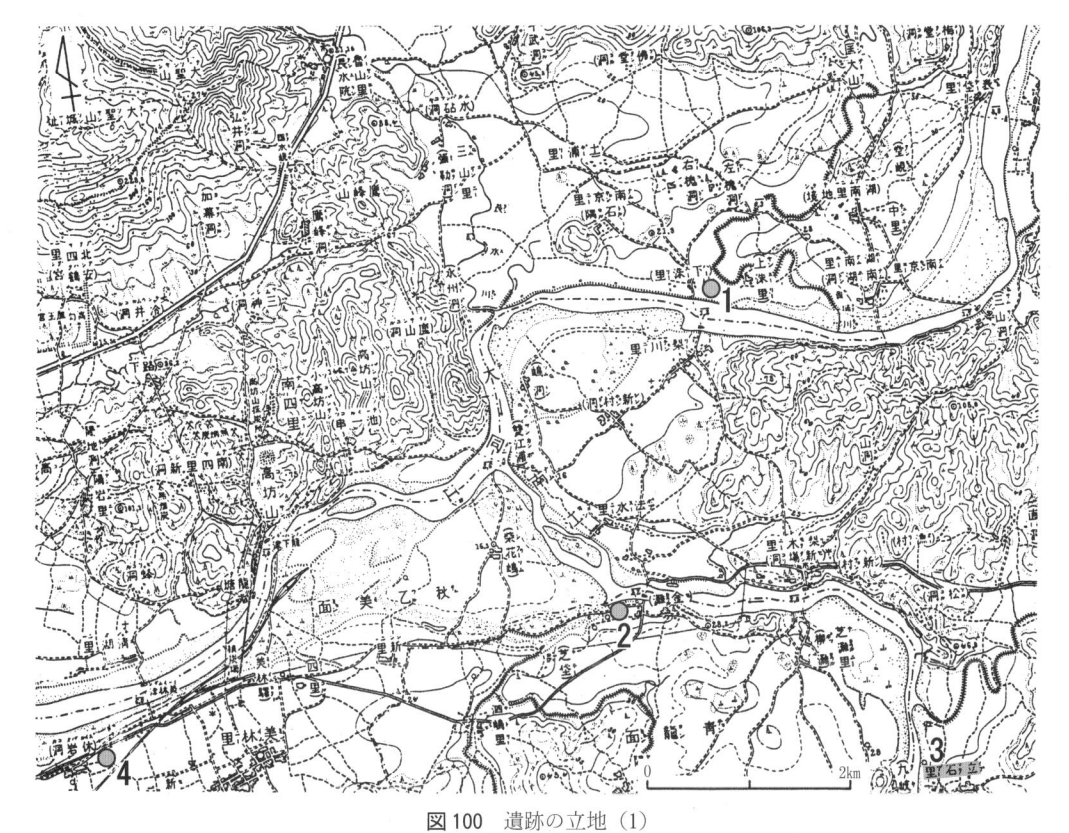

図 100　遺跡の立地（1）
1：南京遺跡　　2：金灘里遺跡　　3：立石里遺跡　　4：美林休岩遺跡

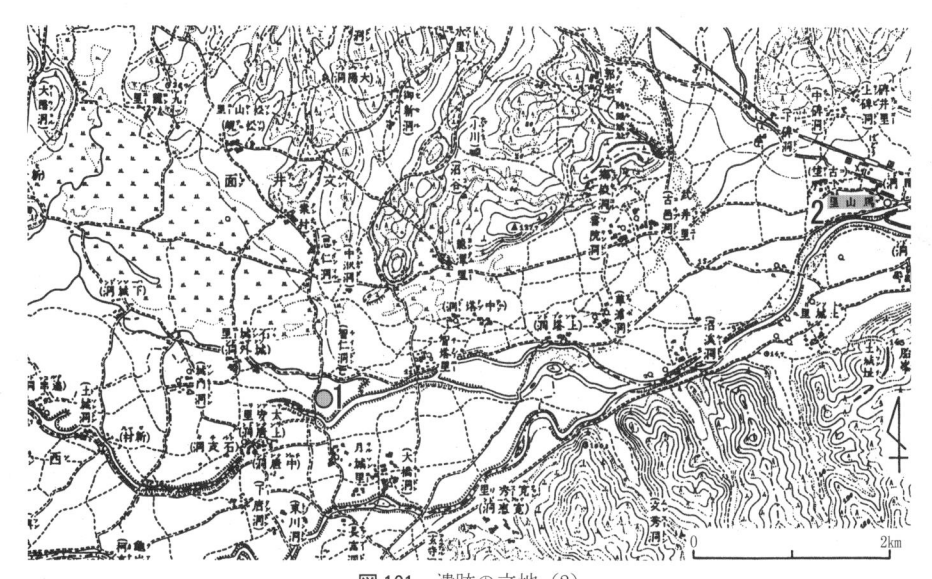

図 101　遺跡の立地（2）
1：智塔里遺跡　　2：馬山里遺跡

時代の集落が上に重なっていたり、その近辺にある。

　有文土器時代中頃の黄海北道智塔里遺跡第2地点2号住居後出土の深鉢形土器からは、炭化したアワ粒約3合が発見され（考古学民俗学研究所1961）、ここから5〜6km東の馬山里遺跡7号住居址でも炭化アワが出土した（ドサソンほか1989）。後期の平壌市南京遺跡の31号住居址ではアワ1合とドングリ3個が出土した（金用玕ほか1984）。

　出土遺物の中には、耕作具に相当する石鋤（智塔里）、収穫具に相当する石刀（南京・智塔里）、調理具に相当するすりうす（南京・智塔里・馬出里）がある。

　南京遺跡（図100）は大同江右岸の河岸段丘にあり、無文土器時代の集落と重なりあっている。遺跡の南側は、東から西に流れる大同江の侵食を受けて失われている。遺跡周辺は標高15〜30mの広い平坦地で、北2kmに標高100mほどの丘陵がある。南〜南西側は大同江と南江が合流し、沖積地が広がっている。

　智塔里遺跡と馬山里遺跡（図101）は、瑞興江が載寧江に合流する一帯に形成される載寧平野の入口部の河岸段丘にあり、南北には比較的低い山が迫っている。馬山里遺跡の先史時代層は地山（砂礫層）上の黄色砂層（厚さ70cm）で、その上は黄色砂土層（厚さ60〜120cm）・表土層（厚さ30cm）である。

　これらの遺跡の周辺平地はそれほど広くなく、丘陵も近い。また、大量の漁網錘と南京遺跡の炭化ドングリにみられるように、河川漁撈と採集活動に適していた。アワ作農耕が生業に占める位置はとくに大きかったとはいえないようである。

　同じような立地のこの時代の遺跡には、清川江岸の平安北道細竹里遺跡、漢江流域のソウル市岩寺洞遺跡・京畿道渼沙里遺跡（図107）がある。また、咸鏡北道茂山虎谷遺跡（図102）・慶尚北道松竹里遺跡（図105）は、山間部河川沿いの狭い河岸段丘にあり、慈江道土城里遺跡は豆満江上流の扇状地に位置する。これらの遺跡には、すりうすが出土するくらいで、農耕の積極的証拠はないが、次の無文土器時代に大規模な集落が形成されており、農耕が行われていた可能性はある。

4　無文土器時代・原三国時代の遺跡立地

　農耕社会の形成発展期の無文土器時代から原三国時代の集落遺跡では、イネ・アワをはじめとする各種栽培植物遺体のほか、無文土器時代初めから収穫具としての石包丁が普遍的にみられる。石包丁以外の農耕関係石器は少なく、土掘り具（打製石斧、T字形石斧）、すりうすなどが主に北部と無文土器時代前〜中期遺跡に出土する。木製農具はようやく発見されはじめた。水田遺構は未発見だが、畠遺構は三国時代のものが発見された[補記2]。

(1) 山間部の河川沿い

　山間部の河川中・上流部の河川沿い、河川曲流部、河川合流部に形成された長さ数km以下、幅1km以下の狭い河岸段丘に立地する遺跡が、豆満江、鴨緑江、大同江、漢江、宝城江、黄江、南江などとその支流で多数調査されている。その中には必ずしも連続的にではないが、有文土器

時代から無文土器時代の前〜後期あるいは原三国時代にまでわたるものもあり、無文土器時代前〜中期が比較的多い。

まず河川合流部の遺跡がある。3遺跡をあげるが、いずれも遺跡付近で河川は曲流している。

1) 咸鏡北道茂山虎谷遺跡 (図102) (黄基徳1975)
豆満江中流右岸、東から合流する城川と曲流する豆満江にはさまれた標高460mの河岸段丘にある。遺跡東の標高502mの丘陵から「3段の段丘がある。遺跡は第3段丘傾斜面から始まって、その西端は豆満江岸まで延びる」(黄基徳1975：126)。

調査された住居址51軒は、切り合い関係から6期に区分され、第1期は有文土器時代末、第2期〜第6期は無文土器時代前期〜後期である。第2期の住居址でモロコシ・キビの炭化粒とキビの粉・皮殻が、第3期の住居址でキビの粉・皮殻が、第5期の住居址でキビかアワの炭化粒が出土した。農耕関係遺物には石鍬 (第1期〜第5期)、すりうす (第1期〜第4期)、石庖丁 (第2期〜第5期)、鉄器 (鍬先・穂摘具・鎌、第6期) がある。

漁撈具には石錘 (第1・2期)、骨製釣針 (第2期)、鉄製釣針 (第6期) およびヤスともみられる石・骨角製品が出土した。哺乳動物骨は種類・数量とも多い。

台地上の森林を切り開いて集落・耕作地を造るとともに、河川漁撈を行い、周辺の広い山地で狩猟を行ったことが、出土する動物骨・魚骨と狩猟具・漁撈具から明らかである。

2) 平安南道大坪里遺跡 (鄭燦永1974)　大同江上流の、大同江と支流陽村江との合流地点に形成された1km四方ほどの段丘 (標高100m) 上の集落遺跡である。周囲は300〜400mの山が迫る。報告書には「遺跡は大同江により形成された三角州にあり」「南側にはかつての川の跡があり、梅雨時などにははに川水がここを流れる」と記す。

東側に無文土器時代前期の住居と箱式石棺墓・

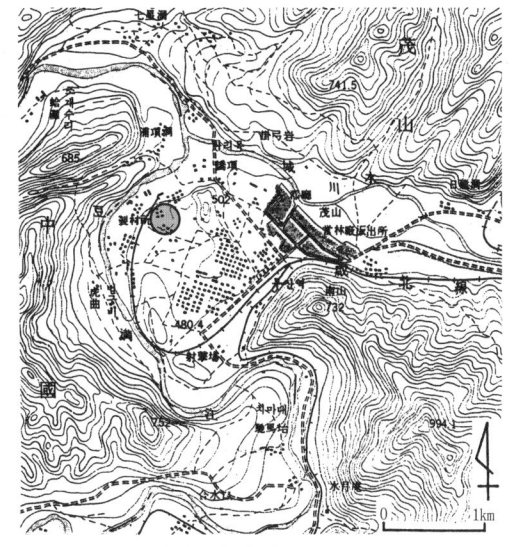

図102　遺跡の立地 (3)　　茂山虎谷遺跡

図103　遺跡の立地 (4)　　大谷里道弄遺跡

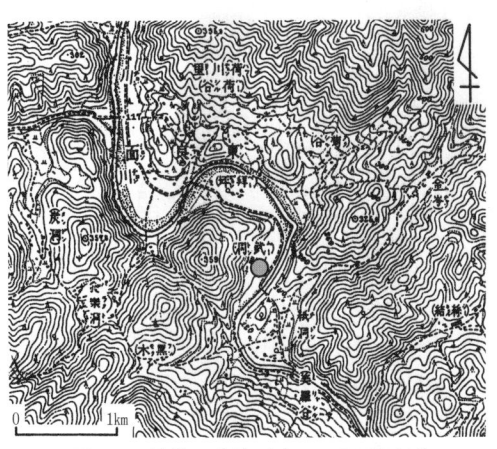

図104　遺跡の立地 (5)　　荷川里遺跡

支石墓が営まれ、その西方に無文土器時代後期以降の住居址がある。無文土器時代住居址からは各種石斧、石庖丁、石鏃、磨製石剣、紡錘車などのほかに石製漁網錘が出土し、3～4世紀の包含層で鉄製釣針が出土した。

遺跡の対岸、大同江北側にも遺跡があり、本遺跡は地理的・自然地勢から近隣諸集落の核となり、流域各地との交通の中心であった。

3) 全羅南道大谷里道弄遺跡（図103）（全南大学校博物館 1989、1990）　南海岸に注ぐ蟾津江のもっとも大きな支流、宝城江中流に松光川が合流する西側の標高90mの河岸段丘に位置する。江岸の長さ200m余、幅40m余の範囲で、無文土器時代中期住居址70余軒、原三国時代～三国時代初期住居址80余軒が調査された。付近には支石墓群がある。石鏃、磨製石剣、各種石斧、石庖丁、土製網錘が出土する。

この付近で、宝城江は曲流しながら北上し、川の両岸と屈曲部に点々と形成された平坦地には、集落址・支石墓が点在する。

河川の曲流部に位置する遺跡も多い。

4) 忠清北道荷川里遺跡（図104）（尹容鎮 1984）　後述する広儀里遺跡・鶏山里遺跡の下流で、南漢江に合流する堤川川曲流部の遺跡である。原三国時代初めの住居址2軒を調査し、1号住居址出土土器からムギと種別不明の穀物種子が発見されたほか、採集した無文土器にアワやモロコシのような種子の圧痕が見いだされた。

堤川川流域には、河川の屈曲であちこちに生じた小規模の河岸段丘以外に平野地はなく、遺跡地も川と山に囲まれた狭い空間内の小規模の「還流丘陵」（600m×150m）で、ここしか耕地や居住地にならないが、砂質の河岸段丘のため、作物は畠作物に限られる（尹容鎮 1984：386）

5) 慶尚南道大也里遺跡（林孝澤ほか 1988・1989）　洛東江の支流黄江は、居昌の侵食盆地を南下し、大也里で渓谷地帯に入り、ここを抜けて陜川平野に入って洛東江に合流する。渓谷地帯には、川に沿って形成された狭い平地に集落・支石墓等の遺跡が点在する。大也里遺跡は標高520mの紺土山下の沖積地（標高180mほど）の川辺にあり、無文土器時代中期住居址20軒と支石墓3基、原三国時代住居址5軒が調査された。遺跡の層位は、遺構検出層である明褐色砂質土層の下に粗砂質土層（時に礫混じり）4枚（70～100cm）と混礫粘質砂層が続く。

籾圧痕土器のほかは、石鏃、石庖丁、漁網錘など上記遺跡と同じような遺物出土状況である。

6) 慶尚北道松竹里（図105）（啓明大学校博物館 1994）　洛東江の支流、甘川上流のU字形に曲流する部分の丘と川にはさまれた河岸段丘（標高100m未満）上の有文土器時代～無文土器時代の集落遺跡である。

有文土器時代の住居址10軒、無文土器時代前～中期の住居址62軒・支石墓19基などが調査された。有文土器時代の遺物には石斧、石鏃、すりうす、打製石斧（土掘り具？）、石製漁網

図105　遺跡の立地 (6)　松竹里遺跡

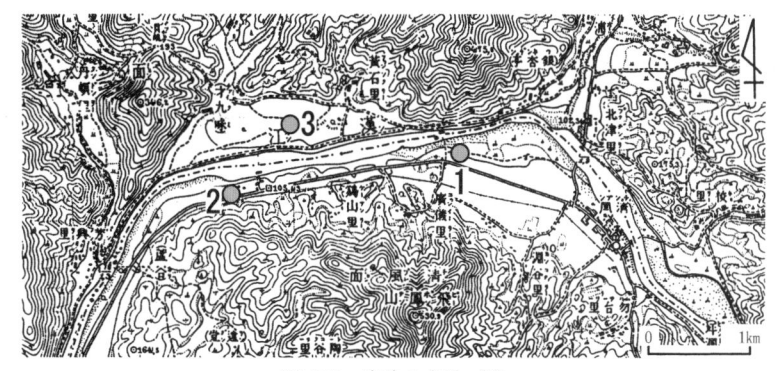

図 106 遺跡の立地（7）
1：広儀里遺跡　　2：鶏山里遺跡　　3：黄石里支石墓群

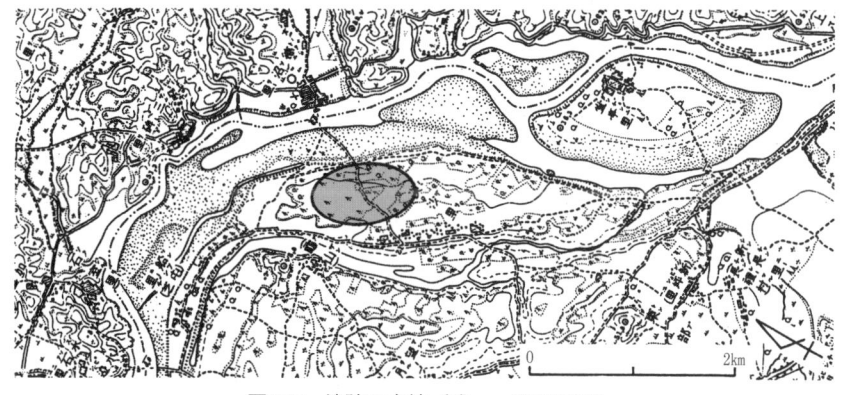

図 107 遺跡の立地（8）　　渼沙里遺跡

錘がある。無文土器時代の遺物には、磨製石剣・石鏃・石斧のほかに、石庖丁、土製漁網錘があり、支石墓付近では琵琶形銅剣も出土している。

河川の直線部分のこれらよりは広い河岸段丘上の遺跡には次のような例がある。

7）咸鏡北道会寧市五洞遺跡（考古学民俗学研究所 1960）　　豆満江支流の会寧川河岸の「沖積段丘」にある無文土器時代前期〜後期遺跡で、上には古代・中世層がのっている。遺跡の一部は川の氾濫で流失している。住居址 8 軒を調査し、ダイズ・アズキ・キビ（またはアワ）の炭化粒が出土した。農耕具、狩猟具のほか魚骨、動物骨が出土している。

8）忠清北道広儀里遺跡・鶏山里遺跡（図 106）（忠北大学校博物館 1984）　　南漢江上流の大きな屈曲部の両岸には、標高 500m 以上の山に囲まれた広い河岸段丘があり、両遺跡は南岸（左岸）の東西 5km、南北 1km 未満、標高 100m ほどの半月形の河岸段丘に位置する。鶏山里遺跡では無文土器時代前期ないし中期の住居址 3 軒のほか、支石墓が調査され、その東方の広儀里遺跡でも無文土器時代中期住居址と支石墓が調査された。両岸の河岸段丘には黄石里遺跡（支石墓）など遺跡が多く、この流域一帯の核となるところである。

9）江原道屯内遺跡（元永煥ほか 1984）　　南漢江上流の支流、酒泉江岸の標高 500m ほどの狭い平地で、原三国時代の住居址 3 軒が調査され、炭化したヒエもしくはアワが 2 号住居址で出土した。稲作が不可能なかなり寒いところである。

山間部の河川沿いの狭小な平地の遺跡はこのほかにも、慈江道の深貴里遺跡（鄭燦永 1961）、公貴里遺跡（考古学民俗学研究所 1959c）（ともに無文土器時代前期）、魯南里遺跡（無文土器時代後期）（鄭燦永 1965）、咸鏡南道の中里遺跡（安容濬 1966a）、月近垈里遺跡（金用玕ほか 1986）、黄海北道五徳里遺跡（石光濬 1974）（いずれも無文土器時代前期）、京畿道馬場里遺跡（原三国時代）（金元龍 1971）、慶尚南道の大坪里遺跡（無文土器時代前期）（文化財研究所 1994）、江楼里遺跡（無文土器時代）（安春培 1982）など全域に多い。このような立地の遺跡が、各地域にほぼ普遍的に存在することは、発掘調査を経た集落以外に支石墓の分布からも明らかである。

(2) やや広い河成平野の河岸段丘や段丘化した中洲

河川の中流から下流の河成平野の中の河岸段丘や中洲に立地する遺跡がある。

1) 平壌市南京遺跡・金灘里遺跡・立石里遺跡・美林休岩遺跡（図100）　いずれも大同江と南江が合流する一帯の河成平野中の河岸段丘（標高 15～25m）に立地する。

金灘里遺跡（金用玕 1964b）は南京遺跡の南南西 3km の南江左岸の河岸段丘にある。ここでは河床礫層上に 1m ほどの粘土層があり、その上に砂質沖積層が 1～1.5m 堆積し、この両層に遺構が掘り込まれている（ともに有文土器時代後期～無文土器時代前期）。

この上流 3～4km の立石里遺跡（李元根ほか 1962）も南江右岸から 150～200m にあって同様の立地である。金灘里遺跡西方約 5km の美林休岩遺跡（考古学研究室 1960）も、大同江から約 100m 離れた河岸段丘にある（ともに無文土器時代中期）。

これら遺跡の南には標高 50m 未満の丘陵が広がり（楽浪準平原）、北と東は低い山並である。農耕を中心としつつも、川と山での狩猟・漁撈・採集も生業に重きをなしていたであろう。立石里遺跡ではアナグマ・イノシシ・シカなど 11 種 35 個体分の哺乳動物骨が出土し、今でも大同江で捕れるハマグリ・シジミの貝殻、ボラの骨が採集されている。美林休岩遺跡でもシカ・イノシシの骨、ハマグリ・シジミの貝殻が出土している。

2) 京畿道渼沙里遺跡（図107）（渼沙里先史遺蹟発掘調査団 1994、成均館大学校発掘調査団ほか 1994、崇実大学校博物館 1994、ソウル大学校博物館 1994、高麗大学校発掘調査団 1994）　漢江の中洲（長さ 4km、幅 1km 余）にある。これは渼沙里のすぐ上流側の堂亭洞から渼沙里を経てソウル市東部の土坪洞まで連続する河成堆積層（河岸段丘）である。下部の礫層は水平層理を示し、約 75％以上が礫で構成される河成堆積層で、漢江水面の 2～3m 下から水面上部 10m（標高 17.5m）まで連続する。礫層上部の砂層は標高 17.5～20.5m の間に発達し、上位では砂層と砂質粘土層が反復するので、洪水起源の氾濫堆積層と解釈される（李東瑛 1994）。

有文土器時代から原三国時代を経て百済・高麗時代までの各時期の竪穴住居址 83 軒、貯蔵坑 182 基、地上家屋（掘立柱建物）44 軒などが調査された。

無文土器時代中期まではすりうすが出土する。石庖丁は遺構の数からすると少ない。石・土製の漁網錘は多い。

注目すべき遺構は百済時代の畠跡である。上下 2 枚あって 4～5 世紀と 6 世紀頃とみられ、多数の畝と畝間が下層では東西に、上層では南北に平行している。無文土器時代にもこの中洲に耕作地

（畠）があっただろうが、水田の造成は不可能である。

　3）江原道中島遺跡（李健茂ほか 1980）　　春川侵食盆地内の北漢江と昭陽江の合流地点に形成された長さ 5km、幅 1km ほどの中島と呼ぶ中洲（標高約 70m）に立地する遺跡である。中島の原三国時代の 1 号住居址では、土器に入ったアワ約 30g がみつかっている。春川盆地は侵食盆地で、上流からの土砂やこの一帯の花崗岩が崩壊して川辺に肥沃な段丘を形成し、その土壌は腐植含有率が高く、緻密な組織で農業に適合する（李健茂ほか 1980：2）。中洲と盆地内には支石墓などの遺跡がきわめて多く、現在と同じく交通の要として、流域遺跡群の核となる地域であった。

　4）咸鏡南道永興邑遺跡（徐国泰 1965）　　東海岸、永興平野の龍興江の河岸段丘もしくは自然堤防に立地するらしい（無文土器時代中期）。ここでは住居址 10 軒が調査され、火災に遭った 10 号住居址ではアワの藁のような物の炭化物が確認された。また銅矛、銅斧などの鋳型が出土した。

(3) 小平野、谷底平野に面する丘陵上

　中・小河川の作る小平野（氾濫原）や谷底平野に面する丘陵上や山麓の遺跡も多い。

　1）ソウル市駅三洞遺跡・可楽洞遺跡・明逸里遺跡（図108）　　これらは漢江の南の低い丘陵地帯の小平野・谷底平野に面する遺跡である。無文土器時代前期の住居址 1 軒ずつが調査されただけで、集落規模や地図上の正確な位置はわからない。

　漢江に注ぐ炭川両岸の小平野（漢江の氾濫原、標高 10m 余）の東側には標高 60m 以下の低丘陵が広がり、可楽洞遺跡は標高 40m の丘陵上にある（金廷鶴 1963）。炭川の沖積平野が丘陵部に入り込んだところに面する。

　この北東約 7km、狭い谷底平野が北東方向に入り込んだ奥の丘陵上（標高 42m）に明逸里遺跡がある（金廷鶴 1962）。

　また、炭川の西には良才川の狭い沖積平野が南西に延び、その北側の丘陵端（標高 90m）に駅三洞遺跡がある（金良善ほか 1968）。平地との比高が高く、後述の山稜遺跡に分類すべきかもしれない。

　この一帯の低丘陵上から麓の入り組んだ谷に面したところには多くの集落址があり、谷には水田が、丘陵には畠が設けられていただろう。三国時代には百済の漢城時代（〜475 年）の中心地でもあり、多数の古墳が存在し、可楽洞遺跡北 2km の夢村土城は都城跡ともいわれている。だが今は市街化し、地形は大きく変貌している。

　2）忠清南道松菊里遺跡（図109）（姜仁求ほか 1979、池健吉ほか 1986、安承模ほか 1987）　　無文土器時代中期の、朝鮮半島の稲作文化を代表する遺跡として有名である。

　錦江の支流、石城川流域の沖積平野（標高 10m 前後）の北は標高 260m に達する山々で画され、南は低い丘陵を間に論山平野につらなる。北側の山麓丘陵は石城川支流の谷でいくつにも区切られている。遺跡はこの山麓丘陵上に立地し、これまでに円形住居址 11 軒・長方形住居址 22 軒が報告されている。遺跡南西部の南に延びる丘陵上（54 地区）で、長方形住居址 18 軒が調査され、1 号・11 号・13 号住居址では大量の炭化米が出土した。ここでは環濠（？）や集落を囲む柵跡も発見されている。この地区の北隣の西に延びる丘陵（55 地区）には松菊里型円形住居址 7 軒がある。

　出土する石器の種類は弥生時代のそれと同じで、水稲農耕の典型的集落である。水田は遺跡の東

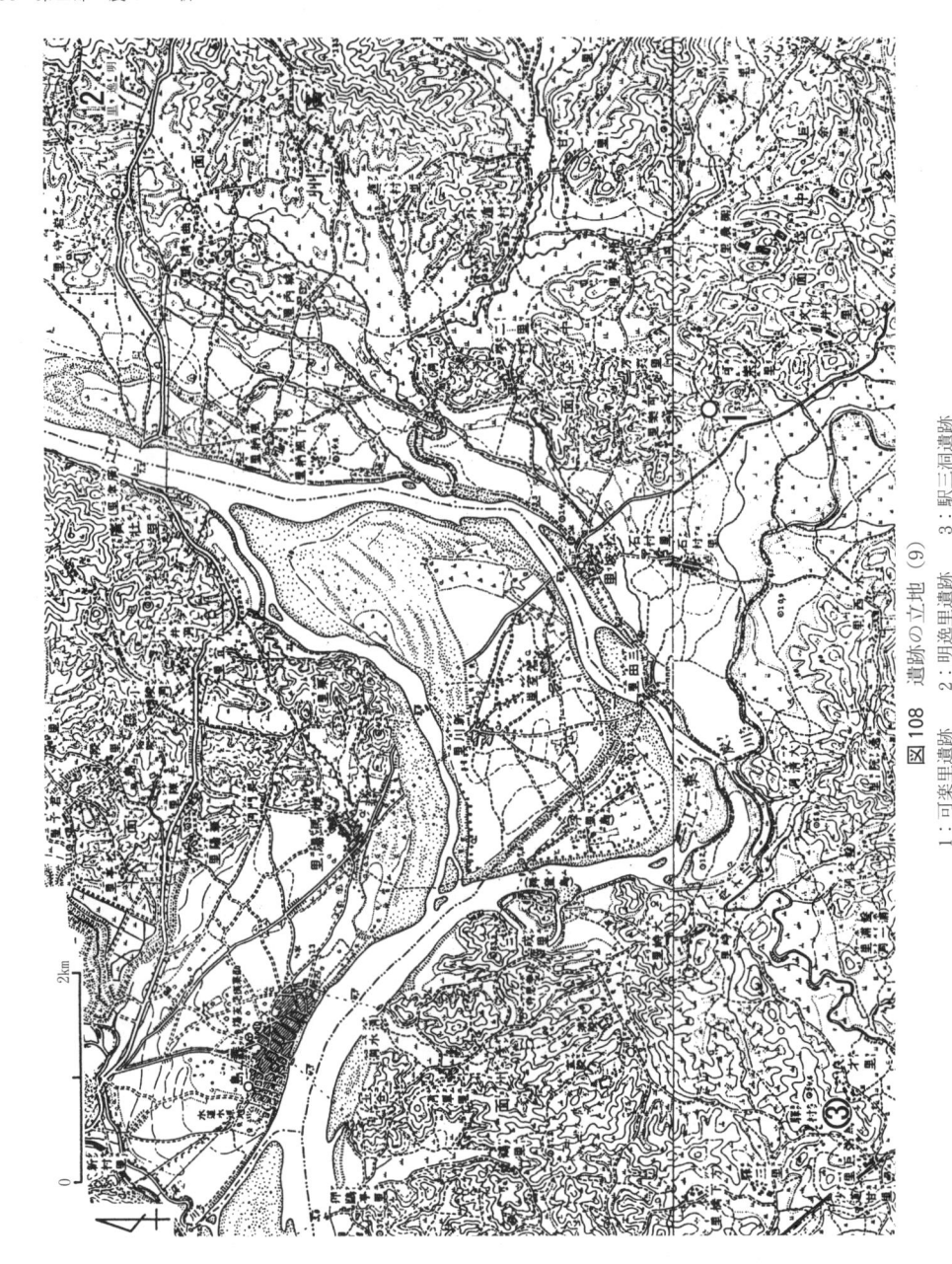

図108 遺跡の立地（9）　1：可楽里遺跡　2：明逸里遺跡　3：駅三洞遺跡

西の谷に設けられたであろう。

　54地区南端には遼寧式銅剣を副葬する箱式石棺墓が1基発見され、本遺跡の南南西1kmには細形銅剣を副葬する蓮花里石槨墓（金載元1964）がある。

　3）忠清北道内谷洞遺跡・外北里遺跡（忠北大学校博物館1986）　錦江支流の美湖川が作る広い平野から、谷がいくつも入り込んで八つ手の葉状になった丘陵に立地する。前面の平野や谷地に水田が設けられたであろう。両遺跡は南北に2km離れている。

　4）全羅北道如意洞遺跡（全榮來1990）　全州川が万頃江に合流する地点の南約5kmにある標高50mの丘陵頂部で、青銅器副葬墓がみつかり、東北斜面で無文土器時代中期の住居址1軒が調査さ

図 109　遺跡の立地（10）　　松菊里遺跡

れた。丘陵の東西には万頃江の平野から沖積地が入り込み（標高10数 m）、遺跡直下の東側谷奥に水田が設けられただろう。万頃江下流には海成平野と河成平野が広がり、かつては大潮の時に河口から 50km ほど上流の全州川合流地点まで水位が上昇した（金萬亭 1990：146・149）から、丘陵地の奥まった狭い沖積地のみが農耕地たりえた。

　5）慶尚北道月城洞遺跡（尹容鎮ほか 1991）　　無文土器時代前期の住居址 2 軒が扇状地に面する丘陵先端部（標高 50m 前後）で調査された。ここは、西へ低丘陵が長く延びて形成された湿潤な広い氾濫原につながるところで、前面の扇状地は現在水田となっている。

　6）慶尚南道検丹里遺跡（図110）（鄭澄元ほか 1990）　　回夜江上流山間部にこの川と支流、熊川にはさまれた標高 200m 余りの独立丘陵がある。その周囲は狭い沖積地（標高 60〜80m 前後）で、標高 400〜600m の山々に囲まれている。この丘陵の西側麓（標高 104〜123m）に、無文土器時代中期前半の環濠集落が発見された。環濠は長径 120m 弱・短径 70m で、環濠内外に住居址 93 軒などがあった。沖積地との比高は 14〜33m である。沖積地に永田を営んだであろうが、畠作もしていたとみられる。

　このような遺跡立地は各地にみられる。平壌市の猿岩里遺跡・真坡里遺跡（鄭白雲 1958）は、楽浪準平原の丘陵に立地し、平安南道台城里遺跡（考古学民俗学研究所 1959b）は小平野奥の丘陵上にある（無文土器時代前〜中期）。

　載寧平野の縁辺部では、黄海北道沈村里遺跡（黄基徳ほか 1966）が正方山山麓に、黄海北道新興洞

298　第Ⅲ部　農　　耕

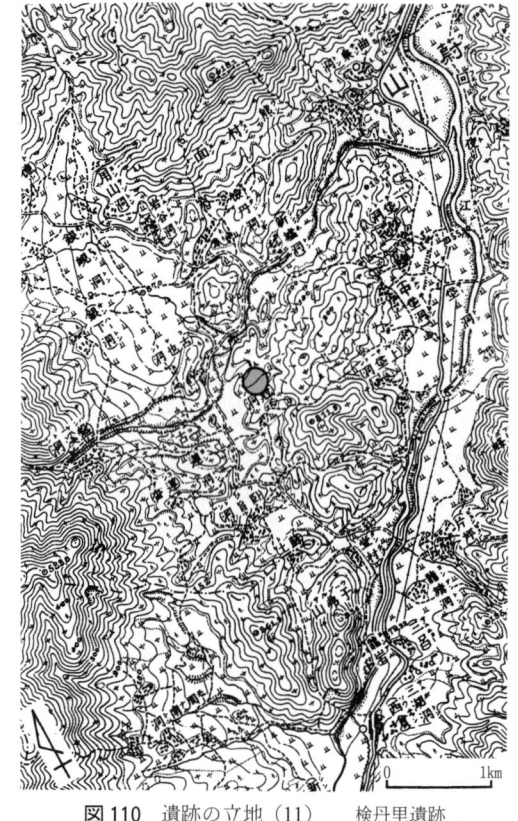

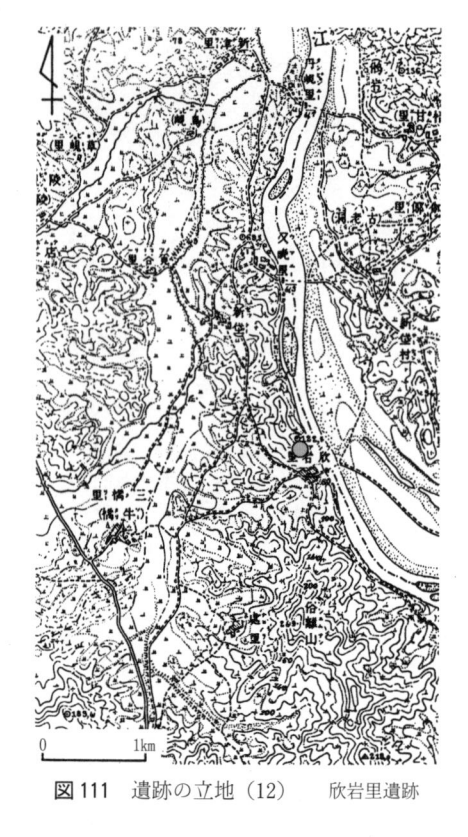

図110　遺跡の立地（11）　　検丹里遺跡

図111　遺跡の立地（12）　　欣岩里遺跡

遺跡（徐国泰 1964）が前述の馬山里遺跡の北の丘陵上に、黄海南道伏獅里遺跡（田疇農 1963b）が丘陵に位置する（無文土器時代前～中期）。

江原道浦南洞遺跡（李蘭暎 1964・1965）は河口のごく狭い平野に面する丘陵端にある（無文土器時代）。籾圧痕土器の採集された全羅北道の盤谷里遺跡（全榮來 1975a）・松龍里遺跡（原三国時代）（全榮來 1975c）も平野中の丘陵上にある。

木製農具などが発見され、水田址の発見が期待されている全羅南道新昌洞遺跡（趙現鐘ほか 1992）（無文土器時代後期）は、栄山江が作る小平野もしくはその支谷に面する丘陵にある。この南10kmの松岩洞遺跡（無文土器時代中期）（全南大學校博物館 1979）は標高30mの谷底平野に面する標高70mの丘陵に位置する。

慶尚北道の城洞遺跡（無文土器時代後期？）（嶺南大學校博物館 1993）・朝陽洞遺跡（無文土器時代中期）（崔鍾圭 1983）も小平野に面する丘陵端に立地する。

慶尚南道良東遺跡は、前面に回夜江下流のごく狭い平野を望む丘陵上にある（無文土器時代前期）（釜山大學校博物館 1985）。

(4) 山頂・山稜

山頂や山稜で住居址が見つかった遺跡がいくつかある。これには、下にある程度の平地が広がっている場合と、平地がなく、農耕集落とは考えられない場合とがある。

1）平安北道龍淵里遺跡（姜チュングワン 1974）　鴨緑江河口、龍川平野北西の標高55m、長さ1kmほどの独立丘陵の東側稜線上で有文土器時代末の住居址3軒が調査された。石庖丁5点が出土し、本遺跡北北東5kmの新岩里遺跡とともに、朝鮮半島における石庖丁のもっとも古い例である。ただし、土器は遼東半島とのつながりが強い。本遺跡と新岩里遺跡を結ぶ線の北西側は、鴨緑江河口の広い干潟地で、南東側に低丘陵が続く。農耕とともに多様な生業が可能である。

2）京畿道玉石里遺跡（金載元ほか 1967）　丘陵頂部（標高100m）から南東に延びる長さ数100mの稜線上に点在する支石墓の下から、無文土器時代前期前半の住居址1軒がみつかった。臨津江河口に注ぐ支流が作る小平野に臨み、平野との比高は60mはある。当時、下の沖積地が水田開発に適する状態であったか否かは明らかでない。

3）京畿道欣岩里遺跡（図111）（ソウル大学校考古人類学科 1973・1974・1976・1978、崔夢龍 1986）　無文土器時代前期の遺跡である。欣岩里付近では南漢江が西向きから北向きへ流路を変え、川の南から西側（左岸）に山が迫る。山の切れ目のごく狭い平地（標高60m未満）の北の山頂（標高122m）直下で、住居址が16軒調査された。東1kmには北から狭い谷底平野（標高50m）が入っている。

4号〜16号住居址は、頂上から東に延びる尾根上（標高91〜115m）に長さ約130mにわたりほぼ1列にならんでいる。土器からみると短期間の遺跡らしい。

12号住居址で炭化したイネ粒78粒、オオムギ2粒、アワ1粒、モロコシ1粒、14号住居址で炭化イネ粒3粒が出土した。農耕関係の石庖丁19点、すりうす4点、漁撈用の土製錘78点、狩猟具ともなる磨製石鏃（含未製品）142点が出土している。石斧99点のうちの打製石斧17点には土掘用があるかもしれない。

漢江での漁撈、周辺の相当広い範囲の山野での狩猟が行われたであろう。水田を開くとすれば、南側の狭い沖積地や東側の谷底平野が対象になり、山麓の丘陵地を石斧で開いて畠地に利用したであろう。

4）忠清南道校成里遺跡（国立扶餘博物館 1987）　海抜188mの山頂部の南と西に住居址9軒がある。無文土器時代後期の短時間の遺跡である。石鏃未製品が多く、農耕関係石器は、別用途に転用したらしい石庖丁破片と石鎌未製品各1点だけである。北西斜面は浅水湾から湾入する狭い海に入る。遺跡南側の山麓にもかつては海が入り込んでいた。見通しは良いようだが、農耕集落としては成り立ちがたい。

5）忠清南道休岩里遺跡（尹武炳ほか 1990）　厳密には山頂の遺跡とはいえないが、浅水湾最奥部東側の扇状地扇頂部の丘陵に立地する無文土器時代前期の遺跡である。丘陵の北西から南西へ扇状地が広がり、丘陵の北と南には小河川がそれぞれ西流および南西流する。

標高76mの丘陵南斜面で住居址2軒を、その南西400mの54.3m地点の丘陵南斜面で住居址9軒を調査した。この斜面下の畠と住居址部分の比高は20m前後である。イネの籾圧痕土器が2点出土しているが、遺跡立地は水田を営むには向きそうもない。

(5) 海岸部の遺跡

海岸部の遺跡は、(1) 海岸小平野に面する丘陵・山麓に立地して農耕を営める遺跡、(2) 海岸に

面する丘陵・山麓に立地して農耕に不適な遺跡、(3) 小島にある遺跡、にわけられ、後二者は貝塚を作ることが多い。

1) 咸鏡北道西浦項遺跡（金用玕ほか 1972）　豆満江河口西、豆満江と満浦（潟湖）の間の標高 200m の山の西麓にあり、満浦と海のつながる部分に面する。有文土器時代層の上に無文土器時代前期の層が 2 枚のる。農耕関係石器のほかに骨角製漁撈具と 24 種類の哺乳動物骨が出土し、山斜面での畑作とともに漁撈・狩猟への依存度が高く、活動範囲は相当広かったようだ。

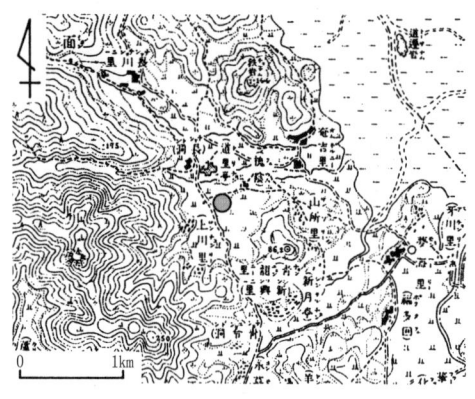

図112　遺跡の立地（13）　長川里遺跡

2) 全羅南道長川里遺跡（図112）（崔盛洛 1986a・1986b）　全羅南道南西端のリアス式海岸地帯の霊岩湾湾入部に面する山に囲まれた、2×1km ほどの小平野の山寄りに位置する。無文土器時代中期の竪穴住居址 11 軒を調査した。漁撈関係の遺物はほとんどなく、農耕集落である。周辺には支石墓群も多く、遺跡近くの支石墓では細形銅剣が出土している。

以上の 2 遺跡は農耕をも行う遺跡で、とくに後者は農耕専業の感がある。

3) 忠清南道古南里貝塚（金秉模ほか 1990・1991）　安眠島南端近くの低い丘陵斜面にある無文土器時代中期の貝塚（標高 25m ほど）である。住居址 3 軒を調査し、貝層下では有文土器が出土する。周囲には低平地がなく、東西を海にはさまれる。とくに漁撈を強調できるような道具の出土はないが、魚骨は多く、動物骨も出土している。イネの圧痕がついた土器や石庖丁もあるが、遺跡が形成された時期には、丘陵はすぐ海に面し、農耕を行ったにしても微々たるものであったろう。

4) 全羅南郡谷里貝塚（崔盛洛 1987・1988b・1989）　海岸近くの丘陵端（標高 20m）にある無文土器時代後期から原三国時代の貝塚である。籾圧痕のある無文土器が出土し、原三国時代の住居址 1 軒がある。遺跡形成当時はすぐそばまで海が入っていたとみられる。

5) 慶尚南道東外洞（固城）貝塚（金東鎬 1984、金鍾徹ほか 1992）　固城平野中の標高 30m 余り、径 200 数 10m の独立丘陵にある原三国時代の貝塚遺跡である。この丘陵の東と南には高さ 60m と 110m の山があり、西と北東の沖積地には、貝塚形成時に海が入り込んでいただろう。炭化米と北部九州製の広形銅矛が出土した。交易にも従事した漁撈民の遺跡で、炭化米も外から持ち込まれたものであろう。

6) 慶尚南道会峴里貝塚（図113）（浜田ほか 1923）　金海平野の鳳凰台と呼ばれる標高 45m の独立丘陵から南東に延びる丘陵斜面の原三国時代以降の貝塚で、炭化米、シカ・イノシシなどの骨、鹹水産貝殻などが出土した。丘陵上では無文土器時代前期～中期の支石墓と、北部九州弥生時代前期末～中期初めの甕棺墓が調査されている。

7) 慶尚南道府院洞遺跡（図113）（沈奉謹 1981）　会峴里の東 1km の山麓にある無文土器時代後期～三国時代の集落遺跡である。原三国時代のイネ・アズキと三国時代のイネ・アワ・オオムギ・コムギ・ダイズの炭化種子が出土している。土製漁網錘、海産の貝殻、シカ・イノシシ・ウシ・ウマの骨などが出土し、遠隔地との交易を示す貨泉や土師器も出ている。

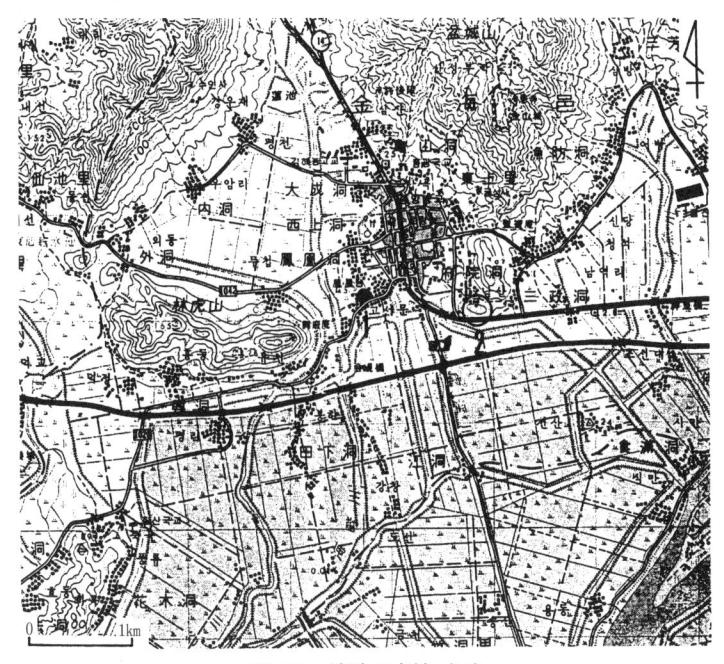

図113　遺跡の立地（14）
1：会峴里貝塚　　2：府院洞遺跡

　現在広大な三角洲の金海平野は、遺跡形成当時は海域であった（潘鏞夫ほか1993）。会峴里、府院洞とも、前面はすぐ海で、背後に狭い谷や平地はあるが、農耕の割合はごく低い漁撈民の集落であろう。

　8）慶尚南道勒島遺跡（釜山大学校博物館1989）　勒島は南北1kmほどの島で、南北の山の按部から東海岸全域に遺跡が広がり、貝塚、住居址、墓からなる（無文土器時代後期）。11号住居址で炭化米3粒が出土した。鹿角製品やイノシシ・シカの骨も出土した。石鎌2点以外にはめだった石器はなく、漁具もほとんどない。土器の中には北部九州中期の弥生土器が若干ある。

5　遺跡立地と農耕社会の形成

　有文土器時代の農耕は、狩猟・漁撈・採集とともに生業の一端を担っていた。農耕の実態はとらえにくいが、炭化アワ粒が出土した3遺跡は平野部の河川に沿った微高地にあり、微高地上や周辺の平地が耕作地として利用されていたと考えられる。また、山間部平地や平野部の丘陵に立地する遺跡のうち、後代の無文土器時代遺跡が上にのっている遺跡では、生業の中に農耕を加えている場合もあっただろう。

　この時代の遺跡はさまざまな場所にあり、立地環境に応じて生業各部門の比重は異なっていた。農耕を行うか、その可能性のある遺跡は、生産活動の場として山地・丘陵地・河川域いずれもがそろい、多様な生業が可能なところに立地するようである。しかし、無文土器時代に耕作地に開発される谷底平野や沖積地は、この時代にはまだ農耕地に用いられてはいなかっただろう。

　無文土器時代にも、農耕以外の各生業活動が継続していたことは当然のことで、自然遺物からも明らかである。しかし、この時代の社会は農耕生産を基盤にしており、農耕をめぐる諸事象を軸に

権威・権力が生まれていく。それは支石墓や青銅器に表現される。集落立地と地域的統合の動きを簡単にみよう。

　第1の集落立地は、山間部の河川に沿った狭い河岸段丘や平地である。河川での漁撈と周辺山地での狩猟や植物質食料採集にも適している。

　ここでは周辺の平地や山麓が耕作地に開発されたが、農耕規模と集落規模の拡大には限界がある。南部では水田を設けたにしても拡大は見込めず、こうしたところでは水田稲作への依存度は低いだろう。地域を問わず、狭い平坦地と山斜面での畠作が主で、それが焼畠であった可能性は高い。こうした中で陸稲もありえたであろう。

　このような遺跡では、ときに数10軒もの住居が発見されることもあるが、一時期に存在したのは最大で10数軒、ふつうは数軒であろう。南漢江上流域や宝城江流域の集落や支石墓群の事例から、山間部河川沿いの狭い平地に小集落が点在していることが読み取れる。

　これら諸小集落は、以上に例示した茂山虎谷遺跡、大坪里遺跡、大谷里遺跡、広儀里遺跡、鶏山里遺跡など、河川合流地点や比較的広い河岸段丘上にある集落を核にして、流域沿いの物資や情報の交換、祭祀や通婚などで地域的・血縁的に結びついていただろう。

　しかしながら、このような地域には、政治的統合が進む無文土器時代後期に青銅器を副葬する墓は少なく（後藤1985a）、権威・権力の集中には限界があったことがうかがえる。流域内外の広い盆地や平野部を中心とする、より大きな統合体と結びついていくのであろう。そのような中心地の1例が春川盆地である。

　春川盆地の中島とその周辺には、有文土器時代以後各時期の遺跡がかなり密に分布し、支石墓や住居址が点的に調査されている（崔福奎 1984：19-25）。農耕の拡大が可能であるとともに、河川交通の要に位置し、北漢江や昭陽江上流遺跡群の中心となっていたであろう。

　第2の河川中・下流域の広い河岸段丘上の遺跡は、農耕以外に狩猟・漁撈も併せ行っていたが、比較的広い可耕地をもち、発展性に恵まれていた。雑穀を主にイネを一部で作る南京遺跡とその周辺の遺跡は、大同江と支流の合流点の沖積地を範囲とする地域的結合を作り、これらがさらに結びあって、次の無文土器時代後期には青銅器文化の一大中心地へと発展した（古朝鮮）。

　東海岸の永興邑遺跡も平野内の河岸段丘上の遺跡とみられ、農耕拡大の条件に恵まれた遺跡のようである。周辺遺跡の分布は明確でないが、青銅器の鋳型が出土することから、地域の中核的集落であろう。この一帯は後に東海岸青銅器副葬墓集中地帯の南半部となる。

　第3の小平野・谷底平野に面する遺跡立地は、弥生時代の水稲農耕遺跡のあるものの立地と共通する。

　ソウルの漢江南側の低い丘陵地帯には、わずかな調査例から、丘陵に集落を構え、丘陵や丘陵に入り込んだ谷底平野を水田とする集落群が推定でき、かなり広い地域的結合が成立する条件を備えている。

　松菊里遺跡では谷地が水田対象地であっただろう。平野部の丘陵上に集落を設け、前面の谷を水田とするのがこの時代の水田農耕のあり方であった。この後、無文土器時代後期には南の平野でも水田開発が進められたであろう。

　松菊里遺跡一帯には、平野中の微高地を含め、多くの支石墓が分布している。周辺にも同じ地形

が連続しているので、同時期の集落が点在し、諸集落を結ぶ地域的な結合が形成されていたであろう。環濠や柵および遼寧式銅剣を副葬する石棺墓の存在から、本遺跡がかなり早くから、水田耕作に基盤をおく、この一帯の中心的集落（拠点集落）であったことは確実である。

こうした景観のところは中部から南西部に広がっていて、支石墓の分布が多く、青銅器出土例も多い。

錦江流域は、集落遺跡の調査例は多いとはいえないが、大同江流域・載寧江流域につぐ青銅器集中地帯であって、無文土器時代後期には松菊里遺跡一帯と同様の地域的まとまりが多数形成されていたものと考えられる。

如意洞遺跡のある万頃江流域と、新昌里遺跡のある栄山江流域も青銅器遺跡がまとまって発見され、水田を軸に同じ状況が展開した地域である。また、琴湖江流域や大邱以北の洛東江中流の盆地地域、慶州近辺の兄山江流域の扇状地などでは集落遺跡の例は少ないが、青銅器の密な分布から、松菊里遺跡一帯と同様な水田開発と地域的統合の進展が予想できる。

以上のように、第2、第3の集落立地が、農耕社会発展の中心となり、無文土器時代後期に青銅器を武器・威信財とし、鉄器が普及する社会を作りだしたのである。

第4の山頂部の遺跡のうち、欣岩里遺跡は炭化穀粒が出土し、遺物からも狩猟・漁撈・採集とともに農耕を行う集落である。崔夢龍（1986：69-75、251-252）は、多数出土した打製石器と関連づけて、出土した穀粒は焼畑によるとみている。

ここでは、磨製石剣も出土していて、山頂に住む貧しく孤立した集落ではなかった。本来はもっと低い丘陵地に住む集団が、何らかの事情で一時的に住んだ跡とみるべきかもしれない。

同じことは交河里遺跡、玉石里遺跡、校成里遺跡についてもいえよう。生活・労働用具の一切を持った山頂の集落が、弥生時代の高地性集落に対比できるかどうかはわからない。このような山頂遺跡は無文土器時代集落としては傍系である。

第5の海岸の遺跡には、長川里遺跡のような海岸部小平野での農耕集落は少ない。

会峴里貝塚、府院洞遺跡は海岸に直接面するか、きわめて近い位置にあって、主たる生業は漁撈であるが、北側の丘陵や低地での小規模の農耕も行っていたであろう。東外洞貝塚と勒島遺跡でも炭化米などが出土するが、これは内陸部から交易の対価として入手したものだろう。

一方、勒島遺跡の弥生中期土器、東外洞貝塚の広形銅矛などは、南海岸の漁撈民が北部九州と朝鮮半島とを結ぶ対外交易の実行者であったことを物語る。無文土器時代以降、三国時代に至るまで、紆余曲折はあるものの、この地域の漁撈民は、広範囲の交易活動の独立した荷担者として内陸農耕社会と結びついていたのである。

補記

（1）この地域内に収まる両江道では散布地・包含層が11ヵ所知られ、2ヵ所で無文土器、5ヵ所で石庖丁が採集されている（考古学民俗学研究所1958a）。

（2）無文土器時代前期以降の水田遺構と畠遺構は本章執筆（1994年）以後、つぎつぎと調査されている（14章以降参照）。

第14章　農耕の二つの始まり

　朝鮮半島の農耕は新石器時代中期に狩猟採集社会の生業の一部門として始まり、次の無文土器時代[1]に中心的生業として展開する。無文土器時代の農耕は前時代のそれを引き継ぐ面も多少は認められるが、その出現はきわめて大きな変革であり、新石器時代農耕の継続的拡大・伸張によるものではない。それぞれの時代の農耕は中国東北地域や山東半島からの伝播により始まったと考えられるが、その内容と展開には違いがある。「二つの始まり」とする所以である。本章ではこれについて農耕関係資料（栽培植物種子遺体、農具、耕作地）をとおして概観する。

1　地域と時期の区分

　まずこの問題を扱うために必要な朝鮮半島の地域区分と新石器時代〜無文土器時代の土器編年の概略を述べる。
　地域は自然地理的に次の 7 つに区分される（括弧内はそれぞれの現行行政区画によるおおよその範囲）。(1) 西北地域（平安北道、慈江道）、(2) 東北地域（咸鏡南・北道、両江道）、(3) 西地域（平安南道、黄海南・北道）、(4) 中地域（京畿道・江原道の太白山脈以西）、(5) 東地域（江原道海岸部）、(6) 西南地域（忠清南・北道、全羅南・北道）、(7) 東南地域（慶尚南・北道）であり、さらに (1)〜(3) の北部と (4)〜(7) の南部に大別する。
　新石器時代の時期区分は宮本編年による（宮本 1986）。中地域 I〜VI 期を基準にすると、西地域は智塔里 1 期、同 2 期、金灘里第 1 文化層、南京 1 期、同 2 期がそれぞれ中地域の I〜V 期に、南部は釜山期中段階、同新段階、頭島期古段階、水佳里 I 期、同 II 期がそれぞれ中地域 I 期、III〜VI 期に併行する。また中地域 I〜IV 期と V・VI 期をそれぞれ新石器時代中期、後期に大別する[2]。
　無文土器時代は南部の土器編年を基準とし前期・中期・後期に分ける。前期と中期については第 3 章に記した。後期は前半の円形粘土帯土器と後半の三角形粘土帯土器にわけられ（後藤 1979）、それぞれが水石里式・勒島式と称されている（武末 1987）。無文土器時代の次が原三国時代である。
　西地域のコマ形土器は南部の無文土器前期〜中期におおむね平行する。細部は近年の発掘資料を加えてあらためて検討する必要があるが、上限は南部の前期 1 期とほぼ平行するであろう[3]。下限は琵琶形銅矛、細形銅剣・銅鉇との共伴例から南部無文土器後期初めまで下る[4]。
　東北地域のうち豆満江流域の編年は、層位的に確かめられている虎谷遺跡 1 期から 6 期の変遷が基準となるが、虎谷 1 期（新石器時代末）と虎谷 2 期の間に西浦項 6 期（西浦項青銅器 1 期）と五洞 1 期が位置し、虎谷 2 期から 3 期にかけては西浦項 7 期と五洞 2 期が併行し、虎谷 4 期は五洞 3

期より多少遅れるらしい（歴史研究所 1979a）。南部との併行関係を考える確かな材料はないが、西浦項 6 期～虎谷 4 期が南部の前期～中期に、虎谷 5・6 期が鉄器の存在から後期に併行するとしておく。東北地域南部（咸鏡南道）の編年ははっきりしない。栽培植物種子が出土した咸鏡南道土城里遺跡（金・安 1986）は南部の中期 4 期かそれをややさかのぼるとみられる[5]。

　日本列島との併行関係は、確実な交叉年代にもとづき無文土器時代後期が弥生時代前期～中期中頃に平行する。無文土器時代中期は、上限が弥生時代早期はじめ、下限が弥生時代前期はじめ前後とみなされているが、後者の根拠は十分ではなく[6]、前者の根拠はまったく不確実である。無文土器時代前期は、縄文時代晩期の黒川式土器と弥生時代早期の突帯文土器のごく一部に見られる孔列の系譜を無文土器前期 3～4 期の孔列に求めて縄文晩期併行と考えられているが（田中 1986）、これらには孔列土器に緊密に結びつく口唇刻目がまったくない点から系譜関係を考えることは無理である。むしろ藤尾のいう板付祖型甕（A1）の口唇刻目（藤尾 1987）を無文土器中期 1 期の口唇部刻目のみをもつ甕と関係づけうるとすれば、弥生時代早期と無文土器中期 1 期の間には平行する期間があったと推定でき、それによって無文土器前期と縄文時代晩期の併行関係も認められる。ただし無文土器前期の上限が縄文時代のどこに相当するかは確定できない。

2　気候条件

　農耕のあり方は自然条件と密接に関係する。現在の自然条件はここで扱う時代のそれとは同じではないが、しかし参考にできないほどに大幅に異なってはいなかったであろう。

　吉良による世界の生態気候区分のうち東アジアをみると（図 114-1）、中国は華南が熱帯および亜熱帯林、長江流域が照葉樹林、華北がサバンナ・ステップ、東北地方が冷温帯落葉広葉樹林であり、日本列島は九州から東北南部までが照葉樹林、以北が冷温帯落葉広葉樹林である（吉良 1971：150-151）。朝鮮半島はほぼ全域が照葉樹林で東北部が冷温帯落葉広葉樹林となっているが、その後の任・吉良の研究では、南海岸部から北へ温暖帯林、冷温帯林（南部・中部・北部）、亜寒帯林に改められる（図 114-4）（Yim and Kira 1975）。この温暖帯林（CI〈寒さの指数〉が－10 以上）が照葉樹林帯にあたる（同図 3）。日本列島でも CI が－10 以上の地域が照葉樹林帯で、東海・北陸以西および東北南部以南の太平洋岸と日本海岸がそれにあたる（同図 2）。

　水稲農耕が生まれ発達した長江流域と、弥生時代に稲作が定着した地域が照葉樹林帯であるが、朝鮮半島では照葉樹林帯が南海岸部に限られ、その以北では山岳地帯を除くと WI（暖かさの指数）が 55～100 で、畑作農耕が生まれ発達した黄河流域とおおむね同じである（ただしそこよりは湿潤）。水田稲作が湿潤温暖な照葉樹林帯にもっとも適合的であるとすれば、朝鮮半島でそれにあたるのは南海岸地域に限られ、それ以北は中国の華北系あるいは東北系の畑作農耕により適した地域と考えられるのである。

　水田に欠かせない降雨量は年平均 600～1500mm で日本の約半分、中国東北地方の約 2 倍であるが、地域による違いが大きい。南海岸部が 1200～1500mm、それ以北の広い地域は 1200mm 以上と 1000mm 以下の一部を除くとおおむね 1000～1200mm、東北地域は 600～900mm である。これに対

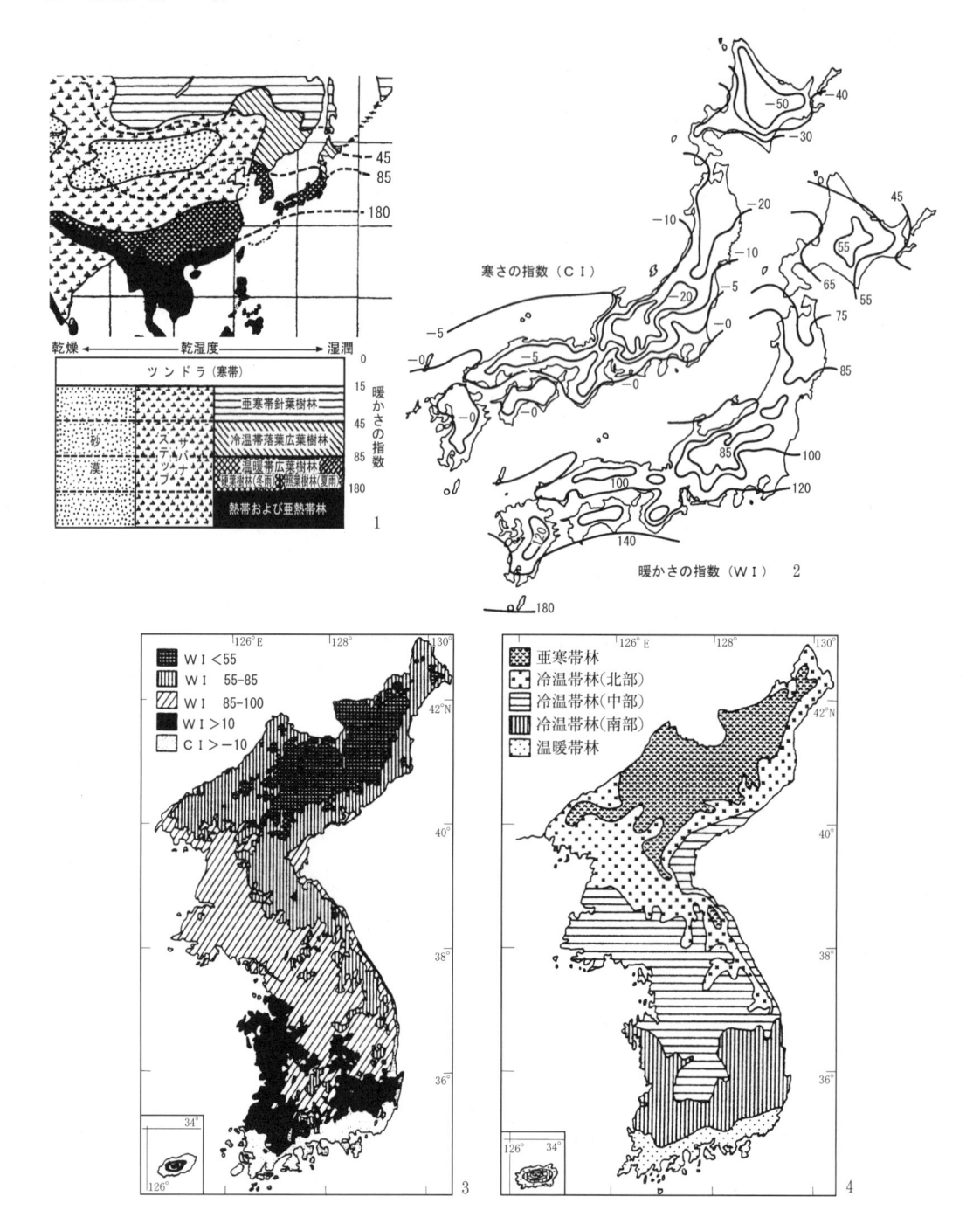

図 114　東アジアの生態気候区分
1：東アジアの生態気候区分　2：日本列島の温量指数　3：朝鮮半島の温量指数　4：朝鮮半島の植生

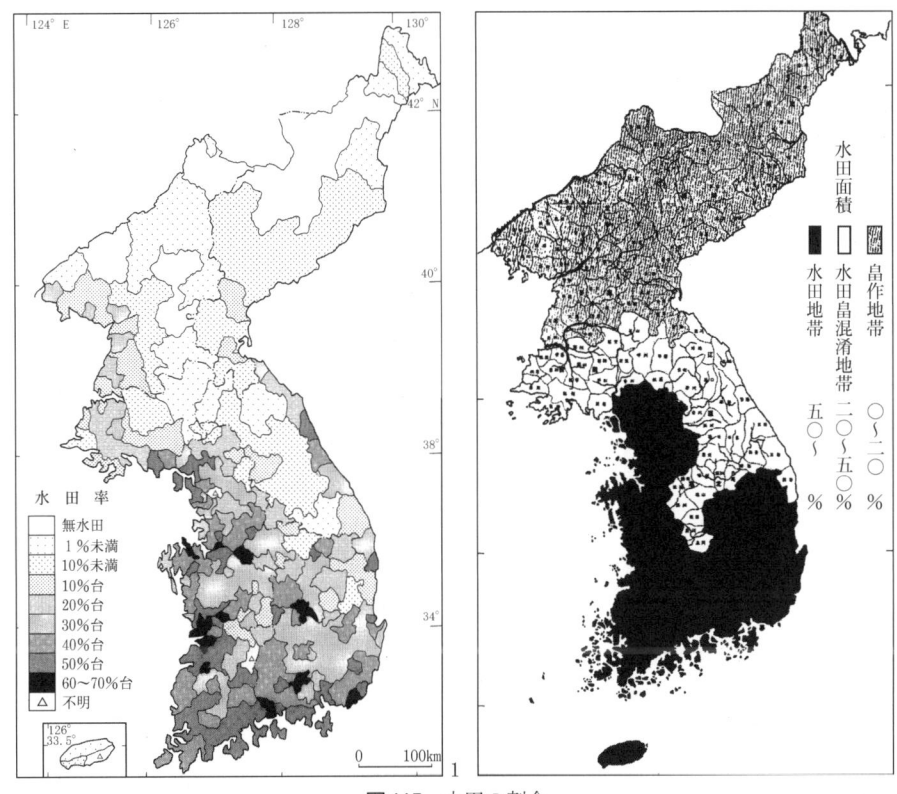

図115 水田の割合
1：15世紀中頃の耕地結数による水田比率
2：1935年の道別農業地帯区分

し日本列島は、北海道が900〜1200mm以下だが、本州・四国・九州はごく一部を除き1200〜3000mmで、西日本では1500mmを超えるところがほとんどである。さらに日本列島では降水量の約3分の1が6月と7月に降るのに対し（国立天文台2003）、朝鮮半島北部では降水量の50〜60％が、南部では45％前後が、とくに水が必要なイネの播種・田植時期より遅れる7月・8月に集中し水田稲作に不利に働く（藤口1987）。

表19 『世宗実録』「地理誌」記載の水田結数割合ごとの郡県数

道	水田の割合（％）										計
	0	〜1	〜10	10代	20代	30代	40代	50代	60代	70代	不明	
全羅		1*	1*	3	4	6	12	21	4	2	1*1	56
忠清			3	5	5	15	12	10	3	2		55
慶尚			2	4	8	21	17	10	4			66
京畿		1	2	2	9	9	9	9	1		1	43
江原		5	8	2	3	3	1	2				24
黄海		4	5	7	5	1	1	1				24
平安	10	9	9	10	4	5						47
咸鏡	4	4	9	4								21
計	14	24	39	37	38	60	52	53	12	4	3	336

（全羅道の*印は済州島の3県）

このような自然条件のために朝鮮半島では畑作の比重が高い。1935年の統計により全耕地面積に占める水田面積の比率を道ごとにみると（印1940：41-42）、水田が卓越するのは忠清南道・全羅北道・慶尚南道（65〜72％）、水田と畑が拮抗するのは京畿道・全羅南道・慶尚北道（50〜53％）で、南部地域でも山間部の忠清北道では水田は45％である。東海岸の江原道と西北部の黄海道・平安南道・平安北道では17〜25％、東北地域の咸鏡南道・咸鏡北道では11％・7％であった。郡ごとに畑

作地帯・水田地帯・畠水田混淆地帯をみれば、南部にも地理的位置により水田が少ない郡があるが（印1940：44-47）、北部ほど畠の比率が高くなるのである[7]（図115-2）。また『世宗実録』地理誌の郡県ごとの耕地結数にもとづく水田比率記事によれば、15世紀中葉において水田比率が50％を超える郡県は南部に集中している（表19、図115-1）[8]（後藤2002）。これらの数字は、不利な自然条件に抗して稲作を拡大していった歴代の農民の努力とともに、時代をさかのぼるほど、そして南から北へ畠作の比重が著しく高くなることを物語る。

3 栽培植物種子

　農耕の存在を裏づけるのは、遺構（住居、貯蔵施設、耕作地など）から出土する栽培植物種子である。出土種子は耕作と収穫物処理に用いた遺物、耕作遺構と合わせみることで、農耕の実態を考える基礎資料となる。近年は日本でも韓国でも水洗選別を行い、以前は見逃しやすかった小粒の雑穀種子検出例が増加し、作物各種の組み合わせと農耕の実態をより正確にとらえられるようになりつつある。

　これまでに知り得た栽培植物種子の種類と出土遺跡を表20に示した。留意すべき点は、イネのみが出土した遺跡のうち水洗選別を実施しなかった場合、本来雑穀がまったくなかったとはいえないことである。しかしこの点を考慮せずとも、以下にみるように畠作雑穀種子の出土遺跡が相当多いことが明らかである。

　新石器時代の栽培植物種子は西地域の4遺跡と南部の3遺跡で発見されている。種類はイネ・アワ・ヒエ・キビ・モロコシ・オオムギ・コムギ・マメ類である。アワは少なくとも5遺跡で、ヒエは1（＋2）遺跡で、オオムギとマメ類は2遺跡でイネ・キビ・モロコシ・ムギ・コムギはそれぞれ1遺跡で出土した。南北を問わずアワ出土遺跡がもっとも多い。イネは忠清北道大川里遺跡住居址で雑穀とともに出土した炭化籾1粒・玄米6粒のみである[9]。

　1遺跡出土の種類数は、5種類が2遺跡、2種類が2遺跡のほかは1種類にとどまる。とくに水洗選別を実施した3遺跡では5種類（大川里・上村里B）[補記]と2種類（東三洞）が同定されている。したがって1種類しか出ていない遺跡でも複数種類を栽培していた可能性が高い。種類にはイネを除くと南北の差はない。

　これら事例のうちもっともさかのぼるのは智塔里2期（中地域Ⅱ期）の智塔里遺跡と馬山里遺跡で、以下南京1期（中地域Ⅳ期）の南京遺跡と蘇井里遺跡（以上は西地域）、水佳里Ⅰ期（中地域Ⅴ期）の大川里遺跡、東三洞遺跡、上村里B遺跡である（以上は南部）。これらの事例によって、新石器時代中期に西地域でアワを中心にヒエとキビを加えた雑穀畠作が始まり、後期には南部にも広がったこと、南部ではまたイネもある程度栽培されていたことが認められる。

　無文土器時代遺跡で出土した栽培植物にはイネ・アワ・ヒエ・キビ・モロコシ・オオムギ・コムギ・エンバク、マメ類（アズキ・ダイズ・リョクトウ）があり、新石器時代の種類と大きくことなることはない。特徴的なことはほとんどの遺跡で複数種類が出土し、また雑穀出土遺跡の多いことである。

表20　朝鮮半島出土栽培植物種子

（文献省略）

時代	道	郡市	遺跡	イネ	アワ	ヒエ	キビ	モロコシ	ムギ	オオムギ	コムギ	エンバク	ハダカムギ	マメ	アズキ	ダイズ	リョクトウ
新石器時代	忠北	沃川	大川里	+	+					+	+			(マメ科)			
新石器時代	平南	平壤	南京		+												
新石器時代	黄北	鳳山	智塔里		+	+/アワ											
新石器時代	黄北	鳳山	馬山里														
新石器時代	慶南	釜山	東三洞		+		+										
新石器時代	慶南	晋州	上村里B		+/ヒエ			+	ムギ類	+				+			
新石器時代	黄南	青丹	蘇井里				+										
無文土器時代 前期	平南	平壤	南京	+	+		+									+	
無文土器時代 前期	平南	平壤	表岱	+												+	
無文土器時代 前期	江原	江陵	校洞	+													
無文土器時代 前期	京畿	麗州	欣岩里	+	+		+			+							
無文土器時代 前期	忠北	忠州	早洞里	+						+	+						
無文土器時代 前期	忠北	清原	宮坪里	+		+								+	+		
無文土器時代 前期	忠南	大田	新岱洞	+	(穀物)												
無文土器時代 前期	忠南	大徳	内洞里	+				+		+							
無文土器時代 前期	忠南	扶余	松菊里	+													
無文土器時代 前期	忠南	論山	院北里	+													
無文土器時代 前期	忠南	泰安	古南里	+	+					+							
無文土器時代 前期	全南	務安	良将里														
無文土器時代 前期	慶南	晋州	漁隠1地区	+	+			+		+	+	(エンバク属?)		(マメ科)			
無文土器時代 前期	忠南	天安	白石洞	(イネ科)										(マメ科)			
無文土器時代 中期	黄北	松林	石灘里		+									+(推)			
無文土器時代 中期	慶南	晋州	玉房1地区		+			(キビ属)									
無文土器時代 中期	慶南	晋州	玉房2地区		+?												
無文土器時代 中期	慶南	晋州	玉房6地区		+	+		+		+					+		+
無文土器時代 中期	咸北	会寧	五洞		+/キビ?												
無文土器時代 中期	咸南	北青	土城里		+/キビ												
無文土器時代 中期	咸北	茂山	虎谷					+	+								
無文土器時代 中期	黄南	延安	琴谷洞					+?									
無文土器時代 中期	慶南	蔚山	茶雲洞					+							+	+	+
無文土器時代 中期	忠南	保寧	平羅里							+	+	+		+(推)			
無文土器時代 後期	京畿	高陽	一山邑(注葉里)	+													
無文土器時代 後期	全南	光州	新昌洞	+						+	+			マメ類			
無文土器時代 後期	慶南	泗川	勒島	+						+							
無文土器時代 後期	慶南	晋州	上村里	+													
無文土器時代 後期	済州	済州	三陽洞	+						+	+					+	
無文土器時代 後期	咸北	茂山	虎谷	+/キビ													
無文土器時代 後期	平南	龍城	龍秋洞木棺墓					+									
	江原	江陵	安津里	+												+	

時代	道	郡市	遺跡	イネ	アワ	ヒエ	キビ	モロコシ	ムギ	オオムギ	コムギ	エンバク	ハダカムギ	マメ	アズキ	ダイズ	リョクトウ
原三国時代	京畿	加平	馬場里	+													
	忠北	清州	新鳳洞	+													
	忠南	保寧	寛倉里	+													
	全北	金堤	深浦里	+											+		
	全南	霊岩	新燕里	+				+(推)									
		海南	郡谷里	+							+						
		宝城	金坪	+						+	+						
	慶南	固城	東外洞貝塚	+						+?							
		金海	会峴里	+													
		金海	府院洞	+											+		
三国時代	江原	春川	中島		+												
		横城	屯内		+	+											
	平南	平壌	石巌里219号墓			+											
	慶南	釜山	五倫台13号墳			+											
	平南	平壌	貞栢洞37号墓				+										
	忠北	中原	荷川里		(穀物)				麥類								
	平南	楽浪	南井里116号墳								+						
	江原	襄陽	柯坪里								+					+	
	全南	麗川	造山								+						
	慶北	慶州	半月城							+							
		慶州	隍城洞		(穀物)												
		慶山	林堂		(穀物)								+				
	全北	南原	細田里											マメ類			

時期をみると、西地域では表垈遺跡のイネが出土した23号住居址はコマ形土器前期(南部の前期併行)ともみられ、ダイズが出土した3号住居址はコマ形土器中期? であろう。イネ・アワ・キビ・ヒエが出土した南京遺跡36号住居址の土器はコマ形土器中期、アワが出土した石灘里遺跡39号住居址の土器は同後期前半で南部の前期～中期併行期と考えられる[10]。琴谷洞遺跡出土のキビ?は琵琶形銅剣との共伴の可能性がないでもないが細かな時期は不明である(黄基德 1974)。

東北地域では、虎谷遺跡のキビ粉とモロコシ粒が出土した2期とキビ殻が出土した3期は南部の前期併行、キビかアワの炭化粒が出土した5期は(中期～)後期併行、五洞遺跡のキビ、ダイズ、アズキは出土住居址不明で南部の前期～中期併行としかいえない。東北地域南部の炭化したアワかキビが出土した土城里遺跡は先にのべたように南部の中期併行であろう。

南部の諸遺跡は、無文土器前期2期(校洞)、前期3期(白石洞、新垈洞?)、前期4期(欣岩里、早洞里、宮坪里、玉房1地区)、前期(漁隠1地区、茶雲洞)、中期1期(古南里、玉房2地区)、中期4期(松菊里、玉房6地区?)、中期(院北里)で、前期2期～中期4期までを網羅するとしてよい。イネも前期2期まではさかのぼる。前期1期にさかのぼる栽培植物出土例はまだないようだが、今後発見されるであろう。後期の少ない出土例は後半か後半併行期である。

地域的な種類の偏差をみると、イネは北部では平壌市の2遺跡で南部無文土器時代前期～中期併行期に限られるが、南部では16遺跡で出土し中地域・東地域より西南地域・東南地域に多く、南部のなかでも南の方がイネ栽培の中心であったことを示している。雑穀・マメ類は、イネとはことなり南部・北部でまんべんなく出土し（26遺跡）、イネ出土の18遺跡より多い。イネだけが出土したのは南部の4遺跡、イネと雑穀・マメ類がともに出土したのは13遺跡（北部2遺跡、南部11遺跡）、雑穀・マメ類だけが出土したのは12遺跡（北部7遺跡、南部5遺跡）である。

ここから無文土器時代農耕の地域的特徴として、(1) 南部・北部いずれも雑穀畠作が普遍的であり、(2) 稲作は畠作と複合するが北部では稀であり、(3) 南部でも畠作と水田稲作が結びつき、より南側の西南地域と東南地域でもその結びつきが強かったことを指摘できる。イネだけが出土した4遺跡でも雑穀畠作を行っていた可能性はきわめて高く、稲作に特化した農耕は存在しなかったと断じてもよい。稲作と雑穀畠作が量的に拮抗するのではなく、畠作優位のもとで両者が結びついた農耕こそが南部の農耕の実態である。

原三国時代とその併行期ではイネ出土遺跡数が11、雑穀・マメ類出土遺跡数が19で、イネのみが出土したのは4遺跡、雑穀のみが出土したのが11遺跡、イネと雑穀・豆類が出土したのが7遺跡である。北部は楽浪古墳副葬・供献例3例だけでイネはなく、南部無文土器後期併行期以来イネはごく稀かまったくなかったとみられる。南部でも前時代とおなじく水田稲作と雑穀畠作が結合した農耕形態が一般的であった。

このような栽培穀物種子の検出例から、無文土器時代以降南部においても稲作と畠作が緊密に結びついた農耕が一般的で、けっして稲作が卓越することはなかったと判断できるのである。

イネが北部では大同江を北限とし、南部無文土器前期併行期に限られるのは、ひとえに自然条件、北部ほど稲作が困難であることによる。大同江下流域でも稲作は試行したが結局は拡大せず根付きようがなかったのであろう。日本列島でも弥生時代前期に東北地方北部に稲作が入り中期にも行われているが（砂沢遺跡、垂柳遺跡）、その後長期間行われなかったらしいことと類似の現象であろう。弥生前期の水田の北限である青森県砂沢遺跡附近はCIが－20前後であるが（図114-1）、朝鮮半島のCIが－20の線は忠清南道と京畿道・忠清北道の境から秋風嶺をへて青松附近に引かれる。炭化米が出土した平壌市南京遺跡はCIが－37.6で、稲作を行うには気候条件が相当厳しかったであろう。南部のイネ検出遺跡のほとんどもCIが－20の線より南であるが、そこも雑穀とイネが一緒に出土することが多い。

なお弥生遺跡出土栽培植物種子集成（寺沢・寺沢1981）によると（表21）、イネ出土遺跡数（129遺跡）に対し畠作雑穀出土遺跡は圧倒的に少なく（ムギ類34遺跡、ヒエ12遺跡、アワ10遺跡、キビ3遺跡、モロコシ2遺跡）、この数字が実態を正確に反映していない可能性を考慮してもなお稲作への強い傾斜が認められ[11]、その要因として上記の気候条件の差異が作用していることが推定できる。

4 農具と耕作地

新石器時代の農耕資料は上に示した栽培植物種子のほかは農耕関連遺物（農具と調理具）だけで

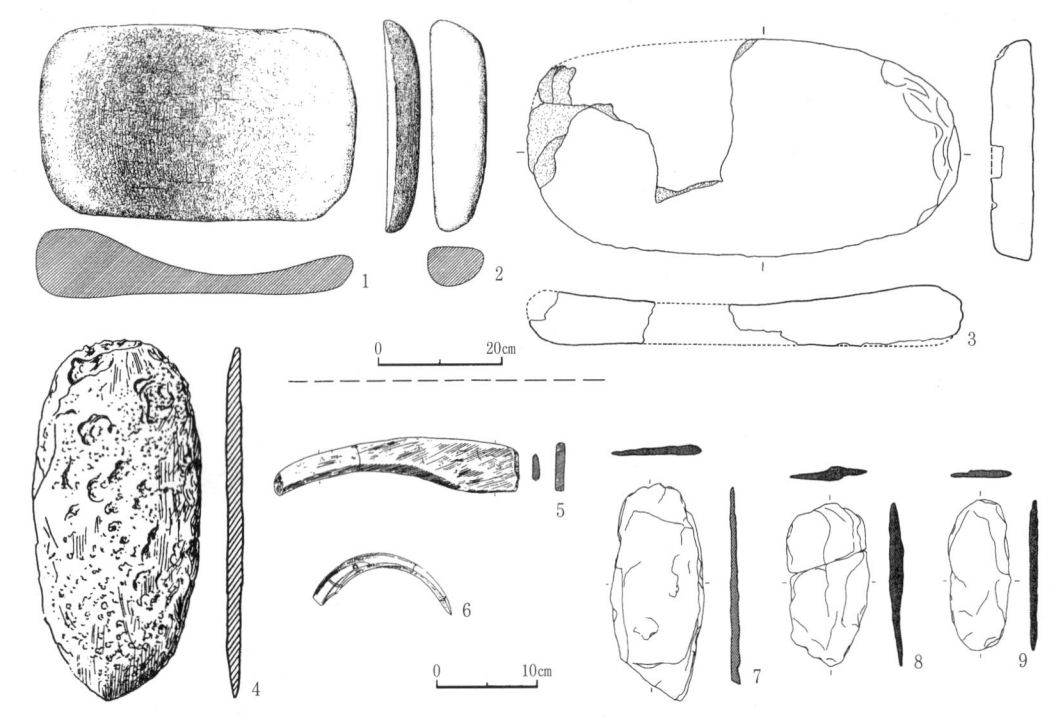

図116 新石器時代の農耕関係遺物
1・3：すりうす下石　2：すりうす上石　4・7〜9：石鍬　5：石鎌　6：牙鎌
1・2・4・5：智塔里遺跡　6：弓山遺跡　3・7〜9：大川里遺跡

ある。農具は鋤・鍬の類と考えられる打製石器（石鍬、石鋤）、石鎌、鎌と考えられる牙製品、製粉具と考えられるすりうすの下石と上石（磨盤・磨棒）（有光1953）である（図116）。これらは中期以後の多くの遺跡で出土し、前期には出現していない。

朝鮮半島でもっともさかのぼる例は西地域の弓山遺跡（中部Ⅰ期併行）出土のすりうす、石鋤、鍬とみられる鹿角製品、イノシシ牙製の鎌で（考古学民俗学研究所1957）、これに遅れる智塔里遺跡第Ⅱ地区（中部Ⅱ期併行）でも石鋤、石鎌、すりうすが出土した（考古学民俗学研究所1961）。石鋤・すりうすは中部ではⅣ期に、南部では中部Ⅴ期併行期にすでに石器組成の中に組み込まれており（宮本2003：5-6）、東南地域の東三洞遺跡1号住居址でもアワ・キビとともにすりうすが出土した（河仁秀2001）。

東北地域では咸鏡北道西浦項遺跡の1期（新石器時代前期）と2期（中期、中部Ⅰ期併行）に扁平短冊形の長さ10数〜30数cmの石鍬が、3期（中部Ⅴ期併行）に同様の石鍬とともに石鋤・すりうすが出現し、4・5期（中部Ⅵ期併行）と次の虎谷遺跡の1期（新石器末）に有肩石鍬とすりうすが用いられる（金用玕ほか1972、黄基徳1975）。西浦項遺跡1・2期にはすりうすはなく、農耕の始まりは同遺跡3期（中部Ⅴ期併行期）とみられ、西地域より遅れる。

西北地域では慈江道土城里遺跡（中部Ⅲ期併行）にすりうすと東北部とはやや異なる形態の有肩石鍬があり（鄭燦永1983）、このころにはすでに農耕が行われている。

これら農耕関連石器には大量の狩猟用具（石鏃・石槍）や、遺跡によっては網錘などの漁具もともなっている。農耕は遺跡の立地と環境に応じて狩猟、漁撈、採集を組み合わせていたこの時代の

多様な生業に組み込まれ、けっして中心的生業でなかった（崔鍾赫 2001）。イネが出土した大川里遺跡住居址の石器はすりうすの下石と上石が 2 点ずつと大小の石鋤 17 点（図 116-3・7～9）のほかは砥石、石斧などが 1～2 点にすぎず、鎌はない（韓昌均ほか 2003）。生業活動に占める農耕の比重がやや高かったようではある。

　新石器時代の耕作地は未発見で、どのようなものであったかは想像するほかない。集落周辺の適地を切り開いて天水のみに頼る小規模の畠を設け、あるいは焼畑を営み、アワを中心に何種類かの穀物を輪作したのであろう。それらは長期的な常畠ではなく、休閑期がありまた数年ごとに場所を変えていたであろう。

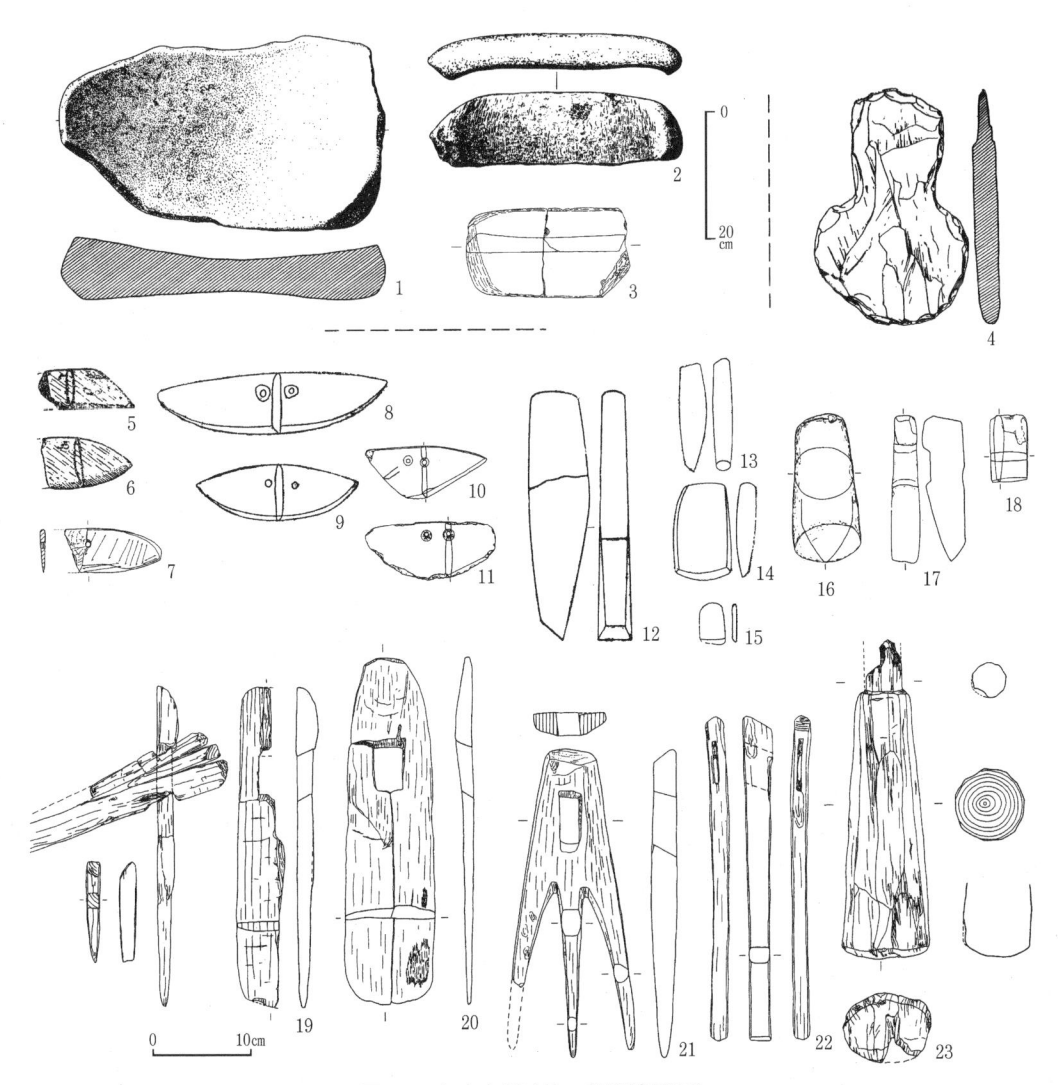

図 117　無文土器時代の農耕関係遺物
1・3：すりうす下石　　2：すりうす上石　　4：石鋤　　5～11：石庖丁　　12：有段石斧
13：石鑿　　14・15・18：偏平片刃石斧　　16：太形蛤刃石斧　　17：抉入片刃石斧
19～21：木製鋤　　22：鉄鎌柄　　23：杵
1・2：五洞遺跡　　3：玉石里遺跡　　4：虎谷遺跡　　5・6：新岩里遺跡　　7：渼沙里遺跡
8・9・12～15：石灘里遺跡　　10・11・16～18：松菊里遺跡　　19～23：新昌洞遺跡

無文土器時代にはこの時代の幕開けとともに石庖丁が収穫具として出現する（図117-5～11）。朝鮮半島最古の例は鴨緑江河口近くの平安北道新岩里遺跡 I 期で（同図5・6）（李淳鎮1965）、ついで西地域のコマ形土器の最初から現れ、南部でも前期1期の渼沙里遺跡で出土し（同図7）（高麗大学校発掘調査団1994）、東北地域では虎谷遺跡の2期、西浦項遺跡青銅器時代2期から認められる。石庖丁の終末は鉄器の普及期で、地域によって多少の前後があろう。東北地域では虎谷5期まで、南部では後期まで使用される。石庖丁の対象はイネ、雑穀両方である。

　調理具としてのすりうすは無文土器時代にも雑穀の製粉具として引き続き使用される（図117-1～3）。南部の前期～中期とその併行期の遺跡で出土し、後期になくなるようである。後期段階にほぼ姿を消すのは、雑穀の調理方法に粉食から粒食へのような変化が起こったためかもしれないが、はっきりした理由はわからない。

　耕作用石器は有肩石鍬（図117-4）が東北部の虎谷5期まで残るが、そのほかの地域では木製品に替わったらしく、石製品はないといってもよい。木製農具の出土例はまだ少なく、南部に限られ、好例は西南地域の全羅南道新昌洞遺跡（後期後半）出土の平鍬、又鍬、鎌柄、杵である（同図-19～23）。鍬の材はクヌギと推定される。鎌柄は鉄鎌用とされ、鉄器普及期の状況を反映する（趙現鐘ほか1997）。

　この時代には木製農具製作や種々の木材加工用の機能分化した磨製石器が各地に現れる。伐採用の太形蛤刃石斧、細部加工用の柱状片刃石斧・扁平片刃石斧などである（図117-12～18）。柱状片刃石斧は西部と南部のものがよくわかっており、前者は刃の反対面に段をもつ有段形である（同図-12）。西部のコマ形土器には当初から有段石斧と扁平片刃石斧など（同図-13～15）がともなうが、南部では出現が遅れ、前期2期に定型的片刃石斧が散見され、前期3期・4に増加し、中期1期になって有段石斧、柱状片刃石斧が出現する。抉入柱状片刃石斧（同図-17）も現れるらしいが、普及するのはそれ以降である（大島2003）。これらは後期にも続くが、後期末にはほぼ姿を消す。これも鉄器の普及と関係があろう。

　耕作遺構は最近南部で次々に調査されている。水田だけでなく畠も多数みつかっているのが特徴である（図118、119）。李相吉（2003）によると、前期の水田は慶尚南道の琴川里・玉峴・也音洞・鉢里・新華里・自隠洞、慶尚北道の陳羅里、中期の水田は忠清南道麻田里・寛倉里・九鳳里、慶尚北道の奉吉里、慶尚南道の西部里・華亭洞の各遺跡で調査されている。畠は慶尚南道の大坪里遺跡群（玉房2～5・8・9地区、漁隠1地区）・琴川里・新安・サルネ、慶尚北道の東川洞・西辺洞・東湖洞・漆谷3-2地区の各遺跡で調査されている。

　これまでに調査された水田のほとんどは小規模河川から水を得やすい丘陵斜面末端部の開析谷底に設けられ（郭鍾喆1993）、後背湿地に設ける例は慶尚南道琴川里遺跡（図118-4）だけであるが今後増加するとみられる（李相吉2003）。

　水田の形態は小区画水田と階段式水田とにわけられる。小区画水田は1枚の面積が数～60㎡程度の方形、長方形、不整形で、地形の傾斜に沿って区画され、灌漑水路を設置し、弥生時代水田と同じ構造である（図118-3・4）。

　階段式は蔚山市也音洞遺跡（前期）のように、幅0.5～1mの帯状の平坦面を傾斜の等高線と平行に比高数cmの階段状に連ねる（同図1）（密陽大学校博物館ほか2001）。同じ蔚山市屈火里の階段式水

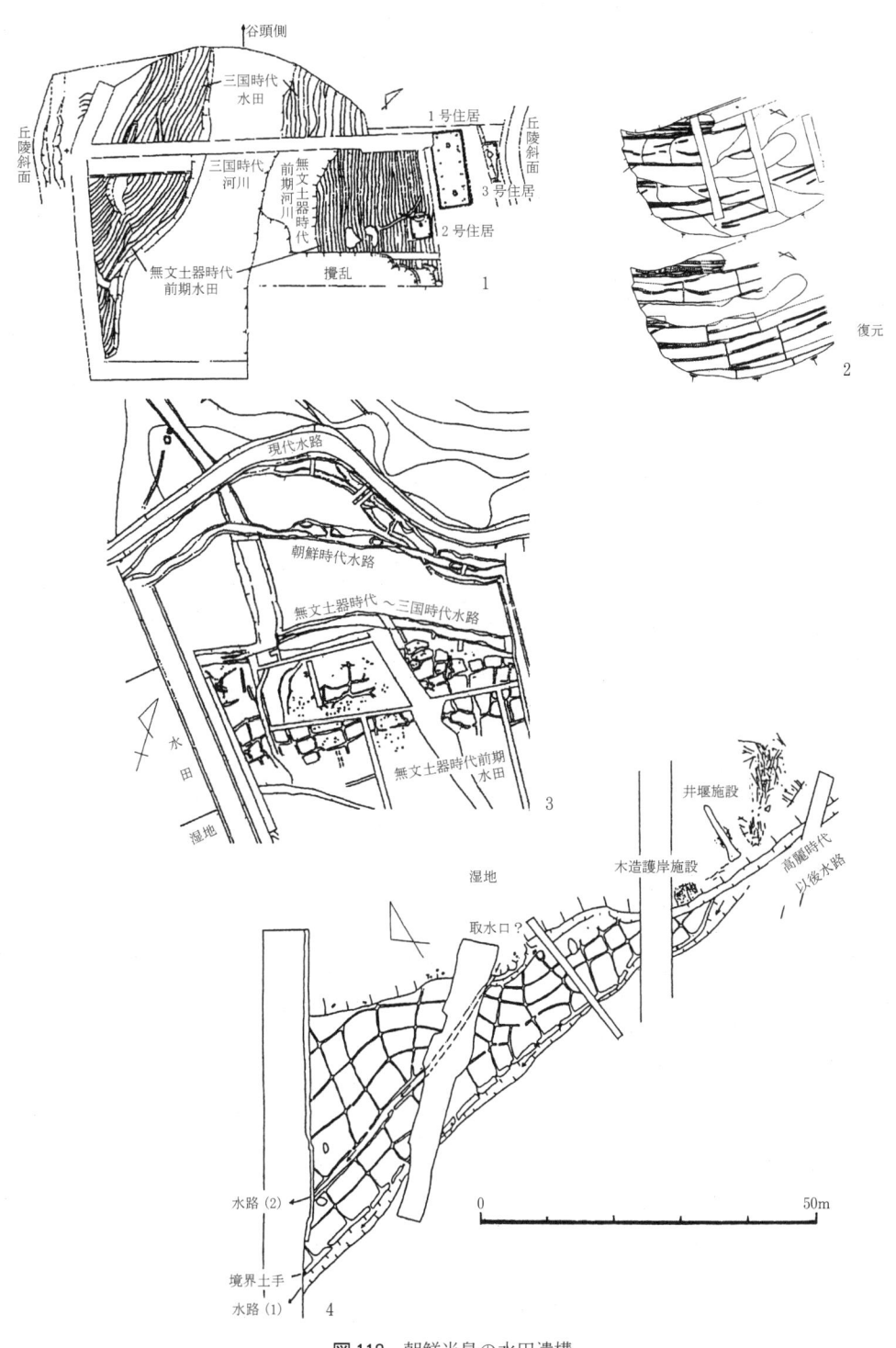

図 118　朝鮮半島の水田遺構
1：慶尚南道蔚山也音洞遺跡　　2：慶尚南道蔚山屈火里遺跡　　3：慶尚南道蔚山玉遺跡　　4：慶尚南道密陽琴川里遺跡

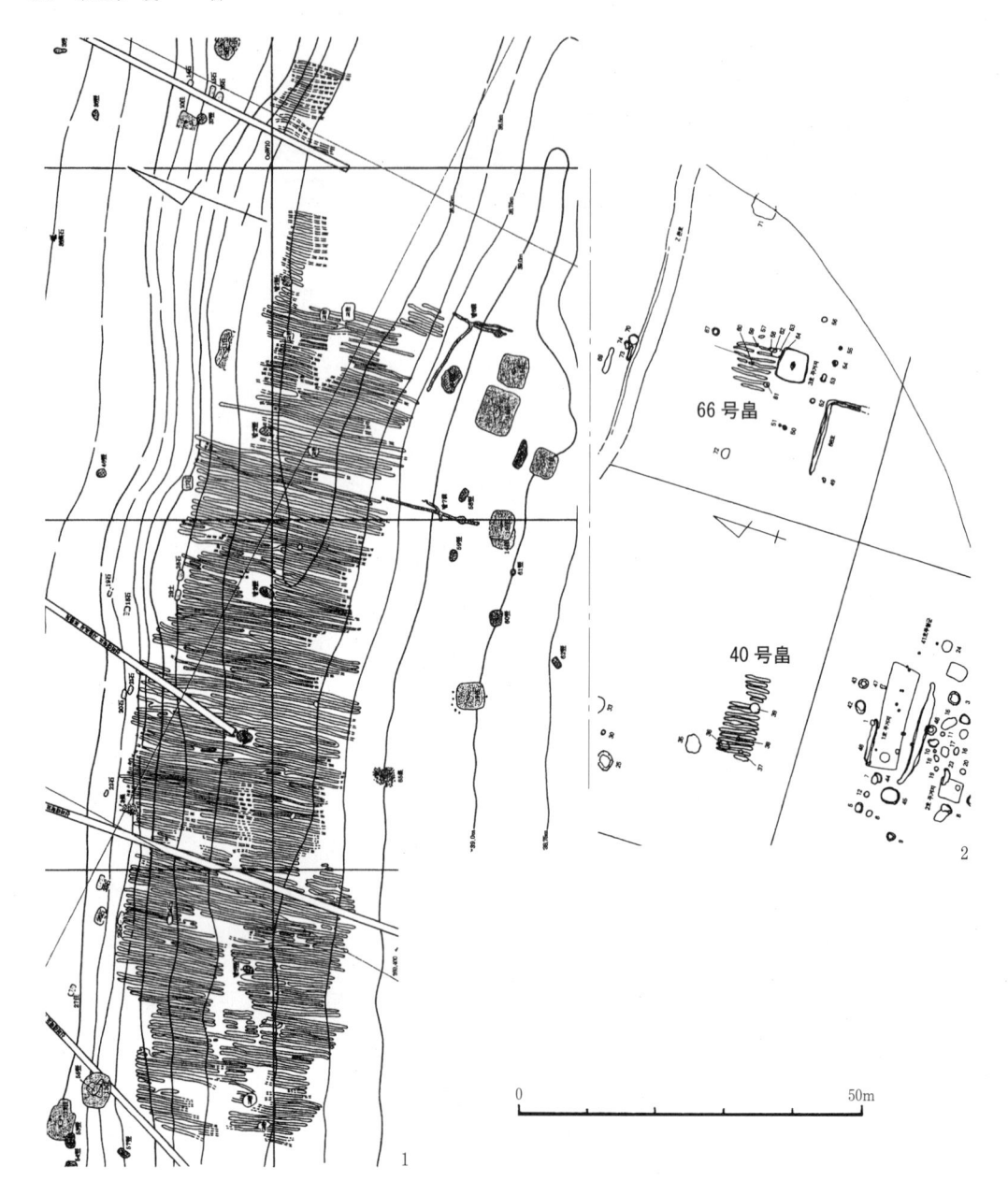

図119 朝鮮半島の畠遺構
1：玉房2地区遺跡　2：玉房1地区遺跡　3：玉房9地区遺跡　4：玉房3地区遺跡

田（時期不明）(李相吉2003)は等高線と交わる方向に畦で区画して幅1.4〜2mほどの帯状に設け、そのためか帯状の内部を長さ7〜8mに区画する畦が復元されている（同図2）。

無文土器時代の水田類型とその意義については田崎がくわしく論じ（田崎2002）、水利施設をもつ水田ともたない水田をそれぞれⅠ型、Ⅱ型とし、Ⅱ型のうち区画をもつものをⅡb型、さらに階段式水田をⅡb-1型に区分する。Ⅱb-1型は弥生時代水田には例がなく、先にのべた朝鮮半島の気候条件を背景に生まれた乾畓直播法を採る旱地農法の水田として、「畑作と関連することで成立した

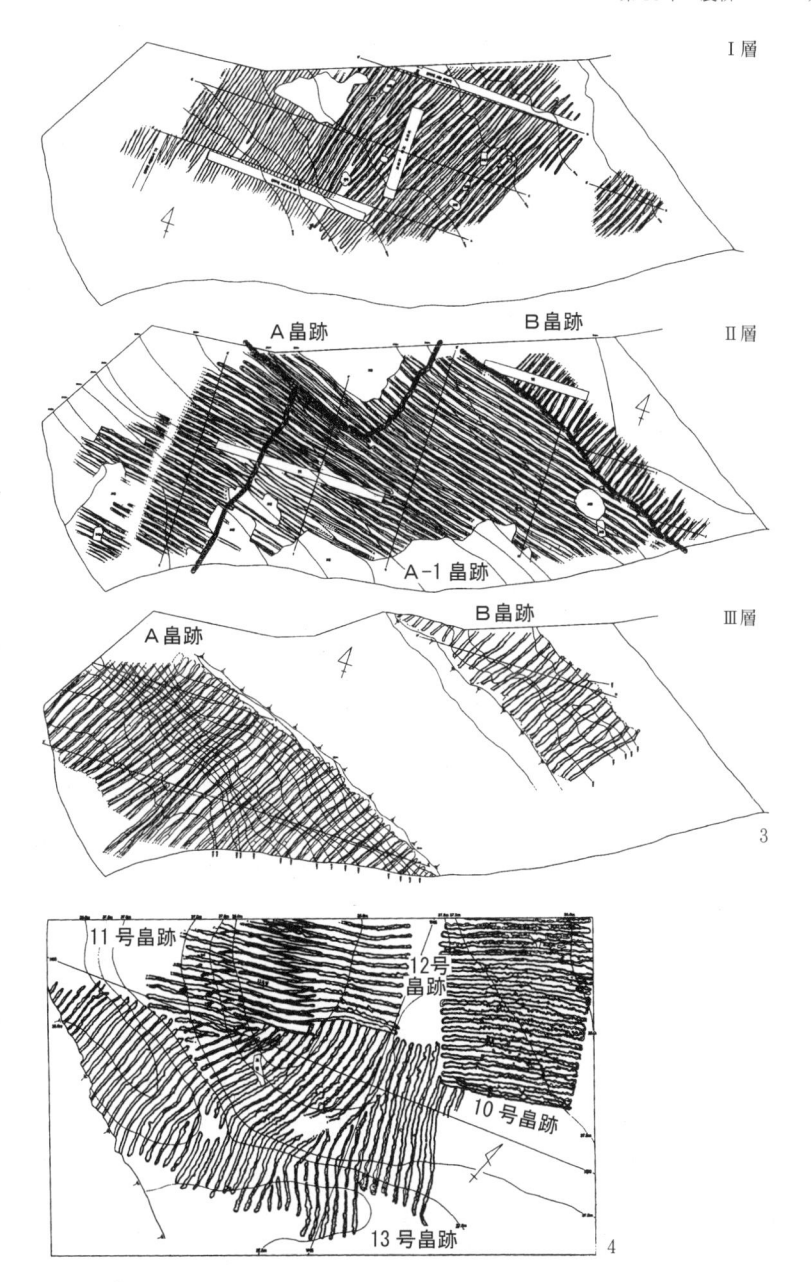

朝鮮半島における初期稲作の固有性」（田崎 2002：76）のひとつと評価する[12]。

畠遺構の好例は慶尚南道大坪里遺跡群で多数調査されている（図119）。南江左岸の自然堤防間の斜面に設けられ、漁隠1地区（李相吉 2001）では300m×40mの範囲内一面に畝間とみられる溝が一方向に平行し、玉房2地区（慶尚大学校博物館 1999）でも152×33mの範囲内に同様の畝間が認められた（前期）（同図-1）。玉房3地区（慶尚大学校博物館 2001）では隣接するがそれぞれ畝方向がことなり一部重なり合う畠（前期4期～中期1期）（同図4）が、玉房9地区（慶南考古学研究所 2002）では間

層をはさむ4面の畠が調査された（下のⅣ・Ⅲ層は前期、上のⅡ・Ⅰ層は無文土器時代かそれ以後と推定）（同図-3）。玉房1地区（国立晋州博物館2001）には前期4期とみられる畝間が16条平行する12×5.2mと8条平行する6.4×6.5mの小さな畠がある（同図-2）。

　これらの畠は自然の傾斜をそのままに利用し、平坦に造成していない。潅漑施設はまったくなく、天水に頼るだけである。規模と形態は、広い面積内に同一方向の畝・畝間を一面に造るもの、より狭い範囲に畝・畝間方向がことなるいくつかの畠が隣接するもの、小規模のものなど多様である。溝などで区画した例はごく一部に認められるだけで、ほとんどはしっかりした区画がない。また畝間とみられる溝の形状も両側縁がほぼまっすぐで平行するもの、両側縁が大きくあるいは小さく波状になるもの、溝内の縁にそって少穴が間隔を置いて並ぶもの、穴が連続するために溝状になったものなどさまざまである（李相吉2002）。面積の大小、隣接して畝間方向を違える畠の配置、畝間の多様な形状などは、栽培植物の種類、輪作、休閑、経営など農法と社会のさまざまな面を反映しているはずで、今後の重要な研究課題である。

　原三国時代、三国時代には農具は鉄器にかわり、茶戸里1号墓副葬のタビのように（李健茂ほか1989）、後の時代の用途の応じたさまざまな農具の祖型が生まれる（東1979）。耕作遺構の調査例は、原三国時代は忠清南道長山里遺跡の水田と全羅南道新昌洞遺跡の畠の2例にとどまるが、三国時代・統一新羅時代では水田20遺跡、畠10遺跡が調査され、高麗・朝鮮時代でも水田8遺跡、畠2遺跡の調査例がある（李相吉2003）。水田は三国時代以降区画水田が拡大して時代とともに長方形に規格化され1枚の面積が広くなるが、階段式水田も継続し高麗・朝鮮時代に至る。三国時代の畠跡にも広い面積に同一方向の畝間が広がるものや、大小の畠が隣接するものがある。

5　朝鮮半島の農耕の始まりと特質

　新石器時代には、狩猟・漁撈具にともなって出土する栽培植物種子と農耕用石器（すりうす・石鋤〈鍬〉の両者あるいは一方）の存在によって、農耕が狩猟・漁撈・採集とともに多彩な生業の一環に組み込まれていたことが確かめられる。

　西地域ではこれらが中期（中地域Ⅰ期併行期）に出現している。その北の西北地域には栽培穀物出土例はなく、農耕用石器（有肩石鍬とすりうす）は鴨緑江上流域の慈江道土城里遺跡（中地域Ⅲ期併行期）出土例がもっとも古いようであるが（鄭燦永1983）、この地域が中国東北地方に接することや土器の共通性から、農耕の出現は西地域と同じほどにさかのぼるはずである。中地域では栽培植物種子は未発見だが石鋤・すりうすが現れるⅣ期には農耕が始まり、西南地域と東南地域では栽培穀物種子と石鋤・すりうすが認められる水佳里Ⅰ期（中地域Ⅴ期併行）に農耕が始まっている。西北地域から東南地域へ農耕の始まりが遅れ、ここから農耕の西北地域から南への時間をかけた伝播を読み取ることができる。東北地域でも新石器時代の栽培穀物種子は発見されていないが、石鍬とすりうすの組み合わせは西浦項遺跡3期（中地域Ⅴ期併行）に現れ、後期に農耕が始まっている。

　この時代のアワを主体にヒエ・キビ・モロコシ・オオムギ・マメ類？をも栽培する雑穀畠作農耕は、作物の系譜を考慮すれば、中国東北地方の新石器時代農耕につながると考えるのが、地理的に

もっとも妥当である。

　石鋤とすりうすの組み合わせはすでに華北の裴李崗・磁山文化に現れており、遅れて朝鮮半島新石器時代前期に併行する遼東地域の小珠山下層や新楽下層に出現するもので、宮本は「華北型農耕石器」と名付けている（宮本 2003：3）。その栽培穀物の主体はアワである。用具と穀物の共通性は、出現時期と地理的関係などとともに、朝鮮半島新石器時代農耕が遼東からまず西北地域・西地域に伝えられたことを示している。

　これが時とともにしだいに南部にまでひろがり、各地域の生業体系の中にそれなりの位置を占めるに至ることは、土器の地域間の動態をもとに宮本がくわしく論じている（宮本 2003）。ただし宮本がふれていない東北地域の農耕は、この地域の土器が中国東北地方東南部や沿海州南部のそれと一体であることから（大貫 1992）、これら地域の農耕のひとつとみるべきで、西北・西地域からの伝播ではないであろう。

　大川里遺跡からは畠作雑穀のほかにイネが出土している。土器は水佳里Ⅰ期で中地域Ⅴ期併行、おおよそ中国の龍山期併行である。イネは、この時期にはすでに稲作が行われている山東半島から朝鮮半島西海岸中部に伝わり（そのさい石庖丁を欠落させている）、とくに南部では在来の雑穀畠作農耕に取り入れられたのであろう[13]。大川里遺跡は現在の水田面より数ｍ高い丘陵先端部にあり、もし水田を設けたとしても、天水に恵まれれば水田にもなり、恵まれなければ畠にもなるようなごく粗放なものであろう。無文土器時代の水田に直接つながるか否かは判断できないが、もしつながるとしても畠作との結びつきが強く、階段式水田の原初的なものあるいは田崎のいうⅡa型水田（開田地の微地形の条件をほぼそのまま用いて区画し造田し水利施設がない）類似のものではなかろうか。

　つぎの無文土器時代には農耕が生業の中心となり、農耕社会としてのこの時代の社会経済を支える。新石器時代農耕とは格段の違いがあり、遺物の上での最大の相違は当初からの石庖丁の出現と土器の変革そして時とともに定型化し機能分化する各種石斧である。この新たな農耕は短時間のうちに各地域に出現し広がり定着している。

　ところで新石器時代から無文土器農耕社会への急速な転換の実態に関する研究はごく少ない。金壮錫は北からの農耕あるいは農耕民の進出による「排他的土地占有」のモデルで、朝鮮半島南部に急激に生じた農耕社会への変化を説明しようとしているが、新石器時代については西海岸島嶼の貝塚遺跡に触れるにとどまり、内陸部の遺跡や生業、遺物のあり方や変化は取り上げていない（金壮錫 2002）。この問題については土器や石器、遺跡や遺構にどのような継続性あるいは断絶が認められるのかを細かく検討せねばならない。

　土器は新石器時代末の無文化の傾向が引き継がれたともみられるが、西北地域と東北地域以外では丸底から平底へ替わっているなど、土器の面からの連続・非連続はまだ明らかではない。新石器時代との連続性はすりうすの継続によって確かめられ、なによりも質と量の違いはあっても畠作が継続している。このような僅少の材料から、新石器時代と無文土器時代との間には深刻な断絶はなかったとも憶測できよう。

　とはいえこの転換は急速、劇的であり、現状ではありきたりではあるが、雑穀畠作農耕（一部で

稲作も加わる）を組み入れた多様な生業が継続し緩やかに変化している中に、社会的要因とおもには中国東北地方からの外的要因（さらには自然的要因）が複合して生じたといえるにとどまる。新たな農耕の伝来と急速な拡大は、従来の多様な生業体系に組み込まれていた農耕を革新し生業の首座に押し上げたのである。

　新たな雑穀畠作農耕は石庖丁を伴って西北朝鮮から波及するが、南部に到るまでの時間はきわめて短かったであろうことが、無文土器の一斉ともいえる出現から予想できる。おそらくそれぞれの地域の新石器時代雑穀畠作を基盤として、急速に拡大・定着したのである。畠作農耕は新石器時代畠作の基盤の上にすりうすを引き続き用い、あらたに石庖丁を導入するなど質、量ともに拡大し、南北それぞれの地域にもっとも適合的な新たな農耕形態を生み出したであろう。南部ではこの新たな畠作に水田稲作が結びついた農耕が生まれる。

　この時代に始まる本格的な水稲農耕は、定型的な水田の出現と拡大からは、新石器時代稲作の継続発展とみるよりは、新たな農法の伝来によると考えるべきであろう。

　朝鮮半島へのイネの伝来経路は、(1)山東半島から遼東半島を経て朝鮮半島西地域あたりへの道と、(2)山東半島から中地域西海岸部への道が想定されている。両者はしばしば二者択一的にとらえられるが、いずれも可能性があり、一方を積極的に否定する理由はない。両者または(2)を採れば次のような想定ができる。

　(イ) 遼東半島では大連市大嘴子遺跡第3期（双砣子3期、朝鮮中地域新石器時代Ⅵ期ないしやや遅れる）のイネ資料（大連市文物考古研究所 2000）によって、この頃にこの地域の気候条件に適した稲作が行われていたことが認められ、それが朝鮮半島西地域に伝わった（コマ形土器前期）。しかしこれが灌漑施設と区画水田からなる体系化された水田稲作とは考えられないから、さらに南下して南部の水田稲作のもとになったはずはない。

　(ロ) 山東半島で岳石文化期ころの雑穀畠作農耕と結びついてこの地域に適した稲作（体系化された水田稲作であろう）が、南部無文土器前期1期のころに中地域西海岸に伝えられ、南部に急速に広がった。

　(ハ)(ロ)のように南部に広がる水田稲作の一部が北上して大同江下流域に達したが、気候条件が厳しいために定着せず放棄された。

　なおこれと関連して、各地に多様な形態で見いだされる石庖丁の系譜関係を一系的に考える傾向があるが、西北地域から新たな畠作とともに入った石庖丁、上の(イ)による稲作とともに入った石庖丁、(ロ)による稲作とともに入った石庖丁という想定される三者の相互関係のもとで石庖丁の地域的、時期的変化を考えることも必要であろう。

　この時代の各地の農耕は気候や地形などの地域的諸条件に応じて細部に違いを持っていたであろう。北部では水稲はほとんど拡大せず畠作にほぼ特化し、南部には水稲が広がり、そこでもより南ほど水稲の比重が高かったが、畠作と緊密に結合し併存することに変わりはなかった。

　水稲農耕と伝来故地のそれとの異同は、後者の実態とくに耕地が明らかでないために判断できない。小区画水田と旱地農法としての階段式水田が故地にもあったのかは確認できないが、灌漑施設をもつ区画水田による体系化された農法が直接の故地あるいはさらにその源流地の水田稲作の系譜

を引くことは否定できないだろう。階段式水田については積極的理由はないが、朝鮮半島の気候条件に応じてあらたに生まれたと考え、朝鮮半島での水田の変容のひとつと考えたい。これが朝鮮半島南部を直接の原郷とする弥生時代水田に採用されなかったこともまた日本列島の気候条件に応じた変容である。

　南部と北部の間の農耕の違いをやや強調したが、両者がまったく別の世界であったのではない。東北地域を除くと、支石墓をつくり磨製石剣・石鏃を副葬するなど共通面も認められ、流域ごと、平野ごとの地域的まとまり相互の交通の網があって、農耕技術の改良なども相互に伝達されたにちがいない。

　なお動物飼養（家畜）についてもふれておく。中国新石器時代には、とくに淮河以北においてブタやヒツジなどの動物飼養（家畜）が農耕に緊密に結びついていたが（甲元 2001）、農耕とともにこれも伝えられたのだろうか。南部の新石器時代遺跡出土動物骨にはイヌ以外の家畜骨は未確認で（崔 2001）、無文土器時代の動物骨出土例は皆無に近い。北部では新石器時代のブタ骨が東北地域の西浦項貝塚と虎谷遺跡で鑑定され、無文土器時代のブタ骨は東北地域の五洞遺跡、虎谷遺跡、西浦項貝塚、草島貝塚、西地域の立石里遺跡（コマ形土器後期）、西北地域の美松里遺跡で出土し、骨から算出される哺乳動物全個体数に占めるブタ個体数の割合は、新石器時代から無文土器時代へ増加する[(14)]（金信奎 1970）。中国新石器時代には普遍的であったブタの飼養も、新石器時代と無文土器時代初頭の２つの農耕文化の伝来にともない始まったのである。しかし北部においてさえもそれが生業の不可欠の部門であったかは疑わしい（東北地域は先にもふれた地域性からその重要度は他地域より高かったかもしれない）。南部にはどの程度普及していたかは明らかにできないが、ブタ飼養の普及はきわめて低いか、ほとんど行われなかったのではないかと思われる。

　新石器時代中期における中国東北地方からの畠作雑穀農耕の波及による第１の始まりと、無文土器時代開始期におけるより高度の畠作雑穀農耕と山東半島からの水田稲作の到来による第２の農耕の始まり、そしてそれが朝鮮半島の土地に適するものに改変されとことについてのべた。中国東北地方や山東半島との関係はそれぞれの始まりの時点に限られるのではなく、以後もなんらかの形で間歇的にではあれ継続していたであろう。新石器時代については具体的には指摘できないが、無文土器時代には青銅器が、つづいて鉄器が伝えられ、社会と経済の変化に相応の影響を及ぼすとともに変革され、さらに日本列島に及ぶのである。

註
（１）　韓国・共和国では青銅器時代・鉄器時代とするのが一般的だが、本章では無文土器時代とよぶことにする。
（２）　中地域Ⅰ期より古い時期を前期とするが、農耕資料の出土例はなく、農耕は始まっていない。
（３）　南部無文土器前期１期の刻目突帯文土器のうち、慶尚南道玉房５地区遺跡C-3号住居出土の刻目突帯を全周させず短いそれを間隔を置いて施すもの（李享求 2001）を西北地域の新岩里Ⅱ土器と関連づけ、さらに渼沙里遺跡で刻目突帯文土器と共伴した丸底深鉢（高麗大学校発掘調査団 1994）を南部新石器時代末の土器と関連づけうるならば、コマ形土器の上限は南部無文土器の上限とほぼ同じ頃と考えられる。
（４）　コマ形土器が平安南道南陽里遺跡16号住居址と平壌市表垈遺跡10号住居址で琵琶形銅矛と（徐ほか

2003、金チョンヒョク 2003)、平安南道百源里 9 号支石墓で細形銅剣・銅鉇と共伴している (在日本朝鮮歴史考古学協会 1995)。

(5) 土城里遺跡や永興邑遺跡 (徐 1965) では瘤状あるいは短い棒状把手を 1 対もつ孔列 (突瘤) 土器が出ており、扇形銅斧と鐸形銅鈴が前者に、それらの鋳型や琵琶形銅矛鋳型が後者に伴うことからこのように考える。孔列の共通性を認めれば南部前期 4 期併行ともなるが、青銅器と鋳型からはそこまでは上がらないだろう。

(6) 日本列島出土の少数の松菊里式類似土器および福岡県今川遺跡出土の琵琶形銅剣再加工銅鏃くらいで、該当時期の日本列島産遺物は朝鮮半島南部ではみつかっていない。

(7) 印貞植は、畠作 (原文では田作) 地帯、水田 (原文では畓作地帯)、水田・畠混淆地帯区分の要因について、土壌は朝鮮半島を「通じて大体一致して居り……地帯区分と合致する様な地質の地方的な変異は認められないから」、地帯区分決定の基準にはならないとし、「地勢的諸条件」、「気候的諸条件」(終霜期と初霜期)、「降水量」について論じている (印 1940: 47-58)。

(8) 図 115-1 と表 19 は『世宗実録』「地理誌」に記載された 336 郡県の耕地結数に対する水田の割合の記載から作成したものである。ただし「結」は収穫量を量る単位でもあり、収穫量 1 結 (1 万把) を得る面積 (1 万平方尺) の単位でもあって、耕地の実面積を示すものではない。世宗 26 (1444) 年の規程 (『経国大典』量田規程) では、肥瘠によって耕地を一〜六等田に区分し、収穫量 1 結を得る実面積が異なるように等級によって耕地面積を測る量田尺を別にしている (随等異尺制、六等田尺が一等田尺の 2 倍、実面積比は一等田を 1 とすれば六等田は 4) (朝鮮総督府中枢院 1940 に詳細な記述がある)。高麗末から朝鮮初に始まる随等異尺制は、休閑農法から連作農法への発展を背景にしているという (宮嶋 1980: 20)。

(9) 報告書 (韓昌均ほか 2003) 所収の許文会「新石器時代住居址出土穀物分析」によるとイネ・オオムギ・コムギ・アワ・アサ・ドングリ類 (種不明、扁平で小形のものはハシバミの可能性)・サンシュユ? (救荒植物) が同定された。しかし報告書の「考察 3. 炭化穀物」の項には以上のほかにキビをあげるが、調査直後の概報 (韓昌均ほか 2002) ではキビのかわりに約 5×2.5mm の「リョクトウのようなマメ科種子」(栽培種・野生種不明) を記す (キビ・マメ科種子のみ写真がない)。キビとマメ科の両方が確かに同定されたのかはわからないが、表には記載した。

(10) 藤口は石灘里遺跡 39 号住居土器をコマ形土器後期前半とする (藤口 1982)。表垈遺跡と南京遺跡は土器の数少ない図をもとに藤口編年により判断した。しかしそれぞれの報告書では別の認定をしている。表垈遺跡 23 号・3 号住居は同遺跡を 4 期に区分したうちの第 2 期とし (金トンイルほか 2002)、南京遺跡 36 号住居址は同遺跡を 3 期大別、6 細別した第 1 期後半とする (金用玕ほか 1984)。石灘里遺跡 39 号住居は同遺跡を 3 類型 (期) 区分した第 2 類型とするが (李キリョン 1980)、南京遺跡報告では石灘里第 2 類型を 3 分した最後に 39 号住居をおいて南京遺跡第 3 期後半併行とする。今後コマ形土器編年を再検討した上でそれぞれの時期をあらためて考えねばならないが、ここでは本文記載のようにしておく。

(11) これは出土事例の大半が水洗選別を行っていないためと考えられるが、その後の検出事例をみても雑穀類が大幅に増加する様子はない (第 16 章参照)。

(12) 杉弘道は、1920 年代当時朝鮮半島水田の 75%を占める天水畓を潴水畓、湧水畓、純天水畓にわけ、平安南北道にみられる乾畓を純天水畓に含め、「天水畓に於ける旱害は年の降水状態により何時迄も挿秧に足る丈の大雨がなく遂に挿秧出来ないで終わるか或いは著しく之が後るる為の減収に起因し幸に無事挿秧を終れば其後は少量の雨にても利用し得られ著しき旱害を蒙る事は稀有の事に属し……不安な移植に膠着せず 5 月上中旬陸稲栽培に於けるが如く直播すれば稲作を安全ならしむるであろうことは容易に想像の出来……現に平安南北道に於ては乾畓と称し古来独特な方法の稲作の習慣があり……各地方に於ても局部的に之に準ずる方法を行い比較的安全な稲作を行つて居るものが稀でない……之等は何れも降水の状態及畓の位置等より移植法は見込の少ない場合にのみ限られ、……」とのべている (杉 1929)。ここでは朝鮮時代初期までは危険とされていた挿秧 (移植、田植え) が普及している状況を前提としている

(13) イネ（籾）資料はそのほかに忠清北道小魯里などの泥炭層検出例がいくつかあり、泥炭の測定年代は旧石器時代末〜新石器時代後期を示している。また新石器時代後期土器胎土からイネ珪酸体が検出されている。泥炭層出土例は遺構・遺物を伴わず、極端に古い測定年代もあり、混入の可能性もあるので扱わない。慶尚南道農所里出土新石器時代後晩期土器検出のイネ珪酸体は密度が高く、アシのそれを随伴するので水田稲作の産物の可能性が高いといわれ（郭ほか2001）、この時代の稲作資料となりうる。

(14) 新石器時代は、0.63％（西浦項）・3.7％（虎谷、新石器時代末）、無文土器時代は1.72％（西浦項、南部無文土器前期併行期〈以下同〉）・8.57％（立石里、中期併行期）・22.58％（美松里、中期併行期）・23.10％（五洞、中期併行期以降か）・28.5％（草島、前期〜中期併行期）・43.1％（虎谷、前期〜中期併行期）・43.02％（虎谷、後期併行期）である。

補記

現在、上村里B遺跡の植物遺体は、それ自体のAMS年代測定値などによって、新石器時代より新しい後代のものとされている（李炅娥2005）。

第15章　農耕と集落

　弥生時代の日本列島の農耕は朝鮮半島からの伝来によって始まり、これに伴って新たに出現する石器や水田の造成・区画方法などが彼我で共通することから、農耕の実態もよく似たものと考えられがちである。しかし気候や地形など自然条件は必ずしも同じではなく、農耕の展開に違いがあったはずであり、その差異がまた社会の動向を異なるものにしたと考えられる。本章では弥生時代と較べつつ、無文土器時代の農耕と集落遺跡の特徴について考える。

1　弥生時代の栽培植物遺体

　日本列島では1970年代から、韓半島では1990年代から耕作遺構の調査が本格的に進み、それとともに栽培植物遺体の検出例が増大し、農耕を考察する基礎資料が蓄積されている。

　弥生時代の植物遺体の集成は1981年の寺沢・寺沢による集成（寺沢ほか1981）が唯一のものである。224遺跡にもとづくこの集成によると147遺跡で栽培穀物が出土した（表21）。そのうちイネだけが発見されたのは81遺跡、イネのほかにイネ科栽培穀物（以下、雑穀と呼び、便宜上ソバも含める）やマメ類も発見されたのは48遺跡、またイネは発見されていないが雑穀とマメ類がみつかったのは18遺跡である。雑穀の出土遺跡数は2遺跡（モロコシ）〜12遺跡（ヒエ）、マメ類は9遺跡（ダイズ）〜21遺跡（アズキ）で、イネ出土遺跡より極端に少ない。圧倒的にイネが多く雑穀・マメ類がはるかに少ないのは、基礎となる資料の検出状況が不均一なためでもあろう。

　イネのほかに雑穀あるいは雑穀とマメ類が発見された31遺跡のうち、7遺跡では20〜40種類以上の種子が同定されていて、イネ＋雑穀（＋マメ）を栽培していた状況をほぼ正確に示している。イネのほかにマメ類が発見された17遺跡のうち、20〜30種類以上の種子が同定されている4遺跡に雑穀の種子がないのは、本来栽培していなかったためもしれない。ただし福岡県板付遺跡ではコムギの花粉がみつかっている（西田1970）。

　イネが発見されず雑穀かマメ類だけがみつかっている遺跡のうち、20種類以上が同定された大阪府四ツ池遺跡では、イネがたまたま発見されなかっただけで、イネ栽培を行っていなかったはずはない。

　穀物としてはイネだけが発見されている81遺跡のうち、30遺跡では雑穀・マメ類以外の種子も発見されている。その検出種類数は1〜11種類が25遺跡に対し、20種類〜30種は5遺跡にとどまる。後者の雑穀・マメ類の欠如は、それらを栽培していなかったためともみられるが、前者とイネだけしか発見されていない遺跡では、マメはともかくアワなどの小粒の穀物が発見されていないの

かもしれず、雑穀類の栽培がなかったと断定はできない。

また1遺跡で出土する雑穀・マメ類の種類は1種類だけが40遺跡で、2種類の16遺跡、3種類の7遺跡、4種類の1遺跡よりはるかに多い。このうちイネがなく雑穀とマメ類だけが発見される18遺跡では1種類だけの場合が16遺跡にもなる。

このように内容を検討すれば、イネが圧倒的に多く雑穀・マメ類がはるかに少ないという数字は、必ずしも栽培植物種の実態を正確に反映しているとは考えられない。しかし、最近の資料を加えて検討しても(補記)、イネと雑穀・マメ類の出土遺跡数が逆転したり拮抗するすることはなく、雑穀・マメ類の割合がある程度増加するに止まる。出土種子からは、水田稲作に大きく傾いていたのが弥生農耕であったことは否定できない。

これまでに発見された弥生時代の耕地遺構のほとんどすべては水田で、畠はごく僅かである(1)。畠跡は水田跡より検出しにくいとはいえ、この時代には大規模で広大な畠は少なく、また畠だけの農耕はごく限られた地域にしか存在しなかったであろう。

表21　弥生時代遺跡出土栽培植物の組み合わせ

イネ	ムギ類	コムギ	オオムギ	アワ	ヒエ	キビ	モロコシ	ソバ	マメ類	アズキ	ダイズ	遺跡数
○												81
○	○											2
○	○	○?		アワ/ヒエ								1
○	○			○	○							1
○	○								○			2
○	○									○		1
○	○?											1
○		○	○									1
○		○	○								○	1
○		○				○	○					1
○		○										2
○		○		○								1
○		○				○				○?		1
○		○								○?		1
○				○								4
○				○	○							2
○				○						○?		1
○					○							2
○					○	○			○			1
○					○		○					2
○					○				○			1
○							○					1
○							○		○			1
○								○				5
○									○	○		2
○										○		5
○										○	○	2
○											○	3
	○											1
	○	○									○?	1
		○										2
			○									2
				アワ/ヒエ/キビ/シコクビエ								1
					○							2
						○						1
								○				2
									○			3
										○		1
										○	○	1
											○	1

(寺沢・寺沢1981より作成)

2 朝鮮半島の栽培植物遺体

　朝鮮半島で栽培植物遺体が発見された遺跡はまだそれほど多くはない（表22）[(2)]。新石器時代遺跡ではアワとキビの種子とイネの植物珪酸体が発見されていて[(3)]、この時代に畠作と稲作がある程度定着していたことがうかがえる。

　無文土器時代前〜中期では22遺跡で穀物種子が、また2遺跡で植物珪酸体と花粉がみつかっている。このうちイネだけがみつかっているのは2遺跡にすぎず、9遺跡ではイネとともに雑穀やマメ類が1〜5種類検出されている。またイネは出土せず雑穀やマメ類だけが出土する11遺跡のうち1遺跡ではアワ（？）とともにイネの花粉がみつかり、8遺跡では複数種類の雑穀とマメ類が出土している。ほかに1遺跡ではイネとヒエ属の植物珪酸体が検出されている。

　イネが出土した遺跡は、平壌市の2遺跡以外は漢江流域以南である。南部の雑穀だけがみつかっている遺跡にも、大坪里遺跡群の玉房1地区・6地区・2地区のイネ花粉・イネ圧痕、漁隠1地区のイネから見て、イネがあったはずである。これ以外でもおそらくイネを栽培したとみてよい。

　無文土器時代後期では、南部の5遺跡のうち3遺跡でイネと雑穀・マメ類が出ていて、前〜中期の状況と変わりはない。北部では雑穀のみで、イネがあった可能性は低い。

　つづく原三国時代では、イネは南部の10遺跡で検出され、うち5遺跡では雑穀かマメ類も出ている。イネが検出されていない南部の9遺跡のうち江原道と忠清北道の4遺跡は内陸部にあって、イネが存在した可能性は必ずしも高くはないが、慶尚南・北道と全羅南道の5遺跡がイネと無縁であったとは考えられない。

　三国時代の7遺跡ではイネのほかに雑穀、マメ類が出ている。8遺跡ではイネだけが出ているが、多くは古墳副葬例で、当時の栽培穀物を正確に反映しているとはいえない。

　朝鮮時代の1遺跡ではイネとともに4種類の雑穀、ダイズが出ている。

　このように、南部、とくに漢江流域以南では無文土器時代以降、イネとともに雑穀・マメ類が検出されるのが通例であり、稲作とともに雑穀やマメ類の畠作も農耕の重要な一翼を担っていたことが明らかである。弥生時代農耕と比較すると、畠作の割合は相当に高かったことは確実である。一方、北部では栽培作物種子の検出例は少ないが、畠作が圧倒的で、稲作はわずかあるいはなかったと見てよい。南から北へ、また海岸部から山間部へ、稲作の比重が低くなり畠作の比重が高くなるのである。

　この傾向は無文土器時代だけではなくそれ以後も継続するが、農耕技術の発達、品種改良、勧農政策などによって北部、内陸部での水稲の比重が高まっていったのである。しかし前章でもふれたように、朝鮮時代前期（15世紀中頃）においてさえ、南部には水田が卓越するところもあるが、北部や内陸部では畠作の割合が高かったのである（図115-1、表20）。1920年代には南部の西海岸地域〜南海岸地域〜東南海岸地域の水田率が60〜85％、中部の西海岸地域と東海岸地域が50％前後、北西部の海岸部が50〜25％だが、中部以北の内陸部は25％以下あるいは10％以下である（朝鮮総督府1924：図版第28）。

表22 朝鮮半島の栽培植物遺体

（＋：種子、p：花粉、po：植物珪酸体）

時代	道	遺跡	イネ	アワ	ヒエ	キビ	モロコシ	ムギ	オオムギ	コムギ	エンバク	ハダカムギ	マメ	アズキ	ダイズ	リョクトウ	ソバ
新石器時代	平南	南京		＋													
	慶南	東三洞		＋		＋											
	黄北	智塔里		＋	ヒエ/アワ												
	慶南	栗里	po?														
	忠北	早洞里	po														
	慶南	農所里	po			po											
無文土器時代 前期〜中期	平南	南京	＋	＋		＋	＋							＋			
	平南	表垈	＋												＋		
	江原	校洞	＋														
	京畿	欣岩里	＋	＋			＋										
	忠北	早洞里	＋	＋					＋	＋							
	忠北	宮坪里	＋			＋								＋	＋		
		白石洞	（イネ科種子）										マメ科				
	忠南	新垈洞	＋	（穀物）													
		松菊里	＋	＋													
	全南	良将里	＋														
	慶南	漁隠1地区	＋	＋		＋			＋	＋	エンバク属?		マメ科				
	黄北	石灘里		＋											＋?		
	忠南	古南里		＋													
	慶南	玉房1地区		＋		キビ属											
		玉房2地区	p	＋?													
		玉房6地区	＋	＋			＋							＋		＋	
	咸北	五洞		アワ/キビ?										＋	＋		
		虎谷				＋											
	黄南	琴谷洞				＋?											
	慶南	茶雲洞						＋						＋	＋		
	忠南	平羅里							＋	＋	＋			＋?			
	慶南	上村里B		（穀物）					＋	＋							
	忠南	大興里	po		ヒエ属po												
無文土器時代 後期	京畿	一山邑	＋														
	全南	新昌里	＋						＋				＋				
	慶南	勒島	＋						＋								
		上村里	＋	＋													
	咸北	虎谷		アワ/キビ													
	平南	龍秋洞				＋											
	済州	三陽洞							＋						＋		
不明	全北	細田里											＋				
原三国時代	江原	安津里	＋												＋		
	京畿	馬場里	＋														
	忠北	新鳳洞	＋														
	忠南	寛倉里	＋														
	全北	深浦里	＋											＋			
	全南	新燕里	＋						＋								
		郡谷里	＋						＋	＋							
	慶南	東外洞貝塚	＋						＋?								
		会睨里	＋														
		府院洞	＋											＋			

時代	道	遺跡	イネ	アワ	ヒエ	キビ	モロコシ	ムギ	オオムギ	コムギ	エバンバク	ハムダギカ	マメ	アズキ	ダイズ	リョクトウ	ソバ
原三国時代	江原	中島		+													
	江原	屯内		+	+												
	平南	石巌里			+												
	慶南	五倫台			+												
	平南	貞栢洞				+											
	忠北	荷川里		(穀物)				+									
	全南	造山							+								
	平南	南井里							+								
	江原	柯坪里							+							+	
		半月城								+							
	慶北	林堂		(穀物)								+					
		陸城洞		(穀物)													
三国時代	忠南	扶蘇山城	+	+						+							
		ノンティ	+	+										+	+		+
	慶北	星山洞古墳	+														
		星山洞	+														
		達西	+														
		漆谷3宅地	+					+	+					+	+	+	+
		内康洞	+														
		ムドゥン里	+	+													
		慶州16号墳	+														
		皇南洞	+														
		慶州	+														
		南山	+														
		味鄒王陵	+		+												
	慶南	府院洞	+	+				+	+	+					+		
		芋浦里	+	+					+								
	慶北	慶州		(穀物)													
	京畿	民楽洞				po											
朝鮮	忠北	開新洞	+	+					+	+					+		

　なお日本列島の北海道と沖縄を除く耕地面積に占める水田の割合は、江戸時代中期が 56.3%、1892 年が 55.6%、1926 年が 56.6% である（農業土木歴史研究会 1988）。この数字には換金畠作物生産などの経済的要因が強く働いているだろう。

3　自然環境の違い

　このように朝鮮半島では無文土器時代以来農耕に占める水田稲作の割合が低く、日本列島の弥生時代では高いという実態は、自然環境の違いによるところが大きい。無文土器時代と現代とでは自然条件に多少の差はあるはずだが、大勢は同じであろう。

　前章でもふれたように、朝鮮半島では降水量の 50～60% が夏期に集中し、豪雨が 7 月にとくに多く 8 月がこれに次ぐことは、播種時期の水不足を意味し（藤口 1987）、水田経営に不利に作用する。朝鮮時代初期に苗種法（田植え法）が危険とされ[4]、「旱地農法と湿潤地農法との（朝鮮）独特の融

合」による乾耕法（水稲乾田直播法）が勧奨され（宮嶋 1980：76）[5]、さらに平安南道地方でイネの乾畓直播法が発達したのも春から夏にかけての小雨に対応して発達した技術であった。このような後世の農業技術のあり方から見ても、無文土器時代以来乾地農法が卓越していたことがうかがえる。

土壌については藤口が指摘するように、京畿道の北端を東西にのばした線とほぼ一致する灰褐色森林型土壌の南限線が、北部の畠作卓越地域への転換線でもある。水田が盛行する南部の黄褐色森林型土壌地域の南端部は照葉樹林帯（図114-4）と一致し、日本列島西部に広く分布する照葉樹林帯（図114-2）も黄褐色森林土壌地域である（藤口 1987）。この土壌は赤色を帯びることが多く、この赤色土壌地帯は朝鮮半島南端部や華中のそれと符号する（甲元 1973）。土壌の面からも、古くさかのぼるほど、南端部以外では水田稲作拡大の条件に乏しかったことが想像できよう。

朝鮮半島の河川は流路傾斜がきわめて緩い緩流型で下流域の広い沖積平野に水田を開くことは、時代が遡るほど困難であったと見られる。むしろ中・上流域に多数形成される浸食盆地が古くから重要な生活舞台となっていて（鄭璋鎬 1980）、初期農耕の遺跡・耕地に適している。

ここで、稲作と畠作に関連させて前章でふれた任良宰による温量指数の分布図（図114-3）を図115-1とあわせると、WIが100以上とCIが−10以上の地帯が水田の割合が高い地域で、水田率が15世紀前半に40％以上、1920年代に55％以上である。WIが85〜100の地帯の水田率は15世紀前半で10〜40％、1920年代で10〜55％である。南海岸に東西に延びるCIが−10以上の地帯が照葉樹林帯、赤色土壌帯に当たる。

日本列島の照葉樹林帯（おおむねCIが−10以上）は東海以西の全域と東北南部以西の海岸部に細く延びていて、朝鮮半島よりはるかに広い（図114-2）。稲作は中国の長江流域の照葉樹林帯で成立して伝わったのであり、朝鮮半島よりは日本列島西部の方が気候条件は適している。

気候条件から見ても、朝鮮半島の初期農耕において稲作を進められるのは漢江流域以南であり、安定的に行えるのはCIが−20以上の地域であったと推定できる。言い換えれば漢江流域以北ではもっぱら畠作を行い、以南では畠作と稲作の複合農耕の形態をとり、南へ行くほど稲作の比重が高くなるが、畠作も相当の比重を持っていたと考えてよい。

朝鮮半島南部において畠作と稲作が合わせ行われたのは、畠作が新石器時代中期以来、生業の一部に繰り込まれて一定の体系化がなされていたところに、伝来経路には諸説あるが、無文土器時代前期に水田稲作体系が取り入れられたからである。それによって稲作は先行する畠作技術を応用して朝鮮半島の環境に適するように改変され、新たな農耕体系が生み出されたのであろう。しかし南端部を除くと、水田稲作を大きく拡大させる自然条件に恵まれなかったことが、北部九州への水田稲作の伝播を引き起こす要因のひとつとなり、また日本列島に伝わると、再度改変されて水田稲作への傾斜が強まり、畠作の占める位置が相対的に低くなったと考える。

4　朝鮮半島の初期農耕遺跡の立地

水田は湛水するために平坦面を造り区画する必要があり、天水だけに頼るのでなければ、水を河川から水路と井堰で導き、また排水路も必要となる。初期農耕期の土木技術では小規模な浅い川し

か利用できず[6]、大規模灌漑施設をもうけて広い沖積地や台地上に開田することはできなかった。したがって水田は小区画となり、微地形の傾斜に沿って段状につながることが多い。弥生時代水田はこうした制約の下で、扇状地、三角州、自然堤防、後背湿地、丘陵末端部の小規模な谷底、沖積平野に面する段丘上などに造成されている（田崎1989）。

　朝鮮半島では、広い自然堤防や三角州は洛東江下流域以外にはなく、水田は郭鍾喆の検討（郭鍾喆1993）や調査例から明らかなように、小規模な川から水を得やすい丘陵斜面末端部の開析谷底に設けることが一般的である。無文土器時代前〜中期の例を瞥見しよう。

　無去洞玉峴遺跡の水田（慶南大学校博物館・密陽大学校博物館1999）は、丘陵南側に東から入り込む幅120mほどの谷の埋積土を耕作土とし、丘陵沿いに幅20m前後の帯状に拡がり、谷中央部は開田されてはいない。水田は面積が1〜3坪ほどの方形、長方形、不整形の小区画で、微地形の傾斜に沿って段をなす。丘陵裾と水田の間に灌漑水路を設けている（図118-3）。

　麻田里遺跡の水田（孫晙鎬2000）は、盆地内の丘陵に開析された幅約200m、奥行き約100mの浅い谷に設けられている。水田は上下2面検出され、30〜60㎡の小区画水田である。丘陵斜面には溝があり、丘陵裾には貯水施設と見られる土坑があって、これらは天水や湧水を集める施設と見られ、丘陵裾に沿う水路とつながっている。

　也音洞遺跡の水田（密陽大学校博物館・東義大学校博物館2001）は、小開析谷の奥にあり、谷の流れで形成された黒褐色土を耕作土とし、谷の傾斜に沿って幅50cm前後の細い帯状の平坦面が段差10cm以下の階段状に、緩く屈曲して連なる。段部分に高さ2〜3cmの畦状の高まりがあって、水田に多少は湛水するらしい。この上には、間層をはさんで三国時代の同じ形状の水田が存在する。いずれも水路はみつかっていない（図118-1）。

　朝鮮半島の水田については、弥生水田とともに田崎博之が類型化して詳しく論じ（田崎2002）、無去洞玉峴遺跡の水田を地下水位が低く給水路をもつⅠa型、寛倉里遺跡と廬花里遺跡の水田（原三国時代以降と百済初期）を耕土直下が地下水で満たされた湿田であるⅠc型、麻田里遺跡の水田を両者の中間型であるⅠb型としている。これらは弥生水田の諸類型と共通し、その原型でもある。

　これら水利施設をもつ水田に対し、水利施設がない天水田をⅡ型、そのうち区画をもつものをⅡb型とし、也音洞遺跡の水田を日本列島では発見されていないⅡb-1型とする。そしてこれを先にふれた乾畓直播法と呼ばれる旱地農法と関連づけ、「畑作と関連することで成立した朝鮮半島における初期稲作の固有性」の1つを示し、朝鮮半島の気候条件と新石器時代以来の畠作を背景にした独特の水田と評価する。

　畠の立地に関する検討は行われていないようであるが、水は天水によるため灌漑水を引く必要はなく、また耕地を平坦にする必要もない。したがって地形の制約は水田ほど強くはないが、集落適地に近接する必要があり、また稲作も行うとすれば、水田に適した場所の付近となる。

　無文土器時代の畠の好例は慶尚南道晋州市大坪里遺跡群で調査されている。大坪里漁隠1地区遺跡（李相吉2000）では南江左岸（東側）の自然堤防間の低い部分に30数mの間をおいて畠が2ヵ所ある。南側は南北約300m×幅40mの範囲内に北東－南西方向の畝が平行するが、北側は約90m×16mの範囲に南北方向と東西方向の畝があって、後者が前者を切る部分もある。

玉房2地区遺跡（趙榮済ほか1999）では南江左岸（北側）の2本の自然堤防間の谷部から斜面に畠があり、東西152m、南北33mの範囲に南北方向の畝が並ぶ。異なる方向の畝、内部区画はまったくない（図119-1）。

これらより小さな畠遺構もある。玉房5地区遺跡（李亨求2001）では、畝方向は東西だが、畝の長さや間隔、畝のない部分により5つに分けられる畠遺構が南北150m、東西10数m範囲内にあり、重なる部分もある。すべてが同時存在かどうかは明らかでないが、やや小形の畠が間をおいて隣接していたのかもしれない。また玉房1地区遺跡（金良美1998）I地区では、後背湿地にあたる傾斜面に小規模な畠遺構が営まれている（図119-2）。

水田と畠の両方が同一遺跡で場所を異にして調査された例はないようだが、麻田里遺跡では上層水田の一部に畠の畝間と見られる溝があって、水田の一部が畠に転用されているらしい。新昌洞遺跡（趙現鐘ほか1997）では集落があると推定される丘陵上の低い部分に小規模な畠がみつかり、丘陵に接する低地に水田が想定される。大坪里遺跡群では自然堤防の後背湿地に水田があったと推定されている。

畠の立地は自然堤防斜面・後背湿地（大坪里遺跡群）、丘陵上（新昌洞遺跡）、河岸段丘（渼沙里遺跡、百済時代）が認められるる。

畠遺構については畝や畝間の形態分類はなされているが（李相吉2000）、遺構全体の形態を分類できるほどにさまざまな形態の遺構は今のところ発見されていない。今後の調査で類型化され、栽培種、輪作、休閑などの農法と経営に関する問題が浮上してくるであろう。

ところで、筆者は無文土器時代の集落立地を次のように分類して特徴を述べたことがある（後藤1994）。

①山間部の河川に沿った狭い河岸段丘、自然堤防や平地：周辺の平地や山麓が耕作地に開発されるが、農耕規模・集落規模の拡大には限界がある。水田の拡大には限界があり、畠作が主である。

②河川中・下流域の広い河岸段丘：比較的広い耕作地を持ち、集落規模も比較的大きく、流域や小平野単位の地域的まとまりの中核となる。

③小平野、谷底平野に面する丘陵や台地：谷底平野や丘陵縁辺に水田を営み、集落規模も比較的大きく、広域の地域統合体が形成される。

④山頂部：農耕以外に狩猟・採集への依存度が高い。

⑤海岸部小平野や小島：漁撈が主で、農耕規模は小さいかほとんどない。

これまでに水田がみつかった集落遺跡の立地は③であり、弥生時代農耕集落の原型となるが、今後①や②でも水田が発見されるであろう。畠が調査された遺跡の立地はほとんどが①であり、その場合水田も造るとすれば河岸段丘下部〜低地や後背湿地であろう。②と③の例は渼沙里遺跡と新昌洞遺跡である。④でも山麓の緩傾斜地に畠が開かれたであろう。

5　朝鮮半島の初期農耕遺跡の規模、継続時期

これらと関連する問題の1つに、集落遺跡の継続性がある。郭鍾喆は玉峴遺跡の重なり合う無文

土器時代・三国時代・朝鮮時代各水田の間に間層があることから、「一定期間の水田造成と耕作→放棄、他所へ移動→再度一定期間の水田造成と耕作」の繰り返しを想定している（郭鍾喆2000）。このような時代を超えての移動ではなく、数世代ほどの短い間隔での耕作と放棄・移動も考えねばならない。田崎もまた朝鮮半島の初期水田の特徴として、小規模で移動性に富む水田経営のために比較的短い期間で断絶する傾向が強いことを指摘している（田崎2002）。

　この点は畠作についてもいえることである。これは経営規模もさることながら、後世の状況からも明らかなように、初期農耕における畠作が必ず休閑を伴わざるをえなかったためでもある[7]。休閑中の畠と耕作中の畠がともに集落近辺にあったのか（この場合は相当広い耕地が必要となる）、集落の移動が必要なほど遠くに離れていたのかなどが問題となる。

　この点を集落遺跡の規模と継続性から検討する。前期〜中期無文土器の細分期については第3章にもとづく。

　まず耕作遺構がみつかった集落遺跡について見るが、多くは正式報告未刊行のため見通しをのべる。

　無去洞玉峴遺跡の集落は水田北側の丘陵上にあり、方形、長方形住居址71軒が調査された（慶南大学校博物館ほか1999）。詳細は不明だが、住居址が3軒が重なったり、きわめて近接する例もある。同時存在の住居数は最大でも20軒未満であろう。土器には孔列や横長刺突もあり、前期4期〜中期1期ころとみられ、長期継続ではなさそうである。

　也音洞遺跡では、水田の東側の標高60mの丘陵上に水田を営んだと見られる集落があって、住居址40軒ほどが調査された（密陽大学校博物館ほか2001）。土器は前期3〜4期とみられる。住居の構造、配置、切り合いからは3時期ほどにわけられるようで、各時期の住居数は10軒強と見られる。

　麻田里遺跡では水田の北西丘陵上で住居1軒を調査した（孫晙鎬2000）。中期3期の小規模集落で、存続期間は短い。これら3遺跡は上記の遺跡立地③だが、前2者は谷に面し、麻田里は小平野に面する。

　漁隠1地区遺跡の住居址は畠の両側の自然堤防上で100軒以上が調査され、西側に10数軒、東側に90数軒がある（李相吉1999b）。住居は大形長方形、細長方形、小形方〜長方形（中央土坑を持つものと持たないもの）など多様で、土器も前期1期〜中期1期ころにわたるらしい。畠遺構も4面はあるという。10〜20軒ほどの住居址からなる集落が長期間継続し（間に何回かの空白期をはさむらしいが、明確ではない）、畠も重なることになったのであろう。

　玉房2地区遺跡では畠を挟んで南側の自然堤防上に住居址6軒、北側の自然堤防北側緩斜面を中心に住居址約20軒がある（慶尚大学校博物館1999）。住居址は長大な長方形が少なくとも3軒（1軒は文化財研究所が77年に調査〈文化財研究所1994〉、前期4期）、他は方形で中央土坑をもつものと持たないものとがあり、土器は前期4期〜中期1期と見られ、住居の切合いからは少なくとも3期に区分でき、各期には住居が南側に3軒、北側に7〜8軒程度あったと推定できる。

　玉房5地区遺跡の住居址は、Ⅰ類2軒（大形長方形）、Ⅱ類4軒（長大な長方形）、Ⅲ類55軒（小形方〜長方形、中央土坑とその両端に柱穴のあるもの42軒・両端柱穴だけのもの5軒・いずれもないもの8軒）、Ⅳ類2軒（円形）に分けられる（李亨求2001）。土器からⅠ類とⅣ類の各1軒は前期1期、Ⅱ類は前期3期、Ⅲ類は中期1期である。Ⅲ類住居は数が多く、1軒として報告されているが

3軒が切合うものの存在（A9号）や配置状態から、少なくとも3期には分かれる。また畠遺構も重なり合う部分があり、Ⅲ類住居址のうち6軒は畠遺構を切っている。この集落は前期2期と4期に空白期があったと判断できる。以上の立地は①である。

つぎに耕作遺構が発見されていないいくつかの遺跡の存続期間を見てみよう。

立地②の京畿道河南市渼沙里遺跡は前期3～4期を中心に前期1期の住居があって比較的長期存続だが、空白期もあり、同時存在の住居はそれほど多くはなさそうである（高麗大学校発掘調査団1994、ソウル大学校博物館1994、崇実大学校博物館1994、成均館大学校発掘調査団ほか1994）。

遺跡立地④の京畿道驪州郡欣岩里遺跡（ソウル大学校考古人類学科1973・1974・1976・1978）は前期3期と4期の2期にわかれる（第3章）。同じく高い山の尾根に多数の住居がある忠清南道天安市白石洞遺跡は前期3期（2～3の小期にわかれる）を中心に一部中期1期に降る（公州大学校博物館1998）。

遺跡立地③の忠清南道保寧市館山里遺跡（尹世英ほか1996）は前期3期（住居形態から2期に区分できる）と中期1期で、間に空白期がある。忠清南道瑞山郡休岩里遺跡（尹武炳ほか1990）は中期1期だが、住居の形態と切合いからは3期に分けられる。慶尚南道蔚山市検丹里遺は環濠とその前後の3期にわかれるが（釜山大学校博物館1995）、全体は中期1期の中に収まろう。忠清南道保寧市寛倉里遺跡の集落（李弘鍾2001）は中期1～2期で、3期ほどにわかれ、各期数軒の住居からなる6群前後で構成されていたようである。全羅南道長川里遺跡（崔盛洛1986a・b）は中期2～4期で、少なくとも3期にわかれる（第3章）。

典型的な立地③の松菊里遺跡は木柵設置以前・木柵設置期・木柵機能消失以後の少なくとも3期にわかれるという（金吉植1994）（第3章）。土器は大きく2大別できる（中期3期と4期）。

最後に立地①の全羅南道大谷里道弄遺跡について少し詳しく見よう（全南大学校博物館編1989・1990）（図29）。遺跡は山地内を曲流する宝城江中流左岸の標高90mの河岸段丘上に位置し（図103）、無文土器時代の住居址72軒を調査したが、集落範囲はさらに拡がるらしい（李クヌク1994）。集落背後のそれほど広くないやや平坦な所に耕作地（畠とあるいは小規模な水田）があったと推定できる。

第3章で述べたように、本遺跡の土器は1式（前期4期）、2式・3式（中期2期）、4式（中期3期）にわけられ、住居址は円形松菊里型、円形非松菊里型、方形末菊里型、長方形1～5類にわけられる。住居址出土土器と住居址の切り合い関係から、この遺跡の住居は円形松菊里型（土器は2式）→方形松菊里型（土器は3式）→長方形1類・2類（土器は3式と4式）の順で、3式土器の時期に長方形1類住居が多く、4式土器の時期に長方形2類住居が多いと考えられる。非松菊里型円形住居は3式土器の時期、長方形3類住居は3式・4式土器の時期である。

2式土器期の円形松菊里型住居は中央土坑や柱穴からさらに細分でき、住居の配置も考慮すると、3軒前後のまとまりが数群あって2期程度にわけられ、同時存在の住居数は9軒前後となる。3式土器の時期には長方形1類住居と2類住居（前者が多い）および方形松菊里型住居（4軒）が存在する。4式土器の時期には長方形1類住居と2類住居（後者が多い）および3類住居（5軒）、さらに細別不明の長方形住居が少なくとも1軒（ソウル大1次調査28号）が存在する。

3式土器と4式土器のいずれの時期も住居数に大差がないとすれば、両時期とも22軒前後となり、切り合い・配置状態から推定するとそれぞれが2期ほどにわかれ、同時存在は10軒前後と考え

られる。

　このように本遺跡は、前期4期の1式土器の時期を除くと、中期2期の2式土器・3式土器、中期3期の4式土器それぞれの時期が前後にわかれ、合計6期にわたり継続し、各期に10軒前後の住居からなる小規模集落を構成していたと考えられる。

　以上のように、前〜中期の集落遺跡は、ごく短期間の麻田里遺跡以外は、3時期前後〜6時期ほどにわけられ、その全期間が長期にわたる場合も間に空白期が存在するらしい[8]。また一時期の住居数は10〜10数軒が一般的で、農耕経営の単位は小規模であったと考えられ[9]、先の郭鍾喆、田崎の判断の一部が裏づけられる。

　朝鮮半島の農耕は、新石器時代に中国東北地方からの畑作の伝播によって始まり、最近の資料によると稲作も行われているようだが、農耕の実態を明らかにしうる資料は乏しい。この時代の農耕は朝鮮半島の自然条件に適応して独自性を少しづつ獲得していったとしても、狩猟・採集・漁撈を中心とする生業体系を大きく変えることはなかったであろう。

　無文土器時代に入ると農耕は中心的生業となるが、そこには石庖丁の出現にみられるように、新たな畑作農耕の伝来と受容が想定できる。その時期は新石器時代から無文土器時代への転換期と一致するが、時代転換の実態はまだ明らかではない。

　本格的な水田稲作の伝来と受容がこの転換期と同時か、少し遅れるかはまだ論証されていない。いずれにしても水田稲作は旱地農法の畑作体系の技術基盤のもとで、朝鮮半島の自然環境に適するように改変されていったであろう。也音洞遺跡の水田はそのひとつの典型とみなされる。しかしそのような適応よっても、南部においてすら水稲農耕を拡大して農耕の主流とすることは困難であり、漢江流域以北ではもっぱら畑作が行われたのである。南部では気候条件や立地条件に応じて、畑作と水稲をさまざまに組み合わせた農耕が行われたであろう。

　旱地農法を基盤に畑作と水田稲作を結びつけた朝鮮半島南部の農耕が、無文土器時代中期に日本列島に本格的に伝えられると、日本列島の自然条件に適応して湿潤地農法に再度変容するとともに、長期継続型の集落を中心に灌漑水田農耕で結びついた共同体規制の強い社会を形成していくのである。

　上で多少検討したように、無文土器時代の集落は推定200年間以上にわたって継続する大規模集落はきわめて少ない。継続期間が長い場合でも小規模集落として継続し、間になにがしかの空白期の存在が推定できる。その要因のひとつが、休閑の必要や水田を拡大しにくい自然条件などである。短期継続・小規模集落の並立が前〜中期集落の特徴であり、したがって集落の自立性が弥生集落より相対的に高かったとも見られる。しかし、小規模集落の力を結集したであろう莫大な量の支石墓が造営されており、自立性の強い集落群を統率する地域共同体の首長の性格には、弥生時代首長のそれとは何らかの差異があったと想定できる。こうした集落にかかわる問題は、流域や小平野ごとの小地域内集落群の動向から検討する必要があり、弥生社会との比較によっても特徴がより鮮明になるであろう。

註
（1）　2000年の畠遺構集成によると、700以上の遺跡で畠跡が調査されているが、その中で弥生時代のものは10数遺跡にすぎない（池畑耕一ほか（編）2000）。
（2）　本表は第14章表20はほぼ同じであるが、本表は2001年に、表20は2003年に作製したものである。
（3）　測定年代が旧石器～新石器時代に相当する層で種子や植物珪酸体などが人工遺物、遺構にともなわずにみつかった例は扱わない。なお最近忠清北道沃川郡大川里でイネ、オオムギ、コムギ、アワなどを検出している（韓昌均ほか2002）。
（4）　朝鮮最古の農書『農事直説』（1429）の苗種法の項に「此法。便於除草。万一大旱。則失手。農家之危事也。」とある。
（5）　なおこの論文には「水稲の播種期や移植期の……小雨さえ克服されれば、以降の自然条件」は日照時間の長さなどから見て、むしろ日本より一層水稲作に適している（特に南部の場合）と言われている」との指摘がある（*ibid*：70-71）
（6）　弥生時代には深さ1mを大きく超える河川は利用できなかったという（広瀬1997：129-130）
（7）　古くは水田・畠作ともに休閑農法が一般的であったことは農業史研究によって明らかにされ、その克服の時期・条件などについて議論されている（李賢恵1995、宮嶋1980）。
（8）　ただし、空白期の有無は土器の細かな型式編年なしには判断できない。
（9）　このように推定した小規模経営体と、大坪里遺跡群の少なくとも千数100m^2の畠との間の均衡をどう考えるかは、大坪里遺跡群全体の小時期ごとの集落と畠遺構の分布・変遷を明らかにする中で、別に検討せねばならない。

補記
　この検討は後藤（2004）のための集成作業中におこなった。寺沢・寺沢（1981）集成結果とあわせた集成結果は終章の表31に示した。

第16章　植物遺体

　朝鮮半島農耕研究の基礎資料として、植物遺体（種実、花粉、プラント・オパール、種実の土器圧痕）の事例を収集してきた。本章では種実についてまとめる。また花粉とプラント・オパールは言及すべき少数にとどめた。土器圧痕（イネが主）は、近年の精密な植物種実調査のいちじるしい進展のもとでは特に必要ではないと考え省いた。時代は新石器時代（炭素測定年代によればそれ以前も含む）から朝鮮時代までである。

　これら資料は発掘報告書・概報・植物遺体報告だけでなく、未報告や報告書未入手の遺跡については図録や植物遺体地名表からも採集した。とくに参考にしたのは、国立中央博物館（2000）と安承模の地名表（安承模1998）である。

　植物名の日本語訳は、和名をも記載する安鶴洙ほか（1982）により、また学名からの和名検索等については奥山（1977）、北村ほか（1957・1961・1964・1971・1979）、佐竹ほか（2002・2003）を参照した。和名がはっきりしない場合は、〝　〟内に朝鮮・韓国語名をローマ字またはカタカナで記す。

　遺跡・所在地・文献・遺跡の種類、時代・時期、立地を記した後に、出土植物名と種子数量（括弧内数字）、関連事項を記す。＊を付した小さい活字部分は報告の考察等の抄訳、〈　〉内は筆者の注記などである。

　時代区分は新石器時代、無文土器時代、原三国時代、三国時代、統一新羅時代、高麗時代（ただしこの時代の例はない）、朝鮮時代とする。無文土器時代については、南部のそれを前・中・後期にわけ、さらに細分した時期を記す（第3章参照）。

　集落遺跡の立地は、後藤（1994）の分類により以下のように記す。立地1（山間部の河川中・上流部沿いの河岸段丘・自然堤防）、立地2（河川中〜下流部の平野部の河岸段丘や中洲）、立地3（小平野や谷底平野に面する低丘陵）、立地4（山頂）、立地5（海岸部）。

　末尾に穀類、マメ類、ソバについて時代ごと・遺跡ごとの出土状況を示す表29を付す（ただし遺構・遺物にともなわない事例は省く）。

咸鏡北道

(1) **虎谷遺跡**　茂山市虎谷（黄基徳1975）

　集落遺跡、立地1。1期（新石器時代末）、2〜4期（青銅器時代、南部無文土器前〜中期平行）、5・6期（鉄器時代、南部無文土器後期平行）にわけられる。

　〔2期〕15号住居の炉の横に壺からこぼれたらしいキビとみられる灰色有機質粉が径150cm、厚さ15cmに堆積、別の土器内にモロコシ粉。20号住居の西北中央床に厚さ20cm以上の灰色有機質

粉。35号住居の炉のまわりに径100cm、厚さ20cmの灰色有機質粉。40号住居の炉のまわりに灰色有機質粉。これら灰色有機質粉はキビ粉。

〔3期〕31号住居西南側の大形壺と32号住居内壺の中に灰色有機質粉があり、その中にキビの皮を認める。

〔5期〕5号住居埋土中間部分でキビかアワと推定される炭化粒、約半合。

(2) **五洞遺跡**　会寧市五洞（考古学民俗学研究所 1960）

集落遺跡、立地1。南部無文土器前～中期平行。住居8軒を調査。どの住居か記載がないが「住居址床と堆積層からダイズ粒、アズキ粒、キビ粒ほどの炭化したものが多数出土」した。歴史研究所（1979a）によると「青銅器時代層でアズキとアワが一緒に出た。」本遺跡ではアワとアズキが出土したとみなす。

咸鏡南道

(1) **土城里遺跡**　北青郡土城里（金用玕ほか 1986）

集落遺跡、立地2。南部無文土器中期平行。住居2軒を調査。

カボチャ（"hopak"）種子、アワまたはキビ出土（クン・ソンヒ 1994）。発掘報告には2号住居が火災に遭っているとあり、この住居からの出土か。

　　*カボチャについて　「わが国では三国時代以後統一新羅時代にすでに相当に栽培されたことが知られている。」（安鶴洙ほか 1982：219）

慈江道

(1) **深貴里遺跡**　時中郡（鄭燦永 1983）

集落遺跡、立地1。南部無文土器前期平行。1号住居の床に埋められた土器内にドングリ多数。

平安南道

(1) **南京遺跡**　平壌市三石区域（金用玕ほか 1984）

集落遺跡、立地2、新石器時代～コマ形土器期。コマ形土器期（青銅器時代）を3期にわけている。

31号住居（新石器時代2期）で炭化アワ1升ほど。

36号住居（青銅器時代1期）内北半の1m^{2}の範囲に穀粒（イネ、アワ、キビ、モロコシ、ダイズ）が散らばる。

11号住居（同2期）でキビとアワ。

(2) **表垈遺跡**　平壌市三石区域（徐国泰 1999）

集落遺跡、立地2、コマ形土器期。23号住居でイネ、ダイズ。

(3) **龍秋洞木槨墓**　平壌市龍城区域（李キリョン 1961）

単葬木槨墓木棺内で炭化キビ。楽浪古墳編年のⅡ期ころか（高久編年、高久 1995）。

(4) **貞柏洞（里）楽浪古墳群**　平壌市楽浪区域

①考古学研究所田野工作隊（1978）

貞柏洞2号木槨墓（高常賢墓）の木槨北側区域でモモ（10）。高久編年Ⅱ期（BC1世紀後半代）。

貞柏洞37号木槨墓北槨棺内でキビ（多数）、南槨棺内でキビ（多数）。高久編年Ⅱ期。

②朝鮮古蹟研究会（1935）

貞柏里19号木槨墓でモモ。高久編年Ⅳ期（1世紀末～2世紀代）。

(5) 石巌里　楽浪古墳群　平壌市楽浪区域

①原田ほか（1930）

石巌里205号木槨墓（王旰墓）で「茱萸、核太棗、毛桃、桜桃」、それぞれグミ、ナツメ、モモ、ユスラウメ。高久編年Ⅳ期。

②梶本ほか（1975）

石巌里219号木槨墓（王根墓）西棺でヒエ、東棺でヒエ（いずれも棺底に敷き詰めたらしい）。高久編年Ⅱ期。

③朝鮮古蹟研究会（1934）

石巌里201号木槨墓でモモ（李核）（2）。高久編年Ⅲ期（1世紀代）。

(6) 彩篋塚（南井里116号墳）　平壌市楽浪区域　（朝鮮古蹟研究会1934）

木槨墓（塼使用）前室中央と東壁際でアワ、主室でクリ（一括）、前室でクリ（一括）、モモ（1）、羨道でクリ（一括）、ムギ（麥、一括）。高久編年Ⅴ期（3世紀前半）。

(7) 大城山城　平壌市大城山区域大城洞（金日成総合大学考古学民俗学講座1973）

三国時代。山城内中心部にある焼けた住居址で穀粒塊、穀粒はアワ、モロコシ、コムギ等。

黄海北道

(1) 石灘里遺跡　松林市石灘里（李キリョン1980）

集落遺跡、コマ形土器期、立地2。39号住居の東北側壁際の土器内からアワとみられる穀粒、西側柱穴横の土器内からアズキまたはモロコシとみられる炭化粒（これは大きさからアズキとみられる）。

(2) 智塔里遺跡　鳳山郡智塔里（考古学民俗学研究所1961）

集落遺跡、新石器時代～コマ形土器期、立地2。第Ⅱ地区2号住居（新石器時代）の北壁下の土器内でヒエまたはアワ（約3合）（考古学研究所1977b：106にはアワと記載）。

(3) 馬山里遺跡　鳳山郡馬山里（卞ほか1989）

集落遺跡、新石器時代～コマ形土器期、立地2。7号住居（新石器時代）で炭化アワ。

黄海南道

(1) 蘇井里遺跡　青丹郡蘇井里　（鄭イルグォン1999）

集落遺跡、新石器時代、立地3?。4号住居の炉北側でヒエ。

(2) 琴谷洞遺跡　延安郡復興里　（黄基徳1974）

第1地点の泥炭層でキビの殻のようなもの。偶然の発見後の調査。

　　*（泥炭層の）深さはおおむね地表から140～180cm、泥炭層が始まるところから100～140cmの深さでま

ず石斧1点が出土、その下から琵琶形銅剣1本が出土。またそこでは長さ174cmの太い丸太が立っていて、その横に100cmの長さに切った細い丸太がいくつか積まれていたという。そしてこの丸太のまわりで頸が細い褐色壺（高さ約20cm）1点とキビ殻のようなものが出、そこから4〜5mはなれた場所で木柄がついた石斧、石鏃などの遺物が出たという。

江原道

(1) **鰲山里遺跡** 襄陽郡巽陽面 （金元龍ほか1985）

集落、新石器時代、立地5。A1号住居（新石器第1文化層）の土壌水洗でドングリ。

(2) **柯坪里遺跡** 襄陽郡巽陽面

①国立中央博物館（2000）

集落、原三国時代、立地5。2号住居で炭化したダイズとオオムギ。

発掘報告（白弘基1984 襄陽郡柯坪里住居址発掘調査報告（Ⅰ）、江陵大学校博物館）は未見。

②安承模（2002）

新石器時代として、1号、2号炉でドングリ。詳細不明。出典（国立文化財研究所1999）は未見。

(3) **地境里遺跡** 襄陽郡県南面（安承模2002）

新石器時代遺跡。4号住居でドングリ。詳細不明。

(4) **安津里遺跡** 江陵市（江陵大学校博物館2001）

集落、原三国時代、立地5。2号住居でイネ、ダイズ、モモ、アカメガシワ、ヒシ。

(5) **校洞遺跡** 江陵市（江陵大学校博物館2001）

集落、無文土器時代前期2〜3、立地3。1号住居（前期2か）で炭化したイネ（多数）。

(6) **江門洞遺跡** 江陵市（江陵大学校博物館2001）

低湿地遺跡、原三国時代、立地2。貝殻層、泥炭層でクルミ、モモ、チョウセンマツ、ヒルムシロ、ヒシ、ヒョウタン、ハクウンボクなど。

(7) **中島遺跡** 春川市湖畔洞（李建茂ほか1980）

集落、原三国時代、立地1。1号住居の炉傍らの土器内からアワ（約30g）。

(8) **屯内遺跡** 横城郡屯内面屯坊内里 （元永煥ほか1984）

集落、原三国時代、立地3。2号住居でアワ、ヒエ（李昌徳鑑定）。

京畿道

(1) **一山邑遺跡** 高陽郡一山邑家瓦地、城底里、注葉里（韓国先史文化研究所ほか1992）

泥炭層遺跡、立地2。一山1地域：城底遺跡、一山2地域：家瓦地遺跡、一山3地域：注葉里（新村）遺跡にわかれる。層位は上から、表土－1.新村層（*土器片〈原三国時代か〉）－2a.家瓦地泥炭層上層（黒色泥炭層、粘土帯土器・単式牛角把手、石器：敲石・石錘）－2b.家瓦地泥炭層下層（褐色泥炭層、新石器時代土器）－3.大化里層（下部に新石器時代土器）－4.粗砂層－基盤岩風化層で、注葉里遺跡では1と2aの間に黒灰色間層がある〈遺物は注葉里遺跡報告に記載のもの。*は城底遺跡報告に記載。城底遺跡のこれ以外の層と家瓦地遺跡種子出土層からは遺物は出ていないら

しい。層の番号は後藤が仮に付したもの〉。

鄭フィヨン「種子分析」には、エゾミクリ（Sparganium）種子、イネ（Oryza sativa L.）のモミと苞葉、ナデシコ科（Caryophyllaceae）種子、カバノキ科（Betulaceae）毬果、ブナ科（Fagauae）殻斗、クルミ科（マンシュウグルミか）（Juglandaceae）堅果、サクラ属（Prunus、原文には「Prunus（"peotnamu 属 "〈＝ヤマザクラ属〉」とある）堅果、エゴノキ属（Styrax）堅果、マツ科（Pinaceae、原文には「Pinaceae（"sonamu 科 "〈＝アカマツ科〉」とある）穂と鱗片をあげる。

出土位置と層位については以下のとおり。
城底遺跡では、2層と3層上部分からミクリ属種子とイネ科の幹・葉などが出土し、13発掘坑でクルミ科堅果が出土（「種子分析」報告に記載）。また2b層上部の土壌を水簸してイネ籾10点〈遺構・遺物にともなわない〉。同層の炭素年代は4070±80BP。

家瓦地遺跡では、表土下10cmから5cm間隔で34試料を採取し花粉分析を実施（試料1〜5は層位不明、5〜13は2a層、14〜31は2b層、32は3層最下部、33〜34は4層、花粉が出たのは試料1〜31）。花粉総数は1228個（木本543個、草本347個、胞子・菌類165個、不明121個〈この合計は1176〉）で、イネ科が1〜34〈31の誤りか〉で検出された〈遺構・遺物にともなわない〉。

注葉里遺跡ではイネ籾10点が①2a層と②1層と2a層の間の黒灰色間層から出土した。上記の1・2a層出土遺物からこれらは無文土器後期2以降のものである。

　　＊ただし炭素年代は①が（a）1534〜1453BCと（b）907〜734BCの間で、②が907〜734BC以後という。報告書p.30の年代測定一覧によると、(a)は試料番号B-45537（黒/褐色層木炭）の3220±60BP、(b)はB-46235（黒色泥炭層泥炭）の2600±70BPと考えられるが前記暦年代換算値と合わない。

(2) **馬場里遺跡**　加平郡加平邑（安承模1998）
原三国時代集落か、立地3?。イネが出土。

(3) **民楽洞遺跡**　議政府市（韓国大学博物館協会1997）
集落、百済時代、立地2。住居3軒のいずれか不明だが、土壌の分析でキビをはじめ数種類の植物珪酸体。

(4) **岩寺洞遺跡**　ソウル市江東区（国立中央博物館1994）
集落、新石器時代、立地2。第4次調査3号住居でドングリ、クルミ、4号住居でドングリ。

(5) **渼沙里遺跡**　河南市渼沙里（任孝宰1981）
集落、新石器時代〜百済時代、立地2。第6層の住居（新石器時代）でドングリ（6）。

(6) **欣岩里遺跡**　麗州郡占東面（ソウル大学校考古人類学科1978）
集落、無文土器時代前期3〜4、立地3。12号住居の土器No.1（図21-5）・3（同図2）より炭化米（78、うち完粒29）、オオムギ（2）、土器No.4（同図1）よりモロコシ（1）、住居西側肩線よりアワ（1）。14号住居の土器No.2（同図8）より炭化米（3、うち完粒2）。土器はいずれも前期4。

(7) **佳峴里遺跡**　金浦市通津面（任孝宰1990）
農水路周辺で泥炭を採取し、Flotation Methodで炭化穀物を検出、大阪農業大学に分析依頼。イネ（Oryza Sativa L. Japonica）、アワ（Echinochloa cruagalli L.）などを確認。この泥炭サンプ

ルの一部を年代測定した結果は 4010±25BP。〈遺構・遺物はともなわない〉

忠清北道

(1) **垂陽介遺跡**（Ⅱ地区）　丹陽郡赤城面艾谷里（忠北大学校博物館 1998）

集落、原三国時代、立地 1。住居 26 軒。炭化種子は写真図版とタイトルによると、1 号住居でオオムギ、コムギ、リョクトウ、モモ、2 号住居でコムギ、3 号住居でコムギ、アズキ、4 号住居でイネ、オオムギ、コムギ、11 号住居でオオムギ、12 号住居でオオムギ、22 号住居でコムギ、25 号住居でダイズ、26 号住居でコムギ。

(2) **早洞里遺跡**　忠州市東良面（忠北大学校博物館 2001）

Ⅰ地区　集落、無文土器時代前期 3〜4、立地 1。住居 9 軒、火を焚いた跡（土坑）50 基、土坑 18 基、溝 6 条などを調査。また新石器時代包含層がある。

（a）李隆助・金チョンフィ「土器胎土植物珪酸体分析」

新石器時代後期の特徴ある土器片 1 点の胎土から扇形態のイネ珪酸体と直四角形の淡褐色珪酸体を確認。〈イネ珪酸体は写真には 1 個のみ、全部でいくつ確認したか記載なし〉。1 号住居出土無文土器 1 点も分析したが確認されなかった。

（b）許文会・李隆助「青銅器時代遺構出土穀物分析」

検出された植物種実は表 23 に示す。

> *イネ殻は炭化して出土。8・9 号住居出土品は炭化せず灰白色ないし黄白色で原形を維持するが内容物はない。……稲籾殻外形を示す当時の稲中には現在の japonica だけでなく現在の javanica（Bulu）もあり、また indica もあるものと推定される。〈根拠は示していない、計測値によるのか？〉
> 　オオムギは…計測結果、現在の栽培種とほとんど同じだが、きわめて小さいものもあり、変異が相当大きい。
> 　コムギは…計測変異が大きい…典型的コムギ状を示すもの、コムギと似た形状のもの、エンバクと形態が似るものもみえる。
> 　ヒョウタン種子はⅡ地区で遺構面を確認しただけの方形住居址で 14 個…
> 　ドングリは 8 号住居で 57 個、完全な個体は約 10 個。このうち形が円形をなしてハシバミに分類できるものもある。

(3) **荷川里遺跡**　中原郡東良面（尹容鎮 1984）

集落、原三国時代、立地 1。1 号住居出土瓦質土器内に麥粒と未詳穀類の炭化物。

(4) **下福台遺跡**　清州市下福洞（忠北大学校博物館 1996）

丘陵上で三国、朝鮮時代の墓、土坑を調査した際、美湖川支流の石南川から西 80m の標高 37m あたりで有機質泥炭層を調査。5 層に区分した上から 4 番目が厚さ 10-15cm の有機質泥炭層で、ここからイネ種子を発見。年代測定結果はまだでていない。9 粒の計測値と 10 粒のカラー写真がある。〈遺構、遺物にともなってはいない〉

(5) **新鳳洞遺跡**　清州市新鳳洞（忠北大学校博物館 1990）

古墳群、三国時代。31 号土壙墓（4 世紀代）出土円底壺内からイネ。

(6) **開新洞遺跡**　清州市開新洞（忠北大学校博物館 1998）

表 23　早洞里遺跡出土種子

遺　構	イネ	イネ籾	アワ	キビ	モロコシ	オオムギ	コムギ	アサ	ドングリ	サイシュウミズナラ	ヒョウタン	モモ	野生アズキ	その他	合計
1　号　住					＋		72							12	84
2　号　住	3					2	9							2	16
3　号　住			1		＋		2							23	26
7　号　住	3				＋	3	22							381	409
8　号　住		2		＋	＋		3		57					469	531
9　号　住		7		＋		2	1							28	38
Ⅱ地区住											14				14
1　号火焚	2		1			18	1							35	57
3　号火焚														14	14
4　号火焚							3							1	4
7　号火焚					＋	2	11								13
8　号火焚							2								2
10 号火焚							8								8
11 号火焚	1					1	7								9
12 号火焚							1								1
34 号火焚													2		2
35 号火焚										1					1
44 号火焚													2		2
46 号火焚							1								1
8　号土坑	4					11	202	＋						38	255
9　号土坑	13	1			＋	45	297	＋					1	58	415
10 号土坑	1					7	78						1	2	89
11 号土坑							4								4
青銅器生活面			44												44
合　計	27	10	46			91	723		57	1	14	2	4	1063	2039

もとの表ではモロコシ、キビ、アサは「その他」に含まれていて、数量は不明。本表の「その他」の数量にはモロコシ、キビ、アサを含む。「野生アズキ」は原文直訳、学名の記載なし。

統一新羅、朝鮮時代遺跡。Ⅰ地区で朝鮮時代の建物（礎石建物）・竪穴住居・工房址を調査。礎石建物（16-17世紀）の1・2番礎石の間で甕器1点が埋まったまま出土し、その中から炭化したイネ、オオムギ、コムギ、ダイズ、その他の穀物が少量出土（鑑定はイ・チョルヲン）。

また竪穴住居（朝鮮時代）の床から少量の火に焼けたアワが1ヵ所にかたまって出土。

(7) **宮坪里遺跡**　清原郡江外面宮坪里（李隆助ほか1994）

集落、立地3。カ地区1号窯床部分の上の層で少量の炭、無文土器片とともにイネ（1）、アズキ（1）、ヒエ（2）、2号窯でアズキ（1）、ダイズ（2）、ヒエ（4）が出土（鑑定は朴テシク）。カ地区出土無文土器には直立短頸長胴壺と口唇刻目甕片があり、前期4～中期1ころとみられる。

(8) **小魯里遺跡**　清原郡玉山面小魯里　（忠北大学校博物館2000）

旧石器遺跡。A地区の東63mの「泥炭Ⅱ区域」の下位泥炭層で若干の植物試料を検出し、上位泥

炭層（厚さ 40-85cm）から「多くの植・生物遺体とイネ籾が出土したが考古遺物は出土しなかった。」これらは泥炭層ブロックを採取し内部（室内）作業で水洗して検出。Ⅱ区域北側の上位泥炭層最下部と下位泥炭層の中位よりやや下部の炭素測定年代は、それぞれ 13,010BP と 17,310BP、東側の下位泥炭層の 2 枚下の淡灰色有機質粘土層の測定年代は 14,820BP。

（a）許文会「小魯里旧石器遺跡 A 地区泥炭層出土イネに関する観察」

古代形イネ（短粒）（古代形 japonica）(8)、古代形イネ（長粒）（古代形長粒）(1)、類似イネ-1 (6)、類似イネ-2 (7) を報告し、長さと幅の計測値を記載。

> *調査現場で出土した穀物中稲（籾）と認定されるものを実験室で解剖顕微鏡で拡大撮影して観察し、電子顕微鏡で穎の中間部分を拡大観察した。試料は土を洗って乾かすあいだに色と形態が若干変化したが、液浸標本につくれば形態は出土当時の原状に回復するものと考えられる。観察結果は次のような 3 群、すなわちイネ、類似イネ-1、類似イネ-2 に区分できるものである。イネは明らかな形態的差異から短粒と長粒の 2 群に区分できる。試料は無機状態から有機酸の浸漬状態で埋没されており、甚だしく炭化した状態ではなく、植物組織学的に珪（Si）と繊維素からなる組織の骨格だけが残っており、内容物が甚だしく損傷し、DNA 抽出が困難だが、若干の試料から DNA 分析が可能であった。

（b）ソ・ハクス「清原小魯里旧石器遺跡 A 地区泥炭層出土炭化米の DNA 分析」

> *発掘された植物種子中イネに類似する 6 個標本の DNA 分析結果「炭化米の遺伝組成は現在の栽培イネ、雑草性イネおよび野生イネとは平均 39.6% の遺伝的類似性を有する。」

（c）チョ・ヨンギュ「清原小魯里旧石器遺跡 A 地区泥炭層出土炭化米の DNA 分析」

> *発掘された炭化種子 6 粒の DNA の分析結果「古代種子群 6 個の標本がたとえ同一群に分類はされても遺伝的類似度が比較的低いことは、これら相互間に相違する部分が多いと考えられ…」

(9) **大川里遺跡**　沃川群沃川邑（韓昌均ほか 2003）

集落、新石器時代、立地 3。住居 1 軒（東西長軸長方形、西壁中央に出入り口の突出部）を調査。

（a）許文会「新石器時代住居址出土穀物分析」

イネ籾 (1)、イネ種子 (6)、オオムギ (4)、コムギ (3)、アワ（若干）、アサ（若干）、ドングリ類（破片数個、ドングリとハシバミが混じっているかもしれない）、その他（現在栽培されている植物中ではサンシュユに若干似る）(1)、不明萼 (1)、蜂の巣 (1)。一部は土中で自然状態で炭化、一部は火に焼けた後炭化。

（b）「考察　3. 炭化穀物」

> *炭化穀物は、住居址床に残っているすべての灰層の試料を地点別に採取し分析した結果確認された。これまで炭化したコメ・オオムギ・コムギ・アワ・キビなどが発見された。またイネ珪酸体の存在も灰層で確認された。このほかにイネ籾、アサ、ドングリ、萼、蜂の巣等もでた。生活空間からはコメ・アワ・キビ・ドングリ・萼などが出土し、付属空間からはイネ殻・コメ・コムギ・オオムギ・ドングリ・アサ・蜂の巣などがでた。〈生活空間は住居内、付属空間は出入り口近くの西壁と北壁の角部分〉

〈(b) にキビをあげるが (a) にはない。報告書に先立つ韓昌均ほか (2002) にもキビはあげられていない。これには報告書にないマメをあげるが (a)、(b) にはない。キビとマメが検出されたかは疑問である。〉

床面採取試料①〜④の測定年代（測定年代〈半減期 5,570 年〉・補正年代 1 偏差・補正年代 2 偏差）は、①：4,400±60BP・3,098−2,917BC・3,125−2,896BC、②：4,240±110BP・2,823−

2,658BC・3,102−2,549BC、③：4,590±70BP、3,502−3,430BC・3,523−3,090BC、④：4,490±40BP・3,334−3,256BC・3,349−3,083BC。

忠清南道

(1) **白石洞遺跡**　天安市白石洞（公州大学校博物館1998）

集落、前期2（〜前期4）、立地3。

「白石胴遺跡出土種子分析」

94-B-2号住居（火災廃棄、前期2）の土器内土壌から、イネ科（10）、マメ科（6）。

(2) **古南里遺跡**　泰安郡古南面（金秉模ほか1991）

集落・貝塚、中期1か、立地5か。2号貝層の「カ」ピット（発掘坑）の混土貝層（2層）でモモ（1）、2号貝層の「カ」・「ナ」ピットにまたがる3号住居の北壁際でアワ（1）。

(3) **寛倉里遺跡**　保寧市寛倉里（高麗大学校埋蔵文化財研究所2001）

集落・水田、中期、立地3。

ソン・ヨンファン「寛倉里遺跡の土壌および周辺山林植生」

住居址〈番号不明〉採取の種子中、識別可能なものは、コナラ属（Quercus）（4点について計測値あり）とクルミ科（Juglans）（5点について計測値あり）で、後者はマンシュウグルミと推定。ほかに未詳（10）。また水田水路で保存状態の良いイネ（2）。〈出土遺物からは時期を限定できない〉

(4) **平羅里遺跡**　保寧市嵋山面（朴テシク1996）

集落・墓地、前期？（詳細不明）、立地？。

Ⅳ地区Ⅱ層検出の方形住居址土壌を水簸して、オオムギ（19、うち計測16）、コムギ（4、うち計測3）、エンバク（3、計測3）、マメ科（Leguminosae）ダイズ属（Glycine）（13、計測13）、ササゲ属（Vigna）のうちアズキと推定されるもの（1、計測1）、ササゲと推定されるもの（2、計測2）。ほかに柔らかい黄土色を帯びる雑草種子または塊茎の皮と考えられるもの（3）。

(5) **新垈洞遺跡**　大田市大徳区（成正鏞1997）

集落遺跡、立地3、前期2か。住居11軒。水洗の結果大部分の住居で穀物を検出、とくに7号住居（細長方形、炉2基）で炭化米とみられる穀物。

(6) **内洞里遺跡**　大徳郡鎮岑面（池健吉1977）

支石墓4基、前期〜中期。4号支石墓の西側支石西南端近くで地山層を彫り込んだ穴（径41cm、床径36cm、深さ10cm）があり、内部の「上から床に至るまで所々でイネ、オオムギ、モロコシなどの穀物類が収拾された。……中心部からは原型不明の硬質土器小片1ヶ出土…。」〈支石墓にともなうのか後世のものか判断し難い〉

(7) **松菊里遺跡**　扶余郡草村面

集落、中期3〜4、立地3。

①姜仁求ほか（1978）

李春寧・朴泰植「扶余郡草村面松菊里無文土器住居址出土炭化米について」

54-1号住居（長方形、中期4）の①西南壁の丹塗磨研土器一括片と大形無文土器の間、②中央の

炭化柱の横、③北側大形土器のすぐ下、の3ヶ所で炭化米が出土、合計395g。45gがソウル大に送付され鑑定、300粒を測定。

②安承模ほか（1987）

54-11号住居（方形、中期4）では、床中央南側の炭混じり楕円形範囲の東側の若干窪んだところに炭化米がぎっしりと詰まっていた。54-13号住居（方形、中期4）では、東壁に接して床面から厚さ10cmに堆積する黒褐色腐植土内から炭化米が大量に出土（10粒の計測表がある）。

③国立扶余博物館（2000）

李炅娥「松菊里遺跡第11次調査出土植物遺体報告」

17の土壌資料に対しmanual flotation;bucket methodを適用し、11資料から61粒の種子とその他植物部位28片を検出（報告の表24によれば、12試料から63粒の種子とその他植物部位30片となる）（表24）。

〈1号円形住居と2号円形住居は松菊里型住居で、少数の土器片から中期3ころ、20号・22号・23号住居は長方形焼失住居で中期4と考えられる。2号円形住居の「竈」は床面から60cm前後の壁面に横に奥行き20cmほどに掘り込んだ小さな竈状の施設。〉

種子報告を要約する（出土位置は報告の表2と食い違いがある場合のみ記す）。

* 耕作物　イネ（Oriza sativa L.）の頴果下端部2片、下端部形態から短粒種と推測。アワ（Setaria italica (L.) Beauv.subsp.italica）の頴果16粒、長1.1-1.5mm、幅0.9-1.1mm、厚0.5-0.7mm。

雑草類　タデ科（Polygonaceae）に属するミチヤナギ属（Polygonum）またはイヌタデ属（Perisicaria）の痩果7粒は三種類。第1型：2粒、長1.6mm・幅1.3mm・厚0.8mm、大きさ・形態からタニソバ（Polygonum nepalensis Meisn）と推定、1号住居中央土坑内柱穴・22号住居第5土器群で1粒ずつ。第2型：上より厚く表面がなめらか、20号住居址2層・21号住居址1層・22号住居址第5土器群内部出土。第3型：破片だがほかのイヌタデ類とは区別される、21号住居1層出土。エノコログサ属（Setaria）の雑草類頴果は15粒、その一部はエノコログサ（Setaria italica (L.) Beauv.subsp.viridis）と推定。ヒエ類（Echinochloa属）の頴果3粒は長1.0-1.1mm・幅0.9mm・厚0.4-0.5mm、イヌビエ（Echinochloa crusgalli Beauv. var. crusgalli）より小さいが、頴果上端部がちびって鋭くない点と胚がU字形で、高さが高い点がイヌビエと類似。他の雑草類　キビ属（Paniceae）に属する頴果16粒が、21号住居址1層・22号住居址中央部焼土・23号住居址内部土で出土。この他に雑草類としてキビ族（Paniceae）…

その他　肉質果果実類（Sarcocarpium）は、野生イチゴ類（キイチゴ属 Rubus）1粒と未確認種1粒（横線明瞭で表面には太い網がつく）。

総種子の77％が水田際や畠際にありふれた一年生雑草類で、人間の居住、農業によって攪乱された環境の植生である点だ。Setaria属の雑草類とヤナギタデ類あるいはミチヤナギ類は水田や畠近辺に自生して収穫時にくっついて入ってきたか、あるいは種子や葉の食用を目的に収穫された可能性も想定できる。果実類は2粒しか発見できなかったが、遺跡に偶然入ってきたものとみられる。しかし……食用目的で採集されたことも否定できない。

(8) 楸陽里遺跡　扶余郡草村面（佐藤敏也1974）

朝鮮時代軍倉址で焼米。詳細不明。

(9) 扶蘇山城　扶余郡扶余邑

三国時代山城の軍倉跡でイネ、コムギ、オオムギ、カワムギ、ライムギ、アワ、ソバ、リョクト

表24 松菊里遺跡第11次調査出土種子

(報告の表2による、住居時期等を加筆)

試料採取位置		試料体積リットル	イネ	アワ	キビ族	エノコログサ属	ヒエ類	ミチヤナギ属1型	ミチヤナギ属2型	ミチヤナギ属3型	キイチゴ属	その他果実類	未確認種子	未確認植物片	総種子数
54-23号住居 中期4	土器1	0.5													
	土器2（*第2土器群内）	4.5		1	1								1	1	2
	内部土	8.8			3		1							4	4
2号円形住居 中期3	西側壁竈	3.5													
	東南側壁竈	2.0											1		
	東baulk	4.0													
	中央土坑	3.5													
54-22号住居 中期4	土器5（*第5土器群内）	1.0						1				1	2		2
	土器2	0.9											6		
	中央焼土部	2.6		1	1								2		2
54-21号住居 中期3〜4？	1層	3.0		14	12	14	3		1	2			2		46
	2層	3.5				1							2	1	
54-20号住居 中期4	2層	5.0	1					1				1	6		3
	1層	3.0									1		2		2
1号円形住居 中期3？	中央土坑	3.6													
	中央土坑内柱穴	3.8						1					1	1	
土壙墓　百済	大形土器	4.4											1		

もとの表には学名で記す（イネ：Oryza sativa、アワ：Setaria italica、キビ属：Paniceae、エノコログサ属：Setaria sp.、ヒエ類：Echinochloa sp.、ミチヤナギ属：Polygonum、キイチゴ属：Rubus sp.）。2号円形住居の竈内試料については「円形2号住居」とするが、報告書内容から2号円形住居である。もとの表の円形住居貯蔵穴は明らかに中央土坑。土器1、土器2は個々の土器ではなく、出土時の土器のまとまり・土器群を指すらしい（*印は種実報告に明記されているもの）。

ウ、ライムギ、アズキ、ダイズが出土。

①定岡（1936）

1927・28年に定岡（忠清南道農事試験場）が発掘し、炭化種子を得た。層は①「小石」（30cm）−②「瓦交り」（30cm）−③「瓦交り赤粘土」（140cm）で、①で米、③で各穀物が出ている。「米は各位置から出た其の他の穀物は比較的下層から出土した…。」多いものからあげると米、小麦、緑豆、皮麥、ライ麥、小豆の順。禾穀類のうち米、小麦が最も多く、皮麥、ライ麥はもっとも少ない。米150粒、小麦125粒、皮麥70粒、ライ麥30粒、緑豆134粒、小豆7粒の計測値がある。1936年に杉三郎（古蹟保存会）がやや近くの別の場所で大豆を発見。

②鋳方（1941）

木原均・平吉功により小麥、稲、小豆、粟、蕎麦、大豆等を同定〈試料採取法不明、梅原末治によれば「出土の諸穀物を混合状態のまゝ袋に入れて観光客に売捌いてゐる」（鋳方1941：註9）というので、それか〉。

③直良信夫（1956）

九州大学農学部作物学教室からもらった試料によると、米、小麦、大豆、小豆。小麦100粒、米

100粒の計測値がある。試料の採取法不明。

　④佐藤敏也（1974）

　国立扶余博物館保管の小豆6粒、コムギ少々、焼米36粒を計測。

(10) **論峙遺跡**　扶余郡九龍面論峙里（国立公州博物館 2002）

　三国時代山城（論峙山城）内の祭祀遺跡。祭祀土坑から莫大な量の穀物が出土。イネ、アワの写真がある。

(11) **院北里遺跡**　論山市城東面（中央文化財研究院 2001）

　集落・墓地、無文土器時代、原三国時代、三国時代、立地3。「タ」地区の無文土器時代集落（住居址7軒、土坑15基、焼成遺構3基、石棺墓6基）は出土土器から中期4と考えられる。

　安承模「論山院北里遺跡出土種子分析」

　「タ」地区焼成遺構3基の焼土内には稲藁の痕跡が残り、3号焼成遺構では炭化米（7）も出土。

　「タ」地区80号袋状土坑（原三国時代）でサクラ属 Prunus（モモ？）種子（1）が出土。

　「ナ」地区の5号住居（百済）で炭化米（100以上）、同2号土坑（百済）でマメ科ヤブツルアズキ（Phaseolus nipponensis OHWI）と推定される種子（多量）。

(12) **乾芝山城**　舒川軍韓山面乾芝里（忠清埋蔵文化財研究院 1998）

　三国時代山城。除土作業で軍倉址から多量の穀物が出土。炭化米については尹武炳から送付されたもの（A包に127粒、うち完形粒62、B包に153粒、うち完形粒111）の報告がある（佐藤敏也 1977）。

(13) **周留山城**　舒川軍韓山面（佐藤敏也 1974）

　三国時代山城で焼米。詳細不明。

全羅北道

(1) **深浦里遺跡**　金堤市進鳳面（国立全州博物館 1999）

　集落、原三国時代、立地3。水路断面で住居址を発見。焼土部で土器と炭化穀物（約2升）。これは「土器片と集積され、炉と推定される焼土部に堆積しているが、一部は土器に盛られた状態で出土。……灰黒色軟質盌内に大部分盛られた炭化アズキ…。」

　金鎮淇・羅義植「金堤深浦里出土炭化物に関する小考」

　炭化米117個を抽出して計測、平均長4.6・幅2.9・厚1.8mm。アズキ（形態的にアズキと推定）131粒を計測。

　　*イネは長3.6～5.2mm・幅2.0～4.0mm・厚1.6～3.0mmであることから、「栽培方法がきわめて粗放的で、純系状態の選抜育種概念が統一されていない可能性が大きいとみられる。」アズキは長・幅が比較的均一で、「純系選抜に対する概念が相当蓄積されていたことがわかる。」

(2) **チングヌル遺跡**　鎮安郡程川面（安承模 2002）

　新石器時代遺跡、立地1。ドングリ。詳細不明。

(3) **葛頭遺跡**　鎮安郡程川面（李永徳 2002）

　新石器時代集落、立地1。1号住居炉周辺で少量の木炭とともに炭化種子マンシュウグルミ？（1）。

安承模 (2002) には、ドングリ、種類不明核果片とある。
(4) 細田里遺跡　南原軍松洞面（全北大学校博物館 1989）
　集落、無文土器時代〜原三国時代、立地1。4号住居（原三国時代）でマメ（多数）。

全羅南道
(1) 新昌洞遺跡　光州市光山区新昌洞（趙現鐘ほか 1997）
　低湿地遺跡、無文土器時代後期、立地2。沼沢地のⅠ期層（第10・9層）とⅡ期層（第8〜4層）（いずれも無文土器時代後期後半）でイネ（炭化米、籾）、オオムギ、コムギ、マメ類、ウリ、ヒョウタン、モモ、アンズ、クルミ、アカメガシワなどが出土。大部分はⅠ期層出土。
(2) 双村洞遺跡　光州市西区双村洞（全南大学校博物館 1999b）
　集落、原三国時代、立地3。住居はⅠ〜Ⅲ期にわけられ、11号住居（Ⅱ期、3世紀中葉）の炉南側に倒れて出土した小甕にクリが50余個入っていた。大きいものは2.3×1.9×1.1cm、小さいものは1.6×1.5×0.9cm。
(3) 山月洞遺跡　光州市光山区山月洞（朝鮮大学校博物館 1995）
　　　　チョン・フェヨン「種・種子」
　泥炭層からマツ科、ミクリ属、イネ、クヌギ、カバノキ科、ハンノキ、エゴノキを検出。出土層位は上位有機質粘土層、灰褐色粘土層、下位有機質粘土層で、それぞれの炭素測定年代は4,880±70BP、2,230±80BP、3,560±70BP。〈人工遺物はともなっていない〉
(4) 武珍古城遺跡　光州市北区清風洞（全南大学校博物館 1990b）
　8世紀末〜9世紀初築造、9世紀中半代廃城、9世紀後半〜末頃修築・再使用されたと推定できる山城。東門の集水施設下層のほとんど底面の全面にわたり10余点のモモ種子が出土。
(5) 良将里遺跡　務安郡夢灘面良将里（木浦大学校博物館 1997）
　三国時代集落の南側沖積地の第5〜8層（低湿地環境堆積層）に堰、護岸などの木造施設があり、7・8層は若干の無文土器（前期〜中期？）と石器が出土し「青銅器時代」、6層は4〜5世紀代と考えられる。層ごとの記載はないが、低湿地でイネ、モモ、ヒョウタンなどが出土している。
(6) 新燕里遺跡　霊岩郡始終面（国立光州博物館 1993）
　集落、原三国時代、立地2。1号住居（原三国時代）床東北側の楕円形土坑から胚とともにイネ（1）、オオムギ？。写真38-①には種子14粒・4粒・1粒・3粒のまとまりが掲載されているが、詳細不明。
(7) 郡谷里遺跡　海南郡松旨面（崔盛洛 1989）
　集落、貝塚遺跡、立地5。第3次調査A地区で、C_2・C_3グリッド間の土手をブロックサンプリングし炭化したイネとコムギを検出。8層（Ⅲ期、原三国時代）でイネ（完1、破4）、コムギ（完1、破2）、7層（Ⅳ期、原三国時代）でイネ（完1、破5）、コムギ（完3）、5層（Ⅳ期、原三国時代）でイネ（破2）、4-2層（Ⅴ期、三国時代初）でイネ（破4）、コムギ（完1）、4-1層（Ⅴ期、三国時代初）でイネ（完5、破1）、コムギ（破1）。
(8) 洛水遺跡　昇州郡松光面洛水里（崔夢龍ほか 1989）
　集落、三国時代初、立地1。8号住居の南壁中央から突出する土坑（貯蔵穴）内に石で支えた貯蔵

用甕があり、その中からモモが出土。

(9) **金坪遺跡**　宝城郡筏橋邑尺嶺里（全南大学校博物館 1998）

集落・貝塚、無文土器時代中期（住居 1）と原三国時代（住居 2、貝塚ほか）、立地 3（海岸近く）。

金建洙「宝城金坪貝塚出土自然遺物」

原三国時代貝塚のブロックサンプリングで自然遺物を検出。Ⅵ・Ⅷ層でイネ（2）、Ⅲ層でオオムギ（1）、Ⅲ・Ⅳ・Ⅵ・Ⅶ層でコムギ（5、うち破片 4）。

(10) **造山遺跡**　麗川郡召羅面徳陽里　（趙現鍾ほか 1994）

集落、原三国時代、立地 3。原三国時代後期住居 1 軒を調査。炉址で多量の炭と炭化「麥」（オオムギであろう、多量）。15 粒を計測。麥以外も混じっている可能性が高い。

慶尚北道

(1) **星山洞古墳**　星州郡星州邑星山洞（金世基 1987、啓明大学校博物館 1988）

古墳群、三国時代。38 号墳第 2 槨出土高坏脚と蓋、壁石に付着してイネ籾。容器内に入れて供献されたイネ籾が槨内にたまった水で散乱したと考えられる。39 号墳と 59 号墳副槨でも同じ現象がみられる。

(2) **達西 51 号墳**　達城郡達西面内唐洞（現在は大邱市西区）（小泉顕夫ほか 1931）

三国時代。51 号墳第 1 石槨の被葬者脚部から北壁にかけてイネ籾の一群。

(3) **時至洞遺跡**　大邱市寿城区時至洞一帯

①嶺南大学校博物館（1999）

試掘調査で、統一新羅時代井戸底からモモ（11）

②国立文化財研究所（1996）

集落（上記井戸の東約 500m）、三国時代（6〜7 世紀）。1 号井戸で三国時代土器とともにモモの実、アンズの実、松毬、ヒョウタン殻、クリ殻などが出土。2 号井戸で灰青色硬質土器片・印花文土器とともにモモの実が出土、これは壺に一杯に盛られていた。

(4) **漆谷 3 宅地開発地区 2 区遺跡**　大邱市北区鳩岩洞（韓国文化財保護財団 2000）

集落、統一新羅時代

朴泰植「大邱漆谷 3 宅地遺跡（2 区域）植物種子分析」

分析結果は表 25。

　　＊これらのうち出土量が多いイネ、コムギ、アズキなどの穀物中、個体別大きさの分布を調べてみると、相当に固定された品種であることがわかり、また一部は最近まで栽培した在来種と類似することを示す。これはこの時期に農耕水準が相当に発達していたことを示す…。

(5) **内唐里 2 号墳 B**　大邱市西区（国立中央博物館 2000）

三国時代。大形壺に入っていたイネ籾。詳細不明。

(6) **林堂遺跡**　慶山市（国立中央博物館 2000）

嶺南文化財研究院調査の I-49 号墓短頸壺からハダカムギ、原三国時代か、詳細不明。

(7) **ムドゥンリ遺跡**　永川市（国立中央博物館 2000）

表25　漆谷3宅地開発地区2区遺跡出土種子

地区	遺構	イネ	オオムギ	コムギ	ダイズ	アズキ	リョクトウ	野生マメ	ソバ	カボチャ	クリ	試料数/試料重量計kg
カ地区	竪穴56			40	6	6	4					1/1.0
ナ地区	竪穴19	274	137	151		121	10					2/2.0
	竪穴30			72		58	2	56			(50.52g)	2/1.6
	竪穴75		18	407	1109	5						2/1.3
	竪穴76	22	127	961	3	196	47	4	8			6/5.4
	竪穴106	121+(15.5g)										2/1.07
	竪穴234		(10.5g)									1/0.03
	溝16									(0.13g)		1/0.4
	竪穴62										(5.35g)	1/0.16

炭化米とアワ、原三国時代か、詳細不明。

(8) **半月城**　慶州市（鳥居1924）

半月城下の包含地発掘で大きな土器に入った小麦の粒の一小群。原三国時代。

(9) **慶州皇吾里16号墳**　慶州市皇吾里（有光2000）

第3槨と第5槨で多量のイネ籾。

これを入れていた「容器が、木槨の崩壊に伴って落下した積石に破壊され、四散したもの」

(10) **皇南洞（里）古墳群**　慶州市皇南洞

①文化財管理局（1976a）

皇南洞98号墳（南墳）副槨床に南北8列、東西6列に配置された大形円底壺45個のうち、西南側の2個から籾殻若干づつが出土。

②斎藤（1937）

皇南里109号墳第2槨の遺骸部近くに正立する大形土器の中から「植物質殻状の腐蝕物」

(11) **路西里138号墳**　慶州市路西里　（金載元ほか1955）

槨内出土高坏A内に漆片と土がつまり、その中から「穀粒のようなものが出土当時検出されたが、今にいたって乾燥分解し形態を明らかにできない」

(12) **飾履塚**　慶州市路東里（梅原1932）

木槨内「東北の大形陶質器の中間から、南方の鉄鍑へ亘って籾の夥しき存在……厚さ1寸に達し…」

(13) **味鄒王陵地区古墳群**　慶州市皇南洞

①鄭在鑵（1975）

1～3地区古墳群。1974年4～6月に積石塚31基、石槨墓3基、甕棺墓8基を調査。どの古墳かは明らかでないが、「土器壺内に米や稲はなくヒェを入れたものが数カ所で出土した。」

②李殷昌（1975）

第4地域3号墳「第1墓槨の被葬者頭上部の副葬遺物層で……鉄斧と杏葉に多数の稲籾が付着して出土。」

③金宅圭ほか（1975）

第6区4号墳主槨で稲粒、副槨で高坏に盛った稲粒。

④尹世英（1975）、文化財管理局（1976c）

第9区域A号破壊古墳第1墓槨の被葬者左足端出土杏葉2点中1点の腐蝕した布上に数十個の禾粒（米殻）。第2墓槨北壁中間地点出土鉄斧3点中1点に米殻20余粒付着。第3墓槨被葬者頭上土器群中の杏葉1点に禾粒（米殻）付着、被葬者頭上出土銜1点に禾粒（米殻）数十点が付着。

(14) **南山城　慶州市**

①佐藤敏也（1974）

長倉の西端の土塁の端の部分で土塁表面から15cmで焼米を発掘（1970年代はじめか）、53粒を計測。三国時代か。

②国立中央博物館（2000）

軍倉跡で炭化米、詳細不明。

(15) **朝陽洞遺跡　慶州市**（崔鍾圭1983）

墓地、集落遺跡、立地2。長方形住居1軒を調査し、西側でドングリ約2合が出土。無文土器前期？

(16) **隍城洞遺跡　慶州市隍城洞**（国立中央博物館2000）

2次調査ナ-3号住居出土打捺文土器から炭化穀物、詳細不明。

慶尚南道

(1) **勒島遺跡　泗川市勒島洞**

集落、無文土器時時代後期～原三国時代、立地5

①釜山大学校博物館（1989）

11号住居（後期後半）で炭化イネ（3）。

②東亜大学校博物館（1998）

C地区カ区間の竪穴遺構（後期後半）内部土と周辺で木炭と炭化穀物が出土。写真説明には「炭化米と炭化麦」と記載。

③許文会ほか（2001）

釜山大学の2000年調査で、AD3世紀の住居址土壌を水洗し、コムギ Triticum aestivum（竪穴〈住居だろう〉13軒から180、）、オオムギ Hordeum vulgare（竪穴3軒からから4）、イネ Oryza sativa（竪穴4軒から6）。住居番号、出土土器などの記載はない。

(2) **東外洞遺跡　固城郡固城邑**（金東鎬1984）

集落、貝塚、立地3。炭化米出土、層位・出土状況の記載はないが、出土遺物から原三国時代とみてよい。

(3) **茶戸里遺跡　義昌郡東面**（李健茂ほか1989）

墓地、無文土器時代末～原三国時代、立地2。1号墓棺内で種子、棺下墓壙床面の棺頭側につけた綱周囲でクリ（20余）が集中的に出土。

安承模（1998）には、クリ、イヌビワ、"トルペ"（"torpaenamu" のことで、安鶴洙ほか（1982）によると、シベリヤリンゴとヤマナシ両方にあたる）または "ヌゥンクゥム nwungkwum"（リンゴ、チョウセンリンゴか）、ヤマグワ？とある。

(4) **盤渓洞遺跡**　昌原市（昌原大学校博物館 2000）

畠・水田遺跡、三国時代、立地 2。1 層（現代水田層）下に 2〜9 層（洪水層、水田層）、10 層（洪水層）があり、その下に三国時代の 11-1 層（畠耕作土層）、11-2 層（水田耕作土層）、層番号なし（自然堆積層、部分的に洪水？層）、12-1 層（水田（畠？）耕作土層）、12-2 層（水田・畠耕作土層）、12-3 層（水田・畠耕作土層）が続き、以下 23 層までは自然堆積層。11 層水路底でモモ？（1）。正式同定はしていない。

(5) **会峴里遺跡**　金海市（浜田耕作ほか 1923）

貝塚、原三国〜三国時代、立地 5。第 7b 層で炭化米（鶏卵よりやや大きい塊）。

(6) **府院洞遺跡**　金海市（沈奉謹 1981）

集落・貝塚、原三国〜三国時代、立地 5。B 地区 P ピット（発掘坑）最下層（原三国時代）で炭化米（1）、A 地区第Ⅱ層と第Ⅶ層（三国時代、純貝層）で炭化米（少量、計測 10）、炭化麥（大部分ハダカムギ、オオムギはきわめて少ない、計測 10）、炭化小麥（最も多い、計測 10）、Ⅱ層（貝層）でダイズ（皮 3）、Ⅳ層（貝層）でモモ核（1？）、Ⅴ層の貯蔵穴でアワ（数量？）、C 地区溝状遺構内第Ⅴ層（原三国時代）中の炭化穀物（約 1/4 合）から炭化米（計測 20）、アズキ（3？、計測 3）、ヤマブドウ（2〜3）。

(7) **七山洞古墳**　金海市（慶星大学校博物館 1989）

古墳群、三国時代（4 世紀中葉〜5 世紀前葉）。32 号墳木槨内出土両耳短頸壺から「野生モモ核」（64）。

(8) **農所里貝塚**　金海市（郭鍾喆ほか 2001）

貝塚、新石器時代。新石器時代末頃の土器胎土からイネ、キビ、モロコシ族、アシ、ススキのプラント・オパール。

　　＊イネの plant-opal はその密度が高くアシの plant-opal が随伴する点からみて水田稲作の産物である可能性も高い。

(9) **五倫台遺跡**　釜山市東莱区仙洞（釜山大学校博物館 1973）

古墳群、三国時代。13 号墳でヒエ（数量、出土状態など不明）。

(10) **東三洞貝塚**　釜山市影島区（河仁秀 2001）

新石器時代貝塚、立地 5。1999 年調査の 1 号住居（水佳里Ⅰ式、中期中葉）の床面焼土と木炭周囲の土壌を水洗し、アワ（75）、キビ（16）、雑草（35）、未同定（5）。1 号住居の AMS 測定年代は 4,590±100BP。

(11) **茶雲洞遺跡**　蔚山市中区（無署名 1995）

集落、無文土器時代前期、立地？。ナ-7 号住居（孔列土器出土）でかます 1 杯をこえる炭化植物種子。モロコシ、ダイズ、アズキ、リョクトウなど。

(12) **細竹遺跡**　蔚山市黄城洞（金鍾賛ほか 2002）

新石器時代遺跡、立地5。Ⅲ-3層（有機質と貝殻からなる）の海抜−0.5〜−1.5mにドングリ貯蔵施設と推定される円形竪穴18基。1・2・3号貯蔵竪穴でドングリ（2・3号は上部を石で覆う）。

(13) **上村里B遺跡**　晋州市大坪面（李東注2000）

集落、新石器時代〜無文土器時代、立地1。5号住居でアワかヒエ？、6号積石火葬施設でムギ類、ヒエ（アワ）、モロコシ、その他2種類、ドングリ類、6-1号溝状祭祀遺構でムギ類、ドングリ類、クルミ、16号住居でムギ類、その他（周辺床面）、17号〈下記引用では7号〉住居でアワ、ヒエ、モロコシ、オオムギ、マメ類（周辺床面）、19号住居でドングリ類、その他、19-1号貯蔵穴でドングリ類多量（以上は新石器時代中期）、23号住居でムギ類、その他（周辺床面）、ドングリ類、24号住居でムギ類、その他（周辺床面）（以上は新石器時代後期）。

　　＊出土植物遺存体は筆者が肉眼で分類したもので、専門家による鑑定はまだ出ていない。……遺構内部で検出されたものは新石器時代中期段階の5号住居址と6号積石火葬施設、6-1号溝状祭祀遺構、16号住居址で、7号住居址と後期段階の23、24、27号住居址の場合は住居址外床面〈住居址外床面とはなにか？〉から検出したものだ。調査過程で微細な木炭が出土した地点を水洗して採集したものもあるが、大部分は雨が降った後で床面に突出〈ママ、「浮き出てきた」ということか〉されているものを収集したものであり、…〈混入もあるのではないか〉（第13章補記参照）

(14) **上村里D遺跡**　晋州市大坪面（建国大学校博物館2001）

集落・耕作地・墓、無文土器時代、立地1。A地区の7号工房址が始まる地域全体（南北40m、東西51m）のⅡ層で畠跡を確認、Ⅱ層とⅢ層の境で炭化米、種別不明球根、ゴマ？、モロコシ？〈同定報告にはない〉、アワなどが出土。畠跡は鉄器時代または原三国時代。またA地区南のオ・ソンチョ氏畠地区調査では、2号炉址の南160cmでマンシュウクルミ（karae）が出土〈時代不明、同定報告には言及なし〉。

許文会（1997）

　　冒頭の編集者注によると、層位は1層＝現耕作土、2層＝深褐色砂質粘土層（鉄器時代）、3層＝黄褐色砂質粘土層（青銅器時代）。2層の下層と3層の接触する地点で多量の球根を確認。2層では耕作地の畠の畝間状態がよく残る。畝と畝間は幅が一定でなく、種々の作物を栽培したと考えられる。採集した球根と他の穀物を確認するための土壌採取はおもに環濠遺構内の2条の深褐色砂質粘土内で実施。以下、同定報告による。

　　＊イネ（玄米）(8)、イネ（籾殻）(3)、球根／塊根（ウリカワ Sagittaria pygmaea Mil、カラスビシャク Pinellia ternata Tenore、クログワイ Eleocharis kuroguwai Ohwi、ツルボ Scilla sinensis Merr、チョウセンノビル Allium macrostemon Bunge などとは異なる。狭い1ヵ所で大量出土したことから収集貯蔵中で、表面の毀損状態から火に焼けたと考えられる）(1300以上、別の場所でも1ヵ所に228個見られたが、形態と特性は似る）、アワ(13)、ゴマ(3)、アサ(2)。

(15) **玉房1地区遺跡**　晋州市大坪面大坪里（国立晋州博物館2001）

集落・畠、無文土器時代前期4〜中期2、立地1。

李㦱娥「玉房1地区植物遺体分析」

1997年小規模畠の畝と畝間から4個40リットルの土壌試料を採取し、manual decanting flotationで採取（表26）。

表26 玉房1地区遺跡出土種子

出土地	土壌体積(l)	浮遊物重量(g)	木炭重量(g)	種子類					その他植物遺体
				アワ	キビ族	アカザ属	未確認	破片	
40号畠畝	10	0.50	0.10	6	1				
40号畠畝間	10	0.73	0.21	2				2	
66号畠畝	10	0.51	0.10			1			2
66号畠畝間	10	0.33	0.11			1	1		

(16) **玉房2地区遺跡** 晋州市大坪面大坪里（慶尚大学校博物館1999）

集落・畠、無文土器時代前期4〜中期2、立地1。

①韓国大学博物館協会（1997）

②無署名（1997）

これらによると、畠遺構の溝〈畝間？〉からアワとみられる炭化穀物が大量に発見され、畠遺構の土壌分析でイネ花粉を検出。

③古環境研究所（2001）

6pitでアカザ属種子（302）、ナデシコ科種子（469）、9pitで不明（1）。〈6pit、9pitがどの遺構かは不明〉

*アカザ属、ナデシコ科は「やや乾燥した畑地などに生育する草本であり、典型的な畠作雑草である。

プラント・オパール分析結果は次の玉房3地区遺跡の項に記す。

(17) **玉房3地区遺跡** 晋州市大坪面大坪里（慶尚大学校博物館2001）

集落・畠、無文土器時代前期4〜中期2、立地1。

古環境研究所（2001）

試料は玉房2地区遺跡の6pit、12号住居、14号住居、玉房3地区遺跡の畠5a・5c・6・6-7中間地点・8・9・10・11・13で採取。以下のプラント・オパールを検出。

〔イネ科〕 イネ、エノコログサ属型、キビ属型、ヨシ属、ススキ属型（おもにススキ属）、ウシクサ族A（チガヤ属など）、シバ属、Bタイプ、Cクイプ

〔イネ科－タケ亜科〕 クマザサ属型（チシマザサ節やチマキザサ節など）、未分類など

〔イネ科－その他〕 表皮毛起源、棒状珪酸体（おもに結合組織細胞由来）、未分類など

(18) **玉房4地区遺跡** 晋州市大坪面大坪里（慶尚南道ほか1999）

集落、無文土器時代前期〜中期、立地1。

4号溝（環濠）内部で大量のドングリ出土。

(19) **玉房6地区遺跡** 晋州市大坪面大坪里（慶尚南道ほか1999）

耕作遺構、朝鮮時代耕作層は地表下60-100cm、三国時代耕作層は地表下130cm（第Ⅳ層）、青銅器時代（松菊里式土器段階＝中期4と推定）耕作層は地表下200cm（第Ⅵ層）。

三国時代耕作遺構でアワとモロコシと推定される炭化穀物等が出土。

青銅器時代耕作遺構で炭化したオオムギ、モロコシ、アズキ、リョクトウ、アワ、ヒエなど多様な穀物、炭化した堅果類の皮のようなものが出土。

(20) **玉房1・9地区遺跡** 晋州市大坪面大坪里（慶南考古学研究所2002）

集落・畠、中期1・2、立地1。

李炅娥「玉房1、9地区出土植物遺体分析報告」

1998年と99年に1、9地区の25基の野外炉址、野外堅穴、住居および畠で総240.37リットルの土壌試料33ヶを採集、水洗選別し、種子247個を採取。同定可能な15種とキビ属（Paniceae）に属する2、3種の雑草類および確認できない種子（表27）。

＊アワとキビは生育期間が短く、要水量が少なく、旱魃に強いと同時にほとんどすべての土壌に適応し、初期農業期に負担が少ない作物であった。これにくらベイネ、コムギ、ダイズ類は発達した技術と労働力を要する。玉房1、9地区でもキビとアワの比率がほかの作物にくらべ高いが、近隣の初期無文土器時代遺跡にくらべその差は著しく減少し、その他作物をすべて合わせた比率はアワとキビより高い〔報告表3の試料1リットル中の種子数から〕。生育周期がことなる多様な作物の存在は、農業技術の発達とアワとキビに集中していた櫛目文土器時代とはことなり、一年をとおして農業に従事する構成員がいたことを示唆する。……玉房1地区植物遺体分析のまたひとつの成果は、紀元前2千年紀末または1千年紀初からダイズが主食のひとつとして利用されたことを証明した点である。……玉房1地区と茶雲洞のダイズの多様な形

表27　玉房1・9地区遺跡出土種子

地区	遺構	作物類							雑草類								未確認種
		イネ	コムギ	キビ	アワ	ダイズ	アズキ	エゴマ	エノコログサ	オヒシバ	キビ属	その他キビ属	ミチヤナギ属	アカザ属	アブラナ科	野生マメ類	
1	野外炉址（＊堅穴）11		5		4		1					1					2
	野外炉址（＊堅穴）19			1	2							1					2
	野外炉址 26				4							1					2
	野外炉址（＊堅穴）28		1	3	9							5	9			1	
	野外炉址 29				1												
	野外堅穴 72＊1		2								1						1
	境界溝＊2			1	3												
	住居 46 柱穴南													3			1
	住居 650 作業坑＊3	5	3	6	11		2					2				2	
	住居 657 作業坑＊3				2										1		1
	住居 658 作業坑＊3		1	2		36			1						16	1	6
	住居 660 作業坑＊3																7
9	野外炉址 5＊4								1								5
	野外炉址 17＊4		5			1	1					1		3			1
	野外堅穴 5＊4												1				
	野外堅穴 34＊4			2	6	2		1				1					
	Ⅱ層畠 1	2		1	1		3		1								1
	Ⅱ層畠 2			1	1				1					1	1		1

（＊）：報告本文での遺構名

＊1：報告本文に記載していないが、遺構配置図（図4）にはある小形堅穴

＊2：報告書本文に記載なし、あるいは環濠か

＊3：これらは報告書に記載していないが、遺構配置図（図4）にはある。650・660は小形堅穴、657・658は隅丸方形松菊里型住居。

＊4：報告には野外炉址・野外堅穴はない。種類を問わず遺構には通し番号を付しているので、野外炉址・野外堅穴は報告書の堅穴であろう。ただし野外炉址5と野外堅穴5が別遺構か否かはわからない。〈以上、後藤注記〉

態と大きさが小さいことは、これらが耕作化初期段階を経て土着化した品種であることを示唆する。

(21) 漁隠1地区遺跡　晋州市大坪面大坪里

集落、立地1。正式報告は未刊行だが出土土器は前期1〜3あるいは4までのようである。

①韓国大学博物館協会（1997）

畠遺構畝間からアワとみられる炭化粒が多数見つかる。

②李相吉（1997）

三つの住居址で畠と同じ穀物が出土。2号住居（方形松菊里形）、7号住居（方形、孔列土器出土）、9号住居（孔列土器出土）で、アワ。

1号・2号野外炉でアワ、畠内の4号土坑で炭化米。畠のあちこちで孔列土器、口唇刻目＋孔列土器、口唇刻目土器、孔列短斜線土器、刻目突帯文土器の破片（前期1・3・4であろう）、掘地用石斧、収穫用石刀・石鎌などが出土。

③李相吉ほか（1998）

blanket sampling strategy によりほとんどすべての遺構から10リットルずつ170ヵの資料を採取。浮遊法で採取。

炭化米（完形・破片9）が、土坑4号、野外炉址1・2号、小穴群で出土。

米に類似するが断定できない破片とエンバク属（Tribus Aveneae）と見られる破片が、野外炉址と畠遺構の小穴群で出土。

アワ（Setaria italica）が、畝と畝間、境界区、小穴群、野外炉址で出土。野外炉址だけでも300余粒

アワ属（Genus setaria）の野生種とみられる炭化種子（500余）、一部はエノコログサ（報告表記は〝カンアチブル〟で学名3種をあげる：Setaria viridis (L.) BEAUV. gigantea MATUMURA, Setaria viridis (L.) BEAUV. var pachystachys MAK. et NEMGTG, Setaria glauca (L.) BEAUV.）が野外炉址2号で出土

当時の住民が採集したか雑草として生えていて偶然混じったか、前者の可能性が高い。

キビ（Panicum miliaceum）（40余）が、野外炉址2号で出土。

キビ属（Genus Panicum）野生種（8）が野外炉址2号で出土。

アワ属またはキビ属に属する野生種に類似するが種、属が確実でないものが、2基の野外炉址で100粒以上出土。

　　＊種子の全般的形態と胚の大きさを考慮して二種類の形にわける。第1型は長さ1mm以内、長幅比3：5で、種子端が尖り、胚が比較的長い。第2型は丸く、長幅比はほぼ1：1。これら大部分は野生種で栽培種とともに偶然混じって野外炉址で調理されたようだ。

マメ科（Leminosae）（10余）が、2基の野外炉址、小穴群、畑、土坑4号で出土。

胚と胚乳の相対的大きさと位置からイネ科に属する炭化種子が、野外炉址2号で出土。

④李相吉（1999b）

104号住居（刻目突帯文土器と二重口縁土器が出土する長方形住居のひとつ）でイネ、オオムギ、コムギ、アワなどの穀物多数。

表28　晋州大坪里遺跡土壌標本分析結果

遺構	土壌体積(リットル)	耕作物							雑草類		肉質果実	科類	総種子数
		イネ	オオムギ	コムギ	アワ	キビ	エゴマ	マメ科	キビ属	ミチヤナギ	ヤマイチゴ	ヤマブドウ	
貯蔵甕	30				5	6	1	2	1	1	2	1	20
G10炉址横	10				4	1							5
D5板石組炉址	18	5	1	2	4	5	1		2				20
C9地区	8	1	1		50	1							53
E15地区	10	1			60	3							64
G1地区	20	14	1		225	26		1	25				292
G5地区	10	3	1	1	16	3			4				28
E17壇下tanha	10				37	1							38
B3地区	10			1	9	10							20
D13地区	10	1			422	2			1				426
D6地区	9	2			8	5			1				16
A14地区	8				73								73
C16地区	8				96	2							98
計		28	4	4	1009	65	2	3	34	1	2	1	1153

⑤国立中央博物館（2000）

表28を「晋州大坪里遺跡土壌標本分析結果」（慶南大博物館提供）として、漁隠1地区遺跡と同じページに掲載する。漁隠1地区遺跡の分析結果であろう。遺構の詳細は不明。

(22) **鳳渓里遺跡**　陜川郡鳳山面（東亜大学校博物館 1989）

集落、新石器時代・無文土器時代、立地2、

　渡辺（1990）

　9号住居（新石器時代、鳳渓里Ⅲ期）の貯蔵穴から、オニグルミ（28.154g、10数個体と推定）、コナラ属（4）

(23) **苧浦里遺跡C地区**　陜川郡鳳山面（曉星女子大学校博物館 1987）

　flotationで検出された遺物の大部分は木炭片で、この中にオオムギ、コムギ、アズキなどが含まれ、果物の種もある。〈どこで出たか記載がないが、報告書224ページ・226ページの記述から、第Ⅱ地区1号住居（原三国時代）であろう。〉

済州道

(1) **三陽洞遺跡**　済州市三陽洞（済州大学校博物館 1999）

　集落、無文土器時代後期、海岸近くの台地上。

　Ⅰ-1号住居、Ⅰ-14号住居、Ⅲ-3号住居で多量の炭化穀物（オオムギ、ダイズ）。

(2) **北村里遺跡**　北済州郡朝天邑

　新石器時代　安承模（1998）によるとフユザンショウ（新石器時代後期）。報告書は、済州大学校博物館（1988）があるが未見。

新石器時代から朝鮮時代まで（一部炭素測定年代によれば旧石器時代までさかのぼるものもある）の108遺跡で検出された植物種実事例をあげた。泥炭層から遺構、遺物にともなわずに検出された若干例を除き、栽培穀物、マメ類について時代・時期別に表にまとめ（表29）、植物遺体検出遺跡分布地図（図120）を付す。

　新石器時代の例はまだ少ない。イネ検出例はプラント・オパール2例をふくめ3例で、南部に限られる。南北を問わずアワが主でヒエ、キビ、ムギが出ている。もっとも多くの種類が出た上村里B遺跡は、さきにもふれたように検出状況に問題があるかもしれない。当時の農耕は小規模、粗笨とみられ、水田の存否や実態は明らかではない。

　無文土器時代と原三国時代ではイネのみの事例はわずかで、イネと複数種類の雑穀・マメ類の組合わせ、イネを欠き複数種類の雑穀・マメ類の組み合わせが多い。地域的な違いは、雑穀、マメ類が南北を問わず普遍的であり、イネは南部では一般的だが北部では無文土器時代前〜中期を除くとない点である。この時期以後北部にイネがまったくないとは断定できないが、あったとしてもごくごく稀と考えてよい。また原三国時代にはムギの検出比率が高まる傾向がある。全域を通じて雑穀が当時の農耕の主要部分を担っていたことは疑いなく、そのなかでしだいにムギの比重が重くなるようである。

　三国時代にはイネ検出遺跡が雑穀検出遺跡よりはるかに多くなるが、これは古墳の副葬・供献例と山城出土例が多く、集落遺跡からの事例が少ないためかもしれない。三国時代の大城山城では雑穀3種類、扶蘇山城と集落遺跡の府院洞A地区ではイネのほかに5〜8種類の雑穀・マメ類が出土している。また雑穀類のなかでムギが目立ち、原三国時代からの傾向がさらに進んだと考えられる。

　統一新羅時代と朝鮮時代はわずか3遺跡であるが、漆谷3地区遺跡と開新洞遺跡ではイネとともにムギが出ている。時代とともに品種改良や農法の改革、政府の勧農政策、農業政策などによって水田稲作への傾向は強まるが、そこに収斂したのではなく、畠作の比重も高かったのである。

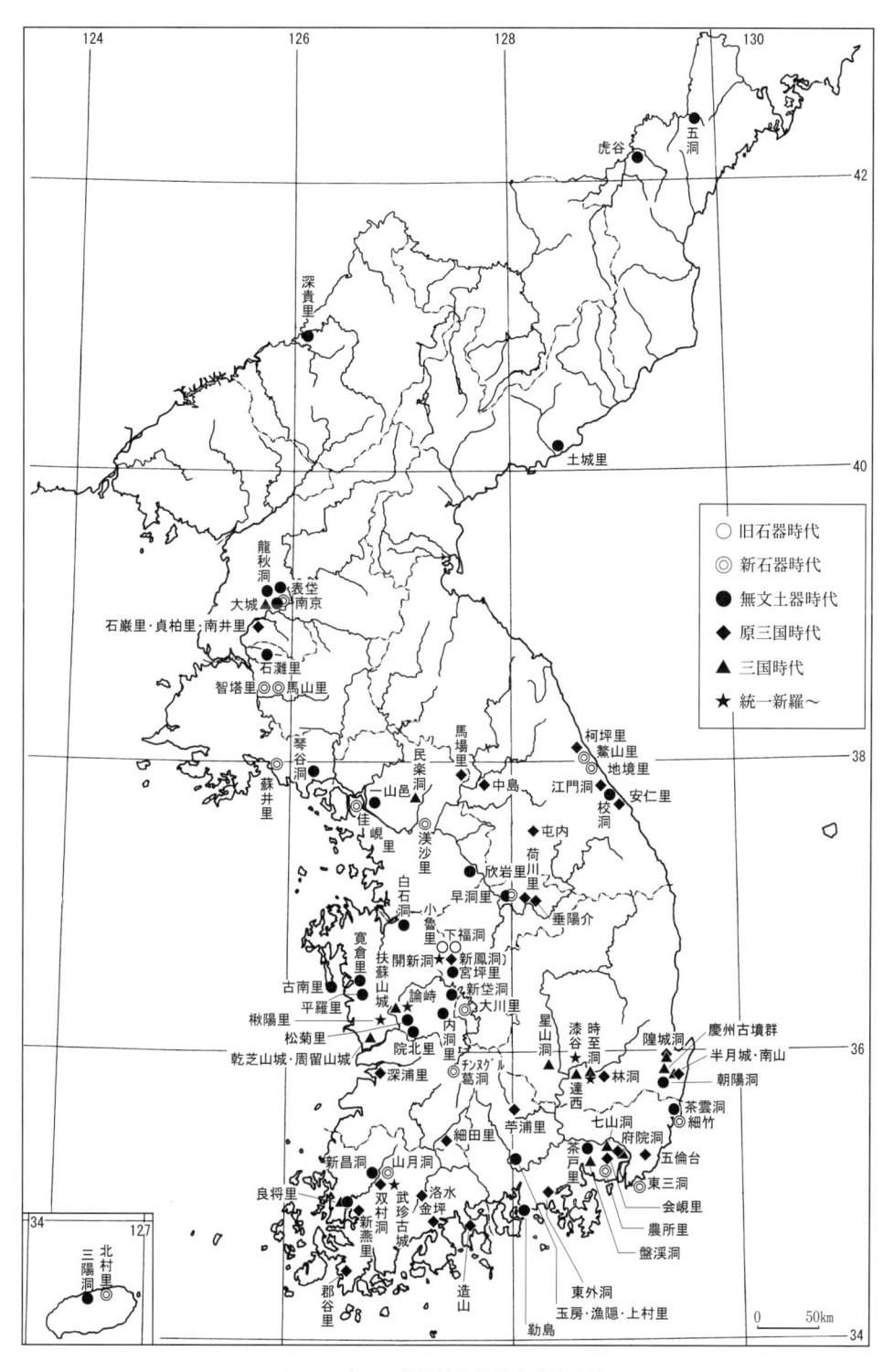

図120　食用・栽培植物遺体出土遺跡地図

表29 朝鮮半島の栽培植物遺体

時代	道	遺跡	イネ	アワ	ヒエ	キビ	モロコシ	ムギ	オオムギ	コムギ	エンバク	ハダカムギ	マメ	アズキ	ダイズ	リョクトウ	ソバ
新石器時代	平南	南京		+													
	黄北	智塔里		+													
		馬山里		+													
	黄南	蘇井里				+											
	忠北	早洞里	po														
		大川里	+	+					+	+							
		農所里	po			po											
	慶南	東三洞		+		+											
		上村里B		+	+		+	+					+				
無文土器時代	前期	咸北	虎谷				+							+				
			五洞		+													
		咸南	土城里	+/キビ														
		平南	南京	+											+			
			表垈	+											+			
		黄北	石灘里		+									+(推)				
		黄南	琴谷洞				+?											
		江原	校洞	+														
		京畿	欣岩里	+	+				+	+								
		忠北	早洞里	+	+		+	+	+	+								
			宮坪里	+		+									+	+		
	中期		白石洞	(イネ科)										(マメ科)				
			古南里		+													
			平羅里						+	+	+			+(推)				
		忠南	新垈洞	+?														
			内洞里	+			+											
			松菊里	+														
			院北里	+														
			茶雲洞						+						+	+		
			玉房1地区		+													
			玉房2地区	po	+?													
			玉房3地区	po														
		慶南	玉房6地区	+	+		+								+	+		
			玉房1・9地区	+	+		+											
			漁隠1地区	+	+		+			+	+	(エンバク属?)	(マメ科)					
	後期	咸北	虎谷		+/キビ													
		平南	龍秋洞木棺墓				+											
		京畿	一山邑(注葉里)	+														
		全南	新昌洞	+						+	+			+				
		慶南	勒島	+						+								
		済州	三陽洞							+						+		
原三	平南	貞柏洞37号墓				+											
		石巌里219号墓			+			+									
		南井里116号墳		+				+									
		楽浪洞1号墓	+						+								
	江原	柯坪里							+						+		
		安津里	+												+		
		中島		+													
		屯内		+	+												
	京畿	馬場里	+														
	忠北	垂陽介	+						+	+				+	+	+	

第16章 植物遺体

時代	道	遺跡	イネ	アワ	ヒエ	キビ	モロコシ	ムギ	オオムギ	コムギ	エンバク	ハダカムギ	マメ	アズキ	ダイズ	リョクトウ	ソバ
国時代	忠南	荷川里		(穀物)				+									
	忠南	寛倉里	+														
	全北	深浦里	+											+			
	全北	細田里											+				
	全南	新燕里	+						+?								
	全南	郡谷里	+							+							
	全南	金坪	+						+	+							
	全南	造山							+								
	慶北	林堂		(穀物)													
	慶北	半月城								+							
	慶北	隍城洞		(穀物)													
	慶南	勒島	+						+	+							
	慶南	東外洞貝塚	+														
	慶南	会峴里	+														
	慶南	府院洞B、C地区	+												+		
	慶南	上村里D	+	+													
	慶南	芋浦里							+	+					+		
三国時代	平南	大城山城		+		+											
	京畿	民楽洞			po												
	忠北	新鳳洞	+														
	忠南	扶蘇山城	+	+				ライムギ、カワムギ	+	+				+	+	+	+
	忠南	論峙遺跡	+	+													
	忠南	乾芝山城	+														
	忠南	周留山城	+														
	忠南	院北里	+														
	全南	良将里	+														
	全南	郡谷里	+							+							
	慶北	星山洞古墳	+														
	慶北	達西	+														
	慶北	内唐里	+														
	慶北	ムドゥン里	+	+													
	慶北	皇吾里16号墳	+														
	慶北	皇南洞98号墳	+														
	慶北	飾履塚	+														
	慶北	味鄒王陵第1-3地区古墳群				+											
	慶北	味鄒王陵第4地区3号墳	+														
	慶北	味鄒王陵第6地区4号墳	+														
	慶北	味鄒王陵第9地区A号墳	+														
	慶北	南山	+														
	慶南	府院洞A地区	+	+					+	+	+				+		
	慶南	五倫台13号墳			+												
	慶南	玉房6地区				+(推)		+(推)									
新羅	慶北	漆谷3地区	+						+					+	+	+	+
朝鮮	忠北	開新洞	+		+				+	+					+		
朝鮮	忠南	楸陽里	+														

po：プラント・オパール、/：または、(推) 推定

終　章　弥生時代日本列島と朝鮮半島の交流

　交流、交渉を考古学的に考えるてがかりは、一方から他方へのあるいは双方向の品物（遺物）の移動であり、また住居や墓など遺構における共通点の認識である。それらによってそれを担った人びとの動きも推定できる。だがそれを記述すれば交渉史が明らかになるのではない。交渉の背景、交渉によりもたらされた文物がどのような影響をあたえ、またいかに変容していったのかが次の問題である。

　朝鮮半島と日本列島との交渉は旧石器時代にさかのぼり、新石器時代にも九州と朝鮮半島南部の漁撈民のあいだの交流が間歇的にではあれ行われていたことが、彼我の漁撈具と土器を通じて裏づけられている（木村2003）。だが緊密で恒常的な関係が生まれるのは弥生時代からである。

　農耕社会としての弥生社会が朝鮮半島からの農耕の伝播を契機とした始まり、朝鮮半島との恒常的交渉が続き、さらに朝鮮半島北部の楽浪郡を介して中国漢王朝との交渉も始まり、これらによって農耕、金属器とその製作技術、また具体的には指摘できないがより高度の「思想」が伝えられ、それらが農耕社会を進展させ、複雑な社会を生み出し、古墳時代の初期国家を誕生させた、というのが弥生時代日朝交渉の概略的説明である。しかし考古資料に現れる歴史的展開は、交渉による外来文物がそのまま受容されたのではなく、弥生社会の側での取捨選択と変容が行われたことを示している。ここでは交渉による受容、そして変容について、社会の基盤であった農耕と、農耕社会の威信財・祭祀の中心的器物である青銅器を中心にのべてみたい。

1　農　耕

　弥生時代農耕が朝鮮半島から伝えられたことは、農耕にともなって新たにそして普遍的に出現する収穫具（石刀＝石庖丁）、木製農具や水田畦畔・水路の杭、矢板などを製作するための磨製石斧（太形蛤刃石斧・抉入片刃石斧・柱状片刃石斧・扁平片刃石斧）のほか、弥生時代初頭のごく少数の磨製石剣・柳葉形磨製石鏃、支石墓などにより裏づけられる。この農耕は、遺跡から発見されるイネとアワ、ヒエ、ムギなど畠作物の種子により、水田稲作と畠作からなる農耕であったことがわかる。

　水田稲作は中国の長江中流域に生まれ（紀元前8000年紀）、短時間のうちに長江下流域に拡大し、その後黄河流域にまで広がり、前3000年紀後半ころの山東龍山文化期には畠作とともに稲作も行われている（山東省楊家圏遺跡）（厳文明2000:31-43）。さらに前2000年紀末には山東半島から遼東半島へも伝わっている（大連市大嘴子遺跡第三期文化の炭化米）（大連市文物考古研究所2000）。

　畠作は黄河流域で長江中流域の稲作と同じかやや古く生まれ、アワ作を中心にヒエ、キビ、モロコシなどが栽培された。これも早くから中国東北地方に拡大するが、南の稲作地帯へはほとんどひ

ろがらなかった。

　黄河流域の畠作農耕具としては収穫具に石鎌、耕起具に石鋤、収穫作物の調理具に製粉用のすりうすを用いている。この農耕石器の組み合わせは東北地方へも広がっている。やがて石刀が生まれ（紀元前6000年紀）、東北地方（紀元前4000年紀）だけでなく南の稲作地帯へも普及する（紀元前5000年紀）。畠の実態は畠跡の調査がまだ行われていなため不明である。

　長江流域の稲作地帯では、水田跡調査例は2ヵ所ほどにとどまる。浙江省草鞋山遺跡の水田は狭い不定形の窪地状であり（馬家浜文化、紀元前5000年紀）（草鞋山水田考古隊1996）、湖南省城頭山遺跡の水田は畦畔で区画した小規模水田であったらしい（大渓文化早期、紀元前5000年紀後半）（湖南省文物考古研究所1996）。長江流域の新石器時代末までには、弥生時代や朝鮮半島無文土器時代の水田のような灌漑水路をもつ区画水田が完成していたと思われるが、実例はまだみつかっていない。もっとも古い時期の収穫具ははっきりしないが、のちに黄河流域から伝わった石刀が用いられ、耕作具としては動物の肩胛骨を加工した鋤や木製農具、石製の有肩石斧、破土器などを用いている。

　朝鮮半島の農耕はこの中国新石器時代農耕の伝播によって始まる。まず朝鮮半島新石器時代中期に中国東北地方から鴨緑江を越えて西北部に石鎌、石鋤、すりうす（図116）を用いる畠作農耕が伝わり、徐々に南下し新石器時代後期には朝鮮半島南端部まで広がっていく（宮本2003）。東では豆満江を超えて東北朝鮮に同様の農耕が伝わる。いずれも中国にあった石刀を欠落させている。

　朝鮮半島新石器時代農耕の栽培植物種子は少ないながらも平壌から釜山まで点々と7遺跡でみつかっている（表29）。アワを中心とする畠作物が主である。イネは炭化種子が1遺跡で、プラント・オパールが2遺跡で検出されているにすぎない（いずれも南部）。忠清北道大川里遺跡（後期）ではイネ・アワ・オオムギ・コムギが、釜山市東三洞貝塚（後期）ではアワとキビがそれぞれひとつの住居跡から検出され[1]、数種類を輪作や休閑農法によって栽培していたらしい。イネも水稲かどうかは明らかでない。この時代の農耕はごく小規模・粗笨なもので、従来からの狩猟・採集の一部を補完するだけのものであったとみられる。

　畠作は栽培穀物と石鋤、すりうすによって中国東北地方からの伝来が確かであるが、イネはそうではない。どのように伝わったのだろうか。唯一炭化米が出土した大川里遺跡住居跡は中国の龍山文化併行期ころと推定され、山東半島から朝鮮半島中西部に伝わったものであろう。ここでも石刀が欠落する。こうした点に朝鮮半島新石器時代農耕の受容における取捨選択、いいかえれば朝鮮半島狩猟採集社会にその補完生業として受け入れられ適合し変容した姿が認めらよう。

　なお、この農耕はさらに縄文時代後期の日本列島にも伝わって、生業のごくごく一部に取り入れられたようだが、石鋤は在来の小形土掘り具（打製石斧）で代用され、石鎌、すりうすは伝わらない。

　朝鮮半島における本格的農耕の始まり、農耕社会の成立は次の無文土器時代である。この時代の農耕に用いた道具は、石鋤がほぼなくなり（東北地方には一部残る）、石刀が収穫具としてそのはじめから出現する。すりうすは引き続き用いられ中期まで使用される（図117-1〜11）。耕作具は木製の鋤・鍬類に替わるらしく、それをつくるための磨製石斧類のセットが出現する（同図12〜18）。木製農具の発見例はまだごく少ないが、後期の例をみると弥生時代のそれと種類、形態は基本的に同じようである（同図19〜23）。この時代の農耕では農耕用道具が大きく変化するのである。また畠作と

ともに、とくに南部では水田稲作が普遍化する。

　したがってこの時代の農耕、すなわち農耕社会を成立・伸張させる農耕は、新石器時代農耕の単純な継続、拡大によるのではない。無文土器時代の開始年代については、紀元前2000年紀後半から紀元前1000年頃まで見解が分かれ定説はないが、中国の商代併行期のうちにある。そうであれば、石刀の伝来は、当時まだ石刀を広く使用していた中国東北地方からの新たな畠作農耕の伝来にともなうものと考えられる。石刀の朝鮮半島全域への普及はきわめて速やかで、前期初頭には中部に、前期前半はじめには南端に到達している。これは新たな畠作農耕の全域への拡大が急速であったことを物語る。用途に応じて器種分化した磨製石斧類も西北部から急速に普及し、平壌を中心とする大同江流域では早くから独特の有段石斧（柱状片刃石斧のひとつ）（図117-12）を生みだし、南部では中期に柱状片刃石斧から扶入片刃石斧（同図17）を生みだすなど、新たな変容形態が生じている。

　これに対し水田稲作は、この時期の中国の水田が明らかでなく遺物の上でのつながりも不明で、具体的な根拠は見出せないが、山東半島あたりから改めて朝鮮半島中西部へ灌漑水路・畦畔をもつ区画水田として伝わったのではなかろうか。

　この時代の農耕を知るてがかりは、以上のような道具のほかに、栽培植物遺体、水田跡、畠跡である。栽培植物遺体を検出した遺跡は、弥生時代のそれよりははるかに少ないが、前期～中期の20数遺跡、後期の6遺跡で検出されている（表29）。弥生時代遺跡とのいちじるしい違いは、畠作物の出土遺跡比率がきわめて高いこと、1遺跡でイネとともに複数種類の畠作物が出土するのが普通であること、イネはないが複数の畠作物が出土する遺跡も多いことである。イネのみで畠作物がまったくみつからなかった遺跡は2遺跡にすぎない。畠作物は南北で種類のちがいはないが、イネは南部にかたよる。イネが発見されたもっとも北の遺跡は北緯39°の平壌市南京・表垈両遺跡で、その南では北緯38°と37°の間に数遺跡が散見され、ほとんどは37°以南に集中する。これは気候条件が北部ほど寒冷で稲作に不適であったためである。

　耕作地としては水田跡と畠跡が近年多数調査されている。前期～中期がほとんどである。とくに畠跡は、弥生時代遺跡での発見例が水田跡にくらべるとないに等しいほどであるのに対し、水田跡に匹敵する10数遺跡で調査されている（図119）。水田は弥生時代水田とうり二つの小区画水田である（図118）。ただし弥生水田にはまったく存在しない階段式水田がある（同図1・2）。これは幅0.5～1mの幅狭い帯状の平坦面を等高線に沿って、段差数cmで階段状に連ね、弥生時代水田を見慣れた眼からははたして水田かと疑うような水田である。これについては朝鮮半島の気候条件に適合して生まれた乾畓[(2)]直播き法による旱地農法の水田（水が得られれば水田となり、得られなければ陸田となる）と考えられている（田崎2002）。

　朝鮮半島の気候条件とは、日本列島にくらべ雨量が少なく、また播種時期から遅れる7～8月に雨量が集中すること、また植生も南海岸部のみが長江流域や西日本と同じ照葉樹林帯で、ほとんどの地域が日本列島東北地方や北海道と同じ冷温帯林・亜寒帯林という点である。

　この乾畓直播き法による旱地農法としての水田が、朝鮮半島水田稲作の原郷と推定される山東半島あたりですでに行われていたものであるかは明らかではない。中国からの伝来でなく朝鮮半島で生み出されたとすれば、水田稲作の朝鮮半島的変容と評価できる。

畑跡は近年次々とみつかっており、とくに慶尚南道南江中流域の大坪里遺跡群では幅30数m、長さ100m以上にわたって同一方向の畝と畝間が連続するもの（図119-1）、畝方向がことなる畑が接しあうもの（同図2）など多様である。また洪水砂を間に数面の畑面が確認された例もある。日本列島ではこうした規模と構造が判明する良好な畑跡は古墳時代以降の火山灰に覆われた群馬県の例などはあるが、弥生時代には未発見である。

　これらから無文土器時代の農耕をまとめると、北部では複数種類の作物を栽培する畑作が中心で稲作はほとんど行われなかったと考えられる。イネが出土した前期〜中期の平壌市の2遺跡以降、北部では集落遺跡の実態が明らかでなく、イネがまったくないとはいえないが、平壌一帯の楽浪古墳（無文土器後期後半、紀元前1世紀以降）に副葬・供献された穀物にはイネがなくアワ・ヒエ・キビ・モロコシである点から[補記]、水稲農耕は気候条件のためほとんど行われなかったと考えられる[3]。

　南部でもイネとともにさまざまな畑作物が出土する遺跡と、複数種類の畑作物がみつかるがイネがない遺跡がほとんどである。水田稲作にかたよるのではなく、水稲と畑作を合わせ行う農耕が普通で、これが気候条件に適応して生産性を上げる道であったのであろう。

　弥生時代農耕は朝鮮半島、その南部から伝えられた。その時期は無文土器時代中期、弥生時代早期で、日本列島で本格的農耕と農耕社会形成の歩みが始まるのである。

　農耕伝来にさいし朝鮮半島南部からの人の移住があり、かれらが農耕の開始、定着になんらかの役割をはたしたことは、移住規模・役割・縄文人との関係などについて見解がわかれてはいるが、認められている。しかし土器は貯蔵容器としての壺は受容されるが、煮沸具としての甕は北部九州縄文土器の深鉢から変化したものが用いられるように、必ずしも朝鮮半島南部の農耕文化総体が伝来・定着したのではない。これに対し農耕に必須の収穫具（石刀）と工作具すなわち機能分化した石斧類はそっくり定着する。ただしすりうすは伝えられた痕跡がまったくなく、畑作雑穀類の調理法に変化があったか、あるいは雑穀類の比重が低かったかと考えられる。

　弥生時代遺跡出土の栽培植物種子の種類は、イネのほかにアワなどの畑作雑穀類もあるが、1981年の集成研究によってもイネ出土遺跡が圧倒的に多く、雑穀出土遺跡はきわめて少ない（寺沢ほか1981）。その後の集成でも同様である（後藤2004）（表31）。このことは、弥生時代農耕では水田稲作が主流で畑作の比重が低かったことを示している。

　これは弥生人の水稲への好み、選択を表すとともに、自然条件がそれを可能にしたからである。それは朝鮮半島より温暖湿潤であること、すなわち雨量が多く（朝鮮半島の約2倍）、しかもその3分の1が播種期の6月、7月に降ること、照葉樹林帯が西日本と東北南部以南と北陸の海岸部にひろがり、南海岸部に限られる朝鮮半島よりはるかに広いことである。そのため朝鮮半島水田のひとつの特徴であった乾畓直播き法による畠地農法としての階段式水田は必要なく、まったくみつかっていない。また日本列島の地形は起伏に富み、河川が朝鮮半島より小規模で勾配が強く、扇状地や三角州が発達して河川中流域だけでなく下流域にも水田適地がある。朝鮮半島では洛東江や錦江、漢江など河川規模が大きいうえに勾配が緩やかで、水田適地が大河川の支流中流域の狭い平野や盆地の自然堤防後背地にほぼ限られ、時代がさかのぼるほど水田の拡大が困難であったと考えられる。無文土器時代の農耕集落の多くは大河川下流域にはなく、大河川支流の中小河川流域に多いこ

表30　栽培植物種子出土遺跡数（朝鮮半島と弥生時代）

		イネ	アワ	ヒエ	アワかキビ	キビ	モロコシ	ムギ類	コムギ	オオムギ	エンバク	ソバ	マメ類	アズキ	ダイズ	リョクトウ	調査対象遺跡数
朝鮮半島	新石器時代	1	6	2		1		1	1	2			1				7
	無文土器時代	14	11	2	2		6	7		5	9	1		1	5	6	31
弥生時代	寺沢・寺沢1981	129	12	12		3	2	7	7	10		4		12	21	9	2	224
	後藤2004	130	20	9		10		6	8	17				10	6	1	1	260
	計	259	32	21		13	2	13	15	27		4		22	27	10	3	484

ともこれを裏づける。

　集落も、西日本の弥生時代集落は平野に面する低丘陵や平野の中の微高地に立地し、小地域の政治的経済的まとまりの中心集落は母村として長期にわたって存続し（たとえば奈良県唐古・鍵遺跡の環濠集落は前期はじめから後期中頃まで継続する）、周囲に子村が展開するが、これとくらべると朝鮮半島では切れ目なく長期存続する集落や大規模環濠集落は稀である。小地域のまとまりは小規模、短期存続あるいは短期存続を繰り返す諸集落によって構成されていたようである。こうした違いの要因は単純ではなかろうが、その1つとして長期定住を要する水稲農耕と、休閑・輪作農法をとる畠作農耕の差異が考えられる。

　このように、朝鮮半島から伝えられた農耕は、石刀や石斧類はそのまま取り入れて基本的生産用具として維持しながらも、畠作の比重を低くし水田稲作に傾いていくという変貌をとげるのである。

2　青銅器

　弥生時代はまた金属器（鉄器、青銅器）の使用・製作が始まった時代でもある。鉄器について簡単にふれておくと、前期から中国河北省の戦国時代燕国系の鋳造鉄斧が朝鮮半島を経て出現し、中期には鉄板を折り曲げた単純ではあるが独特な形態の鍛造鉄斧や鍬・鋤先があらわれ、中期後半には中国製鍛造鉄武器が輸入され、北部九州から東へ少しづつ遅れながらしだいに普及していく。後期の九州では工具は石器から鉄器にほぼ替わり、石刀と同じ用い方の鉄製摘鎌が出現する。武器も後期後半には弥生製鉄製品が普及し、首長墓への副葬が増加する。鉄器はまず工具として、次いで農具として、さらに武器としてしだいに普及し、弥生時代末には石器を完全に駆逐するのである。これら鍛造鉄器の素材が朝鮮半島南部に求められていたことは『三国志』魏志韓伝の記事や鉄器の科学的分析から推定され、製作技術の系譜も朝鮮半島に求められる（村上1998）。

　青銅器は鉄器とことなりもっぱら儀器・祭器として用いられた（青銅祭器）。青銅器とその製作技術も朝鮮半島から伝えられた。朝鮮半島では無文土器時代中期に、中国遼寧省に展開していた遼寧青銅器文化から琵琶形短剣（図73-1）が伝えられ、本格的青銅器文化が始まる。この銅剣は、北は清川江流域から南は西海岸を経て南海岸地域に分布し、ほとんどは支石墓の副葬品として見いだされる。銅剣のほかに琵琶形銅矛、多鈕粗文鏡（図53-5）、刃部が左右に広がる扇形銅斧（図97-1）、銅鏃もある。多鈕粗文鏡は遼東半島、遼寧省東部、吉林省に多く、朝鮮半島の最初の青銅器文化は遼東

半島を中心とする遼寧省東部から伝えられたものである。
　これらは滑石製の鋳型で製作し、遼寧省では琵琶形銅剣、銅斧などの鋳型が（図95-1・9）、吉林省では多鈕粗文鏡の鋳型が発見されている。滑石製鋳型による製作技術は朝鮮半島にも伝えられ、扇形銅斧や多鈕粗文鏡の滑石製鋳型も発見されている（図94-11・16）。朝鮮半島南部で出土する琵琶形銅剣・銅矛にはきわめて薄く製作の悪いものもあり、また琵琶形銅剣の多くは柄（木製）に差し込む茎の片側に抉りを入れるものが多い。このように遼寧青銅器文化を受け入れて、朝鮮半島で無文土器時代中期に青銅器製作が始まり、形態や文様の一部に独自性が表れ始めている。
　その後吉林省と朝鮮半島ではそれぞれ琵琶形銅剣は形態に変化を生じ、吉林省地域では退化・衰退するようだが、朝鮮半島では無文土器時代中期から後期の境頃（弥生時代前期はじめ頃にあたる）に細身の鋭い刃をもつ細形銅剣を生みだし（図73-5）、朝鮮独自の青銅器文化として生まれ変わる。武器としては剣に遅れて細形の実用的な銅矛・銅戈が生まれ（図83-1〜4・11・14）、工具としては平面長方形の銅斧、銅鑿、銅鉇（図97-8〜11・21〜33）、儀器としては銅鐸（図53-6）、多鈕細文鏡、異様な形態で使用法不明の異形銅器（防牌形銅器、剣把形銅器、鈴具など）（同図2・8〜10）があらわれる。
　武器、工具、銅鐸の製作には滑石製鋳型を用い、鋳型も発見されているが、製作工房跡はまだみつかっていない。多鈕細文鏡は多鈕粗文鏡から発達したものであり、異形銅器は遼寧青銅器文化のラッパ形銅器などの系譜につながるが、形態は大きく変わり、文様は精緻の度合いを増している。これらは石製鋳型では製作できない。多鈕細文鏡の狭い間隔で細い凸線を連ねて幾何文を鋳出すには土型が必要だし、剣把形銅器の撚り縄そのものの形態の環を鈕に取り付けたり、異形銅器各種の器体表面からわずかに凹んだ帯状部分にきわめて細い凸線を連ね、あるいは微小な凸点を鋳出すには、蠟や樹脂を多用して原型や鋳型を製作する高度の鋳型製作技術が要求される（三船ほか2002）。このように朝鮮青銅器文化には石製鋳型技術のほかに、実態がよく解明できていない高度の鋳型製作技術が存在する。
　弥生時代前期末に北部九州に朝鮮青銅器文化が伝えられて弥生青銅器文化が始まる。この時期は弥生農耕社会が発達・安定し、朝鮮半島との新たな交渉が始まる時期である。前期末から中期には、後期無文土器と中期弥生土器さらにその模倣土器が、それぞれ朝鮮半島南部と北部九州のいくつかの集落遺跡で相当量出土しているので、人びとの往来が盛んで、青銅や鉄の素材その他の交易が活発に行われていたと考えられる。
　伝えられた青銅器は細形銅剣・銅矛・銅戈（図85-1・4・9）、多鈕細文鏡、銅鐸、銅鉇（工具）で、すでに出現し始めていた異形銅器はまったくない。製品とともに製作技術も入り、技術をもつ工人も渡来したはずである。製品の伝来とともに製作も始まったと考えられるが、製作したのは朝鮮半島でも石鋳型でつくっていた剣・矛・戈・鐸・鉇で、土製鋳型による多鈕細文鏡は製作していない。
　青銅器生産の中心は北部九州の佐賀平野、福岡平野で、1遺跡で数点以上の鋳型が発見されることもあり、ある程度生産地が限定されていたらしい。この傾向はしだいに強くなり、後期には福岡平野南端部の春日市須玖岡本遺跡群に集中していく（後藤2002）。関西では兵庫県、大阪府、奈良県で多数の銅鐸鋳型や少数の銅戈鋳型がみつかっており、分散的生産が行われ、後期には東海、北陸でも生産されたらしい。また中期後半から後期にかけて山陰や瀬戸内地域でも実用性を失った剣

(図85-2・3）を製作しているようだ。北部九州と関西では青銅器製作の証拠となる青銅溶解炉とみられる構造物の痕跡や、溶解炉に空気を送り込む鞴の羽口、銅滓（溶けた銅の小さい塊）なども発見されている。

　このように製作地と製品の種類にも最初から違いがあり、北部九州では武器を、関西では銅鐸をおもに製作する。銅鏃は両地域でつくっている。このほかに北部九州では中期後半〜後期に朝鮮半島にはない銅製鋤先（実用農土木具ではなく儀礼用品らしい）、中国鏡を模倣した小形倣製鏡、貝製腕輪を模した銅釧なども製作している。

　弥生青銅器の最大の特徴は武器も鐸も大形化し、武器としての、音響具としての本来の機能を失って祭器と化していくことである（武器形祭器、鐸形祭器）。武器は厚みと鋭い刃をもつ細形から、刃を研ぎ出さず、長さと幅が伸び、実用性に必要な厚みが大きさに対して減少する。すでに中期前半〜中頃には武器の大形化が始まりが中細形が生まれ、中期後半〜後期にはさらに大きな中広形（剣では中細c形と平形）が、さらに後期にはいると広形が生まれ、広形銅矛には全長90cmに達するものが現れる（図85-2・3・6〜8・10〜12)。

　銅鐸も朝鮮銅鐸を模倣した数少ない北部九州製品は無文だが、関西地域で大形品をつくるようになると凸線で文様を鋳出すようになり、本来吊り下げて内部に垂らした舌により音響を発するものであったのが、釣り手（鈕）が幅広くなって吊り下げず、音響も発しないものへと変化し（中期後半）（同図14)、最後には高さ1mを超えるものまで出現する。

　もう一度製作技術にもどると、北部九州の青銅器製作技術の特徴は最後まで石製鋳型を用いることである。ただし朝鮮青銅器のように滑石がなかったためか、初期には滑石片岩や砂質凝灰岩など数種類の石を用いるが（ごく少数)、やがて石英長石斑岩をみつけ出し、以後この石材を一貫して用いている。後期の長さ90cmにも達する広形銅矛でさえ、2〜3枚の石をつないで鋳型とするなど（同図8)、石製鋳型を放棄しようとはしていない。

　関西とその周辺では凝灰岩質砂岩とこれに類する石で銅鐸の鋳型を作っている。しかし銅鐸の大形化にともない、中期後半〜後期頃に石製鋳型をすてて土製外枠型鋳型とよばれる独特の鋳型を発明した（同図13)。土で枠をつくり硬く焼き締めて内部に真土をつめてそこに型を彫り込むのである。中国、朝鮮に類のない鋳型で、銅鐸以外の製品（戈・剣・鏃などが推定されるが明らかではない）もこのような鋳型でつくるようになったらしい。瀬戸内地域に分布する平形銅剣（同図3）もこれに類する方法でつくったかもしれない。

　弥生青銅器の原料は朝鮮半島に求められたであろう。後期の対馬の墓などからは、当時朝鮮半島南部でつくっていた角形銅器や十字形銅器など小形青銅器（図54-14〜16）が出土する。これらは対馬以外の日本列島ではみつからず、広形銅矛などの原材料として鋳つぶすために、対馬海人の手で北部九州に運ばれたものの残りと考えられている（下條1979)。

　このように朝鮮青銅器を母体に生まれた弥生青銅器は、精緻、微細な文様をもち複雑な形態で蠟などを用いる高度の技術を要するものではなく、石製鋳型と土製外枠型鋳型で製作できるもののみをつくり、また極限にまで大形化させていった。朝鮮青銅器文化は無文土器時代後期に盛行し、つぎの原三国時代（弥生時代後期平行期）に衰退するが、高度の鋳型製作技術を駆使して多鈕細文鏡

や異形青銅器をも製作し、石製鋳型による武器は大形化することなく、鉄製武器の普及とともに退化、小形化していく。

このような形態と技術の相違以上に、彼我の間には青銅器の最終的な扱い方に大きな違い——副葬と埋納——がある。朝鮮半島の青銅器は、琵琶形銅剣以来一貫して、最後には墓に副葬されている。この点は遼寧青銅器文化と同じである。中期には支石墓に、後期と原三国時代はじめには石槨墓や木槨墓に副葬する。後期前半には銅武器1本程度を副葬する墓と、多数の銅武器と数点の多鈕細文鏡・異形銅器を副葬する墓があり、後半には退化形の銅武器と鈴具に多数の鉄器を加えて副葬する墓がある。これら青銅器副葬墓は各地域の首長墓である。青銅器は首長の宝物、威信財であり、銅武器はまた武威を帯びて人々を領導する政治的・経済側面を、多鈕細文鏡・異形銅器は一種の宗教的権威によって地域社会を信服させる側面を象徴しているだろう。青銅器の鋳型さえも副葬することがあり[4]、青銅器にこめられた権威は首長個人の権威と重なっているのである。

これに対し弥生青銅器は副葬品としてみつかるものより、埋納品としてみつかるものの方がはるかに多い（図87・88）。青銅器副葬は北部九州の前期末〜中期中頃の墓に限られ、細形の剣・矛・戈と多鈕細文鏡が副葬される。中期後半に楽浪郡を通して前漢との交渉が始まり中国鏡がもたらされるようになると、朝鮮系青銅器の副葬は数例を除くとなくなり、中国鏡と中国製鉄武器の副葬に替わる。北部九州での中期中頃までの青銅器副葬は、朝鮮半島の青銅器副葬を取り入れたものであり、青銅器が首長の権威を示す点では同じだが、中国鏡の流入とともに朝鮮系青銅器副葬が意義を失ってしまったのであろう。楽浪郡設置後も朝鮮半島では中国鏡の副葬はきわめてまれで、依然として青銅器副葬が継続しているのと対照的である。

地域と時期が限られる青銅器副葬とことなり、北部九州以外の西日本と九州中部では青銅器はすべて埋納され、北部九州でも中期前半からは埋納されるようになる[5]。型式の上からは中細形以後の銅武器は、ごく少数の中細形を除くとすべてが埋納されている。

銅鐸の副葬例は皆無である。銅鐸は普通1個、最大で39個（島根県加茂岩倉遺跡）を埋納し、銅武器は数点から20点ほどを一括して埋納する（最大は島根県荒神谷遺跡の中細c型銅剣358本一括埋納）。埋納場所は多くが集落から離れた丘陵や低い山の斜面で、必要な大きさの土坑を掘り、そのままあるいは木箱のようなものに入れて埋めている。銅鐸は横たえて身の両側面が上下になるように（図88）、武器も横たえて刃に相当する両側が上下になるように埋置する（図87-1・4）という共通性が地域を越えて認められる。埋納方式に強い規制があったと考えられ、したがって埋納目的も個々ばらばらではなく、西日本の弥生社会全体で共通していたであろうが、さまざまな解釈があり誰しも認める定説はない。これら青銅器は、日頃は地域共同体の中心となる集落に首長の管轄のもとで保管され、農耕などにかかわる重要な祭儀の時に主たる祭器として用い、天災や大きな社会的争乱など地域共同体にとって危急存亡の時に、それを回避するために「神々」への贈与物として埋納されたとの考え（武末1982、寺沢1992）が、説得力がある。

このように最後に埋納される青銅器は、決して首長の権威・権力を象徴する首長個人の宝器・威信財ではなく、共同体全体を守護する祭器であったであろう。いずれ埋納される青銅器に共同体への害悪を払い封じ込めることが期待されていたように、首長の権能も共同体内全体の利害のなかに

封じられ、その外に出ることはなかったのであろう。

朝鮮半島でも埋納の例が皆無ではない。おそらく埋納だろうというものも含めると無文土器時代中期から後期末すぎまでの10例ほどがある（図84）（後藤2000）。埋納状態が判明している例を挙げると、細形銅剣・銅矛・銅戈を海岸を見下ろす大岩の間に埋納した慶尚南道馬山市架浦洞遺跡（李相吉1999）と、細形銅剣3本と弥生製中広形銅戈1本を土坑に埋納した慶尚北道大邱市晩村洞遺跡（尹容鎮1966b）がある。弥生埋納と埋納姿勢がちがうこの例が弥生青銅器埋納と関係があるのか、目的も同じなのかは判断できない。北部九州製の中広形銅矛・銅戈、広形銅矛は韓国慶尚南道でもいくつか発見されているが、副葬品として扱われていて、弥生埋納習俗がそのまま持ち込まれてはいないようである。

一貫して青銅器を首長墓に副葬する朝鮮半島と、そこから青銅器を受容しながらも地域と時期を限った例外的副葬を除くと埋納が普遍的であった西日本とでは、それを所持あるいは保管する共同体首長の権能と機能の仕方になんらかの違いがあったであろう。その背景のひとつとして、集約的水稲農耕と、休閑・輪作畠作農耕の違いにもとづく人びとの関係、社会構造の差異が想定できる。

朝鮮半島から日本列島に伝えられた農耕と青銅器について、両地域でどのような違いがあるか、弥生社会でどのように変容したかについて概略をのべ、朝鮮半島でも農耕と青銅器が原郷のそれから変化していることにふれた。弥生時代には日本列島に朝鮮半島と中国本土・東北地方からさまざまの文物が伝えられ、とくに重要な社会基盤をなす農耕と金属器は基本骨格を全面的に受け入れるが、自然環境と社会の動向、技術レベルにそって改変を加えていく。同時に東アジア世界の一翼として中国漢王朝と朝鮮半島の社会と交渉し、弥生社会にたいするさまざまな対応を引き出し、漢鏡や金印に示されるような政治的関係と、鉄・青銅素材の輸入など経済的関係を深めていくのである。

註
（1） このほか慶尚南道上村里B遺跡では複数の住居跡その他からアワ・ヒエ・モロコシ・オオムギ・マメが発見されたが、検出方法に問題がある。
（2） 「畓」は朝鮮でつくった漢字で水田を表す（発音は"tap"）。「田」は畠を意味する。
（3） 15世紀前半でも、北部では耕地面積に占める水田比率は30％代・20％代の郡県はごくわずかで、ほとんどは10％代かそれ以下ないし無水田である（『世宗実録』地理誌記載数値による）。
（4） 最近、全羅北道葛洞遺跡で表裏に剣型と矛型を彫った1枚と片面に剣型を彫った1枚、計2枚の滑石製鋳型を副葬した後期前半の墓が調査された（湖南文化財研究院2003a・b）。中国遼寧省でも、琵琶形銅剣などとともに銅斧などの鋳型を副葬する墓がいくつかある。弥生時代の鋳型は使用・破損後に砥石に転用することが多く、鋳型副葬例はない。
（5） 埋納の、共伴土器によって判断できる最古の確実な例は、福岡県小郡若山遺跡の土器をかぶせて埋納した多鈕細文鏡2面である（中期前半）。北部九州でも副葬とともに埋納も早くから行われていることがわかるが、これをもって青銅器埋納が北部九州から始まったと断定はできない。

補記
最近の報告によると、楽浪古墳のひとつ、楽浪洞1号墓（同穴合葬木槨墳）では大形灰色壺内に3分の1ほど入っていたイネ・アワ・モロコシ・キビなどの種子が発見された（李淳鎮ほか2003：168）。

引用参考文献

凡例
〈配　列〉　日文文献，韓・朝文文献，中文文献，英文文献の順に記載.
　　　　　　韓・朝文文献と中文文献は著者名の日本語音読みで五十音順に配列.
〈論文・書名等表記〉　韓・朝文文献は日本語訳で示す.
〈調査報告書シリーズ略号〉　県(市)(埋蔵)文化財調査報告　→　県(市)報と略す.
〈編著者・機関略号〉　朝鮮民主主義人民共和国科学院考古学及び民俗学研究所（～1963年）・社会科学院考古学及び民俗学
　　　　　　　　　　　研究所（1964～1966年）　→　考古学民俗学研究所　と略す．社会科学院考古学研究所（1967年～）　→
　　　　　　　　　　　考古学研究所　と略す．社会科学院歴史研究所　→　歴史研究所　と略す．

〔日文〕

秋山進午（1964）楽浪前期の車馬具．考古学研究会編「日本考古学の諸問題」：269-280
　　　　　　（1968・69）中国東北地方の初期金属器文化の様相―考古資料，とくに青銅短剣を中心として―
　　　　　　（上）・（中）・（下）．考古学雑誌，(53)4：1-29，(54)1：1-24，(54)4：21-47
東　　潮（1979）朝鮮三国時代の農耕．橿原考古学研究所論集，4：527-564
有光教一（1938a）朝鮮扶扶余新発見の石剣・銅剣・銅鉾．考古学雑誌，(28)1：42-45
　　　　　　（1938b）朝鮮江原道の先史時代遺物．考古学雑誌，(28)11：1-29
　　　　　　（1941a）平安北道江界郡漁雷面発見の一箱式石棺と其副葬品．考古学雑誌，(31)3：30-39
　　　　　　（1941b）黄海道鳳山郡楚臥面に於ける磨製石剣及石鏃副葬の箱式石棺．考古学雑誌，(31)9：1-9
　　　　　　（1953）朝鮮石器時代の「すりうす」．史林，(35)4：1-23
　　　　　　（1954）金海貝塚の上限と下限．考古学雑誌，(40)1：1-9
　　　　　　（1959a）朝鮮磨製石剣の研究．京都大学文学部考古学叢書，2
　　　　　　（1959b）慶州月城・大邱達城の城壁下の遺跡について．朝鮮学報，14：489-502
　　　　　　（1962）朝鮮櫛目文土器の研究．京都大学文学部考古学叢書，3
　　　　　　（1965a）朝鮮初期金属器文化に関する新資料の紹介と考察．史林，(48)2：120-132
　　　　　　（1965b）釜山岩南洞貝塚土器．朝鮮学報，36：13-24
　　　　　　（1966）朝鮮半島．和島誠一編「日本の考古学」Ⅲ：392-405，河出書房新社
　　　　　　（1968）朝鮮磨製石剣の年代論について．史林，51-4：139-150
有光教一・藤井和夫（2000）朝鮮古蹟研究会遺稿Ⅰ―慶州皇吾里第16号墳，慶州路西里215番地古墳発掘調査
　　　　　　報告1932-1933―．ユネスコ東アジア文化研究センター
安楽　勉・藤田和裕（1976）原の辻遺跡．長崎県報，37
鋳方貞亮（1941）日本古代の麦に就いて―特にその由来―．農業経済研究，(17)4：78-101
池畑耕一・下山　覚（編）（2000）はたけの考古学．日本考古学協会2000年度鹿児島大会資料集1，日本考古学
　　　　　　協会2000年度鹿児島大会実行委員会
伊崎俊秋（1999）福岡県夜須町出土の銅戈．甘木歴史資料館報，1：31-52
井沢洋一（編）（1977）有田周辺遺跡調査報告．福岡市報，43
　　　　　　（1988）有田・小田部8．福岡市報，155
一山　典・勝浦康守（1988）徳島市名東遺跡出土の銅鐸．考古学雑誌，(73)4：122-128
伊東照雄（編）（1981）綾羅木郷遺跡跡発掘調査報告Ⅰ．下関市教育委員会
伊東照雄・山内紀嗣（編）（1987）秋根遺跡．下関市教育委員会
井上裕弘（編）（1983）御床松原遺跡．志摩町報，3
　　　　　　（1987）山陽新幹線関係埋蔵文化財調査報告7．福岡県教育委員会

今里幾次（1962）播磨小山遺跡Ⅷ地点の弥生式土器．古代学研究，32：9-12
岩永省三（1980）弥生時代青銅器型式分類編年再考．九州考古学，55：1-22
　　　　（1986a）剣形祭器．金関恕・佐原眞編「弥生文化の研究」6：106-112，雄山閣
　　　　（1986b）矛形祭器．金関恕・佐原眞編「弥生文化の研究」6：113-118，雄山閣
岩本教之（1994）庄原遺跡発掘調査概報．添田町教育委員会
印貞植（1940）朝鮮の農業地帯．212p，生活社
宇野慎敏（編）（1983）長行遺跡．北九州市報，20
宇野隆夫（1977）多鈕鏡の研究．史林，(60)1：86-117
　　　　（1982）銅鐸のはじまり．小林行雄博士古稀記念論文集刊行委員会編「考古学論考―小林行雄博士古稀記念論文集―」：845-87
梅原末治（1925）銅剣銅鉾に就いて（二）．史林，(8)2：11-30
　　　　（1930）朝鮮に於ける新発見の銅剣銅鉾並に関係の遺物．人類学雑誌，(45)8：301-318
　　　　（1932）慶州金鈴塚飾履塚発掘調査報告．大正13年度古蹟調査報告，1
　　　　（1933a）朝鮮平壌付近発見の小銅鐸と其の鎔范．歴史と地理，(31)2：117-131
　　　　（1933b）朝鮮出土銅剣銅鉾の新資料．人類学雑誌，(48)4：222-228
　　　　（1943）多鈕細紋鏡の新出土例―伝全羅南道霊岩発見の破片―．人類学雑誌，(58)9：10-11
大島隆之（2003）韓国無文土器時代磨製石器の時期差と地域差．古文化談叢，50：143-176
太田好治（1989）浜松市都田町前原Ⅷ遺跡出土銅鐸．考古学雑誌，(75)2：51-57
大貫静夫（1992）豆満江を中心とした日本海沿岸の極東平底土器．先史考古学論集，2：47-78
大貫静夫（編）（2001）韓国の竪穴住居とその集落．平成12年度文部科学省科学研究費補助金特定領域研究（A）日本文化班資料集，3，226p，国際日本文化研究センター
岡内三眞（1973a）金海良洞里出土遺物について．史林，(56)3：130-160
　　　　（1973b）朝鮮出土の銅戈．古代文化，(XXV)9：279-294
　　　　（1979）朝鮮古代の馬車．震檀学報，46・47：135-162，
　　　　（1980）朝鮮初期金属器の製作技術．滝口宏先生古稀記念考古学論集編集委員会編「古代探叢―滝口宏先生古稀記念考古論集―」：623―644，早稲田大学出版部
　　　　（1982a）朝鮮における銅剣の始源と終焉．小林行雄博士古稀記念論文集刊行委員会編「考古学論考―小林行雄博士古稀記念論文集―」：787-844，平凡社
　　　　（1982b）漢代五鉄銭の研究．朝鮮学報，102：77-110
　　　　（1983）朝鮮の異形有文青銅器の製作技術．考古学雑誌，69(2)：73-116
岡崎　敬（編）（1977）立岩遺跡．河出書房新社
岡崎敬ほか（1979）宗像沖ノ島Ⅰ本文編．宗像大社復興期成会
緒方　泉（編）（1993・94）日永遺跡Ⅰ・Ⅱ．浮羽バイパス関係埋蔵文化財調査報告，6・7，福岡県教育委員会
緒方　勉（編）（1977）沈目立山遺跡．熊本県報，26
岡本健児（1975）埋納穴を有せる銅鉾形祭器．どるめん，7：54-67
岡山県教育委員会（1975）門前池遺跡．岡山県報，9
小川（大貫）静夫（1982）極東先史土器の一考察―遼東半島を中心として―．東京大学文学部考古学軒研究室紀要，1：123-149
奥山春季（編）（1977）寺崎日本植物図譜．1165p，平凡社
小倉コレクション保存会（1981）小倉コレクション写真集．121p，小倉コレクション保存会
小郡市教育委員会（1990）北松尾口遺跡Ⅱ地点．小郡市文化財調査報告書，63
小田富士雄（1981）宇佐市別府出土小銅鐸の復元．古文化談叢，8：207-210
　　　　（1982a）日・韓地域出土の同笵小銅鏡．古文化談叢，9：87-104

　　　　　（1982b）山口県沖ノ山発見の漢代銅銭内蔵土器．古文化談叢，9：157-169
　　　　　（1985）銅剣・銅矛国産開始期の再検討―近年発見の鋳型資料を中心にして―．古文化談叢，15：229
　　　　　　　-265
小田富士雄・韓炳三（編）（1991）日韓交渉の考古学．366p，六興出版
小田富士雄・定村責二（1965）福岡県長井遺跡の弥生式土器．九州考古学，25・26：6-10
乙益重隆（1992）宝器財貨の埋納遺跡．乙益「弥生農業と埋納習俗」：307-328，六興出版（初出：崔永禧先生華
　　　　甲紀念韓国史学論叢，探求堂，1987）
小野忠明（1935）西浦里附近の史前遺跡．ドルメン，（4）7：37-43
　　　　　（1937）銅剣鎔笵．考古学，8(8)：371
賀川光夫（1953）新たに発見された東九州の銅鉾銅戈．考古学雑誌，(39)2：55-64
笠井敏光（編）（1979）西浦銅鐸．羽曳野市報，1
笠原烏丸（1936）櫛目文土器を発見せる北鮮清湖里遺跡に就いて．人類学雑誌，(51)5：183-197・(51)6：256-267
春日市教育委員会（1979）大谷遺跡．春日市報，5
　　　　　（1980）須玖・岡本遺跡．春日市報，7
　　　　　（1987）須玖永田遺跡―須玖・岡本遺跡群の調査―．春日市報，18
　　　　　（1992）よみがえる須玖・岡本遺跡群―弥生時代の先進技術―．春日市教育委員会
　　　　　（1994）須玖五反田遺跡．春日市報，22
片岡宏二（編）（1985）三国の鼻遺跡Ⅰ．小郡市報，25
金関丈夫・三宅宗悦・水野清一（1942）羊頭窪．東方考古学叢刊乙種，3，東亜考古学会
榧本杜人（亀次郎）（1934a）貞柏里第17号墳．古蹟調査概報 昭和8年度 楽浪古墳：22-29
　　　　　（1934b）平安南道大同郡龍岳面上里遺跡調査報告．朝鮮総督府博物館報，6：2-16
　　　　　（1934c）北鮮の土器石器(1)．考古学，(5)5：134-137
　　　　　（1935a）南鮮小鹿島発見の多鈕細文鏡，其他．考古学，(6)3：110-113
　　　　　（1935b）北鮮の石器資料．考古学，(6)5：206-209
　　　　　（1936）朝鮮発見銅鐸の集成．考古学，(7)6：252-256
　　　　　（1938）金海会峴里貝塚発見の甕棺に就て．考古学，(9)1：40-45
　　　　　（1941）「朝鮮出土青銅器遺物の新資料」への追加．考古学雑誌，(31)4：38-41
　　　　　（1953）「韓国慶北・慶州・九政里出土遺物」あとがき．考古学雑誌，39(2)：43-49
　　　　　（1954）金海貝塚の再検討（未完）．考古学雑誌，(40)3：1-11
　　　　　（1957）金海貝塚の甕棺と箱式石棺墓―金海貝塚の再検討（承前）―．考古学雑誌，(43)1：1-21
　　　　　（1968）咸北先史遺跡の調査（二）―青丘考古記二―．朝鮮学報，47：93-112
　　　　　（1980a）朝鮮の考古学．454p，同朋社
　　　　　（1980b）朝鮮古代金属器実測図．榧本「朝鮮の考古学」：391-423，同朋社
榧本杜人・中村春寿（1975）楽浪漢墓第二冊．楽浪漢墓刊行会
唐木田芳文（1993）弥生時代青銅器の鋳型石材考．蟻塔，39(2)：1-5
河北毅ほか（編）（1982）宇土城三ノ丸跡．宇土城三ノ丸跡発掘調査団
北村四郎・村田源（1971）原色日本植物図鑑木本編〔Ⅰ〕．548p，保育社
　　　　　（1979）原色日本植物図鑑木本編〔Ⅱ〕．453p，保育社
北村四郎・村田源ほか（1957）『原色日本植物図鑑草本編〔Ⅰ〕．297p，保育社
　　　　　（1961）『原色日本植物図鑑草本編〔Ⅱ〕．390p，保育社
　　　　　（1964）『原色日本植物図鑑草本編〔Ⅲ〕．465p，保育社
木下 巧（編）（1977）佐賀県農業基盤整備事業に係る文化財確認調査報告書．佐賀県報，37
木村幾多郎（2003）縄文時代の日韓交流．後藤直・茂木雅博編「東アジアと日本の考古学」Ⅲ：29-56，同成社

九州大学考古学研究室(編)(1969)対馬―豊玉村佐保シゲノダン・唐崎の青銅器を出土した遺跡の調査報告―.
　　　　　　　　　　(1973)鹿部山遺跡―福岡県粕屋郡古賀町所在遺跡群の調査報告―.日本住宅公団
　　　　　　　　　　(1974)対馬.長崎県報,17
吉良竜夫(1971)生態学からみた自然.295p,河出書房新社
吉良竜夫・四手井綱英・沼田真・依田恭二(1976)日本の植生―世界の植生配置のなかでの位置づけ―.科学,
　　　　　　　　　　46：235-247
金元龍(1953)韓国慶北・慶州・九政里出土遺物について.考古学雑誌,39(2)：41-43
　　　(1967c)韓国江原道襄陽郡出土細形銅剣・細文鏡について.史林,(50)2：150-157
金鍾徹(1987)慶尚北道清道郡礼田洞出土の遼寧式銅剣.岡崎敬先生退官記念事業会「東アジアの考古と歴史」
　　　　上：387-399,同朋舎
金廷鶴(1972)韓国の考古学.302p,河出書房新社
　　　(1976)金海内洞支石墓群調査予報.考古学ジャーナル,128：1-3
　　　(1977)任那と日本.321p,小学館
金貞培(岡内訳)(1972)全南和順の青銅遺物発見.考古学ジャーナル,66：9
久貝　健(1999)御坊堅田遺跡出土の青銅ヤリガンナの鋳型.考古学ジャーナル,449：28-31
熊本県教育委員会(1983)上の原遺跡Ⅰ.熊本県報,58
工楽善通(1991)水田の考古学.138p,東京大学出版会
久留米市教育委員会(1991)道蔵遺跡.久留米市報,68
黒田幹一(1938)朝鮮出土のクリス形銅剣一.ドルメン,(4)10：37-39
桑原久男(1995)弥生時代における青銅器の副葬と埋納.金関恕・置田雅昭編「古墳文化とその伝統」：15-47,
　　　　勉誠社
小泉顕夫(1934)楽浪彩篋塚.古蹟調査報告1,朝鮮古蹟研究会
小泉顕夫・野守健(1931)慶尚北道達城郡達西面古墳調査報告.大正12年度古蹟調査報告,1
高知県教育委員会(1986)田村遺跡群.第3分冊,第4分冊
甲元眞之(1972a)朝鮮半島の有柄式磨製石剣.古代文化,(24)9：253-257
　　　　(1972b)朝鮮支石墓の編年.朝鮮学会第23回大会研究発表資料
　　　　(1973)朝鮮の初期農耕文化.考古学研究,(20)1：71-89
　　　　(1979)東北アジア出土の石製鎔笵.三上次男博士頌寿記念論集編集委員会編「三上次男博士頌寿記念
　　　　　東洋史・考古学論集」：455-483
　　　　(1990a)多鈕鏡の再検討.古文化談叢,22：17-45
　　　　(1990b)朝鮮支石墓の再検討.鏡山猛先生古稀記念論文集刊行会編「鏡山猛先生古稀記念古文化論
　　　　　攷」：241-287
　　　　(1997)朝鮮半島の支石墓.九州大学考古学研究室編「東アジアにおける支石墓の総合的研究」：25-51
　　　　(1999)日韓における墓制の異同.季刊考古学,67：44-48
　　　　(2001)中国新石器時代の生業と文化.401p,中国書店
古環境研究所(2001)韓国晋州市,大坪里遺跡玉房2・3地区における自然科学分析.慶尚大学校博物館編「晋
　　　　　州大坪里玉房3地区先史遺跡」：315-339
国立天文台(2003)理科年表2004年.丸善
後藤　直(1971)西朝鮮の「無文土器」について.考古学研究,(17)4：36-65
　　　　(1973)南朝鮮の「無文土器」―その変遷について―.考古学研究,(19)3：49-77
　　　　(1979)朝鮮系無文土器.三上次男博士頌寿記念論集編集委員会編編「三上次男博士頌寿記念東洋史・
　　　　　考古学論集」：485-529
　　　　(1980)朝鮮南部の丹塗磨研土器.鏡山猛先生古稀記念論文集刊行会編「鏡山猛先生古稀記念古文化論

(1982) 朝鮮の青銅器と土器・石器. 森貞次郎博士古稀記念論文集刊行会編「森貞次郎博士古稀記念古文化論集」: 243-296

(1984) 韓半島の青銅器副葬墓―銅剣とその社会―. 尹武炳博士回甲記念論叢刊行委員会編「尹武炳博士回甲記念論叢」: 655-685, 通川文化社

(1985a) 朝鮮半島青銅器文化の地域性. 三上次男博士頌寿記念論文集編集委員会編「三上次男博士喜寿記念論文集考古編」: 127-149, 平凡社

(1985b) 青銅器文化の系譜. 森貞次郎編「稲と青銅と鉄」: 83-108, 日本書籍

(1991) 日韓出土の植物遺体. 小田富士雄・韓炳三編「日韓交渉の考古学」: 60-64, 六興出版

(1992) 松菊里型住居址と土器. 東アジア古代史・考古学研究会交流会報, 2: 43-61

(1994) 朝鮮半島原始時代農耕集落の立地. 第四紀研究, (33)5: 285-302

(2000) 日・韓の青銅器―副葬と埋納―. 李弘鍾編「韓国古代文化の変遷と交渉」: 633-664, 書渓文化社

(2002) 弥生時代の青銅器生産地―九州―. 東京大学考古学研究室研究紀要, 17,: 113-143

(2004) 植物質食料―弥生時代と無文土器時代農耕の比較のために―. 後藤編「東アジア先史時代における生業の地域間比較研究（2000～2003年度科学研究費補助金研究成果報告書）」: 57-161

後藤　直・沢皇臣（編）（1976）板付. 福岡市報, 35

後藤　直・横山邦継（編）（1975）板付周辺遺跡調査報告書（2）. 福岡市報, 31

近藤喬一（1969）朝鮮・日本における初期金属器文化の系譜と展開. 史林, (52)1: 75-115

(1982) 銅剣・銅矛・銅戈. 唐津湾周辺遺跡調査委員会編「末盧国」: 398-409, 六興出版

崔鍾圭（定森訳）（1983）慶州朝陽洞遺跡発掘調査概要とその成果. 古代文化, (35)8: 1-17

斎藤　忠（1936）慶州近況. 考古学雑誌, (26)9: 578

(1937) 慶州皇南里第109号墳皇吾里第14号墳調査報告. 97p, 昭和9年度古蹟調査報告, 1

(1939) 慶州附近発見の磨石器―聚成図を中心に―. 考古学, (8)7: 310-324

在日本朝鮮歴史考古学協会（編訳）（1995）朝鮮民族と国家の源流. 270p, 雄山閣出版

酒井仁夫（編）（1979）九州縦貫自動車道関係埋蔵文化財調査報告ⅩⅩⅩⅠ. 福岡県教育委員会

(1981) 今川遺跡. 津屋崎町報, 4

(1984) 葛川遺跡. 苅田町報, 3

坂井義哉（編）（1990）釈迦寺遺跡. 武雄市報, 24

佐賀県教育委員会（1992）吉野ヶ里―神埼工業団地計画に伴う埋蔵文化財発掘調査概要報告書―. 佐賀県報, 113

佐賀市教育委員会（1991）鍋島本村南遺跡―1・2区の調査―. 佐賀市報, 35

坂田邦洋（1976）対馬の考古学. 290p, 縄文文化研究会

定岡末一（1936）百済の旧都扶余に於ける古代の米麥豆類に就いて. 農業及園芸, (11)10: 85-91

佐竹義輔・大井次三郎・北村四郎・亘理俊治・冨成忠夫（2003）フィールド版日本の野生植物草本（12刷）. 平凡社

佐竹義輔・原　寛・亘理俊治・冨成忠夫（2002）フィールド版日本の野生植物木本（6刷）. 平凡社

佐藤達夫（1963）朝鮮有文土器の変遷. 考古学雑誌, (48)3: 14-31

佐藤敏也（1974）韓国の古代米. 韓, (3)1: 43-56

(1977) 乾芝山城跡出土の炭化米粒. 百済研究, 8: 129-141

佐原　眞（1960）銅鐸の鋳造. 杉原荘介編「世界考古学体系」2 日本Ⅱ: 92-104, 平凡社

沢　俊一（1937）鎔箔出土の二遺跡―朝鮮古蹟調査瑣談―. 考古学, (8)4: 189-196

島田貞彦・梅原末治（1930）筑前須玖史前遺跡の研究. 京都帝国大学文学部考古学研究報告, 11

島根県教育委員会・朝日新聞社（1997）古代出雲文化展.

島根県教育委員会（1996）出雲神庭荒神谷遺跡．島根県古代文化センター
清水芳裕（1978）諸岡遺跡出土朝鮮系無文土器の胎土分析．福岡市立歴史資料館研究報告，2：1-22
下條信行（1979）南北市糴考─弥生時代対馬舶載朝鮮製青銅器の意味─．史淵，116：175-210
　　　　（1982）武器型石製品の性格─石戈再論─．平安博物館研究紀要，7：1-33
　　　　（1991）青銅器文化と北部九州．下條信行・平野博之・知念　勇・高良倉吉編「新版古代の日本」③九州・沖縄：77-100，角川書店
下関市教育委員会（1977）秋根遺跡．
宍道正年・吾郷和宏（1997）島根県加茂岩倉遺跡の調査．月刊文化財，1997-12：45-51
新宅信久（1993）最古の渡来系稲作集落─福岡県江辻遺跡─．季刊考古学，45：89-90
進藤　武（1998）銅鐸の鋳造─近畿地方の鋳造関係資料をふまえて─．鋳造遺跡研究会編「弥生時代の鋳造─青銅器鋳造技術の復元─（発表資料集）」：52-65
菅原康夫・氏家敏之・藤川友之（1993）矢野遺跡．徳島県埋蔵文化財センター
　　　　　　　　　　　　　　（1994）徳島県徳島市矢野遺跡．日本考古学年報，45：574-577
杉　弘道（1929）所謂天水畓の稲作に就いて．38p，朝鮮総督府勧業模範場
杉原和恵（1987）下関市六連島遺跡出土の朝鮮系無文土器．山口大学構内遺跡調査研究年報，Ⅴ：185-196
全栄来（1991）韓国青銅器時代文化研究．730p，新亞出版社
草鞋山水田考古隊（岡村訳）（1992）草鞋山遺址1992-1995年度発掘調査概要．シンポジウム「稲作起源を探る」実行委員会事務局編「シンポジウム稲作起源を探る」：31-37
高久健二（1995）楽浪古墳文化研究．335p，学研文化社
高倉洋彰（1972）弥生時代小型仿製鏡について．考古学雑誌，(58)3：1-30
　　　　（1973a）銅鐸製作開始年代論の問題点．九州考古学，48：2-13
　　　　（1973b）墳墓からみた弥生時代社会の発展過程．考古学研究，(20)2：7-24
　　　　（1975）弥生時代の集団組成．福岡考古学研究会編「九州考古学の諸問題」：211-242，東出版
　　　　（1979）二塚山遺跡出土の弥生時代小形仿製鏡．佐賀県教育庁文化課編「二塚山」，佐賀県報，46：215-227
武末純一（1974）金海式土器に関する一私見．古文化談叢，1：40-61
　　　　（1982）埋納銅矛論．古文化談叢，9：121-155
　　　　（1987）弥生土器と無文土器・三韓土器─併行関係を中心に─．三仏金元龍教授停年退任紀念論叢刊行委員会編「三仏金元龍教授停年退任紀念論文集Ⅰ考古編」：842-857
　　　　（1990）墓の青銅器，マツリの青銅器─弥生時代北部九州の形式化─．古文化談叢，22：47-55
　　　　（1998）弥生環濠集落と都市．田中琢・金関恕編「都市と工業と流通」古代史の論点，3：81-108，小学館
田崎博之（1989）地形と水田．下條信行編「弥生農村の誕生」古代史復元，4：56-67，講談社
　　　　（2002）韓半島の初期水田稲作─初期水田遺構と農具の検討─．西谷正編「韓半島考古学論集」：51-87，すずさわ書店
田代　弘（1985）畿内周辺部における「朝鮮系無文土器」の新例．森浩一編「考古学と移住・移動」，同志社大学考古学シリーズ，Ⅱ：225-233
田中清美・桜井久（1987）大阪府加美遺跡Y1号墳丘墓出土の銅釧．考古学雑誌，(73)2：96-104
田中稿二（1992）佐賀県佐賀郡大和町本村篭遺跡出土の多鈕細文鏡について．考古学雑誌，77(4)：110-123
　　　　（1992）平成2年度大和町内遺跡確認調査．大和町報，16
田中　琢（1970）「まつり」から「まつりごと」へ．坪井清足・岸俊男編「古代の日本」5近畿：44-59，角川書店
田中良之（1986）縄紋土器と弥生土器─西日本─．金関恕・佐原眞編「弥生文化の研究」3：115-125，雄山閣出版

谷口俊二・山手誠治（1997）福岡県北九州市重留遺跡．日本考古学年報，48：610-612
種定淳介（1990）銅剣形石剣試論（上）・（下）．考古学研究，(36)4：21-52，(37)1：29-56
田村晃一（1963）朝鮮半島の角形土器とその石器．考古学研究，(10)2：7-15
　　　　（1965）いわゆる土壙墓について—台城里土壙墓群の再検討を中心として—．考古学雑誌，(50)3：60-73
　　　　（1976）楽浪郡地域出土の印章と封泥—「馬韓の文化」への反論—．考古学雑誌，(62)2：21-30
　　　　（1977）朝鮮半島からみた日本の青銅器．ミューゼアム，1977-2：12-18
　　　　（1979）楽浪郡地域の木槨墓—漢墓綜考二—．三上次男博士頌寿記念論文集編集委員会編「三上次男博士頌寿記念東洋史・考古学論集」：605-629
　　　　（1980）平壌（ピョンヤン）周辺における古墳調査の現況と問題点．青山史学，6：25-37
　　　　（1994）楽浪郡設置前夜の考古学—清川江以北の明刀銭出土遺跡の再検討—．東アジア世界史の展開，青山学院大学東洋史論集：1-33
千葉基次（1973）触角式把頭銅剣の再検討．古代文化，(ⅩⅩⅤ)9：295-304
　　　　（1978）朝鮮の銅戈についての再検討．青山史学，5：75-89
　　　　（1979）多鈕鏡についての再検討．旗田巍先生古稀記念会編「旗田巍先生古稀記念朝鮮歴史論集」：15-35
朝鮮考古学会（1941）白神寿吉氏蒐集考古品図録．朝鮮考古図録第一冊
　　　　（1944）杉原長太郎氏蒐集品図録．朝鮮考古図録第二冊
朝鮮古蹟研究会（1934）楽浪彩篋塚．古蹟調査報告，1，朝鮮古蹟研究会
　　　　（1935）古蹟調査概報昭和9年度．
朝鮮総督府（1924）朝鮮部落調査報告，第1冊，65p
朝鮮総督府中枢院調査課（1940）朝鮮田制考．653p，朝鮮総督府中枢院
対馬遺跡調査会（1963）長崎県対馬調査報告（一）．考古学雑誌，(49)1：52-60
鄭漢徳（1966）朝鮮西北地方巨石文化期におけるコマ型土器文化とその土器について．考古学雑誌，(52)-2：1-16
　　　　（1968）朝鮮の金属器文化に関する若干の考察．史学雑誌，(77)9：72-80
寺沢　薫（1985）弥生時代舶載製品の東方流入．森浩一編「考古学と移住・移動」同志社大学考古学シリーズ，Ⅱ：181-210
　　　　（1992）銅鐸埋納論（上）・（下）．古代文化，(44)5：14-29，(44)6：20-34
寺沢　薫・寺沢知子（1981）弥生時代植物質食料の基礎的研究—初期農耕社会研究の前提として—．考古学論攷，5，橿原考古学研究所紀要：1-129
東亜考古学会（1931）牧羊城—南満州老鉄山麓漢及漢以前遺蹟—．東方考古学叢刊甲種2
　　　　（1938）赤峰紅山後—熱河省赤峰紅山後先史遺蹟—．東方考古学叢刊甲種6
鳥取県教育文化財団（1983）長瀬高浜遺跡発掘調査報告書Ⅴ．
鳥居龍蔵（1917）平安南道黄海道古蹟調査報告書．大正五年度古蹟調査報告：767-859
　　　　（1924）浜田，梅原「金海貝塚」をよむ．人類学雑誌，(39)1：30-41
　　　　（1925）朝鮮の有史以前に於ける南鮮と北鮮．鳥居「有史以前の日本」：359-371
　　　　（1929）極東シベリア発見の銅剣と銅鏡．考古学研究，3-1：1-4
直良信夫（1956）日本古代農業発達史．317p，さえら書房
長崎県教育委員会（1975）里田原遺跡．長崎県報，21
中島達也（編）（1985）横隈鍋倉遺跡．小郡市報，26
中間研志（1987）松菊里型住居—我国稲作農耕受容期における竪穴住居址の研究—．岡崎敬先生退官記念事業会「東アジアの考古と歴史」中：593-634，同朋舎
長嶺正秀．末永弥義（編）（1985）下稗田遺跡．行橋市報，17
中山平次郎（1917）銅鉾銅剣の新資料．考古学雑誌，(7)7：407-417

　　　　　　　（1935）筑前羽根戸の朝鮮式有溝把手．考古学，(6)4：153-157
難波洋三（1986）戈形祭器．金関恕・佐原眞編「弥生文化の研究」6：119-122，雄山閣
西川　宏（1966）帝国主義下の朝鮮考古学—はたして政策に密着しなかったか—．朝鮮研究，75：37-43
　　　　　（1970）日本帝国主義下における朝鮮考古学の形成．朝鮮史研究会論文集，7：94-116
西田京子（1970）弥生時代遺物包含層の花粉分析．板付遺跡調査報告，福岡市報，8：22-30
西谷　正（1966a）朝鮮におけるいわゆる土壙墓と初期金属器文化について．考古学研究，(13)2：10-30
　　　　　（1966b）朝鮮発見の銅鉇について．古代学研究，46：1-7
　　　　　（1967）朝鮮における金属器の起源問題．史林，(50)6：85-109
　　　　　（1969）全羅北道益山郡出土の青銅器．考古学雑誌，54(4)：98-105
　　　　　（1970）「韓国」京畿道竜仁郡出土の銅剣鎔笵．考古学ジャーナル，41：6-10
　　　　　（1978）朝鮮半島と北部九州の土器・陶器．佐賀県立博物館編「古代のくらしのなかの器展図録」：6-7
農業土木歴史研究会（1988）大地への刻印．192p，公共事業通信社
野守　健・櫃本亀次郎・神田惣蔵（1935）平安南道大同郡大同江面梧野里古墳調査報告．昭和五年度古蹟調査報
　　　　　　　告第一冊
橋口達也（1983）石崎曲り田遺跡Ⅰ．今宿バイパス関係埋蔵文化財調査報告，8
　　　　　（1984）石崎曲り田遺跡Ⅱ．今宿バイパス関係埋蔵文化財調査報告，9
浜田耕作（1929）貔子窩．東方考古学叢刊，1，東亜考古学会
浜田耕作・梅原末治（1923）金海貝塚発掘調査報告．大正九年度古蹟調査報告第一冊
浜田信也・酒井仁夫（1971）中・寺尾遺跡．大野町
速水信也（1994）小郡若山遺跡 3．小郡市報，93
原田淑人・田沢金吾（1930）楽浪．刀江書院
東奈良遺跡調査会（1976）東奈良．東奈良遺跡調査会
平井尚志（1960）沿海州新出土の多鈕細文鏡とその一括遺物について．考古学雑誌，(46)3：68-77
広瀬和雄（1997）縄紋から弥生への新歴史像．315p，角川書店
福井英治（編）（1982）田能遺跡発掘調査報告書．尼崎市報，15
福岡県教育委員会（1988）上琵琶・金栗遺跡．福岡県報，82
福岡市教育委員会（1987）那珂遺跡群—那珂遺跡群第 8 次調査の報告—．福岡市報，153
福岡市立歴史資料館（1986）早良王墓とその時代．福岡市立歴史資料館
藤尾慎一郎（1987）板付Ⅰ式甕形土器の成立とその背景．史淵，124：1-27
藤口健二（1982）朝鮮コマ形土器の再検討．森貞次郎博士古稀記念論集刊行会「森貞次郎博士古稀記念古文化論
　　　　　　　集」：203-228
　　　　　（1986）朝鮮無文土器と弥生土器．金関恕・佐原眞編「弥生文化の研究」3—弥生土器 1—：147-162，雄
　　　　　　　山閣
　　　　　（1987）朝鮮半島の稲作・畑作—初期農耕文化の検討にむけて—．佐賀県立博物館・美術館調査研究
　　　　　　　書，12：39-65
藤田三郎（1998）唐古・鍵遺跡における青銅器鋳造関連の遺構と遺物について．鋳造遺跡研究会編「弥生時代の
　　　　　　　鋳造」：28-41
藤田亮策（1924）朝鮮古蹟及遺物．朝鮮史学会編「朝鮮史講座特別講義」：203-296
　　　　　（1937）大邱大鳳町支石墓調査．昭和 11 年度古蹟調査報告：56-64
　　　　　（1940）大邱大鳳町支石墓調査（第二回）．昭和 13 年度古蹟調査報告：81-91
藤田亮作・梅原末治・小泉顕夫（1925）南朝鮮に於ける漢代の遺跡．大正 11 年度古蹟調査報告第二冊
藤田亮作・梅原末治（1947）朝鮮古文化綜鑑．第 1 巻，養徳社
布施市教育委員会（1963）布施市高井田遺跡—弥生遺跡調査概要—．

北郷泰道（1982）持田中尾遺跡発掘調査概要報告．高鍋町教育委員会
町田　章（1981）楽浪前漢墓に関する一視角．朝鮮史研究会論文集，18：95-109
町田利幸（編）（1985）古田遺跡．小佐々町報，1
三上次男（1955）朝鮮考古学の発達．三上次男編「日本考古学講座」2：112-123
　　　　（1961）満鮮原始墳墓の研究．697p，吉川弘文館
　　　　（1966）中国の甕棺墓と朝鮮の甕棺墓．古代東北アジア史研究：155-201，吉川弘文館
水野清一・樋口康隆・岡崎敬（1953）対馬．東方考古学叢刊乙種6，東亜考古学会
水野清一・岡崎敬（1954）壱岐原の辻弥生式遺跡調査概報．九学会連合対馬共同調査委員会編「対馬の自然と文化」：295-309，古今書院
三船温尚・後藤直・石山勲（2002）韓国八珠銅鈴の鋳造技術に関する研究．高岡短期大学紀要，17：205-215
宮井善朗（1987）銅剣の流入と波及．岡崎敬先生退官記念事業会編「東アジアの考古と歴史」中巻：421-442，同朋舎出版
三宅俊成（1936）長山列島先史時代の小調査．満洲学報，4：163-186
宮小路賀宏（編）（1984）三沢蓬ケ浦遺跡．福岡県報，66
宮嶋博史（1980）朝鮮農業史上における一五世紀．朝鮮史叢，3：3-85
宮本一夫（1986）朝鮮有文土器の編年と地域性．朝鮮学報，121：1-48
　　　　（2003）朝鮮半島新石器時代の農耕と縄文農耕．古代文化，(55)7：1-16
向田雅彦（1993）鳥栖市出土の青銅器鋳型類―本行遺跡・安永田遺跡出土例―．考古学ジャーナル，359：17-23
村上　勇・川原和人（1979）出雲・原山遺跡の再検討―前期弥生土器を中心にして―．島根県立博物館調査報告，2：1-37
村上恭通（1998）倭人と鉄の考古学．210p，青木書店
森貞次郎（1968）弥生時代における細形銅剣の流入について―細形銅剣の編年的考察―．金関丈夫博士古希記念委員会編「日本民族と南方文化」：127-161，平凡社
森貞次郎・乙益重隆・渡辺正気（1958）福岡県志賀島発見の細形銅剣鎔笵．九州考古学，3・4：3-4
森　脩（1937）南満州発見の漢代青銅器遺物．考古学，8(7)：328-348
八木奘三郎（1938）朝鮮咸鏡北道石器考．人類学叢刊乙先史学第一冊，東京人類学会
安井良三・福田英人・成海佳子（1990）八尾市跡部遺跡出土の銅鐸．考古学雑誌，(75)4：49-57
柳田康雄（1985）三雲遺跡．福岡県報，69
柳田康雄・小池史哲（1981）三雲遺跡Ⅱ．福岡県報，60
家根祥多（1996）縄文土器の終焉．泉拓良編「縄文土器出現」歴史発掘②：134-154，講談社
八幡一郎（1935）熱河省南部ノ先史時代遺跡及遺物．106p，第一次満蒙学術調査研究団
山口譲治（編）（1976）板付周辺遺跡調査報告書(3)．福岡市報，36
山崎純男（1978）最古の水田．ふるさとの自然と文化，88：8-10
横山邦継・力武卓治（1996）吉武遺跡群Ⅷ．福岡市報，461
横山邦継（編）（1974）板付周辺遺跡調査報告書(1)．福岡市報，29
横山将三郎（1930）京城郊外鷹峰山遺跡報告．史前学雑誌，(2)5：7-18
　　　　（1939）朝鮮史前土器研究．「人類学・先史学講座」9：1-26，雄山閣
　　　　（1952）ソウル東郊外の史前遺跡．日本考古学協会第9回総会研究発表要旨：6-8
　　　　（1953）ソウル東郊外の史前遺跡．愛知大学文学論叢，5・6：71-88
吉田　広（1993）銅剣生産の展開．史林，(76)6：1-40
李進熙（1962）朝鮮考古学界1960年度の成果と課題．考古学研究，(8)4：20-34
李相吉（後藤訳）（2002）韓国の水稲と畠作．後藤直・茂木雅博編「東アジアと日本の考古学」，Ⅳ：3-32，同成社
渡辺　誠（1990）鳳渓遺跡出土の植物遺体．考古歴史学志，5・6：475-483

〔韓・朝文〕

安鶴洙・李春寧・朴寿現（1982）韓国農植物資源名鑑．569p，一潮閣
安在晧（1991）南韓前期無文土器の編年─嶺南地方の資料を中心に─．慶北大学校文学碩士学位論文
　　　（1992）松菊里類型の検討．嶺南考古学，11：1-34
　　　（2000）韓国農耕社会の成立．韓国考古学報，43：41-66
　　　（2002）赤色磨研土器の出現と松菊里式土器．韓国考古学会編，韓国農耕文化の形成：143-171，韓国考古学会
安春培（1982）山清江楼里先史遺跡．釜山直轄市博物館年報，4：11-26
安承周（1978）公州鳳安出土銅剣・銅戈．考古美術，136・137：42-43
安承模（1998）韓国先史時代の食生活─植物性食料─．安承模「東アジア先史時代の農耕と生業」：395-410, 学研文化社
　　　（2002）新石器時代の植物性食料(1)─野生食用植物資料─．東国大学埋蔵文化財研究所編「韓国新石器時代の環境と生業」：85-107
安承模・趙現鐘・尹光鎮（1987）松菊里Ⅲ．国立博物館古蹟調査報告，19
アン・ピョンチャン（1962）平北道博川郡・寧辺郡の遺跡調査報告．文化遺産，1962-5：66-74
安容濬（1966a）北青郡中里遺跡．考古民俗，1966-2：24-27
　　　（1966b）咸鏡南道であらたに知られた細形銅剣関係遺跡と遺物．考古民俗，1966-4：33-37
尹世英（1975）味鄒王陵地区第9区域（A号破壊古墳）発掘調査報告．文化財管理局編「慶州地区古墳発掘調査報告書」1：67-151
尹世英・李弘鍾（1996）館山里遺跡（Ⅰ）．高麗大学校埋蔵文化財研究所研究叢書2
尹德香（2000）南陽里発掘調査報告書．全北大学校博物館叢書，17
尹武炳（1963）天安斗井里の竪穴住居址．美術資料，8：17-22
　　　（1964）大邱発見の青銅斧．考古美術，(5)6・7：3-5
　　　（1966）韓国青銅短剣の型式分類．震檀学報，29・30：41-50
　　　（1971）金海出土の異形銅剣・銅鉾．恵庵柳洪烈博士華甲紀念事業委員会編「柳洪烈博士華甲紀念論叢」：515-526
　　　（1972）韓国青銅器文化の研究．白山学報，12：59-134
　　　（1974）重要一括出土遺物．国史編纂委員会編「韓国史」，Ⅰ：351-384
　　　（1975）無文土器型式分類試攷．震檀学報，39：5-41
　　　（1977）重要一括出土遺物．韓国史，1：351-384
　　　（1980）伝尚州地方出土の異型青銅器．考古美術，146・147：71-77
尹武炳・韓永熙・鄭俊基（1990）休岩里．国立博物館古蹟調査報告，22
尹容鎮（1963）大邱市山格洞先史遺物．考古美術，(4)2〔1─100号合輯上巻：354-355〕
　　　（1966a）高霊開津面良田洞先史遺跡について．考古美術，(7)1〔1─100号合輯下巻：159-161〕
　　　（1966b）大邱市晩村洞出土青銅遺物．考古美術，(7)11〔1─100号合輯下巻：246-249〕
　　　（1969）琴湖江流域の先史遺跡研究（Ⅰ）．古文化，5・6：1-30
　　　（1981）韓国青銅器文化研究─大邱坪里洞出土一括遺物検討─．韓国考古学報，10・11：1-22
　　　（1984）中原荷川里F地区遺跡発掘調査報告─1983・84年度─．忠北大学校博物館編「忠州ダム水没地区文化遺蹟発掘調査綜合報告書─考古・古墳分野」Ⅱ：385-476
尹容鎮・李白圭ほか（1991）大邱月城洞先史遺蹟．慶北大学校博物館叢書，15
河仁秀（2001）東三洞貝塚1号住居址出土植物遺体．韓国新石器研究，2：41-49
郭鍾喆（1993）先史・古代稲資料出土遺蹟の土地条件と稲作・生業．古文化，42・43：3-78
　　　（2000）発掘調査を通じてみた我が国古代の水田稲作．国立中央博物館「韓国古代の稲作文化」（国立中

央博物館学術シンポジウム発表要旨）：67-107
郭鍾喆・藤原宏志・宇田津徹朗・柳沢一男（2001）新石器時代土器胎土から検出されたイネの plant-opal．任孝
　　　　　宰編「韓国古代稲作文化の起源」：173-189，学芸文化社
韓昌均・金根完・具滋振（2003）沃川大川里新石器遺蹟．韓南大学校中央博物館叢書，16
韓昌均・金根完・田鎰溶・具滋振・許文会・金貞煕（2002）沃川大川里遺跡の新石器時代住居址発掘成果．韓国
　　　　　新石器研究，3：55-77
韓雪正（1961）咸鏡南道地域で発見された細形銅剣遺跡と遺物．文化遺産，1961-1：72-80
韓炳三（1968）价川龍興里出土青銅剣と伴出遺物．考古学，1：61-26
　　　（1970）矢島貝塚．国立博物館古蹟調査報告，8
　　　（1971）先史時代農耕文青銅器について．考古美術，112：2-13
　　　（1976）曲玉の起源．考古美術，129・130
　　　（1980）慶州朝陽洞古墳の意義．韓国考古学年報，7：62-65
　　　（1987）月城竹東里出土青銅器一括遺物．三仏金元龍教授停年退任記念論叢刊行委員会編「三仏金元龍教
　　　　　授停年退任記念論叢Ⅰ考古学篇」：103-120，一志社
韓炳三・李健茂（1976）朝島貝塚．国立博物館古蹟調査報告，9
　　　　　　（1977）南城里石棺墓．国立博物館古蹟調査報告，10
韓国先史文化研究所・京畿道（1992）自然と古代人の生活．一山新都市開発地域学術調査報告1
韓国大学博物館協会（1997）新発掘埋蔵文化財図録．'97文化遺産の年組織委員会・韓国大学博物館協会
韓国文化財保護財団（2000）大邱漆谷3宅地（2・3区域）文化遺蹟発掘調査報告書（Ⅰ）・（Ⅱ）・（Ⅲ）．
許文会（1997）晋州大坪面出土穀物に対する意見．韓国先史考古学報，4：31-42
許文会・徐學洙・李在賢・安星姫（2001）勒島で出土した炭化穀．古文化，57：25-39
姜錫午（1971）新韓国地理．606p，セークル社
姜仁求・李健茂・韓永熙・李康承（1979）松菊里Ⅰ．国立博物館古蹟調査報告，11
姜チュングワン（1974）龍淵里遺跡発掘報告．考古学資料集，4：64-73，社会科学出版社
曉星女子大学校博物館（1987）陜川苧浦里C・D地区遺跡．学術調査報告，3
金英夏（1968）大邱の先史遺跡調査．韓国史学研究，1：37-45
　　　（1970）伝山清出土紅陶とその伴出石器．考古美術，106・107：7-12
金永培・安承周（1975）扶餘松菊里遼寧式銅剣出土石棺墓．百済文化，7・8：7-29
金永祐（1964a）中和郡江路里遺跡調査報告．考古民俗，1964-1：55-57
　　　（1964b）細竹里遺跡発掘中間報告(2)．考古民俗，1964-4：40-50
金吉植（1993）松菊里Ⅴ―木柵(1)―．国立公州博物館
　　　（1994）扶餘松菊里遺蹟調査概要と成果．韓国考古学会編「集落の考古学」第18回韓国考古学全国大会
　　　　　発表要旨：177-193
金基雄（1961）平安南道价川郡墨房里支石墓発掘中間報告．文化遺産，1961-2：45-54
金元龍（1960a）霊岩出土の銅鉾，銅製剣把頭飾．考古美術，(1)4：2-3
　　　（1960b）蔚山郡下廂面蔣峴里出土の石器・土器．黄義敦先生古稀記念史学論叢：85-102,
　　　（1962）岩寺里遺蹟の土器石器．歴史学報，17・18：355-383
　　　（1963a）霊岩郡月松里の石器文化―三角形石刀を中心に―．震檀学報，24：131-148
　　　（1963b）金海茂溪里支石墓の出土品―青銅器を伴出する新例―．東亜文化，1：139-158
　　　（1964）新昌里甕棺墓地．国立ソウル大学校考古人類学叢刊，1
　　　（1965a）東莱出土の先史時代短頸坩．亜細亜研究，(Ⅷ)2：307-313
　　　（1965b）韓国史前遺蹟遺物地名表．国立ソウル大学校考古人類学叢刊，2
　　　（1966a）韓国考古学概論．102p

　　　　　　（1966b）水石里先史時代聚落住居址調査報告．美術資料，11：1-16
　　　　　　（1966c）天安市鳳龍洞山上無文土器遺跡．震檀学報，29・30：29-40
　　　　　　（1967a）水石里出土の黒陶小壺．韓国考古，1：1-4
　　　　　　（1967b）益山五金山出土多鈕細文鏡と細形銅剣．考古美術(8)3：280-281
　　　　　　（1967d）風納里土城包含層調査報告．国立ソウル大学校考古人類学叢刊，3
　　　　　　（1968）益山郡梨堤部落出土青銅一括遺物．史学研究，20：53-59
　　　　　　（1969a）韓国考古学における放射性炭素年代．考古学，2：1-15
　　　　　　（1969b）韓国考古学概論．
　　　　　　（1970）鳥形アンテナ式細形銅剣の問題．白山学報，8：1-28
　　　　　　（1971）加平馬場里冶鉄住居址．歴史学報，50・51：111-137
　　　　　　（1972）和順出土細文鏡．文化財，6：21-28
　　　　　　（1973）韓国考古学概説（第3版）．293p，一志社
　　　　　　（1974）伝茂朱出土遼寧式銅剣について．震檀学報，38：17-25
金元龍・任孝宰（1968）南海島嶼考古学．東亜文化研究叢書1，ソウル大学校文理科大学東亜文化研究所
金元龍・任孝宰・権鶴洙（1985）鰲山里遺蹟Ⅱ．ソウル大学校考古人類学叢刊，10
金載元（1964）扶余・慶州・燕岐出土青銅製遺物．震檀学報，25・26・27：285-298
金載元・尹武炳（1966）大邱晩村洞出土の銅戈・銅剣．震檀学報，29・30：463-469
　　　　　　（1967）韓国支石墓研究．国立博物館古蹟調査報告，6
金載元・金元龍（1955）慶州路西里双床塚，馬塚，138号墳．国立博古蹟調査報告，2
金鍾赫（1961）中江郡長城里遺跡調査報告．文化遺産，1961-6：44-51
金昌鎬（1978）韓国青銅遺物の編年．慶北大学校教育大学院
金鍾贊・尹民栄・安在晧（2002）蔚山細竹遺蹟の絶対年代．東国大学埋蔵文化財研究所編「韓国新石器時代の環
　　　　　　　　　　　境と生業」：197-205
金鍾徹・徐五善・申大坤（1992）固城貝塚発掘調査報告書．国立博物館古蹟調査報告，24
金信奎（1970）わが国原始遺跡出土哺乳動物相．考古民俗論文集，2：73-120
金世基（1987）星州星山洞古墳発掘調査概報―星山洞第38，39，57，58，59号憤―．嶺南考古学，3：183-213
金政文（1964）細竹里遺跡発掘中間報告(1)．考古民俗，1964-2：44-54
金壮錫（2002）南韓地域後期新石器―青銅器転換―資料の再検討による仮説の提示―．韓国考古学報，48：93-
　　　　　133
金宅圭・李殷昌（1975）皇南洞古墳発掘調査概要．嶺南大学校博物館古蹟調査報告，1
金チョンヒョク（1974）土城洞第4号墓発掘報告．考古学資料集，4：192-199
　　　　　　（2003）表垈遺跡第1地点コマ形土器住居址発掘報告．馬山里・盤弓里・表垈遺跡発掘報告，白
　　　　　　　　山資料院
金廷鶴（1962）廣州明逸里住居址発掘報告．古文化，1：26-30
　　　　（1963）広州可楽里先史住居址発掘報告．古文化，2：11-25
　　　　（1967a）韓国における黒陶文化の問題．大東文化研究，4：117-157
　　　　（1967b）韓国無文土器文化の研究．白山学報，3：1-98
　　　　（1967c）熊川貝塚研究．亜細亜研究，(X)4：1-63
金貞培（1969）韓国の甕棺解釈に対する一小考．古文化，5・6：45-55
　　　　（1971）韓国青銅器文化の史的考察．韓国史研究，6：1-33
金東鎬（1975）固城東外洞貝塚第一次調査．韓国考古学年報，2：25-26
　　　　（1984）固城東外洞貝塚発掘調査報告書．東亜大学校博物館編「上老大島」：361-434，古蹟調査報告，8
金トンイル（2003）馬山里遺跡発掘報告．チョ・ソンパル，リム・ヨンギュ編「馬山里・盤弓里・表垈遺跡発掘

　　　　　報告」:11-152, 白山資料院
金日成総合大学考古学民俗学講座（1973）大城山の高句麗遺跡. 金日成総合大学出版社
金秉模・沈光注（1990）安眠島古南里貝塚〈1次発掘調査報告書〉. 漢陽大学校博物館叢書, 10
金秉模・安德任（1991）安眠島古南里貝塚〈2次発掘調査報告書〉. 漢陽大学校博物館叢書, 11
金萬亭（1990）韓国の河川地形. 196p, 古今書院
金勇男（1967）わが国の新石器時代. 考古民俗, 1967-3:1-11（鄭漢德訳, 朝鮮学術通報,（V）4:191-198）
金勇男・徐国泰（1961）平壤市西城区域臥山洞コマ形土器遺跡調査報告. 文化遺産, 1961-6:22-28
金用玕（1961a）美松里洞窟遺跡発掘中間報告（Ⅰ）. 文化遺産, 1961-1:45-57
　　　　（1961b）美松里洞窟遺跡発掘中間報告（Ⅱ）. 文化遺産, 1961-2:23-33
　　　　（1962）金灘里遺跡第二文化層について. 文化遺産, 1962-3:1-18
　　　　（1963a）美松里遺跡の考古学的位置—年代論を中心として—. 朝鮮学報, 26:199-222（李進熙訳, 考古
　　　　　　学雑誌,（50）1:56-73）
　　　　（1963b）美松里洞窟遺跡発掘報告. 考古学民俗学研究所編「各地遺跡整理報告」, 考古学資料集, 3:1-19
　　　　（1964a）わが国の青銅器時代の年代論と関連するいくつかの問題. 考古民俗, 1964-2:8-18
　　　　（1964b）金灘里原始遺跡発掘報告. 考古学民俗学研究所遺跡発掘報告, 10, 社会科学院出版社
　　　　（1966）西北朝鮮櫛歯文土器遺跡の年代を論ず. 考古民俗, 1966-1:1-7
　　　　（1967）金海貝塚の墓について. 考古民俗, 1967-1:1-11
金用玕・安容濬（1986）咸鏡南道・両江道一帯で新たにしられた青銅器時代遺物に対する考察. 朝鮮考古研究,
　　　　　1986-1:24—29
金用玕・黄基德（1967a）紀元前千年紀前半期の古朝鮮文化. 考古民俗, 1967-2:1-17（西谷・永島訳（1968）古
　　　　　代学,（14）3・4）
　　　　　（1967b）わが国の青銅器時代. 考古民俗, 1967-4（鄭漢德訳, 朝鮮学術通報,（V）5・6:241-247
金用玕・徐国泰（1972）西浦項原始遺跡発掘報告. 考古民俗, 論文集4:31-145
金用玕・石光濬（1984）南京遺跡に関する研究. 215p, 科学百科辞典出版社
金用玕・李順鎮（1966）1965年度新岩里遺跡発掘報告. 考古民俗, 1966-3:20-31
金良善（1962）再考を要する磨製石剣の形式分類と祖型考定の問題. 古文化, 1:7-25,
金良善・林炳泰（1968）駅三洞住居址発掘報告. 史学研究, 20:23-59
金良美（1998）晋州大坪里玉房1地区無文土器時代環濠集落. 第7回嶺南考古学会学術発表会南江ダム水没地区
　　　　　の発掘成果:61-77, 嶺南考古学会
クン・ソンヒ（1994）朝鮮歴史遺跡遺物地名表（北半部編5）. 朝鮮考古研究, 1994-3:43-48
慶尚大学校博物館（1999）晋州大坪里玉房2地区先史遺跡. 慶尚大学校博物館研究叢書, 20
　　　　　　（2001）晋州大坪里玉房3地区先史遺跡. 慶尚大学校博物館研究叢書, 24
慶尚南道・東亜大学校博物館（1999）南江流域文化遺蹟発掘図録. 265p
慶星大学校博物館（1989）金海七山洞古墳群Ⅰ. 遺跡調査報告, 1
慶南考古学研究所（2002）晋州大坪玉房1・9地区無文時代集落.
慶南大学校博物館・密陽大学校博物館（1999）蔚山無去洞玉峴遺跡.
啓明大学校博物館（1988）星州星山洞古墳特別展図録. 106p
　　　　　　（1994）金陵松竹里遺蹟特別展図録. 57p
元永煥・崔福奎（1984）屯内. 江原大学校博物館遺跡調査報告書, 1
元山歴史博物館（1983）文川郡南昌里土壙墓. 考古学資料集, 6:181-182
建国大学校博物館（2001）晋州上村里3〜8号支石墓と先史遺蹟. 博物館叢書, 8
黄基德（1957a）咸鏡北道地方石器時代の遺跡と遺物(2). 文化遺産, 1957-2:34-65
　　　　（1957b）豆満江流域と東海岸一帯の遺跡調査. 文化遺産, 1957-6:53-67

　　　　　　(1959a) 1958年春夏期御池屯地区灌漑工作区域遺跡整理簡略報告．文化遺産，1959-1：38-52
　　　　　　(1959b) 1958年春夏期御池屯地区灌漑工事区域遺跡整理簡略報告（Ⅱ）．文化遺産，1959-2：67-77
　　　　　　(1960) 茂山邑虎谷原始遺跡発掘中間報告．文化遺産，1960-1：52-76
　　　　　　(1963a) 豆満江流域青銅器時代住民のシャーマニズムについて．文化遺産，1963-3：32-38
　　　　　　(1963b) 黄海南道龍淵郡石橋里原始遺跡発掘報告．考古学民俗学研究所編「各地遺跡整理報告」，考古学
　　　　　　　　資料集，3：35-47，社会科学出版社
　　　　　　(1966) 西北地方コマ形土器遺跡の年代について．考古民俗，1966-4：5-14
　　　　　　(1970) 豆満江流域の青銅器時代文化．考古民俗論文集，2：1-47
　　　　　　(1974) 最近新たにしられた琵琶形短剣と細形短剣関係の遺跡遺物．考古学資料集，4：157-164，社会科
　　　　　　　　学出版社
　　　　　　(1975) 茂山虎谷遺跡発掘報告．考古民俗論文集，6：124-226，社会科学出版社
　　　　　　(1977) 朝鮮の青銅器時代について．朝鮮学術通報，（ⅩⅣ）4・5：57-61（原文は歴史科学1976-4）
黄基徳・李元均 (1966) 黄州郡沈村里青銅器時代遺跡発掘報告．考古民俗，1966-3：32-42
考古学研究室 (1960) 美林休岩原始遺跡整理報告．文化遺産，1960-3：32-38
考古学研究所 (1973) 古朝鮮問題研究．社会科学出版社
　　　　　　(1977a) 古朝鮮問題研究論文集．142p，社会科学出版社
　　　　　　(1977b) 朝鮮考古学概要．304p，科学百科事典出版社
　　　　　　(1983) 楽浪区域一帯の古墳発掘報告．考古学研究所編「考古学資料集」，6：3-164，科学百科事典
　　　　　　　　出版社
考古学研究所田野工作隊 (1978) 考古学資料集5．科学百科事典出版社
考古学民俗学研究所 (1956) 羅津草島原始遺跡発掘報告書．科学院
　　　　　　　　　(1957) 弓山原始遺跡発掘報告．遺跡発掘報告，2，科学院出版社
　　　　　　　　　(1958a) 朝鮮原始遺跡地名表．266p，科学院出版社
　　　　　　　　　(1958b) 大同江流域古墳発掘報告．考古学資料集，1，科学院出版社
　　　　　　　　　(1959a) 大同江および載寧江流域古墳発掘報告．考古学資料集，2，科学院出版社
　　　　　　　　　(1959b) 台城里古墳群発掘報告．遺跡発掘報告，5，科学院出版社
　　　　　　　　　(1959c) 江界市公貴里原始遺跡発掘報告．遺跡発掘報告，6，科学院出版社
　　　　　　　　　(1960) 会寧五洞原始遺跡発掘報告．遺跡発掘報告，7，科学院出版社
　　　　　　　　　(1961) 智塔里遺跡発掘報告．遺跡発掘報告，8，科学院出版社
考古美術ニュース (1969a) 国立博物館海美先史時代遺跡発掘調査．考古美術，102：28
　　　　　　　　(1969b) 壇国大博物館泗川所谷里石箱式古墳群発掘．考古美術，103：19
公州大学校博物館 (1998) 白石洞遺蹟．公州大学校博物館
高麗大学校発掘調査団 (1994) 渼沙里 第5巻．渼沙里先史遺蹟発掘調査団
高麗大学校埋蔵文化財研究所 (2001) 寛倉里遺跡．研究叢書，7
江陵大学校博物館 (2001) 発掘遺跡遺物図録．280p
国史編纂委員会 (1974) 韓国史1 古代 韓国の先史文化．450p，大韓民国文教部国史編纂委員会
国立慶州博物館 (1987) 菊隠李養璿蒐集文化財．通川文化社
国立公州博物館 (2002) 錦江―最近発掘10年史―．228p
　　　　　　　　(1993) 霊岩新燕里9号墳．国立光州博物学術叢書，26
国立光州博物館学芸研究室 (1992) 麗川月内洞支石墓．国立光州博物館学術叢書，23
国立晋州博物館 (2001) 晋州大坪里玉房1地区遺跡Ⅰ・Ⅱ．国立晋州博物館遺蹟発掘調査報告書，14
国立全州博物館 (1999) 金堤深浦里一帯文化遺蹟収拾調査報告．国立全州博物館編「扶安海岸一帯遺跡地表調査
　　　　　　　報告」：283-328，学術調査報告，5

国立中央博物館（1973）韓国先史時代青銅器（特別展図録）．

　　　　　　　　（1992）韓国の青銅器文化．170p，汎友社

　　　　　　　　（1994）岩寺洞．国立博物館古蹟調査報告，26

　　　　　　　　（2000）同胞とともにする米―稲作文化 3000 年―．

国立博物館（1968）青銅遺物図録―八・一五後蒐集―．国立博物館学術資料集（一）

国立扶餘博物館（1987）保寧校成里住居址―発掘調査中間報告書―．国立扶餘博物館古蹟調査報告，1

　　　　　　　　（2000）松菊里Ⅵ．国立扶餘博物館古蹟調査報告，6

国立文化財研究所（1996）大邱時至洞Ⅰ―旭水国民学校敷地―．

　　　　　　　　（1999）襄陽柯坪里．

後藤　直（安在晧訳）（2002）無文土器時代の農耕と集落．韓国考古学会編「韓国農耕文化の形成」，韓国考古学
　　　　　　　　会学術叢書，2：173-202

湖南文化財研究院（2003a）完州葛洞遺跡現場説明会資料．

　　　　　　　　（2003b）完州葛洞遺跡 2 次現場説明会資料．

崔完奎（1997）湖南地方周溝墓の諸問題．湖南考古学の諸問題（第 21 回韓国考古学全国大会発表要旨）：11-35

崔淑卿（1962）高城郡県内面の先史遺跡．梨花女子大学校韓国文化研究院論叢，（Ⅲ）1：169-186

　　　（1966）花津浦周辺の土器・石器・支石墓．梨花女子大学校八十周年記念論文集：193-204

崔鍾赫（2001）生産活動からみた韓半島新石器文化―中西部地方と東北地方の貝塚遺跡を中心に―．新石器時代
　　　　の貝塚と動物遺体（第 4 回韓・日新石器文化学術セミナー発表資料集）：5-23

崔鍾圭（1982）朝陽洞土壙墓群 4 次発掘．博物館新聞，126

崔盛洛（1986a）霊巌長川里住居址Ⅰ．木浦大学校博物館学術叢書，4

　　　（1986b）霊巌長川里住居址Ⅱ．木浦大学校博物館学術叢書，6

　　　（1987）海南郡谷里貝塚Ⅰ．木浦大学博物館学術叢書，8

　　　（1988a）詩川里サルジ「ナ」群支石墓．全南大学校博物館（編）「住岩ダム水没地域文化遺蹟発掘調査報
　　　　告書（Ⅳ）」：101-181

　　　（1988b）海南郡谷里貝塚Ⅱ．木浦大学博物館学術叢書，11

　　　（1989）海南郡谷里貝塚Ⅲ．木浦大学博物館学術叢書，15

崔夢龍（1971）韓国銅戈について―とくに型式分類を中心に―．プリント

　　　（1973）榮山江流域判先史遺蹟・遺物．歴史学報，59：67-87

　　　（1975a）全南考古学地名表．154p，全南考古学叢書（1）

　　　（1975b）全南地方であらたに発見された先史遺物―栄山江流域の考古学的調査研究(5)―．湖南文化研
　　　　究，7：141-162

　　　（1976）栄山江流域で新たに発見された先史遺物―栄山江流域の考古学的調査研究(8)―．湖南文化研究，
　　　　8：1-21

　　　（1978）全南地方所在支石墓の型式と分類．歴史学報，78：1-50

　　　（1979）光州松岩洞住居址発掘調査報告書．全南大学校博物館編，光州松岩洞住居址・忠孝洞支石墓：5
　　　　-47，全南大学校博物館古蹟調査報告，1

　　　（1986）驪州欣岩里先史集落址．259p，三和社

崔夢龍・李盛周・李根旭（1989）洛水里洛水住居址．住岩ダム水没地域文化遺跡発掘調査報告書（Ⅵ）：21-143，
　　　　全南大学校博物館

崔福奎（1984）中島支石墓発掘調査報告．江原大学校博物館遺蹟調査報告，2

済州大学校博物館（1988）北村里遺跡．済州大学校博物館遺蹟調査報告，4

　　　　　　　　（1999）済州三陽洞遺跡．23p

車勇杰（1986）清州内谷洞遺跡発掘調査報告．忠北大学校博物館編「中部高速道路文化遺跡発掘調査報告書」，

調査報告, 9：481-564
徐国泰（1964）新興洞コマ形土器住居址. 考古民俗, 1964-3：35-55
　　　（1965）永興邑遺跡に関する報告. 考古民俗, 1965-2：35-45
　　　（1999）大同江流域における農業の発生発展. 朝鮮考古研究, 1999-2：2-5
徐国泰・池ファサン（2003）南陽里遺跡発掘報告. 247p, 白山資料院
徐声勲・李栄文（1983）康津永福里支石墓発掘調査報告書. 国立光州博物館・康津郡
昌原大学校博物館（2000）昌原盤渓洞遺跡Ⅱ. 学術調査報告, 27
申敬澈（1980）熊川文化期紀元前上限説再考. 釜大史学, 4：211-265, 釜山（後藤訳　古文化談叢 8）
　　　（1985）慶南三千浦市勒島遺跡. 第9回韓国考古学全国大会発表要旨
秦弘燮・崔淑卿（1974）楊平郡上紫浦里支石墓発掘報告. 文化財管理局編「八堂・昭陽ダム水没地区遺跡発掘綜合調査報告」：31-70
新義州歴史博物館（1959a）東林郡仁豆里タンモル原始遺跡調査簡略報告. 文化遺産, 1959-5：61-62
　　　（1959b）定州郡石山里タンド山原始遺跡調査簡略報告. 文化遺産, 1959-5：63-65
　　　（1967）1966年度新岩里遺跡発掘簡略報告. 考古民俗, 1967-2：42-44
崇実大学校博物館（1994）渼沙里　第3巻. 渼沙里先史遺跡発掘調査団
成均館大学校発掘調査団・漢陽大学校発掘調査団（1994）渼沙里　第2巻. 渼沙里先史遺蹟発掘調査団
成周鐸（1974）大田地方出土青銅遺物. 百済研究, 5：215-217
成正鏞（1997）大田新岱洞・比來洞青銅器時代遺蹟. 湖南考古学の諸問題（第21回韓国考古学全国大会）：205-236
石光濬（1974）五徳里支石墓発掘報告. 考古学資料集, 4：74-118
全榮來（1973）全州出土銅鉾新例. 全北遺跡調査報告, 2：41
　　　（1975a）扶安地方古代囲郭遺蹟とその遺物. 全北遺跡調査報告, 4：43-63, 全羅北道博物館
　　　（1975b）益山, 多松里青銅遺物出土墓. 全北遺跡調査報告, 5：3-11, 全羅北道博物館
　　　（1975c）高敞, 松龍里甕棺墓. 全北遺跡調査報告, 5：13-20, 全羅北道博物館
　　　（1976）完州上林里出土中国式銅剣に関して―春秋末戦国初、中国青銅器文化の南韓流入問題―. 全北遺跡調査報告, 6：3-25, 全州市立博物館
　　　（1977）韓国青銅器文化の系譜と編年―多鈕鏡の変遷を中心に―. 全北遺跡調査報告, 7：p94, 全州市立博物館
　　　（1979）高敞, 松龍里出土銅剣一例. 全北遺跡調査報告, 10：39, 全州市立博物館
　　　（1990）全州, 如意洞先史遺蹟発掘調査報告書. 全州大学校博物館
　　　（1991）韓国青銅器文化研究, 730p, 新亜出版社
全南大学校博物館（編）（1979）光州松岩洞住居址, 忠孝洞支石墓. 全南大学校博物館古蹟調査報告, 1
　　　（1987）住岩ダム水没地域文化遺蹟発掘調査報告書（Ⅰ）.
　　　（1988a）住岩ダム水没地域文化遺蹟発掘調査報告書（Ⅱ）.
　　　（1988b）住岩ダム水没地域文化遺蹟発掘調査報告書（Ⅲ）.
　　　（1988c）住岩ダム水没地域文化遺蹟発掘調査報告書（Ⅳ）.
　　　（1988d）住岩ダム水没地域文化遺蹟発掘調査報告書（Ⅴ）.
　　　（1989）住岩ダム水没地域文化遺蹟発掘調査報告書（Ⅵ）.
　　　（1990a）住岩ダム水没地域文化遺蹟発掘調査報告書（Ⅶ）.
　　　（1990b）武珍古城Ⅱ.
　　　（1998）宝城金坪遺跡.
　　　（1999）光州双村洞住居址.
全北大学校博物館（1989）細田里発掘調査報告書 図面・図版Ⅰ. 学術叢書, 1

     （1997）長水南陽里遺蹟．大学博物館協会編「新発掘埋蔵文化財図録―大学と発掘―」：47-50
     （2001）桃岩里．全北大学校博物館叢書，21
宋正炫・崔夢龍（1975）月出山地区の先史遺跡―栄山江流域の考古学的調査研究(6)―．文化人類学，7：65-78
宋正炫・李榮文（1988）牛山里ネウ支石墓．住岩ダム水没地域文化遺蹟発掘調査報告書（Ⅱ）：123-406，全南大学校博物館
宋満榮（2002）南韓地方農耕文化形成期聚落の構造と変化．韓国農業文化の形成（第25回韓国考古学全国大会）：75-108，韓国考古学会
ソウル大学校考古人類学科（1973）欣岩里住居址―漢江畔先史聚落址発掘進展報告1972年・1973年度―．考古人類学叢刊，4
     （1974）欣岩里住居址―漢江畔先史聚落址発掘進展報告1974年度―．考古人類学叢刊，5
     （1976）欣岩里住居址3―漢江畔先史聚落址発掘進展報告1975年度―．考古人類学叢刊，7
     （1978）欣岩里住居址4―1976・1977年度発掘進展報告―．考古人類学叢刊，8
ソウル大学校博物館（1994）渼沙里 第4巻．渼沙里先史遺蹟発掘調査団
孫晙鎬（2000）論山麻田里遺蹟C地区発掘調査成果．21世紀韓国考古学の方向（第24回韓国考古学全国大会）：133-153，韓国考古学会
池健吉（1977）大徳内洞里支石墓遺蹟発掘概報．百済研究，8：107-127
  （1978）礼山東西里石棺墓出土青銅一括遺物．百済研究，9：151-181
  （1990）長水南陽里出土青銅器・鉄器一括遺物．考古学志，2：5-22
池健吉・安承模・宋義政（1986）松菊里Ⅱ．国立博物館古蹟調査報告，18，国立中央博物館
中央文化財研究院（2001）論山院北里遺蹟．発掘調査報告，9
忠清埋蔵文化財研究院（1998）乾芝山城．文化遺跡調査報告，2
忠北大学校博物館（1984）忠州ダム水没地区文化遺蹟発掘調査綜合報告書―考古・古墳分野（Ⅰ）．
     （1986）中部高速道路文化遺蹟発掘調査報告書．調査報告，19
     （1990）清州新鳳洞A地区土壙墓群発掘調査報告．清州新鳳洞百済古墳群発掘調査報告書―1990年度調査―，調査報告，24
     （1996）清州下福台地区文化遺蹟発掘調査報告書．調査報告，47
     （1998）清州開新洞遺蹟発掘調査報告書．調査報告，57
     （1998）先史遺跡発掘図録．335p
     （2000）清原小魯里旧石器遺蹟．調査報告，68
     （2001）忠州早洞里先史遺蹟（Ⅰ）―1・2次調査報告．調査報告，72
     （2002）忠州早洞里先史遺蹟（Ⅱ）―3次調査報告．調査報告，90
趙榮済（1983）西部慶南先史文化地表調査報告（Ⅰ）．釜大史学，7：217-260
  （1998）泗川本村里遺跡．嶺南考古学会編，南江ダム水没地区の発掘成果：47-54
趙榮済（編）（1999）晋州大坪里玉房2地区先史遺蹟．慶尚大学校博物館研究叢書，20
趙現鍾・申相孝・張齊根（1997）光州新昌洞低湿地遺跡Ⅰ95年調査概報―木製遺物を中心に―．国立光州博物館叢書，33
趙現鍾・張齊根（1992）光州新昌洞遺跡―第1次調査概報―．考古学志，4：31-134
趙現鍾・朴仲煥（1994）召羅造山住居址．突山世救地遺蹟：223-235，光州博学術叢書27
趙由典（1984）全南和順青銅遺物一括出土遺蹟．尹武炳博士回甲紀念論叢刊行委員会「尹武炳博士回甲紀念論叢」：67-103，通川文化社
朝鮮遺跡遺物図鑑編集委員会（1988）朝鮮遺跡遺物図鑑1．295p，朝鮮遺跡遺物図鑑編集委員会

　　　　　　　　　　（1989）朝鮮遺跡遺物図鑑 2. 279p，朝鮮遺跡遺物図鑑編集委員会
朝鮮大学校博物館（1995）光州山月・ットゥクムウエ・浦山遺跡. 遺跡調査報告，2
朝鮮歴史博物館（1967）楽浪区域貞柏洞で出た古朝鮮遺物. 考古民俗，1967-2：48
朝・中合同考古学発掘隊（1966）中国東北地方の遺跡発掘報告―1963―1965―. 社会科学院出版社（東北アジア
　　　　　　　　　考古学研究会訳（1986）崗上・楼上―1963-1965 中国東北地方遺跡発掘報告―. 六興
　　　　　　　　　出版社，引用は訳書）
沈奉謹（1980）慶南地方出土青銅器遺物の新例. 釜山史学，4：161-182
　　　（1981）金海府院洞遺蹟. 古蹟調査報告，5，東亜大学校博物館
　　　（1982）韓国稲作農耕の始源に関する研究. 釜山史学，6：11-64
沈奉謹・鄭聖喜（1982）東亜大学校博物館所蔵青銅遺物新例. 古文化，20：39-49
鄭イルグォン（1999）蘇井里遺跡第2地点の新石器時代住居址について. 朝鮮考古研究，1999-3：14-18
鄭在鑂（1975）慶州皇南洞味味鄒王陵内旧道路面内廃古墳発掘調査. 韓国考古学年報，2：44-49
鄭燦永（1961）慈江道時中郡深貴里原始遺跡発掘中間報告. 文化遺産，1961-2：34-44
　　　（1962）細形銅剣の形態とその変遷. 文化遺産，1962-3：19-44
　　　（1965）初期高句麗文化のいくつかの側面. 考古民俗，1965-4：24-35
　　　（1974）北倉郡大坪里遺跡発掘報告. 考古学資料集，4：119-156，社会科学出版社
　　　（1983）土城里遺跡. 鴨緑江・禿魯江流域高句麗遺跡発掘報告，遺跡発掘報告，13：99-138，科学百科事
　　　　典出版社
鄭日燮（1962）平安北道碧潼郡松蓮里と龍川郡王山原始遺跡踏査報告. 文化遺産，1962-1：70-75
鄭璋鎬（1980）新編韓国地理. 296p，祐成文化社
鄭澄元（1982）慶南地方の青銅器遺蹟物と遺物. 韓国考古学報，12：321-342
鄭澄元・安在晧（1990）蔚州検丹里遺跡. 考古学研究，(37)2：17-20
鄭白雲（1957）朝鮮金属文化起源に対する考古学的資料. 67p，科学院出版社
　　　（1958）江南猿岩里原始遺跡発掘報告書. 文化遺産，1958-1：57-75
鄭ヨンキル（1983）新坪郡仙岩里石棺墓. 考古学研究所考古学資料集，6：170-172，科学百科辞典出版社
田寿福（1960）最近咸鏡北道であらたに発見された遺跡と遺物. 文化遺産，1960-5：49-57
田疇農（1963a）新昌郡下細洞里で出土した古朝鮮遺物について. 考古民俗，1963-1：39-48
　　　（1963b）黄海南道安岳郡伏獅里原始住居址. 考古学資料集，3：48-50
都宥浩（1958）朝鮮原始文化の年代推定のための試論. 文化遺産，1958-3：18-41
　　　（1959）朝鮮巨石文化研究. 文化遺産，1959-2：1-35
　　　（1960a）朝鮮原始考古学. 247p，科学院出版社
　　　（1960b）古朝鮮に関する若干の考察. 文化遺産，1960-4：28-57
　　　（1962a）信川郡明砂里で出土した古朝鮮甕棺について. 文化遺産，1962-3：45-60
　　　（1962b）玉険域の位置. 文化遺産，1962-5：60-65
東亜大学校博物館（1989）陝川鳳渓里遺蹟. 古蹟調査報告，15
　　　　　　　　（1998）泗川勒島遺跡C地区遺跡発掘調査. 嶺南考古学，23：126-130
任孝宰（1981）渼沙里遺跡緊急発掘調査. 韓国考古学年報，8：10-13
　　　（1990）京畿道金浦半島の考古学調査研究. ソウル大学校博物館年報，2：1-22
白弘基（1992）江原嶺東地方の無文土器文化―坊内里，浦月里，朝陽洞遺跡を中心に―. 江原道嶺東地方の先史
　　　　文化研究Ⅱ：7-126，文化財研究所・江陵大学校博物館
白弘基・池賢柄・高東淳（1996）江陵坊内里住居址. 江陵大学校博物館学術叢書6
白龍奎（1966）隣山郡舟岩里原始遺跡発掘簡略報告. 考古民俗，1966-2：21-23
白錬行（1965）石岩里で出土した古朝鮮遺物. 考古民俗，1965-4：63-64

(1966) 泉谷里箱式石棺墓. 考古民俗, 1966-1:27-28
潘鏞夫・郭鍾喆 (1993) 洛東江河口金海地域の環境と漁撈文化. 古文化談叢, 31:255-284
釜山大学校博物館 (1973) 五倫台古墳群発掘報告書.
　　　　　　　　(1985) 蔚州良東遺蹟調査概報. 釜山大学校博物館遺蹟調査報告, 9
　　　　　　　　(1989) 勒島住居址. 釜山大学校博物館遺蹟調査報告, 13　　　　　1986/1989
　　　　　　　　(1995) 檢丹里集落遺跡. 釜山大学校博物館遺蹟調査報告, 17
文化財管理局 (1976a) 慶州皇南洞第98号古墳 (南墳) 発掘略報告.
　　　　　　(1976b) 馬山外洞城山貝塚発掘調査報告.
　　　　　　(1976c) 慶州地区古墳発掘調査報告書, 1
文化財研究所 (1994) 晋陽大坪里遺蹟発掘調査報告書. 文化財研究所遺蹟調査研究室
卞サソン・高ヨンナム (1989) 馬山里遺跡の新石器時代住居について. 朝鮮考古研究, 1989-4:15-20
朴敬源 (1958) 昌原郡鎮東面城門里支石墓調査略報告. 歴史学報, 10:323-327
　　　 (1970) 金海地方出土青銅遺物. 考古美術, 106・107:1-5
朴晋煌 (1974) 咸鏡南道一帯の古代遺跡調査報告. 考古学資料集, 4:165-182, 社会科学出版社
　　　 (1988) 朝鮮考古学全書 古代編. 272p, 科学百科事典総合出版社
朴ソンフン (1967) 殷栗郡雲城里土壙墓発掘中間報告. 考古民俗, 1967-1:33-36
朴ソンフン・李元均 (1965) 石灘里原始遺跡発掘中間報告. 考古民俗, 1965-3:28-39
朴テシク (1996) 保寧平羅里青銅器時代住居址出土種子分析. 忠北大博物館, 平羅里先史遺蹟補遺編, 保寧ダム
　　　　　水没地域発掘報告②:30-59
渼沙里先史遺蹟発掘調査団 (1994) 渼沙里 第1巻. 渼沙里先史遺蹟発掘調査団
密陽大学校博物館・東義大学校博物館 (2001) 蔚山也音洞遺跡. 33p
無著名 (1961) ニュース. 考古美術(3)8:91
　　　 (1969a) あらたに発見された銅戈. 考古学, 2:77
　　　 (1969b) 大田槐亭洞出土一括遺物. 考古学, 2:78-103
　　　 (1971) 大学博物館紹介Ⅳ 慶北大学校博物館編. 古文化, 9:37-40
　　　 (1974) 資料紹介 1. 扶餘松菊里出土一括遺物 2. 牙山白岩里出土一括遺物 3. 清原飛下里出土一括
　　　　　遺物 4. 白翎島出土黒陶長頸壺. 考古学, 3:147-170
　　　 (1976) 連山青銅里出土青銅剣. 百済文化, 9:99-101
　　　 (1983a) 平壌付近と黄海南道一帯でしられた細形銅剣関係遺物. 考古学資料集, 6:185-189, 科学百科事
　　　　　典出版社
　　　 (1983b) 黄州郡金石里木槨墓. 考古学資料集, 6:197-202, 科学百科辞典出版社
　　　 (1995) 蔚山茶雲洞遺跡. 嶺南考古学, 16:105-107
　　　 (1997) 大坪玉房先史遺跡2・3地区発掘調査. 嶺南考古学, 20
木浦大学博物館 (1984) 霊岩青龍里・長川里支石墓群. 木浦大学博物館学術叢書, 1
木浦大学校博物館 (1997) 務安良将里遺跡. 学術叢書, 45
ユ・チョンジュン (1957) 慈江道前川出土明刀銭について. 文化遺産, 1957-1:103-105
　　　　　　　　 (1958) 慈江道内原始遺跡および古銭が発見された遺跡. 文化遺産, 1958-5:50-57
ラ・ミョングワン (1983) 新渓郡丁峰里石槨墓. 考古学資料集, 6:165-168, 科学百科事典出版社
　　　　　　　　 (1988) 薬師洞支石墓発掘報告. 朝鮮考古研究, 1988-2:47-48
李殷昌 (1967) 大田市槐亭洞出土一括遺物調査略報. 考古美術, (8)9〔第1号～第100号合輯下巻:330-333〕
　　　 (1968) 大田槐亭洞青銅器文化の研究. 亜細亜研究, (ⅩⅠ)2:75-99
　　　 (1971) 高霊良田洞岩画調査略報―石器と岩画を中心に―. 考古美術, 112:24-40
　　　 (1975) 味鄒王陵地区第4地域古墳群. 文化財管理局, 慶州地区古墳発掘調査報告書, 2:131-151

李永徳（2002）鎮案葛頭遺蹟発掘調査概報．東国大学埋蔵文化財研究所，韓国新石器時代の環境と生業：255-273
李榮文（1990）全南地方出土青銅遺物．韓国上古史学報，3：213-218
　　　（1993）全南地方支石墓社会の研究．464p，韓国教員大学校大学院博士学位論文
李榮文・鄭基鎮（1993）麗川積良洞サンジョク支石墓．全南大学校博物館
李亨求（2001）晋州大坪里玉房5地区先史遺蹟．南江ダム水没地区遺蹟発掘調査報告書，6
李亨源（2002）韓国青銅器時代前期中部地域無文土器編年研究．91p，忠南大学校大学院碩士学位論文
李キュデ（1983）白川郡大雅里石棺墓．考古学資料集，6：175-177，科学百科事典出版社
李キリョン（1961）龍秋洞土壙墓．考古民俗 1967-4：30-31
　　　　（1980）石灘里遺跡発掘報告．遺跡発掘報告，12，科学百科事典出版社
李クヌク（1994）大谷里住居址遺跡の性格．集落の考古学（第18回韓国考古学全国大会発表要旨）：137-153，韓国考古学会
李炅娥（2005）植物遺体にもとづく新石器時代'農耕'に対する観点の再検討．慶南文化財研究院「韓・日新石器時代の農耕問題」：69-92
李賢恵（1995）韓国農業技術発展の諸時期．車河淳編「韓国史時代区分論」翰林科学院叢書，26：127-170，図書出版社（李賢恵（1998）韓国古代の生産と交易．一潮閣に再録）
李元均（1961）黄海南道北部地方遺跡踏査報告．文化遺産，1961-6：52-58
　　　（1964）宣川郡円峰里と定州郡石山里原始遺跡調査報告．考古民俗，1964-1：51-54
李元均・白龍奎（1962）平壌市勝湖区域立石里原始遺跡発掘簡略報告．文化遺産，1962-4：71-83
李健茂（1989）牙山宮坪里出土一括遺物．考古学志，1：175-185
　　　（1992a）韓国式青銅器文化．国立中央博物館，韓国の青銅器文化：133-137，汎友社
　　　（1992b）松菊里型住居分類試論．擇窩許善道先生停年記念韓国史論叢：913-933，一潮閣
　　　（1992c）韓国青銅儀器の研究．韓国考古学報，28：131-216
　　　（1994）遼寧式銅矛について．李基白先生古稀紀念韓国史学論叢刊行委員会編「李基白先生古稀記念韓国史学論叢」上：2-19，一潮閣．
李健茂・徐声勲（1988）咸平草浦里遺蹟．国立光州博物館学術叢書，14，国立光州博物館
李健茂・李榮勲・尹光鎮・申大坤（1989）義昌茶戸里遺蹟発掘進展報告（Ⅰ）．考古学誌，1：5-174
李健茂・李康承・韓永熙・金載悦（1980）中島―進展報告Ⅰ―．国立博物館古蹟調査報告，12
李浩官・趙由典・安春培（1976）長城ダム水没地区遺蹟発掘調査報告書．栄山江水没地区遺蹟発掘調査報告書：155-269，全羅南道文化広報室
李弘鍾（1996）青銅器社会の土器と住居．p224，書渓文化社
李康承（1977）横城講林里出土一括遺物．考古学，4：107-108
　　　（1987）扶餘九鳳里出土青銅器一括遺物．三仏金元龍教授停年退任紀念論叢刊行委員会編「三仏金元龍教授停年退任紀念論文集Ⅰ考古編」：141-168，一志社
李康承・朴順發（1995）新石器・青銅器時代遺跡調査．忠南大学校博物館編「屯山」，忠南大学校博物館叢書，12：53-390
李淳鎮（1961）載寧郡富徳里水駅洞の土壙墓．文化遺産，1961-6：59-61
　　　（1964）「夫租薉君」墓について．考古民俗，1964-4：34-39
　　　（1965）新岩里遺跡発掘中間報告．考古民俗，1965-3：40-49
　　　（1974a）夫租薉君墓発掘報告．考古学資料集，4：183-191
　　　（1974b）雲城里遺跡発掘報告．考古学資料集，4：200-227
　　　（1983）わが国西北地方の木槨墓に関する研究．考古民俗論文集，8：99-158
　　　（1996）平壌一帯木槨墓の性格について．朝鮮考古研究，1996-1：3-10
李淳鎮・金チェヨン（2003）楽浪区域一帯の古墳発掘報告．569p，白山資料院

李清圭（1988）南韓地方無文土器文化の展開と孔列土器文化の位置．韓国上古史学報，1：37-92
李清圭・李サンミ（編）（1998）耽羅，歴史と文化．148p，済州史定立事業推進協議会
李相吉（1994a）昌原徳川里遺跡発掘調査報告．九州考古学会・嶺南考古学会第1回合同考古学会資料編：83-109
　　　（1994b）支石墓の葬送儀礼．古文化，45：95-113
　　　（1997）晋州大坪里田作地の構造と意義―漁隠1地区を中心に．湖南考古学の諸問題（第21回韓国考古学全国大会発表要旨）：177-204
　　　（1998）無文土器時代の生活儀礼．環濠集落と農耕社会の形成（九州考古学会・嶺南考古学会第3回合同考古学大会発表論文集）：241-308
　　　（1999a）架浦洞現地説明資料．慶南大博物館
　　　（1999b）晋州大坪漁隠1地区発掘調査概要．沈奉謹他編「南江先史文化セミナー要旨」：103-109
　　　（2000）農耕儀礼．国立中央博物館「韓国古代の稲作文化」（国立中央博物館学術シンポジウム発表要旨）：21-43
　　　（2001）南江流域の農耕―大坪地域畠を中心に―．晋州南江遺跡と古代日本：329-365，慶尚南道・仁斎大学校加耶文化研究所
　　　（2003）韓半島の水田と畠．公開セミナー東アジアの生業形態Ⅲ資料集：13-29
李相吉・李炅娥（1998）大坪漁隠1地区遺跡と出土植物遺体．嶺南考古学会編「南江ダム水没地区の発掘成果」：99-110
李宗哲（2000）松菊里型住居址に関する研究．湖南考古学報，12：85-124
李智皓・李泳澤（1972）国土と地理．156p，宝晋斎
李東瑛（1994）漢江流域の第四紀地層発達．渼沙里遺跡発掘地の地層構成．渼沙里第1巻：616-623
李東注（1993）韓国の遺跡と古環境．1993年度日本第四紀学会大会発表配布資料
　　　（2000）南江流域の新石器文化と日本列島―晋州上村里遺跡を中心にして―．仁済大学校加耶文化研究所編「晋州南江遺跡と古代日本―古代韓日交流の諸様相―」：1-59
李白圭（1974）京畿道出土無文土器・磨製石器―土器編年を中心に―．考古学，3：53-129
李柄善（1961）中江郡土城里原始古代遺跡発掘中間報告．文化遺産，1961-5：46-63
　　　（1962）平安北道龍川郡，塩州郡一帯の遺跡踏査報告．文化遺産，1962-1：50-59
　　　（1963）鴨緑江流域の青銅器時代の特徴的な土器とその分布状況．考古民俗，1963-3：25-36
　　　（1965）鴨緑江流域櫛歯文土器遺跡の継承性についての若干の考察．考古民俗，1965-2：3-11
　　　（1967）鴨緑江流域における鉄器時代の開始．考古民俗，1967-1：12-17
李ヨンヨル（1959）鳳山郡御水区石棺墓．文化遺産，1959-1：89-90
李蘭暎（1964）江陵市浦南洞出土先史時代遺物．歴史学報，24：119-140
　　　（1965）江陵市浦南洞出土先史時代遺物追補．歴史学報，28：95-100
李隆助・申淑静・禹鍾允（1984）堤原黄石里B地区遺蹟発掘調査報告．忠北大学校博物館編「忠州ダム水没地区文化遺蹟発掘調査綜合報告書」：391-464
李隆助・権鶴洙・河文植・盧秉湜・権奇允（1994）清原宮坪里青銅器遺蹟．忠北大学校先史文化研究所研究所叢刊，4
柳基正・梁美玉・羅建柱・朴享順・柳昌善（2001）公州長院里遺跡．忠清埋蔵文化財研究院文化財調査報告，26
林孝澤・郭東哲・趙顕福（1988）大也里住居址Ⅰ．東義大学校博物館叢書，2
　　　　　　　　　　　（1990）大也里住居址Ⅱ．東義大学校博物館叢書，3
林炳泰（1969）漢江流域無文土器の年代．李弘稙博士回甲紀念論文集刊行委員会編「李弘稙博士回甲紀念論文集」：547-567
　　　（1987）霊岩出土青銅器鎔范について．三仏金元龍教授停年退任紀念論叢刊行委員会編「三仏金元龍教授

停年退任紀念論文集Ⅰ考古編」: 121-140, 一志社
嶺南大学校博物館（1993）釜山〜大邱間高速道路　大邱・慶北圏文化遺蹟地表調査報告書. 嶺南大学校博物館学術調査報告, 16
　　　　　　　　（1999）時至の文化遺蹟Ⅰ. 嶺南大学校博物館学術調査報告, 26
歷史研究所（1979a）朝鮮全史1原始編. 360p, 科学百科事典出版社
　　　　　（1979b）朝鮮全史2古代編. 256p, 科学百科事典出版社

〔中文〕

安志敏（1954）唐山石棺墓及其相関的遺物. 考古学報, 第七冊: 77—86
アンドレーエフ（1958）在大彼得湾沿岸及其島嶼上発現的公元前第二至第一千年的遺跡. 考古学報, 1958-4: 27-41
王増新（1964）遼寧撫順市蓮花堡遺址発掘簡報. 考古, 1964-6: 286-293
吉林市博物館（1983）吉林口前藍旗小団山, 紅旗東梁崗石棺墓清理簡報. 文物, 1983-9: 51-57
　　　　　　（1989）吉林市郊二道水庫狼頭山石棺墓地発掘簡報. 北方文物, 1989-4: 3-7
吉林市文物管理委員会・永吉県星星哨水庫管理処（1978）永吉星星哨水庫石棺墓及遺址調査. 考古, 1978-3: 145-150
吉林省博物館・吉林大学考古専業（1985）吉林市騷達溝山頂大棺整理報告. 考古, 1985-10: 901-907
吉林省文物工作隊（1980）吉林長蛇山遺址の発掘. 考古, 1980-2: 123-134
吉林省文物工作隊・吉林省博物館（1982）吉林樺甸西荒屯青銅短剣墓. 東北考古与歴史, 1982-1: 141-153
吉林大学歴史系考古専業・吉林省博物館考古隊（1982）大安漢書遺址発掘的主要収獲. 東北考古与歴史, 1: 136-140
許明綱（1960）旅順口区後牧城駅戦国墓清理. 考古, 1960-8: 12-17
　　　（1993）大連市近来発現青銅短剣及相関的新資料. 遼海文物学刊, 1993-1: 8-12
許明綱・許玉林（1983）遼寧新金県双房石蓋石棺墓. 考古, 1983-4: 293-295
厳文明（2000）農業発生与文明起源. 338p, 科学出版社
建平県文化館・朝陽地区博物館（1983）遼寧建平的青銅時代墓葬及相関遺物. 考古, 1983-8: 679-694
項春松・李義（1995）寧城小黒石溝石槨墓調査清理報告. 文物, 1995-5: 4-22
湖南省文物考古研究所（1999）澧県城頭山古城址1997〜1998年度発掘簡報. 文物, 1999-6: 4-17
山西省考古研究所（1993）侯馬鋳銅遺址. 文物出版社
朱貴（1960）遼寧朝陽十二台営子青銅短剣墓. 考古学報, 1960-1: 63-71
集安県文物保管所（1981）集安発現青銅短剣墓. 考古, 1981-5: 467-468
邵国田（編）（2004）敖漢文物精華. 266p, 内蒙古文化出版社
靳楓毅（1982・1983）論中国東北地区含曲刃青銅短剣的文化遺存（上）・（下）. 考古学報 1982-4: 387-426・1983-1: 39-54（岡内三眞訳, 古文化談叢, 12: 1-62）
　　　（1988）大凌河流域出土的青銅時代遺物. 文物, 1988-11: 24-35
瀋陽市故宮博物館・瀋陽市文物管理弁公室（1975）瀋陽鄭家窪子的両座青銅時代墓葬. 考古学報, 1975-1: 141-155
大連市文物考古研究所（2000）大嘴子. 大連出版社
中国社会科学院考古研究所東北工作隊（1989）瀋陽肇工街和鄭家窪子遺址的発掘. 考古, 1989-10: 885-892
張泰湘・曲炳仁（1984）黒竜江省富裕県小登科出土青銅器時代遺物. 考古, 1984-2: 187-188
瀋陽故宮博物館・瀋陽市文物管理弁公室（1975）瀋陽鄭家窪子的両座青銅時代墓葬. 考古学報, 1975-1: 141-156
瀋陽市文物工作組（1964）瀋陽地区出土的青銅短剣資料. 考古, 1964-1: 44-45
鉄嶺市博物館（1992）遼北東部地区几処青銅時代遺址調査. 遼海文物学刊, 1992-1: 31-43

佟柱臣（1955）吉林的新石器時代文化．考古通迅，1955-2：5-11

東北考古発掘団（1964）吉林西団山石棺墓発掘報告．考古学報，1964-1：29-49

内蒙古自治区文物考古研究所・克什克騰旗博物館（1991）内蒙古克什克騰旗龍頭山遺址第一、二次発掘簡報．考古，1991-8：704-712

武家昌（1990）遼北地区発現的青銅短剣柄端加重器．考古，1990-12：1063-1068

李逸友（1959）内蒙古昭烏達盟出土的銅器調査．考古，1959-6：276-277

遼寧省昭烏達盟文物工作站・中国科学院考古研究所東北工作隊（1973）寧城南山根的石槨墓．考古学報，1973-2：27-39

遼寧省西豊県文物管理所（1995）遼寧省西豊県新発現的几座石棺墓．考古，1995-2：118-123

遼寧省博物館（1985）遼寧凌原県三官甸青銅短剣墓．考古，1985-2：125-130

遼寧省博物館・朝陽地区博物館（1977）遼寧喀左南洞溝石槨墓．考古，1977-6：373-375

遼寧鉄嶺地区文物組（1981）遼北地区原始文化遺址調査．考古，1981-2：100-110

遼陽市文物管理所（1977）遼陽二道河子石棺墓．考古，1977-5：302-305

旅順博物館（1962）旅大市長海県新石器時代貝丘遺址調査．考古，1962-7：345-352

　　　　　（1984）遼寧大連新金県碧流河大石蓋墓．考古，1984-8：708-711

林澐（1980）中国東北系銅剣初論．考古学報，1980-2：139-161

〔英文〕

Andreyev G. I. (1964) Certain Problem Relating to the Shell Mound Culture, in H. N. Michael (ed.), The Archaeology and Geomorphology of Northern Asia: Selected Works, ARCTIC INSTITUTE OF NORTH AMERICA ANTHROPOLOGY OF THE NORTH: TRANSLATIONS FROM RUSSIAN SOURTHES / no. 5, University of Tronto Press, Tronto.

Yim, Yang-Jai and Kira, T. (1975) DISTRIBUTION OF FOREST VEGITATION AND CLIMATE IN THE KOREAN PENINSULA. I. DISTRIBUTINO OF SOME INDICES OF THERMAL CLIMATE. 日本生態学会誌(25)2：77-88

Yim, Yang-Jai (1977) DISTRIBUTION OF FOREST VEGITATION AND CLIMATE IN THE KOREAN PENINSULA. IV. ZONAL DISTRIBUTION OF FOREST VEGITATION IN RELATION TO THERMAL CLIMATE. 日本生態学会誌(27)4：269-278

挿図出典一覧

図2　1：考古学研究室 1960、2～9：李元均ほか 1962、10・11：金勇男ほか 1961
図3　1～5：黄基徳 1963b、6～10：黄基徳ほか 1966、11～21：朴ソンフンほか 1965、22～28：徐国泰 1964、29～33：金用玕 1964b、34：考古学民俗学研究所 1961
図4　1～16：李淳鎮 1965、17～21：金用玕ほか 1966
図5　1～19：金用玕ほか 1966、20～23：新義州歴史博物館 1967
図6　1～10：鄭燦永 1961、11～14：李炳善 1961、15～27：考古学民俗学研究所 1959c
図7　1～16：金用玕 1963b、17：金基雄 1961、18～26：李淳鎮 1965
図8　1～5：金永祐 1964b、6～10：鄭燦永 1965
図9　1・5・7・13・21・22：黄基徳ほか 1966、2・10・14・17・18・25：徐国泰 1964、3・8・9・11・12・16：朴ソンフンほか 1965、23・24：黄基徳 1963b、6・19：考古学研究室 1960、15：白龍奎 1966、20：金勇男ほか 1961、26：鄭白雲 1958、27：金用玕 1964b、28・29・32～34・38～40・46～49：考古学民俗学研究所 1959c、30・35・42～45：李淳鎮 1965、36：新義州歴史博物館 1967、37：金用玕ほか 1966、31・41：鄭燦永 1961、50・51：金用玕 1963b
図10　金用玕 1962
図11　1～3：都宥浩 1962a、4～8：金元龍 1964、9～11：黄基徳 1966
図13　1～19：金良善ほか 1968、20～42：金載元ほか 1967、43：横山 1930、44：藤田 1924、45：斎藤 1939
図14　1～8：金廷鶴 1963、9～18：金載元ほか 1967
図15　1～5：国立博物館 1968、6～18：金元龍 1966b
図16　1～27：横山 1930、28～45：林炳泰 1969、46～48：金廷鶴 1967b、49～55：李殷昌 1971
図17　尹容鎮 1969
図18　1～5：崔淑卿 1962、6・7・11～21：金載元ほか 1967、8～10：斎藤 1939、22～29：金元龍 1964
図19　1～5・11～20：金載元ほか 1967、6～8・21～26・31・32：有光 1959a、9：金英夏 1970、10・27～29：金廷鶴 1972、33～38：国立博物館 1968
図20　1～5：高麗大学校発掘調査団 1994、6・7：車勇杰 1986、8～10：李康承ほか 1995、11・12・15・16：ソウル大学校考古人類学科 1973、13・14：ソウル大学校考古人類学科 1976、17：ソウル大学校考古人類学科 1974・1976、18～26：尹世英ほか 1996、27～29：白弘基ほか 1996
図21　1～8：ソウル大学校考古人類学科 1978、9～24：文化財研究所 1994
図22　1：崔盛洛 1986a、2・4：全南大学校博物館編 1989、3：林孝澤ほか 1990、5・6：尹武炳ほか 1990
図23　1：池健吉ほか 1986 図1と姜仁求ほか 1979 の諸図を合成、2：池健吉ほか 1986・安承茂ほか 1987・金吉植 1993・国立扶餘博物館 200 の諸図を合成
図24　1～11・28～34：姜仁求ほか 1979、12～22：池健吉ほか 1986、23～27：安承模ほか 1987
図25　1～12：姜仁求ほか 1979、13～25：安承模ほか 1987
図26　尹武炳ほか 1990
図27　林孝澤ほか 1990
図28　1・14～23・27～32：林孝澤ほか 1988、2～13・24～26：林孝澤ほか 1990
図29　住居址配置図：全南大学校博物館編 1989・1990a、1・3～6・8～24：全南大学校博物館編 1989、2・7：全南大学校博物館編 1990a
図30　1～23：崔盛洛 1986a、24～28：木浦大学博物館 1984
図32　1～8：後藤ほか編 1975、9・10：後藤ほか編 1976

図 出 典 *395*

図33 13・14：岡崎ほか 1979、15：九州大学考古学研究室編 1974
図36 1〜3：金元龍 1966b、4・5：無署名 1974、6・7：国立博物館 1968、8〜10：横山 1930、11：金英夏 1968、12：韓炳三ほか 1977、13〜19：林炳泰 1969
図37 3：武末 1974、4・5：韓炳三ほか 1976
図38・図39 後藤ほか編 1975
図40 1：国立博物館 1968（一部改変）、2・6：趙栄済 1983、3：韓柄三ほか 1976、4・7：申敬澈 1980、5：申敬澈 1985
図42 1・2：後藤ほか編 1975
図43 1・7：後藤ほか編 1975
図44 中島編 1985
図45 3〜5：橋口 1984、6：酒井編 1979、7：宮小路編 1984、12：河北ほか編 1982、13〜16：酒井編 1981
図46 1：井上編 1983、2：岡崎ほか 1979、3：九州大学考古学研究室編 1974、10：伊東編 1981
図47 4〜9：高知県教育委員会 1986
図48 1〜8：田代 1985、9：福井編 1982、10：今里 1962
図50 1・6：朱貴 1960、2・10・11：遼陽市文物管理所 1977、3・7・8：遼寧省博物館ほか 1977、4：金用玕ほか 1967a、5：集安県文物保管所 1981、9：許明綱 1960
図51 瀋陽故宮博物館ほか 1975
図52 1：金永培ほか 1975、2：藤田・梅原 1947、3：尹武炳 1971、4：榧本 1980bNo.94、5：榧本 1980bNo.246、6：榧本 1980bNo.242、7・8・10：金廷鶴 1972、9：榧本 1980bNo.226
図53 1〜7：国立博物館 1968、8：韓炳三 1971、9：池健吉 1978、10：岡内 1983
図54 1：金廷鶴 1972、2〜13：李淳鎮 1964、14〜16：尹武炳 1980
図56 1〜20：黄基徳 1975、21〜32：考古学民俗学研究所 1956
図57 1：考古学民俗学研究所 1960、2〜12：黄基徳 1975、13〜18：考古学研究所 1977b、19：榧本 1934c、20：黄基徳 1957a
図58 1〜5：榧本 1968、6〜8：田寿福 1960
図59 1〜7：新義州博物館 1967、8〜10：有光 1941a、11〜17：金用玕 1963b、18：李炳善 1961
図60 1・2：考古学民俗学研究所 1959a、3：歴史研究所 1979b、4〜6：金用玕 1964b
図61 1〜4：韓炳三：1968、5・6：黄基徳 1974
図62 1〜3：白錬行 1966、4〜8：考古学研究所 1977a
図63 1・2：李淳鎮 1964、3・4・12〜17・24〜29・38〜42：考古学研究所田野工作隊 1978、5・18・30・31・46〜53：李淳鎮 1974b、32・33・43〜45：朴ソンフン 1967、6〜9・19〜23・54〜59：考古学民俗学研究所 1959b、10・11：榧本 1934b、34〜37：榧本ほか 1975
図64 1〜15：徐国泰 1965、16〜18：韓雪正 1961、19・20：安容濬 1966b
図65 1〜4：秦弘燮ほか 1974、5・7・9：有光 1938b、6：梅原考古資料 No.1843、8：梅原考古資料 No.1842、10〜12：李蘭暎 1964
図66 1〜6：金永培ほか 1975、7〜9：姜仁求ほか 1979、10：有光 1959a、11：全榮來 1977
図67 1：金永培ほか 1975、2：韓炳三ほか 1977、3：国立博物館 1968、4：全榮來 1975b
図68 1〜4：国立博物館 1968、5〜7：韓炳三ほか 1977、8・9：無署名 1974、10〜12：池健吉 1978、13・14：榧本 1935a、15：全榮來 1977
図69 1〜5：沈奉謹 1980、6〜8：国立博物館 1968、9：榧本 1957、10・11：藤田ほか 1925
図70 小倉コレクション保存会 1981
図73 1：金永培ほか 1975、2：韓炳三 1968、3：藤田ほか 1947、4：黄基徳 1974、5：韓炳三ほか 1977、6：元山歴史博物館 1983、7：鄭燦永 1962、8：黄基徳 1959b、9：藤田ほか 1947、10：岡内 1982a

図74　1：考古学民俗学研究所1959a、2：金永培ほか1975

図75　1・3：李キュデ1983、2：鄭ヨンキル1983、4：考古学民俗学研究所1959a、5：歴史研究所1979a

図76　1：黄基徳1959a、2：白錬行1966、3：国立博物館1968、4：ラ・ミョングワン1983、5：韓炳三ほか1977

図77　1：金チョンヒョク1974、2・3：考古学研究所1983、4：榧本1938、5・6：柳田ほか1981

図78　国立光州博物館学芸研究室1992

図79　宋正炫ほか1988

図80　李榮文ほか1993

図81　李相吉1994a

図82　金吉植1994

図83　1：考古学民俗学研究所1959b、2・4・5・7：榧本1980b、3：田疇農1963a、6・8：金廷鶴1972、9：沈奉謹ほか1982、10 尹武炳1971、11～15：岡内1973b、16：尹容鎮1981、17：国立博物館1968、18：韓炳三1971、19・20：韓炳三ほか1977、21～23：李健茂1992c、24：韓炳三1987、25：李健茂ほか1988

図84　1～3：榧本1935a、4：尹容鎮1966b、5～10：国立博物館1968

図85　1～3・9・11：岩永1980、4～7：岩永1986b、13：藤田1998、14：進藤1998

図86　1・3：福岡市立歴史資料館1986、2：坂井編1990

図87　1：島根県教育委員会1996、2：速水1994、3：谷口ほか1997、4：緒方1993、5：岡本1975、6：賀川1953

図88　1：島根県教育委員会1996、2：一山ほか1988、3：太田1989、4：安井ほか1990、5：菅原ほか1993・1994、6：笠井1979

図90　1・3：小田・韓1991、2・4・5：林炳泰1987

図91　林炳泰1987

図92　林炳泰1987

図93　1・2：藤田・梅原1947、3・4：鄭白雲1957、5：梅原考古資料No.1629、6～8：西谷1970

図94　1・15：全榮來1991、2・10～12：徐国泰1965、3：梅原1933b、4：朝鮮遺跡遺物図鑑編集委員会1989、5：小野1937、6・7：有光1938b、8：黄基徳1957a、9：梅原考古資料No.2162、13：小田・韓1991、14：榧本1936、16：岡内1980

図95　1：靳楓毅1988、2～5：安志敏1954、6～8：東亜考古学会1938、9：遼陽市文物管理所1977、10：旅順博物館1984、11・12：遼寧省西豊県文物管理所1995、13：許明綱ほか1983、14～18・20：朝・中合同考古学発掘隊1966、19：東亜考古学会1931、21：内蒙古自治区文物考古研究所ほか1991、22：遼寧鉄嶺地区文物組1981、23：鉄嶺市博物館1992

図96　1・2・14：小田・韓1991、3：春日市教育委員会1980、5～9：向田1993、10～12：佐賀県教育委員会1992、15:佐賀市教育委員会1991

図97　1：白弘基1992、2：金用玕1961a、3・28：韓炳三ほか1977、4・24：全榮來1990、5：朝鮮遺跡遺物図鑑編集委員会1988、6：ラ・ミョングヮン1983、7：朝鮮遺跡遺物図鑑編集委員会1989、8・18・21・29：黄基徳1959a、9：黄基徳1974、10・19・23・33：李康承1987、11・22：国立慶州博物館1987、12：朝鮮考古学会1941、13・32：趙由典1984、14：金廷鶴1972、15：国立博物館1968、16・30・31：李健茂ほか1988、17：梅原考古資料No.1839、20：国立中央博物館1992、25：西谷1969、26：榧本1980b、27：成周鐸1974

図99　Yim and Kira 1975、吉良ほか1976

図100・図101・図103～図108・図110～図112　旧朝鮮総督府作製5万分1地図を縮小し加筆

図102　李智皓ほか1972

図109　姜仁求ほか1979

図113　韓国国立地理院5万分1地図「金海」を縮小加筆
図114　1・2：吉良 1971、3・4：Yim and Kira 1975、
図115　2：印貞植 1940
図116　1・2・4・5：考古学民俗学研究所 1961、6：考古学民俗学研究所 1957、3・7～9：韓昌均ほか 2003
図117　1・2：考古学民俗学研究所 1960、3：金載元ほか 1967、4：黄基徳 1975、5・6：李淳鎮 1965、7：高麗大学校発掘調査団 1994、8・9・12～15：李キリョン 1980、10・11・16～18：姜仁求ほか 1979、19～23：趙現鍾ほか 1997
図118　1：密陽大学校博物館ほか 2001、2・4：李相吉 2003、3：慶南大学校博物館ほか 1999
図119　1：慶尚大学校博物館 1999、2：国立晋州博物館 2001、3：慶南考古学研究所 2002、4：慶尚大学校博物館 2001

　上記に記載しない図は筆者作製ないし実測

初 出 一 覧

各章の原題と初出は以下のとおりである。

第Ⅰ部　無文土器
 第1章　西朝鮮の「無文土器」について　　考古学研究、17(4)：36-65、1971、岡山
 第2章　南朝鮮の「無文土器」―その変遷について―　考古学研究、19(3)：49-77、1973、岡山
 第3章　新稿（東アジア古代史・考古学研究会第2回交流会、1991年2月11日、於京都での口頭発表「松菊里型住居址と土器」発表資料・メモなどにもとづく。この発表録音を文字化したのは後藤（1992））
 第4章　朝鮮系無文土器　　三上次男博士頌寿記念論集編集委員会編「三上次男博士頌寿記念東洋史・考古学論集」：485-529、1979、東京
 第5章　朝鮮系無文土器再論―後期無文土器系について―　岡崎敬先生退官記念事業会編「東アジアの考古と歴史」中巻：325-358、同朋社、1987、京都

第Ⅱ部　青銅器
 第6章　青銅器文化の系譜　　森貞次郎編「稲と青銅と鉄」：83-108、日本書籍、1985、東京
 第7章　朝鮮の青銅器と土器・石器　　森貞次郎博士古稀記念論文集刊行会編「森貞次郎博士古稀記念古文化論集」：243-296、1982、福岡
 第8章　朝鮮半島青銅器文化の地域性　　三上次男博士喜寿記念論文集編集委員会編「三上次男博士喜寿記念論文集（考古編）」：127-149、平凡社、1985、東京
 第9章　韓半島の青銅器副葬墓―銅剣とその社会―　尹武炳博士回甲紀念論叢刊行委員会編「尹武炳博士回甲紀念論叢」：655-685、通川文化社、1984、大田
 第10章　生産経済民の副葬行為―朝鮮青銅器時代―　　刊考古学70：53-57、2000、東京
 第11章　日・韓の青銅器―副葬と埋納―　李弘鍾編「韓国古代文化の変遷と交渉」：633-664、書渓文化社、2000、ソウル
 第12章　霊岩出土鋳型の位置　　東北亜細亜考古学研究会編「東北アジアの考古学第二　槿域」：149-203、キプンセム社、1996、ソウル

第Ⅲ部　農耕
 第13章　朝鮮半島原始時代農耕集落の立地　　第四紀研究、33(5)：285-302、1994、東京
 第14章　朝鮮半島農耕の二つの始まり　　財団法人大阪府文化財センター・日本民家集落博物館・大阪府立弥生文化博物館・大阪府近つ飛鳥博物館2002年度共同研究成果報告書：193-210、2004、大阪
 第15章　無文土器時代の農業と集落　　韓国考古学会編「韓国農耕文化の形成」、韓国考古学会学術叢書2：173-202、学芸文化社、2002、ソウル

第16章　朝鮮半島の植物遺体　　東アジア先史時代における生業の地域間比較研究（平成12
　　　（2000）年度～15（2003）年度科学研究費補助金基盤研究（B）（2）研究成果報告書：131
　　　-154、2004、東京
終　章　考古学からみた弥生時代日本列島と朝鮮半島の交流　　歴史と地理、575：1-18、
　　　2004、東京

　本書収録にあたり誤植・誤記を訂正し、註の付け方など全体の統一に必要な変更を加え、一部で節名を追加・変更し、初出時の編集者による加除をもとにもどす（とくに第6章）など手を加えた部分もある。第14章・第15章は初出文に重複する部分が多いために大きく変更したところがある。また「遼寧式銅剣」を「琵琶形銅剣」に書き換えるなど、論文によってまちまちであった用語を統一した。このように若干変更したところもあるが、初出時の構成・論旨は変えていない。
　なお現在の筆者の考えにより修正が必要な点に関しては、各章末尾に「補記」として書き加えている（「補注」・「追記」は初出どおり）。

あ と が き

　本書に収めた論文を書くことになったそもそもの出発点は、学生時代に三上次男先生の講義で朝鮮半島考古学への関心をかきたてられ、院生時代に先生を中心とする東北亜細亜考古学研究会に参加して田村晃一さん、鄭漢徳さんの御指導を受けたことである。
　1971年からは20数年間福岡市教育委員会に勤務し、朝鮮半島に近く朝鮮半島系文物が豊富な北部九州で弥生時代の遺跡、遺物に日々身近に接し、無文土器文化と弥生文化の関係について研究を進めることができた。
　福岡では森貞次郎先生、岡崎敬先生、横山浩一先生はじめ多くの先輩、同輩、後輩、同僚さらに西日本各地の埋蔵文化財行政職員諸氏から多くを学び有益な刺激を受けた。また金元龍先生、尹武炳先生、韓炳三先生はじめ韓国の研究者からもお教えを受け、さまざまな情報、示唆を得てきた。このような恵まれた環境の中で研究を進められたことは幸いなことであり、感謝に堪えない。
　近年韓国では膨大な発掘調査が行われ、もはや関連資料すべてに精通することは困難になっている。本書はつぎつぎにあらわれる新資料を十分に反映してはいないし、古くに書いたものには大幅に再検討すべき点もあるが、いまでは顧みられることもない零細な資料を拾い集めているところなどは、研究史の一時点の状況を示すものとしてお読みいただきたい。
　全体を読み返してみると、当初は無文土器文化を正確に理解することに努め、次第に弥生文化と無文土器文化の違いを強調し、両者それぞれの特質を明らかにすることに重点を置くようになった軌跡が浮かび上がる。各章からこの点を読み取っていただければ幸いである。

　本書を編んだのは同僚の大貫静夫さんのおすすめによるものであり、昨年春すぎから準備を始めた。院生諸君（小寺智津子さん、笹田朋孝君、森本幹彦君、石井龍太君、所一男君、根岸洋君、古沢義久君、多可政史君）は手分けして昔の論文をスキャンしてテキスト・ファイルにしてくださり、韓国留学中の庄田慎矢君には韓・朝文目次と要約の翻訳をお願いした。若い方々が大切な時間を割いてくださったことに感謝する。
　学生時代の1年先輩、同成社社長山脇さんには本書の出版をお引受けいただき、原木加都子さんは丁寧な編集をしてくださった。厚く御礼申し上げる。
　最後に私事ではあるが、長年見守り支えてくれた年老いた父母と荊妻範子に本書を捧げたい。

　　　2006年1月8日

　　　　　　　　　　　　　　　　　　　　　　　　　　　後　藤　　直

韓半島　初期農耕社會의 硏究　　目　次

第1部　無文土器
　第1章　西部地域　無文土器
　　1. 팽이형토기
　　2. 西北地域
　　3. 相互關係와　絶對年代
　第2章　南部地域　無文土器
　　1. 無文土器　群別
　　2. 第1群
　　3. 第2群
　　4. 第3群
　　5. 其他　土器
　　6. 甕棺
　　7. 丹塗磨硏土器
　第3章　南部地域　前期・中期無文土器
　　1. 前期土器
　　2. 中期土器
　第4章　朝鮮系無文土器
　　1. 朝鮮系無文土器와　그　年代
　　2. 無文土器文化와 彌生文化의 年代的 關係
　　3. 彌生社會에서의　朝鮮系無文土器
　　4. 彌生社會와　無文土器社會의　交涉
　第5章　朝鮮系無文土器　再論
　　　　―後期無文土器系에　대하여―
　　1. 後期無文土器系土器의　類別
　　2. 後期無文土器系土器의　몇가지　事例
　　3. 時期와　分布
第2部　靑銅器
　第6章　靑銅器文化의　系譜
　　1. 遼寧地方　靑銅器文化
　　2. 韓半島靑銅器文化의　展開
　第7章　靑銅器와土器・石器
　　1. 靑銅器와　土器・石器의　共伴關係
　　2. 地域別　檢討
　　3. 結
　第8章　靑銅器文化의　地域性
　　1. 地域과　時期區分
　　2. 各地域靑　銅器文化
　第9章　靑銅器副葬墓―銅劍과　그社會―
　　1. 支石墓와　箱式石棺墓
　　2. 石槨墓
　　3. 土壙墓
　　4. 土槨墓
　第10章　無文土器時代의　副葬行爲
　　1. 支石墓와　副葬
　　2. 松菊里遺蹟과　如意洞遺蹟
　　3. 後期의　副葬墓
　　4. 副葬의　意味
　第11章　日本列島와　韓半島의　靑銅器
　　　　　―副葬과　埋納―
　　1. 韓半島의　靑銅器
　　2. 彌生社會의　靑銅器
　　3. 副葬과　埋納
　第12章　靈岩出土　鎔范의　位置
　　1. 出土地
　　2. 鎔范의　比較檢討
　　3. 型과　製品
　　4. 靈岩出土　鎔范의　位置
第3部　農耕
　第13章　農耕聚落의　立地
　　1. 農耕開始와　栽培植物
　　2. 韓半島地形의　特徵
　　3. 有文土器時代　遺蹟의　立地
　　4. 無文土器時代・原三国時代의　遺蹟立地
　　5. 遺蹟立地와　農耕社會의　形成
　第14章　農耕의　두가지　始作
　　1. 地域과　時期의　區分
　　2. 氣候條件
　　3. 栽培植物種子
　　4. 農具와　耕作地
　　5. 韓半島에서　農耕의　始作과　特質
　第15章　農耕과　聚落
　　1. 彌生時代　栽培植物遺體
　　2. 韓半島　栽培植物遺體
　　3. 自然環境差異
　　4. 韓半島　初期農耕遺蹟의　立地
　　5. 韓半島 初期農耕遺蹟의 規模와 繼續期間
　第16章　植物遺體
終章　彌生時代　日本列島와　韓半島間의　交流
　　1. 農耕
　　2. 靑銅器

韓・朝文要旨

彌生文化가 한반도 無文土器時代 초기 농경문화와 밀접한 관계를 가지고 있다는 것은 이미 주지의 사실이다. 彌生時代 早期(繩文時代 晩期)에 水稻를 중심으로 한 농경이 전래되었으며, 정착과 함께 일정한 발달이 이루어진다. 그 후 전기에는 금속기(철기・청동기)가 전래되고, 중기 후반이 되면 평양 부근에 설치된 낙랑군으로부터 한반도 남부를 경유하여 중국 漢의 문물이 전래된다. 이러한 과정을 통하여 일본열도의 琉球・北海道를 제외한 지역들은 동아시아 세계에 편입되며, 그 구성원으로서 중국 및 한반도와 지속적인 관계를 맺게 된다. 그리고 해외로부터 정치・경제・문화적 영향을 받음과 동시에 이들을 취사선택하면서 다음의 古墳時代로 넘어갔다고 생각된다.

이와 같은 동향을 파악하기 위해서는 야요이시대 농경과 금속기의 기원지인 한반도 초기 농경문화, 즉 빗살무늬토기(有文土器)를 사용한 신석기시대부터 계속된 무문토기시대에 대한 정확한 이해가 요구된다. 그리고 양자를 대비하여 유사점과 차이점을 밝힘으로써 각각의 특질을 이해할 필요가 있다. 이를 통하여 야요이문화의 동향과 그 특징을 보다 뚜렷하게 파악할 수 있을 것이며, 이와 함께 무문토기문화의 특질도 밝혀질 것이다.

이 책은 필자가 지금까지 발표한 논문 가운데 이러한 주제와 관련된 17편을 선택하여, 『朝鮮(韓)半島 初期農耕社會의 硏究』라는 제목 하에 무문토기, 청동기, 농경의 3부로 구분하여 구성한 것이다.

제1부는 1960년대까지 거의 연구대상으로 삼지 않았던 무문토기시대의 시간축 설정을 위한 편년작업 및 야요이문화와 무문토기문화의 시간적 병행관계에 관련된 내용이다.

제1장에서는 한반도 서부지역(평안남도, 황해남・북도, 평안남도, 자강도) 팽이형토기 등의 편년을 다루었다.

제2장에서는 남부지역(경기도, 강원도, 충청남・북도, 전라남・북도, 경상남・북도) 무문토기의 구별과 편년에 대해서 검토하였다. 당시(1970년대 초)는 취락유적의 발굴사례가 드물었기 때문에 각지의 채집 자료도 이용하여 무문토기시대를 전기와 후기로 대별하였다. 한편, 동북지역(함경북도)의 토기편년에 대해서는 제7장에서 언급하였다.

제3장은 제2장의 내용을 보충하기 위하여 1990년대 중반 시점의 자료를 토대로 토기편년을 시도한 것이다. 이러한 연구가 가능하게 된 것은 송국리유적의 발굴조사로 전기와 후기 사이에 위치한 토기가 확인되고, 이와 함께 취락유적에 대한 조사가 진행되어 전기를 세분할 수 있는 전망을 얻었기 때문이다.

제4장은 무문토기문화와 야요이문화의 병행관계 및 야요이문화 유적에서 출토된 무문토기와 이를 모방한 擬無文土器의 의미에 대해서 고찰한 것이다. 필자는 1974년 福岡市 諸岡遺蹟에서 후기 무문토기 유적을 조사한 바 있는데, 이를 계기로 일본열도에서의 유사 자료를 집성한 것이 이 장의 내용에 해당한다.

제5장에서는 그 후 출토사례가 증가한 西日本지역 출토 무문토기 및 擬無文土器를 대상으로 이들의 무문토기 여부에 대한 판별방법과 이러한 토기의 출현배경을 검토하였다.

제2부에서는 청동기와 그 부장묘를 주요 검토대상으로 하였는데, 청동기의 각 기종에 대한 상세한 분석이나 편년은 선학에 의한 성과에 의거하여 별도로 언급하지 않았다.

제6장은 한반도 청동기문화의 계보와 분기에 대한 내용이다. 이 장에서 제시한 분기는 제12장까지 적용되는데, 특히 第3期에 대한 세분과 지역성을 토대로 한 각 기의 내용에 대한 재검토가 필요하다고 생각된다.

제7장에서는 각각 별도로 논의되었던 무문토기와 청동기의 관계를 명확하게 파악하는 것을 목적으로 하였다. 이 장에서는 무문토기를 제2장의 내용에 따라 전기와 후기로 구분하였기 때문에, 청동기와 공반한다고 언급된 전기무문토기의 대부분을 중기무문토기로 수정하여 읽어야만 한다.

제8장은 청동기와 그 전개에 있어서 지역적 공통점과 차이점을 검토한 것이다. 소수에 불과하지만, 이 장에 표시한 청동기 地名表 중에는 그 후 출토지에 대한 재검토 등을 통하여 변경해야 할 부분도 있다.

제9장과 제10장에서는 청동기 부장묘에 대해서 무덤 종류와 부장 청동기의 차이 등을 검토하여, 부장묘의 변천과 이에 반영된 사회 계층의 분화 문제를 언급하였다.

제11장에서는 무문토기문화와 야요이문화 사이에 청동기에 대한 취급이 근본적으로 다르다는 점과 한반도에서도 극히 일부분 청동기 매납이 행하여진 점을 지적하였다. 강의 교재로도 사용할 수 있게 해달라는 편집자의 요청을 받아들였기 때문에, 야요이 청동기에 대해서는 자세하게 기술하였다.

제12장은 영암 출토 용범에 대한 글이다. 야요이 청동기 용범에 대한 관찰 경험을 기초로 하여 영암 출토 용범에 나타난 주조기술의 문제를 언급하였다. 그리고 한반도 청동기문화 가운데에서 이 일괄 용범이 차지하는 위치를 고찰하였다.

제3부에서는 야요이시대 농경의 모체였던 한반도의 농경에 대해서 살펴보았다.

제13장에서는 유적 출토 재배식물종자의 종류와 농경유적의 입지를 검토하여, 유적입지와 논농사 및 밭농사와의 관계에 차이가 있는 것으로 추정하였다.

제14장에서는 신석기시대와 무문토기시대 농경의 내용과 함께 계보에 있어서의 이동에 대해서 언급하였으며, 이들 모두가 야요이 농경에 비하여 밭 비율이 높다는 점을 지적하였다. 그 원인으로 기후와 지형의 차이를 상정하였다.

제15장에서는 무문토기시대에 밭농사의 비율이 높다는 사실과 함께 특히 북부에서는 밭농사에 편중하였으며 이에 따라 유적 규모와 계속성이 달라진다는 내용을 언급하였다.

제16장은 지금까지 오랫동안 작업하였던 한반도 식물유체 자료의 집성에 대한 내용이다.

종장에서는 전장까지의 내용을 토대로 긴밀한 교류가 있었던 무문토기문화와 야요이문화 사이에 상당한 차이가 있다는 점을 언급하였으며, 그 역사적 의미에 대해서 농경의 실태와 청동기의 취급을 통하여 논술하였다. 이는 고등학교 교사를 대상으로 한 잡지에 실린 글인데, 이를 이 책의 총괄로 대신하였다.

이 책에서 참고로 한 曆年代觀은 北部九州 야요이시대 중기 후반의 옹관묘에 부장된 前漢鏡을 통한 연대 추정과 秋山進午(1968·1969)에 의한 중국 遼寧省 비파형동검문화의 추정연대 등으로, 모두 단기편년을 전제로 한 것이다. 무문토기시대의 추정연대에 대해서는 이미 1960년대에 북한에서 팽이형토기의 상한을 기원전 2000년기 후반으로 보는 장기편년을 근거로 하여(황기덕 1966 등) 비파형동검의 하한연대도 상당히 이르게 보고 있었다(김용간 외 1967a 등). 이러한 연대관의 근거를 당시 자세하게 검토하지 못하였던 것을 후회하지만, 秋山에 의한 연대의 근거 중 하나인 遼寧省 大連市 樓上墓에서 출토된 비파형동검과 명도전의 공반관계가 부정된 현재, 역연대에 대한 틀을 재검토할 필요가 있다고 생각된다.

遺跡・出土地索引（朝鮮半島・中国は日本語音読みで五十音順に配列）

〔朝鮮半島〕

あ行

安仁津里（江原）　28　32
安仁里（江原）　309　327　339
一山邑（京畿）　327　339
院北里（忠南）　309　310　347
ウェコル（黄北）　179
ウォンドン（全南）　218
雲上里（全北）　181
雲城里（黄南）　129　153　179　185　215
雲城里1号墓（黄南）　137　179　199　212　213
雲城里9号墓（黄南）　137　179　199　212　213
雲坪里（全南）　139　163　182　189　194　195　201　202
雲浦里（咸南）　135　157　179　186
永興邑（咸南）　36　37　126　135　155　172　180　186　247　276　287　295
永登浦（ソウル）　126　180　187　276
駅三洞（ソウル）　28　31　32　33　34　46　51　287　295
猿岩里（平壌）　3　5　20　178　184　287　297
燕巖山（慶北）　23　28　31　41　42　86　87
ウンチャンコル（黄北）　20
円峰里（平北）　8　15
王山（平北）　8
鰲山里（江原）　287　339
鰲村里（平壌）　178

か行

会峴里（慶南）　28　45　46　47　88　93　128　139　165　168　171　182　190　197　211　276　287
伝瀛国土城（江原）　28　46
開新洞（忠北）　328　341
塊亭洞（忠南）　28　31　37　49　127　138　163　164　165　181　188　196　204　205　207
塊亭一洞（慶南）　47
塊亭二洞（慶南）　28　46　47
檜洞里（忠南）　138　188
外洞里（慶南）　28　46　47　300
海平里　白馬山（黄南）　180　187
外北里（忠北）　287　296
鶴松里（全南）　182　189
鶴翼洞付近（京畿）　180
佳峴里（京畿）　340
下細川里（咸南）　128　155　179　186　196
俄嵯山（ソウル）　28　31　39　42　87
臥山洞（平壌）　3　5　20　287
下石洞（黄北）　137　179
荷川里（忠北）　287　292　310　328　341
葛峴里（慶南）　199　213
葛頭（全北）　347
葛洞（全北）　370
下福台（忠北）　341
柯坪里（江原）　310　328　339
架浦洞（慶南）　229　370
花浦里（慶南）　28　46
可楽洞（里）（ソウル）　28　31　34　51　287　295
家瓦地（京畿）　339　340
館山里（忠南）　54　333
乾芝山城（忠南）　347
岩寺洞（ソウル）　28　31　45　287　290　340
岩樹里（忠南）　181
寛倉里（忠南）　71　310　327　330　333　344
岩南洞（慶南）　25　35
義州郡（平北）　276
休岩里（忠南）　28　32　46　56　64　287　299　333
弓山（平南）　21　287　312
九政里（慶北）　130　139　168　169　171　182　190　197　209　210　276
牛山里　牛内（全南）　219
宮坪里（忠南）　276
宮坪里（慶南）　309　310　327　342
九鳳里（慶南）　276
漁隠1地区（慶南）　309　310　317　327　330　332　356
漁隠洞（慶北）　130　139　168　169　182　191　197　227
拱北里（全南）　28　44
玉石里（京畿）　28　31　32　33　34　50　287　299
玉房（慶南）　54
玉房1地区（慶南）　309　310　318　327　331　353　354
玉房2地区（慶南）　309　310　317　327　330　332　354
玉房3地区（慶南）　317　354
玉房4地区（慶南）　354
玉房5地区（慶南）　331　332
玉房6地区（慶南）　309　310　327　354
玉房9地区（慶南）　317　354
巨津里（江原）　138　159　180　186　247
御水区　支石山（黄北）　23　147　179
御水区　石棺墓（黄北）　3
御水区　鉄橋洞（黄北）　3
漁郎地方／川（咸北）　126　183　276
キョンシン里メボン山（平南）　179　185
金海貝塚（慶南）　25　35
伝金海（慶南）　182　190
欣岩里（京畿）　51　53　85　287　299　309　310　327　333　340
琴谷洞（復興里）（黄南）　137　149　172　180　187　287　309　327　338
金山里（平壌）　184
金石里（黄北）　178　199　213
琴川里（慶南）　314
金灘里（平壌）　3　5　7　20　21　22　125　136　148　172　178　184　276　287　294
金鳥山（慶北）　183　191
金坪（全南）　310　349
九月山（信川郡文化面）（黄南）　179　185
九月山麓（殷栗郡南部面）（黄南）　179　185
屈火里（慶北）　314
郡谷里（全南）　287　300　310　327　348
鶏山里（慶南）　287　293
慶州（慶北）　276　328
慶州皇吾里16号墳（慶北）　328　350
慶州市内（慶北）　182
伝慶州付近（慶北）　182　191
伝慶尚南道（慶南）　182
伝慶尚南道（慶南）　183
月近坮里（咸南）　287　294
月山里　月山（全南）　182
月城洞（慶南）　287　297
月内洞（全南）　219　287
原州市（江原）　150　172
元水洞（忠南）　181
検丹里（慶南）　70　287　297　333
県洞（慶南）　182
健入洞（山港港）（済州）　183　229
検卜里（忠南）　181　189
高淵里（黄北）　147
伝江界（慈江）　183　192
交河里（京畿）　28　31　32　33　34　36　287
公貴里（慈江）　9　12　21　36　37　136　145　183　192　287　293
広儀里（忠北）　287　293
孝峴里（慶北）　28
高山洞（平壌）　178　184
孝子洞（全北）　181
公州（忠南）　181　188
伝公州（忠南）　181　276
黄州付近（黄北）　178
江上（咸南）　25
隍城洞（慶北）　287　310　328　351
江上里（全南）　139　163
校成里（忠南）　287　299
黄石里（忠北）　28　46　49　50　51
黄石里B地区（忠北）　51
広川里（全南）　28　43
校洞（江原）　309　310　327　339
高徳洞（ソウル）　28　31　32
皇南洞（慶北）　328　350
皇南洞98号墳（慶北）　350
皇南洞109号墳（慶北）　350
江南里（黄南）　26
孝睦洞（慶北）　28　43　75
洪北里（全南）　138　163
江門里（江原）　339
講林一里（江原）　128　160　172　180　187
江楼里（慶南）　287　294
江路里（平南）　20　25
五金山（全北）　181　189
谷安里（慶南）　28　46　47
黒橋里（黄北）　137　178　199　213
梧峴里（黄南）　128　180　187　197
虎谷（咸北）　36　135　140　142　183　287　290　291　309　310　312　321　327　336
孤山里（黄南）　127　151　152　171　179　185　208　209　210　276
固城（慶南）　87
湖上洞（咸南）　135　157　179
国花里　ソタル山（黄南）　180　187
五洞（咸北）　36　135　140　142　287　293　309　310　321　327　337
古徳面（京畿）　180
五徳里（黄南）　287　294
古南里（忠南）　287　300　309　310　327　344
吾也里（慶北）　28
梧野里　130　178　184
梧野里22号墓（平壌）　137
梧野里23号墓（平壌）　178
五倫台13号墓（慶南）　310　328　352

さ行

細竹（慶南）　352
細竹里（平北）　9　15　21　23　24　136　146　179　185　247　287
細田里（全北）　287　310　327　347
沙川洞（里）（慶北）　126　168　191　195

遺跡・出土地索引

201 202
沙坪里（江原）　180
山格洞（慶北）　139 170
三巨里（京畿）　3 28 36 287
山月洞（全南）　348
伝山清（慶南）　46 47
山浦（慶南）　287
三峰里（咸北）　126 135 144 183 192 247
三陽洞（済州）　230 309 327 357
柿谷里（忠北）　180
芝山里（慶南）　139
時至洞（慶北）　349
泗川（慶南）　46 47
詩川里　サルジ（全南）　218
七山洞古墳（慶南）　352
至長洞（咸南）　179
漆谷3宅地（慶北）　328 349
矢島（京畿）　28 32
紙洞里（忠北）　287
社稷洞（慶南）　28
舎人場　慈山（平南）　179 185
舟岩里（慶南）　3 4 5 20 287
楸陽里（黄南）　345
周留山城（忠南）　347
粛川面付近（平南）　179 185
酒村面（慶南）　130 182 190
順安（平南）　276
順安面（平壌）　178 184
伝春川（江原）　180 187
汝矣島（ソウル）　180 187
上一洞（ソウル）　128 180 187 197 209
松海里（咸南）　179
小雅里（黄南）　180 187
場岩里（慶南）　181
松岩洞（全南）　56 287
松菊里（忠南）　56 57 126 138 160 161 172 181 188 195 201 202 221 247 276 287 295
蒋峴里（慶南）　139 170
彰孝里　チョンニョン（咸北）　135 144 183
松山里　唐山（黄北）　3 179 199 212 213
上紫浦里（京畿）　126 137 149 159 172 180 194 201 202
伝尚州（慶北）　128 183
伝尚州郡（洛東江流域）（慶北）　183 191
伝尚州郡内（慶北）　183
伝尚州付近（慶北）　183
尚州邑（慶北）　183 191
将進洞（平壌）　178 199 213
将泉洞（平壌）　178 247
上村里（慶南）　309 327
上村里B（慶南）　309 327
上村里D（慶南）　353
松竹里（慶北）　287 290 292
城底里（京畿）　339 340
城洞（慶北）　287 298
松堂里（忠南）　181
上梅里（黄北）　137 148 179 195 201 202
松坪洞（咸北）　36
城門里（慶南）　28 46
上里（平壌）　136 178 197 213
松龍里（全北）　181 189 287 298
上林里（全北）　160 181 189 227
松蓮里（平北）　8
小鹿島（全南）　37 139 165 182 189

227
小魯里（忠北）　342
飾履塚（慶北）　350
所谷里（慶南）　28 46
所山里（全北）　287
所羅里土城（咸南）　158 171 172 180 186 211
四老里（ソウル）　127 137 160 164 187 195 276
新燕里（全南）　181 242 310 327 348
新岩里（平北）　8 14 21 125 136 145 172 183 192 287
深貴里（慈江）　9 21 287 293 337
新慶里（咸南）　155 180 186
新興洞（黄北）　3 5 7 21 125 137 148 179 185 287 297
新昌里(洞)（全南）　24 28 45 86 138 165 287 298 309 314 327 331 348
信川郡（黄南）　179 185
新川洞（慶北）　182
新村里（慶南）　287
新垈洞（忠南）　309 310 327 344
真竹里（忠南）　71
神堂里（慶北）　28 32 43
新梅里（江原）　287
真坡里（平壌）　3 5 72 87 297
壬仏里（慶南）　287
新鳳洞（忠北）　301 327 341
深浦里（全北）　310 327 347
水山里（平壌）　178 184
水石里（京畿）　28 31 37 42 50 287
垂陽介（忠北）　341
青海面 土城里（咸南）　179
西海里（慈江）　22
星沙里（京畿）　137 160 180 187 247
星山洞（慶北）　328 349
青山里土城付近（黄南）　179 185
青松里（全南）　181
成川郡（平南）　179 185
青銅里（忠南）　181
清堂洞（忠南）　287
西屯洞（京畿）　287
西辺洞（慶北）　182 276
西浦項（咸北）　142 287 300 312 318 321
西浦洞（平壌）　126 178 184
西浦里（平壌）　3
青龍里（全南）　242
青龍里鄭村（黄北）　137 179 199 213
石岩(巌)里（平壌）　128 136 178 198 213 328 338
石岩里201号墓（平壌）　338
石岩里205号墓（王旴墓）（平壌）　338
石岩里219号墓（王根墓）（平壌）　129 136 152 155 178 198 212 213 310 338
石山里（黄南）　128 151 152 171 180 187 197 208 209
石芝里陽村（慶南）　182
石灘里（黄南）　3 5 6 7 8 19 20 287 309 327 338
積良洞上積（全南）　220
石橋里（黄南）　3 5 7 25 287
櫛山里（全南）　182
仙岩里（黄北）　126 179 195 201 202
船橋里（平壌）　178 184
泉谷里（黄南）　37 127 137 150 152 164 171 179 184 195 204 205 209
伝善山付近（慶北）　183 191
川西面（咸南）　180

前川邑（吉祥牧場）（慈江）　136 147
泉田里（江原）　28 43
長城地方（全南）　247
伝全羅北道（全北）　138 181 207
双鶴里（平北）　10 17
造山（全南）　310 328 349
双村洞（全南）　348
草田面（慶南）　175 228
草島（咸北）　126 135 142 143 183 192 287 321
草島里（江原）　28 31 32 43
早洞里（忠北）　309 310 327 341
草堂里（慈江）　22
草芙里（京畿）　180 187 247
草浦里（全南）　276
双熊里（全南）　218
蘇井里（黄南）　309 338
ソルメコル（黄南）　127 137 151 152 164 171 178 185 195 205 207 276

た行

大雅里（黄南）　126 137 149 152 180 187 195 201 202
大邱中学校（慶北）　182 267
大興里（忠南）　327
大黒山島（全南）　35
大谷里（全南）　128 165 171 189 197 203 209 276
大谷里道弄（全南）　66 287 292 333
大城山城（平壌）　338
台城里（平壌）　3 129 153 197 215 287 297
台城里10号墓（平南）　137 178 212 213
大新里（慶北）　183 191
大成里（咸南）　180
大川里（忠南）　308 319 343
伝大田市（忠南）　181 188
太平里（忠南）　180
大坪里（平南）　287 291
大坪里（遺跡群）（慶南）　51 54 287 294 317 330
大鳳洞（慶北）　28 46 47
大也里（慶南）　65 287 292
大龍里（黄南）　180 187
大陵里（黄南）　180 187
大路里（忠南）　287
多松里（全北）　138 163 164 165 181 189 196 205
達西（51号墳）（慶北）　328 349
檀山里（平北）　247
タンド山（平北）　8 16 21
炭坊洞（忠南）　128 165 181 188 197 203 276
タンモル（平北）　8 16
潭陽邑（全南）　165 171
地境洞（咸北）　25 135 144 183
地境里（江原）　339
智塔里（黄北）　3 7 22 287 290 308 309 312 327 338
馳馬洞（咸南）　179
茶雲洞（慶南）　309 310 327 352
茶戸里（慶南）　287 318 351
伝忠清南道（忠南）　181
中島（江原）　287 295 310 328 339
注葉里（京畿）　309 339
中里（咸南）　156 287 294
中和邑（平壌）　178 184
長院里（忠南）　71
長寿院洞（平壌）　276

伝長城（全南）　276
長城里（慈江）　10　15　16　22　287
長箭里（慶南）　139
長川里（全南）　6　7　8　68　242　287　333
朝島（慶南）　86　92　287
朝陽洞（慶北）　130　131　139　168
　169　174　182　191　216　287　298　351
朝陽洞（江原）　276
朝陽里（咸南）　179　186
苧浦里（慶南）　287　328　357
知礼里（慶北）　287
チングヌル（全北）　347
沈村里（黄北）　3　7　20　287　297
沈村里　シンタヤ洞（黄北）　20
沈村里　天真洞（黄北）　3
鎮東里（慶南）　126　139　162　166
　172　182　190　195　201　202
遂安郡（黄北）　179
釘岩里（江原）　180
貞梧洞（平壌）　178　328
貞柏洞(里)（平壌）　153　337
貞柏洞1号墓（夫祖藐君墓）（平壌）　129
　136　178　198　212　214
貞柏洞2号墓（高常賢墓）（平壌）　129
　136　152　178　198　212　213　338
貞柏洞3号墓（周古墓）（平壌）　129
　178　198　212　213
貞柏洞37号墓（平壌）　310　338
貞柏洞88号墓（平壌）　136　155　178
　198　212　213
貞柏洞96号墓（平壌）　152　178　198　213
貞柏洞97号墓（平壌）　152　153　178
　198　213
貞柏里19号墓（平壌）　338
貞柏里採土場（平壌）　178
丁峰里（黄北）　127　137　151　152　164
　171　179　185　195　204　205　207　276
天柱里（黄北）　137　178　199　213
東外洞（慶南）　130　139　170　182
　190　287　310　327　351
桃岩里（全北）　72
潼関里（咸北）　140　183　192
東鳩林里（全南）　181　189
陶谷里（京畿）　28　31　39　42　50　86
東西里（忠南）　127　164　165　180
　188　196　202　205　207
唐山（黄北）　137
堂山（平北）　22　179
東三洞（慶南）　309　312　327　352
東井里（平壌）　178　184
東大院洞　許山（平壌）　137　178　199
　213
堂洞里（京畿）　28　32
道徳里（平壌）　178　184
東方里（慶北）　139　170　182
道峰里（平北）　17　22
塔里（慶北）　28
徳川里（慶南）　220
徳豊里（京畿）　28　31　32　37
土城4号墓（平壌）　178　198　213　214
土城面（江原）　128　180
土城里（慈江）　9　13　16　21　22　24
　136　146　183　287　312　318
土城里（咸南）　227　276　287　309　337
斗井里（里）（忠南）　28　45　287
徳興里チョルサン（平南）　178　184
屯内（江原）　287　293　310　328　339
屯浦里（忠南）　127　138　163　164
　180　188　195　205　207

な行

内康洞（慶北）　328
内谷洞（忠北）　287　296
伝内山面（忠南）　181
内秀里（忠北）　287
内洞（慶南）　139　166　182　190　194
　195　202
内唐里2号墳（慶北）　349
内東里（黄北）　178　185
内洞里（忠南）　309　344
内坪里（江原）　287
ナムパウィ（全南）　218
南京（平壌）　287　290　294　309　310
　327　337
南兄弟山（平壌）　178　184
南山（慶北）　182　328
南山城（慶北）　351
南山里（忠南）　181　188
南昌里（江原）　196
南昌里（咸南）　128　180
南城里（忠南）　127　138　163　164
　165　180　188　196　204　205　207　276
南井里116号墳（彩篋塚）（平壌）　310
　328　338
南登里（平北）　18
南峰里（全北）　181
南陽面（京畿）　180
南陽里（全北）　217　222
日谷里（黄南）　180　187
日出洞（黄南）　179　185
二道浦里　洪谷（黄南）　3
入室里（慶北）　128　130　139　168
　169　171　182　190　199　211
如意洞（全北）　221　229　276　287　296
農所里（慶南）　327　352
農圃（油坂）（咸北）　24
ノンティ（忠南）　328

は行

排盤里　陵旨（慶北）　182　191
白雲里（慶南）　127　182　196　205
　207　228　276
白岩里（忠南）　164　165　171　333
白石洞（忠南）　309　310　327　344
白石里（平南）　179
馬山里（黄北）　287　290　308　309　338
馬場里（京畿）　287　294　310　327　340
鉢山（江原）　126　137　148　158　180
　186　187　247
盤渓洞（慶南）　352
半月城（慶北）　310　328　350
盤谷里（全北）　287　296
反川里（平壌）　128　151　152　171
　178　184　197　276
晩村洞（慶北）　94　130　182　197　208
　209　210　228　370
ハンポン里（平北）　8　22
飛下里（忠北）　138　165　181　188
飛山洞（慶北）　130　182　191　196　208
美松里（平北）　8　14　21　24　126　136
　145　183　192　276
表垈（平壌）　309　310　327　337
美林休岩（平壌）　3　4　5　6　19　20
　287　294
美林里（平壌）　23　178
府院洞（慶南）　287　300　310　327
　328　352
封仁面（平南）　179　185　247

風納里土城（ソウル）　49　50
伏獅里（黄南）　287　297
扶蘇山城（忠南）　328　345
武珍古城（全南）　348
富徳里　水駅洞（黄南）　179　199　212
　213
伝扶餘（忠南）　181
伝扶餘郡（忠南）　181
扶餘邑内（忠南）　181
文化洞（忠南）　181
文源里（平南）　179
文井洞（ソウル）　28　45
文武里（黄北）　179　185
平壌駅（平壌）　178　184
平壌付近（平壌）　247
平川里（平壌）　178
餅店付近（京畿）　137
平羅里（忠南）　309　327　344
坪里（慶北）　182　190　190　196　205
坪里洞（慶北）　130　182　191
碧城郡（黄南）　180　187
鳳安里（忠北）　128　165　181　188　197
鳳岩里（慶北）　165　181
鳳渓里（慶南）　287　357
鳳山（黄北）　179
豊川（黄南）　179　185
坊内里（江原）　54
豊龍里（慈江）　16　126　136　146　172
　183　192　195　201
鳳龍洞（忠南）　28　44　46
北倉面（平南）　179　185
北村里（済州）　357
北二面（全南）　182
墨房里（平壌）　8　14
浦南洞（江原）　28　43　138　158　180
　186　287　298
ポプトン里（慈江）　22
ポムサ里（咸北）　25
本村里（慶南）　53

ま行

麻田里（忠南）　330　331　332
馬頭洞（慶南）　130　182　190
万景台区域（平壌）　178
漢沙里（京畿）　51　290　294　333　340
味鄒王陵（慶北）　328　350
伝密陽（慶南）　182
密陽里（江原）　28　32
妙松里（黄北）　3
民楽洞（京畿）　328　340
無去院玉峴（慶南）　330　332
夢金浦（黄南）　23
ムドゥンリ（慶北）　328　349
明逸洞（ソウル）　28　45　287　295
明砂里（黄南）　24　45　147
毛児里（慶北）　28
茂渓里（慶南）　28　46　47　126　139
　166　182　190　194　195　201　202
伝茂朱（全北）　162　181　189
木浦付近（全南）　181

や行

也音洞（慶北）　314　330　332
薬師洞（黄南）　137　148　179　185
　195　202　217
冶興里（全南）　130　182
熊峙面（全南）　182
熊川（慶南）　49　50
陽根里（京畿）　287

陽坪里（忠北）　287
鷹峰(山)（ソウル）　23 28 31 32 39 42 87

ら行・わ行

萊城（慶南）　287
洛水里（全南）　287 348
洛東江流域（慶北）　183 191
伝洛東江流域（慶北）　183
洛東面（慶北）　183 191
洛東里（慶北）　130 191
楽民洞（慶南）　24 28 45
楽浪洞1号墓（平壌）　371
楽浪土城（平壌）　129
羅福里（慶北）　28 32
梨花洞（咸南）　128 135 157 172 179 186 196 208 209
梨谷里（京畿）　287
立石里（平壌）　3 4 5 19 287 294 321
栗里（慶南）　327
龍淵里（洞）（平北）　8 17 128 145 287 298
龍興里（平南）　37 126 136 148 152 172 179 185 195 202
龍山里（平壌）　178 197
龍山里（咸南）　128 180 196 208
龍秋洞（平壌）　309 327 337
龍潭洞（済州）　230
龍潭里（平南）　179 185
龍堤里 利堤（全北）　128 138 165 181 189 197 209 276
柳徳洞（全南）　182
龍文里（平南）　179
良将里（全南）　309 327 348
良田里（慶北）　28 31 42 86 87
良東（慶南）　287 298
良洞里（慶南）　130 131 139 169 216
林堂（慶北）　310 328 349
林北里 上林（慶南）　182
礼安里（慶南）　139 182
霊岩郡（全南）　181
伝霊岩（全南）　128 181 189 276
伝霊岩（兵営）（全南）　181
伝霊岩附近（全南）　138
冷川里（慶北）　182
礼田洞（慶北）　228
蓮花洞（忠南）　37 127 138 163 165 181 188 196 205 207
連渓洞（里）（慶北）　128 182 191
蓮洞里（咸南）　180
老圃洞（慶南）　287
蘆花里（慶北）　330
勒島（慶南）　287 300 309 327 351
魯聖里（平壌）　178 184
路西里138号墳（慶北）　350
魯南里（慈江）　9 183 287 294
魯南里 南坡洞（慈江）　13 17 22 136 146
論峴洞（ソウル）　28 31 32 37
論山（忠南）　128 188
論山訓練所付近（忠南）　175
論山付近（忠南）　181
論峙里（忠南）　347
伝和順（全南）　276

〔中国〕

尹家村（遼寧）　248
ウランハダ（内蒙古）　25
オーラマンハ（内蒙古）　25
河東（河北）　25
臥龍泉（遼寧）　248
漢書（吉林）　248
黄花郷（遼寧）　248
崗上（遼寧）　119 248
高麗塞（遼寧）　11
五道嶺溝門（吉林）　119
沙河（遼寧）　248
三官甸（遼寧）　248
十二台営子（遼寧）　118 146 148
朱家屯（遼寧）　11
小登科（黒竜江）　248
上馬石（遼寧）　11
西荒山屯（吉林）　119
誠信村（遼寧）　248
星星哨水庫（吉林）　155
西団山（吉林）　16 24 146
赤峰紅山後（内蒙古）　248
騒達溝（吉林）　24
双房（遼寧）　248
大弧山（遼寧）　248
大嘴子（遼寧）　320
単砣子（遼寧）　11
長蛇山（吉林）　155
鄭家窪子（遼寧）　119 127 146 148 165 248
南山根（内蒙古）　118
二旗営子（遼寧）　25
二道河子（遼寧）　248
雹神廟（河北）　248
浜町貝塚（遼寧）　11
碧流河（遼寧）　248
望海堝（遼寧）　248
牧羊城（遼寧）　248
羊頭窪（遼寧）　11
李家台（遼寧）　248
龍頭山（内蒙古）　248
楼上（遼寧）　119

〔ロシア沿海州〕

イズウェストフ　127 155 192 276
シニェ・スカールイ　127
シュトコワ　127

〔日本列島〕

秋根（山口）　82 84 87 112 113
芦ヶ浦第一洞窟（長崎）　82 106 112
天ヶ原（長崎）　107
綾羅木郷（山口）　82 84 109 111 112 114 115
有田（福岡）　77 100 114
飯盛（福岡）　100
板付（福岡）　77 100 111
板付田端（福岡）　115
今川（福岡）　71 105 114
上の原（熊本）　107 111 112
宇土城三の丸（熊本）　108 114
江津湖（苗代津）（長崎）　82 107 111
江辻（福岡）　71
扇谷（京都）　116
大県（大阪）　116 128
太田（京都）　110 112 113 115
大谷（福岡）　249
岡本（福岡）　249
沖ノ島（福岡）　79 84 105 112 113
沖ノ山（山口）　109 112 113 115
小郡若山（福岡）　230 234
長行（福岡）　106 111 112
オテカタ（長崎）　82 84 87 106 112 113
小山（兵庫）　110
勝馬（福岡）　249
上枇杷（福岡）　249
加茂岩倉（島根）　369
唐古・鍵（奈良）　110
北牟田（福岡）　103 111
鬼虎川（大阪）　116
切畑（長崎）　106
葛川（福岡）　106
荒神谷（島根）　234 369
里田原（長崎）　107 111 112
重留（福岡）　234 237
須玖岡本D地点（福岡）　230
須玖坂本（福岡）　249
惣座（佐賀）　249
高井田（大阪）　110 112 114 115
高橋（熊本）　107 114
立岩（福岡）　230
田能（兵庫）　110 114 258
田村遺跡群（高知）　110 112 114 115
長井（福岡）　106 114
中白水（福岡）　249
長瀬高浜（鳥取）　109 113
名柄（奈良）　116
鍋島本村（佐賀）　249
西川津（島根）　109 115
土生（佐賀）　79 84 87 91 106 111 112 113 115 249
原（福岡）　249
原山（島根）　109 111 112
原の辻（長崎）　82 84 87 106 111 112 113 115
ヒエデ（福岡）　234
日永（福岡）　237
平原（佐賀）　249
二塚山（佐賀）　82 170
蓬ヶ浦（福岡）　102 111
古田（長崎）　107
本行（佐賀）　237 249
本村籠（佐賀）　278
曲り田（福岡）　103 111 114
みくにの東（福岡）　100
三国の鼻（福岡）　102 111
三雲（福岡）　96
三雲南小路（福岡）　230
御床松原（福岡）　104 112 113 115
宮前川（愛媛）　109
御幸木部町（熊本）　82 107 111
六連島（山口）　116
持田中尾（宮崎）　108 112
諸岡（福岡）　73 84 87 88 100 111
門田（福岡）　77 100 111 114
矢野（徳島）　237
横隈鍋倉（福岡）　100 111 112 113 115
横隈山（福岡）　77 84 87 92 100 111
吉武高木（福岡）　128 232
吉野ヶ里（佐賀）　249

朝鮮半島初期農耕社会の研究

■著者略歴■

後藤　直（ごとう・ただし）

1944年　釜山に生まれる
1962年　東京大学教養学部入学
1966年　東京大学大学院進学
1971年　福岡市教育委員会文化財専門職
1997年　東京大学大学院人文社会系研究科教授

＜主要論文＞

「「漢委奴国王」金印研究論」『論争・学説日本の考古学』4、雄山閣、1986年。

「日本における埋蔵文化財発掘の現況」『埋蔵文化財発掘半世紀―回顧と展望―』韓国国立文化財研究所、1997年。

「弥生時代の青銅器生産地―九州―」『東京大学考古学研究室研究紀要』17、2002年。

「弥生時代出土鋳型の中での鏡范の位置」『鏡范研究』Ⅰ、2004年。

＜編著書＞

『筑紫野市史』上巻、筑紫野市、1999年（分担執筆）。

『鋳型等の鋳造関係遺物による弥生時代青銅器の編年・系譜・技術に関する研究』科学研究費補助金研究成果報告書、東京大学、2000年。

『東アジアと日本の考古学』Ⅰ～Ⅴ、同成社、2001年～2003年（共編）。

2006年3月10日発行

著　者　後藤　　直
発行者　山脇　洋亮
印　刷　熊谷印刷株式会社

発行所　東京都千代田区飯田橋4-4-8 東京中央ビル内　㈱同成社
　　　　TEL 03-3239-1467　振替 00140-0-20618

©Goto Tadasi 2006. Printed in Japan

ISBN 4-88621-347-2 C3022